Administração Financeira

Antônio Barbosa Lemes Júnior
Cláudio Miessa Rigo
Ana Paula Mussi Szabo Cherobim

Administração Financeira
Princípios, Fundamentos e Práticas Brasileiras

Terceira Edição Atualizada pela Lei das Sociedades Anônimas

12ª tiragem

© 2010, Elsevier Editora Ltda.

Todos os direitos reservados e protegidos pela Lei nº 9.610, de 19/02/1998.
Nenhuma parte deste livro, sem autorização prévia por escrito da editora, poderá ser reproduzida ou transmitida sejam quais forem os meios empregados: eletrônicos, mecânicos, fotográficos, gravação ou quaisquer outros.

Copidesque: Adriana Araújo Kramer
Revisão: Maria da Glória Silva de Carvalho
Editoração Eletrônica: SBNigri Artes e Textos Ltda.

Elsevier Editora Ltda.
Conhecimento sem Fronteiras
Rua Sete de Setembro, 111 – 16º andar
20050-006 – Centro – Rio de Janeiro – RJ – Brasil

Rua Quintana, 753 – 8º andar
04569-011 – Brooklin – São Paulo – SP – Brasil

Serviço de Atendimento ao Cliente
0800-0265340
sac@elsevier.com.br

ISBN 978-85-352-3804-4

Nota: Muito zelo e técnica foram empregados na edição desta obra. No entanto, podem ocorrer erros de digitação, impressão ou dúvida conceitual. Em qualquer das hipóteses, solicitamos a comunicação ao nosso Serviço de Atendimento ao Cliente, para que possamos esclarecer ou encaminhar a questão.
  Nem a editora nem o autor assumem qualquer responsabilidade por eventuais danos ou perdas a pessoas ou bens, originados do uso desta publicação.

  Embora os autores tenham colocado seu melhor esforço na escrita deste livro, eles não assumem qualquer responsabilidade por erros ou omissões, ou qualquer dano que possa resultar das informações aqui apresentadas.

CIP-Brasil. Catalogação na fonte.
Sindicato Nacional dos Editores de Livros, RJ

L57a	Lemes Júnior, Antônio Barbosa, 1949-
3.e.d.	Administração financeira: princípios, fundamentos e práticas financeiras / Antônio Barbosa Lemes Júnior, Cláudio Miessa Rigo, Ana Paula Mussi Szabo Cherobim. – 3.ed. – Rio de Janeiro: Elsevier, 2010.
	Contém exercícios Inclui bibliografia ISBN 978-85-352-3804-4
	1. Administração financeira - Brasil. I. Rigo, Cláudio Miessa, 1941-. II. Cherobim, Ana Paula Mussi Szabo, 1964-. III. Título.

09-6393.	CDD: 658.150981 CDU: 658.15(81)

AGRADECIMENTOS

Às pessoas que nos são queridas e mais próximas, não pedimos desculpas por nossas ausências aos sábados, domingos e feriados; agradecemos e os amamos ainda mais, porque elas e eles compreendem que precisamos desse tempo de estudo, compreendem que somos felizes assim! Afinal, as grandes obras não são feitas de segunda a sexta, em horário comercial!

Os Autores

Os Autores

Antônio Barbosa Lemes Júnior

Doutor em Administração, professor da UFPR e de várias instituições de ensino, membro especialista e consultor do Ministério da Educação. Tem trabalhado como consultor, conselheiro e conferencista na área de finanças empresariais. Foi criador do IBEF, Sbfin e ISAD tendo sido presidente do IBEF e do CRA-Pr. Tem atuado como executivo de empresas como Minerais do Paraná, Mapin, Berneck, Votorantim, Ibema, Isad. Trabalha como consultor de grandes grupos empresariais e como conselheiro de empresas como Tim Sul, CIEE-Pr, SEBRAE-Pr, SBFin e UFPR. Participou de inúmeros Congressos internacionais no Chile, Venezuela, França e Estados Unidos. Desenvolveu linhas de pesquisa, orientou teses e dissertações acadêmicas e publicou grande número de artigos científicos no Brasil e no exterior.

É Gerente do PTI-Educação do Parque Tecnológico Itaipu.

E-mail: antonio.barbosa@elsevier.com.br

Cláudio Miessa Rigo

Professor de disciplinas de Administração Financeira e professor do Centro de Pesquisa e Pós-graduação em Administração – CEPPAD, da UFPR. Ex-Coordenador do Curso de Administração da UFPR. Professor e presidente do Instituto Superior de Administração e Tecnologia – ISAT. Graduado em Economia e Contabilidade e Mestre em Administração pela UFPR. Autor de capítulo do Livro *Manual de Gestão Empresarial*, Sergio Bulgacov, editora Atlas, 2006. Diretor econômico-financeiro da Telepar por 13 anos, Presidente da Cia. Telefônica de Paranaguá por cinco anos. Especialista no Modelo Japonês de Administração de Negócios no Japan Productivity Center, estágios nas áreas financeiras da Nippon Telegraph and Telecommunications – NTT, em Tókio e no Ministère des PTT, em Paris. Strategic Planning Course, na International School of Information Management, Santa Barbara, California. Perito e Consultor em Gestão Financeira. Presidente do Conselho de Governadores do Distrito Múltiplo LD da Associação Internacional de Lions Clubes 2009/2010.

E-mail: claudio.rigo@elsevier.com.br

Ana Paula Mussi Szabo Cherobim

Formada em Economia e Administração pela Universidade Federal do Paraná, especialista em Finanças pela PUC-Rio, Mestre em Tecnologia pela UTFPR – Universidade Tecnológica Federal do Paraná e Doutora em Administração na FEA/USP. Trabalhou nos Estados do Paraná, Rio de Janeiro, São Paulo e Pará na iniciativa privada, em multinacionais e em empresas familiares. É professora e pesquisadora do Departamento de Administração Geral e Aplicada da UFPR desde 1995. Foi Chefe do Departamento entre 2004 e 2008. Atualmente coordena o Laboratório de Orçamento Familiar da UFPR e apresenta o Programa "Trocando em Miúdos" da UFPRTV. Os seus interesses de pesquisa são Finanças Comportamentais, Mercado de Capitais, Fontes de Financiamento e Investimentos em tecnologia como forma de agregar valor a firmas.

E-mail: ana.cherobim@elsevier.com.br

PREFÁCIO

3ª EDIÇÃO

Apresentamos a terceira edição deste livro: *Administração Financeira: Princípios, Fundamentos e Práticas Brasileiras*. Fruto do nosso contínuo trabalho em finanças corporativas, esta obra apresenta as decisões financeiras a partir de embasamento teórico e aplicações práticas.

Nossa grande preocupação tem sido fundamentar o conteúdo de cada capítulo na teoria financeira contemporânea, sem, contudo, nos abstrair da realidade dos negócios, em especial da realidade brasileira. Os conceitos, as técnicas e as ferramentas apresentados no livro são resultado da revisão criteriosa de cada capítulo, das nossas atividades profissionais e acadêmicas e das contribuições de nossos leitores.

Nós três continuamos w em assessorias, consultorias e como membros de conselhos de administração e fiscal. As análises realizadas, as propostas e os pareceres são cada vez mais embasados em nossa experiência prática no mercado e nas mais modernas teorias financeiras.

Para tal, continuamos estudando teoria financeira em nossas aulas e em nossos grupos de pesquisa dos programas de mestrado em Administração e em Contabilidade da Universidade Federal do Paraná. Participamos de congressos acadêmicos e bancas de mestrado, doutorado e de concursos públicos. Da mesma forma, nossas aulas para os cursos de pós-graduação e MBAs, ministradas em todo o Brasil, têm sido preparadas com o mesmo intuito: respaldar as decisões financeiras de executivos, gerentes e técnicos com ferramentas e conceitos consistentes e adequados à realidade empresarial de cada negócio. As nossas aulas do curso de Administração e Administração Internacional de Negócios da UFPR também têm sido resultado dessa interação teoria-prática.

Nesta terceira edição, além de revisar os textos, preocupamo-nos em acrescentar atualizações importantes, tanto conceituais como da prática brasileira. A bibliografia adicional foi atualizada para todos os capítulos.

O primeiro e o segundo capítulos foram reescritos à luz do atual ambiente socioeconômico brasileiro de estabilidade inflacionária, já contemplada nas edições anteriores; taxas de juros menos exorbitantes; crescimento econômico, ainda que momentaneamente abalado pela crise financeira internacional e estabilidade das instituições.

O terceiro capítulo foi totalmente reescrito a partir da nova lei das sociedades anônimas (Lei Federal nº 11.638), de 28 de dezembro de 2007. Esse capítulo é uma das grandes novidades desta edição. Poderíamos ter escrito outro livro com base em todas as pesquisas que fizemos para readequar o capítulo; no entanto, em atenção a nossos leitores, preferimos continuar prestigiando estudantes, professores e profissionais que muito nos têm honrado ao utilizar este livro e, por isso, nosso estudo e pesquisas foram condensados nesse capítulo.

O quarto e o quinto capítulos sofreram modificações gráficas, e as informações sobre o risco Brasil foram atualizadas.

O sexto capítulo teve seu conteúdo conceitual ampliado, foram feitas adequações técnicas e modificações gráficas.

O sétimo capítulo foi totalmente reescrito. Desenvolvemos o mesmo exemplo ao longo de todo o capítulo, mostrando a evolução da estrutura de capital de uma empresa, o comportamento do custo de capital conforme as diversas metodologias e calculamos o custo do capital nas diferentes etapas, utilizando taxas, custos e valores mais adequados à atual realidade brasileira.

O oitavo capítulo foi atualizado com as novas linhas de financiamento disponíveis, as novas formas de operações estruturadas e com exemplos de operações de Capital de Risco (*Private Equity*). Muitas dessas operações existem há mais tempo, porém começaram a ser utilizadas de forma mais ampla no Brasil apenas nos anos recentes, em função da estabilidade monetária, consolidação do sistema financeiro nacional e principalmente em função da queda das taxas de juros.

O Capítulo 9 foi totalmente reescrito. Reduzimos a evolução histórica e nos dedicamos a apresentar a estrutura atual do mercado de capitais, os novos produtos financeiros e a nova realidade do mercado. Tendo em vista as constantes alterações no mercado, nas Bolsas de Valores e nos acontecimentos nas empresas sociedades anônimas que importam ao investidor, deixamos indicados em quadros e tabelas não apenas os sítios eletrônicos onde obter a informação, mas os endereços eletrônicos completos, detalhados, para que as informações estejam sempre atualizadas.

O Capítulo 10 foi atualizado a partir da nova Lei das S.A. e com taxas de juros e custo do capital próprio mais adequados.

Os Capítulos 11 a 15, que tratam da gestão financeira de curto prazo, foram revisados e permanecem com a estrutura da segunda edição.

O Capítulo 16 continua com seu objetivo maior de sintetizar a complexidade dos impactos tributários na gestão financeira no Brasil.

Os Capítulos 17, 18 e 19 foram revistos e atualizados.

Todas as modificações foram realizadas com o intuito de trazer o máximo de informação atualizada e consistente ao leitor. As questões, os exercícios e os casos devem fazê-lo refletir sobre os temas estudados, de modo que todo esse conhecimento venha auxiliar a tomada de decisões financeiras que maximizem o valor da empresa e dos negócios pelos quais o nosso leitor é responsável hoje e continuará sendo amanhã.

Nosso trabalho não seria possível sem o apoio de nossos editores; sugestões, críticas e comentários dos nossos leitores; questionamentos de nossos alunos e o auxílio de nossos orientandos, monitores e estagiários. Agradecemos imensamente a todos vocês: os méritos são de todos nós, os erros e problemas são responsabilidade dos autores.

Ana Paula Mussi Szabo Cherobim
Antônio Barbosa Lemes Júnior
Cláudio Miessa Rigo

PREFÁCIO

2ª EDIÇÃO

O processo de aprendizagem é feito de idas e voltas constantes na busca de melhorias contínuas. Definir quem é o aluno e quem é o professor é uma questão de semântica que pouco se aplica neste caso. As duas partes têm um trabalho a fazer, e os ganhos são divididos e multiplicados por ambas.

É um enorme prazer prefaciar esta segunda edição escrita por este brilhante trio de verdadeiros mestres: Antônio Barbosa Lemes Júnior, Cláudio Miessa Rigo e Ana Paula Mussi Szabo Cherobim.

Verifica-se que a busca constante do aprimoramento foi feita de forma importante e real. Nesta segunda edição, muitas melhorias foram incorporadas. Parabéns aos autores que o fizeram de forma a buscar a real atividade de aprendizagem.

Este grupo de professores da Universidade Federal do Paraná está colocando a prioridade nacional acima da regional ao trazer esta bela contribuição a todos nós.

A carência de material verdadeiramente brasileiro para alunos e professores é real, e cada vez mais fica claro, no campo de finanças, que as realidades econômicas e legais de cada país fazem diferenças importantes na gestão das empresas. A simples aplicação dos estudos realizados nos Estados Unidos não se justifica para a realidade brasileira. Saber nossas diferenças é entender como somos e buscar as nossas soluções.

Esta lacuna vem sendo preenchida pelos autores e deve servir de exemplo a tantos outros que queiram ajudar nesta prazerosa tarefa de educar e contribuir para a formação dos gestores brasileiros.

Muitas revisões ainda virão, e o trabalho não se esgota neste momento. É importante que a consciência desta atividade seja um correr para um infinito que nunca chega. As finanças avançam constantemente, e cabe a nós buscar o aperfeiçoamento contínuo.

Parabéns, e muito obrigado por todos nós que poderemos compartilhar deste desafio da aprendizagem.

Porto Alegre, 05 de março de 2005
JAIRO LASER PROCIANOY
Escola de Administração
Universidade Federal do Rio Grande do Sul

PREFÁCIO

1ª EDIÇÃO

No mundo globalizado em que hoje vivemos, a administração financeira adquiriu uma enorme importância, principalmente pela crescente velocidade das informações.

Tudo o que acontece, em qualquer país, é transmitido instantaneamente, provocando efeitos econômicos significativos e ampliando a volatilidade dos ativos.

É a nova era das economias interligadas pela migração de capitais, flutuações do câmbio, globalização dos mercados financeiros e de capitais, utilização crescente dos derivativos e aumento dos riscos empresariais e financeiros, tanto pela assimetria das informações quanto pela dificuldade da previsão, com razoável probabilidade de acerto, do cenário futuro.

Diante de tanta volatilidade e incertezas, o administrador financeiro fica angustiado na hora da tomada de decisões e inseguro pelo desconhecimento das inúmeras variáveis que perturbam a atividade empresarial.

Com efeito, as inesperadas crises internacionais, cada dia mais frequentes, as alterações imprevisíveis nas taxas de câmbio, as modificações artificiais nas taxas de juros pelas autoridades monetárias de diferentes países, as variações significativas nos preços das *commodities*, os subsídios concedidos à produção e ao crédito financeiro, os atos terroristas, os tratados internacionais, a volatilidade inflacionária não controlada e as novas leis que criam outros critérios e regras, acarretando aumento de custos não repassáveis aos preços ou mesmo redução nas vendas ou nos lucros – tudo isso exige do executivo financeiro acompanhamento diuturno de todos os fatos econômicos que possam modificar os cenários por ele estabelecidos e o obriga a, periodicamente, reciclar e atualizar os seus conhecimentos técnicos.

Se a administração financeira, para ser bem realizada nesta atual conjuntura mundial, exige do profissional responsável aprimoramento contínuo, é facilmente perceptível e compreensível a dificuldade encontrada pelos alunos de graduação, e mesmo os de pós-graduação, de dominarem esta especialização e assimilarem os diferentes tópicos que a informam.

É, portanto, em muito boa hora, que um grupo de professores, ligados ao Centro de Pesquisa e Pós-graduação em Administração do Departamento de Administração Geral e Aplicada da Universidade Federal do Paraná, decidiu enfrentar o enorme desafio de escrever um livro de Administração Financeira que abordasse, com profundidade e de forma didática, os seus princípios e fundamentos e, o que é muito importante, as práticas brasileiras.

Nos capítulos deste livro, que tive a satisfação de examinar, os complexos temas técnicos estão voltados para a realidade brasileira, não se tratando, por conseguinte, de mais uma tradução de obras alienígenas. Enriquecerá, sem dúvida, a biblioteca acadêmica da área financeira.

Conheço o Prof. Dr. Antônio Barbosa Lemes Júnior há mais de 15 anos, durante os quais participamos juntos de congressos, seminários e eventos, promovidos pelo IBEF – Instituto Brasileiro de Executivos de

Finanças. Em todas essas ocasiões, pude testemunhar seu esforço, sua dedicação, bem como seu profundo conhecimento dos assuntos ligados às finanças corporativas. Mais tarde, tive o grande prazer de tê-lo como aluno no curso de doutorado da Faculdade de Economia, Administração e Contabilidade da Universidade de São Paulo e a imensa satisfação de orientá-lo em sua tese de doutorado, com a qual conquistou brilhantemente o grau de doutor.

Foram também minhas alunas, nos cursos de mestrado e doutorado, a coautora deste livro, Professora Ana Paula Mussi Szabo Cherobim, de quem guardo boa lembrança pela sua eficiente participação e forte contribuição acadêmica nos temas tratados nas aulas de mestrado, e a colaboradora desta obra, Professora Doutora Andrea Paula Segatto Mendes, de quem tive a honra de ser o orientador de sua esplêndida tese de doutoramento. Fico orgulhoso de vê-las progredindo brilhantemente em suas carreiras acadêmicas e participando ativamente na realização deste compêndio.

Envaidecido por ter sido escolhido para redigir o Prefácio deste livro, produção acadêmica de professores cujos profundos conhecimentos técnicos são garantia da elevada qualidade de seu conteúdo, quero parabenizá-los por terem realizado, com sucesso, esta obra tão necessária aos cursos universitários que, indubitavelmente, será um marco no ensino de finanças no Brasil.

São Paulo, 22 de outubro de 2001
KEYLER CARVALHO ROCHA
I Professor Titular da Universidade de São Paulo

SUMÁRIO

PARTE 1 INTRODUÇÃO À ADMINISTRAÇÃO FINANCEIRA....1

CAPÍTULO 1: A DECISÃO FINANCEIRA E A EMPRESA....3

- 1.1.   INTRODUÇÃO....3
- 1.2.   OBJETIVO E FUNÇÕES DA ADMINISTRAÇÃO FINANCEIRA....4
- 1.3.   MERCADO FINANCEIRO....18
- 1.4.   TIPOS DE EMPRESAS....19
- 1.5.   TEORIA DE AGÊNCIA....21
- 1.6.   RESUMO....22
- 1.7.   QUESTÕES....23
- 1.8.   BIBLIOGRAFIA ADICIONAL....24

PARTE 2 O AMBIENTE DOS NEGÓCIOS....25

CAPÍTULO 2: AMBIENTE ECONÔMICO E FINANCEIRO DAS EMPRESAS....27

- 2.1.   INTRODUÇÃO....27
- 2.2.   AS EMPRESAS NO AMBIENTE ECONÔMICO....28
- 2.3.   AS EMPRESAS NO AMBIENTE FINANCEIRO....34
- 2.4.   COMPORTAMENTO DO MERCADO....37
- 2.5.   RESUMO....40
- 2.6.   QUESTÕES....41
- 2.7.   EXERCÍCIOS....42
- 2.8.   BIBLIOGRAFIA ADICIONAL....43

CAPÍTULO 3: AS DEMONSTRAÇÕES FINANCEIRAS COMO INSTRUMENTO DE GESTÃO....45

- 3.1.   INTRODUÇÃO....46
- 3.2.   AS FONTES DE INFORMAÇÃO DA ADMINISTRAÇÃO FINANCEIRA....46
- 3.3.   AS DEMONSTRAÇÕES FINANCEIRAS....47
- 3.4.   INFORMAÇÕES AO MERCADO....75
- 3.5.   ANÁLISE DAS DEMONSTRAÇÕES FINANCEIRAS....76
- 3.6.   A ANÁLISE DAS RELAÇÕES ENTRE CUSTO, VOLUME E LUCRO....79
- 3.7.   ALAVANCAGEM....85
- 3.8.   MEDIDAS ESTRATÉGICAS DE AVALIAÇÃO DE DESEMPENHO....88
- 3.9.   RESUMO....92
- 3.10. QUESTÕES....92
- 3.11. EXERCÍCIOS....93
- 3.12. BIBLIOGRAFIA ADICIONAL....97
- ANEXO I....98

XVI – Administração Financeira

ELSEVIER

PARTE 3 A DECISÃO DE INVESTIMENTO....101

CAPÍTULO 4: VALOR DO DINHEIRO NO TEMPO....103
- 4.1. INTRODUÇÃO....103
- 4.2. FORMAS DE CAPITALIZAÇÃO....105
- 4.3. TABELAS FINANCEIRAS....124
- 4.4. CALCULADORAS FINANCEIRAS....126
- 4.5. PLANILHAS ELETRÔNICAS E *SOFTWARES* FINANCEIROS....126
- 4.6. PLANOS DE AMORTIZAÇÃO....127
- 4.7. RESUMO....131
- 4.8. QUESTÕES....131
- 4.9. EXERCÍCIOS....132
- 4.10. BIBLIOGRAFIA adicional....133

CAPÍTULO 5: RISCO E RETORNO....134
- 5.1. O RISCO: VARIABILIDADE DOS RETORNOS....135
- 5.2. OS TIPOS DE RISCO....136
- 5.3. RISCO E RETORNO....138
- 5.4. CÁLCULO DO RETORNO DE AÇÕES E DE CARTEIRAS....147
- 5.5. ELABORAÇÃO DE CENÁRIOS....154
- 5.6. RESUMO....155
- 5.7. QUESTÕES....155
- 5.8. EXERCÍCIOS....155
- 5.9. CASO....156
- 5.10. BIBLIOGRAFIA ADICIONAL....157

CAPÍTULO 6: DECISÕES DE INVESTIMENTO DE LONGO PRAZO....159
- 6.1. INTRODUÇÃO....160
- 6.2. DECISÕES DE INVESTIMENTO DE LONGO PRAZO E A IMPORTÂNCIA DO ORÇAMENTO DE CAPITAL....162
- 6.3. FLUXO DE CAIXA LIVRE....167
- 6.4. MÉTODOS DE AVALIAÇÃO DE PROJETOS....173
- 6.5. PRÁTICAS DE ORÇAMENTO DE CAPITAL....184
- 6.6. MÉTODOS CONTEMPORÂNEOS DE AVALIAÇÃO DE PROJETOS....186
- 6.7. RESUMO....187
- 6.8. QUESTÕES....188
- 6.9. EXERCÍCIOS....189
- 6.10. BIBLIOGRAFIA ADICIONAL....192
- ANEXO....193

PARTE 4 A DECISÃO DE FINANCIAMENTO....195

CAPÍTULO 7: CUSTO DE CAPITAL E ESTRUTURA DE CAPITAL....197
- 7.1. INTRODUÇÃO....198
- 7.2. CUSTO DE CAPITAL....199
- 7.3. CUSTO MARGINAL DE CAPITAL E ORÇAMENTO DE CAPITAL....211
- 7.4. ESTRUTURA DE CAPITAL....219
- 7.5. RESUMO....231
- 7.6. QUESTÕES....232
- 7.7. EXERCÍCIOS....233
- 7.8. BIBLIOGRAFIA ADICIONAL....236

CAPÍTULO 8: FONTES DE FINANCIAMENTO DE LONGO PRAZO....238
- 8.1. INTRODUÇÃO....239
- 8.2. SISTEMA FINANCEIRO NACIONAL....245
- 8.3. MERCADO FINANCEIRO....270

8.4. ENGENHARIA FINANCEIRA....278
8.5. PRÁTICAS DE FINANCIAMENTO NO BRASIL....285
8.6. RESUMO....291
8.7. QUESTÕES....293
8.8. BIBLIOGRAFIA ADICIONAL....294

Capítulo 9: MERCADO DE CAPITAIS....296
9.1. INTRODUÇÃO....297
9.2. MERCADO FINANCEIRO E MERCADO DE CAPITAIS....299
9.3. COMPANHIAS ABERTAS....302
9.4. BOLSAS DE VALORES NO BRASIL....304
9.5. TÍTULOS DO MERCADO DE CAPITAIS....307
9.6. MERCADOS DE AÇÕES....314
9.7. DERIVATIVOS: MERCADO A TERMO, FUTURO E DE OPÇÕES....316
9.8. ANÁLISE DE INVESTIMENTO EM AÇÕES....327
9.9. TENDÊNCIAS DO MERCADO DE CAPITAIS....332
9.10. RESUMO....335
9.11. QUESTÕES....336
9.12. EXERCÍCIOS....337
9.13. BIBLIOGRAFIA ADICIONAL....338

Capítulo 10: POLÍTICAS DE DIVIDENDOS E RELAÇÕES COM INVESTIDORES....339
10.1. INTRODUÇÃO....340
10.2. AS TEORIAS DE DIVIDENDOS....340
10.3. POLÍTICAS DE DIVIDENDOS....347
10.4. RELAÇÕES COM INVESTIDORES....357
10.5. RESUMO....361
10.6. QUESTÕES....362
10.7. EXERCÍCIOS....362
10.8. CASOS....363
10.9. BIBLIOGRAFIA ADICIONAL....365

Parte 5 ADMINISTRAÇÃO FINANCEIRA DE CURTO PRAZO....367
Capítulo 11: ADMINISTRAÇÃO DO CAIXA....369
11.1. INTRODUÇÃO....369
11.2. O CAPITAL CIRCULANTE....370
11.3. POLÍTICAS DE GERENCIAMENTO DO CAPITAL CIRCULANTE....374
11.4. GESTÃO DO CAIXA....375
11.5. ADMINISTRAÇÃO INTERNACIONAL DO CAIXA....383
11.6. GESTÃO DE RECURSOS TEMPORARIAMENTE OCIOSOS – TÍTULOS NEGOCIÁVEIS....384
11.7. OS EMPRÉSTIMOS DE CURTO PRAZO E O SALDO DE CAIXA....387
11.8. RESUMO....388
11.9. QUESTÕES....389
11.10. EXERCÍCIOS....389
11.11. BIBLIOGRAFIA ADICIONAL....391

Capítulo 12: ADMINISTRAÇÃO DE CRÉDITO E CONTAS A RECEBER....392
12.1. INTRODUÇÃO....392
12.2. O CRÉDITO....393

XVIII – Administração Financeira

12.3. O FATURAMENTO....393
12.4. POLÍTICAS DE CRÉDITO....394
12.5. O PROCESSO DE CONCESSÃO DE CRÉDITO....398
12.6. O CUSTO DO CRÉDITO....402
12.7. ADMINISTRAÇÃO INTERNACIONAL DO CRÉDITO....403
12.8. A GESTÃO DA COBRANÇA....404
12.9. RESUMO....407
12.10. QUESTÕES....408
12.11. EXERCÍCIOS....409
12.12. BIBLIOGRAFIA ADICIONAL....411

Capítulo 13: ADMINISTRAÇÃO FINANCEIRA DE ESTOQUES....412
13.1. INTRODUÇÃO....413
13.2. TIPOS DE ESTOQUES....414
13.3. MANUTENÇÃO DE ESTOQUES....416
13.4. CUSTOS DOS ESTOQUES....416
13.5. A GESTÃO DOS ESTOQUES....419
13.6. GESTÃO DE COMPRAS....420
13.7. CONTROLES DE ESTOQUES....421
13.8. TÉCNICAS DE ADMINISTRAÇÃO DE ESTOQUES....421
13.9. SISTEMA *JUST-IN-TIME* (JIT)....425
13.10. ADMINISTRAÇÃO INTERNACIONAL DE ESTOQUES....425
13.11. RESUMO....426
13.12. QUESTÕES....427
13.13. EXERCÍCIOS....427
13.14. BIBLIOGRAFIA ADICIONAL....429

Capítulo 14: FONTES DE FINANCIAMENTOS DE CURTO PRAZO....430
14.1. INTRODUÇÃO....430
14.2. CAPITAIS PRÓPRIOS....430
14.3. CAPITAIS DE TERCEIROS....431
14.4. CAPITAIS DE TERCEIROS DE CURTO PRAZO – CRÉDITO COMERCIAL....431
14.5. CAPITAIS DE TERCEIROS DE CURTO PRAZO – CRÉDITO BANCÁRIO....433
14.6. PRINCIPAIS MODALIDADES DE CRÉDITO BANCÁRIO....435
14.7. A ESCOLHA DO BANCO....441
14.8. RESUMO....441
14.9. QUESTÕES....442
14.10. EXERCÍCIOS....442
14.11. BIBLIOGRAFIA ADICIONAL....443

Capítulo 15: PLANEJAMENTO ECONÔMICO-FINANCEIRO....445
15.1. INTRODUÇÃO....445
15.2. O TEMPO E O PLANEJAMENTO ECONOMICO-FINANCEIRO....446
15.3. PLANEJAMENTO ECONÔMICO-FINANCEIRO DE LONGO PRAZO....447
15.4. PLANEJAMENTO ECONOMICO-FINANCEIRO DE CURTO PRAZO....453
15.5. RESUMO....465
15.6. QUESTÕES....465
15.7. EXERCÍCIOS....466
15.8. BIBLIOGRAFIA ADICIONAL....473

Parte 6 TÓPICOS ESPECIAIS EM FINANÇAS....475

Capítulo 16: GESTÃO TRIBUTÁRIA APLICADA À ÁREA DE FINANÇAS....477
- 16.1. INTRODUÇÃO....477
- 16.2. TENDÊNCIAS PARA A NOVA ADMINISTRAÇÃO TRIBUTÁRIA – REFLEXÕES....479
- 16.3. GESTÃO TRIBUTÁRIA – NOÇÕES CONCEITUAIS....482
- 16.4. PRINCIPAIS TRIBUTOS INCIDENTES SOBRE A ATIVIDADE DA PESSOA JURÍDICA....484
- 16.5. CONCEITOS DE PLANEJAMENTO TRIBUTÁRIO....486
- 16.6. OS REFLEXOS DO PLANEJAMENTO TRIBUTÁRIO NA ADMINISTRAÇÃO FINANCEIRA....488
- 16.7. ASPECTOS MÍNIMOS RECOMENDÁVEIS NA IMPLEMENTAÇÃO DO PLANEJAMENTO....493
- 16.8. EFEITOS DO PLANEJAMENTO TRIBUTÁRIO NO REGISTRO CONTÁBIL....495
- 16.9. RESPONSABILIDADE DOS ADMINISTRADORES DE EMPRESAS....498
- 16.10. RESUMO....502
- 16.11. QUESTÕES....503
- 16.12. BIBLIOGRAFIA ADICIONAL....504

Capítulo 17: DIFICULDADES FINANCEIRAS....505
- 17.1. INTRODUÇÃO....505
- 17.2. CONCEITOS DE DIFICULDADES FINANCEIRAS....506
- 17.3. RECUPERAÇÃO EXTRAJUDICIAL, RECUPERAÇÃO JUDICIAL E FALÊNCIA....508
- 17.4. DIFICULDADES FINANCEIRAS COM BASE EM BALANÇOS E EM FLUXOS DE CAIXA....514
- 17.5. ADMINISTRAÇÃO DE EMPRESAS EM DIFICULDADES FINANCEIRAS....516
- 17.6. DIFICULDADES FINANCEIRAS NO BRASIL E NOS ESTADOS UNIDOS....520
- 17.7. AVALIAÇÃO DE DIFICULDADES FINANCEIRAS....525
- 17.8. RESUMO....533
- 17.9. QUESTÕES....534
- 17.10. ESTUDO DE CASO....534
- 17.11. BIBLIOGRAFIA ADICIONAL....537

Parte 7 TÓPICOS DE ESPECIALIZAÇÃO EM FINANÇAS....539

Capítulo 18: ADMINISTRAÇÃO FINANCEIRA DE MULTINACIONAIS....541
- 18.1. INTRODUÇÃO....542
- 18.2. NOVA PERSPECTIVA GERENCIAL DAS EMPRESAS....542
- 18.3. EMPRESAS MULTINACIONAIS....543
- 18.4. ADMINISTRAÇÃO FINANCEIRA INTERNACIONAL....545
- 18.5. MERCADO FINANCEIRO INTERNACIONAL....549
- 18.6. EUROMERCADOS....550
- 18.7. RESUMO....560
- 18.8. QUESTÕES....561
- 18.9. EXERCÍCIOS....561
- 18.10. BIBLIOGRAFIA ADICIONAL....562

XX – Administração Financeira — ELSEVIER

Capítulo 19: FUSÕES E AQUISIÇÕES....563

19.1. INTRODUÇÃO....565

19.2. CONCEITOS E FUNDAMENTOS DE FUSÕES E AQUISIÇÕES....566

19.3. A DECISÃO ECONÔMICA DA FUSÃO E AQUISIÇÃO....571

19.4. ASPECTOS JURÍDICOS, CONTÁBEIS-TRIBUTÁRIOS E CULTURAIS....576

19.5. PROCESSOS DE NEGOCIAÇÃO DAS FUSÕES E AQUISIÇÕES....586

19.6. FUSÕES E AQUISIÇÕES NO BRASIL E NO MUNDO....592

19.7. RESUMO....598

19.8. QUESTÕES....599

19.9. EXERCÍCIOS....600

19.10. ESTUDO DE CASO....601

19.11. BIBLIOGRAFIA ADICIONAL....602

PARTE

1

INTRODUÇÃO À ADMINISTRAÇÃO FINANCEIRA

Capítulo 1: A decisão financeira e a empresa....3

CAPÍTULO 1

A DECISÃO FINANCEIRA E A EMPRESA

1.1 Introdução

1.2 Objetivo e funções da administração financeira

1.3 Mercado financeiro

1.4 Tipos de empresas

1.5 Teoria de agência

1.6 Resumo

1.7 Questões

1.8 Bibliografia adicional

1.1 INTRODUÇÃO

O objetivo da administração financeira é maximizar a riqueza dos acionistas da empresa. O administrador financeiro é o principal responsável pela criação de valor e pela mitigação de riscos e, para isso, se envolve nos negócios como um todo.

A função financeira, de modo geral, está organizada em duas áreas: gerência financeira e controladoria. A gerência financeira abrange atividades de administração de caixa, crédito e cobrança, risco, câmbio, investimento, financiamento, planejamento e controle financeiro, relacionamento com acionistas e investidores e relacionamento com bancos. A controladoria engloba atividades de administração de custos e preços, auditoria interna, avaliação de desempenho, contabilidade, orçamento, controle patrimonial, planejamento tributário, relatórios gerenciais e sistemas de informação financeira.

Para maximizar a riqueza dos acionistas, o administrador financeiro toma três decisões fundamentais: decisão de investimento, decisão de financiamento e decisão de resultados.

O administrador financeiro recebe várias denominações, tais como: vice-presidente de finanças, diretor financeiro, executivo financeiro, superintendente financeiro, supervisor financeiro – dependendo do porte e da natureza de cada empresa.

O campo de abrangência das finanças é amplo, incluindo o processo financeiro, o mercado financeiro, o mercado de capitais, os instrumentos financeiros, as finanças pessoais, governamentais e corporativas. Neste livro, trataremos das finanças corporativas.

Finanças corporativas são as finanças que visam maximizar a riqueza dos acionistas das empresas; normalmente constituídas na forma de sociedade anônima de capital.

Algumas empresas constituídas na forma de cotas de responsabilidade limitada também podem ser objeto de estudo das finanças corporativas. Por exemplo, a Magazine Luíza é uma grande empresa brasileira constituída na forma de cotas de responsabilidade limitada que, por seu porte, requer uma boa governança corporativa.

Como oportunidade de carreira, o administrador financeiro pode atuar como analista de crédito e cobrança, gerente de projetos, gerente financeiro, *controller*, coordenador de planejamento e controle financeiro e analista de investimentos. Pode trabalhar em bancos, corretoras, distribuidoras, bolsas de valores, como consultor autônomo de investimentos, analista de risco, orientador de seguros, enfim, em diversos cargos que envolvam, direta ou indiretamente, gestão de recursos financeiros.

A administração financeira procura responder **três questões fundamentais**:

1. Quais investimentos de longo prazo você deve fazer?
2. Onde você conseguirá os financiamentos para viabilizar esses investimentos?
3. Como você obterá resultados que atendam às exigências dos acionistas?

Os administradores financeiros contribuem para o sucesso dos negócios empresariais ao darem respostas adequadas a essas questões. Nas decisões de investimento, por exemplo, criam, recebem e desenvolvem alternativas de negócios de longo prazo, com retornos favoráveis aos acionistas, buscando sempre a maximização da riqueza da empresa.

Essas alternativas podem se restringir a um ramo específico de negócios ou abranger vários setores da atividade econômica. Os investimentos podem ocorrer ao longo da cadeia produtiva da empresa, por exemplo, no caso das redes de supermercados, que investem em produzir suas marcas próprias como forma de tornar seus clientes fiéis e de diminuir a dependência de fornecedores.

As decisões financeiras ocorrem ao longo do tempo. Quando se referem às atividades normais da empresa, relacionadas aos pagamentos e recebimentos do dia a dia, são ditas *decisões financeiras de curto prazo*, conhecidas também como administração do capital de giro. As *decisões financeiras de longo prazo* são aquelas pertinentes aos investimentos, e financiamentos e resultados, com prazos superiores a um ano.

As instituições financeiras, por sua vez, desempenham papel relevante na economia porque como os recursos financeiros não estão distribuídos de maneira uniforme entre os agentes econômicos, há necessidade da intermediação financeira, captando os excedentes dos agentes superavitários e alocando-os aos agentes deficitários.

Este livro aborda finanças corporativas de modo prático e procura relacionar a teoria à realidade brasileira. Alguns aspectos, como a evolução do pensamento em finanças corporativas, por exemplo, devem ser mais aprofundados por meio da leitura dos textos clássicos do assunto, relacionados no final do capítulo. O conteúdo do livro irá contemplar, ao longo dos capítulos, os grandes blocos da moderna teoria financeira: eficiência dos mercados, teoria da carteira, precificação dos ativos financeiros, precificação de opções e teoria da agência.

1.2 OBJETIVO E FUNÇÕES DA ADMINISTRAÇÃO FINANCEIRA

A administração financeira é a arte e a ciência de administrar recursos financeiros para maximizar a riqueza dos acionistas.

A administração financeira pode ser exercida nas mais diversas organizações: indústria, comércio ou serviços; empresas públicas ou privadas; voltadas ou não para lucros; governo, escolas, hospitais, clubes recreativos, ONGs e outras.

O administrador financeiro procura responder questões como: quais investimentos devem ser feitos? Quais fontes de financiamentos devem ser utilizadas? Como deve conceder crédito? Qual política de cobrança adotar? Como ter um planejamento tributário eficaz? Qual deve ser a política de remuneração dos acionistas? Os projetos e as atividades da empresa estão agregando valor aos acionistas? Qual o custo dos produtos e serviços? Qual o preço a ser praticado?

Existem inúmeros enfoques da administração financeira, destacando-se os de retorno, risco, liquidez, endividamento, eficácia operacional, alavancagem, valor, fusões e aquisições, mercado financeiro, mercado de capital, mercados futuros e de opções. A administração financeira pode ser exercida em pequenas, médias e grandes empresas. Neste livro apresentaremos e discutiremos os princípios, os fundamentos e as práticas que, a nosso ver, constituem a essência da administração financeira, e indicaremos bibliografia adicional para aqueles que quiserem maior aprofundamento. Para o aluno de Administração e de outros cursos de áreas afins, o estudo de administração financeira é importante, mesmo quando seus objetivos profissionais não estejam ligados diretamente a atividades financeiras, pois os recursos financeiros estão presentes em todas as atividades econômicas, políticas e sociais.

Um dos fatores de maior relevância para o desenvolvimento das empresas é a existência de um forte mercado financeiro e de capitais, com boas instituições, que assegurem a eficiência da intermediação de recursos. Nesse sentido, aprofundaremos o tema nos Capítulos 8 e 9.

No âmbito empresarial, os recursos são gerados internamente, advindos dos lucros, ou captados externamente, por meio de financiamentos dos bancos ou de emissão de ações, e são utilizados nas atividades operacionais ou em projetos de investimento.

1.2.1 OBJETIVO DA ADMINISTRAÇÃO FINANCEIRA

O objetivo da administração financeira é maximizar a riqueza dos acionistas.

Para atingir esse objetivo, ela busca uma integração perfeita de três decisões estratégicas: de investimento, de financiamento e de resultados. Esquematicamente podemos representar:

Maximização da Riqueza = f (DI, DF e DR)

DI: decisão de investimento
DF: decisão de financiamento
DR: decisão de resultados

O objetivo normativo da administração financeira é "maximizar a riqueza da empresa". Esse objetivo deve atender também ao desejo mais específico do acionista, a remuneração de seu capital, sob a forma de distribuição de dividendos.

Pode-se conceituar também o objetivo da administração financeira como sendo o de maximizar o valor atual das ações da empresa. Nesse caso, evidencia-se a necessidade de se tomar decisões que tragam fluxos de caixa futuros positivos.

A discussão teórica entre maximização de lucro e maximização de riqueza é muito mais sobre a precisão dos termos e o refinamento de procedimentos.

A maximização do lucro, tida por muito tempo como o objetivo principal da empresa, é objetivo impreciso, pois ações tomadas para maximizar os lucros atuais podem diminuir os lucros futuros e vice-versa. Exemplos disso são: retardar gastos com propaganda, deixar de fazer manutenção de instalações e equipamentos.

A maximização da riqueza é mais precisa porque envolve os conceitos de valor presente líquido, incorporando conceitos de risco e de custo de capital, os quais serão tratados ao longo do livro. Nas instituições não voltadas ao lucro, existem outros objetivos que não a maximização da riqueza. No entanto, essas organizações não prescindem da boa administração financeira, pois precisam garantir boa saúde econômico-financeira para sobreviver e para se desenvolver.

1.2.2 FUNÇÕES FINANCEIRAS

O Quadro 1.1 mostra as funções financeiras agrupadas em duas áreas: a gerência financeira e a controladoria. Essas funções surgem e se expandem ou desaparecem dependendo do interesse e das necessidades de cada empresa, variando segundo sua natureza, porte e estágio de desenvolvimento.

Quadro 1.1 Funções da administração financeira

GERÊNCIA FINANCEIRA	CONTROLADORIA
• Administração de caixa	• Administração de custos e preços
• Administração de crédito e cobrança	• Auditoria interna
• Administração do risco	• Avaliação de desempenho
• Administração de câmbio	• Contabilidade
• Decisão de financiamento	• Orçamento
• Decisão de investimento	• Patrimônio
• Planejamento e controle financeiro	• Planejamento tributário
• Relações com acionistas e investidores	• Relatórios gerenciais
• Relações com bancos	• Sistemas de informação financeira

As funções financeiras de curto prazo envolvem as operações do dia a dia, como administração do caixa, do crédito e contas a receber e a pagar, dos estoques e dos financiamentos de curto prazo. A empresa precisa dispor de recursos suficientes para saldar os compromissos com fornecedores, salários, tributos e demais contas. Para tanto, os recebimentos das vendas e/ou prestação de serviços aos clientes precisam ocorrer antes ou simultaneamente ao vencimento dos compromissos.

Quando há falta de sincronia entre prazos de recebimentos e de pagamentos, é necessário buscar recursos no mercado financeiro, por meio de empréstimos. A administração financeira de curto prazo também é chamada de administração do capital de giro. Essa falta de sintonia entre recebimentos e pagamentos origina-se nas políticas de concessão de crédito a clientes e na obtenção de prazos junto a fornecedores; diferentes prazos legais para pagamentos de salários e tributos; diferentes políticas de estocagem e diferentes ciclos de produção dos produtos vendidos e serviços prestados.

Há um princípio administrativo por trás dessa divisão de funções: quem faz não controla e quem controla não faz. É uma prática que visa à proteção dos acionistas. Observa-se, no entanto, que operações que não envolvam fluxos de caixa são realizadas pela controladoria, como administração de custos e preços, por exemplo.

As funções financeiras de longo prazo envolvem decisões de orçamento de capital, de estrutura de capital e de gestão de resultados.

1.2.3 O PAPEL DO GERENTE FINANCEIRO, DO CONTROLLER E DO DIRETOR FINANCEIRO

As funções financeiras são executadas por diversas pessoas, e a forma como estas estão organizadas depende do porte da empresa e das atividades por ela desenvolvidas.

Nas micro e pequenas empresas, os proprietários acumulam as funções financeiras com as demais funções gerenciais (produção, comercialização, logística, pessoas, tecnologia da informação). A contabilidade normalmente é terceirizada.

Nas médias empresas, os sócios acumulam algumas funções, sendo comum a figura de gerente administrativo-financeiro, acumulando funções financeiras, gestão de pessoas e de informática, por exemplo.

Nas grandes empresas, as funções financeiras são separadas das demais funções gerenciais, existindo um diretor para cada uma das áreas. Nas sociedades anônimas de capital aberto, o diretor financeiro assume novas atribuições, sendo responsável pelo relacionamento com acionistas e investidores. Outra característica dessas empresas é a separação entre proprietários (acionistas) e administradores.

Portanto, o papel do administrador financeiro ganha dimensão à medida que a empresa cresce e vai se tornando mais complexa. A função de *controller* no Brasil, por exemplo, até alguns anos atrás, era exercida pelos contadores. Apenas as multinacionais ou grandes companhias tinham esse cargo.

1.2.4 DECISÕES FINANCEIRAS

A administração financeira envolve basicamente a gestão de recursos financeiros. Como obter esses recursos e onde aplicá-los é a atividade principal do administrador financeiro. A obtenção de recursos diz respeito às decisões de financiamento, e sua utilização, às decisões de investimento – e com resultados positivos.

Como obter esses recursos e onde aplicá-los é a atividade principal do administrador financeiro. O diretor financeiro é responsável direto pela criação de valor, pela saúde econômico-financeira e pela credibilidade no mercado financeiro e de capitais.

DECISÃO DE INVESTIMENTO

Entende-se por investimento toda a aplicação de capital em algum ativo, tangível ou não, para obter determinado retorno futuro. Um investimento pode ser a criação de uma nova empresa ou implantação de um projeto em uma já existente, por exemplo.

O processo de geração de propostas, determinação das alternativas viáveis, tomada de decisão, implantação e avaliação de desempenho é chamado de orçamento de capital.

No setor industrial, o projeto de investimento mais clássico é a aquisição de novas linhas de produção. Mas também são importantes os projetos de reposição de equipamentos, reforma de linhas de produção antigas, projetos para automação industrial, projetos de substituição de mão de obra, projeto para adoção de novas tecnologias e projetos linha verde, objetivando reduzir os impactos ambientais nocivos dos processos produtivos.

Os projetos de investimentos podem ser realizados conjuntamente com outras empresas, ou ainda, os equipamentos podem ser arrendados ou alugados. Nessa decisão estão contempladas também as fusões e aquisições.

No setor agroindustrial, os projetos envolvem aplicações de recursos na aquisição de maquinário agrícola, na construção de silos e armazéns, no melhoramento genético e do solo, no aumento da produtividade, na formação de cooperativas, no processamento de produtos *in natura* agregando valor, na informatização do controle da produção e nos canais de comercialização.

No setor de serviços, os projetos de investimento referem-se desde reforma das instalações até campanhas publicitárias. Os gastos com automação comercial e sistemas de informações gerenciais também são projetos de investimento, na medida em que podem aumentar ou diminuir o valor da empresa, no longo prazo.

O Quadro 1.2 ilustra as principais questões que devem ser respondidas antes de se tomar uma decisão de investimento, utilizando-se da estrutura do **ativo**. Sabemos que essa estrutura se altera em função do ramo de negócios e de suas características específicas. No entanto, podemos dizer que as questões a serem respondidas são semelhantes.

Uma empresa de capital intensivo requer grandes investimentos em ativos imobilizados. Exemplos desse tipo de empresa são: Ambev, Embraer, Vale, Petrobras, Gerdau, Renault, Telefônica e Copel. Para empresas do ramo varejista, que não exigem grandes imobilizações, e sim grandes investimentos em estoques, serão dadas outras respostas. Exemplos desse tipo de empresas são: Casas Pernambucanas, Casas Bahia, Pão de Açúcar, Supermercados Condor e Lojas Riachuelo.

Quadro 1.2 Decisão de investimento

ATIVO	Questões a serem respondidas:
ATIVO CIRCULANTE Caixa e bancos Contas a receber Estoques Outros **ATIVO NÃO CIRCULANTE** Realizável a longo prazo Investimentos Imobilizado Intangível TOTAL	• Onde estão aplicados os recursos financeiros? • Quanto está aplicado em ativos circulantes? • Quanto em ativos permanentes? Em quais? • Qual a melhor composição dos ativos? • Qual o risco do investimento? • Qual o retorno do investimento? • Quais as novas alternativas de investimentos? • Em quais novos ativos investir? • Como maximizar a rentabilidade dos investimentos existentes? • O que deve ser descartado, reduzido ou eliminado, por não acrescentar valor?

Organizações não voltadas ao lucro, tais como associações, fundações, organizações não governamentais e sindicatos, normalmente demandam mais recurso de curto prazo, ativos circulantes, especialmente caixa.

Da mesma forma, existem empresas que têm maior necessidade de recursos de curto prazo, como pequenos varejos, por exemplo, postos de combustíveis, panificadoras, butiques, locadoras de vídeo;

e outras com necessidades de recursos de longo prazo. Trataremos mais profundamente da questão de curto prazo na Parte V deste livro.

DECISÃO DE FINANCIAMENTO

Também chamada de decisão sobre estrutura de capital, esta decisão envolve a consideração da composição das fontes de financiamento, em termos de capital próprio e de terceiros, cujos conceitos serão vistos na sequência.

Quando uma empresa tem a capacidade de obter recursos com taxas e prazos compatíveis, ela consegue viabilizar bons projetos de investimento, consequentemente trazendo maior valor para seus acionistas.

A composição de recursos é chamada de estrutura financeira e pode ser verificada do lado direito do balanço, o PASSIVO. O Quadro 1.3 apresenta o PASSIVO e uma série de questões que devem ser respondidas antes de se tomar uma decisão de financiamento. Da mesma forma que tratamos a decisão de investimento, com base no ATIVO, podemos tecer alguns comentários sobre o passivo e as formas de financiamento das empresas.

Quadro 1.3 Decisão de financiamento

PASSIVO	Questões a serem respondidas
PASSIVO CIRCULANTE Fornecedores Empréstimos e financiamentos Debêntures Outros PASSIVO NÃO CIRCULANTE Exigível a longo prazo Financiamentos PATRIMÔNIO LÍQUIDO Capital Social Reservas de capital Ajustes de avaliação Reservas de Lucros Ações em tesouraria Prejuízos acumulados TOTAL	• Qual a estrutura de capital? • De onde vêm os recursos? • Qual a participação de capital próprio? • Qual a participação de capital de terceiros? • Qual o perfil do endividamento? • Qual o custo de capital? Como reduzi-lo? • Quais as fontes de financiamento utilizadas e seus respectivos custos? • Quais deveriam ser substituídas ou eliminadas? • Qual o risco financeiro? • Qual o sincronismo entre os vencimentos das dívidas e a geração de meios de pagamentos?

Uma série de fatores – ramo de negócio, porte, condição econômica do país, além de outros – determinarão as respostas mais adequadas para cada uma das questões formuladas.

Empresas multinacionais, ou grandes empresas nacionais com livre acesso aos mercados financeiros internacionais, por exemplo, podem preferir captar recursos no exterior, onde o custo de capital é menor, no entanto, estarão incorrendo risco cambial.

As decisões de financiamento envolvem a escolha da estrutura de capital, a determinação do custo de capital e a captação de recursos. Remetem, portanto, à definição das fontes de financiamentos a serem utilizadas nas atividades da empresa e nos projetos de investimento. Os recursos financeiros advêm de duas fontes: capital próprio e capital de terceiros.

O capital próprio é formado por recursos dos acionistas da empresa. Pessoas físicas e jurídicas superavitárias aplicam seus recursos excedentes nas empresas. Essas aplicações são feitas no longo prazo, por meio de compra de ações no mercado de capitais. A motivação para a aplicação dos recursos pessoais e empresariais em projetos de investimento é a perspectiva de obtenção de lucro.[1]

Esse lucro é representado pela distribuição de dividendos e valorização do preço da ação no mercado e distribuição de bonificações. Os principais investidores, hoje, são os fundos de pensão e os fundos de investimentos. No Brasil, os investidores estrangeiros representavam, em dezembro de 2009, 37% dos valores negociados na BM&FBOVESPA.

O capital de terceiros entra na empresa por meio de financiamentos obtidos junto a instituições financeiras.[2] Esses financiamentos demandam o pagamento de valores, representando a amortização do principal e os juros. Os juros constituem a remuneração dos recursos tomados emprestados. As dívidas da empresa com fornecedores (duplicatas a pagar), com funcionários (salários a pagar), com o governo (tributos a pagar) também constituem recursos de terceiros à disposição da empresa. Esses valores são conhecidos como créditos espontâneos e não são considerados como parte da estrutura de capital.

É muito difícil determinar com consistência o nível de endividamento adequado para a empresa. Os bancos comerciais, por exemplo, trabalham com uma relação de 9 para 1, ou seja, para cada R$1,00 de recursos próprios (Patrimônio Liquido) têm R$9,00 de capital de terceiros (Passivo circulante + Passivo não circulante), o que é perfeitamente aceitável.[3] Empresas não financeiras não podem assumir esse nível de endividamento.

A discussão de estrutura de capital no Brasil é extremamente interessante, porquanto a disponibilidade de fontes de financiamento de longo prazo é bastante reduzida. Sob a forma de capital de terceiros, a principal fonte de recurso é o BNDES – Banco Nacional de Desenvolvimento Econômico e Social. O mercado financeiro brasileiro opera com taxas de juros elevadas, se comparadas com a de outros países em seu estágio de desenvolvimento, e se concentra em empréstimos de curto prazo. Para longo prazo, praticamente todos os bancos de investimentos brasileiros atuam como repassadores de recursos do BNDES.

Sob a forma de capital próprio, no Brasil as empresas deparam-se ainda com a baixa renda *per capita* dos brasileiros e a falta de tradição de investimentos de risco (ações), beneficiando-se pouco do mercado de capital. Por exemplo, a BM&F BOVESPA, maior bolsa de valores do Brasil, negocia papéis de apenas cerca de 750 empresas, enquanto a NYSE (New York Stock Exchange) americana tem mais de 3.500 empresas. O BNDES, por meio de sua subsidiária BNDESPAR, é uma fonte de capitalização das empresas, em casos especiais, quando adquire participação acionária.

Diz-se que, quando empresas brasileiras conseguem financiamentos do BNDES a custos menores que os de mercado, elas conseguem mais facilmente viabilizar projetos que trazem riqueza para seus acionistas.

---

[1] O lucro continua sendo adotado na prática empresarial.

[2] São tidos como **empréstimos** os capitais de terceiros, de curto prazo, utilizados sem que o credor exerça controle sobre seu uso. São considerados **financiamentos** os capitais de terceiros, de médio e longo prazos, utilizados pelas empresas com objetivos específicos definidos quando da contratação.

[3] O acordo da Basileia, na Suíça, feito entre os Bancos Centrais dos principais países do mundo, estabelece padrões de alavancagem aceitáveis para os bancos.

Por atuar como uma agência de fomento ao desenvolvimento industrial nacional, em alguns casos, o BNDES financia empresas exportadoras estratégicas, como a Embraer, alavancando seu crescimento. Também atua fomentando a criação de grandes empresas na área de alimentos, mineração, papel e celulose, telecomunicações, siderurgia, energia, petróleo, dentre outras.

DECISÃO SOBRE RESULTADOS

Para atingir o objetivo de maximização da riqueza dos acionistas, o administrador preocupa-se também com a administração do capital de giro e com os resultados, que são expressos nas demonstrações financeiras, por exemplo, a Demonstração de Resultados do Exercício.

O Quadro 1.4 apresenta as principais questões a serem respondidas, com base nessa demonstração.

Quadro 1.4 Resultados

Demonstração de resultados	Questões a serem respondidas

Receita Operacional
(-) Deduções da Receita
    Impostos Incidentes
    Devoluções
(=) Receita Operacional Líquida
(-) Custos Operacionais
(=) Resultado Operacional Bruto
(-) Despesas Operacionais
    Comerciais
    Administrativas
    Financeiras[4]
    Outras Despesas
(=) Resultado Operacional
(+) Resultado não Operacional
(=) Lucro antes do IR
(-) Imposto de Renda
(=) Lucro Líquido do Exercício
	• Os objetivos de vendas estão sendo alcançados?
	• Os preços praticados estão adequados?
	• Quais os resultados obtidos? Como mantê-los ou melhorá-los?
	• Qual o crescimento das vendas? E dos custos? E das despesas?
	• Qual a participação percentual dos custos e das despesas em relação às receitas?
	• Qual a margem líquida de venda?
	• Quais os custos e as despesas que podem ser reduzidos?
	• As receitas obtidas estão compatíveis com os investimentos?
	• Os lucros têm atingido as metas estabelecidas? Como são quando comparados com os das melhores empresas do ramo?

Da mesma forma que nas decisões de investimento e de financiamento, as respostas a essas questões dependem de uma série de fatores, praticamente os mesmos já citados: ramo, porte, estágio de desenvolvimento, situação econômica do país, dentre outros.

Cabe ao administrador financeiro planejar, acompanhar e controlar as atividades e os projetos, de forma a assegurar que os objetivos de resultados estabelecidos sejam cumpridos. Essas atividades dependem da interação com a contabilidade da empresa.

---

[4] No modelo americano, as despesas financeiras são tratadas como não operacionais, o que nos parece mais adequado. Trataremos disso no Capítulo 3.

12 – Administração Financeira

Perdigão e Sadia confirmam megafusão que cria a Brasil Foods

A Sadia e a Perdigão anunciaram oficialmente nesta terça-feira, por volta das 9h, a fusão entre as duas empresas. "Da associação resultará a BRF Brasil Foods S.A., com sede social na cidade de Itajaí, Santa Catarina", informaram as empresas em comunicado conjunto enviado ao mercado.

Segundo o comunicado, o acordo foi aprovado pelos Conselhos de Administração das duas empresas e ainda precisa passar por adesão dos acionistas de ambas. "A concretização da associação também depende da apresentação da operação aos órgãos antitruste de outras jurisdições nas quais essa exigência legal seja necessária, em virtude de a Perdigão e a Sadia possuírem operações."

No processo de fusão previsto, a Perdigão muda de nome para BRF e a Sadia para HFF, e, em seguida, ocorre a incorporação das ações da HFF pela BRF. Os Conselhos de Administração das duas empresas serão formados pelas mesmas pessoas, e o presidente de uma será copresidente da outra.

A Brasil Foods ainda realizará uma oferta pública de ações no valor estimado de R$4 bilhões, que, segundo as empresas, tem o objetivo de captar recursos.

Conforme as empresas, as ações da Brasil Foods continuarão a ser negociadas no Novo Mercado, ambiente da Bovespa que exige maior grau de governança corporativa e em que hoje está listada a Perdigão.

Brasil Food

A nova empresa nasce com os apostos de décima maior empresa de alimentos das Américas, segunda maior indústria alimentícia do Brasil (atrás apenas do frigorífico JBS Friboi), maior produtora e exportadora mundial de carnes processadas e terceira maior exportadora brasileira (atrás de Petrobras e da mineradora Vale).

Com cerca de 119 mil funcionários, 42 fábricas e mais de R$10 bilhões em exportações por ano (cerca de 42% da produção), a gigante surge com um faturamento anual líquido de R$22 bilhões.

A fusão foi concretizada depois de meses de negociações. A elaboração final do contrato, informa a reportagem, foi marcada por muitas idas e vindas entre advogados e executivos de bancos de investimentos envolvidos no acordo.

As discordâncias eram com relação ao valor patrimonial do banco Concórdia, que pertence à Sadia. Desde o início, estava decidido que a área financeira do grupo ficaria fora da BRF. A avaliação de seu valor para baixo, no entanto, significou milhões de reais a menos em ações, para os acionistas da Sadia.

Fonte: *Folha Online*, 19/05/2009

O IMPORTANTE CONCEITO DE VALOR

Um conceito muito importante no mundo das finanças é o de Valor.

> Para uma pessoa míope, suas lentes de contacto têm valor enorme. Por elas paga qualquer preço e faz muitos sacrifícios para adquiri-las e mantê-las. Porém, se encontradas por outra pessoa, essas lentes não representariam valor algum; pois mesmo que míope fosse, dificilmente as lentes estariam no grau adequado e quase impossível seria vendê-las.

A afirmação anterior mostra a existência de pelo menos dois conceitos de valor: a) Valor de uso é o valor atribuído à capacidade de bens e serviços satisfazerem as necessidades daqueles que os possuem; e b) Valor de troca é a quantia de recursos que, de comum acordo entre as partes, permite a troca da posse de um bem ou serviço.

As finanças preocupam-se com o valor de troca. Quando se afirma que a função primordial da administração financeira é a criação de valor para o acionista, se está dizendo que todas as atividades deverão, direta ou indiretamente, aumentar a riqueza do acionista, ou seja, aumentar o valor de troca da empresa. Podemos aumentar esse valor de duas formas:

a) Internamente. Ao vender bens e serviços por preços acima de seus custos, a empresa gera uma diferença, a qual é chamada de lucro operacional. Quanto maior esse lucro, maior é a eficiência da empresa em suas atividades fins.

b) Externamente. A empresa tem uma imagem junto ao mercado, e prováveis acionistas apostam no aumento de seu valor e pagam mais por suas ações no mercado.

Existem várias formas de se expressar o valor da empresa, sendo os mais adotados:

a) Valor patrimonial contábil. É o valor dos recursos registrados na contabilidade e dele é subtraído o valor das dívidas, ou seja, o valor expresso como Patrimônio Líquido.

b) Valor patrimonial real. É o valor dos ativos e passivos – prédios, máquinas e equipamentos, veículos, estoques, contas a receber, dentre outros; e contas a pagar, empréstimos, outras obrigações – computados ao valor de reposição correspondente ao estado em que se encontram ou ao seu valor atualizado.

c) Valor presente líquido. É o valor obtido em função fluxo de caixa livre descontado. Para isso é utilizada uma taxa de desconto, chamada custo de capital. O cálculo do valor presente líquido será estudado no Capítulo 6.

d) Valor de mercado. É o somatório do valor das ações da empresa ao preço em que estão sendo comercializadas no mercado, nas bolsas de valores. Em empresas que não operam em bolsas de valores, ou que não são constituídas em sociedade por ações, o valor da empresa é definido pelo valor que o mercado está disposto a pagar.

e) Valor de liquidação. É o valor obtido pela empresa numa situação de encerramento do negócio. Normalmente esse valor costuma ser muito baixo.

Modernamente, discute-se qual é o valor que importa: o valor patrimonial, em função da capacidade instalada da empresa, da tecnologia empregada no processo produtivo e da diferença entre ativo e passivo; ou o valor de mercado, em função da cotação das ações da empresa nas bolsas de valores, às quais decorrem das expectativas dos investidores em relação ao seu desempenho e valorização. As formas de avaliação da empresa serão estudadas no Capítulo 19.

GRUPOS DE RELACIONAMENTO[5]

Os grupos de relacionamento incluem empregados, clientes, fornecedores, credores e outros que possuem um vínculo econômico direto com a empresa. Uma empresa atenta aos seus grupos de relacionamento evitará conscientemente medidas que possam ser prejudiciais a eles, ou seja, afetando sua riqueza. Zelar pelos interesses dos grupos de relacionamento faz parte da responsabilidade social da empresa, e espera-se que proporcione benefícios máximos, de longo prazo, aos proprietários.

---

[5] Em inglês *stakeholders*.

> **Prática empresarial**
>
> Em momentos de infortúnio e crise, a importância dos grupos de relacionamento é mais evidente para a empresa. Vejamos o exemplo das demissões da Embraer: em carta encaminhada aos funcionários, o presidente da Embraer, Frederico Fleury Curado, responsabilizou a crise pela demissão de mais de quatro mil funcionários, e afirmou que a situação não é passageira. Ele admite que a empresa assumiu um novo e menor patamar de entregas e que a atividade industrial caiu 30%. (*Correio Braziliense*, 19/02/2009). O Tribunal Regional do Trabalho (TRT) de Campinas (SP) manteve a demissão de 4,2 mil funcionários da Embraer, entretanto, por considerar abusiva a medida, determinou o pagamento de indenização aos trabalhadores. Cada um receberá dois salários correspondentes a um mês de aviso prévio, com limite de R$7 mil, além de assistência médica por um ano.
>
> Os sindicatos que representam os trabalhadores e a empresa de aviação teriam oito dias para recorrer da decisão unânime. Caso uma das partes considerar que a solução proposta foi insuficiente, o caso será levado ao Tribunal Superior do Trabalho (TST). O TRT havia concedido, anteriormente, liminar para que as demissões fossem suspensas. Porém, em 18/03/2009, o tribunal decidiu que a empresa deve considerar que a data das demissões seja o dia 13 de março, e não 19 de fevereiro, quando se iniciaram as demissões. Na ação, as entidades sindicais argumentaram que a Embraer ignorou os sindicatos e não estabeleceu nenhum tipo de negociação antes de oficializar a demissão em massa. As entidades também argumentaram que a empresa tem alta lucratividade. Segundo os sindicatos, a Embraer agiu de má-fé ao dar informações contraditórias. A Embraer também já anunciou o cancelamento do programa de estágios em 2009 e a não renovação dos contratos de estágio vigentes, segundo o sindicato. (*Gazeta Mercantil*, 18/03/2009)

FINANÇAS E OUTRAS CIÊNCIAS

A administração financeira é interdisciplinar, assim como todas as áreas da administração. Vamos apresentar a seguir algumas das relações mais relevantes.

A Economia, ciência da escassez, ordena os agentes econômicos e estuda o seu comportamento. A Economia relaciona-se com as finanças empresariais sob duas formas: a Microeconomia e a Macroeconomia. A Microeconomia empresta à Teoria Financeira parte de seus conceitos, porque estuda a teoria da firma. Os estudos e as teorias microeconômicos procuram compreender o comportamento da empresa, as relações de preço com oferta e demanda de bens e serviços, o comportamento do consumidor e do investidor. Esses fatores influenciam os preços praticados no mercado, a disponibilidade de recursos e as oportunidades de investimento, preocupações das Finanças.

A Teoria da Preferência pela Liquidez afirma que o investidor prefere sempre dispor de seus recursos no presente, e que, para deixar de consumir hoje e aplicar os recursos em bens que não de consumo, exige remuneração. A taxa de juros e o valor de revenda dos bens anteriormente adquiridos representam essa remuneração, que deve possibilitar que o consumo de amanhã seja maior do que o consumo hoje.

A Macroeconomia estuda o sistema econômico: seus agentes, inter-relações, fluxos de bens e serviços, fluxo de recursos e taxas de juros. A empresa está inserida nesse ambiente e interage com ele na busca por recursos para financiamento, na identificação de oportunidades de investimento, na submissão às leis e às normas e no acompanhamento do ritmo da atividade econômica.

A economia internacional é cada vez mais importante para as Finanças, em função do crescente processo de internacionalização dos processos produtivos e da intensificação dos fluxos de capitais.

Mais recentemente, a área chamada de economia de empresas tem reunido os principais elementos da ciência econômica relevantes ao estudo dos negócios. Essa é uma tentativa de compreender como as ferramentas da economia podem explicar as mudanças na estrutura da firma, da indústria e dos mercados.

MICROFINANÇAS

> Entidades microfinanceiras: são aquelas especializadas em crédito ao microempreendedor, constituídas na forma de: ONG – Organizações não governamentais; OSCIP – Organização da Sociedade Civil de Interesse público; cooperativas de crédito de pequeno porte; SCM – Sociedade de crédito ao microempreendedor; fundos institucionais; bancos comerciais públicos e privados por meio de carteiras especializadas e correspondentes bancários (por exemplo, Bradesco e Correios – Banco Postal; Caixa Econômica e Casas Lotéricas).
> Fonte: Banco Central do Brasil: Democratização do Crédito no Brasil.

Os registros das operações financeiras são responsabilidade da *Contabilidade* e obedecem ao denominado *regime de competência*, no qual as informações são registradas e reconhecidas independentemente de recebimento ou pagamento. Todas as entradas de recursos, na forma de bens e equipamentos, ou na forma de dinheiro e títulos, são quantificadas e registradas.

Do mesmo modo, todas as saídas também são registradas. Os aportes de capital dos sócios, os empréstimos contratados, as valorizações patrimoniais e as vendas efetuadas e ainda não recebidas são contabilizadas, assim como a depreciação, os pagamentos de juros e amortização de empréstimos e os pagamentos devidos e ainda não efetuados. Esses registros são formalizados em relatórios chamados balanço geral ou demonstrações financeiras.

As demonstrações financeiras são exigência fiscal e societária. Constituem importante fonte de informação do desempenho da empresa para os acionistas atuais e futuros, fornecedores, clientes e instituições financeiras. Os registros são feitos em livros específicos (ou arquivos eletrônicos) conforme princípios contábeis geralmente aceitos, estabelecidos em normas legais, as quais variam entre os países. O IASC – International Accounting Standards Comitee sugere normas padrões para o registro das operações, nos diversos relatórios contábeis.

Nos Estados Unidos, as normas são estabelecidas pelo FASB – Financial Accounting Standards Board. Como muitas das empresas internacionais têm sua sede nos Estados Unidos ou negociam papéis em bolsas de valores americanas, os padrões estabelecidos pelas normas FASB acabam sendo seguidos por grande parte das empresas ao redor do mundo. Na Grã-Bretanha, o ASB (Accounting Standards Board) e, na Irlanda, o Institute of Chartered Accountants fazem a regulação contábil.

No Brasil os registros contábeis são feitos de acordo com as normas estabelecidas pelo IBRACON – Instituto Brasileiro de Contabilidade. Para se manter atualizado sobre os procedimentos contábeis no Brasil, a maneira mais prática é acompanhar sistematicamente as publicações da área, estilo IOB – Informações Objetivas, guia que acompanha toda a legislação referente às exigências legais das operações das empresas.

A Matemática e a Estatística têm importante relação com as Finanças, pois estabelecem as medidas quantitativas, explicativas e preditivas do objeto das finanças: a criação de valor. A Estatística e a Matemática são responsáveis por grande parte da modelagem quantitativa das teorias financeiras e pelos testes das hipóteses levantadas. Os conceitos de média, desvio-padrão, variância e covariância são utilizados para estudar o comportamento dos ativos, em especial os ativos financeiros.

A Estatística, associada à computação, consegue desenvolver modelos de análise preditivos e explicativos dos fenômenos financeiros. Para tanto utilizam técnicas multivariadas de análise de dados, tais como análise fatorial, análise de conglomerados e técnicas de regressão.

O conceito de risco de investimento é entendido como a variabilidade dos retornos possíveis desse investimento. Essa variabilidade é medida pelo desvio-padrão e pela variância dos retornos esperados. A relação existente entre os ativos de um investimento ou entre os papéis que compõem uma carteira de investimentos é medida pela correlação e pela covariância de seus retornos.

A Ciência da Computação vem em auxílio às finanças por meio de softwares específicos para os controles operacionais; de bancos de dados para coleta e sistematização de informações e de sistemas eletrônicos de informação gerencial, conhecidos por ERP.[6] É difícil conceber o controle e a tomada de decisão em finanças sem auxílio do computador.

A empresa opera em ambiente de leis e normas, daí sua interface com o Direito. O conhecimento das normas não apenas permite o perfeito desenrolar das atividades da organização, como também oportuniza novos negócios. O Direito normatiza as relações sociais, nas quais as relações empresariais estão incluídas. O conhecimento das leis das Sociedades Civis permite ao gestor financeiro adequar os fluxos financeiros às exigências legais, evitando multas e suspensões. A carga tributária no Brasil é alta, e uma boa gestão tributária possibilita grandes economias para as empresas, dentro da legalidade. No Capítulo 16, trataremos mais detalhadamente sobre os tributos no Brasil.

> Reforma fiscal. A reforma fiscal conduzida pelo governo brasileiro, no final do ano de 2003, pouco alterou o Sistema Tributário Nacional. A comunidade empresarial não acreditava na possibilidade de alteração ampla no sistema, assim como não antevia desoneração da carga fiscal para as empresas; o que realmente aconteceu foram alterações parciais e em dois sentidos: por um lado, simplificação dos recolhimentos e, por outro, desoneração de setores específicos da economia. Por exemplo, redução da incidência de tributos sobre produtos destinados à exportação.

Ainda na esfera do Direito, as leis trabalhistas regulamentam a contratação de funcionários, as responsabilidades da empresa para com eles e os encargos a serem pagos. Esses elementos têm peso significativo na pauta de custos e nas decisões de investimentos em novas tecnologias redutoras de mão de obra. As leis de zoneamento e proteção ambiental são relevantes nas decisões de localização industrial e adoção de tecnologias verdes.

O Direito Internacional também é área de interesse do administrador financeiro, dado a crescente internacionalização dos processos produtivos, das captações e aplicações de recursos no exterior e a contratação de profissionais de outras nacionalidades.

FINANÇAS E AS DEMAIS ATIVIDADES DA EMPRESA

O planejamento financeiro é uma das interfaces das Finanças com as diversas áreas da Administração.

Com a Administração de Pessoas, se faz a previsão das necessidades de pessoal técnico, operacional e gerencial para atuar nos projetos em estudo.

---

[6] ERP Enterprise Resource Planning (Planejamento de Recursos Empresariais)

A área de Operações atua com as Finanças quando do orçamento das suas atividades e no estabelecimento de políticas de estoque, análise dos custos de produção e cálculo do ponto de equilíbrio.

O Marketing e as Finanças juntos estabelecem políticas de preços, prazos de pagamento, políticas de descontos, margens de lucro, políticas de crédito e procuram criar e manter boa imagem da empresa.

A área de Pesquisa e Desenvolvimento discute com a área financeira o nível de gastos com desenvolvimento de novas tecnologias e as possíveis formas de financiamento para as atividades de P&D.

ADMINISTRAÇÃO FINANCEIRA COM ÉTICA

A discussão sobre o conceito de Ética não é recente, sua origem remonta à Filosofia de Sócrates e Aristóteles, na Grécia antiga.

Sócrates questionava os costumes estabelecidos (valores morais transmitidos de geração para geração) e também o que significavam esses valores (se eles correspondiam de fato ao que se referiam).

Aristóteles definiu a Ética como saber prático, porque a essência do seu conhecimento só existe como consequência da ação. Nesse sentido, a ética está ligada à *práxis*, e não existe separação entre o agente, a ação e a finalidade do agir.

O objetivo primordial da Ética é buscar aquilo que é considerado "correto", dentro da pluralidade de morais e das mudanças morais que ocorreram ao longo da história. Então, a Ética pode ser definida em nossos dias como "a ciência do comportamento moral dos homens em determinada sociedade" (Vázquez, 2005).

A preocupação com o exercício ético da administração financeira permeia toda esta obra. Robert A. Cooke sugere que as seguintes questões sejam usadas para avaliar a viabilidade ética de uma determinada ação:[7]

1. O ato de ... é arbitrário ou caprichoso? Discrimina um indivíduo ou um grupo?
2. O ato de ... viola a moral ou os direitos legais de qualquer indivíduo ou grupo?
3. O ato de ... está em conformidade com os padrões morais aceitos?
4. Há cursos alternativos de ação que possam causar menos dano real ou potencial?

O posicionamento socialmente responsável é considerado diferencial competitivo capaz de trazer bons resultados às organizações. A reputação das marcas e das organizações está, sem dúvidas, mais vulnerável diante dos debates envolvendo questões como ecologia, preservação do meio ambiente, saúde, bem-estar, diversidade, direitos humanos e comunidades. Os administradores de empresas, de todos os portes, já perceberam que é preciso tomar decisões de modo a equilibrar os interesses da empresa com os interesses dos públicos com quem se relacionam, uma vez que a continuidade das atividades depende de sua aceitação pela sociedade em que está inserida.

O administrador financeiro tem responsabilidade sobre o nível de endividamento, não apenas para honrar os compromissos financeiros junto a credores, mas principalmente para garantir a solvência e a continuidade das atividades da empresa. Dessa forma, os empregos estarão assegurados; os fornecedores terão certeza quanto à demanda futura; os clientes poderão planejar suas compras, especialmente no caso de produtos que exigem assistência técnica e peças de reposição.

Quanto maior o porte da empresa, maior a responsabilidade ética do administrador financeiro, porquanto maior o grupo de relacionamento da empresa. As decisões financeiras de grandes corpo-

---

[7] Robert A. Cooke é Diretor de Human Synergistics International e Professor Associado Emérito de Management na University of Illinois at Chicago.

rações, de atuação global, têm impacto significativo muitas vezes até nas economias nacionais. No Brasil, de dimensões continentais, os impactos normalmente são regionalizados.

1.3. MERCADO FINANCEIRO

As empresas operam em um ambiente econômico em que existem agentes com recursos financeiros em excesso e outros com falta de recursos.

Os *agentes superavitários* são aqueles com recursos financeiros excedentes: pessoas físicas com rendimentos acima de seus gastos, organizações com ganhos superiores às suas oportunidades de investimento, governos com arrecadação maior do que suas demandas econômicas, políticas e sociais. Os *agentes deficitários* são aqueles com falta de recursos: pessoas físicas cujos rendimentos não cobrem suas despesas correntes, organizações com despesas e oportunidades de investimento acima de suas receitas, governos cuja arrecadação fica aquém de suas necessidades de recursos.

Quando o hiato de recebimentos e pagamentos ocorre em determinado espaço de tempo, especialmente na situação de falta de dinheiro, os *intermediários financeiros* procuram canalizar os recursos dos agentes superavitários para os agentes deficitários.

O mercado financeiro é o conjunto de agentes que representam os poupadores e os tomadores de recursos. Abrange também os intermediários financeiros, cuja atividade principal é captar recursos dos agentes superavitários, a quem remuneram, e aplicar os recursos, por meio de empréstimos, aos agentes deficitários, dos quais recebem juros.

A Figura 1.1 ilustra como se dá a transferência dos agentes superavitários para os agentes deficitários, por meio da intermediação financeira. Os mercados financeiros e de capitais surgiram para facilitar essas transferências e ajudar no desenvolvimento dos negócios.

Figura 1.1 Intermediação financeira

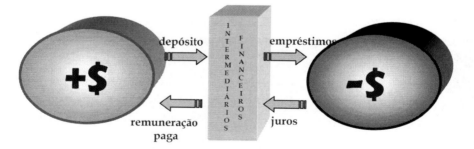

A atividade de intermediação reveste-se de situações de risco. Existe certa probabilidade de os tomadores de recursos não pagarem os recursos emprestados. Quanto maior o risco, maior a taxa de juros cobrada. Os aplicadores que se sujeitam a emprestar recursos para aplicações de maior risco (de maior variabilidade nas probabilidades de retorno) exigem maior retorno sobre os seus recursos emprestados.

O mercado financeiro pode assumir diversas formas, conforme o tipo de intermediação de recursos realizada. Os produtos negociados nesses mercados podem ser separados em produtos de investimento e de financiamento. Produtos de investimento constituem instrumento de captação de recursos das instituições financeiras e de aplicação dos agentes superavitários. Produtos de financiamento constituem forma de aplicação de recursos dos intermediários financeiros e de captação de recursos para os agentes deficitários. O quadro a seguir mostra alguns dos principais produtos de investimento e de financiamento.

Quadro 1.5 Produtos negociados nos mercados financeiros

Produtos de Financiamento Longo Prazo	Produtos de Financiamento Curto Prazo
Abertura de Capital* Emissão de ações* e debêntures Empréstimos Financiamentos Cartão de Crédito Empresarial – BNDES ACC – Adiantamento de Contrato de Câmbio Financiamento do BNDES – Finame e outros empréstimos e financiamentos de longo prazo Proger – Programa de Geração de Emprego	Adiantamento de Recebíveis Desconto de Duplicatas Desconto de Cheque Emissão de Notas Promissórias Proex ACC e ACE Cheque especial empresa Conta Garantida *Vendor Finance* *Commercial Papers* *Leasing***
* Títulos de propriedade não caracterizam dívida da empresa	** Operação de prestação de serviço de aluguel de equipamento, caracterizada hoje e como operação financeira

1.4 TIPOS DE EMPRESAS

A constituição das empresas tem aspectos técnicos, administrativos, legais e de mercado. Os aspectos técnicos e administrativos relacionam-se à atividade-fim da empresa, que pode ser:
- Instituições financeiras
- Empresas privadas, comerciais, industriais e prestadoras de serviços
- Empresas e órgãos públicos
- Organizações sem fins lucrativos, por exemplo, as ONGs – Organizações não governamentais.

Do ponto de vista legal, as empresas podem organizar-se sob diversas formas: firma individual, sociedade limitada e sociedade por ações. Essa constituição depende do porte da empresa, do interesse dos seus organizadores e das implicações administrativas de cada uma delas.

1.4.1. EMPRESAS INDIVIDUAIS

São empresas pequenas, normalmente registradas como microempresas, de simples constituição, quase sempre de único dono, que também é o gerente. No Brasil, essas empresas muitas vezes emergem da informalidade, quando os negócios começam a aumentar. São pequenos estabelecimentos industriais, comerciais, prestadores de serviços, profissionais liberais e autônomos. A responsabilidade do proprietário da empresa individual é ilimitada; ou seja, seus bens pessoais respondem por todas as dívidas da empresa, no caso de inadimplência. A documentação exigida para a abertura da empresa e dos registros necessários para cada negócio específico pode ser obtida junto aos balcões do SEBRAE – Serviço Brasileiro de Atendimento Empresarial,[8] órgão que também presta assessoria na condução das atividades da empresa.

---

[8] www: sebrae.com.br

1.4.2 SOCIEDADE POR COTAS DE RESPONSABILIDADE LIMITADA

Nas empresas limitadas, como são usualmente conhecidas, os sócios estabelecem um Contrato Social. Esse contrato define a participação de cada um dos sócios: aporte de capital de cada um deles, responsabilidade das partes e a natureza da atividade a ser desenvolvida.

No caso de inadimplência, as dívidas da empresa poderão ser pagas com os bens dos sócios, até o limite de sua participação no capital.

No Brasil, normalmente, na constituição de empresas limitadas, os sócios não atentam para esse detalhe, incorrendo posteriormente em grandes conflitos. Outra característica dessas empresas é sua origem familiar. Muitas vezes, infelizmente, as despesas das famílias dos sócios são confundidas com as despesas da empresa. Para evitar inconvenientes familiares e para proteger a liquidez, sugere-se o estabelecimento prévio das retiradas *pró-labore* de cada um dos sócios, vinculadas ao desempenho da empresa, e não de acordo com as necessidades de cada uma das famílias.

Com o processo de fusões e aquisições, essas empresas tendem a ser adquiridas por outras empresas maiores, mas existem muitos nichos de mercado que podem ser ocupados por elas: prestação de serviços, comércios especializados, industrialização terceirizada, por exemplo.

1.4.3. SOCIEDADES POR AÇÕES

As sociedades por ações ou sociedades anônimas são grandes empresas com capital diluído entre milhares e até milhões de acionistas, que possuem participações no capital da empresa, por meio de ações. Cada interessado na empresa adquire essas ações no mercado de capitais, que, por sua vez, se constitui numa das grandes fontes de captação de recursos nos países desenvolvidos.

As sociedades anônimas podem ser de capital fechado ou aberto. As de capital fechado são aquelas cujas ações estão nas mãos de pessoas físicas e jurídicas determinadas e não são comercializadas em bolsas de valores. No Brasil, normalmente são grandes empresas de origem familiar. As de capital aberto são aquelas cujas ações são comercializadas em bolsas de valores, estando, portanto, acessíveis a qualquer interessado.

No Brasil, até o ano de 2001, estava em vigor a Lei das Sociedades Anônimas de 1976. Sua reformulação foi discutida durante anos no Congresso Nacional, e finalmente foi decretada e sancionada a nova lei em outubro de 2001.[9] Praticamente toda a teoria financeira se baseia nas sociedades anônimas, pois nos Estados Unidos, as maiores empresas estão organizadas dessa forma, com ações negociadas em bolsas de valores. Lá existe cobrança da sociedade sobre o desempenho dessas empresas: as pessoas investem seus recursos em suas ações e monitoram o seu desempenho.

O valor da ação no mercado, os dividendos, as bonificações, a ação social, o respeito ao meio ambiente são acompanhados pelos seus acionistas, que a qualquer momento podem ir ao mercado alterar a composição de sua carteira de investimentos, vendendo as ações das empresas cujo desempenho não é satisfatório e comprando ações de empresas com melhor desempenho.[10]

---

[9] A Lei nº 10.303, sancionada em 31/10/2001, altera e acrescenta dispositivos na Lei nº 6.404, de 15/12/1976, que dispõe sobre as Sociedades Anônimas, e na Lei nº 6.385, de 07/12/1976, que dispõe sobre o mercado de valores mobiliários e cria a Comissão de Valores Mobiliários.

[10] O mercado acionário brasileiro será objeto de discussão no Capítulo 9.

1.5. TEORIA DE AGÊNCIA

Em pequenas empresas, o proprietário é normalmente quem detém todo o controle da empresa, desde as atividades operacionais sobre, por exemplo, as quantidades a serem vendidas, até as decisões estratégicas sobre quanto se endividar junto às instituições financeiras.

À medida que cresce o tamanho da empresa, sua estrutura organizacional fica mais complexa. Começam a ocorrer divisões de tarefas em produção, vendas, finanças, administração de pessoas e marketing. O proprietário não mais consegue exercer o controle direto sobre todas as atividades. Historicamente, o setor financeiro é o último a ser abandonado pelo sócio proprietário.

Nas Sociedades por Ações, mesmo os acionistas majoritários, aqueles considerados os donos da empresa, acabam por delegar a terceiros a gestão de muitas, senão de todas, atividades.

Essa separação entre a propriedade da empresa e a sua gestão pode implicar alguns conflitos. Em princípio, os gestores devem buscar maximizar a riqueza do acionista; mas nem sempre os ganhos para o gestor estão diretamente relacionados com o valor da empresa: as decisões que maximizam a riqueza do acionista não necessariamente aumentam os ganhos dos executivos. Isso significa dizer que, ao delegar poder aos executivos, os proprietários podem estar perdendo parte de sua riqueza. Esse conflito é estudado pela Teoria dos Custos de Agência.

A gerência pelos proprietários implica na busca dos melhores retornos, pecuniários ou não, para si e para a empresa; tais como: aspectos físicos do escritório, aparência do pessoal de secretaria, o nível de disciplina dos funcionários, um grande computador, compra de matérias-primas dos amigos etc.

Em outras palavras, o enriquecimento da empresa tem a mesma importância que o enriquecimento pessoal do proprietário. A partir do momento em que o proprietário, ainda gerente, vende parcela de sua participação a terceiros, não mais vai despender o mesmo esforço na busca do enriquecimento da empresa como antes. Isso se deve ao fato de agora ele precisar dividir os resultados com outros. Então é melhor pensar primeiro no seu enriquecimento pessoal, depois no da empresa.

O enriquecimento pessoal pode se dar não apenas por meio de maiores lucros, mas também por meio da obtenção de benefícios pecuniários ou não concedidos pelas empresas aos gerentes.

1.5.1 OBJETIVO DOS ADMINISTRADORES E REMUNERAÇÃO

O objetivo dos administradores pode ser, em primeiro lugar, manter o seu cargo. Algumas vezes, se fossem deixados por sua conta, tenderiam a maximizar o volume de recursos que controlam, ou em termos mais amplos, maximizariam seu poder empresarial ou sua riqueza.

Os administradores podem tender a dar ênfase excessiva à sobrevivência da organização para fortalecer a segurança de seus empregos. Além disso, podem não gostar da interferência externa, e assim outros objetivos importantes podem ser a independência e a autossuficiência da empresa. Uma forma de reduzir o conflito é remunerar os administradores com base nos resultados.

Quando as empresas utilizam um sistema de remuneração pelo qual os administradores têm participação nos resultados, há maior probabilidade de que os interesses coincidam. Normalmente, se os administradores recebem opção de compra de ações, a preços vantajosos, eles procuram fazer com que as ações valham mais. O segundo incentivo relaciona-se com suas perspectivas de emprego. Os que tiverem melhor desempenho tenderão a ser promovidos, e com isso obterão melhor remuneração.

1.5.2 CONTROLE DA EMPRESA

O controle da empresa pertence, em última instância, aos proprietários. Sob esse ponto de vista, caso não atendam aos interesses dos proprietários, os administradores poderão ser substituídos. No caso de sociedades anônimas, o processo pode ser mais complexo, mas a lógica é a mesma. Os acionistas elegem o Conselho de Administração, que pode contratar ou dispensar administradores.

Estudos realizados por escolas americanas encontraram alta correlação entre o aumento do valor da riqueza dos acionistas e a remuneração do principal executivo. Mais recentemente, no entanto, com a crise do *subprime* nos Estados Unidos, que promoveu uma grande crise no mundo todo, está sendo discutida a validade de políticas de remuneração que levem os executivos a práticas pouco recomendáveis eticamente.

1.6 RESUMO

Administração financeira é a arte e a ciência de administrar recursos financeiros. Ela é exercida em indústrias, empresas comerciais e de serviços, estatais ou privadas, com fins lucrativos ou não. Finanças corporativas são aplicações da administração financeira às sociedades anônimas de capital aberto. Os recursos financeiros são gerados internamente pelas atividades operacionais e por capitais próprios ou captados externamente no mercado financeiro e de capitais.

O objetivo da administração financeira é maximizar a riqueza dos acionistas. A maximização da riqueza é mais precisa que a maximização do lucro porque envolve o valor presente líquido, o risco e o custo de capital. As funções financeiras são distribuídas em: gerência financeira e controladoria. A gerência financeira cuida da gestão de crédito e cobrança, caixa, contas a pagar, risco, câmbio, financiamentos e investimentos. Também é de sua responsabilidade o planejamento e controle, a proteção de ativos e as relações com acionistas e investidores. A controladoria é responsável por administração de custos e preços, auditoria interna, contabilidade, orçamento, patrimônio, planejamento tributário, elaboração de relatórios gerenciais e desenvolvimento e manutenção de sistemas de informação.

As funções financeiras podem ser de curto ou longo prazo. As de curto prazo são: gestão de caixa, contas a receber e a pagar, estoques e captação de recursos. As de longo prazo são: orçamento de capital, estrutura de capital, custo de capital e distribuição de dividendos. As principais decisões são as de investimento e de financiamento. Decisões de investimento tratam de questões como: onde estão aplicados os recursos financeiros? Quanto em ativos circulantes? Quanto em ativos permanentes? Qual o risco do investimento? Qual o retorno do investimento? Decisões de financiamentos lidam com questões como: qual a estrutura de capital? De onde vêm os recursos? Qual o perfil do endividamento? Qual o custo de capital? Outras questões tratadas são, por exemplo: quais os resultados obtidos? Como mantê-los ou melhorá-los? Quais os custos e despesas que podem ser reduzidos?

Para aumentar a riqueza dos acionistas, o administrador lida com questões de valor. Existem vários conceitos de valor: a) valor patrimonial contábil; b) valor patrimonial real; c) valor presente líquido; d) valor de mercado; e e) valor de liquidação. Os mais utilizados são os que consideram o fluxo de caixa descontado. Está entre as atribuições do administrador financeiro a valorização de seus grupos de relacionamento. A administração financeira está relacionada com outras ciências, especialmente com a Economia: teoria da preferência pela liquidez, estrutura do sistema econômico, economia internacional; com a Contabilidade: princípio de caixa e de competência e demonstrações financeiras; com a Matemática e a Estatística: medidas quantitativas, desvio-padrão, variância e covariância; com a Computação: softwares específicos; e com o Direito: normas e leis.

Ética é fundamental na administração financeira. Os padrões de conduta ou de juízo moral devem ser elevados. O mercado financeiro é a reunião das instituições financeiras, que intermedeia recursos dos agentes superavitários para os deficitários. Os produtos de investimentos são CDI, CDB, *export notes*, poupança, LTN. Produtos de financiamentos são: desconto de duplicatas, contas garantidas, *leasing* financeiro, operação 63.

As empresas se organizam como firma individual, sociedade limitada e sociedade anônima. A firma individual é típica de microempresas, com responsabilidade ilimitada do proprietário. As sociedades limitadas são pequenas e médias empresas, com responsabilidade limitada dos sócios. As sociedades anônimas são grandes empresas com capital diluído entre milhares de acionistas. São de capital fechado ou aberto. As de capital fechado negociam suas ações no mercado de balcão, e as de capital aberto têm suas ações comercializadas em bolsas de valores.

O desenvolvimento da teoria financeira tem ocorrido principalmente com base nas sociedades anônimas americanas e no mercado de capitais, que exigem transparência das práticas financeiras das empresas. Quando pequenas, as empresas são controladas pelo proprietário; à medida que crescem, sua estrutura organizacional fica mais complexa, e o proprietário não mais consegue exercer o controle direto; é preciso dividir responsabilidades com outros profissionais, gerando conflitos entre acionistas e administradores. Esses conflitos são estudados pela Teoria dos Custos de Agência.

1.7. QUESTÕES

1. Conceitue administração financeira e finanças corporativas. Comente como as empresas obtêm seus recursos financeiros. Qual o objetivo normativo da administração financeira? Por que a maximização de lucro não é um bom objetivo para a administração financeira? Quais as principais funções da administração financeira?
2. Quais as principais decisões financeiras? Como podem ser identificadas nas demonstrações financeiras? Comente detalhadamente a decisão de investimento e a decisão de financiamento. Dê exemplos.
3. Como o administrador financeiro atua na busca de melhores resultados operacionais da empresa? Baseie-se na Demonstração de Resultados.
4. Conceitue valor de uso e valor de troca. Como se aumenta o valor da empresa? Quais as várias formas utilizadas para se expressar o valor da empresa?
5. Por que ocorrem conflitos entre administradores e proprietários? Que objetivos devem prevalecer? Por que é tão importante zelar pelos grupos de relacionamento?
6. Quais são as ciências com as quais a administração financeira mais se relaciona? Mostre a importância de cada uma delas para as finanças. Em sua opinião, qual delas mais contribui para a área financeira?
7. Conceitue mercado financeiro e comente sobre seus vários agentes. Como eles interagem? Dê exemplos.
8. Faça uma pesquisa teórica e empírica sobre a importância da ética na condução dos negócios.

9. Como as empresas podem ser organizadas? Comente as empresas individuais e sociedades limitadas. Conceitue sociedade anônima e faça uma pesquisa sobre quais as vantagens e desvantagens de uma sociedade anônima brasileira, à luz da nova Lei das Sociedades Anônimas.

10. A empresa Irmãos Coringa Ltda. iniciou suas atividades há cinco anos no ramo de transportes. Hoje a empresa conta com frota própria de 10 carretas, utiliza caminhões contratados e ainda assim não consegue atender à demanda de fretes a partir da região Sul do país, em direção à região Nordeste. O principal problema da empresa é a reduzida quantidade de fretes de retorno, pois o volume de cargas da região Nordeste para a região Sul é bem menor. Os donos da empresa estão pensando em diversificar suas atividades e investir na produção de frutas na região Nordeste, atividade esta já existente na região, e dessa forma aumentar o volume de cargas de retorno. Considerando que a empresa disponha do capital necessário para iniciar essa nova atividade, procure relacionar: a) as implicações financeiras da decisão; b) como essa decisão está relacionada com o marketing; e c) como essa empresa deve ser constituída, sob o ponto de vista legal?

1.8. BIBLIOGRAFIA ADICIONAL

ASSAF NETO, Alexandre. *Finanças corporativas e valor*. São Paulo: Atlas, 2003.

BRIGHAM, Eugene F.; EHRHARDT, Michael C. *Administração Financeira*. 10ª ed. São Paulo: Pioneira Thomson Learning, 2006.

DAMODARAN, Aswath. *Finanças corporativas – teoria e prática*. Porto Alegre: Bookman, 2004.

GITMAN, Lawrence J. *Principles of managerial finance*. 10ª ed. Nova York: Addison Wesley, 2002.

JENSEN, M.; MECKLING, H. "Theory of the firm: managerial behavior, agency costs and ownership structure." *Journal of Financial Economics*, v. 3, 1976.

MADURA, Jeff. *Finanças corporativas internacionais*. São Paulo: Cengage Learning, 2008.

ROSS, Stephen A.; WESTERFIELD, Randolph; JORDAN, Bradford D. *Administração financeira*. 8ª ed. São Paulo: McGraw-Hill, 2008.

SOLOMON, Ezra. *Teoria da administração financeira*. 3ª ed. São Paulo: Zahar, 1977.

STEWART, Beneth, G. *Em busca do valor – o guia EVA para estrategistas*. Porto Alegre: Bookman, 2005.

VAN HORNE, James. *Financial management and policy*. 12ª ed. Nova York: Prentice Hall, 2002.

ENDEREÇOS DE PESQUISA NA INTERNET

www.investopedia.com www.mckinseyquarterly.com

www.periodicos.capes

www.teses.usp

www.bovespa.com.br

web.worldbank.org

www.bndes.gov.br/empresa/debentures

www.cvm.com.br; www.austin.com.br

www.debentures.com.br

PARTE

2

O AMBIENTE DOS NEGÓCIOS

Capítulo 2: Ambiente econômico e financeiro das empresas....27
Capítulo 3: As demonstrações financeiras
como instrumento de gestão....45

CAPÍTULO 2
AMBIENTE ECONÔMICO E FINANCEIRO DAS EMPRESAS

2.1 Introdução

2.2 As empresas no ambiente econômico

2.3 As empresas no ambiente financeiro

2.4 Comportamento do mercado

2.5 Resumo

2.6 Questões

2.7 Exercícios

2.8 Bibliografia adicional

2.1 INTRODUÇÃO

No Capítulo 1 tratamos dos objetivos e das funções do administrador financeiro, do mercado financeiro, dos tipos de empresas e da separação entre propriedade e controle. Neste capítulo, serão apresentados e discutidos aspectos dos ambientes econômico e financeiro das empresas.

O administrador financeiro necessita conhecer a estrutura de mercado em que sua empresa está inserida para atuar melhor em negociações empresariais. Nesse sentido, serão analisadas as políticas econômicas do governo em sua função de controlar e regular a atividade econômica. Ficará evidenciado que mesmo países com governos liberais interferem na atividade econômica para fomentar o crescimento e a estabilidade econômica e garantir a equitatividade.

Serão analisados os principais aspectos e objetivos da política monetária – as operações de mercado aberto, os recolhimentos compulsórios e as taxas de redesconto; da política fiscal – como impostos, taxas e contribuições de melhoria; da política cambial – suas implicações no estabelecimento da competitividade das empresas nacionais nas exportações e aspectos ligados ao *hedging* cambial; e das políticas de rendas – como fator do desenvolvimento da produção e no fortalecimento de determinados setores e regiões.

Será apresentado o Sistema Financeiro Nacional, com detalhes de cada um dos seus componentes. Pela sua importância, será destacada a função do Banco Central do Brasil, em sua atuação como principal autoridade monetária do país. O mais conhecido componente do sistema financeiro nacional, o banco, será contemplado. Esse sistema é tão importante para a administração financeira que voltará a ser tratado em diversos capítulos do livro, particularmente nos Capítulos 8 e 9.

Serão tratados aspectos relevantes das finanças corporativas, como as taxas de juros e as cotações de moedas e papéis negociados diariamente em bolsas de valores e diretamente entre os intermediários financeiros. Particular atenção será dada à formação das taxas de juros, que funciona como parâmetro determinante nos níveis de consumo, de investimento e de poupança.

Temas como LIBOR, SELIC, CPMF serão desmistificados para o estudante. Um tratamento especial é dado aos fatores determinantes no custo de capital das fontes de financiamento: condições gerais da economia, condições de mercado, decisões operacionais e financeiras da empresa e volume de recursos a serem financiados. Essa análise tem especial importância, porque ainda que as taxas de juros estejam caindo, nos últimos anos, os juros praticados no país ainda estão entre os mais altos do mundo.

A obtenção de empréstimos, no curto prazo, normalmente é feita nas instituições financeiras. Empresas maiores podem recorrer à emissão de notas promissórias (*commercial papers*). Para captar recursos de longo prazo, é possível recorrer às linhas de financiamento do BNDES e de alguns bancos de investimento. O mercado de capitais é outra opção para captação de recursos para essas empresas e alternativa de aplicação para investidores. Outras fontes de financiamentos para novos empreendimentos são as empresas de capital de risco (*venture capital* e *private equity*), as quais investem em empresas novas, com projetos inovadores.

2.2 AS EMPRESAS NO AMBIENTE ECONÔMICO

As empresas compram, vendem, prestam serviços, pagam impostos, tomam recursos emprestados, enfim, interagem com outros agentes econômicos no país e no exterior. Essas relações ocorrem sob a vigência de normas legais, fiscais, fitossanitárias e outras. Inserem-se muitas vezes em acordos de comércio internacional e blocos econômicos. As empresas, além de serem pressionadas por seus clientes, que exigem melhores serviços e menores preços, são fiscalizadas por diversos órgãos governamentais. Muitas vezes, estão sujeitas a variações em suas condições de operação: demanda de seus produtos e serviços, custo do dinheiro, alterações nas leis regulatórias do setor de atuação, mudanças tributárias e variações na conjuntura internacional. Esse conjunto de fatores caracteriza o ambiente econômico no qual a empresa está inserida.

ESTRUTURAS DE MERCADO

A atuação das empresas no ambiente econômico, o seu planejamento estratégico e suas possibilidades de sucesso dependem muito da forma como estão inseridas no ambiente econômico. Empresas com muitos concorrentes têm menores possibilidades de aumentar os preços praticados. Empresas com muitos fornecedores têm maior poder de barganha na aquisição de matérias-primas e insumos. Os perfis dos fornecedores, dos clientes e dos produtos da empresa caracterizam o próprio mercado. A forma de organização dos mercados recebe o nome de Estrutura de Mercado. O Quadro 2.1 apresenta as possíveis estruturas de mercado, em que se destacam, na sequência, as mais importantes para a realidade empresarial brasileira.

Quadro 2.1 Estruturas de mercado

Número de vendedores	Número de compradores			
	Um	Pequeno	Grande	
um	Monopólio bilateral	Quase monopólio	Produto homogêneo	Produto diferenciado
			Monopólio	(não aplicável)
pequeno	Quase monopsônio	Oligopólio bilateral	Oligopólio puro	Oligopólio diferenciado
grande	Monopsônio	Oligopsônio	Concorrência Perfeita	Concorrência monopolística

Fonte: Grawunder. In: Souza (1996).

Concorrência: o mercado é dito concorrencial quando existem muitos vendedores do mesmo produto. Se o produto é exatamente o mesmo, então há concorrência perfeita. Se não forem considerados o padrão de atendimento e a localização dos postos de serviços, a venda de combustíveis e gás de cozinha é um exemplo. A concorrência monopolística está mais perto da realidade empresarial brasileira, o que pode ser observado na indústria de confecções. Existe grande número de fabricantes, muitos compradores e os produtos são bastante similares. A melhoria nos padrões de atendimento e as grifes são parte das ações de marketing para diferenciar o produto.

Oligopólio: caracteriza-se pelo grande número de compradores de produto ou serviço produzido por pequeno número de empresas. Exemplo recente de oligopólio puro no Brasil é o caso das operadoras de telefonia fixa: os usuários de ligações telefônicas dispõem de duas ou três opções (dependendo da região do país) de operadoras de telefonia para efetuarem ligações de longa distância. Esse é um bom exemplo de mudanças na estrutura de mercado que imprime mais competitividade à prestação de serviço.

Monopólio: existe apenas um fabricante do produto ou prestador do serviço. As empresas nessa situação têm grande poder sobre o mercado para impor preço e condições de venda. Suas limitações estão no tamanho do mercado e nos custos de produção, além das regulamentações governamentais. Existem formas especiais de monopólio, como os garantidos por lei, caso da distribuição primária de derivados de petróleo no Brasil, realizada exclusivamente pela Petrobras, e os monopólios naturais. A economia brasileira tem sido contemplada nos anos recentes com sucessivas desregulamentações dos monopólios. Isso constitui desafio para os administradores financeiros das empresas que detinham monopólio de alguns produtos ou serviços, porque os preços praticados ficam sujeitos às forças de mercado.

Os monopólios naturais

Existe monopólio natural quando os custos para produzir determinado bem ou serviço por uma única empresa são mais baixos que se a mesma quantidade for produzida por duas ou mais empresas em regime de eficiência. É possível também afirmar, de outra forma, que o monopólio natural ocorre quando o custo médio mínimo de produção coincide com a quantidade demandada, ou seja, as economias de escala são maximizadas quando apropriadas por uma única empresa, a qual está sob uma mesma base tecnológica para investimentos e operação. Exemplo: Na infraestrutura de transportes, as economias de escala acontecem se os custos médios de operação diminuem com o aumento da densidade de tráfego. Ocorrem também economias de escala se há a possibilidade de atendimento simultâneo de vários veículos em cada modal: automóveis, caminhões, trens, navios ou aviões. São as economias resultantes da capacidade da rodovia, da ferrovia, do porto ou aeroporto, quando ocorrem menores custos de operação, com o aumento do grau de utilização dos equipamentos e material rodante.

Fonte: Cherobim (1997).

O administrador financeiro necessita conhecer a estrutura de mercado em que sua empresa está inserida para atuar melhor em negociações comerciais, no estabelecimento de preços de venda e de cotações de compra.

Quadro 2.2 Estrutura de mercado e negociações empresariais

	Venda em mercados em condições de:	Compra em mercados em condições de:
Concorrência perfeita	Competir em preço: o cliente vai exigir menores preços e melhores serviços.	Boas possibilidades de negociação de preços, prazos e condições de entrega.
Concorrência monopolística	Competir em preço e fortalecer a diferenciação do produto.	Boas possibilidades de negociação, inclusive especificidades do produto.
Oligopólio	Possibilidade de conluios com os concorrentes.	Reduzida flexibilidade de negociação.
Monopólio	É possível ao vendedor estabelecer as condições de negociação.	O comprador é um tomador de preços: aceita as condições impostas pelo vendedor

Quadro 2.3 – Estruturas de mercado e composto mercadológico

	Produto	Preço	Promoção	Praça
Concorrência perfeita	Reduzir custos	Manter baixo	Ressaltar preço baixo	Estar presente no maior número possível de pontos de venda
Concorrência monopolística	Tentar diferenciar	Manter baixo	Ressaltar diferenciação	Estar presente no maior número possível de pontos de venda
Oligopólio	Melhorar qualidade	Aproximar-se da concorrência	Fortalecer imagem institucional Facilitar a diferenciação	Conquistar espaço dos concorrentes
Monopólio	Manter qualidade	Não exagerar	Fortalecer imagem institucional	Manter o mercado

POLÍTICAS ECONÔMICAS

As políticas econômicas referem-se às ações do governo no sentido de controlar e regular a atividade econômica. Mesmo os países com governos liberais interferem na economia para fomentar o crescimento e a estabilidade econômicos e garantir a equitatividade. São estabelecidos princípios político-administrativos, com base na ideologia dominante, e então especificadas as metas a serem atingidas.

São chamados de instrumentos de política econômica o conjunto de ações e medidas à disposição do governo, para a regulação da atividade econômica. Esses instrumentos estão divididos em quatro tipos: Política Monetária, Política Fiscal, Política Cambial e Política de Rendas.

Política Monetária: são as ações do governo, decididas pelo Conselho Monetário Nacional e operacionalizadas pelo Banco Central, para controlar o volume de moeda em circulação e o montante de crédito disponível. Os instrumentos clássicos de política monetária são:

a) **Operações de mercado aberto (open market):** emissão e recompra de títulos públicos. Normalmente, títulos do Tesouro Nacional, títulos da carteira do Banco Central e títulos de emissão própria, os Bônus e as Notas do Banco Central, estas últimas emitidas em série. Cada série tem características próprias de montante, prazos, vencimento e taxa de juros. Por exemplo, NBC-Es são títulos cambiais, com vencimento em dois anos, cuja remuneração depende da expectativa de variação do dólar, acrescida de prêmio pelo risco Brasil.

Quando o Banco Central vende esses papéis no mercado, está recolhendo moeda, diminuindo a liquidez do sistema. Como normalmente esses papéis são vendidos para o governo fazer caixa e saldar dívidas, os recursos voltam ao sistema financeiro, devolvendo liquidez ao sistema. Se os recursos são tomados emprestados por dois anos e o governo está saldando dívidas de prazos menores, diz-se que o governo está alongando o perfil da dívida.

As taxas de juros menores refletem maior credibilidade dos investidores na manutenção do equilíbrio e no crescimento econômico do país. O contrário, tomar recursos de curto prazo para saldar dívidas de longo prazo, significa que o governo está encurtando o perfil da dívida. Isso ocorre quando se reduz a credibilidade nas ações do governo e na sua capacidade de honrar suas dívidas. Nessa situação, o governo precisa oferecer taxas de juros maiores para atrair investidores preocupados com o aumento do risco.

b) **Depósito compulsório:** é o percentual dos depósitos a vista e a prazo, efetuados por correntistas nos bancos comerciais, que deve ser recolhido ao Banco Central. Esse montante fica esterilizado junto ao Banco Central, não sendo possível às instituições financeiras utilizá-los para novos empréstimos. Quanto maior a taxa de recolhimento compulsório, menor o volume de recursos disponível para as instituições financeiras emprestarem e, por consequência, menor a liquidez do sistema.

c) **Taxa de redesconto:** é a taxa cobrada dos bancos comerciais para o Banco Central descontar seus títulos. Quando ao final do dia determinada instituição financeira está com dificuldades para "fechar" seu caixa, precisa solicitar empréstimos a outras instituições financeiras, os chamados empréstimos interbancários. Quando ainda assim faltam recursos, a instituição precisa "vender" ao Banco Central parte dos seus títulos em carteira. A taxa que o Bacen cobra é a taxa de redesconto. Quanto maior essa taxa, mais cara é para a instituição refinanciar sua dívida e, portanto, ela se tornará mais seletiva na concessão de novos créditos a clientes, diminuindo a liquidez do sistema.

Alguns aspectos importantes da política monetária para os administradores financeiros:

- Quanto maior a dificuldade de o governo captar recursos, maiores as taxas de juros exigidas pelos investidores para emprestar dinheiro. Como o governo paga taxas mais elevadas, o custo do dinheiro sobe para todos os agentes da economia.
- Quanto menor a liquidez do sistema, mais difícil e mais caro contrair empréstimos. Diminuem os recursos disponíveis para os bancos emprestarem e aumentam as taxas de juros cobradas.
- Quanto mais elevadas forem as taxas de juros, mais interessante aplicar recursos no mercado financeiro e mais caro tomar recursos emprestados.

Política Fiscal: compreende as decisões dos governos federal, estadual e municipal referentes à tributação. Os impostos, as taxas e contribuições de melhoria objetivam a manutenção das atividades de Estado e a prestação de serviços à comunidade. Podem atuar como reguladores e incentivadores da atividade econômica e, ainda, facilitar políticas de distribuição de rendas. Importam ao administrador financeiro na medida em que os tributos incidem nas operações de abertura da empresa, nas operações de compra e venda de produtos e serviços, na propriedade de ativos, na contratação e no desligamento de funcionários e no encerramento das atividades da empresa. No Brasil, o ICMS (Imposto sobre Circulação de Mercadorias e Serviços) tem sido utilizado pelos governos dos Estados Federados para atrair empresas. Isso tem gerado uma "Guerra Fiscal", porque os governantes postergam a cobrança do imposto ou a suspendem temporariamente, como forma de reduzir os custos de produção para as empresas que optarem por se estabelecer nos Estados beneficiados.[1]

Política Cambial: refere-se às ações do governo para controle da taxa de câmbio e das condições de ingresso e saída de capitais externos no país.

A importância do controle das taxas de câmbio está na manutenção de:

- Paridade de compra da moeda nacional em relação à moeda estrangeira.
- Competitividade em preço do produto nacional a ser exportado.
- Controle de custos dos produtos importados.
- Equilíbrio da balança comercial (exportações menos importações).
- Equilíbrio do balanço de pagamentos (todos os recebimentos do exterior menos todos os pagamentos ao exterior).
- Controle das taxas de juros pagas aos investidores estrangeiros e aos credores internacionais.

É importante que o administrador financeiro acompanhe o comportamento da política cambial para, no curto prazo:

- avaliar o preço de suas exportações na moeda nacional;
- acompanhar o custo efetivo das suas importações;
- controlar suas dívidas em moeda estrangeira.

Quando a moeda nacional está desvalorizada em relação à moeda estrangeira, no Brasil, as exportações recebem maior quantia de reais pelo mesmo preço de venda em dólares. Quando o real está valorizado, as exportações são menos interessantes. Raciocínio inverso pode ser aplicado às importações e às dívidas contraídas no exterior.

---

[1] O Capítulo 16 contempla mais profundamente o Planejamento Tributário nas empresas.

Quadro 2.4 Exemplo da influência da variação cambial nas exportações

	Paridade	Real desvalorizado	Real valorizado
Valor de US$1	R$1,00	R$1,20	R$0,80
Custo de produção no Brasil	R$10,00	R$10,00	R$10,00
Preço de venda em reais	R$15,00	R$15,00	R$15,00
Margem em reais no mercado interno	R$5,00	R$5,00	R$5,00
Preço de venda em dólar	US$15,00	US$15,00	US$15,00
Quantia em reais recebida pelo exportador	R$15,00	R$18,00	R$12,00
Margem do exportador em real	R$5,00	R$8,00	R$2,00

No exemplo do quadro anterior, é possível perceber que, se mantidas as condições de produção e de mercado, é indiferente ao fabricante vender no mercado interno ou exportar o produto quando há paridade da moeda nacional em relação ao dólar. Caso haja uma desvalorização do real, em relação ao dólar, o produtor passa a receber maior quantidade de reais pelo mesmo volume vendido em dólares, ou seja, sua margem é maior em reais. Por isso, é mais interessante exportar do que vender no mercado interno. No caso de valorização da moeda nacional, em face do dólar, o produtor obtém maior margem se vender no mercado interno.

As políticas monetárias de outros países e blocos econômicos também têm importância para o administrador financeiro. Quando uma moeda está valorizada em relação ao dólar, as compras internacionais nessa moeda ficam mais baratas em dólares. Desse modo, será mais vantajoso o exportador brasileiro vender para o país que utiliza essa moeda. Veja exemplo no Quadro 2.5.

Quadro 2.5 Efeitos da política monetária

	Paridade	Desvalorizado	Valorizado
Cotação do euro em relação ao dólar	EUR 1,00	EUR 1,10	EUR 0,90
Preço de venda em dólar	US$ 10,00	US$ 10,00	US$ 10,00
Preço de venda em euro	EUR 10,00	EUR 11,00	EUR 9,00

Quando é necessário um euro para comprar um dólar, as negociações são equilibradas. Quando o euro está desvalorizado, são necessários mais euros para comprar a mesma quantia de dólares, o que torna o produto importado por países europeus mais caro na moeda do bloco econômico. Ao contrário, quando a moeda está valorizada, são necessários menos euros para comprar a mesma quantia de dólares, tornando as importações mais baratas e facilitando as negociações de venda para esses países.

O administrador financeiro deve acompanhar o comportamento da política cambial para, no longo prazo:
- avaliar a oportunidade de captar recursos no exterior, tomar empréstimos internacionais ou fazer emissão de papéis em bolsas estrangeiras;
- escolher indexadores para os empréstimos concedidos ou obtidos;
- fazer *hedge* de suas operações internacionais;
- identificar os melhores momentos para remeter recursos ao exterior.

No Brasil, a taxa de câmbio flutua de acordo com as ações do Banco Central e o comportamento do mercado financeiro internacional, pois atualmente o país trabalha com câmbio livre.

Política de Rendas: são medidas tomadas pelo governo no sentido de prover renda mínima aos trabalhadores e aposentados (salário mínimo), incentivar a produção e o consumo de determinados produtos (subsídios) e fortalecer determinado setor ou região (incentivos fiscais). Inclui ainda investimentos diretos do governo em atividades específicas. No governo Luis Inácio da Silva, o Programa Bolsa Família é exemplo da Política de Rendas. A obrigatoriedade da destinação de 2% dos recursos captados pelos bancos por meio de depósitos a vista para operações de microcrédito, estabelecida na Resolução Bacen nº 3.109/2003, também é uma forma de destinar recursos às camadas mais carentes da população, nesse caso, os microempreendedores.

No Brasil, é importante que o administrador financeiro esteja atento a essas políticas de modo a aproveitar, por exemplo, incentivos fiscais oferecidos por determinadas cidades para a instalação de novas plantas industriais. A economia decorrente da postergação ou isenção de impostos deve ser incluída no fluxo de caixa do projeto relativo ao investimento em novas plantas industriais. Também é importante perceber as oportunidades referentes às exportações, pois, no Brasil, é relativamente mais fácil e mais barato financiar, no curto prazo, operações de exportação do que operações do mercado interno.

Por outro lado, o administrador financeiro de empresas dependentes de produtos importados e/ou endividadas em dólar deve estar atento ao impacto nos custos de produção e às desvalorizações cambiais. Conforme a magnitude dos pagamentos a serem feitos ao exterior, é interessante se proteger da variação no preço da moeda estrangeira por meio de *hedge*.

Hedge *cambial:* é o ato de proteger as operações financeiras das variações cambiais.

Você compra hoje no mercado financeiro um título que lhe possibilita comprar, em data futura, determinada quantia de dólares a um preço preestabelecido. Quando chega a data do vencimento do título, a qual é coincidente com a sua dívida na moeda estrangeira, você consulta o preço do dólar no mercado. Se estiver acima do contratado no *hedge,* usa o seu direito de comprar a moeda estrangeira no preço previamente contratado. Caso o dólar esteja no mercado com um preço abaixo do que está contratado no título, você não exerce o seu contrato, compra a moeda no mercado e perde apenas a quantia paga pela contratação do *hedge*.[2]

2.3 AS EMPRESAS NO AMBIENTE FINANCEIRO

Bancos, companhias de crédito, taxas de juros, taxas de câmbio, títulos de dívida constituem o ambiente financeiro das empresas. Há outros fatores que, apesar de não estarem diretamente relacionados à atividade-fim das empresas industriais, comerciais e prestadoras de serviços, têm grande influência nas finanças empresariais. As trocas realizadas por esses agentes, ditos deficitários, superavitários e intermediários financeiros, conforme visto no Capítulo 1, ocorrem nos mercados financeiros e podem ser classificadas como no Quadro 2.6.

---

[2] Existem vários mecanismos de proteção, não apenas para moedas estrangeiras, mas também para taxas de juros. Esse assunto será mais aprofundado no Capítulo 9, na seção que trata de derivativos.

Quadro 2.6 Mercados Financeiros

Classificação quanto a:		
Tipos de ativos comercializados	Mercado de ativos reais	Mercado de ativos financeiros
Prazos de entrega	Mercado a vista ou SPOT	Mercado futuros ou a termo
Prazos das dívidas	Mercado monetário (títulos com vencimento até um ano)	Mercado de capitais (títulos de longo prazo e ações de empresas)
Tipos de crédito	Mercado hipotecário (empréstimos para imóveis)	Mercado de crédito ao consumidor (empréstimos para automóveis, eletros, viagens)
Abrangência geográfica	Mundial, nacional, regional ou local	
Origem dos títulos	Mercado primário (emissão de títulos por empresas)	Mercado secundário: negociação de títulos já emitidos.

Fonte: Weston e Brigham (2000).

O ambiente financeiro tem uma organização formal na grande maioria dos países, denominada sistema financeiro. Com algumas variações, constitui-se de órgãos reguladores e órgãos executores. Estes podem ser públicos ou privados, e aqueles são públicos, com maior ou menor autonomia, de acordo com a legislação e a orientação política dos países. O Brasil encontra-se em situação intermediária, conforme apresentado a seguir.

SFN – O SISTEMA FINANCEIRO NACIONAL

O Sistema Financeiro Nacional (SFN) está proposto no art. 192 da atual Constituição Brasileira, promulgada em 1988. Reza esse artigo que o SFN será estruturado de forma a promover o desenvolvimento equilibrado do país e a servir aos interesses da coletividade, e que será regulado em lei complementar. Essa lei ainda não foi aprovada, portanto, muito da regulamentação do SFN ainda está lastreada na Lei nº 4.595/1964.

Importa saber como está hoje estruturado o SFN:[3]

A. Subsistema de Regulação e Fiscalização:
- CMN: Conselho Monetário Nacional
- BACEN: Banco Central do Brasil
- CVM: Comissão de Valores Mobiliários
- SUSEP: Superintendência de Seguros Privados
- SPC: Secretaria de Previdência Complementar

B. Subsistema de Intermediação:
   a) Instituições financeiras captadoras de depósitos a vista
   - Bancos múltiplos com carteira comercial
   - Bancos comerciais

---

[3] A estrutura básica do SFN varia apenas com alterações constitucionais, mas pequenas alterações nas instituições participantes do sistema são frequentes. Para se manter atualizado, basta consultar o site www.bcb.gov.br/sistema financeiro nacional/composição e evolução

- Caixas econômicas
- Cooperativas de crédito

b) Demais Instituições Financeiras
- Bancos múltiplos sem carteira comercial
- Bancos de investimento
- Bancos de desenvolvimento
- Sociedades de crédito, financiamento e investimento
- Sociedades de crédito imobiliário
- Companhias hipotecárias
- Associações de poupança e empréstimo
- Agências de fomento
- Sociedades de crédito ao microempreendedor
- Correspondentes bancários

c) Outros intermediários ou auxiliares financeiros:
- Bolsas de mercadorias e futuros
- Bolsas de valores
- Sociedades corretoras de títulos e valores mobiliários
- Sociedades distribuidoras de títulos e valores mobiliários
- Sociedades de arrendamento mercantil
- Sociedades corretoras de câmbio
- Representações de instituições financeiras estrangeiras
- Agentes autônomos de investimento

d) Entidades ligadas aos sistemas de previdência e seguros:
- Entidades fechadas de previdência privada
- Entidades abertas de previdência privada
- Sociedades seguradoras
- Sociedades de capitalização
- Sociedades administradoras de seguro-saúde

e) Entidades administradoras de recursos de terceiros:
- Fundos mútuos
- Clubes de investimentos
- Carteiras de investidores estrangeiros
- Administradoras de consórcio

f) Sistemas de liquidação e custódia:
- Sistema especial de liquidação e de custódia – SELIC (títulos públicos)
- Central de custódia e de liquidação financeira de títulos – CETIP (títulos privados)
- Caixas de liquidação e custódia

O MERCADO FINANCEIRO NO BRASIL

O mercado financeiro é o ambiente local da interação dos agentes econômicos superavitários e deficitários, intermediados pelos agentes financeiros (listados anteriormente nos itens b, c, d, e) regulados e fiscalizados pelo governo e outros organismos (listados no item a), com as operações realizadas por organismos públicos e privados (listados no item f). O mercado financeiro não está em local físico específico, mas é representado por transações que podem ocorrer fisicamente nas instituições ou por meio eletrônico, via processamento de dados, ligações telefônicas e troca eletrônica de dados (EDI – *Eletronic data interchange*).

2.4 COMPORTAMENTO DO MERCADO

No jargão do mercado financeiro, é comum ouvir que o mercado está agitado, nervoso ou calmo. O termômetro utilizado é a variação das taxas de juros e variações nas cotações das moedas e dos papéis negociados diariamente em bolsas de valores e diretamente entre os intermediários financeiros. No Brasil, essas variações são decorrência da divulgação de:

a) Decisões do COPOM – Comitê de Política Monetária: taxa de juros básica, taxa de recolhimentos compulsórios e decisões administrativas relacionadas às atividades financeiras.

b) Informações sobre fatores internos: saldos de balança comercial, balanço de pagamentos, dívida pública e decisões de política econômica para manutenção da estabilidade de preços.

c) Informações sobre fatores externos: taxas de juros no mercado americano, variações nos índices das bolsas americanas, principalmente Dow Jones e Nasdaq, e variações nas cotações de petróleo e imagem do país no exterior.

FORMAÇÃO DAS TAXAS DE JUROS

Taxa de juros é o percentual de um montante emprestado que é pago a título de remuneração pela operação. Vários aspectos da operação devem ser remunerados, formando a equação a seguir:

$$k = k^* + i + i_d + l + v$$

Quadro 2.7 Equação da taxa de juros

Símbolo	Significado	Explicação
k	Taxa de juros nominal	É a taxa que a instituição financeira afirma cobrar do tomador do empréstimo.
k*	Taxa de juros real, livre de risco	É o custo do dinheiro, caso não houvesse nenhum tipo de risco. É o preço recebido pelo investidor pelo fato de abrir mão de consumo presente.
i	Prêmio de inflação	A expectativa de inflação é embutida na taxa de juros, como forma de preservar o poder de compra do montante emprestado.
i_d	Prêmio de risco inadimplência	Remunera a possibilidade de o montante de juros ou do principal não vir a ser pago no todo ou em parte. O prêmio aumenta quando aumenta o risco do tomador do empréstimo.
l	Prêmio de liquidez	Relaciona-se a negociabilidade, em mercado secundário, do título originado no empréstimo.
v	Prêmio de risco de vencimento	Reflete o risco de as taxas de juros virem a mudar ao longo do período do empréstimo.

Baseado em: Weston e Brigham (2000).

O quadro anterior permite entender por que as taxas de juros variam de uma operação para outra. No mundo, as principais taxas balizadoras são a *prime rate* (mercado americano) e a Libor (mercado londrino). Os empréstimos internacionais sempre são negociados com "prime + x" ou "libor + y". O x e o y dependem dos outros fatores de risco mencionados no quadro.

As empresas e o governo brasileiros, quando contratam empréstimos no exterior ou vendem títulos nos mercados externos, são obrigados a pagar taxas elevadas em função da classificação de risco do país. Para o mercado interno brasileiro, o Copom estabelece a taxa de juros básica da economia, a Selic – Sistema Especial de Liquidação e Custódia. Esse era o Sistema de controle de títulos privados do BACEN. As demais taxas praticadas pelas instituições financeiras tomam a Selic por base e a ela agregam os fatores de risco mencionados no quadro.

A taxa Selic, arbitrada pela autoridade monetária, serve como parâmetro para as negociações interbancárias, ou seja, para os empréstimos de um dia entre os bancos. Apesar do nome, a taxa não é resultado das operações realizadas por meio do Selic.

O tomador de empréstimo, no Brasil, deve lembrar que, sobre as operações de crédito, incidem as taxas de abertura de crédito ou de manutenção de cadastro, cobradas pelas instituições financeiras, o imposto sobre operações de crédito e durante muitos anos incidiu a Contribuição Provisória sobre Movimentações Financeiras.

A partir de outubro de 2004, os investidores, pessoas físicas e jurídicas, passaram a dispor da conta investimento. As movimentações financeiras realizadas por meio dessa conta não sofrem incidência de CPMF. Os recursos são tributados uma única vez, quando saem da conta corrente e vão para a conta investimento. As operações posteriores de débito e crédito, referentes à movimentação de recursos entre diversos tipos de aplicações financeiras, não ficam sujeitas à incidência da CPMF. Essa medida visa a dar maior mobilidade ao investidor, de forma que as alterações nos portfólios de investimentos financeiros não sejam oneradas pela incidência do tributo.

FATORES DETERMINANTES NO CUSTO DE CAPITAL

Existem quatro fatores determinantes no custo de capital: condições gerais da economia, condições de mercado, decisões operacionais e financeiras da empresa e volume de recursos a serem financiados. Esses quatro fatores vão determinar o custo de capital livre de risco, k_{lr}, o prêmio de risco e o custo de capital.

Condições gerais da economia – Existem muitas variáveis que determinam a demanda e oferta de recursos de um país, sendo importante citar: nível do produto interno bruto, políticas econômicas, nível de emprego, inflação, taxas de juros e outros. A empresa precisa acompanhá-las e avaliar seus efeitos sobre seu custo de capital.

Condições de mercado – Os agentes do mercado financeiro e de capitais são muito sensíveis às mudanças da economia, adequando continuamente suas políticas e práticas de negócios. Em épocas de turbulência, é comum, por exemplo, os bancos retraírem a oferta de crédito e elevarem as taxas de juros e *spreads*. Da mesma forma, os investidores atuais e potenciais da empresa mudam sua disposição quanto ao risco que desejam assumir e quanto ao prêmio que cobram por assumi-los. Evidentemente, essas condições determinam o melhor momento para captação de recursos, seja de empréstimos ou de subscrição de novas ações.

Decisões operacionais e financeiras das empresas – O risco de negócio é medido pela variabilidade dos retornos dos ativos e é afetado pela política de investimentos da empresa. O risco financeiro é medido pela variabilidade dos retornos das ações ordinárias e é afetado pelas políticas de financiamento e de dividendos da empresa. Essas políticas e as decisões que as cercam, em princípio, estão sob o controle da empresa e têm grande impacto na credibilidade junto ao mercado financeiro e de capitais. São fundamentais na negociação de captação de recursos.

Volume de recursos a serem financiados – À medida que a empresa necessita de mais recursos e vai buscá-los no mercado, como já vimos anteriormente, o custo de capital tende a subir devido à percepção que os investidores podem ter quanto ao aumento de risco da empresa. A busca de novos recursos sempre é uma indicação para o mercado, de ameaças ou de oportunidades.

A Figura 2.1 apresenta esquematicamente os fatores que mais influenciam no custo de capital:

Figura 2.1 Fatores determinantes no custo de capital

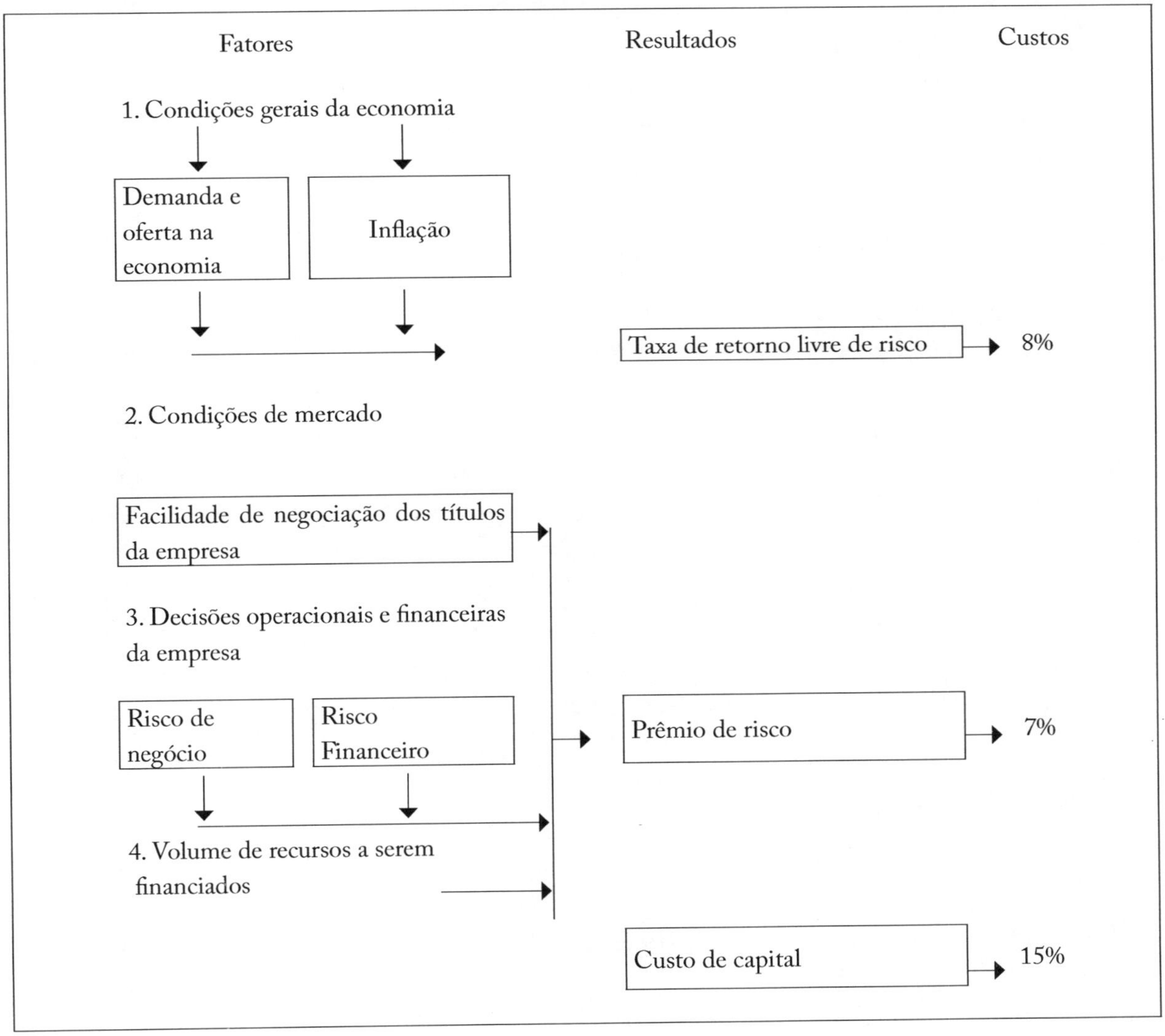

Fatores	Resultados	Custos
1. Condições gerais da economia → Demanda e oferta na economia, Inflação	Taxa de retorno livre de risco	8%
2. Condições de mercado → Facilidade de negociação dos títulos da empresa		
3. Decisões operacionais e financeiras da empresa → Risco de negócio, Risco Financeiro	Prêmio de risco	7%
4. Volume de recursos a serem financiados	Custo de capital	15%

Spreads: são a diferença entre a taxa de captação das instituições financeiras e a taxa de aplicação. Reflete o custo da intermediação financeira.

GOVERNO: O AGENTE ECONÔMICO DEFICITÁRIO

No Brasil, assim como em muitos países em desenvolvimento, o governo, principalmente na esfera federal, é grande tomador de recursos. No mercado interno, o mecanismo de controle de moeda por meio da emissão de títulos públicos não apenas serve para regular o volume de moeda em circulação, mas também para captar recursos para financiamento do Tesouro Nacional.[4] No mercado externo, a dívida contraída por meio da emissão de papéis do governo brasileiro constitui parte da dívida externa.

Alguns dos impactos da dívida pública nos negócios empresariais são:

- O governo concorre com recursos que poderiam ser canalizados para as empresas privadas.
- As taxas de juros, no mercado interno, dependem de quanto o mercado está disposto a receber para comprar títulos do governo. Se o governo praticar taxas muito baixas, as quais favorecem os empresários nacionais, corre o risco de não conseguir vender seus títulos e "rolar" a dívida interna da União.
- As taxas de juros exigidas dos títulos privados colocados no mercado financeiro internacional dependem, em parte, da credibilidade do governo brasileiro no exterior (classificação de risco do país).[5]

PERSPECTIVAS PARA O MERCADO

Todos os empreendimentos precisam do mercado financeiro, principalmente para a captação e aplicação de recursos. No Brasil, a obtenção de empréstimos, no curto prazo, normalmente é feita nas instituições financeiras, ressaltando que empresas maiores podem recorrer à emissão de *commercial papers*. Para recursos de longo prazo, é possível recorrer às linhas de financiamento do governo repassadas por alguns bancos comerciais, ou às linhas de financiamento externo. As fontes de financiamento serão aprofundadas no Capítulo 8. A partir da década de 1990, com abertura dos mercados, a estabilização inflacionária, maior fiscalização do sistema financeiro e a reforma da Lei das Sociedades Anônimas, o mercado de capitais se fortaleceu e se tornou opção para captação de recursos e aplicação de investimentos. Outras fontes de financiamento para novos empreendimentos são as empresas de capital de risco (*venture capital*), as quais investem em empresas novas, com projetos inovadores, especialmente nas áreas de telemática e biotecnologia.

2.5 RESUMO

Este capítulo tratou do ambiente econômico nacional e internacional em que as empresas atuam. As empresas, além de serem pressionadas por seus clientes por melhores serviços e menores preços, são fiscalizadas por diversos órgãos governamentais. O capítulo também considerou os impactos das estruturas de mercado e das políticas nas ações empresarias, ressaltando a importância do equilíbrio entre o número de vendedores e de compradores.

---

[4] Existem vários tipos de títulos da dívida pública no mercado, por exemplo: notas do Banco Central, em suas várias séries, com função reguladora no curto prazo e títulos do Tesouro Nacional, em suas diversas formas, com função captadora de recursos, constituindo parte da dívida pública da União.

[5] O risco país é sistematicamente calculado e divulgado por empresas de classificação de risco (*rating*).

O funcionamento da concorrência, do oligopólio e do monopólio, e seus reflexos nas negociações empresariais também foram abordados. O administrador financeiro necessita conhecer a estrutura de mercado em que sua empresa está inserida para atuar melhor em negociações empresariais.

O capítulo tratou das diversas políticas econômicas: monetária, fiscal, cambial e de rendas. Ilustrou com vários exemplos a influência da variação cambial nas exportações.

Vimos como as políticas cambiais de outros países e blocos econômicos também têm importância para o administrador financeiro. Quando uma moeda está valorizada em relação ao dólar, as compras internacionais nessa moeda ficam mais "baratas" em dólares. Dessa forma, é mais vantajoso para o exportador brasileiro vender para o país que utiliza essa moeda.

Detalhou também os mercados financeiros e apresentou a estrutura do Sistema Financeiro Nacional, chamando a atenção para as variações das taxas de juros, das cotações das moedas e dos papéis negociados diariamente em bolsas de valores e diretamente entre os intermediários financeiros.

Especial atenção foi dedicada à formação das taxas de juros e aos fatores determinantes no custo de capital das fontes de financiamento, como condições de mercado, decisões operacionais das empresas e volume de recursos a serem financiados. Demonstrou que o governo atua decisivamente por ser o maior tomador de recursos e encerrou apresentando algumas alternativas de financiamentos para as empresas.

2.6 QUESTÕES

1. Por que é importante para o administrador financeiro conhecer a estrutura de mercado em que atua?
2. Quais são os instrumentos de política econômica? Para que servem? Cite alguns aspectos importantes da política monetária para os administradores financeiros.
3. Como o mercado entende uma redução na taxa de juros básica da economia?
4. Qual a importância do controle das taxas de câmbio para a economia?
5. Qual a diferença entre o mercado monetário e o mercado de capitais?
6. Como está estruturado o Sistema Financeiro Nacional no Brasil?
7. O que se entende por taxa de juros? O que deve ser remunerado por uma taxa de juros?
8. Qual é a taxa de juros básica da economia, no Brasil? Como ela é arbitrada?
9. Quais as perspectivas para o administrador financeiro captar recursos de longo prazo no mercado?
10. As lojas de produtos veterinários possuem alguns fornecedores que lhes impõem linhas de produtos inteiras, mesmo sabendo que alguns dos produtos que fazem parte dessa linha não têm a mínima aceitação na área de atuação dessas lojas. Em qual estrutura de mercado estão provavelmente inseridas as lojas, por um lado, e os fornecedores, por outro?

2.7 EXERCÍCIOS

1. Em uma cidade de porte médio, na região sul do país, existiu durante muitos anos uma única concessionária de automóveis de determinado fabricante. Espera-se que, nos próximos seis meses, outra concessionária do mesmo fabricante instale-se na cidade. Elabore sugestões de ações a serem tomadas pela antiga concessionária a partir dos quadros de estrutura de mercado e negociações empresariais.

2. Um determinado produto tem custo de produção de R$12,00 por unidade. Pode ser vendido no Brasil por R$14,00. Se for exportado, o preço unitário pago pelo importador estrangeiro é de US$16,00. Calcule as margens do fabricante se ele vender no Brasil ou exportar nas seguintes condições: com o real em paridade de um para um; com o real desvalorizado, sendo necessário R$1,20 para comprar US$1; e com o real valorizado, sendo necessário apenas R$0,80 para comprar US$1.

3. Calcule o custo em euro de um produto exportado por US$5,00, quando as variações nas cotações do euro em relação ao dólar estão conforme o quadro a seguir. Em qual caso as exportações brasileiras são favorecidas? Por quê?

	Paridade	Desvalorizado	Valorizado
Cotação do euro em relação ao dólar	EUR 1,00	EUR 1,05	EUR 0,95
Preço de venda em dólar	US$5,00	US$5,00	US$5,00
Preço de venda em euro			

4. A empresa Pescutil S.A. estava com demanda reprimida dos seus artigos para pesca. Não conseguia atender a demanda porque as máquinas para produção dos artigos eram muito antigas. Para adquirir novos equipamentos, existem duas possibilidades:

- Contratar empréstimo no exterior, no valor de US$35.000,00, a ser pago em 10 parcelas anuais de US$5.453,70. A taxa de juros cobrada do empréstimo é de 9% ao ano.

- Contratar empréstimo no Brasil, no valor de R$70,000,00, a ser pago em 10 parcelas anuais fixas de R$15.576,02. A taxa de juros cobrada é de 18% ao ano.

  Qual das opções é mais interessante em cada uma das situações a seguir? Elabore suas respostas apenas utilizando raciocínio, isto é, sem efetuar nenhum cálculo financeiro.

a) Caso a empresa pretenda exportar parte da sua produção e o cenário para os próximos anos seja de estabilidade inflacionária e cambial no Brasil? A receita anual esperada é de R$12.000, 00 e US$2.200.

b) Caso a empresa venda toda a sua produção no mercado interno, onde a margem de venda é maior, e o cenário seja de estabilidade inflacionária e cambial no Brasil? A receita anual esperada é de R$16.000,00.

c) Caso a empresa venda toda a sua produção no mercado nacional com a mesma margem de venda que teria no exterior, com as taxas de inflação no Brasil em ascensão e com tendências à desvalorização da moeda nacional em relação ao dólar? A receita esperada é de R$17.000.00.

5. A equipe de planejamento de uma ONG ambiental dispõe de uma verba de R$12.000,00 para a aquisição de um sofisticado equipamento de filtragem fabricado na Alemanha. Tendo em vista as oscilações cambiais, foi negociada com o agente financiador a possibilidade

de esse valor variar em 10%, para mais ou para menos, na moeda nacional. Se o equipamento custa 3.500,00 euros e o processo de importação deve onerar o total da compra em mais 625,00 euros, qual é a maior cotação do euro, em relação ao real, que viabiliza essa importação?

6. Calcule qual será a taxa de juros cobrada de um tomador de recursos em um mercado com as seguintes características:

$$k = k_{lr} + p_i + p_{ri} + p_l + p_{rv}$$

Símbolo	Significado	Explicação
k	Taxa de juros nominal	Esta é a questão.
k_{lr}	Taxa de juros real, livre de risco	Taxa SELIC = 16% ao ano.
p_i	Prêmio de inflação	Inflação projetada 5% aa.
p_{ri}	Prêmio de risco inadimplência	Cliente classificado em risco BB = 3% aa
p_l	Prêmio de liquidez	
p_{rv}	Prêmio de risco de vencimento	As taxas de juros vêm caindo nos últimos 12 meses, não existe o risco.

7. Você está comprando um automóvel novo baseado nas informações publicadas em jornal.
- Valor do automóvel: a partir de $21.999,00.
- Forma de pagamento: 50% de entrada + 24 parcelas iguais e fixas de R$600,00.
- Taxa de juros: 1,98% ao mês.
- No rodapé do anúncio consta: frete e pintura metálica não inclusos; preço para o modelo básico sem opcionais; operação sujeita a aprovação de cadastro; tarifa de abertura de crédito não inclusa.

Responda sem realizar cálculos:
a. O preço do automóvel é efetivamente o valor informado?
b. Se você calcular o valor das prestações usando a taxa de juros informada, o valor encontrado vai coincidir com o valor a ser cobrado? Por quê?

2.8 BIBLIOGRAFIA ADICIONAL

BERNSTEIN, Peter. *Desafio aos deuses: a fascinante história do risco*. 9ª ed. Rio de Janeiro: Campus/Elsevier, 1997.

FORTUNA, Eduardo. *Mercado financeiro: produtos e serviços*. 17ª ed. Rio de Janeiro: Qualitymark, 2007.

RENYI, Liliane. *O processo de decisão de investimentos de empresas de capital de risco no Brasil: uma investigação empírica*. Dissertação de Mestrado. Orientador: José Augusto G. da Silveira. FEA/USP, mar. 2000.

ROSSETTI, José Paschoal. *Introdução à economia*. 17ª ed. São Paulo: Atlas, 2003.

SAADI, Jairo. *O poder e o cofre: repensando o Banco Central*. São Paulo: Texto Novo, 1997.

SECURATO, José Roberto. *Decisões financeiras em condição de risco*. 2ª ed. São Paulo: Saint Paul, 2003. Capítulo 4: Taxas de juros.

SZMERECSANYI, Tamas; COELHO, Francisco da Silva. *Ensaios de história do pensamento econômico no Brasil contemporâneo*. São Paulo: Atlas, 2007.

STEIN, Jeremy; KASHYAP, Anil. "Desenredando o funcionamento da política monetária". In: *Dominando Finanças*. São Paulo: Makron Books, 2001.

VASCONCELOS, Marco Antonio Sandoval. *Economia: micro e macro*. 4ª ed. São Paulo: Atlas, 2006.

WESTON, J. Fred; BRIGHAM, Eugene F. *Fundamentos da administração financeira*. São Paulo: Makron Books, 2000. Capítulo 3: Taxas de juros.

CAPÍTULO 3

AS DEMONSTRAÇÕES FINANCEIRAS COMO INSTRUMENTO DE GESTÃO

3.1. INTRODUÇÃO

3.2. AS FONTES DE INFORMAÇÃO DA ADMINISTRAÇÃO FINANCEIRA

3.3. AS DEMONSTRAÇÕES FINANCEIRAS

3.4. INFORMAÇÕES AO MERCADO

3.5. ANÁLISE DAS DEMONSTRAÇÕES FINANCEIRAS

3.6. A ANÁLISE DAS RELAÇÕES ENTRE CUSTO, VOLUME E LUCRO

3.7. ALAVANCAGEM

3.8. MEDIDAS ESTRATÉGICAS DE AVALIAÇÃO DE DESEMPENHO

3.9. RESUMO

3.10. QUESTÕES

3.11. EXERCÍCIOS

3.12. BIBLIOGRAFIA ADICIONAL

Este capítulo apresenta de maneira muito didática a visão técnica sobre a elaboração e o conteúdo das demonstrações financeiras, além de orientar o leitor como efetuar uma análise gerencial destas, visando à tomada de decisões de maneira mais suportada em dados contábeis das empresas e na evolução de seus negócios.

Os autores procuraram não só incorporar as alterações da Nova Lei das Sociedades Anônimas (Lei nº 11.638/2007), como também destacar as melhorias que estão sendo implementadas pela convergência com as práticas contábeis internacionais.

Como bem disse a CVM, na Introdução do comunicado ao Mercado:

> a referida Lei teve origem em projeto iniciado pela CVM junto ao Executivo, que visava possibilitar a eliminação de barreiras regulatórias que impediam a inserção total das companhias abertas no processo de convergência contábil internacional, além de aumentar o grau de transparência das demonstrações financeiras em geral, inclusive incorporando na exigência as chamadas sociedades de grande porte não constituídas sob a forma de sociedades por ações.

No processo gerencial das empresas é muito importante que os administradores se utilizem de suas demonstrações contábeis para permitir a comparação não só com as próprias demonstrações contábeis de períodos anteriores, como também com as demonstrações contábeis de outras empresas do mesmo setor, e de outras entidades como fornecedores, instituições financeiras, clientes, visando solidificar o conhecimento daqueles que são parceiros da sua empresa no processo de condução dos negócios.

> Dessa forma, o processo contábil ganha outra visibilidade dentro das empresas, e as demonstrações contábeis deixam de ter a pecha do passado de que eram elaboradas apenas para atender às exigências das autoridades fiscais, e passam de maneira importante e significativa a orientar o planejamento e a execução dos negócios nos dias atuais.
>
> Os exemplos apresentados neste capítulo são de simples compreensão, porém endereçam os principais aspectos destacados ao longo do texto apresentado.
>
> José Écio Pereira da Costa Junior
> Sócio da JEPereira Consultoria em Gestão de Negócios
> Ex-sócio de Auditoria da Deloitte e da Arthur Andersen

3.1. INTRODUÇÃO

Neste capítulo são apresentadas e discutidas as principais fontes de informação internas para a tomada de decisões financeiras. As demonstrações financeiras são as principais informações internas e as do ambiente externo abrangem tendências do mercado, ações da concorrência, decisões de política econômica e situação da economia internacional.

Apresentamos as demonstrações financeiras, para que servem e como podem ser utilizadas; destacando as informações ao mercado. São ilustrados os conceitos de regime de caixa e de competência e normas de organismos nacionais e internacionais que disciplinam a elaboração das demonstrações financeiras. Não se pretende tratar da sua elaboração, e sim da utilização como instrumento gerencial.

O capítulo contempla disposições da Lei Federal nº 11.638, de 28/12/2007, que alterou e revogou dispositivos das Leis nº 6.404/1976 – Lei das Sociedades por Ações – e da Lei nº 6.385/1976 que dispôs sobre o mercado de valores mobiliários e criou a CVM.

Destacamos como a transparência nas informações sobre os resultados financeiros e as contribuições para melhoria das condições ambientais e sociais reforçam princípios da governança corporativa e contribuem para melhorar a imagem da empresa.

São apresentadas também as ferramentas gerenciais que utilizam as demonstrações financeiras como suporte para suas aplicações.

3.2. AS FONTES DE INFORMAÇÃO DA ADMINISTRAÇÃO FINANCEIRA

O administrador financeiro utiliza informações internas (sobre a empresa) e externas (sobre o ambiente de negócios). No curto prazo, as informações internas necessárias referem-se a volume de vendas, preços praticados, contas a receber, contas a pagar, tributos a recolher e outras receitas e despesas possíveis. No longo prazo, as informações são sobre as dívidas já contraídas, possibilidades de captação e aplicação de recursos e negócios em perspectiva. As informações internas são obtidas nas demonstrações financeiras, também chamadas de balanço geral, demonstrações contábeis ou relatórios contábeis, regulados pela Lei nº 6.404/1976 modificada pelas Leis nº 10.303/2001, nº 10.411/2002 e nº 11.638/2007. Essas informações devem fazer parte do sistema de informação gerencial da empresa.

As informações externas importantes abrangem tendências do mercado, atuação da concorrência, decisões de política econômica, conforme estudado no Capítulo 2, além de conjuntura política e econômica internacional. Essas informações podem ser obtidas em jornais, revistas técnicas, sítios eletrônicos, seminários e encontros setoriais, associações e sindicatos do ramo, junto a bancos, fornecedores e concorrentes.

As informações também são importantes para acionistas, outras empresas, organizações não governamentais (ONGs), instituições financeiras, governos, clientes e fornecedores, credores e devedores, funcionários, governantes e ambientalistas, os chamados grupos de interesse.[1]

3.3. AS DEMONSTRAÇÕES FINANCEIRAS

3.3.1 APRESENTAÇÃO DO BALANÇO PATRIMONIAL

A Lei nº 6.404/1976 estabeleceu que o Balanço Patrimonial deve ter suas contas agrupadas da seguinte forma: Ativo, subdividido em Circulante, Realizável a Longo Prazo e Permanente, sendo este aberto em Investimentos, Imobilizado e Diferido. Por sua vez, o Passivo deve ser subdividido em Circulante, Exigível a Longo Prazo, Resultado de Exercícios Futuros e Patrimônio Líquido, este detalhando Capital Social, Reservas de Capital, Reservas de Reavaliação, Reservas de Lucros e Lucros ou Prejuízos Acumulados. Essa apresentação, entretanto, sofreu aperfeiçoamentos na NPC nº 27, aprovada pela Deliberação CVM nº 488/2005 que, em última análise, aproximou as práticas contábeis brasileiras às práticas internacionais.

Essa deliberação manteve todas as exigências da Lei nº 6.404 e apresentou algumas inovações que deverão contribuir para a qualidade da informação prestada aos interessados. Dentre essas inovações destacamos as seguintes: identificação e apresentação dos ativos e passivos circulantes e não circulantes, além da divulgação, em separado, das contas que representem ativos intangíveis. Tal complementação deverá auxiliar no sentido de permitir melhor avaliação econômico-financeira da companhia pelo público investidor.

A seguir apresentamos uma sugestão de modelo de balanço patrimonial que poderá ser utilizado por companhias abertas não financeiras, além de informações relativas às principais modificações sofridas, quando comparadas com a forma anterior de publicação. São mostradas apenas as contas que interessam como exemplos, não havendo qualquer preocupação de evidenciar um balanço completo.

No ativo, além da separação entre circulante e não circulante, a inclusão do "Intangível" é a principal novidade. Nesse item são agrupadas as contas que anteriormente estavam classificadas em outros subgrupos do ativo permanente. Exemplos: marcas e patentes e direitos autorais anteriormente classificados no imobilizado; ágio por mais valia de expectativas futuras de lucros, anteriormente classificado em investimentos; gastos com pesquisa e desenvolvimento, anteriormente classificados no diferido.

---

[1] Conhecidos também como *stakeholders*.

Quadro 3.1. Balanços Patrimoniais (individuais) (*) encerrados em

Ativo	Passivo mais Patrimônio Líquido
Ativo circulante	**Passivo circulante**
	Empréstimos e Financiamentos
Disponibilidades	Contas a pagar
Caixa	Fornecedores
Aplicações financeiras	Salários a pagar
Contas a receber de clientes	Férias a pagar
Estoques	13º salário a pagar
Matéria-prima	Encargos s/ férias e 13º a recolher
Produtos acabados	Benefícios a empregados
Pagamentos antecipados	Impostos a pagar
Créditos tributários	Dividendos
Outros Ativos Circulantes	IR e CSL a pagar
	Outras contas a pagar
Total do ativo circulante (**)	**Total do passivo circulante (**)**
Ativo não circulante	**Passivo não circulante**
Realizável a longo prazo	Empréstimos e Financiamentos
IR e CSL diferidos	Provisões
Aplicações financeiras	Fiscais, trabalhistas e cíveis
Créditos tributários	Para reestruturação
Pagamentos antecipados	Para benefícios a empregados
Depósitos judiciais	IR e CSL
Outras contas a receber	Outras contas a pagar
Investimentos	**Total do passivo não circulante (**)**
Ágio/deságio – mais ou menos valia de ativos e passivos e expectativa de prejuízos futuros	Patrimônio líquido
Imobilizado	Capital Social
Veículos, máquinas e equipamentos, edificações, terrenos e outros	Ações em tesouraria
	Reserva legal
Benfeitorias em propriedades de terceiros	Outras Reservas
Intangível	Lucros Acumulados
Marcas e patentes	
(Ágio) – Mais valia por expectativa de lucros futuros	
Pesquisa e desenvolvimento	
Direitos autorais	
Despesas pré-operacionais	
Gastos de reorganização	
Total do ativo não circulante (**)	Total do patrimônio líquido (**)
	Resultado de exercícios futuros
Total do Ativo	**Total do Passivo e do Patrimônio Líquido**

(*) Na demonstração consolidada, o grupo "Acionistas não controladores" será apresentado entre "Resultados de exercícios futuros" e "Patrimônio líquido".

(**) Esses totais podem ser eliminados e apresentados na primeira linha do grupo.

O outro lado do Balanço Patrimonial, anteriormente chamado simplesmente de "passivo", passa a ter a denominação, mais adequada do ponto de vista técnico, de "passivo mais patrimônio líquido". No passivo propriamente dito, as principais alterações referem-se às novas denominações que passaram a ter determinadas contas. Por exemplo, com a definição dada pela Deliberação CVM nº 489/2005, que aprovou o Pronunciamento do IBRACON NPC nº 22, de que "uma provisão é um passivo de prazo ou valor incertos", diversas contas que anteriormente eram denominadas "provisões" não mais o serão. São exemplos as férias, o 13º salário, os encargos sobre férias e 13º salário e outros passivos que são reconhecidos através da utilização normal e rotineira do regime de competência. Aqui também deve ser destacada, conforme modelo de Balanço Patrimonial apresentado anteriormente, a criação de um subgrupo de passivo que deverá congregar todas as provisões. Tais provisões tiveram seus conceitos bastante modificados em relação ao que vinha sendo utilizado anteriormente.

As demonstrações financeiras são elaboradas segundo a prática contábil do ***regime de competência***, ou seja, receitas e despesas são contabilizadas e reconhecidas quando ocorre o fato gerador, independentemente do fluxo de entrada ou saída de caixa. O ***regime de caixa*** reconhece os fatos quando ocorre entrada ou saída de dinheiro do caixa.

O exemplo a seguir mostra a diferença nos dois regimes:

A empresa Empreendimentos Bocaiúva Ltda., em determinado período, realizou vendas no valor de R$ 35.000,00 cujo custo foi de R$ 25.000,00. Das vendas, parte recebeu à vista R$ 8.000,00, e o restante será recebido num prazo superior ao da data do relatório. Das matérias-primas utilizadas a empresa pagou R$ 5.000,00, ficando o restante para o período seguinte. Os resultados em termos de lucro – regime de competência e fluxo de caixa – regime de caixa são os seguintes:

Quadro 3.2. Comparativo entre os regimes de caixa e de competência

Regime de competência – contábil (DRE)	R$
Vendas no período	35.000,00
Custos das mercadorias vendidas	(25.000,00)
LUCRO DO PERÍODO	**10.000,00**

Regime de Caixa – financeiro	R$
Valores recebidos	8.000,00
Pagamento de insumos	(5.000,00)
SUPERÁVIT DO CAIXA	**3.000,00**

Os valores a receber e a pagar constarão do balanço patrimonial, portanto, no exemplo, houve lucro de R$ 10.000,00 e superávit de caixa de R$ 3.000,00.

A regulamentação das demonstrações financeiras, no Brasil, é feita pelo Ministério da Fazenda e pela CVM – Comissão de Valores Mobiliários, sob a égide da Constituição Federal e da Legislação Federal. O Conselho Federal de Contabilidade,[2] por meio da emissão das Normas Brasileiras de Contabilidade, busca sistematizar os conceitos contábeis adotados no país.

---

[2] O Conselho Federal de Contabilidade criou o Comitê de Pronunciamentos Contábeis, que tem por objetivo o estudo, o preparo e a emissão de Pronunciamentos Técnicos sobre procedimentos de Contabilidade e a divulgação de informações dessa natureza, para permitir a emissão de normas pela entidade reguladora brasileira, visando a centralização e uniformização de seu processo, levando sempre em conta a convergência da Contabilidade Brasileira aos padrões internacionais.

A partir da Lei nº 11.638/2007, a elaboração e divulgação das demonstrações financeiras têm por base a padronização internacional. O IASB[3] (*International Accounting Standards Board*) estabelece as normas internacionais de contabilidade IFRS (*International Financial Report Standards*) que, por regulamentação da CVM, devem ser adotadas pelas empresas brasileiras com negócios no exterior, empresas de capital aberto, de grande porte e instituições financeiras.

As principais alterações promovidas pela Lei nº 11.638/2007 e MP nº 449/2008, que trouxeram impacto nos procedimentos e práticas contábeis, podem ser assim resumidas:

(a) Classificação do Ativo e do Passivo em "Circulante" e "Não circulante".

(b) Extinção do grupo Ativo Permanente.

(c) Restrição ao longo do exercício de 2008 e extinção, na data de 5/12/08, do subgrupo "Ativo Diferido".

(d) Criação do subgrupo "Intangível" no grupo do Ativo Não circulante.

(e) Proibição da prática da reavaliação espontânea de ativo.

(f) Aplicação, ao final de cada exercício social, do teste de recuperabilidade dos ativos (teste de *impairment*).[4]

(g) Registro, em contas de ativo e passivo, dos contratos de arrendamento mercantil financeiro.

(h) Extinção do grupo Resultados de Exercícios Futuros.

(i) Criação, no Patrimônio Líquido, da conta de "Ajustes de Avaliação Patrimonial".

(j) Destinação do saldo de Lucros Acumulados.

(k) Alteração da sistemática de contabilização das doações e subvenções fiscais, anteriormente contabilizadas em conta de Reserva de Capital.

(l) Alteração da sistemática de contabilização dos prêmios nas emissões de debêntures, anteriormente contabilizados em conta de Reserva de Capital.

(m) Extinção da classificação das Receitas e Despesas em Operacionais e Não Operacionais.

(n) Substituição da Demonstração das Origens e Aplicações de Recursos (DOAR) pela Demonstração dos Fluxos de Caixa (DFC) no conjunto das Demonstrações Contábeis obrigatórias.

(o) Obrigatoriedade da elaboração da Demonstração do Valor Adicionado (DVA) pelas Companhias Abertas.

(p) Criação do Regime Tributário de Transição (RTT).

(q) Implantação da apuração do Ajuste a Valor Presente de elementos do ativo e do passivo.

O IASB sugere que as demonstrações financeiras:

- informem sobre a posição financeira;
- informem sobre o desempenho e a mudança nas posições financeiras da empresa, e
- sejam úteis a grande número de usuários em suas tomadas de decisão.

---

[3] Entidade do setor privado, independente, criada em 1973 para estudar, preparar e emitir normas de padrões internacionais de contabilidade, com sede em Londres, Grã-Bretanha, constituída por mais de 140 entidades profissionais de todo o mundo, incluindo o Brasil, representada pelo Instituto Brasileiro de Contadores – IBRACON e o Conselho Federal de Contabilidade – CFC. Relativamente à sua estrutura, o IASB é vinculado à Fundação para o Comitê de Normas Internacionais de Contabilidade, com sede em Delaware, Estados Unidos da América.

[4] É o teste de recuperabilidade. O art. 183 da Lei nº 11.638 no § 3º estabelece que a empresa deverá efetuar, periodicamente, análise sobre a recuperação dos valores registrados no imobilizado, no intangível e no diferido, a fim de que sejam: I – registradas as perdas de valor do capital aplicado quando houver decisão de interromper os empreendimentos ou atividades a que se destinavam ou quando comprovado que não poderão produzir resultados suficientes para recuperação desse valor; ou II – revisados e ajustados os critérios utilizados para determinação da vida útil econômica estimada e para cálculo da depreciação, exaustão e amortização.

As demonstrações financeiras constituem conjunto formal de informações sobre as atividades financeiras das empresas e objetivam o resumo e a documentação das movimentações econômicas e financeiras em determinado período de tempo.

De acordo com a Norma e Procedimento de Contabilidade NPC 27, "Demonstrações Contábeis – Apresentação e Divulgações", as demonstrações contábeis são uma representação monetária estruturada da posição patrimonial e financeira em determinada data e das transações realizadas por uma entidade no período findo nessa data.

O objetivo das demonstrações contábeis de uso geral é fornecer informações sobre a posição patrimonial e financeira, o resultado e o fluxo financeiro de uma entidade, que são úteis para uma ampla variedade de usuários na tomada de decisões.

As demonstrações contábeis também mostram os resultados do gerenciamento, pela Administração, dos recursos que lhe são confiados. Para atingir esse objetivo, fornecem informações sobre os seguintes aspectos de uma entidade: ativos, passivos, patrimônio líquido, receitas, despesas, ganhos e perdas e fluxo financeiro. Essas informações, com outras constantes das notas explicativas, auxiliam os usuários a estimar resultados e fluxos financeiros futuros da entidade.

CARACTERÍSTICAS DAS DEMONSTRAÇÕES FINANCEIRAS

As Demonstrações Financeiras apresentam as seguintes características principais:
- São relatórios anuais obrigatórios, elaborados com base na escrituração mercantil e abrangem o exercício social, exceto quando da constituição ou liquidação da empresa, se as datas não forem coincidentes com o início ou o final do exercício social. Deverão exprimir com clareza a situação do patrimônio da companhia e as mutações ocorridas no exercício social a que se referem.
- Constituem uma forma de mostrar aos acionistas a percepção econômico-financeira e patrimonial da empresa no ponto de vista dos executivos e dos proprietários.

Ao fim de cada exercício social, a diretoria fará elaborar as seguintes demonstrações financeiras:[5]

I – balanço patrimonial;
II – demonstração dos lucros ou prejuízos acumulados;
III – demonstração do resultado do exercício;
IV – demonstração dos fluxos de caixa, exigida a partir da Lei 11.638/2007;
V – se companhia aberta, demonstração do valor adicionado, exigida a partir da Lei nº 11.638/2007.

Constam das demonstrações financeiras, dependendo de cada empresa, três ou quatro relatórios, como segue:

VI – Relatório do Conselho de Administração ou da Diretoria;
VII – Notas explicativas;
VIII – Parecer do Conselho Fiscal; e
IX – Parecer dos Auditores Independentes, se o Balanço Geral for de empresa de capital aberto. As empresas de grande porte – mesmo que de capital fechado – estão obrigadas a ter parecer de auditoria independente.

---

[5] A Lei nº 11.638/2007 suprimiu a *demonstração das origens e aplicações de recursos* que, por ser uma ferramenta de controle, está sendo apresentada no Anexo I, deste Capítulo.

Os relatórios e as demonstrações financeiras apresentam os seguintes conteúdos:

Relatório do Conselho de Administração ou da Diretoria

É a mensagem descritiva que apresenta a companhia. Pode ser uma simples frase de apresentação, ou ter maior conteúdo, destacando os eventos de maior impacto ocorridos durante o exercício social. Normalmente é assinado pelo presidente da empresa ou do Conselho de Administração. Os mais completos contêm:

a) Filosofia da administração.

b) Estratégia organizacional.

c) Resultados obtidos.

d) Planos futuros.

Seu caráter descritivo e sua sofisticação gráfica podem induzir o analista menos atento a superdimensionar resultados. As empresas têm aproveitado o Relatório para também informar sobre suas ações sociais, cuidados com o meio ambiente e oportunidades de emprego oferecidas.

O Quadro 3.3. apresenta, a título de exemplo, o Relatório do Conselho de Administração da empresa Vinhedo S.A., relativo ao exercício social de 2008.

Quadro 3.3. Vinhedo S. A. – Relatório do Conselho de Administração – Exercício social de 2008

Senhores acionistas

Nossa empresa encerra seu segundo ano de atuação com lucro. Neste exercício o lucro líquido apurado foi de $ 3.060 mil. A situação macroeconômica favorável aos negócios de alta tecnologia colaborou para o bom desempenho da empresa, assim como o esforço de todos os nossos dirigentes e colaboradores. Estamos propondo para deliberação da Assembleia Geral Ordinária, a ser realizada no próximo dia 25 de abril, a distribuição de $ 2.462 mil, sob a forma de dividendos aos acionistas, representando 80,5% do total de lucros obtidos no exercício social. Na mesma proposta aos acionistas, além das destinações legais e estatutárias, estamos prevendo a retenção de lucros para aplicação em nossos projetos de investimentos. A destinação desses recursos obedece a rigorosos critérios de avaliação de investimentos, de modo a contribuir para o aumento do valor da empresa e consequente aumento da riqueza de nossos acionistas.

Em conformidade com o Planejamento Estratégico da Empresa, foi dada prioridade à expansão de créditos para clientes, como forma de aumentar o faturamento, e foram iniciados os desembolsos para a implantação de sistema de IED – Intercâmbio Eletrônico de Dados, para ser utilizado com os principais clientes.

Os investimentos em ativo imobilizado, realizados nesse ano, são a continuidade planejada dos realizados no ano anterior; referem-se principalmente à aquisição de equipamentos que contribuem para o aumento da produtividade e redução de desperdício de matérias-primas.

As aquisições de móveis e utensílios destinaram-se à abertura de nova filial de vendas, em Cascavel, Paraná, construída de acordo com princípios de sustentabilidade ambiental, de forma a propiciar melhores condições de trabalho para nossos funcionários, e maior comodidade aos nossos clientes.

Cabe destacar que a sofisticação dos maquinários utilizados e o alto índice de evolução na mecatrônica nos fazem arcar com elevado nível de gastos de depreciação. Por outro lado, essa sofisticação nos permite trabalhar com "tecnologias limpas" preservando o meio ambiente e inserindo a empresa, definitivamente, como precursora do desenvolvimento sustentável em nosso setor.

Para o próximo ano, deverá ocorrer incremento nos gastos de informatização da empresa, como forma de dar continuidade ao projeto de IED. A empresa tem o compromisso de continuar contribuindo para o desenvolvimento tecnológico e social da sua região.

Finalizando, manifestamos o nosso reconhecimento e agradecimento aos acionistas, fornecedores, prestadores de serviços e financiadores pelo apoio recebido, extremamente importante para que pudéssemos alcançar os resultados neste ano. Em especial aos nossos colaboradores, pela dedicação e entusiasmo na execução de suas tarefas que, esperamos, sejam mantidos no próximo exercício social.

Curitiba, 31 de março de 2009

Paulo S. J. Almeida

Presidente do Conselho de Administração

Balanço Patrimonial

O Balanço Patrimonial é uma demonstração financeira estática e sintética que apresenta bens, direitos, obrigações e o capital pertencente aos proprietários da empresa, em determinada data, geralmente o encerramento do exercício social. Demonstra a situação econômico-financeira da empresa. Ao longo do ano, as empresas elaboram os Balanços Patrimoniais mensais, com o auxílio dos meios eletrônicos de processamento de dados que não chegam a ter o mesmo grau de detalhamento e precisão do Balanço Patrimonial anual.

A estrutura do Balanço Patrimonial alinha o registro das aplicações dos recursos nos grupos de contas denominados **ativo** – as contas de saldos devedores – e **passivo** – as fontes de recursos, as contas de saldos credores.

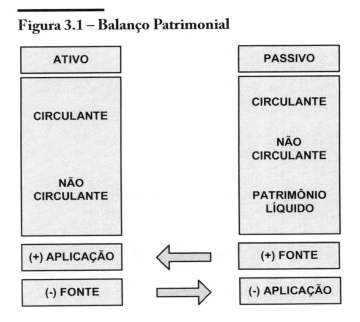

Figura 3.1 – Balanço Patrimonial

A ESTRUTURA DO ATIVO

A apresentação é feita em ordem de liquidez decrescente, de acordo com a rapidez com que os ativos podem ser convertidos em caixa. Normalmente, quanto mais líquido o ativo, menor é a sua rentabilidade. Por exemplo: a conta *caixa* detém os ativos mais líquidos, pois representa o dinheiro imediatamente disponível para a empresa; porém esse dinheiro pode estar "parado", não está aplicado em nenhuma instituição financeira, portanto, não apresenta rentabilidade alguma. O Ativo é classificado em Ativo Circulante e Ativo Não circulante.

1. Ativo Circulante

É onde estão registrados os bens e direitos que poderão ser convertidos em dinheiro ou realizados no prazo de um ano, contado da data do balanço patrimonial.

Podemos considerar que o Ativo Circulante abrange os recursos utilizados no desenvolvimento das atividades operacionais da empresa. Com exceção dos valores do Disponível, são "promessas de realização em caixa".

O Ativo Circulante é formado por:

ATIVO CIRCULANTE	DISPONIBILIDADES
	CONTAS A RECEBER
	ESTOQUES
	OUTROS

Disponibilidades

DISPONIBILIDADES	Caixa
	Bancos
	Aplicações Financeiras

Disponibilidades são recursos financeiros que estão em condições de utilização pela empresa. Aí estão:

Caixa – valores em tesouraria

Bancos – depósitos a vista em instituições financeiras prontos para serem utilizados.

Aplicações financeiras, também denominadas títulos negociáveis, são recursos temporariamente ociosos, aplicados em instituições financeiras, por curtíssimo prazo. Recebem remuneração, mas têm datas específicas para resgate, portanto, devem ser aplicados de acordo com as necessidades de caixa da empresa.[6]

Contas a Receber

Representam o valor dos títulos emitidos contra clientes e outros créditos da empresa, cujo vencimento ocorrerá em até 12 meses.

Estoques

ESTOQUES	Matérias-primas
	Componentes
	Insumos
	Produtos em processo
	Produtos acabados

Os estoques representam o valor de todos os produtos – matérias-primas, componentes, insumos, produtos em elaboração, produtos acabados – que a empresa tem armazenados, registrados geralmente pelo valor de aquisição.

---

[6] No Brasil as alíquotas do Imposto de Renda sobre Operações Financeiras são regressivas. Quanto maior o prazo da aplicação, menor a alíquota do imposto. Torna-se, portanto, necessário o cálculo do rendimento líquido para se conhecer a viabilidade ou não da aplicação.

Estoques de matérias-primas e componentes: são produtos que integrarão o produto final ou o serviço final.

Estoque de insumos: valor dos produtos, comprados ou produzidos internamente, para serem utilizados na elaboração do produto final ou na prestação do serviço.

Estoque de produtos em elaboração: valor de produtos que estão sendo fabricados, montados ou de serviços sendo prestados. Esse valor é significativo quando o produto é resultado de processo produtivo lento; por exemplo, na fabricação de navios.

Estoque de produtos acabados: valor do custo dos produtos já prontos, mas ainda não comercializados. Inclui-se aqui o valor dos produtos em trânsito.

É de se salientar que o Balanço Patrimonial não apresenta os valores em estoque discriminados conforme sua classificação. Esta abertura é apresentada em nota explicativa específica.

Outros ativos circulantes

Valor de outros bens e títulos que a empresa dispõe para a venda no curto prazo, despesas antecipadas de prêmios de seguros, anuidades de jornais e revistas etc., com vigência no próximo exercício social e, ainda, desde que passíveis de realização no próximo exercício social, encargos financeiros de duplicatas descontadas, adiantamento a fornecedores, cauções, depósitos compulsórios, tributos a recuperar.

2. Ativo Não Circulante

No Ativo Não Circulante consta a aplicação de recursos em bens, não destinados à venda, cujo objetivo é a utilização para produção de bens ou serviços. Os Ativos Não Circulantes estão dispostos em quatro grupos de contas:

ATIVO NÃO CIRCULANTE	REALIZÁVEL A LONGO PRAZO
	INVESTIMENTOS
	IMOBILIZADO
	INTANGÍVEL

Realizável a Longo Prazo

As contas do Realizável a Longo Prazo englobam os valores que podem ser convertidos em dinheiro em prazo acima de um ano, contado da data do balanço patrimonial, a exemplo de depósitos compulsórios, pagamentos antecipados, cauções, impostos e contribuições a recuperar, aplicações financeiras de longo prazo, créditos tributários, depósitos judiciais, títulos da dívida pública, entre outros. A legislação brasileira determina que créditos junto a empresas controladas, coligadas, administradores e sócios, originados de empréstimos, adiantamentos etc. figurem como valores realizáveis a longo prazo, mesmo que vencíveis a curto prazo.

Investimentos

Formam as participações permanentes em outras empresas e outros direitos de longo prazo que não se destinam à atividade operacional da empresa. Por exemplo: as ações que uma empresa controladora possui de uma subsidiária são registradas como Investimentos, pois se trata de uma participação permanente e deve representar mais do que 10% do capital social da empresa subsidiária. Obras de arte, imóveis não destinados à atividade operacional da empresa ou alugados a terceiros também são registrados como Investimentos, bem como ágio/deságio – mais ou menos valia de ativos e passivos e expectativa de prejuízos futuros.

Imobilizado

É composto do valor de bens e direitos que são utilizados no longo prazo para as atividades operacionais da empresa. Terrenos, edificações, máquinas, equipamentos, instalações, móveis e utensílios, veículos, inclusive os bens decorrentes de operações que transfiram à companhia os benefícios, riscos e controle desses bens, são alguns dos itens que compõem os ativos imobilizados. Os gastos incorridos para a colocação em operação do bem imobilizado, como fretes e despesas de instalação, por exemplo, são incorporados ao seu valor.

A legislação especifica a forma de redução periódica do valor dos bens do ativo imobilizado através dos registros periódicos de depreciação,[7] quando corresponder à perda do valor dos direitos que têm por objeto bens físicos sujeitos a desgaste ou perda de utilidade por uso, ação da natureza ou obsolescência. Não se enquadram nesse caso os terrenos e os bens não utilizáveis na exploração da atividade. A depreciação de bens imóveis deve ser calculada com base, exclusivamente, no custo de construção, deduzido o valor dos terrenos.

O **Ativo Imobilizado Líquido** é o resultado do valor contábil, descontada a depreciação, ou a amortização ou a exaustão, que representam a apropriação de uma despesa ou um custo, correspondente aos gastos de aquisição de um bem, distribuídos ao longo de sua vida útil.

Ao imobilizar um determinado bem, a empresa precisa recuperar o capital nele investido, e essa recuperação se dá durante o período definido de sua vida útil, através de lançamentos de custos ou despesas que irão reduzir o lucro e consequentemente os efeitos de sua tributação e distribuição, tornando-se importante gasto para efeitos tributários. Os custos e despesas de depreciação são aplicados em forma de percentual, geralmente obedecendo a determinações legais. A Lei nº 11.638/2007 estabeleceu que as depreciações e amortizações do imobilizado devem ser efetuadas com base na **vida útil econômica dos bens**, a partir do exercício iniciado em 1/01/2009.

A depreciação acumulada é formada pelo somatório dos gastos registrados como depreciação. O valor da conta de depreciação acumulada deve ser subtraído do valor dos ativos imobilizados, porquanto esses são registrados pelo valor de compra e com o tempo perdem valor. O resultado é chamado de Ativo Imobilizado Líquido.

Além da **depreciação,** a redução periódica dos ativos imobilizados pode ocorrer através de:

a) **Amortização,** quando corresponder à redução do valor aplicado na aquisição de direitos de propriedade e quaisquer outros, inclusive ativos intangíveis, com existência ou exercício de duração limitada, ou cujo objeto sejam bens de utilização por prazo legal ou contratualmente limitado.

b) **Exaustão,** quando corresponder à redução do valor, decorrente da exploração dos recursos minerais, florestais e outros recursos naturais esgotáveis, como as reservas minerais e vegetais (bosques e florestas).

---

[7] Resolução do Conselho Federal de Contabilidade nº 1.136/2008.

Os métodos de depreciação, amortização e exaustão devem ser compatíveis com a vida útil econômica do ativo e devem ser aplicados uniformemente. Sem prejuízo da utilização de outros métodos de cálculo dos encargos de depreciação, podem ser adotados os métodos de:

a) quotas constantes ou linear;
b) somas dos dígitos;
c) unidades produzidas.

a) No método das quotas constantes ou linear, considerado o mais simples, a redução do valor de um ativo é feita num valor fixo por período até que o valor líquido seja zerado, considerando o tempo de vida útil do ativo depreciável.

Ex.: Cálculo da depreciação anual de um equipamento no valor de R$ 600.000,00 cuja vida útil é de cinco anos. A cada ano o valor da depreciação é de R$ 120.000,00, conforme a tabela a seguir apresentada:

Tabela – Exemplo a

Ano	Depreciação	Valor Residual[8]
1	120.000,00	480.000,00
2	120.000,00	360.000,00
3	120.000,00	240.000,00
4	120.000,00	120.000,00
5	120.000,00	0,00

b) O método das somas dos dígitos utiliza uma fração cujo denominador é formado pela soma do número de anos de vida útil do bem e o numerador é composto dos anos sucessivos.

Ex.: Cálculo da depreciação anual de um equipamento no valor de R$ 600.000,00 cuja vida útil é de cinco anos.

A soma dos dígitos que compõe o total de anos é igual a:
1 + 2 + 3 + 4 + 5 = 15

Tabela – Exemplo b

Ano	Cálculo	Depreciação	Valor Residual
1	5/15 x 600.000,00	200.000,00	400.000,00
2	4/15 x 600.000,00	160.000,00	240.000,00
3	3/15 x 600.000,00	120.000,00	120.000,00
4	2/15 x 600.000,00	80.000,00	40.000,00
5	1/15 x 600.000,00	40.000,00	0,00

c) No método das unidades produzidas[9] determina-se o número de unidades a serem produzidas durante a vida útil do ativo e calcula-se o valor da depreciação através da seguinte relação:

Ex.: Cálculo da depreciação anual de um equipamento no valor de R$ 600.000,00 cuja previsão é de produzir 120.000 peças durante sua vida útil e que produzirá a quantidade de peças especificada na tabela a seguir.

---

[8] Trata-se do valor contábil no final do exercício social.
[9] O Método das Horas de Trabalho é semelhante e utiliza o número de horas trabalhadas em relação ao número total de horas de trabalho do ativo.

Tabela – Exemplo c

Ano	Produção	Cálculo	Depreciação	Valor Residual
1	25.000	(25.000/120.000) x 600.000	125.000,00	475.000,00
2	20.000	(20.000/120.000) x 600.000	100.000,00	375.000,00
3	30.000	(30.000/120.000) x 600.000	150.000,00	225.000,00
4	28.000	(28.000/120.000) x 600.000	140.000,00	85.000,00
5	17.000	(17.000/120.000) x 600.000	85.000,00	0,00

A legislação do Imposto de Renda permite contabilizar essa perda de valor como Custo ou Despesa de Depreciação. São utilizadas tabelas legais que determinam a Vida Útil do Ativo, como por exemplo:

Quadro 3.4. Depreciação

ATIVO	VIDA ÚTIL	DEPRECIAÇÃO ANUAL
Edifícios	25 anos	4%
Máquinas e equipamentos	10 anos	10%
Instalações	10 anos	10%
Móveis e utensílios	10 anos	10%
Ferramentas	5 anos	20%
Veículos	5 anos	20%
A empresa pode acelerar a depreciação de bens móveis adotando os coeficientes relacionados ao número de turnos trabalhados, tais como:		
Para turnos de 8 horas	coeficiente 1	
Para dois turnos de 8 horas	coeficiente 1,5	
Para três turnos de 8 horas	coeficiente 2,0	

Há um destaque especial para o **Arrendamento Mercantil Financeiro**, pois a Lei nº 11.638/2007 incorporou ao ativo imobilizado os direitos que tenham por objeto bens destinados à manutenção das atividades da entidade, ou exercidos com essa finalidade, inclusive os decorrentes de operações que transfiram à entidade os benefícios, os riscos e o controle desses bens. Dessa forma, o imobilizado passou a abranger inclusive os bens que não são de propriedade da entidade, mas cujos controles, riscos e benefícios são por ela exercidos. Sendo assim, para os contratos que apresentarem as características de arrendamento mercantil financeiro, a empresa que utiliza o bem, para fins de elaboração de suas demonstrações contábeis, deve:

a) registrar no ativo imobilizado, em conta específica, o bem arrendado pelo valor justo ou, se inferior, pelo valor presente dos pagamentos mínimos do arrendamento mercantil, na data inicial do contrato, ajustado pela depreciação acumulada calculada desde a data do contrato;

b) registrar, em conta específica, a obrigação por arrendamento mercantil financeiro pelo valor presente das contraprestações em aberto;

c) registrar a diferença apurada em (a) e (b), líquida dos efeitos fiscais, contra lucros ou prejuízos acumulados;

d) quaisquer custos diretos iniciais do arrendatário anteriormente reconhecidos no resultado do período não podem ser incorporados ao valor do ativo no balanço patrimonial.

Por seu lado, as empresas arrendadoras, para fins de elaboração de suas demonstrações contábeis, devem:

a) efetuar a baixa do custo do ativo imobilizado e da correspondente depreciação acumulada, contra lucros ou prejuízos acumulados; e

b) registrar o instrumento financeiro decorrente do arrendamento financeiro como ativo realizável (contas a receber), contra lucros ou prejuízos acumulados, pelo valor presente das contraprestações em aberto.

Ativo intangível

O grupo de contas introduzido pela nova Lei está relacionado a direitos que tenham por objeto bens incorpóreos destinados à manutenção da entidade ou exercidos com essa finalidade, como marcas, patentes, direitos de concessão, direitos de exploração, direitos de franquia, direitos autorais, gastos com desenvolvimento de produtos novos, ágio pago por expectativa de resultado futuro, inclusive o fundo de comércio adquirido. Os ativos intangíveis devem ser reconhecidos no balanço se, e apenas se:

a) for provável que os benefícios econômicos futuros esperados atribuíveis ao ativo sejam gerados em favor da entidade;

b) o custo do ativo puder ser mensurado com segurança; e

c) for identificável e separável, ou seja, puder ser separado da entidade e vendido, transferido, licenciado, alugado ou trocado, seja individualmente ou em conjunto com um contrato, ativo ou passivo relacionado.

Despesas pré-operacionais e gastos com reestruturação

A partir da Lei nº. 11.638/2007 restringiu-se o lançamento de gastos no ativo diferido, mas, após isso, a Medida Provisória nº. 449/2008 extinguiu esse grupo de contas. No caso de ágio anteriormente registrado nesse grupo, análise meticulosa deve ser feita quanto à sua destinação: para o ativo intangível se relativo a valor pago a terceiros, independentes, por expectativa de rentabilidade futura (*goodwill*); para investimentos, se pago por diferença entre valor contábil e valor justo dos ativos e passivos adquiridos; e para o resultado, como perda, se não houver substância econômica. Despesas com pesquisas, treinamento de pessoas são levadas à conta de resultado.

A estrutura do Passivo

As contas do Passivo Exigível – Circulante e de Longo Prazo – registram todas as dívidas e obrigações da empresa, representando compromissos líquidos e certos, em ordem decrescente de vencimento, agrupadas da seguinte forma:

As obrigações de empréstimos e financiamentos de longo prazo, tanto encargos financeiros como amortizações, vincendas dentro de um ano terão seu registro no Passivo Circulante.

1. Passivo Circulante

Registra dívidas e obrigações de curto prazo, a vencer dentro dos próximos 12 meses e/ou do próximo exercício social, tais como:

- Empréstimos e financiamentos que englobam as obrigações decorrentes de financiamentos, emissão de debêntures, *commercial papers*[10] sempre com vencimento em prazo não superior a um ano, inclusive o desconto de duplicatas.
- Contas a pagar que registram o valor de todas as dívidas com fornecedores, impostos, taxas, contribuições, débitos com governo e outros. Incluem: duplicatas a pagar, tributos a recolher, empréstimos de curto prazo.
- Salários a pagar que pode conter valor dos saldos de salário vencidos, férias, 13º salário, encargos sem férias, 13º a recolher e benefícios a empregados, a pagar.
- Dividendos declarados, registrados a partir do momento em que a Assembleia Geral de Acionistas aprova o pagamento de dividendos, o valor dos dividendos passa ser um exigível de curto prazo até o seu pagamento.
- Imposto de Renda e Contribuição Social a pagar, e outras contas a pagar.

2. Passivo Não Circulante

Compõe o valor das dívidas de longo prazo, a vencer em período superior a um ano, tais como empréstimos e financiamentos, contas e títulos a pagar, débitos de administradores e empresas controladas, débitos de Imposto de Renda e Contribuição Social, as provisões fiscais, trabalhistas e cíveis, provisões para reestruturação e para benefícios a empregados.

3. Patrimônio Líquido

O Patrimônio Líquido representa os valores dos direitos dos acionistas na empresa. Sua composição é a seguinte:

Patrimônio Líquido	Capital Social
	Reservas de Capital
	Ajustes de Avaliação Patrimonial
	Reservas de Lucros
	Ações em Tesouraria
	Prejuízos Acumulados

Capital Social

Em princípio, é o valor aportado pelos acionistas, sob a forma de capital de risco, ao subscreverem e integralizarem ações da empresa. Com o passar do tempo, pode ocorrer, pela incorporação de Reservas e/ou Lucros Acumulados, o aumento do valor pertencente aos acionistas no capital social da empresa. O capital social é subdividido em ações, que podem ser:

Capital social	Ações ordinárias Ações preferenciais

---

[10] Notas Promissórias.

A emissão de ações preferenciais é opcional, e o seu volume está limitado a 50% do total de ações que forma o capital social da empresa.

Reservas de Capital

De acordo com Florentino (1988):

> as reservas constituem contas representativas de reforço de capital próprio. Correspondem a valores que por razões várias ainda não se incorporaram juridicamente (por alteração contratual ou estatutária) à conta de Capital da empresa, mas que na realidade, constituem capital supletivo....

Formam as Reservas de Capital:
- a contribuição do subscritor de ações que ultrapassar o valor nominal e a parte do preço de emissão das ações sem valor nominal que ultrapassar a importância destinada à formação do capital social, inclusive nos casos de conversão em ações de debêntures ou partes beneficiárias;
- o produto da alienação de partes beneficiárias e bônus de subscrição.

Ajustes de avaliação patrimonial

Serão classificadas como ajustes de avaliação patrimonial, enquanto não computadas no resultado do exercício em obediência ao regime de competência, as contrapartidas de aumentos ou diminuições de valor atribuído a elementos do ativo[11] e do passivo, em decorrência da sua avaliação a preço de mercado.

Ações em tesouraria

São destacadas no balanço como dedução da conta do patrimônio líquido que registrar a origem dos recursos aplicados na sua aquisição.

Reservas de Lucros

São classificadas como reservas de lucros as contas constituídas pela apropriação de lucros da companhia.

Prejuízos acumulados

É o valor da soma dos prejuízos não recuperados.

A seguir, é apresentado o Balanço Patrimonial da empresa Vinhedo S.A., cujo Relatório do Conselho de Administração foi mostrado no Quadro 3.3. É uma empresa industrial, cuja atividade principal é a fabricação de componentes eletrônicos. Adquire parte das matérias-primas do exterior, fabrica os componentes e vende parte para fabricantes de eletroeletrônicos, mercado industrial B2B,[12] e parte para lojas de reposição de peças e redes de assistência técnica, mercado de consumo final B2C.

Quadro 3.5. Balanço Patrimonial da Vinhedo S/A[13]

A equação do Balanço

O Balanço Patrimonial representa os direitos que a empresa possui, que são os valores dos ativos, e todas as suas obrigações, que estão registradas no passivo. A diferença, que compõe o Patrimônio Líquido, é a soma dos aportes de recursos dos sócios, as reservas constituídas e os lucros gerados nas atividades da empresa e não distribuídos aos sócios.

Essa igualdade chama-se **Equação do Balanço**:

$$\text{Ativo} = \text{Passivo} + \text{Patrimônio Líquido}$$

---

[11] De acordo com o § 5º do art. 177, inciso I do *caput* do art. 183 e § 3º do art. 226 da Lei 11.638/2007.
[12] B2B, do inglês *Business to Business*. B2C, do ingles *Business to Consumer*.
[13] A legislação brasileira determina que as demonstrações financeiras devem conter também os dados do exercício social anterior.

Exercícios Sociais encerrados em 31/12/X0 e 31/12/X1

Valores em $ 1.000

ATIVO	31/12/X0	31/12/X1
Ativo Circulante	**14.102**	**7.130**
Caixa	450	350
Aplicações financeiras	632	500
Contas a receber	8.900	6.000
Estoques	520	280
Ativo Não Circulante	**38.892**	**36.742**
Imobilizado		
Terrenos e Edifícios	1.200	1.200
Maquinário eletrônico	36.800	35.000
Móveis e Utensílios	550	400
Veículos	60	60
Outros	82	82
(-) Depreciação acumulada	10.959	7.172
Ativo Imobilizado Líquido	**27.733**	**29.570**
TOTAL DO ATIVO	**38.235**	**36.700**
PASSIVO	31/12/X0	31/12/X1
Passivo Circulante	**2.150**	**1.900**
Títulos a pagar	250	320
Fornecedores	1.750	1.480
Outras contas a pagar	150	100
Passivo Não Circulante	**9.687**	**9.000**
Patrimônio Líquido	**26.398**	**25.800**
Capital Social		
Ações preferenciais	5.250	5.250
Ações ordinárias	15.000	15.000
Reserva legal	2.903	2.750
Outras Reservas	2.000	2.000
Lucros acumulados	1.245	800
TOTAL PASSIVO E DO PATRIMÔNIO LÍQUIDO	**38.235**	**36.700**

Para mostrar como a Equação do Balanço funciona e como os recursos fluem de uma conta para outra na empresa, acompanhe o exemplo a seguir:

Exemplo

A empresa **A. C. Luz** iniciou suas atividades através da implantação de uma indústria de perfumes.

- Os sócios da empresa aportaram capital de R$ 25.000, sendo R$ 5.000 para capital de giro e R$ 20.000 para aquisição de máquinas e equipamentos.
- Durante o primeiro mês, foram comprados a prazo R$ 10.000 em matéria-prima, para pagamento em 30 dias. A produção foi terceirizada, sendo o pagamento de R$ 2.000 pelos serviços feitos contra entrega, e consumiu todas as matérias-primas adquiridas na produção de 500 frascos do perfume *Gardênia*.
- No mês seguinte foram vendidos à vista 400 frascos do produto por R$ 17.000. Com o dinheiro recebido, foram feitos os pagamentos das matérias-primas adquiridas anteriormente.

Acompanhe nos balancetes intermediários a evolução dessas atividades da empresa, e perceba a igualdade da equação do balanço.

Quadro 3.6. Balancetes Intermediários

Primeiro Período					
ATIVO			PASSIVO		
Ativo Circulante		5.000			
Caixa	5.000				
Ativo Não Circulante		20.000	Patrimônio Líquido		25.000
Imobilizado	20.000		Capital Social	25.000	
ATIVO TOTAL		25.000	PASSIVO TOTAL		25.000

Segundo período					
ATIVO			PASSIVO		
Ativo Circulante		15.200	Passivo Circulante		10.000
Caixa	3.000		Duplicatas a pagar	10.000	
Estoques	10.000				
Despesas de mão de obra	2.000				
Despesa de depreciação	200		Passivo Não Circulante		25.000
Ativo Não circulante		19.800	Patrimônio Líquido		25.000
Imobilizado líquido	19.800		Capital Social	25.000	
ATIVO TOTAL		35.000	PASSIVO TOTAL		35.000

Terceiro Período					
ATIVO			PASSIVO		
Ativo Circulante		12.440	Passivo Circulante		0
Caixa	10.000		Duplicatas a pagar	0	
Estoques	2.440				
Despesas de mão de obra	0				
Despesa de depreciação	0		Passivo Não circulante		32.240
Ativo Não circulante		19.800	Patrimônio Líquido		32.240
Imobilizado líquido	19.800		Capital Social	25.000	
			Lucros acumulados	7.240	
ATIVO TOTAL		32.240	PASSIVO TOTAL		32.240

Vale lembrar que a contabilidade utiliza o método das partidas dobradas:
- Todos os lançamentos ocorrem duas vezes.
- Débito em conta de ativo, crédito em conta de passivo.

- Crédito em conta de ativo, débito em conta de passivo.
- Débito em uma conta de ativo e crédito em outra conta de ativo.
- Débito em conta de passivo, crédito em outra conta de passivo.

DEMONSTRAÇÃO DE RESULTADOS DO EXERCÍCIO – DRE

Expressa os resultados econômicos de um período específico, normalmente um ano. Da mesma forma, ao longo do ano, as empresas elaboram as Demonstrações de Resultados mensais, com o auxílio dos meios eletrônicos de processamento de dados. Essas Demonstrações de Resultados mensais não chegam a ter os mesmos graus de detalhamento e precisão da DRE anual.

A Demonstração de Resultados do Exercício mostra como surge o lucro ou prejuízo final da empresa. A partir das Receitas Brutas, delas vão se subtraindo as deduções das vendas, os abatimentos e os impostos, obtendo-se a Receita Líquida.

Em seguida, são deduzidos os custos das atividades fins da empresa que contribuíram para a formação das receitas consideradas, obtendo o Resultado ou Lucro Bruto. Depois se deduzem as despesas operacionais, demonstrando o Resultado ou Lucro Operacional; na sequência subtraem-se as despesas financeiras líquidas, já deduzidas as eventuais receitas financeiras, demonstra-se o Lucro antes do Imposto de Renda, calcula-se a provisão para Imposto de Renda[14] e chega-se ao Lucro Líquido do Exercício ou ao Prejuízo do Exercício.

Desse lucro, parte deverá ser distribuída aos acionistas sob a forma de dividendos, parte poderá ser distribuída conforme dispõe o estatuto social da empresa, e o saldo restante ficará na empresa como lucros retidos.

A DRE é elaborada a partir do regime de competência, ou seja, todas as receitas, os custos e as despesas são considerados à época de sua ocorrência, no caso o exercício competente, e não do seu efetivo recebimento ou pagamento, entrada ou saída do caixa da empresa. Isso significa dizer que o valor das receitas, na primeira linha da DRE, é o total das vendas realizadas no período, com Nota Fiscal emitida, ou seja, faturamento do período, mas não significa que todo esse valor foi efetivamente recebido pela empresa, pois muitas das vendas podem ter sido realizadas a prazo, com vencimento no próximo período; ou ainda, algumas das vendas já vencidas podem não ter sido recebidas, porque os clientes estão em atraso.

A legislação brasileira considera receitas e despesas financeiras antes do resultado operacional, fato que consideramos prejudicial às análises financeiras da empresa, pois mascara o resultado operacional que vem onerado pelas despesas financeiras. Uma empresa pode ter maus resultados operacionais em decorrência de sua situação financeira onerada por altos valores de encargos financeiros e ter, desconsiderando as despesas financeiras, bons resultados de sua atividade operacional.

O mesmo raciocínio é válido para os custos e as despesas. Por exemplo, elas ocorreram porque as matérias-primas foram compradas e utilizadas na produção dos bens vendidos, mas não necessariamente foram pagas, ou porque as duplicatas ainda não venceram ou porque estão em atraso.

Outra característica do regime de competência é a contabilização da depreciação, que está explicada no Quadro 3.4.

---

[14] No Brasil, assim como o Imposto de Renda, há a incidência da Contribuição Social sobre o Lucro – CSL.

A Demonstração de Resultados do Exercício (DRE) exibe os valores referentes a Receitas, Custos e Despesas do período considerado.

Custos compreendem os valores utilizados na administração da produção e na produção de bens e/ou serviços.
Despesas compreendem os demais valores utilizados na administração da empresa, inclusive encargos financeiros e nas vendas.

Os principais componentes da DRE são as seguintes:
Receitas
Somatório de todos os valores gerados por vendas de produtos e/ou prestação de serviços relacionados às atividades-fim da empresa. Correspondem ao faturamento, incluindo as vendas a vista e a prazo.

A Receita Operacional Bruta sofre ajustes em função de fatores como cancelamento de vendas, descontos concedidos após a venda e os impostos que estão agregados ao valor da venda – IPI e ICMS – e, no caso de receitas de prestação de serviços, ISS e ICMS. Após sofrer esses ajustes, passa a ser considerada como Receita Operacional Líquida.

	(–) Vendas canceladas
Receita Operacional Bruta	(–) Descontos
	(–) Impostos sobre as vendas
	(=)Receita Operacional Líquida

Custo da Mercadoria Vendida – CMV
É o valor dos custos de produção e/ou aquisição dos produtos vendidos e/ou dos serviços prestados. Também pode ser chamado de CPV (Custos dos Produtos Vendidos) ou CSP (Custos dos Serviços Prestados). Em empresas comerciais, esse valor corresponde ao custo de aquisição dos produtos revendidos, acrescidos de custos de embalagem, estocagem e outras agregações de valor ocorridas. Em empresas industriais esse valor corresponde ao somatório dos custos de: matérias-primas e insumos, sua transformação, inclusive salários dos trabalhadores da produção e tributos diretos.

Lucro bruto
Compreende o resultado da operação principal da empresa. Das Receitas Operacionais Líquidas resultantes de vendas de produtos e/ou prestação de serviços são subtraídos os custos de produção ou aquisição dos produtos nas empresas comerciais, e/ou da prestação do serviço nas prestadoras de serviços.

Despesas Operacionais
As despesas operacionais são formadas pelo somatório das despesas gerais e administrativas, das despesas de vendas e das despesas de depreciação.

	Despesas Gerais
Despesas Operacionais	Despesas Administrativas
	Despesas de Vendas
	Despesas de Depreciação

São gastos que a empresa tem para operar normalmente; incluem desde despesas com recursos humanos alocados na administração geral, como as contas de telefone e energia, até as despesas com Internet, troca eletrônica de dados e manutenção de páginas na rede. Aqui também estão contabilizadas as despesas dos contratos de manutenção e limpeza, os prêmios e as comissões de vendas, fretes e seguros, as despesas com os diversos canais de comercialização, com representantes e com campanhas promocionais que não podem ser rateadas aos produtos e serviços. Quanto mais complexos os critérios de rateio de custos, menores são as despesas operacionais e maiores os custos diretos, calculados no CMV – Custo da Mercadoria Vendida.

Por exemplo:

Os custos de manutenção de determinada máquina podem ser atribuídos às despesas operacionais, independente da utilização da máquina, mas podem também ser rateados aos produtos, conforme o número de horas de utilização dessa máquina para cada um dos produtos cujo processo produtivo envolve seu uso.

Outro exemplo: os custos das campanhas promocionais podem ser contabilizadas como despesas de vendas ou podem ser atribuídas a cada um dos produtos envolvidos na campanha, conforme a sua participação percentual no faturamento da empresa.

Os gastos de depreciação de máquinas e equipamentos podem estar contabilizadas nas despesas operacionais, mas também podem ser rateadas ou apropriadas conforme a utilização das máquinas em cada produto fabricado ou serviço prestado. As despesas de depreciação dos *softwares*, equipamentos de informática, prédios e instalações podem estar contabilizadas como despesas operacionais, pela dificuldade em rateá-las criteriosamente aos produtos e serviços.

Lucro ou Prejuízo Operacional

O Lucro ou Prejuízo Operacional é resultado das operações da atividade-fim da empresa. É quanto a empresa ganha – ou perde, no caso de prejuízo – na atividade de comprar, fabricar, prestar serviço e vender. Calcula-se subtraindo do lucro bruto as despesas operacionais.

As empresas são ditas operacionalmente rentáveis quando apresentam saldo positivo nessa linha da Demonstração de Resultado do Exercício.

Receitas financeiras

As empresas eventualmente podem ter ganhos no mercado financeiro, resultado de aplicações de curto e curtíssimo prazo de sobras de caixa temporariamente ociosas. Essas receitas são contabilizadas como receitas financeiras e consideradas na linha das despesas financeiras com sinal trocado.

Despesas Financeiras[15]

Nessa linha estão contabilizados as despesas de juros e os encargos financeiros de empréstimos e/ou financiamentos. Somam-se aqui as despesas financeiras com desconto de duplicatas, contratação de empréstimos (conta empresarial garantida, crédito rotativo e outros) e financiamentos.

---

[15] Embora a legislação brasileira inclua despesas financeiras no grupo de despesas operacionais, a opinião dos autores é de que elas devem ser apresentadas em separado na demonstração de resultados, para melhor facilidade de análise dos resultados operacionais.

Lucro Líquido antes de IR e CSL

É o resultado da subtração das despesas financeiras e da soma das receitas financeiras, se houver, do lucro operacional. O Lucro Líquido antes do IR e da CSL representa o quanto a empresa ganhou em todas as suas atividades, considerando as receitas e despesas financeiras, ou seja, atividade-fim da empresa acrescida do resultado de suas decisões de financiamento e investimento.[16]

Imposto de Renda e Contribuição Social sobre o Lucro

É o valor do Imposto de Renda e da Contribuição Social sobre o Lucro que incide sobre o lucro tributável do exercício social. No Brasil, as empresas também são obrigadas a recolher, cumulativamente, a Contribuição Social sobre o Lucro – CSL, cuja alíquota em vigor é de 9% sobre o lucro tributável.

Lucro líquido após o IR e a CSL

É o lucro líquido, já subtraído do valor do Imposto de Renda e o da Contribuição Social sobre o Lucro. Representa o que efetivamente restou de lucro para a empresa e seus acionistas, ao final de um exercício fiscal.

Pode ocorrer que a empresa tenha em seu estatuto social cláusula de distribuição de lucros a objetivos sociais, por exemplo. Nesse caso, deverá haver a previsão dessa distribuição.

Dividendos às ações preferenciais

É a parcela do Lucro Líquido destinada, na forma de dividendos, às ações preferenciais. O valor dos dividendos das ações preferenciais é aprovado em Assembleia dos Acionistas e consta do Estatuto Social da empresa.

Lucro líquido disponível aos acionistas[17]

É o lucro líquido depois do IR e da CSL, dele subtraído o montante destinado, na forma de dividendos aos acionistas preferenciais. Sobre esse valor a Assembleia dos Acionistas vai deliberar quanto será distribuído na forma de dividendos aos acionistas ordinários e quanto será retido na empresa, desde que respeitados os preceitos legais. Em tese, a legislação brasileira não permite dividendos aos acionistas ordinários maiores dos que os atribuídos aos acionistas preferenciais, prevê inclusive que as ações preferenciais recebam um dividendo 10% superior ao destinado para as ordinárias. Os lucros retidos podem ser visualizados no Balanço Patrimonial, dentro do Patrimônio Líquido, na linha de Lucros Acumulados.

Lucro por ação ordinária

Esse valor é uma informação aos acionistas e grupos de relacionamento para mostrar o quanto a empresa rendeu para seus acionistas ordinários. É calculado a partir do lucro líquido disponível aos acionistas ordinários, dividido pelo número de ações ordinárias emitidas.

A título de exemplo, apresentamos a Demonstração de Resultados dos Exercícios de 20X0 e 20X1 da Vinhedo S. A:

---

[16] O lucro sobre o qual incide o Imposto de Renda e a CSL recebe ajustes próprios da legislação tributária brasileira.
[17] Esse item específico difere em muito da legislação norte-americana, e o leitor deverá estar atento quando compará-lo com obras de autores americanos.

Quadro 3.7 Demonstração do Resultado do Exercício – Vinhedo S A – 31/12/20X0 e 20X1

Em $ 1.000

Demonstração do Resultados dos Exercícios	20X0	20X1
Receita Operacional Bruta	26.000	23.500
- Vendas canceladas	270	200
- Descontos	453	298
- Impostos sobre as vendas	4.420	3.990
= Receita Operacional Líquida	20.857	19.012
- Custo dos Produtos Vendidos	11.000	10.105
= Lucro Bruto	9.857	8.907
- Despesas Operacionais	4.857	4.560
Despesas de vendas	280	250
Despesas gerais e administrativas	790	750
Despesas de depreciação	3.787	3.560
= Lucro Operacional	5.000	4.347
- Despesas Financeiras	500	465
= Lucro líquido antes do IR	4.500	3.882
- Imposto de Renda mais Contribuição Social (25 + 9 %)	1.530	1.320
= L Líquido após o IR	2.970	2.562
- Reserva legal	148	128
- Dividendos às ações preferenciais	315	315
= Lucro líquido disponível aos acionistas	2.592	2.193
- Lucros a distribuir*	2.147	1.893
= Lucro transferido para lucros acumulados	445	300
= Lucro por ação LPA (1.350.000 ações)	2.27	1.96
= Lucro auferido por lote de mil ações ordinárias e preferenciais	$ 2.266,66	$ 1.955,55

* Conforme proposta para deliberação da Assembleia Geral Ordinária dos acionistas de 2008.

DEMONSTRAÇÃO DE LUCROS OU PREJUÍZOS ACUMULADOS

Mostra os destinos dados aos lucros da empresa, integrando o Balanço Patrimonial e a Demonstração de Resultados. A empresa gera lucro ao longo do exercício social; parte desse lucro é distribuída aos acionistas, na forma de dividendos, e parte fica retida na empresa. O montante de lucro retido não significa dinheiro em caixa, disponível para a empresa. Esse valor pode estar em qualquer dos ativos, investido em máquinas e equipamentos, aplicado em ativos financeiros de outras empresas, ou mesmo aplicado em estoques ou contas a receber.

Da mesma forma que a empresa pode gerar lucros, há também a possibilidade de ter prejuízo. Este deverá ser mostrado na Demonstração de Lucros ou Prejuízos Acumulados.

Como parte do Patrimônio Líquido, os valores correspondentes aos Lucros Acumulados continuam pertencendo aos acionistas, que podem deliberar seu destino de várias formas, como, por exemplo, incorporando-os total ou parcialmente ao Capital Social, sob a forma de bonificação, ou, ainda, distribuindo-os total ou parcialmente sob a forma de dividendos. É a Assembleia de Acionistas que delibera sobre essa matéria.

Quadro 3.8 Demonstração de Lucros ou Prejuízos acumulados da Vinhedo S. A. de 20X1

	Demonstração de Lucros ou Prejuízos acumulados		
	Saldo de lucros retidos (31/12/2007)		800
+	Lucro líquido depois dos impostos		3.060
-	Dividendos em dinheiro		2.462
	Ações preferenciais[18]	638	
	Ações ordinárias	1.824	
-	Transferido para Reservas		153
=	Saldo de lucros acumulados (31/12/20X1)		1.245

DEMONSTRAÇÃO DAS MUTAÇÕES DO PATRIMÔNIO LÍQUIDO

"A demonstração das mutações do patrimônio líquido é destinada a evidenciar as mudanças, em natureza e valor, havidas no patrimônio líquido da entidade, num determinado período de tempo".

A legislação das Sociedades Anônimas não exige mais a publicação dessa Demonstração, mas ela é um instrumento importante de análise que demonstra a movimentação de todas as contas do Patrimônio Líquido no exercício social. É mais abrangente que a Demonstração de Lucros ou Prejuízos acumulados.

No quadro a seguir, apresentamos a Demonstração das Mutações do Patrimônio Líquido.

Quadro 3.9 – Exemplo de Demonstração das Mutações do Patrimônio Líquido

Código da Conta	Descrição da Conta	Capital Social	Reservas de Capital	Reservas de Lucro	Prejuízos Acumulados	Ajustes de Avaliação Patrimonial	Total do Patrimônio Líquido
5.01	Saldo Inicial	820.000	50.000	900.000	0	60.000	1.830.000
5.02	Ajustes de Exercícios Anteriores	0	0	0	0	0	0
5.03	Saldo Ajustado	820.000	50.000	900.000	0	60.000	1.830.000
5.04	Lucro/Prejuízo do Período	0	0	0	136.334	0	136.334
5.05	Destinações	0	0	-300.000	0	0	-300.000
5.05.01	Dividendos	0	0	-300.000	0	0	-300.000
5.05.02	Juros sobre Capital Próprio	0	0	0	0	0	0
5.05.03	Outras Destinações	0	0	0	0	0	0
5.06	Realização de Reservas de Lucros	0	0	0	0	0	0
5.07	Ajustes de Avaliação Patrimonial	0	0	0	0	(2.000)	(2.000)
5.07.01	Ajustes de Títulos e Valores Mobiliários	0	0	0	0	5.000	5.000

continua

---

[18] Embora o dividendo obrigatório seja $315, a empresa pagou dividendo por ação igual ao das ações ordinárias, de acordo com a legislação brasileira, que não permite que as ações ordinárias recebam dividendos maiores que as preferenciais.

5.07.02	Ajustes Acumulados de Conversão	0	0	0	0	(7.000)	(7.000)
5.07.03	Ajustes de Combinação de negócios	0	0	0	0	0	0
5.08	Aumento/Redução do Capital Social	80.000	0	0	0	0	80.000
5.09	Constituição/realização Reservas Capital	0	0	0	0	0	0
5.10	Ações em Tesouraria	0	0	0	0	0	0
5.11	Outras transações de capital	0	0	0		0	0
5.12	Outros	0	0	0		0	0
5.12.01	Realização por depreciação	0	0	0		0	0
5.13	Saldo final	900.000	50.000	600.000	0	58.000	1.608.000

Demonstração dos fluxos de caixa

Todas as empresas elaboram quadros de fluxos de caixa em planilhas eletrônicas ou em *softwares* de gestão empresarial. São documentos de uso interno da empresa para controle de entradas e saídas de recursos.[19] A DFC (Demonstração do Fluxo de Caixa) assume características padronizadas por métodos contábeis normalmente aceitos e reflete o fluxo de recursos para dentro e para fora da empresa. Descaracteriza o princípio da competência e prioriza a visualização dos recursos efetivamente disponíveis para a empresa e para seus acionistas, por meio do denominado regime de caixa.

No Brasil se tem adotado o modelo americano, proposto pelo FASB 95. A estrutura da Demonstração dos Fluxos de Caixa compõe-se de quatro grandes grupos de informações, separadas conforme as funções dos recursos na empresa: disponibilidades, atividades operacionais, de investimento e de financiamento.

Disponibilidades

Esse grupo reúne todos os recursos da empresa com liquidez imediata. São as primeiras contas do Ativo Circulante, e os recursos podem ser entendidos como moeda e quase moeda. Essas contas existem em qualquer tipo de organização, independentemente do porte ou ramo de atividades.

Caixa

Depósitos a vista

Aplicações de alta liquidez, com resgate em no máximo três meses.

Atividades Operacionais

Esse grupo reúne todos os recursos inerentes à atividade-fim da organização. Refere-se às contas de recebimentos e pagamentos operacionais. Cabe destacar que são considerados apenas recebimentos e pagamentos efetivos, não são somados os valores a receber ou a pagar. Para fazer a classificação é possível utilizar o Plano de Contas da empresa, com sua divisão de centros de custos, de resultados ou de atividades.

Recebimentos operacionais de:
- Clientes por venda a vista
- Clientes por vendas a prazo
- Adiantamentos de clientes

---

[19] Esse assunto será mais bem discutido no Capítulo 11.

- Rendimentos de aplicações financeiras
- Juros de empréstimos concedidos
- Dividendos recebidos
- Outros recebimentos.

Pagamentos operacionais a:
- Fornecedores de matérias-primas
- Fornecedores de mercadorias
- Adiantamentos a fornecedores
- Salários e encargos
- Utilidades e serviços
- Tributos
- Encargos financeiros
- Outros pagamentos

Atividades de Investimento

Reúnem os valores normalmente transacionados nas contas de Ativo Imobilizado do Ativo Não Circulante do Balanço de Patrimonial. Relacionam-se à aquisição de bens necessários ao desempenho das atividades da organização e de ativos adquiridos de outras empresas, como alternativa de aplicação de capital.

- Aplicações financeiras de prazo médio e longo
- Empréstimos concedidos
- Participações em controladas e coligadas
- Participações em outras empresas
- Terrenos
- Obras civis
- Móveis, utensílios e instalações
- Máquinas, ferramentas e equipamentos
- Veículos de uso
- Equipamentos de processamento de dados
- Softwares e aplicativos de informática

Atividades de Financiamento

Reúnem os valores captados no mercado, dos sócios ou acionistas e de terceiros, para financiar as atividades da empresa, incluindo os custos do capital próprio. Os dividendos reduzem o montante total de financiamentos.

- Empréstimos bancários e Debêntures
- Financiamentos e *leasing*
- Recursos próprios
- Dividendos pagos (reduzindo o total)

Conforme o FASB 95, as informações da Demonstração dos Fluxos de Caixa devem ser utilizadas, em conjunto com os demais relatórios contábeis, para auxiliar investidores, credores e outros interessados a avaliar:

- A capacidade de a empresa gerar fluxos de caixa futuros positivos.
- A capacidade da empresa em cumprir suas obrigações, em pagar dividendos e suas necessidades por financiamentos externos.
- As razões para diferenças entre resultado líquido e recebimentos e pagamentos em caixa associados.
- Os efeitos sobre a posição financeira de uma empresa de ambas as transações de investimento e financiamento em caixa e não caixa durante o período.

A seguir apresentamos a DFC para a empresa Vinhedo S. A.:

Quadro 3.10 – Demonstração do Fluxo de Caixa – 31/12/20X1

	Descrição		Valores em $ 1.000
+	Disponibilidades		1.082
	Caixa	50	
	Depósitos a vista	400	
	Títulos negociáveis	632	
+	Atividades operacionais		865
	Recebimentos operacionais de:	14.357	
	vendas a vista	9.000	
	vendas a prazo	5.357	
	adiantamentos de clientes	-	
	rendimentos de aplicações financeiras	-	
	dividendos recebidos	–	
	Pagamentos operacionais a:	(13.492)	
	Fornecedores de matérias-primas	4.200	
	Fornecedores de mercadorias	1.500	
	Adiantamentos a fornecedores	-	
	Salários e encargos	1.600	
	Tributos	1.440	
	Encargos financeiros	500	
	Outros pagamentos	4.252	
-	Atividades de investimento		(2.150)
	Aplicações financeiras de médio e longo prazo	-	
	ativos imobilizados ao custo	2.150	
+	Atividades de financiamento		**1.285**
	empréstimos bancários	687	
	financiamentos e *leasing*	-	
	recursos próprios	3.060	
	(-) dividendos pagos	(2.462)	
=	Fluxo de caixa líquido		1.082

A Demonstração do Fluxo de Caixa de 31/12/20X1 mostra que ao final do período restaram para a empresa $ 1.082.000,00 de recursos líquidos.

Notas Explicativas

As sociedades anônimas são obrigadas a publicar suas demonstrações financeiras em jornal, previamente designado pela assembleia de acionistas, e a disponibilizá-las aos acionistas e outras partes interessadas e, espontaneamente, por outros meios de divulgação.

As demonstrações financeiras devem ser acompanhadas de Notas Explicativas. De acordo com as Normas Técnicas de Contabilidade ("NBC T 6.2 – DO CONTEÚDO DAS NOTAS EXPLICATIVAS"), as notas explicativas são parte integrante das demonstrações contábeis, e as informações nelas contidas devem ser relevantes, complementares e/ou suplementares àquelas não suficientemente evidenciadas ou não constantes nas demonstrações contábeis propriamente ditas. Incluem informações de natureza patrimonial, econômica, financeira, legal, física e social, bem como os critérios utilizados na elaboração das demonstrações contábeis e eventos subsequentes ao balanço.

Ainda de acordo com a NBC T 6.2, os seguintes aspectos devem ser observados na elaboração das notas explicativas:

- As informações devem contemplar os fatores de integridade, autenticidade, precisão, sinceridade e relevância.
- Os textos devem ser simples, objetivos, claros e concisos.
- Os assuntos devem ser ordenados obedecendo a ordem observada nas demonstrações contábeis, tanto para os agrupamentos como para as contas que os compõem.
- Os assuntos relacionados devem ser agrupados segundo seus atributos comuns.
- Os dados devem permitir comparações com os de datas de períodos anteriores.
- As referências a leis, decretos, regulamentos, Normas Brasileiras de Contabilidade e outros atos normativos devem ser fundamentadas e restritas aos casos em que tais citações contribuam para o entendimento do assunto tratado na nota explicativa.

Segundo a Comissão de Valores Mobiliários, as informações produzidas e divulgadas pelas companhias abertas, especialmente aquelas constantes das Demonstrações Financeiras, do Relatório da Administração e dos Relatórios e Pareceres de Auditoria Independente, formulários eletrônicos Informações Anuais (IAN) e Informações Trimestrais (ITR), devem estar redigidas de forma simples e direta, permitindo a um público leitor médio a compreensão dos dados neles contidos e a sua utilização para a tomada de decisão.

Ainda segundo a CVM, o rol de notas explicativas vigentes, que, diga-se de passagem, não deve esgotar a necessidade de divulgação de outras informações relevantes aqui não contempladas (divulgação espontânea), compreende: ações em tesouraria, acordo geral do setor elétrico (no caso de empresas reguladas), ágio/deságio, ajustes de exercícios anteriores, alteração de método ou critério contábil, arrendamento mercantil (*leasing*), ativo contingente, ativo diferido, benefícios a empregados, capacidade ociosa, capital social, capital social autorizado, contingências passivas, continuidade normal dos negócios, créditos Eletrobrás, critérios de avaliação, debêntures, demonstrações em moeda de capacidade aquisitiva constante, demonstrações condensadas, demonstrações contábeis consolidadas, destinação de lucros constantes em acordo de acionistas, dividendo por ação, dividendos propostos, empreendimentos em fase de implantação, equivalência patrimonial, estoques, eventos subsequentes, fundo imobiliário, imposto de renda e contribuição social, incentivos fiscais, incorporação, fusão e cisão, instrumentos financeiros, investimentos societários no exterior, juros sobre capital próprio, lucro ou prejuízo por ação, obrigações de longo prazo, ônus, garantias e responsabilidades eventuais e contingentes, opções de compra de ações, provisão para crédito de liquidação duvidosa, refis, remuneração dos administradores, reservas, reserva de lucros a realizar, retenção de lucros, informação por segmento de negócio, seguros, transações com partes relacionadas, variação cambial, vendas ou serviços a realizar, voto múltiplo.

As notas explicativas devem ainda indicar:

- Os principais critérios de avaliação dos elementos patrimoniais, especialmente estoques, dos cálculos de depreciação, amortização e exaustão, de constituição de provisão para encargos ou riscos, e dos ajustes para atender a perdas prováveis na realização de elementos do ativo;
- Os investimentos em outras sociedades, quando relevantes.
- Os ônus reais constituídos sobre elementos do ativo, as garantias prestadas a terceiros e outras responsabilidades eventuais ou contingentes.
- A taxa de juros, as datas de vencimento e as garantias das obrigações a longo prazo.
- O número, espécies e classes das ações do capital social.
- As opções de compra de ações outorgadas e exercidas no exercício.
- Os ajustes de exercícios anteriores.
- Os eventos subsequentes à data de encerramento do exercício que tenham, ou possam vir a ter, efeito relevante sobre a situação financeira e os resultados futuros da companhia.

Parecer dos auditores independentes

As empresas organizadas na forma de sociedades anônimas de Capital Aberto e as de Capital Fechado de grande porte são obrigadas a contratar empresa de auditoria independente para exame das demonstrações financeiras. O objetivo é a emissão de parecer formal atestando se representam ou não a posição financeira, o resultado das operações e as modificações na posição financeira, de acordo com princípios contábeis geralmente aceitos, e se esses princípios foram aplicados de forma consistente em relação ao período anterior e, ainda, de acordo com as normas de auditoria geralmente aceitas.

A credibilidade e a imparcialidade da empresa de auditoria independente contratada implicam maior confiança do mercado nos dados publicados pela empresa.

Para as empresas constituídas na forma de empresas por cotas de responsabilidade limitadas, vale a assinatura do contador da empresa.

Parecer do Conselho Fiscal

De acordo com a Lei das S.A., a companhia terá um Conselho Fiscal, e o estatuto disporá sobre seu funcionamento, de modo permanente ou nos exercícios sociais em que for instalado a pedido de acionistas. Será composto de no mínimo três e no máximo cinco membros, com suplentes em igual número, acionistas ou não, eleitos pela Assembleia Geral. O Conselho Fiscal emite parecer sobre as demonstrações financeiras, recomendando ou não sua aprovação pela Assembleia Geral Ordinária.

Na constituição do conselho fiscal serão observadas as seguintes normas:

a) os titulares de ações preferenciais sem direito a voto, ou com voto restrito, terão direito de eleger, em votação em separado, um membro e respectivo suplente; igual direito terão os acionistas minoritários, desde que representem, em conjunto, 10% ou mais das ações com direito a voto;

b) ressalvado o disposto em a), os demais acionistas com direito a voto poderão eleger os membros efetivos e suplentes que, em qualquer caso, serão em número igual ao dos eleitos nos termos de a), mais um.

Com relação às Demonstrações Financeiras, é competência do Conselho Fiscal:

- Fiscalizar, por qualquer de seus membros, os atos dos administradores e verificar o cumprimento dos seus deveres legais e estatutários.
- Opinar sobre o relatório anual da administração, fazendo constar do seu parecer as informações complementares que julgar necessárias ou úteis à deliberação da Assembleia Geral.
- Analisar, ao menos trimestralmente, o balancete e as demais demonstrações financeiras elaboradas periodicamente pela companhia.
- Examinar as demonstrações financeiras do exercício social e sobre elas opinar.

Antes de encerrar a apresentação das demonstrações financeiras, cabe ainda lembrar que os nomes das contas podem sofrer alterações e que alguns formatos das demonstrações são mais detalhados, apresentando vários subitens em cada conta; outros são mais sucintos, apresentando apenas as contas totalizadoras. A utilização desses instrumentos, de maneira adequada pelo administrador financeiro, permite não apenas o acompanhamento sistemático dos resultados da empresa, como também possibilita a simulação dos resultados esperados a partir de ações gerenciais. A sistemática para análise das demonstrações financeiras está apresentada na sequência deste capítulo.

Balanço Social

Balanço Social é o documento em que a empresa expõe o impacto social das suas atividades. Além dos resultados econômicos e financeiros para os acionistas e outras partes interessadas na empresa, as empresas precisam prestar contas à comunidade na qual a empresa está inserida. A valorização das ações da empresa no mercado, a melhoria da imagem da empresa, a manutenção de alguns contratos de fornecimento e o aumento das vendas ao consumidor final também dependem das "externalidades" promovidas pela empresa; tais como: redução da poluição, sustentabilidade do planeta, produtos seguros, condições adequadas de trabalho aos funcionários, manutenção do nível de emprego e atitudes éticas de seus executivos.

O Balanço Social não tem formato preestabelecido, normalmente consiste em exposição de motivos das ações com impacto social e ambiental positivo e apresentação dos investimentos realizados em projetos sociais, ecológicos e em ações para maior transparência nas atividades da empresa e de seus executivos e funcionários.

3.4. INFORMAÇÕES AO MERCADO

As empresas são cada vez mais pressionadas a divulgarem seus resultados ao mercado. Essa divulgação não se limita às publicações das demonstrações financeiras, mas também a todas as ações da empresa que podem impactar no ambiente em que está inserida. A transparência dos resultados financeiros e as contribuições ecológicas e sociais da empresa ajudam a melhorar sua imagem no mercado. Essa melhoria é importante, pois:

- Valoriza as ações e os títulos da empresa.
- Desperta o interesse de novos investidores para a empresa.
- Aumenta a confiança dos fornecedores da empresa, no sentido em que ela vai continuar produzindo e crescendo, portanto, é interessante investir em parcerias.
- Aumenta a confiança dos clientes, no sentido em que estão adquirindo produtos de qualidade, produzidos com segurança e equilíbrio social.
- Pode conquistar executivos e funcionários de outras empresas, inclusive de concorrentes.

No Brasil, ainda está incipiente a consciência ecológica e de responsabilidade social dos consumidores finais, mas é tendência mundial que as pessoas passem a adquirir produtos que não agridam o meio ambiente e sejam fabricados por empresas que contribuam para o desenvolvimento social de sua região.

3.5. ANÁLISE DAS DEMONSTRAÇÕES FINANCEIRAS

A análise das Demonstrações Financeiras é instrumento utilizado por acionistas, credores efetivos e potenciais e administradores da empresa para conhecer, através de índices financeiros – grandezas comparáveis obtidas através de valores monetários absolutos –, a posição e a evolução financeira da empresa.

Após a obtenção dos Índices Financeiros, utilizando-se as Demonstrações Financeiras, principalmente o Balanço Patrimonial e a Demonstração de Resultado do Exercício, os Índices são analisados por comparação com padrões **históricos** também chamados de temporais e **setoriais,** os quais recebem ainda as denominações de indústria e de *cross-sectional*.

As análises através de **padrões históricos**, que fazem a comparação dos Índices Financeiros por determinados períodos, podem envolver:

- **Análises históricas** – que fazem a comparação da evolução dos índices de períodos anteriores com o período em análise.
- **Análises prospectivas** – que comparam os resultados projetados em função de objetivos e hipóteses de trabalho utilizados no processo de planejamento financeiro da empresa, com os resultados atuais e, até mesmo, anteriormente obtidos, indicando evoluções passíveis de serem aceitas ou não.

As análises utilizando os **padrões setoriais** envolvem a comparação dos Índices Financeiros da empresa com a média do seu setor de atividade. A análise indica se a empresa apresenta resultados compatíveis com os obtidos pelas empresas que atuam no mesmo setor de atividade.

Além da comparação histórica e setorial, os índices financeiros permitem a realização de análises denominadas horizontal e vertical.

- **Análise Horizontal** – compara, em períodos de tempos consecutivos, a evolução dos *valores das contas* que compõem as demonstrações financeiras em análise como, por exemplo, a evolução dos valores das contas a receber nos últimos cinco anos em valores constantes.
- **Análise Vertical** – compara, em períodos de tempos consecutivos, a evolução da *composição percentual* dos principais conjuntos de contas das demonstrações financeiras em análise, como, por exemplo, os índices de liquidez.

Através da análise das demonstrações financeiras pode-se entender o fluxo dos recursos utilizados pela empresa, apontar as origens e aplicações mais importantes e destacar possíveis ineficiências gerenciais.

A literatura específica destaca e agrupa os seguintes tipos de índices utilizados nas análises das Demonstrações Financeiras: a) Índices de Liquidez, b) Índices de Atividade ou Eficiência Operacional, c) Índices de Endividamento, d) Índices de Lucratividade ou Rentabilidade e e) Índices de Mercado.

A. ÍNDICES DE LIQUIDEZ

Medem a capacidade de a empresa saldar seus compromissos no curto prazo. Evidenciam a solvência geral da empresa.

a.1) Índice de Liquidez Corrente (ILC)

$$ILC = \frac{\text{ativo circulante}}{\text{passivo circulante}}$$

a.2) Índice de Liquidez Seca (ILS)

$$ILS = \frac{\text{ativo circulante} - \text{estoques}}{\text{passivo circulante}}$$

a.3) Índice de liquidez imediata (ILI)

$$ILI = \frac{\text{disponibilidades} + \text{aplicações temporárias}}{\text{passivo circulante}}$$

a.4) Capital de Giro Líquido (CGL)

CGL = Ativo circulante − passivo circulante

B. ÍNDICES DE ATIVIDADE OU EFICIÊNCIA OPERACIONAL

Medem a velocidade com que várias contas se transformam em vendas ou caixa. Quanto mais rápido certos itens de ativo e passivo giram dentro do exercício contábil, a um determinado volume de operações, melhor está sendo a administração desses itens.

b.1) Giro do Ativo Operacional (GAO)[20]

$$GAO = \frac{\text{receita operacional}}{\text{ativo operacional}}$$

b.2) Giro dos estoques de Produtos Acabados (GPA)

$$ILI = \frac{\text{disponibilidades} + \text{aplicações temporárias}}{\text{passivo circulante}}$$

b.3) Giro de Contas a Receber (GCR)

$$GCR = \frac{\text{vendas a prazo}}{\text{saldo médio das contas a receber}}$$

b.4) Giro das Contas a Pagar (GCP)

$$GCP = \frac{\text{compras de materiais a prazo}}{\text{saldo médio de fornecedores}}$$

Alguns índices, como o GCR e GCP, não podem ser calculados a partir das Demonstrações Financeiras por utilizarem de informações que não fazem parte delas.

---

[20] Como a análise deve restringir-se às atividades operacionais da empresa, a expressão "ativo operacional" pode identificar a soma total do ativo.

C. ÍNDICES DE ENDIVIDAMENTO

Medem a participação relativa do capital de terceiros na empresa.

c.1) Índice da Participação de Terceiros (IPT)

$$IPT = \frac{passivo\ \ circulante\ \ +\ \ passivo\ \ não\ \ circulante}{ativo\ \ total}$$

c.2) Índice do passivo não circulante/patrimônio líquido

$$IEPL = \frac{passivo\ \ não\ \ circulante}{patrimônio\ \ liquido}$$

c.3) Cobertura de Juros (CJ)

$$CJ = \frac{lucro\ \ antes\ \ de\ \ juros\ \ e\ \ imposto\ \ de\ \ renda}{juros\ \ do\ \ período}$$

c.4) Cobertura de Pagamentos Fixos (CPF)[21]

$$CPF = \frac{lucro\ \ antes\ \ de\ \ juros\ \ e\ \ imposto\ \ de\ \ renda}{juros\ \ +\ \ (amortizações + dividendos\ preferenciais)\ \ x\ \ \left[\dfrac{1}{1-i}\right]}$$

D. ÍNDICES DE LUCRATIVIDADE OU RENTABILIDADE

Medem o lucro e o retorno da empresa em relação a diversos itens do Balanço e da Demonstração de resultados do exercício.

d.1) Margem Bruta (MB)

$$MB = \frac{lucro\ \ bruto}{vendas}$$

d.2) Margem Operacional (MO)

$$MO = \frac{lucro\ \ operacional}{vendas}$$

d.3) Margem Líquida (ML)

$$ML = \frac{lucro\ \ líquido}{vendas}$$

d.4) Taxa de Retorno sobre o Ativo Total (TRAT)

$$TRAT = \frac{lucro\ \ líquido}{ativo\ \ total}$$

---

[21] Consideram-se excepcionalmente os dividendos preferenciais como pagamentos fixos. Como amortizações e dividendos preferenciais não são despesas dedutíveis do Imposto de Renda, são convertidos à base anterior à incidência do IR multiplicando pela expressão 1/(1 – i), onde i é a alíquota de IR da empresa.

d.5) Retorno sobre o Patrimônio Líquido (RPL)

$$RPL = \frac{lucro\ líquido}{patrimônio\ líquido}$$

d.6) Lucro por ação:

$$LPA = \frac{lucro\ disponível\ aos\ acionistas\ comuns}{número\ de\ ações\ ordinárias}$$

e) Índices de Mercado
Medem o valor de mercado da empresa.
e.1) Índice Preço/Lucro

$$Índice\ preço/lucro = \frac{Preço\ de\ mercado\ por\ ação\ ordinária}{Lucro\ por\ ação}$$

e.2) Índice valor de mercado/valor contábil

$$Índice\ valor\ de\ mercado\ /\ valor\ contábil = \frac{preço\ de\ mercado\ por\ ação\ ordinária}{valor\ ação\ por\ ação\ ordinária}$$

3.6. A ANÁLISE DAS RELAÇÕES ENTRE CUSTO, VOLUME E LUCRO

A análise das relações entre custo, volume e lucro, também denominada de análise do ponto de equilíbrio, ou ponto de ruptura,[22] é um instrumento de gestão financeira tipicamente de curto prazo e utiliza projeções ou resultados obtidos dos lucros, custos, receitas e volume de produção.

Ponto de equilíbrio vem a ser a quantidade de produção e venda de bens ou serviços, cujos custos totais e receitas totais provindas dessa quantidade são iguais. Nesse ponto há o equilíbrio, pois não há lucro nem prejuízo operacional.

Através do mecanismo da análise do ponto de equilíbrio, pode-se calcular:
- O ponto de equilíbrio operacional
- O ponto de equilíbrio de caixa
- O ponto de equilíbrio em moeda

Para se calcular o ponto de equilíbrio é necessário conhecer:
- O preço unitário de venda constante
- O custo variável unitário constante
- O custo fixo total constante
- O volume total de produção.

3.6.1 PONTO DE EQUILÍBRIO OPERACIONAL

Determina a quantidade de produção e venda de bens ou serviços, cujos custos totais e receitas operacionais totais provindas dessa quantidade são iguais, não havendo nem lucro nem prejuízo operacional.

---

[22] Em inglês: *break even point*.

O cálculo do ponto de equilíbrio operacional pode ser feito de duas formas:

Fórmula

$$PEo = \frac{F}{PVu - CVu}$$

em que:

PEo = Ponto de Equilíbrio Operacional em unidades

F = Custo Fixo operacional total

PVu = Preço de Venda Unitário

CVu = Custo Variável Unitário.

O denominador Pvu – Cvu é representativo da margem de contribuição unitária. Assim, a fórmula pode também ser apresentada:

$$PEo = \frac{F}{\text{Margem de Contribuição Unitária}}$$

Exemplo: Calcular o Ponto de Equilíbrio Operacional da empresa Candoi SA, que apresenta os seguintes dados de seu único produto: Preço de Venda = $ 15,00; Custo Variável Unitário = $ 10,00 e Custo Fixo = $ 100.000.

Usando da fórmula:

$$PEo = \frac{100.000,00}{15,00 \ - \ 10,00} = \frac{100.000,00}{5,00} = 20.000 \text{ unidades}$$

Temos que é necessário produzir e vender 20.000 unidades do produto da Candoi SA para que ocorra o equilíbrio entre as receitas e os custos operacionais.

Prova por meio da Demonstração de Resultados:

Receita de vendas	
20.000 unidades x $ 15,00	$ 300.000
Menos	
Custos Fixos	($ 100.000)
Custos Variáveis	
20.000 unidades x $ 10,00	($ 200.000)
Lucro Operacional	$ 0

Uso de gráfico

A determinação do Ponto de Equilíbrio Operacional com uso de gráfico é feita com a inserção no gráfico dos elementos que definem o ponto de equilíbrio operacional. No eixo da abscissa estão representadas as quantidades produzidas e vendidas e as variáveis receita, custos fixos e custos variáveis no eixo da ordenada.

Como o custo fixo não se altera durante a produção, mantida a escala escolhida como padrão, a reta é paralela ao eixo da abscissa.

Custo Fixo

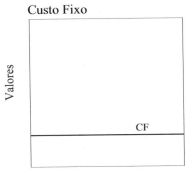

Receita

A receita inicia em zero para zero de quantidade produzida e vai até o valor da quantidade máxima produzida e vendida na escala definida.

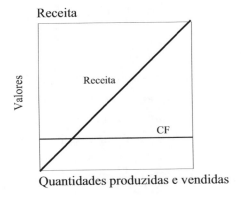

Os custos variáveis unitários vão se somando e crescem linearmente de acordo com as quantidades produzidas e vendidas. Para se ter o custo total, é recomendável, no gráfico, que a reta dos custos variáveis tenha início no mesmo nível dos custos fixos, pois a somatória dos custos fixos e dos custos variáveis será o valor dos custos totais.

Ponto de Equilíbrio Operacional

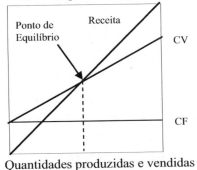

No exemplo anterior, o Ponto de Equilíbrio é assim representado graficamente:

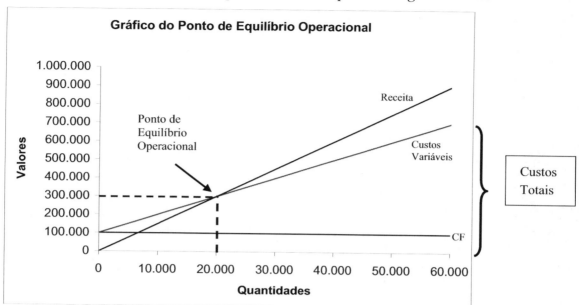

A visualização gráfica do Ponto de Equilíbrio Operacional nos indica a capacidade de a empresa utilizar seus custos fixos para aumentar os resultados operacionais. Quanto mais próximo de zero estiver a quantidade produzida e vendida para se atingir o ponto de equilíbrio, maiores são as facilidades de se atingir lucros mais significativos e menores são as possibilidades de ter prejuízos. No exemplo, com 20.000 unidades produzidas e vendidas, a empresa encontra o seu ponto de equilíbrio, ou seja, precisa somente de um terço (20.000/60000 = 33,33%) de sua capacidade produtiva para deixar a zona de prejuízos. A partir de 20.000 unidades, a empresa passará a gerar lucro operacional.

Se, por exemplo, o ponto de equilíbrio fosse 50.000 unidades produzidas e vendidas, a situação seria muito mais difícil, pois a empresa estaria necessitando produzir mais de 80% de sua capacidade de produção somente para deixar de ter prejuízo operacional.

A análise do Ponto de Equilíbrio Operacional nos indica também a importância das variáveis preço de venda, custo fixo, custo unitário e capacidade de produção. Simulações de mudanças nessas variáveis, se viáveis, podem indicar caminhos de melhores resultados operacionais.

3.6.2 PONTO DE EQUILÍBRIO DE CAIXA

O Ponto de Equilíbrio de Caixa dará informação ao analista sobre a quantidade de produção e venda necessária para que ocorra o equilíbrio entre as entradas e saídas de caixa. Os custos fixos são apropriados observando-se o regime de competência que desconsidera a realização das respectivas saídas de caixa e tem incorporado os valores referentes à depreciação que não origina saída de caixa.

Assim, se excluirmos dos custos os valores referentes à depreciação e outros custos que não representam saídas de caixa, teremos os valores referentes ao caixa necessário para a produção.

Há que se considerar que operacionalmente são gerados valores a receber e a pagar que não seriam reconhecidos nesta análise.

Podemos calcular o Ponto de Equilíbrio de Caixa de duas formas:

Fórmula:

$$PEcx = \frac{F - CSP}{PVu - CVu}$$

em que:
PEcx = Ponto de Equilíbrio de Caixa
F   = Custo fixo operacional total
CSP = Custo Sem Pagamento
PVu = Preço de Venda unitário
CVu = Custo Variável unitário

Exemplo: Calcular o Ponto de Equilíbrio de Caixa da empresa Candoi S.A., que apresenta os seguintes dados de seu único produto: Preço de venda = $ 15,00; Custo Variável Unitário = $ 10,00 e o seu Custo Fixo é de $ 100.000, dentro do qual há um custo de depreciação de $ 40.000.

$$PEcx = \frac{100.000, - 40.000,}{15, - 10,} = 12.000 \text{ unidades}$$

Uso de gráfico

A determinação do Ponto de Equilíbrio de Caixa com uso de gráfico é feita com a inserção no gráfico dos elementos que definem o ponto de equilíbrio operacional, substituindo-se a reta do custo variável pela que representa a diferença entre o custo fixo e os custos sem pagamento. O exemplo anterior apresenta o gráfico a seguir:

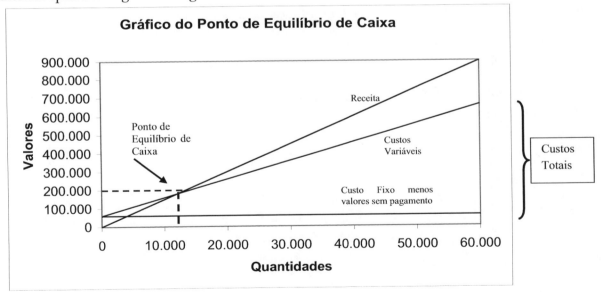

Para se obter o Ponto de Equilíbrio de Caixa, é necessário produzir e vender 12.000 unidades do produto da Candoi S.A. para que ocorra o equilíbrio entre as receitas e os custos operacionais que representem saídas de caixa.

Ponto de equilíbrio em moeda

Da mesma forma como se calcula o ponto de equilíbrio operacional em quantidades produzidas e vendidas, através da análise do ponto de equilíbrio é possível calcular o valor de receita operacional necessária para que todos os custos operacionais sejam cobertos. Utiliza-se a margem de contribuição para o cálculo. Temos então,

ROT   para a Receita Operacional Total
CVT   para os custos variáveis operacionais totais para se atingir a ROT
F   para os custos fixos operacionais
N   para a capacidade total a produzir
Pvu   para preço de venda unitário
Cvu   para custo variável unitário
P   para valor da produção e venda para Lucro operacional para LO
        igual a zero.

Para calcularmos a ROT, temos

$$ROT = Pvu \times N$$

Para calcularmos CVT, temos:

$$CVT = Cvu \times N$$

Na sequência calcula-se o índice correspondente à margem de contribuição, que nos é fornecido pela expressão:

$$\text{Índice da Margem de Contribuição} = 1 - \frac{CVT}{ROT}$$

Para se conhecer o valor da produção e venda P necessário para que o Lucro Operacional LO seja igual a zero – ponto de equilíbrio operacional em que não há nem lucro e nem prejuízo – basta multiplicar P pelo Índice da Margem de Contribuição e deduzir o valor do Custo Fixo.

$$LO = P\left(1 - \frac{CVT}{ROT}\right) - F$$

Como, no Ponto de Equilíbrio Operacional, LO deve ser igual a zero, P na equação anterior passa a ser calculado da seguinte forma:

$$P = \frac{F}{\left(1 - \dfrac{CVT}{ROT}\right)}$$

Exemplo: Calcular o Ponto de Equilíbrio Operacional em Moeda da empresa Candoi S.A., que apresenta os seguintes dados de seu único produto: Preço de venda = $ 15,00; Custo Variável Unitário = $ 10,00, o seu Custo Fixo é de $ 100.000 e a capacidade de produção é de 60.000 unidades.

$$P = \frac{100.000}{\left(1 - \dfrac{60.000 \times 10,}{60.000 \times 15,}\right)} = \$\, 300.000,$$

No exemplo, a receita operacional da empresa precisa atingir $ 300.000,00 para que não haja prejuízo operacional, como já havíamos constatado anteriormente.

3.7. ALAVANCAGEM

Entre as ações gerenciais mencionadas no item anterior, a alavancagem destaca-se por sua capacidade em utilizar recursos já existentes para melhorar o desempenho da empresa.

***Alavancagem** é o uso de ativos operacionais e/ou de recursos financeiros, com custos e despesas fixas, visando aumentar o retorno dos acionistas.*

A alavancagem é um instrumento de gestão financeira que pode trazer efeitos positivos ou negativos. Em situações de crescimento das receitas e dos lucros, é favorável a existência de custos fixos. Em situação de queda, é desfavorável. Existem três tipos de alavancagem: a operacional, a financeira e a combinada.

3.7.1. ALAVANCAGEM OPERACIONAL

Alavancagem operacional é o uso de ativos operacionais, com custos e despesas fixas, com o objetivo de aumentar os lucros antes de juros e do imposto de renda.

Quando lidamos com alavancagem operacional não incluímos os custos e as despesas financeiras advindos de sua estrutura de capital. Esses custos serão tratados oportunamente na alavancagem financeira.

Exemplo: A PH Industrial tem uma receita operacional de $ 1.000.000, custos variáveis de $ 400.000 e custos fixos de $ 320.000. A empresa está projetando crescimento das receitas para o próximo ano de 20%. O aumento do lucro antes de juros e imposto de renda – LAJIR seria obtido de seguinte forma:

Quadro 3.11 Alavancagem operacional

	− 20%		+ 20%
Receita operacional	800.000	1.000.000	1.200.000
(−) Custos e despesas operacionais variáveis	320.000	400.000	480.000
(−) Custos e despesas operacionais fixas	320.000	320.000	320.000
= lucros antes de juros e imposto de renda – LAJIR	160.000	280.000	400.000
	− 42,9%		+ 42,9%

Percentual de variação no LAJIR = $\dfrac{\$400.000 - \$280.000}{\$280.000} = +42,9\%$

Percentual de variação no LAJIR = $\dfrac{\$160.000 - \$280.000}{\$280.000} = -42,9\%\%$

O efeito da alavancagem operacional faz com que um aumento de 20% nas vendas provoque um aumento de 42,9% nos lucros. Uma redução de 20% nas vendas irá provocar uma redução de 42,9% nos lucros.

GRAU DE ALAVANCAGEM OPERACIONAL – GAO

Grau de alavancagem operacional é a medida do impacto da alavancagem operacional da empresa nos lucros operacionais da empresa – LAJIR.

$$GAO = \frac{\text{Variação percentual no LAJIR}}{\text{Variação percentual nas receitas}} = \frac{42,9\%}{20,0\%} = 2,15$$

Uma variação de 20% nas vendas trará impacto de 2,15 vezes no LAJIR, ou seja, de 21,5%, por exemplo.

3.7.2 ALAVANCAGEM FINANCEIRA

Alavancagem financeira é o resultado da existência de encargos financeiros fixos, para aumentar os efeitos de variações nos lucros antes de juros e imposto de renda (LAJIR) sobre os lucros por ações (LPA).

A alavancagem financeira ocorre quando a empresa utiliza em sua estrutura de capital fontes de financiamento como, por exemplo, debêntures, empréstimos do BNDES, adiantamento de contratos de câmbio. Quando isso ocorre, a empresa poderá se beneficiar de um crescimento mais que proporcional no LPA, dado um crescimento do LAJIR. A alavancagem financeira ocorre nos dois sentidos, crescimento ou queda do LAJIR, e seu efeito é o mesmo, porém em sentido oposto.

Exemplo: A Alimentos Campinas S.A. espera lucro antes de juros e de imposto de renda de $ 1.000.000 neste ano, tem um custo de dívida de longo prazo de $ 400.000 por ano. Seu imposto de renda é de 25%, e tem 2.400 ações ordinárias. Vamos avaliar o impacto sobre os lucros da empresa, caso ocorra: 1) uma queda de 20% no LAJIR ou 2) um aumento de 20% no LAJIR, como mostramos no Quadro 3.12. a seguir.

Quadro 3.12 Alavancagem financeira

	-20%		+ 20%
LAJIR	800.000	1.000.000	1.200.000
(-) juros	400.000	400.000	400.000
LAIR	400.000	600.000	800.000
(-) imposto de renda	100.000	150.000	200.000
LLDIR	300.000	450.000	600.000
	-33,3%		+33,3%

O efeito da alavancagem financeira faz com que uma variação de 20% no LAJIR provoque uma variação no LPA de 33,33%, para mais ou para menos.

$$\text{Percentual de variação no LPA} = \frac{\$600.000 - \$450.000}{\$450.000} = 33,33\%$$

GRAU DE ALAVANCAGEM FINANCEIRA – GAF

Grau de alavancagem financeira é a medida do impacto da alavancagem financeira da empresa nos lucros por ação – LPA.

$$GAF = \frac{\text{Variação percentual no LPA}}{\text{Variação percentual no LAJIR}} = \frac{33,33\%}{20,0\%} = 1,67 \text{ vezes}$$

Uma variação de 20% no LAJIR da empresa trará um impacto igual a 33,33% no LPA. Para calcular o GAF a diversos níveis de LAJIR:

$$GAF = \frac{LAJIR}{LAJIR - JUROS}$$

3.7.3 ALAVANCAGEM TOTAL OU COMBINADA

Alavancagem total determina o potencial de custos fixos, operacionais e financeiros, para aumentar o efeito das variações nas vendas sobre o lucro por ação.

MEDIDA DO GRAU DE ALAVANCAGEM TOTAL – GAT

$$GAT = \frac{\text{Variação percentual no LPA}}{\text{Variação percentual nas Vendas}}$$

Dos exemplos apresentados anteriormente podemos deduzir que quanto maior a alavancagem da empresa, maior é o seu risco. O relacionamento entre o risco e o retorno será objeto de estudo no quinto capítulo. A estrutura da alavancagem está mostrada no Quadro 3.13, o qual relaciona a alavancagem com a DRE.

Quadro 3.13 Alavancagem e a DRE

Alavancagem Operacional	Receita de Vendas (-) Custos das Mercadorias Vendidas (=) Lucro Bruto (-) Despesas Operacionais (=) Lucro antes de Juros e Imposto de Renda – LAJIR	Alavancagem Total
Alavancagem Financeira	(-) Juros (=) Lucro Líquido antes do Imposto de Renda (-) Impostos (=) Lucro Líquido depois do Imposto de Renda (=) Lucro Disponível para acionistas Lucro por Ação – LPA	

3.8. MEDIDAS ESTRATÉGICAS DE AVALIAÇÃO DE DESEMPENHO

Além da análise feita através dos Índices Financeiros, vista até aqui, outras medidas de análise e avaliação de desempenho são utilizadas. Entre elas estamos destacando a análise por meio do **Sistema Du Pont, EVA**[23] (*Economic Value Added*) – **Valor Econômico Adicionado** – e **LAJIDA (Lucro Antes de Juros, Imposto de Renda, Depreciação e Amortização)** ou **EBTIDA,**[24] cujas características veremos em seguida.

3.8.1. SISTEMA DU PONT

A análise por meio do **Sistema Du Pont** procura identificar, no conjunto dos dados da Demonstração do Resultado e do Balanço Patrimonial, as chamadas áreas-chave do desempenho financeiro da empresa. Obtêm-se então as medidas-sínteses da lucratividade: a Taxa de Retorno sobre o Ativo Total (TRAT)[25] e a Taxa de Retorno sobre o Patrimônio Líquido (TRPL).

A Taxa de Retorno sobre o Ativo Total (TRAT) identifica os resultados do investimento total realizado na empresa.

Já a Taxa de Retorno sobre o Patrimônio Líquido (TRPL) demonstra os resultados dos investimentos do capital investido pelos proprietários da empresa.

O cálculo da Taxa de Retorno sobre o Ativo Total (TRAT) é feito através da multiplicação da Margem Líquida pelo Giro do Ativo Total.

TRAT = margem líquida *vezes* **giro do ativo total**

A margem líquida é um dos índices que mede a lucratividade sobre as vendas, e o giro do ativo total indica a eficiência da empresa na utilização de seus ativos para gerar vendas. Utilizando-se as fórmulas de cálculo da Margem Líquida e Giro do Ativo Total, podemos expressar:

$$TRAT = \frac{lucro\ líquido\ após\ IR}{vendas} \ x \ \frac{vendas}{ativo\ total} \ \therefore$$

$$TRAT = \frac{lucro\ líquido\ após\ IR}{ativo\ total}$$

O cálculo para se obter a Taxa de Retorno sobre o Patrimônio Líquido (TRPL) utiliza a relação

$$TRPL = \frac{Passivo\ Total}{Patrimônio\ Líquido}$$

que é multiplicada pela TRAT. Temos então para calcular a Taxa de Retorno sobre o Patrimônio Líquido (TRPL):

$$TRPL = \frac{lucro\ líquido\ após\ IR}{ativo\ total} \ x \ \frac{passivo\ total}{patrimônio\ líquido} \ \therefore$$

$$TRPL = \frac{lucro\ líquido\ após\ IR}{patrimônio\ líquido}$$

Esquematicamente, o Sistema Du Pont pode ser assim apresentado e exemplificado:

---

[23] Marca registrada de propriedade da Stern & Stewart.

[24] EBTIDA, do inglês *Earning Before Interest, Taxes, Depreciation and Amortization.*, ou popularmente falando, LAJIDA

[25] Vide a nota de rodapé 12.

Figura 3.2 O Sistema Du Pont

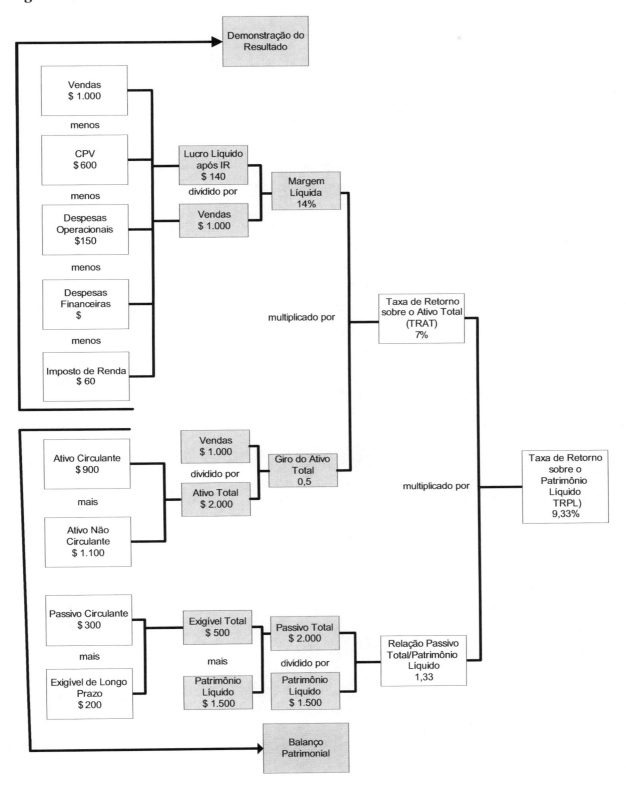

No exemplo, a Taxa de Retorno sobre o Ativo Total é de 7%, e a Taxa de Retorno sobre o Patrimônio Líquido é de 9,33%.

3.8.2. EVA – VALOR ECONÔMICO ADICIONADO

O EVA mede o desempenho financeiro da empresa ou de um investimento que está sendo avaliado. O objetivo é saber se os resultados da empresa ou os previstos no investimento estarão contribuindo para aumentar a riqueza dos proprietários.[26]

Calcula-se o EVA diminuindo todos os custos dos capitais utilizados, próprios e de terceiros, dos lucros operacionais após os impostos. Se a diferença resulta positiva, significa que a empresa ou o investimento está gerando lucros em volumes maiores do que os custos dos capitais empregados e, consequentemente, estão contribuindo para aumentar a riqueza dos proprietários da empresa. Se a diferença for negativa, a empresa ou o investimento está gerando lucros em volumes menores do que os custos dos capitais empregados, reduzindo a riqueza dos proprietários. Nessa situação o gestor deverá buscar meios para reverter os resultados, buscando sempre diferenças positivas.

Para se calcular o EVA, temos de conhecer o Lucro operacional após os impostos, o valor total do capital empregado ou o investimento – capitais aplicados em ativos permanentes e nos ativos circulantes – e os custos dos capitais utilizados, calculados através da média ponderada.

O cálculo do Custo Médio Ponderado de Capital utiliza os valores dos capitais empregados, próprios e de terceiros e os respectivos custos, sendo os custos dos capitais de terceiros após o IR, como no exemplo a seguir:

Quadro 3.14 Cálculo do Custo Médio Ponderado de Capital

Origem	Tipo de capital	Valor	Participação	Custo	Custo Ponderado
Próprio	Ações Ordinárias	$ 400.000	50%	16%	8,0%
Terceiros	Debêntures	$ 200.000	25%	12%	3,0%
Terceiros	Financiamento	$ 200.000	25%	17%	4,5%
Totais		$ 800.000	100%		15,5%

O primeiro processo para se calcular o EVA se dá como no exemplo a seguir:

Lucro operacional após os impostos	200.000
(–) Custo total de capital (15,5% x $ 1.000.000)	155.000
(=) Valor Econômico Adicionado (EVA)	**45.000**

O exemplo utiliza o Custo Médio e Ponderado de Capital, anteriormente calculado, de 15,5% e investimento de $ 1.000.000.

A outra forma de cálculo pode ser exemplificada como no exemplo seguinte:

EVA = (TRIT – CMPC) x INVESTIMENTO

Onde:

TRIT = Taxa de Retorno do Investimento Total

CMPC = Custo Médio Ponderado de Capital

Para o exemplo anterior, teríamos:

EVA = (20% – 15,5%) x $ 1.000.000

EVA = 45.000

O EVA encontrado é o mesmo do exemplo anterior.

---

[26] Uma das formas de se medir a riqueza dos proprietários é através do valor de suas ações no mercado de capitais. EVAs positivos resultariam em melhores cotações das ações. Como nem sempre essa comparação está disponível, quer por desconhecimento das decisões da empresa pelo mercado, quer por ter suas ações cotadas em bolsa, parte-se do pressuposto de que o aumento da riqueza dos proprietários é consequência de EVAs positivos da empresa e de seus projetos de investimentos.

LAJIDA – LUCRO ANTES DE JUROS, IMPOSTO DE RENDA, DEPRECIAÇÃO E AMORTIZAÇÃO OU EBTIDA

O LAJIDA é um indicador de desempenho que mede a capacidade de a empresa gerar recursos provenientes de suas atividades operacionais. Além disso, demonstra o resultado operacional livre de encargos decorrentes de:

- Despesas financeiras
- Imposto de renda e contribuição social
- Depreciação e/ou outros encargos escriturais, tais como amortização e exaustão.

Assim, o indicador fica restrito àqueles custos operacionais mais diretamente administráveis pela direção da empresa, dado que encargos financeiros são decorrentes de políticas financeiras determinadas pelos proprietários e estão também sujeitos às condições do mercado sobre as quais o administrador não tem ação, a depreciação é consequência dos investimentos realizados *a priori* em bens depreciáveis, além disso, a depreciação não representa saída de caixa, sendo considerada uma despesa escritural. Os valores atribuídos ao imposto de renda e à contribuição social são condicionados aos resultados da empresa.

Quadro 3.15 Comparativo entre a DRE e o LAJIDA da Vinhedo S.A. – Resultados de 20X1 – Valores em $ 1.000

	DRE	LAJIDA
Receita Operacional Bruta	26.000	26.000
Deduções da Receita Bruta	(5.143)	(5.143)
Receita Operacional Líquida	20.857	20.857
Custo dos Produtos Vendidos	(11.000)	(11.000)
Lucro Bruto	9.857	9.857
Despesas Operacionais	(4.857)	(1.070)
- Despesas com Vendas	(280)	(280)
- Despesas Gerais e Administrativas	(790)	(790)
- Depreciação	(3.787)	
Lucro Operacional	5.000	8.787
Despesas Financeiras	(500)	
Lucro Antes do Imposto de Renda	4.500	
Imposto de Renda	(1.440)	
Lucro Líquido após IR	3.060	
LAJIDA		8.787

No Quadro 3.15 exemplificamos o cálculo do LAJIDA, a partir da DRE da Vinhedo S.A. (Quadro 3.6), e se pode observar que o resultado operacional, após o enxugamento das despesas de depreciação, dos encargos tributários e das despesas financeiras se apresenta mais perto do desempenho operacional da empresa.

Assim como se utilizam os valores do Lucro Líquido para calcular indicadores financeiros, é possível substituí-los pelo valor do LAJIDA e, assim, obter indicadores financeiros mais adequados aos resultados operacionais, como por exemplo:

Margem Operacional

$$MO = \frac{LAJIDA}{VENDAS}$$

Taxa de Retorno sobre o Ativo Operacional

$$TRAO = \frac{LAJIDA}{ATIVO \ OPERACIONAL}$$

Taxa de Retorno sobre o patrimônio Líquido

$$TRPL = \frac{LAJIDA}{PATRIMÔNIO \ LÍQUIDO}$$

3.9. RESUMO

As demonstrações financeiras são importante instrumento complementar da gestão financeira. Os relatórios preparados pela contabilidade, de acordo com normas legais preestabelecidas e geralmente aceitas, uma vez entendido seu significado financeiro e as funções de cada uma de suas contas permitem análise para eventuais correções de rumo. Em conformidade com a Lei nº 6.404/76, modificada pelas Leis nº 10.303/2001 e 10.411/2002, o Balanço Geral é formalizado com a apresentação de três relatórios e três ou quatro demonstrações financeiras: Relatório do Conselho de Administração ou da Diretoria, Balanço Patrimonial, Demonstração do Resultado do Exercício, Demonstração das Origens e Aplicações de Recursos, Demonstração de Lucros ou Prejuízos Acumulados, Notas Explicativas, Parecer do Conselho Fiscal e Parecer dos Auditores Independentes, se o Balanço Geral for de empresa de capital aberto. Além das Demonstrações Financeiras elaboradas de acordo com a legislação, são utilizadas a Demonstração de Fluxo de Caixa e o Balanço Social. A oferta de informações ao mercado como forma de transparência financeira da empresa vem sendo firmada como exigência de investidores. As relações entre custo, volume e lucro, a análise das demonstrações financeiras e outras medidas de análise e avaliação de desempenho como o Sistema Du Pont, o EVA e o LAJIDA contribuem para o encaminhamento de decisões para o aumento da eficácia da empresa e, em consequência, para o aumento da riqueza dos proprietários.

3.10. QUESTÕES

1. Explique e exemplifique os regimes de competência e de caixa utilizados, respectivamente, pela contabilidade e pela administração financeira. Demonstre como se pode ajustar os dados contábeis para financeiros.
2. Cite as características principais das demonstrações financeiras.
3. Cite os relatórios e as demonstrações financeiras do Balanço Geral de acordo com a legislação brasileira e dê exemplos de relatórios contemporâneos que auxiliam a divulgação dos resultados da empresa.
4. Qual a composição básica do Relatório do Conselho de Administração ou da Diretoria?
5. Por que os valores do ativo circulante são considerados de maior liquidez?
6. Diferencie os quatro grupos de contas que compõem o passivo não circulante.
7. Do ponto de vista do ativo permanente, explique os conceitos de amortização e exaustão.
8. O que diferencia o ativo imobilizado bruto do líquido. Por que esses bens sofrem o processo de depreciação?
9. O que representam os valores do Patrimônio Líquido?
10. Por que as empresas constituem reservas?

11. Demonstre como é o conceito da equação do balanço.
12. O que significa, do ponto de vista contábil, o total de passivos ser maior do que o total de ativos?
13. Qual a diferença temporal das informações constantes do Demonstrativo de Resultados do Exercício e do Balanço Patrimonial, referentes ao mesmo ano fiscal?
14. Por que as despesas financeiras devem ser consideradas após o resultado operacional?
15. Qual a utilidade da DOAR?
16. Explique como as variações nas contas ativas e passivas podem resultar em aplicação ou geração de recursos.
17. Qual a principal diferença dos conceitos de lucro por ação entre a legislação brasileira e a dos Estados Unidos?
16. Qual a principal razão para que as empresas apresentem as Notas Explicativas nas demonstrações financeiras?
19. Apresente a composição da Demonstração dos fluxos de caixa.
20. Qual importância da publicação do Balanço Social?
21. Explique os conceitos dos Pontos de Equilíbrio Operacional, de Caixa e em moeda. Como o uso dos gráficos pode auxiliar na análise?
22. Conceitue alavancagem, alavancagem operacional, alavancagem financeira e alavancagem total ou combinada.
23. Como são comparados os índices obtidos na análise das demonstrações financeiras?
24. Escolha as demonstrações financeiras de uma Sociedade Anônima industrial, publicadas em jornal, para analisar a sua estrutura.
25. Separe os grupos de contas da equação do Balanço.
26. Separe as contas de ativo circulante, ativo permanente, passivo circulante, exigível de longo prazo e patrimônio líquido. Procure entender o significado de cada grupo de contas.
27. Mostre as contas do Demonstrativo de Resultados do Exercício que se referem às atividades operacionais da empresa, à gestão financeira de curto prazo, ao resultado concreto aos acionistas.
28. Repita a Questão 26, só que agora escolha uma Sociedade Anônima que atue no comércio.
29. Repita a Questão 26 para uma Sociedade Anônima prestadora de serviços.
30. Conceitue e dê um exemplo do Sistema Du Pont.
31. Conceitue e demonstre a importância do EVA.
32. Conceitue e demonstre a importância do LAJIDA.

3.11. EXERCÍCIOS

1. Represente o resultado da empresa Uirapurã Ltda. sob a forma dos regimes de competência e de caixa, a partir das seguintes informações: num determinado período, realizou vendas no valor de R$ 50.000, cujo custo foi de R$ 35.000. Das vendas, parte recebeu a vista R$ 20.000,00 e o restante será recebido num prazo superior ao da data do relatório. Das mercadorias utilizadas, a empresa pagou R$ 18.000,00, ficando o restante para o período seguinte. Identifique onde está a diferença dos resultados.

2. Um veículo para carga foi adquirido zero quilômetro, por $ 25.000,00. A lei permite depreciá-lo em cinco anos. Demonstre a representação do valor contábil do ativo imobilizado, ao final de três anos.

3. A empresa Água Azul S.A. iniciou suas atividades de uma indústria de alimentos congelados, com um capital dos sócios de R$ 90.000, sendo R$ 35.000, para capital de giro e R$ 55.000, para aquisição de máquinas e equipamentos. No primeiro mês foram compradas a prazo R$ 60.000 em matérias-primas, para pagamento em 30 dias. A produção foi terceirizada, sendo o pagamento de R$ 20.000, pelos serviços feitos contra entrega e consumiu toda a matéria-prima adquirida na produção de 10.000 unidades de alimentos congelados. No mês seguinte foram vendidos a vista 8.000 frascos do produto por R$ 96.000. Com o dinheiro recebido foram feitos os pagamentos das matérias-primas adquiridas anteriormente. Utilizando-se dos critérios da Equação do Balanço demonstre como fluem os recursos de uma conta para outra, no período.

4. Com as informações a seguir, elabore a sequência de balancetes mensais e o Balanço Patrimonial em 31 de dezembro do primeiro ano de atuação da empresa Colossus Ltda. Analise uma operação de cada vez e faça os cálculos considerando os encargos fiscais e tributários já incluídos.

    a) Dois amigos resolvem montar um estabelecimento comercial para vender artigos de pesca. A empresa inicia suas atividades no dia 1º de julho de 2009. Um dos sócios entra com $ 25.000 em dinheiro e o outro paga as luvas da loja, no mesmo valor.

    b) Durante o mês de julho, compram artigos variados com prazo de 30 dias, no valor de $ 12.000. Contratam dois funcionários, não comissionados, que irão custar $ 3.000,00 por mês, pagos sempre no quinto dia útil do mês seguinte. O custo da mão de obra deve ser incorporado ao estoque, todos os meses.

    c) No mês de agosto, vendem à vista produtos no valor de $ 23.000. Não há sobras de estoque. Pagam as dívidas do mês anterior e adquirem $ 15.000 em mercadorias, com prazo de 30 dias.

    d) No mês de setembro vendem 80% dos estoques por $ 25.000, sendo metade a vista e metade com trinta dias de prazo.

    e) No mês de outubro, recebem o restante das vendas do mês anterior, pagam as contas, compram $ 8.000 de mercadorias com 30 dias de prazo e reduzem a folha de salários para $ 1.800. Vendem todo o estoque por $ 7.500 a vista.

    f) Em novembro, a empresa salda seus compromissos do mês e compra, a vista, $ 15.000 em mercadorias. Vende todo o estoque por 42.000.

    g) Em dezembro, os sócios fazem uma retirada de $ 10.000 cada um. A empresa paga o salário do mês anterior e o décimo terceiro, que não havia sido provisionado, no valor de $ 1.200. Não há operações de compra e venda.

5. Elabore a DOAR da empresa Saberbras S.A, a partir das informações constantes em seu Balanço Patrimonial. Indique as principais fontes e aplicações de recursos no período.
Saberbras S.A.
Balanço Patrimonial

ATIVO	20x3	20x2	PASSIVO	20x3	20x2
ATIVO CIRCULANTE	**734**	**680**	**PASSIVO CIRCULANTE**	**499**	**503**
Caixa	18	7	Salários a pagar	63	49
Bancos	60	55	Contas a pagar	105	99
Aplicações de curto prazo	84	30	duplicatas a pagar	229	198
Contas a receber	135	90	tributos a recolher	32	28
Estoques	437	498	empréstimos	70	129
Estoques de matéria-prima	300	330	**EXIGÍVEL DE L. PRAZO**	**165**	**144**
Estoques de produtos em elaboração	12	13	Financiamentos	165	144
Estoques de produtos acabados	125	155	**PATRIMÔNIO LÍQUIDO**	**1.251**	**1.169**
ATIVO NÃO CIRCULANTE	**1.181**	**1.136**	Ações preferenciais	134	134
Ativo imobilizado	1.020	840	Ações ordinárias	700	700
Equipamentos	610	430	Ágio na venda de ações	125	125
Instalações	230	230	Lucros acumulados	292	210
Imóveis	180	180			
Ativo imobilizado líquido	531	586			
(-) depreciação	-489	-254			
Ativos intangíveis	650	550			
Marcas e Patentes	650	550			
ATIVO TOTAL	**1.915**	**1.816**	**PASSIVO TOTAL**	**1.915**	**1.816**

6. Utilizando-se dos dados do exercício anterior, elabore a demonstração das mutações do Patrimônio Líquido da empresa.

7. O gerente financeiro da empresa Adrianópolis Empreendimentos S.A. tem em mãos as seguintes informações sobre a empresa: seu único produto é vendido pelo preço de R$ 20,00. A contabilidade apurou os custos da empresa, e em seu relatório constam os custos variáveis unitários de R$ 12,00 e o custo fixo total de R$ 160.000. Calcule o Ponto de Equilíbrio Operacional para o gerente financeiro. Calcule também o valor da Margem de Contribuição unitária. Prove que o seu resultado está correto preparando a Demonstração de Resultados. Confirme através da preparação do gráfico do Ponto de Equilíbrio Operacional.

8. Calcule o Ponto de Equilíbrio Operacional de Caixa da empresa Cerro Azul S.A., que apresenta os seguintes dados de seu único produto: Preço de venda = $ 150,00; Custo Variável Unitário = $ 90,00 e Custo Fixo = $ 1.000.000, dentro do qual há um custo de depreciação de $ 160.000. Confirme através da preparação do gráfico do Ponto de Equilíbrio Operacional de Caixa.

9. Calcule o Ponto de Equilíbrio Operacional em Moeda da empresa Campo Magro S.A., que apresenta os seguintes dados de seu único produto: Preço de venda = $ 2.000,00; Custo Variável Unitário = $ 1.400,00 e Custo Fixo = $ 210.000. A capacidade máxima de produção da empresa, com esses dados, é de 5.000 unidades. Prove que o seu resultado está correto preparando a Demonstração de Resultados com o dado obtido.

10. A empresa Machadinho Ltda. tem uma receita operacional de $ 2.000.000, custos variáveis de $ 600.000 e custos fixos de $ 450.000. A empresa está projetando um crescimento das receitas para o próximo ano de 30%, mantendo os custos fixos totais, e custos variáveis aumentando na mesma proporção das vendas. Calcule o grau de alavancagem operacional.

11. A empresa Catanduvas S.A. espera um lucro antes de juros e de imposto de renda de $ 2.000.000 neste ano, tem um custo de dívida de longo prazo de $ 600.000 por ano. Seu imposto de renda é de 32%, e tem 2.400 ações ordinárias. Calcule o grau de alavancagem financeira caso ocorra variação de 10% para mais e para menos no LAJIR.

12. A empresa Espigão das Antas S.A. tem uma receita operacional de $ 10.000.000, custos variáveis de $ 3.000.000 e custos fixos de $ 2.500.000. A empresa está projetando um crescimento das receitas para o próximo ano de 12,86%, mantendo os custos fixos totais, e custos variáveis aumentando na mesma proporção das vendas. A empresa tem um custo de dívida de longo prazo de $ 1.500.000 por ano. Seu imposto de renda é de 32%, e tem 5.000 ações ordinárias. Calcule:
    a) O grau de alavancagem operacional.
    b) O grau de alavancagem financeira.
    c) O grau de alavancagem combinada.

13. Escolha as demonstrações financeiras de uma Sociedade Anônima industrial, publicadas em jornal, para analisar a sua estrutura (pode ser a mesma utilizada no Exercício 26 deste capítulo) e prepare uma análise financeira, destacando:
    a) Os índices de liquidez
    b) Os índices de atividade ou eficiência operacional
    c) Os índices de endividamento
    d) Os índices de lucratividade ou rentabilidade
    e) Os índices de mercado
    f) Faça uma comparação dos índices dos dois anos das demonstrações financeiras.
    g) Se possível, compare os índices com a média setorial
    h) Apresente suas conclusões sobre os resultados obtidos.

14. Repita o Exercício 13, só que agora escolha uma Sociedade Anônima que atue no comércio.

15. Repita o Exercício 13 para uma Sociedade Anônima prestadora de serviços.

16. A partir dos dados apresentados a seguir, calcule a TRAT e a TRPL, através das fórmulas e através do esquema do sistema Du Pont.

DRE	
Vendas	$ 15.000
CPV	9.000
Despesas Operacionais	2.500
Despesas Financeiras	1.000
LAIR	2.500
Imposto de Renda 32%	800
Lucro Líquido após IR	1.700

Balanço Patrimonial	
ATIVO	
Ativo Circulante	$ 3.000
Ativo Não Circulante	9.000
Total do Ativo	12.000
PASSIVO	
Passivo Circulante	4.500
Passivo Não Circulante	1.800
Patrimônio Líquido	5.700
Total do Passivo	12.000

17. Considere agora que o LAIR do Exercício 16 tenha baixado para R$ 1.600,00. Calcule a TRAT e a TRPL, através das fórmulas e através do esquema do sistema Du Pont. Indique duas medidas possíveis de alterar a nova situação encontrada.

18. A empresa Guajuvira S.A. tem a seguinte estrutura de capital:

Tipo de Capital	Valor	Custo após IR[27]
Ações Ordinárias	$ 500.000	15%
Ações Preferenciais	$ 300.000	16%
Debêntures	$ 400.000	14%
Financiamento de Longo prazo 1	$ 200.000	13%
Financiamento de Longo prazo 2	$ 250.000	12%
Financiamento de Longo prazo 3	$ 320.000	11%

Calcule o Custo Médio Ponderado de Capital da Empresa.

19. A Itaperuçu Empreendimentos S.A. possuía, no ano passado, um Ativo Total de R$ 2.500.000, com recursos próprios, sem utilizar capital de terceiros. Seus acionistas esperavam que a empresa gerasse lucros que correspondessem a 17% de seus investimentos. Naquele ano, a empresa teve um Lucro Operacional após IR de $ 380.000. Utilizando o modelo de avaliação de desempenho financeiro EVA (Valor Econômico Adicionado), você conclui que o lucro foi suficiente para satisfazer os acionistas?

20. O gerente financeiro da empresa Paiol de Baixo Ltda. acaba de aprender como calcular o Eva. Chegando à empresa, deparou-se com os seguintes dados:
    – Estrutura de capital projetada para o final do ano
    Capital social – R$ 140.000,00 (os sócios querem remuneração de 17% de seu capital).
    Financiamento junto ao BRDE – R$ 80.000 a um custo de 15%.
    Financiamento junto a outra Instituição Financeira – R$ 30.000 a um custo de 20%.
    – Lucro Operacional projetado – R$ 20.000,
    a) Calcule o EVA – Valor Econômico Adicionado para os dados projetados.
    b) Indique duas medidas possíveis de alterar a situação projetada.

21. A partir da DRE a seguir, calcule o LAJIDA da empresa.

DRE	
Vendas	$ 16.000
CPV	12.000
Despesas Operacionais	1.200
Depreciação	700
Despesas Financeiras	900
LAIR	1.200
Imposto de Renda 32%	384
Lucro Líquido após IR	816

Compare e discuta o resultado obtido com o Lucro Líquido apresentado. Para obter um LAJIDA melhor, quais seriam os pontos a atacar?

3.12. BIBLIOGRAFIA ADICIONAL

ASSAF NETO, Alexandre. *Finanças Corporativas e Valor*. São Paulo: Atlas, 2003.
CONSELHO Regional de Contabilidade do Estado de São Paulo. *Curso Básico de Auditoria 1 – Normas e Procedimentos*. São Paulo: Atlas, 1988.
FLORENTINO, A. M. *Teoria Contábil*. 5ª ed. Rio de Janeiro: FGV, 1988.

---

[27] Lembre-se de que os custos de capital próprio, no caso de dividendos, não se constituem despesas para os efeitos de Imposto de Renda.

HENDRIKSEN, Eldon. "As demonstrações financeiras: fontes de informação para acionistas e outras partes interessadas." In: *Teoria da Contabilidade*. São Paulo: Atlas, 1999.

IUDÍCIBUS, Sérgio de; MARION, José Carlos. *Contabilidade Comercial*. 8ª ed. São Paulo: Atlas 2009.

LEFTWICH, Richard; CARLEY, Alvin. Padrões contábeis internacionais e Criando uma linguagem contábil comum. In: *Dominando Finanças*. Tradução de Kátia Roque. Revisão Técnica: Rubens Famá. São Paulo. Makron Books, 2001.

MATARAZZO, D.; PESTANA, A.O. *Análise Financeira de Balanços*. 3ª ed. São Paulo: Atlas, 1994.

MARTINS, Eliseu; IUDÍCIBUS, Sérgio de; GELBKE, Ernesto Rubens. *Manual de Contabilidade das Sociedades por Ações: Suplemento Rumo as Normas Internacionais*. São Paulo: Atlas, 2009.

SCHRICKEL, W.K. *Demonstrações Financeiras – abrindo a caixa preta*. São Paulo: Atlas, 1997.

YOUNG, S.D.; O'BYRNE, S.F. *EVA e Gestão Baseada em Valor*. Porto Alegre: Bookman, 2003.

ANEXO I

DEMONSTRAÇÃO DE ORIGENS E APLICAÇÕES DE RECURSOS – DOAR

Também chamada de Quadro de Fontes e Usos, essa demonstração procura estabelecer de onde vêm os recursos financeiros utilizados na empresa e onde foram aplicados, ou seja, qual seu destino. Trabalha com as variações das contas dos Balanços Patrimoniais de dois períodos seguidos.

Quando o valor de uma conta do ativo aumenta em relação ao período anterior, significa que a empresa aplicou recursos nesse ativo, portanto, uma variação positiva em conta de ativo constitui uso ou aplicação de recursos.

Quando há redução no valor de uma conta do ativo, significa que houve uma redução de valores investidos ou aplicados, o que se pode entender como uma geração de recursos, caracterizando uma fonte de recursos.

Quando o valor de uma conta de passivo aumenta em relação ao exercício anterior, significa que a empresa obteve recursos, ou seja, aumentou fontes de financiamento; portanto, uma variação positiva em passivos constitui origem ou fonte de recursos.

Se o valor de uma conta de passivo diminui, significa que a empresa reduziu valores anteriormente obtidos, em outras palavras, aplicou recursos; portanto, uma variação negativa de passivo constitui uso ou aplicação de recursos.

Pode-se então preparar o quadro a seguir:

Mecanismos da DOAR

Conta	Fonte/Origem	Uso/Aplicação
Ativo	Variação negativa	Variação positiva
Passivo	Variação positiva	Variação negativa

A DOAR tem grande utilidade para identificar a movimentação de recursos financeiros na empresa. A variação positiva ou negativa nas contas reflete onde estão sendo aplicados os recursos e de onde eles estão vindo. No que se refere ao curto prazo, identificam-se as fontes para custeamento do crédito concedido a clientes e financiamento dos estoques; a capacidade de obtenção de crédito junto a fornecedores, instituições financeiras e mercado de capitais também está refletida na DOAR.

Como a fonte de dados é o Balanço Patrimonial, contabilizado pelo regime de competência, a DOAR, por consequência, é apresentada sob esse regime. As variações são identificadas a partir de seus fatos geradores e não a partir das entradas e saídas efetivas de caixa. A DOAR não permite identificar variações de caixa.

No Brasil, a Lei das Sociedades por Ações estabelece que as origens de recursos devem ser agrupadas em:
- Lucro do exercício, acrescido da depreciação, amortização, exaustão e ajustado pela variação de resultados de exercícios futuros.
- Realização do capital social e contribuições para reserva de capital.
- Recursos de terceiros, originados pelo aumento do Exigível a Longo Prazo e de redução do Realizável a Longo Prazo e da alienação de investimentos e direitos do Ativo Imobilizado.

As aplicações de recursos devem ser agrupadas em:
- Dividendos distribuídos.
- Aquisição de direitos do ativo permanente.
- Aumento do realizável a longo prazo, dos investimentos e do diferido.
- Redução do exigível a longo prazo.

As diferenças entre aplicações e origens devem ser apresentadas como variações no capital circulante líquido. Com essa forma de apresentação, a DOAR no Brasil enfatiza o conceito de fundos como capital circulante líquido; as análises, por consequência, padecem das mesmas limitações da análise do capital de giro, que é tratada no Capítulo 11.

Os quadros a seguir mostram a Demonstração de Origens e Aplicações de Recursos para a empresa Vinhedo S.A. O primeiro apresenta as variações nas contas de ativos e passivos nos Balanços Patrimoniais de 2008 e 2009, e o segundo é a forma final de apresentação da DOAR.

Preparação da Demonstração de Origens e Aplicações – DOAR

Balanço Patrimonial da Vinhedo S.A.	31/12/X0	31/12/X1	Variação	Origem	Aplicação
ATIVO					
Ativo Circulante	14.102	7.130			
Caixa	450	350	100	0	100
Títulos Negociáveis	632	500	132	0	132
Duplicatas a receber	12.500	6.000	6.500	0	6.500
Estoques	520	280	240	0	240
Ativo Permanente	38.892	36.742			
Terrenos e Edifícios	1.200	1.200	0	0	0
Maquinário eletrônico	37.000	35.000	2.000	0	2.000
Móveis e Utensílios	550	400	150	0	150
Veículos	60	60	0	0	0
Outros (incluindo arrendamentos mercantis)	82	82	0	0	0
(-) Depreciação acumulada	14.759	7.172	7.587	7.587	0
Ativo Permanente Líquido	24.133	29.570			0
TOTAL DO ATIVO	38.235	36.700			
PASSIVO					
Passivo Circulante	2.150	1.900			
Títulos a pagar	250	320	-70	0	70
Duplicatas a pagar	1.750	1.480	270	270	0
Outras contas a pagar	150	100	50	50	0
Exigível de Longo Prazo	9.687	9.000	687	687	0
Patrimônio Líquido	26.398	25.800			

Balanço Patrimonial da Vinhedo S.A.	31/12/X0	31/12/X1	Variação	Origem	Aplicação
Ações preferenciais	5.250	5.250	0	0	0
Ações ordinárias	15.000	15.000	0	0	0
Reservas	4.903	4.750	153	153	
Lucros retidos/acumulados	1.245	800	445	445	0
TOTAL DO PASSIVO	**38.235**	**36.700**		9.192	9.192

A coluna de participação percentual identifica quais foram as principais fontes de recursos – no caso da Vinhedo S.A., a depreciação é a principal fonte – e quais os principais usos, nesse caso, duplicatas a receber, ou seja, expansão no crédito concedido a clientes.

Demonstração de Origens e Aplicações de Recursos

	Valores	%
ORIGENS	**9.192**	**100,0%**
(-) Depreciação acumulada	7.587	82,5%
Duplicatas a pagar	270	2,9%
Outras contas a pagar	50	0,5%
Exigível de Longo Prazo	687	7,6%
Reservas	153	1,7%
Lucros retidos/acumulados	445	4,8%
APLICAÇÕES	**9.192**	**100,0%**
Caixa	100	1,1%
Títulos Negociáveis	132	1,4%
Duplicatas a receber	6.500	70,7%
Estoques	240	2,6%
Maquinário eletrônico	2.000	21,8%
Móveis e Utensílios	150	1,6%
Títulos a pagar	70	0,8%

Percebe-se que a principal fonte de recursos para a empresa foi a depreciação acumulada e o uso principal foi em duplicatas a receber. Isso confirma as afirmações da mensagem aos acionistas, que a empresa está sujeita a elevadas taxas de depreciação e que recursos foram destinados à expansão do crédito a clientes.

As companhias fechadas, com Patrimônio Líquido, na data do balanço, não superior a R$ 1.000.000,00 (um milhão de reais) não são obrigadas a elaborar e publicar a Demonstração das Origens e Aplicações de Recursos.

PARTE

3

A DECISÃO DE INVESTIMENTO

Capítulo 4: Valor do dinheiro no tempo....103
Capítulo 5: Risco e retorno....134
Capítulo 6: Decisões de investimento de longo prazo....159

CAPÍTULO

4 VALOR DO DINHEIRO NO TEMPO

4.1. Introdução

4.2. Formas de capitalização

4.3. Tabelas financeiras

4.4. Calculadoras financeiras

4.5. Planilhas eletrônicas e *softwares* financeiros

4.6. Planos de amortização

4.7. Resumo

4.8. Questões

4.9. Exercícios

4.10. Bibliografia adicional

4.1. INTRODUÇÃO

A circulação dos recursos é importante para as atividades das pessoas, das empresas e de todas as formas de organização. Como já vimos anteriormente, os agentes superavitários têm recursos sobrando, e podem emprestá-los para os agentes deficitários.

Em face da diversidade de possibilidades de investimentos, é preciso conhecer técnicas que avaliem as condições em que são realizados e quais as possibilidades de retorno existentes.

A primeira noção importante para esse estudo é o valor do dinheiro no tempo: O dinheiro recebido hoje tem mais valor do que a mesma quantia de dinheiro recebida amanhã. Mesmo que não exista inflação, que os preços permaneçam constantes, que as necessidades das pessoas não mudem, a possibilidade de comprar um produto hoje, fazer um investimento hoje, desfrutar um serviço hoje; vale mais do que a mesma possibilidade amanhã. Essa é a Teoria da Preferência pela Liquidez.

Como o dinheiro vale mais hoje do que amanhã, então quem tem o recurso, o agente superavitário, só abre mão do consumo hoje, se for receber um valor maior no futuro, conforme mostra a linha do tempo desenhada a seguir:

Hoje
Linha do Tempo
Futuro

O que faz os recursos aplicados hoje aumentarem de valor no futuro? As taxas de juros. No Capítulo 2, estudamos a composição das taxas de juros. Relembrando:

$$k = k^* + i + i_d + l + v$$

onde:

Símbolo	Significado	Explicação
k	Taxa de juros nominal	É a taxa que a instituição financeira afirma cobrar do tomador do empréstimo.
k^*	Taxa de juros real, livre de risco	É o custo do dinheiro, caso não houvesse nenhum tipo de risco. É o preço recebido pelo investidor pelo fato de abrir mão de consumo presente.
i	Prêmio de inflação	A expectativa de inflação é embutida na taxa de juros, como forma de preservar o poder de compra do montante emprestado.
i_d	Prêmio de risco inadimplência	Remunera a possibilidade de o montante de juros ou do principal não vir a ser pago no todo ou em parte. O prêmio aumenta quando cresce o risco do tomador do empréstimo.
l	Prêmio de liquidez	Relaciona-se a negociabilidade, em mercado secundário, do título originado no empréstimo.
v	Prêmio de risco de vencimento	Reflete o risco de as taxas de juros virem a mudar ao longo do período do empréstimo.

Fonte: Baseado em Weston e Brigham (2000).

Para os nossos cálculos, quando nada for dito em contrário, a taxa de juros a que nos referimos é a taxa de juros nominal, k.

Resumindo: o dinheiro é aplicado hoje, para ser remunerado a uma taxa de juros k, que cubra todos os aspectos de remuneração do custo do dinheiro: recuperação do poder de compra daquele recurso, em função da inflação; remuneração pelo risco de não se receber o dinheiro de volta, ou no caso de títulos financeiros, remuneração pela dificuldade de revender esse papel no mercado e ainda a remuneração pelo risco de as taxas de juros básicas virem a mudar ao longo do período da aplicação. Naturalmente quem toma recursos emprestados deverá arcar com o pagamento dessa taxa de juros.

Para facilitar os cálculos do valor do dinheiro no tempo, os valores e as taxas são representados por letras. Os autores, as calculadoras, as planilhas eletrônicas e os softwares utilizam diferentes notações. O Quadro 4.1 apresenta algumas dessas notações. Neste livro, vamos adotar a primeira simbologia.

Quadro 4.1 O valor do dinheiro no tempo

Valor Presente	VP, P, Co, M	É o montante emprestado no início do período. Valor presente hoje do empréstimo ou da aplicação.
Taxa de juros	i, k, r	É a remuneração a ser paga pelos recursos emprestados.
Valor Futuro	VF, F, Cn	É o montante a ser devolvido ou resgatado ao final do prazo do empréstimo ou período de aplicação.
Prestação	PMT, Pr, Ct	Prestação ou pagamentos intermediários.
Tempo	t	Período de tempo da aplicação.
Períodos	n	Número de períodos da aplicação.
Juros	J	Montante de juros pagos.

Reescrevendo a linha do tempo:

Neste caso há uma saída de recurso no tempo zero e uma entrada de recursos no tempo 1. Foi feita uma aplicação que será resgatada no futuro.

A linha do tempo a seguir mostra uma situação contrária: o recurso é tomado emprestado no tempo zero, para ser devolvido no tempo 1.

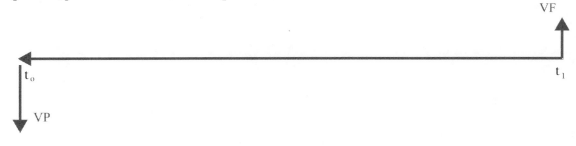

4.2. FORMAS DE CAPITALIZAÇÃO

Como se calculam os juros? Os juros pagos são calculados como percentuais do valor emprestado. A forma como esse montante de juros é somado ao valor emprestado se chama capitalização.

Em uma situação simples, como as apresentadas anteriormente, o cálculo dos juros é direto: toma o recurso emprestado e, no vencimento, paga o principal mais os juros, segundo o princípio da capitalização simples.

4.2.1 CAPITALIZAÇÃO SIMPLES

Na capitalização simples, o montante de juros a ser pago é calculado sempre sobre o principal emprestado.

Imagine o exemplo:

Uma empresa toma $1.000,00 emprestado, para pagar dali a um mês, com juros de 5% ao mês.

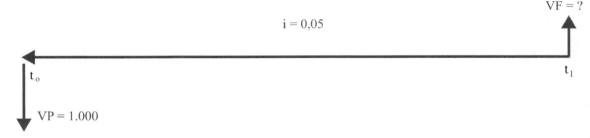

J = VP x i = 1000 x 0,05 = 50
VF = VP + J = 1000 + 50 = 1050

O tomador do empréstimo vai pagar, no vencimento, $1.050,00.

Mesmo com esses cálculos modestos, algumas observações devem ser feitas:

Sempre que você estiver em face de um problema de valor do dinheiro no tempo, siga estes procedimentos:

a) Desenhe a linha do tempo.
b) Identifique as variáveis que você já conhece, lembre-se de que as taxas vêm expressas em percentual e devem ser transformadas em decimal.
c) Identifique qual é a sua dúvida, ou o que você precisa calcular.
d) Só então, inicie os cálculos.

A capitalização simples caracteriza-se por calcular os juros sobre o montante inicial emprestado. Quando o problema tem mais de um período de tempo, o juro devido a cada período não é somado ao valor do principal. Vejamos um exemplo:

Uma empresa toma $1.000,00 emprestado, para pagar dali a dois meses, com juros de 5% ao mês.

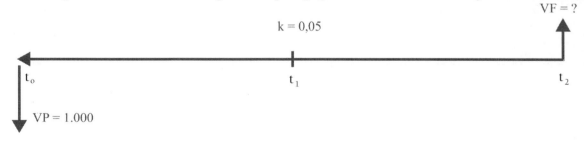

J = VP x i = 1000 x 0,05 = 50 por mês
VF = VP + J1 + J2 = 1000 + 50 + 50 = 1.100

O tomador do empréstimo vai pagar, no vencimento, $1.100,00.

Imagine que esse empréstimo seja feito por 10 meses. Até se pode calcular os juros mês a mês e ir somando no final; mas não é uma alternativa muito prática. Recorremos então à álgebra, para facilitar os cálculos.

Para um período:
VF = VP + J

VF = VP + VP x i
VF = VP (1+ i)
Para dois períodos
VF = VP + J1 + J2
VF = VP + VP x i + VP x i
VF = VP + 2VP x i
VF =VP (1 + 2i)
Para n períodos:
VF = VP + J1 + J2 + ... + Jn-1 + Jn
VF = VP + VP x i + VP i + ... + VPi + VP x 1
VF = VP (1 + i x n)
Aplicando em exemplos:

1. Você emprestou $800,00 a um amigo, para ele devolver em quatro meses, pagando juros simples de 4% ao mês. Quanto ele vai devolver no final do período?

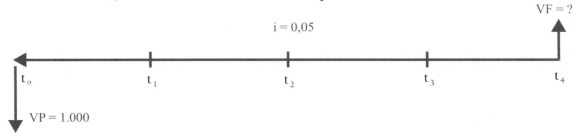

VF=VP (1+i x n)
VF=800 (1+ 0,04 x 4)
VF= 800 x 1,16 = 928   O seu amigo irá devolver $928,00

2. Quanto você deverá aplicar hoje, em uma aplicação que paga juros simples de 1,5% ao trimestre, para receber $537,50 daqui a cinco trimestres?

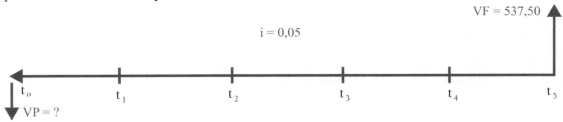

VF=VP (1+i x n)
537,50 = VP (1+ 0,015 x 5)
537,50 = VP (1, 075) = 500
Deverei aplicar $500 hoje.

3. Você foi promovido à função de tesoureiro de uma pequena empresa comercial. Desconfiado de que o cheque especial da empresa está custando muito caro, você vai fazer os cálculos de quanto está pagando de juros por essa fonte de financiamento de curto prazo.

Recentemente a conta ficou devedora em $1.350,00 nos últimos sete dias do mês. No oitavo dia, coincidentemente o último dia do mês, um cliente depositou $2.000,00 e o saldo ficou positivo em $621,65. Calcule qual a taxa de juros cobrada por dia.

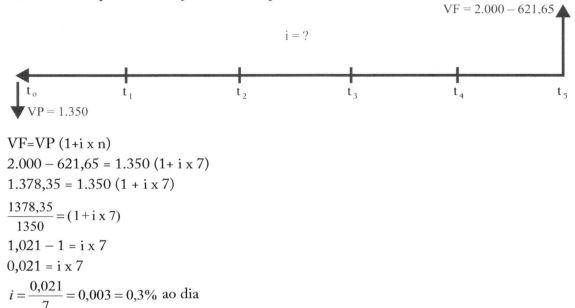

VF=VP (1+i x n)
2.000 − 621,65 = 1.350 (1+ i x 7)
1.378,35 = 1.350 (1 + i x 7)
$$\frac{1378,35}{1350} = (1+i \times 7)$$
1,021 − 1 = i x 7
0,021 = i x 7
$$i = \frac{0,021}{7} = 0,003 = 0,3\% \text{ ao dia}$$

Para saber qual é a taxa de juros mensal cobrada, em capitalização simples, basta multiplicar a taxa de juro diária pelo número de dias do mês.
0,003 x 30 = 0,09 = 9% ao mês.
A taxa de 9% ao mês é equivalente a taxa de 0,3% ao dia, em capitalização simples.
Taxas equivalentes em capitalização simples:
É necessário encontrar a equivalência de taxas quando o período de capitalização informado não corresponde ao período em que a taxa está expressa. Por exemplo:
- A taxa está expressa em dias e você quer saber qual é a taxa mensal, como no exemplo anterior.
- O banco informa a taxa mensal cobrada e a empresa quer saber a taxa diária.
- A remuneração é informada ao trimestre e você quer saber qual é a remuneração mensal.
- A corretora de valores sugere uma aplicação para 60 dias, informa a taxa para o período e você quer saber quando receberá por mês.
- A financeira afirma cobrar juros mensais e você quer saber quanto irá pagar de juros anuais.

Em capitalização simples, os cálculos são simples: basta multiplicar ou dividir a taxa informada, pelo número de períodos da taxa procurada:

Quadro 4.2 Taxas Equivalentes

Taxa informada em:	Taxa procurada	Cálculo
Dias	Mês	Multiplicar a taxa diária por 30
Mês	Ano	Multiplicar a taxa mensal por 12
Semana	Mês	Multiplicar a taxa semanal por 4,5
Trimestre	Ano	Multiplicar a taxa trimestral por 4

Taxa informada em:	Taxa procurada	Cálculo
Mês	Dias	Dividir a taxa mensal por 30
Ano	Mês	Dividir a taxa anual por 12
Semana	Dia	Dividir a taxa semanal por 7
Quadrimestre	Mês	Dividir a taxa quadrimestral por 4

Qual é a lógica desse quadro?
a) Se a taxa é informada em período menor do que a taxa procurada, ou seja, o período informado está contido no período procurado, então a operação é a multiplicação.
b) Se a taxa é informada em período maior do que a taxa procurada, ou o período informado contém o período procurado, então a operação é de divisão.

Qual é o fator de divisão ou de multiplicação?
a) Se estou calculando a taxa equivalente do período menor para o maior, então devo perguntar quantas vezes o período menor se repete no período maior, esse é o fator de multiplicação.

Nos exemplos do Quadro 4.2 consideram-se 30 dias em um mês, 12 meses em um ano, existem 4,5 semanas em um mês, existem 4 trimestres em um ano.

a) Se estou calculando a taxa equivalente do período maior para o menor, então devo perguntar quantas vezes o período maior contém o período menor. Esse é o fator de divisão.

Nos exemplos do Quadro 4.2 considera-se um mês com 30 dias, um ano tem 12 meses, uma semana tem 7 dias, um quadrimestre tem 4 meses.

Aplicando em alguns exemplos, considerando juros simples:
- O banco informa que a taxa mensal cobrada é 12% e a empresa quer saber a taxa diária.

Maior para menor: quantos dias têm o mês? 30
Fator de divisão 30.

$$\frac{0{,}12}{30} = 0{,}004 = 0{,}4\% \text{ ao dia}$$

- A remuneração é informada como 2,4% ao trimestre e você quer saber qual é a remuneração mensal.

Maior para o menor: quantos meses tem um trimestre? 3
Fator de divisão 3.

$$\frac{0{,}24}{3} = 0{,}008 = 0{,}8\% \text{ ao mês}$$

- A corretora de valores sugere uma aplicação para 60 dias, informa que a taxa para o período é 1,9% e você quer saber quando receberá por mês.

Maior para o menor: quantos meses eu tenho no período? 2
Fator de divisão 2.

$$\frac{0{,}19}{2} = 0{,}0095 = 0{,}95\% \text{ ao mês}$$

- A financeira afirma cobrar juros mensais de 3,5% e você quer saber quanto irá pagar de juros anuais.

Menor para o maior: quantos meses tem um ano? 12

Fator de multiplicação 12.

0,035 x 12 = 0,42 = 42% ao ano

4.2.2 CAPITALIZAÇÃO COMPOSTA

As operações financeiras realizadas no regime de capitalização composta são as mais usuais no ambiente dos negócios. O empréstimo é realizado por determinado número de períodos, e os juros de cada período vão sendo incorporados ao principal emprestado.

Imagine o exemplo:

A empresa contraiu um empréstimo de $20.000 para quitar dali a dois meses, pagando juros de 3% ao mês, no regime de capitalização composta.

Desenhando a linha do tempo:

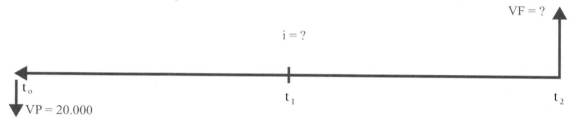

O montante que será pago ao final de dois meses corresponde ao principal emprestado, acrescido dos juros correspondentes aos dois meses:

VF = VP + J

J = VP x i

No primeiro mês:

O valor devido é o principal emprestado, mais os juros do primeiro mês:

20.000 + (20.000 x 0,03) = 20.000 + 600 = 20.600

No segundo mês:

O valor devido é o saldo devedor do mês anterior, incluindo os juros do primeiro mês, mais os juros do segundo mês:

20.600 + (20.600 x 0,03) = 20.600 + 618 = 21.218

No vencimento da operação, a empresa pagará $21.218,00, correspondendo ao pagamento do principal emprestado e dos juros devidos.

Para calcular empréstimos por períodos mais longos, recorremos à álgebra:

No primeiro período:

VF = VP + J

VF = VP + VP x i

VF = VP (1+ i)

Para o segundo período:

VF = VP (1+ i) + VP (1 + i) x i

Onde:

VP (1+ i) = saldo devedor ao final do primeiro período

VP $(1 + i)$ x i = juros sobre o saldo devedor
VF = VP $(1 + i)$ $(1 + i)$ = VP $(1 + i)^2$ =
Para o terceiro período:
VF = VP $(1+ i)^2$ + VP $(1 + i)^2$ x i
Onde:
VP $(1+ i)^2$ = saldo devedor ao final do segundo período
VP $(1 + i)^2$ x i = juros sobre o saldo devedor
VF = VP $[(1 + i)^2 + (1 + i)^2$ x i$]$
VF = VP $[(1 + i)^2$ x $(1 + i)]$
VF = VP $(1 + i)^3$
Para n períodos:
VF = VP $(1 + i)^n$

Vejamos alguns exemplos, para capitalização composta:

1. Você tomou $1.200,00 emprestados em um banco, para pagar dali a seis meses, pagando juros compostos de 3,4% ao mês. Quanto irá pagar no final?

   Desenhando a linha do tempo:

   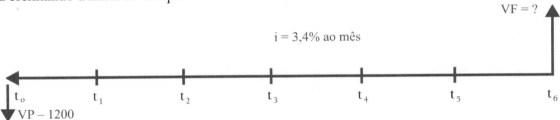

   VF = VP $(1 + i)^n$
   VF = 1.200 $(1 + 0,034)^6$
   VF = 1.200 x 1,222146 = 1.466,58
   Ao final de seis meses deverei pagar $1.466,58

2. Quanto deverá ser aplicado hoje, em uma aplicação financeira que paga juros líquidos de 0,01% ao dia, para se poder resgatar $2.109,13 daqui a 75 dias?

   Desenhando a linha do tempo:

   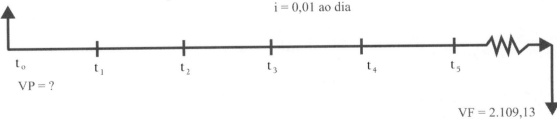

   VF = VP $(1 + i)^n$
   2.109,13 = VP $(1 + 0,01)^{75}$
   2.109,13 = VP x 2,1091
   $$VP = \frac{2109,13}{2,1091} = 1.000$$

   Deverão ser aplicados $1.000 hoje, para se resgatar $2.109,13 daqui a 75 dias.

3. Uma empresa contraiu um empréstimo de $12.000 no mês de fevereiro. Pagou integralmente sua dívida, no mês de outubro, quitando o valor de $18.000. Qual foi a taxa de juros mensal cobrada na operação?

Desenhando a linha do tempo:

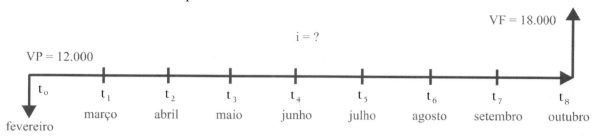

VF = VP (1 + i)^n

18000 = 12000 (1 + i)^8

$\dfrac{18.000}{12.000} = (1+i)^8$

1,5 = (1 + i)^8

$\sqrt[8]{1,5} = (1+i)$

1,05199 = (1 + i)

i = 1,05199 −1

i = 0,05199 = 5,2% ao mês   A taxa de juros cobrada é de 5,2% ao mês.

TAXAS EQUIVALENTES EM CAPITALIZAÇÃO COMPOSTA

Se você quiser saber qual é a taxa de juros paga ao longo dos oito meses da operação financeira, será necessário calcular a taxa equivalente no período. Na capitalização composta, isso é feito por meio de operações de exponenciação e radiciação.

No exemplo anterior, temos uma taxa mensal a ser transformada em uma taxa para oito meses. Como vamos do período menor para o maior, utilizamos a exponenciação:

(1 + i)^n = (1 + i$_n$)^1

(1,05199)^8 = (1+i$_8$)^1

(1+i$_8$)^1 = 1,50

i$_8$ = 1,50 − 1

i$_8$ = 0,5

Na forma percentual:

i$_8$ = 0,5 x 100 = 50%

A taxa de juros cobrada no período de oito meses é de 50%.

Repetindo os exemplos anteriores, agora com capitalização composta:

- O banco informa que a taxa mensal cobrada é 12%, e a empresa quer saber a taxa diária, com juros compostos.

Maior para menor: quantos dias têm o mês? 30

Fator de radiciação 30.

$\sqrt[30]{1,12} = 1,00378 = 0,378\%$ ao dia

A remuneração é informada como 2,4% ao trimestre, e você quer saber qual é a remuneração mensal, em capitalização composta.

Maior para o menor: quantos meses tem um trimestre? 3

Fator de radiciação 3.

$\sqrt[3]{1,024} = 1,007936 = 0,79\%$ ao mês

- A corretora de valores sugere uma aplicação para 60 dias, informa a taxa para o período como de 1,9% com juros compostos, e você quer saber quando receberá por mês.

Maior para o menor: quantos meses eu tenho no período? 2

Fator de radiciação 2.

$\sqrt{1,019} = 0,009455 = 0,945\%$ ao mês

- A financeira afirma cobrar juros mensais de 3,5%, e você quer saber quanto irá pagar de juros anuais.

Menor para o maior: quantos meses tem um ano? 12

Fator de exponenciação 12.

$(1,035)^{12} = 1,5111 = 51,11\%$ ao ano

Um exemplo clássico:

As cadernetas de poupança no Brasil pagam juros de 6% ao ano, capitalizados mensalmente.[1] Qual a taxa de juros anual efetivamente paga ao dinheiro poupado?

6% ao ano, capitalizados mensalmente, significa que os juros serão incorporados ao principal a cada mês.

Quantos meses no ano? 12

Então

$\dfrac{0,06}{12} = 0,005$ ao mês

A taxa de 0,5% de juros ao mês é equivalente a qual taxa anual?

Menor para o maior: quantos meses tem um ano? 12

Fator de exponenciação 12.

$(1,005)^{12} = 1,0616778 = 6,17\%$ ao ano

É isso mesmo, a poupança paga mais do que os bancos contam!

Outros exemplos:

1. Uma aplicação rende 2,20% ao mês, com capitalização diária. Qual é a taxa equivalente diária?

    Qual é a taxa efetiva no mês?

    Maior para o menor: quantos dias tem o mês? 30

    fator de divisão: 30

    $\dfrac{0,022}{30} = 0,000733 = 0,07\%$ ao dia $\Rightarrow$ taxa equivalente

    Cálculo da taxa efetiva:

    do menor para o maior:

    fator de exponenciação 30

    $(1 + i)^n = (1 + i_n)$

    $(1 + i)^{30} = (1 + i_{30})$

---

[1] Em outubro de 2009, estava em tramitação no Congresso Nacional Projeto de Lei que altera a tributação das cadernetas de poupança, até então isentas de qualquer tributo. Conforme a alteração aprovada, o rendimento líquido dessa aplicação financeira poderá ser afetado.

$$(1 + 0{,}000733)^{30} = (1 + i_{30})$$

$i_{30} = 1{,}022236 - 1 = 0{,}022235 = 2{,}223$ % ao mês $\Rightarrow$ taxa efetiva

2. A empresa obteve um financiamento a taxa de 18% ao ano, com capitalização mensal. Qual é a taxa equivalente mensal? Qual a taxa efetiva anual da operação?

    Maior para o menor: quantos meses tem o ano? 12

    fator de divisão: 12

    $$\frac{0{,}18}{12} = 0{,}015 = 1{,}5\% \text{ ao mês} \Rightarrow \text{taxa equivalente}$$

    Cálculo da taxa efetiva:

    do menor para o maior:

    fator de exponenciação 12

    $$(1 + i)^n = (1 + i_n)$$
    $$(1 + i)^{12} = (1 + i_{12})$$
    $$(1 + 0{,}015)^{12} = (1 + i_{12})$$

    $i_{12} = 1{,}195618 - 1 = 0{,}195618 = 19{,}56$ % ao ano $\Rightarrow$ taxa efetiva

3. Uma aplicação financeira rende juros de 0,8% ao mês, com capitalização anual. Qual a taxa equivalente anual? Qual a taxa efetiva mensal?

    Menor para o maior: quantos meses tem o ano? 12

    Fator de multiplicação 12

    $0{,}008 * 12 = 0{,}096 = 9{,}6$ % ao ano $\Rightarrow$ taxa equivalente

    Cálculo da taxa efetiva:

    do maior para o menor:

    fator de radiciação 12

    $$(1 + i)^n = (1 + i_n)$$
    $$(1 + i)^{1/12} = (1 + i_{12})$$
    $$(1 + 0{,}096)^{1/12} = (1 + i_{12})$$
    $$(1 + i_{12} = \sqrt[12]{1{,}096}$$

    $i_{12} = 1{,}007668 - 1 = 0{,}007668 = 0{,}077\%$ ao mês $\Rightarrow$ taxa efetiva

4. Determinado país lançou títulos no mercado internacional pagando juros semestrais de 12,75%, com capitalização mensal. Qual a taxa equivalente mensal? Qual taxa efetiva deve ser calculada para comparar a rentabilidade desses títulos com a remuneração dos papéis emitidos pelo governo brasileiro que estavam pagando, à época, 23 % ao ano?

    Maior para o menor: quantos meses tem o semestre? 6

    Fator de divisão 6

    $$\frac{0{,}1275}{6} = 0{,}02125 = 2{,}125\% \text{ ao mês} \Rightarrow \text{taxa equivalente}$$

    Cálculo da taxa efetiva anual:

    do menor para o maior:

    fator de exponenciação 12

    $$(1 + i)^n = (1 + i_n)$$
    $$(1 + i)^{12} = (1 + i_{12})$$
    $$(1 + 0{,}02125)^{12} = (1 + i_{12})$$

    $i_{12} = 1{,}287019 - 1 = 0{,}287019 = 28{,}70\%$ ao ano $\Rightarrow$ taxa efetiva

Comparando a rentabilidade do título com o papel brasileiro, aquele é melhor do esse, caso o risco seja semelhante.

Taxas efetivas:

A noção de taxas efetivas foi introduzida nos exemplos da seção anterior. Para calcular as taxas efetivas, é preciso conhecer os períodos de capitalização da operação financeira. Isso ocorre porque muitas vezes as taxas de juros são informadas em um período, por exemplo, anual, mas são capitalizadas em período diferente, por exemplo, mensal. Conhecer o período de capitalização importa para se saber quando os juros são incorporados ao principal da dívida. As taxas efetivas devem também ser calculadas quando dos pagamentos das prestações dos empréstimos e recebimento das parcelas dos financiamentos, tópico que será visto na próxima seção.

SÉRIE DE PAGAMENTOS

Todas as operações financeiras vistas até agora ocorriam em apenas dois momentos: aplicação inicial com resgate final, ou um empréstimo inicial com pagamento no final. A isso se chama série de pagamento único e pode ser visualizada na linha do tempo a seguir.

Nesse caso, mesmo transcorrendo vários períodos entre o início e o final da operação, só ocorre uma saída e uma entrada de recurso.

Quando ocorrem mais de uma entrada e/ou mais de uma saída de recursos, durante a operação, temos então uma série de pagamentos. Existem basicamente dois tipos: as séries de pagamentos uniformes, quando todas as prestações são iguais e ocorrem a intervalos regulares de tempo, e as séries de pagamentos não uniformes, quando existem diferentes entradas e saídas de recursos ao longo da operação, em intervalos regulares ou não de tempo.

Série de Pagamentos Uniformes

A linha do tempo pode ser representada como a seguir, para a série de pagamentos uniformes. Tem-se uma saída inicial com uma série de entradas regulares ao longo do tempo.

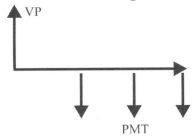

Existe série de pagamentos uniformes também quando se tem uma entrada inicial, seguida de uma série de saídas iguais e regulares no tempo, conforme mostra a linha do tempo a seguir:

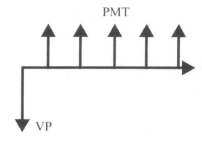

Outra série de pagamentos uniformes pode ser uma sequência de pagamentos com um resgate final, representados graficamente a seguir:

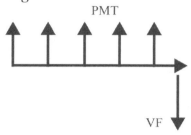

Existem várias operações financeiras e situações de empréstimo e financiamento que se encaixam nas características mencionadas das séries de pagamentos uniformes. Após desenvolvermos o raciocínio algébrico dessas operações, veremos alguns exemplos.

Sabemos que:

$VF = VP(1+i)^n$

Ou

$VP = \dfrac{VF}{(1+i)^n}$

Podemos considerar que cada uma das prestações compõe o valor presente do negócio, então:

$VP = PMT_1 + PMT_2 + PMT_3 + PMT_4 + \ldots + PMT_n$

Relembrando que o dinheiro hoje vale mais do que a mesma quantia amanhã, é preciso descontar o valor dessas prestações, conforme uma determinada taxa de juros. A isso chama-se: "trazer a valor presente".

CÁLCULO DE VALOR PRESENTE DE UMA SÉRIE DE PAGAMENTOS UNIFORMES

$VP = \dfrac{PMT_1}{(1+i)^1} + \dfrac{PMT_2}{(1+i)^2} + \dfrac{PMT_3}{(1+i)^3} + \dfrac{PMT_4}{(1+i)^4} + \ldots \dfrac{PMT_n}{(1+i)^n}$

Como as prestações são iguais

$VP = PMT \times \left[\dfrac{1}{(1+i)^1} + \dfrac{1}{(1+i)^2} + \dfrac{1}{(1+i)^3} + \dfrac{1}{(1+i)^4} + \ldots + \dfrac{1}{(1+i)^n} \right]$

$VP = PMT x \sum_{j=1}^{n} \dfrac{1}{(1+i)^j}$

Isso significa dizer que o valor presente de uma série de pagamentos uniformes é igual à prestação multiplicada pelo somatório dos fatores de juros descontados.

O valor da prestação pode ser calculado a partir da seguinte fórmula:

$$PMT = VP \frac{(1+i)^n \times i}{(1+i)^n - 1}$$

Vejamos alguns exemplos:

1. Um automóvel custa a vista $20.000 e pode ser pago em 12 parcelas mensais com juros de 2% ao mês. Qual o valor da prestação?

   Desenhando a linha do tempo:

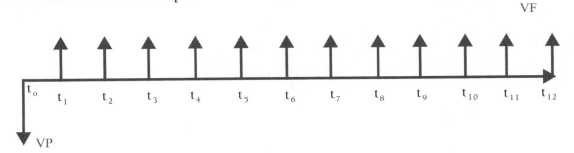

$$PMT = VP \frac{(1+i)^n \times i}{(1+i)^n - 1}$$

$$PMT = 20.000 \frac{(1+0,02)^{12} \times 0,02}{(1+0,02)^{12} - 1} \qquad PMT = 1.891,19$$

   As doze prestações serão de $1.891,19.

2. Uma casa pode ser comprada em 120 parcelas mensais de $2.162,22, pagando juros de 1,5% ao mês. Qual o valor a vista dessa casa?

   Desenhando a linha do tempo:

   PMT = 2.162,22
   i = 0,015% ao mês

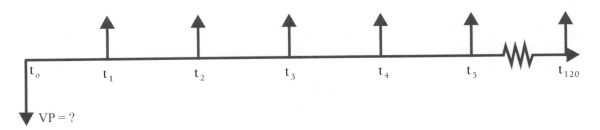

$$PMT = VP \frac{(1+i)^n \times i}{(1+i)^n - 1}$$

$$2.162,23 = VP \frac{(1+0,015)^{120} \times 0,015}{(1+0,015)^{120} - 1}$$

VP = 120.000,00

O valor a vista da casa é $120.000.

3. Uma máquina está sendo vendida por $35.000 a vista. Pode ser paga em seis prestações, sem entrada de $6.460,91. Qual é a taxa de juros cobrada? A solução desse exercício se dá pelo método interativo (tentativa e erro).

Desenhando a linha do tempo:

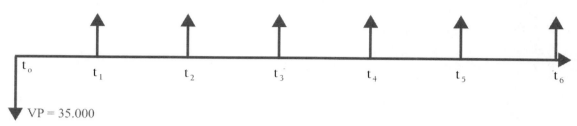

$$PMT = VP\frac{(1+i)^n \times i}{(1+i)^n - 1}$$

$6.460,91 = 35.000\dfrac{(1+i)^6 \times i}{(1+i)^6 - 1}$ $i = 3\%$ ao mês

A taxa de juros cobrada é de 3% ao mês.

Convenção de final de período:

Consideramos nesses exemplos que as prestações são pagas ao final de cada período. Essa é a forma mais usual de pagamentos em prestações; quando nada se comenta, é essa forma que prevalece nas operações financeiras. A isso se chama de convenção de final de período ou sistema de prestações vencidas, ou ainda, anuidade ordinária.

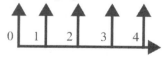

Convenção de início de período:

Nesse sistema a primeira prestação é paga já na data de contratação da operação. Esse sistema chama-se sistema de prestações antecipadas, pagamentos antecipados ou anuidade vencida.

Um bom exemplo de prestações antecipadas é a venda de eletrodomésticos no varejo, conforme os exemplos:

1. Uma televisão é vendida por cinco parcelas iguais de $200, sendo uma entrada e mais quatro prestações. Os juros cobrados são de 5% ao mês. Qual o valor a vista da TV?

Desenhando a linha do tempo:

VALOR DO DINHEIRO NO TEMPO - 119

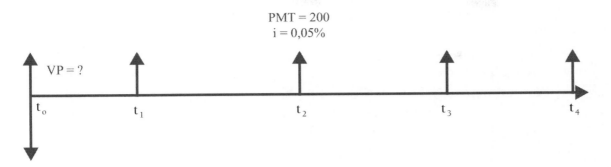

Como a primeira parcela já é paga na entrada, na verdade essa é uma operação financeira de quatro prestações, então:

$$VP = PMT + \frac{PMT_1}{(1+i)^1} + \frac{PMT_2}{(1+i)^2} + \frac{PMT_3}{(1+i)^3} + \frac{PMT_4}{(1+i)^4}$$

$$VP = PMT \times \left[1 + \frac{1}{(1+i)^1} + \frac{1}{(1+i)^2} + \frac{1}{(1+i)^3} + \frac{1}{(1+i)^4} \right]$$

$$VP = 200 \times \left[1 + \frac{1}{(1+0,05)^1} + \frac{1}{(1+0,05)^2} + \frac{1}{(1+0,05)^3} + \frac{1}{(1+0,05)^4} \right]$$

VP = 909,19

O valor a vista da TV é $909,19.

1. Imagine que um software de gestão empresarial está sendo vendido a vista por $33.505,00. A empresa de informática apresenta um plano de financiamento cobrando juros de 3% ao mês. Qual seria o valor da prestação desse software, se ele fosse parcelado em uma entrada e mais duas parcelas mensais?

Desenhando a linha do tempo:

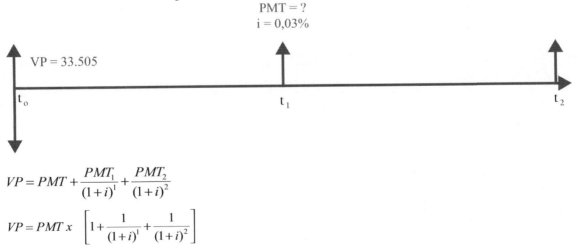

$$VP = PMT + \frac{PMT_1}{(1+i)^1} + \frac{PMT_2}{(1+i)^2}$$

$$VP = PMT \times \left[1 + \frac{1}{(1+i)^1} + \frac{1}{(1+i)^2} \right]$$

$$33.505 = PMT \times \left[1 + \frac{1}{(1+0,03)^1} + \frac{1}{(1+0,03)^2} \right]$$

$$PMT = \frac{33.505}{2,91347} \qquad PMT = 11.500$$

O valor das prestações é $11.500,00

2. Considere agora que você quer guardar dinheiro para o futuro, então fará depósitos regulares em uma aplicação financeira, como forma de dispor de um volume maior de recursos no futuro.

Outra situação: a empresa está financiando seu curso de MBA e, caso você peça demissão, deverá devolver o valor das prestações do curso, corrigidas por determinada taxa de juros.

Como essas são operações financeiras que ocorrem parceladamente ao longo do tempo e você precisa saber seu valor em uma data futura, então se diz que esses valores serão "levados a valor futuro".

$VF = PMT_1 + PMT_2 + PMT_3 + PMT_4 + \ldots + PMT_n$

Relembrando que o dinheiro hoje vale mais do que a mesma quantia amanhã, é preciso acrescentar ao valor dessas prestações uma determinada taxa de juros.

CÁLCULO DO VALOR FUTURO DE UMA SÉRIE DE PAGAMENTOS UNIFORMES

Para uma única prestação, já sabemos que:

$VF = VP (1 + i)^n$

se considerarmos que cada uma das prestações compõe o valor futuro, então:

$VF = PMT_1(1 + i)^{n-1} + PMT_2(1 + i)^{n-2} + PMT_3(1 + i)^{n-3} + \ldots + PMT_{n-1}(1 + i)^1 + PMT_n$

considerando ainda que todas as prestações sejam iguais, tem-se:

$VF = PMT [(1 + i)^{n-1} + (1 + i)^{n-2} + (1 + i)^{n-3} + \ldots + (1 + i)^1 + 1]$

Reescrevendo a ordem dos termos:

$VF = PMT [1 + (1 + i)^1 + (1 + i)^2 + \ldots + (1 + i)^{n-3} + (1 + i)^{n-2} + (1 + i)^{n-1}]$

usando a fórmula da soma de uma Progressão Geométrica:[2]

$$VF = PMT \frac{(1+i)^n - 1}{i}$$

Exemplos:
1. Quanto é necessário eu guardar por ano, em uma aplicação que rende 9,5% ao ano, durante dez anos, para no final desse período dispor de $25.000?

Desenhando a linha do tempo:

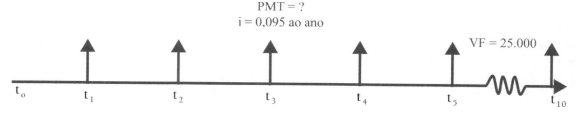

$$VF = PMT \frac{(1+i)^n - 1}{i}$$

$$25.000 = PMT \frac{(1+0,095)^{10} - 1}{0,095}$$

$$PMT = \frac{25.000}{15,56029} \quad MT = 1.606,65$$

Você deverá guardar $ 1606,65 por ano, ao longo de dez anos.

---

[2] A formulação algébrica entre colchetes é a soma de uma progressão geométrica com n termos e de razão 1.
$S_n = \frac{a_n q - a_1}{q - 1}$ em que: Sn é a soma da PG, $a_n q$ é o último termo, q é a razão e a_1 é o primeiro termo.

2. A folha de 13º salário de uma empresa está projetada em $89.000,00. A que taxa a empresa deverá guardar $9.500 por mês, a partir de fevereiro, para dispor do recurso no mês de novembro?
Desenhando a linha do tempo:

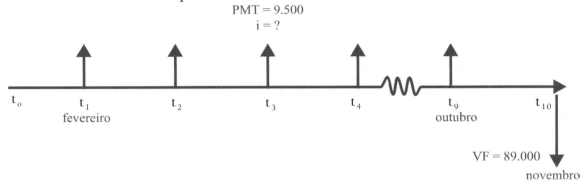

$$VF = PMT \frac{(1+i)^n - 1}{i}$$

$$89.000 = 9.500 \frac{(1+i)^9 - 1}{i}$$

i = 0,0099972 ≈ 1%

A empresa deverá aplicar os recursos a uma taxa de 1% ao mês.
A solução algébrica desse exercício se dá pela utilização da fórmula da soma de uma Progressão Geométrica.

3. Uma família pretende passar o Natal no Nordeste. Se eles conseguirem guardar $500,00 por mês, durante cinco meses, a partir do dia 20 de julho, quanto eles terão em 20 de dezembro, antes de embarcar para as férias, se as taxas de aplicação para pequenas quantias estão em torno de 0,8% ao mês?
Desenhando a linha do tempo:

$$VF = PMT \frac{(1+i)^n - 1}{i}$$

$$VF = 500 \frac{(1+0,008)^5 - 1}{0,008}$$

VF = 500 x 5,08064 = 2.540,32

A família irá dispor de $2.540,32 para usufruir nas férias.

Como nem sempre as parcelas das operações financeiras são iguais, então é preciso estabelecer formas de cálculo para operações financeiras com fluxos de caixa irregulares. Essas operações enquadram-se no estudo das séries de pagamentos não uniformes.

SÉRIES DE PAGAMENTOS NÃO UNIFORMES

Quando a operação financeira tem um fluxo irregular de pagamentos e recebimentos, têm-se uma série de pagamentos não uniformes ou série mista. A linha do tempo a seguir exemplifica:

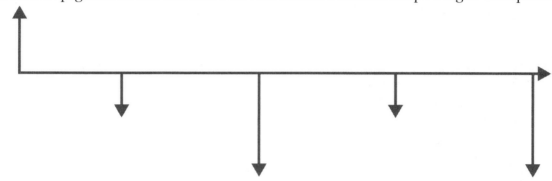

Para expressar algebricamente essas séries de pagamentos não uniformes, recorremos novamente à expressão:

$VF = VP (1 + i)^n$

se considerarmos que cada um das prestações compõe o valor futuro, então:

$VF = PMT_1(1 + i)^{n-1} + PMT_2(1 + i)^{n-2} + PMT_3(1 + i)^{n-3} + \ldots + PMT_{n-1}(1 + i)^1 + PMT_n$

ou para calcular o valor presente:

$$VP = \frac{PMT_1}{(1+i)^1} + \frac{PMT_2}{(1+i)^2} + \frac{PMT_3}{(1+i)^3} + \frac{PMT_4}{(1+i)^4} + \cdots + \frac{PMT_n}{(1+i)^n}$$

Como as prestações **não** são iguais, será preciso calcular cada uma das parcelas em separado.

1. Uma máquina pode ser comprada, sem entrada, em três parcelas sucessivas de $2.400, $2.600 e $2.800. O fabricante afirma estar cobrando juros de 0,5% ao mês. Qual é o preço a vista da máquina?

   Desenhando a linha do tempo:
   VP = ?   i = 0,5%

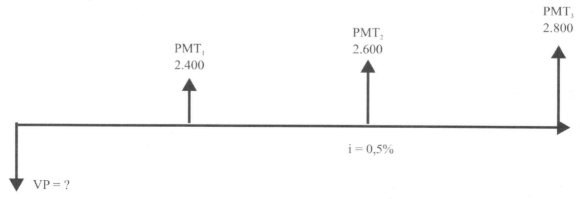

$$VP = \frac{PMT_1}{(1+i)^1} + \frac{PMT_2}{(1+i)^2} + \frac{PMT_3}{(1+i)^3}$$

VP = 7.720,67
A máquina custa a vista $7.720,67.

2. Você irá dispor de algum recurso para aplicar nos próximos meses. Uma entrada de $1.200, e três parcelas sucessivas de $1.500, $1.300 e $1.100. Se você conseguir uma aplicação que remunere a 2% ao mês, quanto você terá acumulado no final do período?

   Desenhando a linha do tempo:

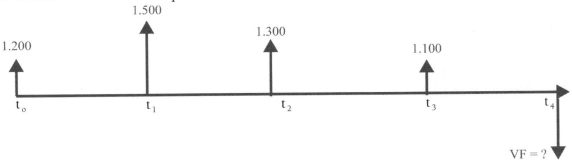

$VF = PMT_0 (1+i)^n\ PMT_1(1+i)^{n-1} + PMT_2(1+i)^{n-2} + PMT_3(1+i)^{n-3}$
$VF = 1200(1+0,02)^4 + 1500(1+0,02)^3 + 1300(1+0,02)^2 + 1100(1+0,02)^1$
$VF = 5.365,25$

3. Você está liderando o processo de modernização do parque industrial de uma empresa. Determinada máquina é essencial para o investimento na modernização. Sua aquisição é muito importante, mas a empresa está com dificuldades de fluxo de caixa para poder assumir as prestações referentes ao financiamento da máquina. O fabricante propõe, então, entregar a máquina hoje, e começar a receber apenas daqui a três meses. Também para facilitar o pagamento, as prestações iniciam em $1.000 e vão aumentando $300 ao mês, durante os seis meses do financiamento. O fabricante afirma cobrar juros de 1,5% ao mês. Qual é o preço a vista dessa máquina?

   Desenhando a linha do tempo:

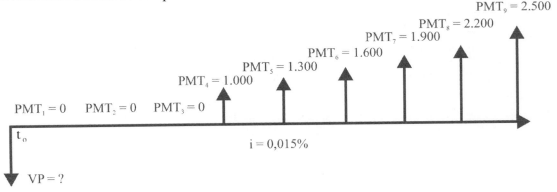

$$VP = \frac{PMT_1}{(1+i)^1} + \frac{PMT_2}{(1+i)^2} + \frac{PMT_3}{(1+i)^3} + \frac{PMT_4}{(1+i)^4} + \frac{PMT_5}{(1+i)^5} \frac{PMT_6}{(1+i)^6} \frac{PMT_7}{(1+i)^7} \frac{PMT_8}{(1+i)^8} + \frac{PMT_9}{(1+i)^9}$$

Como as três primeiras prestações são iguais a zero:

$$VP = \frac{1000}{(1+0,015)^4} + \frac{1300}{(1+0,015)^5} + \frac{1600}{(1+0,015)^6} + \frac{1900}{(1+0,015)^7} + \frac{2200}{(1+0,015)^8} + \frac{2500}{(1+0,015)^9}$$

VP= 9.463,58

Imagine se o número de prestações for muito grande e os períodos de carência forem variados. Todos os cálculos podem ser feitos algebricamente, mas o trabalho não será pequeno. Para reduzir os cálculos repetitivos na resolução dos problemas, existem alguns mecanismos facilitadores: as tabelas financeiras, as calculadoras científicas e financeiras, as planilhas de cálculo e os softwares de análise de investimento. Depois de aprender a montagem dos problemas, conforme citado no início do capítulo, os cálculos poderão ser feitos utilizando algum dos recursos facilitadores.

a) Desenhe a linha do tempo
b) Identifique as variáveis que você já conhece, lembre-se de que as taxas vêm expressas em percentual e devem ser transformadas em decimal.
c) Identifique qual é a sua dúvida, ou o que você precisa calcular.
d) Só então, inicie os cálculos: utilize preferencialmente uma calculadora financeira, mas também recorra às tabelas financeiras, às planilhas eletrônicas e aos softwares específicos.

4.2.3. CAPITALIZAÇÃO CONTÍNUA

Nas seções anteriores, capitalização simples e capitalização composta, os juros eram incorporados ao capital uma vez, na capitalização simples, e a cada período, na capitalização composta. Caso se pretenda incorporar os juros a cada instante do período do empréstimo, utiliza-se a capitalização contínua.

A fórmula para calcular a capitalização contínua é:

$VF = VP (e^{in})$

Em que:

VF = valor futuro

VP = valor presente

e = 2,7183.... (algarismo neperiano)

i = taxa de juros

n = período da operação financeira.

Condição de certeza:

Todas as situações e cálculos apresentados neste capítulo ocorrem em condições de certeza. Isso significa que não existe a possibilidade de os elementos considerados sofrerem variações. Se for dito que a taxa de juros é x%, essa taxa será x% independentemente de como se comportarem as outras variáveis do problema, a situação da empresa ou do investidor, o equilíbrio econômico e a situação política.

A condição de incerteza será estudada nos Capítulos 5 e 6.

4.3. TABELAS FINANCEIRAS

Muitos dos cálculos feitos no valor do dinheiro no tempo são repetitivos; portanto, o uso de tabelas financeiras pode facilitar o processo algébrico. Normalmente uma tabela financeira contém taxas de juros na primeira linha e número de períodos de tempo na primeira coluna. O cruzamento das linhas e colunas vai estabelecer o fator de cálculo. Existem basicamente dois tipos de tabela, as tabelas para cálculo de um único pagamento e tabelas para cálculo de série de pagamentos uniformes.

Tabelas para cálculo de um único pagamento: têm tabelado os valores para as diversas taxas e números de período conforme a equação que relaciona valor presente e valor futuro:

$VF = VP(1+i)^n$

A parte destacada da equação é tabelada, conforme o microexemplo a seguir:

Tabela de fator para valor futuro de um único pagamento

Período	1%	2%	3%	4%
1	1,010	1,020	1,030	1,040
2	1,020	1,040	1,061	1,082
3	1,030	1,061	1,093	1,125
4	1,041	1,082	1,126	1,170

Para trazer os valores futuros a valor presente, basta utilizar o inverso do número tabelado:

Exemplo:

Qual é o valor futuro de $500 hoje, aplicados a 2% ao mês, após três meses?

Linha do tempo:

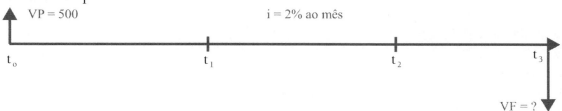

$VF = VP(1+i)^n$

VF = 500 x fator de tabela para três períodos à taxa de 2%

VF = 500 x 1,061

VF = 530,50

O valor final obtido é $530,50.

Tabela de fator para valor futuro de uma série de pagamentos uniformes

Número de períodos	1%	2%	3%	4%
1	1,000	1,000	1,000	1,000
2	2,010	2,020	2,030	2,040
3	3,030	3,060	3,091	3,122
4	4,060	4,122	4,184	4,246

Tabela de fator para valor presente de uma série de pagamentos uniformes

Número de períodos	1%	2%	3%	4%
1	0,990	0,980	0,971	0,962
2	1,970	1,942	1,913	1,886
3	2,941	2,884	2,829	2,775
4	3,902	3,808	3,717	3,630

Exemplo: Um automóvel está sendo financiado em quatro parcelas iguais de $3.000 à taxa de 3% ao período. Qual é o valor do automóvel ao final do período de pagamentos? E se ele fosse pago à vista, qual o valor?

Linha do tempo:

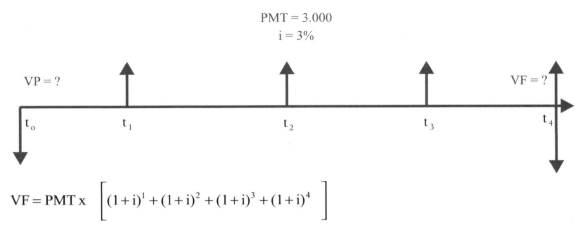

$$VF = PMT \times \left[(1+i)^1 + (1+i)^2 + (1+i)^3 + (1+i)^4\right]$$

VF = PMT x fator de tabela para valor futuro de quatro períodos a 3% de juros
VF= 3000 x 4,184
VF= $ 12.552,00
R: Ao final dos pagamentos, o automóvel estará valendo $12.552,00
VP = PMT x fator de tabela de valor presente para quatro períodos a 3% de juros.
VP= 3000 x 3,717
VP = 11.151,00
R: O valor presente do automóvel seria $11.151,00.

4.4. CALCULADORAS FINANCEIRAS

Todos os cálculos financeiros são facilitados pelo uso de calculadoras financeiras. Sua utilização nos cálculos mais complexos de valor do dinheiro no tempo é imprescindível.

Depois que você escolher um modelo, dentre os muitos disponíveis no mercado, aprenda a utilizá-lo e evite ficar trocando de modelo, pois cada um tem um sistema específico de cálculo.

4.5. PLANILHAS ELETRÔNICAS E *SOFTWARES* FINANCEIROS

Outro recurso importante nos cálculos financeiros são as planilhas eletrônicas. Para utilizá-las você deve digitar os valores, as taxas e o número em cada célula da planilha. Em seguida, insira as fórmulas das funções financeiras em outras células para os valores necessários para o cálculo

Os exemplos a seguir foram calculados em planilha eletrônica Excel, com bastante simplicidade:
1. O gerente de uma loja de autopeças quer informatizar os procedimentos administrativos da loja e recebeu a seguinte proposta de uma casa de informática: adquirir o software em cinco prestações iguais de $2.000 pagando 5% de juros ao mês. Qual é o valor a vista do produto? Quanto terá custado o produto ao final dos cinco períodos?
2. A aquisição de uma máquina, de valor a vista $35.000 pode-se fazer financiamento em oito prestações a uma taxa de juros de 3,5%. Pede-se o valor da prestação e o valor futuro da máquina.

Note que a resposta aparece entre parênteses, indicando valor negativo. Isso ocorre em função do sistema de cálculo adotado.

Quadro 4.3 Uso de planilha eletrônica

Aquisição de Software			
		fornecido	calculado
PRESTAÇÕES	PMT	2.000,00	R$0,00
Períodos	n	5	0
Taxa de juros	i	5,0%	
Valor Presente	VP		(R$ 8.658,95)
Valor Futuro	VF		(R$11.051,26)

Financiamento	Máquina		
		fornecido	calculado
PRESTAÇÕES	PMT		(R$5.091,68)
Períodos	n	8	
Taxa de juros	i	3,5%	
Valor Presente	PV	35.000,00	
Valor Futuro	FV		(R$46.088,32)

Simulações

Grande vantagem do uso de planilhas eletrônicas e de softwares é a possibilidade de se repetir inúmeras vezes os cálculos, alterando valores, prazos e taxas sem grande esforço algébrico. Essa versatilidade nos cálculos facilita as simulações de resultados. No exemplo da aquisição de software para informatização da loja de autopeças, apresentado em planilha eletrônica, é possível variar as prestações e os prazos até encontrar uma prestação adequada ao fluxo de caixa do comerciante.

4.6. PLANOS DE AMORTIZAÇÃO

As diversas formas de pagamentos de dívidas, de médio e longo prazos, são denominadas planos de amortização. A amortização extingue gradativamente o valor da dívida através de pagamentos periódicos, que geralmente incluem valores referentes a encargos financeiros e parte do principal da dívida.

Os elementos básicos para a elaboração de um plano de amortização são formados por:
a) valor da dívida,
b) período,
c) taxa de juros, e
d) definição da forma como serão pagos o valor da dívida e respectivos encargos financeiros.

O pagamento do valor da dívida e respectivos encargos financeiros pode ser feito através de três modalidades:
1) pagamento do valor do principal e dos juros no final do prazo estabelecido em contrato;
2) pagamento do valor principal no final do prazo contratual e pagamento dos juros durante o prazo do contrato;
3) pagamento dos valores dos juros e do principal ao longo do prazo do contrato.

As modalidades 1 e 2 não requerem maiores conhecimentos de matemática financeira, pois o pagamento do valor do principal da dívida ocorre de uma só vez, o que simplifica o cálculo.

128 – Administração Financeira

A modalidade do item 3 – pagamento dos valores dos juros e do principal ao longo do prazo do contrato – é mais complexa e existem diversos sistemas que definem a forma como serão pagos o valor da dívida e os respectivos encargos financeiros, ensejando cada forma um sistema próprio de amortização.

Na sequência, veremos os principais sistemas de amortização, o Sistema de Prestações Constantes e o Sistema de Amortização Constante – SAC.

SISTEMA DE PRESTAÇÕES CONSTANTES

Também chamado *francês* ou *price,* as prestações são periódicas com valor constante. Neste caso, os juros variam, pois incidem sobre o saldo da dívida, e os valores da amortização da dívida são variáveis também.

Um empréstimo PV, a uma taxa i, a ser pago em n prestações. As prestações são calculadas como se fossem as prestações (PMT) do empréstimo, cujo valor presente é PV:

$$PMT = \frac{PV \cdot (1+i)^n \cdot i}{(1+i)^n - 1}$$

ou

$$PMT = \frac{PV}{\dfrac{1-(1+i)^{-n}}{i}}$$

Exemplo

Para um empréstimo de \$100.000, feito a uma taxa de 10% a.a., por quatro anos, determinar o valor do pagamento anual no final de cada ano, calculando juros e amortizações.

$$PMT = \frac{PV}{\dfrac{1-(1+i)^{-n}}{i}}$$

$$PMT = \frac{100.000}{\dfrac{1-(1+0,1)^{-4}}{0,1}} = \$31.547,08$$

Temos então:

J_1 = Pvi = 100.000 x 0,1 = 10.000

A_1 = PMT – J_1 = 31.547,08 – 10.000 = 21.547,08

SD_1 = SD_o – A_1 = 100.000 – 21.547,08 = 78.452,92

J_2 = SD_1i = 78.452,92 x 0,1 = 7.845,29

A_2 = PMT – J_2 = 31.547,08 – 7.845,29 = 23.701,79

SD_2 = SD_1-A_2 = 78.452,92 – 23.701,79 = 54.751,13

J_3 = SD_2i = 54.751,13 x 0,1 = 5.475,11

A_3 = PMT – J_3 = 31.547,08 – 5.475,11 = 26.071,79

SD_3 = SD_2-A_3 = 54.751,13 – 26.071,79 = 28.679,16

J$_4$ = SD$_3$i = 28.679,16 x 0,1 = 2.867,92
A$_4$ = PMT – J$_4$ = 31.547,08 – 2.867,92 = 28.679,16
SD$_4$ = SD$_3$-A$_4$ = 28.679,16 – 28.679,76 = 0

N	Prestação	Juros	Amortização	Saldo Devedor
0	-	-	-	100.000,00
1	31.547,08	10.000,00	21.547,08	78.452,92
2	31.547,08	7.845,29	23.701,79	54.751,13
3	31.547,08	5.475,11	26.071,97	28.679,16
4	31.547,08	2.867,92	28.679,16	0,00

SISTEMA DE AMORTIZAÇÃO CONSTANTE – SAC

No Sistema SAC, o valor da amortização do principal é fixo, e os juros são calculados sobre o saldo devedor. Em consequência, os valores das parcelas são variáveis.

Portanto, *n* amortizações deverão saldar a dívida PV, e o valor de cada amortização será:

$$A = \frac{PV}{n}$$

Exemplo

Para um empréstimo de $100.000, feito a uma taxa de 10% a.a., em quatro parcelas anuais, determinar o valor do pagamento anual no final de cada ano, calculando juros e amortizações.

Cálculo da amortização

$$A = \frac{PV}{n} = \frac{100.000,}{4} = 25.000,$$

Cálculo dos juros
J$_1$ = PVi = 100.000 x 0,1 = 10.000
P$_1$ = A + J$_1$ = 25.000,00 + 10.000 = 35.000,00
SD$_1$ = PV – A = 100.000 – 25.000,00 = 75.000,00
J$_2$ = SD$_1$i = 75.000,00 x 0,1 = 7.500,00
P$_2$ = A + J$_2$ = 25.000,00 + 7.500,00 = 32.500,00
SD$_2$ = SD$_1$-A = 75.000,00 – 25.000,00 = 50.000,00
J$_3$ = SD$_2$i = 50.000,00 x 0,1 = 5.000,00
P$_3$ = A + J$_3$ = 25.000,00 + 5.000,00 = 30.000,00
SD$_3$ = SD$_2$-A = 50.000,00 – 25.000,00 = 25.000,00
J$_4$ = SD$_3$i = 25.000,00 x 0,1 = 2.500,00
P$_4$ = A + J$_4$ = 25.000,00 + 2.500,00 = 27.500,00
SD$_4$ = SD$_3$-A = 25.000,00 – 25.000,00 = 0

N	Prestação	Juros	Amortização	Saldo Devedor
0	–	–	–	100.000,00
1	35.000,00	10.000,00	25.000,00	75.000,00
2	32.500,00	7.500,00	25.000,00	50.000,00
3	30.000,00	5.000,00	25.000,00	25.000,00
4	27.500,00	2.500,00	25.000,00	0,00

130 – Administração Financeira

Exemplo – Empréstimo de $50.000, com seis meses de carência, juros trimestrais no período de carência, amortização em seis parcelas mensais. Juros de 26,82% a.a. mais correção monetária, de acordo com a seguinte projeção de inflação:

1 – 1,2%	4 – 1,1%	7 – 1,2%	10 – 1,1 %
2 – 1,1%	5 – 1,2%	8 – 1,1%	11 – 0,8%
3 – 0,8%	6 – 1,4%	9 – 1,2%	12 – 1,0%

- Juros na carência:

i trimestral = 6,12%

1º pagamento de juros:

50.000, x 1.012 x 1.011 x 1.008 = 51.565,85

51.565,85 x 0,0612 = 3.155,83

2º pagamento de juros:

51.565,85 x 1.011 x 1.012 x 1.014 = 53.497,29

53.497,29 x 0,0612 = 3.274,03

Cálculo das seis parcelas mensais

i mensal = 1,99972%

Parcelas de amortização = 53.497,29 , 6 = 8.916,22

Parcela 1

Saldo devedor 53.497,29 x 1.012	54.139,26
Amortização 8.916,22 x 1.012	9.023,21
Juros 54.139,26 x 0,0199972	1.082,63
Valor da Parcela (9.023,21 + 1.082,63)	10.105,85

Parcela 2

Saldo devedor (54.139,26 – 9023,21) x 1.011	45.612,32
Amortização 9.023,21 x 1.011	9.122,46
Juros 45.612,32 x 0,0199972	912,12
Valor da Parcela (9.122,46 + 912,12)	10.034,58

Parcela 3

Saldo devedor (45.612,32 – 9.122,46) x 1.012	36.927,74
Amortização 9.122,46 x 1.012	9.231,93
Juros 36.927,74 x 0,0199972	738,45
Valor da Parcela (9.231,93 + 738,45)	9.970,38

Parcela 4

Saldo devedor (36.9727,74 – 9231,93) x 1.011	28.000,47
Amortização 9.231,93 x 1.011	9.333,48
Juros 28.000,47 x 0,0199972	559,93
Valor da Parcela (9.333,48 + 559,93)	9.893,41

Parcela 5

Saldo devedor (28.000,47 – 9.333,48) x 1.008	18.816,32
Amortização 9.333,48 x 1.008	9.408,15
Juros 18.816,32 x 0,0199972	376,24
Valor da Parcela (9.408,15 + 376,24)	9.784,42

Parcela 6

Saldo devedor (18.816,32 – 9.408,15) x 1.01	9.502,25
Amortização 9.408,15 x 1.01	9.502,23
Juros 9.502,25 x 0,0199972	190,02
Valor da Parcela (9.502,25 + 190,02)	9.692,25

N	Prestação	Juros	Amortização	Saldo Devedor
0	–	-	-	50.000,00
1º Trim		3.314,60		54.160,13
2º Trim		3.653,68		59.700,64
1	11.556,28	1.238,02	10.318,26	53.603,36
2	11.792,59	1.071,92	10.720,67	44.640,88
3	12.052,91	892,69	11.160,22	34.920,33
4	12.338,42	698,31	11.640,11	24.327,83
5	12.650,40	486,49	12.163,92	12.735,62
6	12.990,30	254,68	12.735,62	0,00

4.7. RESUMO

Este capítulo apresenta os cálculos básicos de valor do dinheiro no tempo. O assunto é conhecido como matemática financeira. O conteúdo inicia com a apresentação dos mais simples cálculos de juros simples, aplicados em situação de capitalização simples; continua com os cálculos de juros compostos, os quais envolvem a capitalização composta, situação mais usual em finanças, e termina apresentando o sofisticado cálculo da capitalização contínua. Todas as situações e cálculos do capítulo são apresentados em condições de certeza, ou seja, não existe possibilidade de alteração dos elementos considerados.

Os principais elementos nos cálculos de VDT são: valor do principal, valor do montante final, as taxas de juros, as parcelas intermediárias de pagamento ou recebimento e o número de períodos da operação. Esses elementos assumem vários nomes e são representados por vários símbolos. A essência dos cálculos está em conhecer o valor de hoje, o qual aplicado a determinada taxa de juros, por certo número de períodos, vai se transformar em um valor no futuro.

Para efetuar os cálculos é preciso identificar os elementos, representá-los em uma linha do tempo e fazer o cálculo algébrico ou utilizar os recursos tecnológicos disponíveis para agilizar os cálculos: calculadoras financeiras, planilhas eletrônicas e softwares específicos.

Em função da facilidade de efetuar os cálculos com os recursos tecnológicos, a principal ênfase do capítulo está no raciocínio financeiro do valor do dinheiro no tempo.

4.8. QUESTÕES

1. Qual a principal diferença entre capitalização simples e capitalização composta?
2. Qual a utilidade de se desenhar a linha do tempo na resolução de um problema de valor do dinheiro no tempo?
3. O que são taxas equivalentes?
4. Em que situações é preciso calcular as taxas equivalentes?
5. Por que não existem tabelas financeiras para séries de pagamentos não uniformes?
6. Por que as tabelas financeiras estão caindo em desuso?
7. Por que as planilhas eletrônicas e os softwares financeiros ajudam nos cálculos financeiros?
8. Por que todas as situações e cálculos desse capítulo são considerados condições de certeza?

4.9. EXERCÍCIOS

Capitalização simples:

1. Uma Letra de Câmbio adquirida por R$1.500 moedas poderá ser resgatada em 180 dias pelo valor de R$2.850. Qual é a taxa linear desse investimento?
2. Qual o tempo necessário para que uma aplicação de R$ 500.000 triplique seu valor, quando aplicada a 8% ao período?
3. Qual o valor dos juros a serem cobrados por um empréstimo de R$300.000 por dois meses e meio, à taxa linear de 17% ao mês?
4. Determinar o valor do capital que, aplicado durante 10 meses, à taxa linear de 15,6% a.m. rendeu R$1.644,24 de juros?
5. Determinar o prazo de uma aplicação com as seguintes características:
- capital inicial R$101.200
- taxa de juros simples: 93,6% ao ano
- rendimentos no período: R$39.468
- 5 meses

Capitalização Composta:

1. Qual o valor de uma aplicação de R$100.000 à taxa mensal composta de 13% após 12 meses ?
2. Quanto deveremos aplicar em um investimento que proporciona rentabilidade mensal de 8% para que após 14 meses tenhamos R$1.000?
3. A que taxa deve ser aplicado um valor inicial de R$1.000 para que após 15 meses tenhamos R$3.000?
4. Considerando uma taxa média de inflação de 6% ao mês qual seria a alternativa mais interessante: pagar R$7 hoje ou R$13 após sete meses?
5. Qual deverá ser o prazo de uma aplicação de R$1.000 a 0,2% ao dia para que o valor de resgate seja R$3.000?

Taxas Equivalentes (juros compostos):

1. Calcular a taxa mensal equivalente a 12% ao ano.
2. Calcular a taxa anual equivalente a 9,3% ao mês.
3. Calcular a taxa semanal equivalente a 0,63% ao dia.
4. Calcular a taxa em 14 dias equivalente à taxa mensal de 12%.
5. Calcular a taxa em 21 dias equivalente à taxa semestral de 100%.

Série de Pagamentos Uniformes:

1. Uma televisão está sendo vendida em três parcelas iguais de R$4.000. Qual o seu valor a vista se a taxa de juros cobrada pela loja é de 4% ao mês?
2. Uma bicicleta está sendo vendida em três parcelas iguais de R$5.000, vencíveis respectivamente nos dias 1º de janeiro, fevereiro e março. Calcular qual deveria ser o valor do pagamento se o comprador resolvesse pagá-la integralmente no dia 1º de março e a loja cobrasse 2,5% ao mês de juros.
3. Senhor João pretende vender seu automóvel por R$86.000. Mas aceita o parcelamento em sete prestações desde que sejam cobrados juros ao menos iguais ao do desconto de du-

plicatas, que gira em torno de 5% ao mês. Qual será o valor mínimo das parcelas a serem cobradas?

4. Qual a taxa de juros embutida no financiamento de uma geladeira que custa à vista R$3.600 e está sendo vendida em 24 parcelas mensais de R$260,90?

O VALOR DA PACIÊNCIA:

Baseado em CLEMEN (1990)

O senhor Astolfo de Argamenon Pereira é um investidor privado, cliente da FINIDEAL, empresa de Gerenciamento de Grandes Fortunas, do tipo *Private Equity*. A FINIDEAL tem uma solicitação de crédito de um grande cliente, mas o montante é muito grande e a empresa não quer arcar sozinha com os $385.000 solicitados pelo cliente, o qual se propõe a pagar $100.000 por ano, ao longo de sete anos.

A FINIDEAL fez ao senhor Astolfo a seguinte proposta: o aporte de recursos é 60% por parte do Sr. Astolfo e 40% da parte da FINIDEAL, que está gerenciando o negócio. Ou seja:

	Aporte	Remuneração anual
FINIDEAL	154.000	50.000
Astolfo	231.000	50.000

Normalmente as aplicações do Sr. Astolfo rendem 10% ao ano.

a) Elabore os fluxos de caixa para o Sr Astolfo nas duas opções de investimento.
b) Compare os resultados e justifique se o Sr Astolfo deve emprestar seus recursos para FINIDEAL.

4.10. BIBLIOGRAFIA ADICIONAL

ASSAF NETO, Alexandre. *Matemática financeira e suas aplicações*. São Paulo: Atlas, 2001.

KEYNES, John M. *A teoria geral do emprego, do juro e da moeda*. São Paulo: Atlas, 1992.

LAPPONI, Juan C. *Matemática financeira*. São Paulo: Campus, 2005.

LAPPONI, Juan C. *Modelagem Financeira com Excel e VBA*. São Paulo: Campus, 2008.

SANDRINI, Jackson Ciro. *Sistemas de Amortização de Empréstimos e a Capitalização de Juros: Análise dos Impactos Financeiros e Patrimoniais*. Dissertação de Mestrado apresentada ao Programa de Pós-Graduação em Contabilidade da UFPR, Curitiba, 2007.

SOBRINHO, José Dutra. *Matemática Financeira: juros, capitalização, descontos e séries de pagamentos*. 7ª ed. São Paulo: Atlas, 2000.

SECURATO, José Roberto (Coord). *Cálculo financeiro das tesourarias: bancos e empresas*. 4ª ed. São Paulo: Saint Paul, 2008.

SOUZA, Alceu; CLEMENTE, Ademir. *Decisões financeiras e análise de investimentos: fundamentos, técnicas e aplicações*. 6ª ed. São Paulo: Atlas, 2008.

WESTON, Fred; BRIGHAM, Eugene. *Fundamentos da administração financeira*. São Paulo: Makron Books, 2000.

ZENTGRAF, Walter. *Matemática financeira: com emprego de funções e planilhas, modelo Excel*. Rio de Janeiro: Elsevier, 2007.

CAPÍTULO

5

RISCO E RETORNO

5.1. O RISCO: VARIABILIDADE DOS RETORNOS

5.2. OS TIPOS DE RISCO

5.3. RISCO E RETORNO

5.4. CÁLCULO DO RETORNO DE AÇÕES E DE CARTEIRAS

5.5. ELABORAÇÃO DE CENÁRIOS

5.6. RESUMO

5.7. QUESTÕES

5.8. EXERCÍCIOS

5.9. CASO

5.10. BIBLIOGRAFIA ADICIONAL

FUNDOS DE PENSÃO E A NOVA REALIDADE ECONÔMICA

A crise econômica que se alastrou nos mercados financeiros mundiais, em 2008, contribuiu sobremaneira para a formação de novos conceitos e quebras de paradigmas. O que antes poderia ser considerado como ganhos certos corre o risco de acabar fadado ao fracasso. Num curto espaço de tempo, investidores perderam seus capitais e conglomerados financeiros faliram devido à subestimação dos riscos.

No caso das entidades fechadas de Previdência Complementar, os chamados fundos de pensão, o risco maior é o de não cumprir com o pagamento dos benefícios previstos em seu plano previdenciário. Com o aumento da expectativa de vida da população mundial que, a rigor, tem crescido de forma contínua, esse risco aumenta de maneira exponencial. No primeiro milênio da era cristã, a idade média estava ao redor de 25 anos. No período da Revolução Industrial, em meados do século XVII, cresceu para pouco mais de 30 anos e no início do século XX, nos Estados Unidos e nas regiões prósperas da Europa, já chegava aos 50. Atualmente, segundo dados da Organização das Nações Unidas, a expectativa de vida média beira os 68 anos e em 2050 poderá chegar a 76. Nos países ricos, a ONU estima que possa atingir os 83 anos.

Nos últimos anos, graças à política econômica adotada pelo governo que privilegiou as altas taxas de juros no mercado, os fundos de pensão obtiveram enormes superávits financeiros. Assim, com relativa tranquilidade, foram capazes de manter os compromissos de pagamentos junto aos seus participantes. A partir de 2009, essa possibilidade vem diminuindo de forma abrupta, uma vez que o Banco Central impõe uma política expansionista com forte redução na taxa básica de juros visando manter o crescimento econômico.

Nesse cenário, uma combinação de crescimento da longevidade dos participantes e queda da taxa de juros, as entidades fechadas de Previdência Complementar terão de buscar cada vez mais novas alternativas de investimentos para suprir suas necessidades atuariais. A correlação risco x retorno nunca esteve tão em voga como neste momento, uma vez que o sistema de previdência complementar passa por uma fase em que as oportunidades de investimentos em ativos de maior volatilidade têm sido promissoras, com probabilidade de ganhos maiores.

> Para tanto, as entidades serão forçadas a implementar em suas políticas de investimentos eficientes modelos de gestão de risco, a fim de que possam obter retornos condizentes às suas necessidades de pagamentos com riscos mitigados e sem comprometer as metas e os pagamentos de benefício. Apesar da existência de inúmeros modelos de mitigadores de risco, sem uma gestão adequada, ou a ausência de parâmetros bem definidos, todo o processo será inócuo. Na verdade, apenas irá acarretar custos adicionais às entidades, sem qualquer efeito sobre os riscos, deixando-as expostas a perdas em seus planos de benefícios.
>
> João Carlos Mendes Tempski Filho
> Analista de Investimentos
> Fibra Fundação Itaipu – BR de Previdência e Assistência Social

5.1. O RISCO: VARIABILIDADE DOS RETORNOS

O Capítulo 1 apresentou, já no início, uma das principais responsabilidades do gestor financeiro:

> O gestor financeiro é o principal responsável pela criação de valor para o acionista ou proprietário da empresa.

Para a criação do valor, o gestor financeiro precisa decidir onde, quanto e como investir. Conforme destacado no Capítulo 1:

> As principais decisões financeiras seguem dois eixos: decisão de investimento e decisão de financiamento.

As decisões de investimento são estudadas neste capítulo e aprofundadas no Capítulo 6. As decisões de financiamento são estudadas nos Capítulos 7 e 8.

Quais os critérios que balizam as decisões de investimento?

O retorno esperado dos investimentos é o principal balizador das decisões. Os investimentos são realizados porque se tem a expectativa de obter retornos. Esses investimentos podem ser em ativos físicos ou em títulos do mercado. Interessam às finanças corporativas principalmente os investimentos em ativos físicos:[1]

- Aquisição de máquinas e equipamentos.
- Instalação de novas plantas industriais.
- Lançamento de novos produtos.
- Entrada em novos mercados.
- Aquisição de outras empresas.

Os retornos esperados podem variar em função de inúmeros fatores, dos quais destacamos:

- Gerenciamento do projeto.
- Disponibilidade de matéria-prima e mão de obra adequada.
- Comportamento do mercado consumidor.
- Variações na legislação do setor.
- Políticas econômicas.[2]

---

[1] Os investimentos corporativos estão exemplificados no Capítulo 1.
[2] Conforme estudado no Capítulo 2.

O maior ou menor impacto desses fatores no sucesso do projeto determina o risco do investimento. Em outras palavras, todo investimento está sujeito a influências do ambiente interno e externo. Os investimentos em ativos físicos têm os seus retornos expressos em fluxos de caixa do projeto, os quais estão sujeitos a condições de incerteza. Quando se pode quantificar a incerteza, há situações de risco.

> RISCO: Possibilidade de prejuízo financeiro ou, mais formalmente, a variabilidade de retorno associado a determinado ativo.

> INCERTEZA: É a situação de dúvida ou insegurança de se obter um resultado, sem forma de quantificar as possibilidades de ocorrência das situações positivas ou negativas.

> RETORNO: É o total de ganhos ou de perdas de um proprietário ou aplicador sobre investimentos anteriormente realizados.

Refere-se a variações no valor dos ativos e das distribuições de lucros. As solicitações de aportes de recursos no período considerado constituem retornos negativos.

5.2. OS TIPOS DE RISCO

Como vimos anteriormente, vários são os fatores influenciando o retorno dos investimentos. Esses fatores de risco podem ser reunidos em grupos, conforme as suas características: risco do negócio, risco financeiro e risco país. Existem outros riscos que diversos autores discutem, por exemplo, os riscos do empreendimento são sempre objeto de estudo na análise de orçamento de capital.

O risco do empreendimento está relacionado a escolhas administrativas da gerência da empresa, algumas das quais estão mencionadas no Quadro 5.1 a seguir:

Quadro 5.1 Risco do empreendimento

Área da empresa	Tipo de escolha
Administração da produção	Fornecedores, matérias-primas, processos produtivos, equipamentos utilizados.
Marketing	Estratégias de mercado, posicionamento de produto, escolhas de canal de distribuição.
Recursos Humanos	Escolha da gerência e do pessoal operacional, treinamento de funcionários, nível salarial.
Logística	Localização da indústria e dos pontos de venda, política de estoques.
Finanças	Políticas de preço, crédito e cobrança, endividamento e investimento.

Várias decisões da empresa em relação à forma de conduzir o investimento podem interferir nos resultados, por exemplo: a empresa pode escolher vender o produto por meio da Internet e encontrar dificuldades com os sistemas de entrega, diminuindo com isso o volume de vendas projetado. Outro exemplo: a empresa pode aproveitar os incentivos fiscais para se localizar em determinado município e depois não encontrar equipe de funcionários adequada no local, sendo obrigada a trazer executivos e técnicos de outras cidades, pagando salários e benefícios mais elevados, acima do orçamento inicial de mão de obra. Os riscos do empreendimento podem também ser positivos, por exemplo, a empresa investe em um novo processo produtivo e descobre formas de aproveitar os resíduos industriais comercialmente, gerando receita não esperada a princípio. Quanto às decisões de financiamento do projeto, os riscos a elas associados são os riscos financeiros.

5.2.1 RISCO DO NEGÓCIO OU RISCO ECONÔMICO

Os riscos do negócio estão relacionados às atividades da empresa, mas afetam todas as empresas do ramo, concorrentes diretos e próximos. Esses riscos são também conhecidos como riscos econômicos. Alguns exemplos são mostrados no Quadro 5.2.

Quadro 5.2 Risco do negócio ou risco econômico

Risco	Exemplo
Retração da demanda do produto	Produtos de moda
Escassez de matéria-prima	Quebra de safra
Concorrência de produtos importados	Automóveis de luxo
Obsolescência tecnológica	Transmissão de mensagens por **pagers**
Impacto das ondas de fusões e aquisições	Supermercados

No Brasil, os riscos do negócio são grandes. Segmentos inteiros da atividade econômica são atingidos pelas características do negócio. Por exemplo:
- A onda de violência na cidade do Rio de Janeiro diminuiu o fluxo de turistas estrangeiros para a cidade, considerada uma das mais belas do mundo. Isso impactou todo o setor hoteleiro, reduzindo consideravelmente a taxa de ocupação dos hotéis, acarretando também redução nos preços praticados.
- As redes regionais de supermercados têm sido sistematicamente ameaçadas por grandes redes varejistas nacionais e estrangeiras. O negócio tornou-se extremamente concorrencial, acarretando quebra de algumas redes e incorporação de outras pelas maiores.
- A reduzida oferta de empregos em muitas cidades brasileiras e o baixo nível salarial têm levado muitas pessoas a abrir seu próprio negócio. Os salões de estética, as locadoras de vídeo e as confecções são exemplos: a cada dia abre novo salão, nova locadora ou nova confecção em uma nova esquina, aumentando a concorrência, e por consequência, diminuindo os preços praticados.

5.2.2 RISCO FINANCEIRO

O risco financeiro está relacionado às fontes de recursos utilizadas pela empresa para viabilizar seu negócio. Essas fontes de recursos, ditas fontes de financiamento, normalmente são remuneradas a partir de taxas de juros. A variação dessas taxas de juros, positivas ou negativas, caracterizam o risco financeiro. Um negócio pode ser interessante do ponto de vista econômico, ter boas perspectivas de crescimento, mas pode ter sido viabilizado com recursos captados a taxas de juros excessivamente altas, por exemplo, uma emissão de debêntures que prometia prêmios de juros muito acima das médias praticadas no mercado. Nessa situação existe a possibilidade de a empresa não conseguir honrar o pagamento das debêntures, por mais que tenha gerado resultados positivos de lucro e de caixa.

5.2.3 RISCO PAÍS

O fato de o investimento acontecer nesse ou naquele país interfere nos resultados do empreendimento. Conforme estudado no Capítulo 2, as decisões de política econômica, as leis do país e as condições de estabilidade econômica e inflacionária causam variabilidade nos retornos esperados, na medida em que podem mudar as condições de financiamento do investimento e do capital de giro da atividade, alterar a carga fiscal do empreendimento, aumentar ou diminuir a renda disponível da população. Outro exemplo é a gestão política de tarifas públicas dos serviços concessionados à iniciativa privada.

Todos esses fatores impactam os resultados dos investimentos.

No final do governo Fernando Henrique Cardoso, em face da possibilidade de o governo do PT não honrar os compromissos assumidos com dívidas internas e externas da União e em virtude da postura política, as agências de classificação de risco elevaram o nível do risco país. Em maio de 2008, o Brasil teve seu grau de risco avaliado de maneira favorável, e o país foi considerado *investment grade* pelo banco JP Morgan, o qual tem boa reputação internacional. A partir dessa classificação, investir no país ficou mais atraente para investidores externos e houve grande fluxo de capitais estrangeiros para o país, especialmente em aplicações na Bolsa de Valores e em papéis da dívida pública. Fato positivo para a economia brasileira acabou por impactar excessivamente o mercado de capitais brasileiro. A grande dependência de investidores estrangeiros se mostrou evidente quando a crise financeira internacional levou os investidores a resgatar suas aplicações no Brasil, para fazer frente às perdas nos mercados americano e europeu. A fuga de recursos acarretou queda acentuada no valor dos ativos negociados, com consequente queda nos índices de negociação da BOVESPA e perda de riqueza dos investidores em renda variável.

Existem diversas formas para medir o risco país, a mais usual tem sido o EMBI+.

EMBI+ – Emerging Markets Bonds Index Plus ou Índice de Títulos de Mercados Emergentes

Esse é um indicador de risco país calculado pelo banco JP Morgan para medir o risco de investimento em países dos mercados emergentes. É calculado a partir da comparação das taxas diárias em que são negociados 93 títulos de 21 economias emergentes, entre elas o Brasil, com as taxas de juros em que são negociados os títulos da dívida pública americana, considerados os mais seguros do mundo. Quanto maior o índice, maior o prêmio de risco exigido pelo investidor.

O pior índice do Brasil ocorreu em 27 de setembro de 2002, quando o EMBI Brasil atingiu 2436 pontos.

O melhor índice até dezembro de 2009 ocorreu em 28 de maio de 2008, quando o EMBI+ Brasil atingiu 204 pontos.

5.3. RISCO E RETORNO

A apresentação do risco em suas diversas formas deixa claro que ao realizar um investimento o gestor financeiro está assumindo riscos. O quanto de risco se vai assumir depende do retorno esperado. É natural esperar que quanto maior o risco assumido, maior seja o retorno. Essa relação risco-retorno está representada graficamente a seguir.

O gráfico mostra que para o nível de 10% de risco, o retorno exigido é de 3%; para o nível de risco 50%, o retorno exigido é de 11%. Ou seja, quanto maior o risco, maior o retorno esperado do investimento.

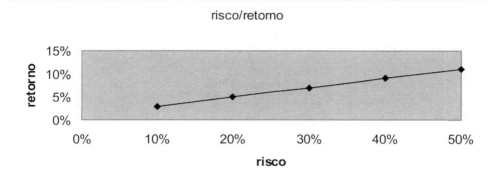

Gráfico Risco/Retorno

Para expressar algebricamente o retorno, é preciso identificar seu tipo:
- Retorno Esperado: (*ex-ante*) remuneração que os investidores solicitam para manter suas aplicações no ativo considerado.
- Retorno Exigido: em um mercado eficiente, corresponde ao retorno esperado.
- Retorno Real: (*ex-post*) é o retorno efetivo do investimento ou da aplicação.

O retorno do investimento, tanto em ativos físicos como em títulos, tem duas origens: o valor do ativo e o fluxo de caixa esperado.

A seguinte expressão algébrica calcula esses retornos:

$$k = \frac{(P_t - P_{t-1} + C_t)}{P_{t-1}}$$

k	retorno esperado
P_t	preço do ativo no tempo t
P_{t-1}	preço do ativo no tempo t-1
C_t	caixa ou fluxo recebido do ativo no período t

Exemplo:

Compare o retorno obtido por duas ações. Os custos de corretagem são os mesmos para as duas operações:

Casabella S.A. podia ser comprada no mercado por $0,80 no início do ano; a empresa distribuiu dividendos no valor de $0,50 no período, e no início do ano seguinte pode ser vendida no mercado por $1,20.

Matofeio S.A. podia ser comprada no mercado por $0,75 no início do ano; a empresa distribuiu dividendos no valor de $0,45 por ação, e no início do ano seguinte pode ser vendida no mercado por $1,10.

Título		Casabella	Matofeio
Preço atual do ativo	Pt	1,20	1,10
Preço inicial do ativo	Pt-1	0,80	0,75
Receita no período	Ct	0,50	0,45
Taxa de retorno	k	112,50%	106,67%

$$k_{casabella} = \frac{(1,20 - 0,80 + 0,50)}{0,80} = 1,125 = 112,5\%$$

$$k_{matofeio} = \frac{(1,10 - 0,75 + 0,45)}{0,75} = 1,0667 = 106,67\%$$

As ações da empresa Casabella S.A. apresentaram melhor retorno no período.

5.3.1 COMPORTAMENTOS EM RELAÇÃO AO RISCO

Os investidores não se comportam da mesma maneira em relação ao risco. Pessoas mais arrojadas fazem seus investimentos pessoais com menor receio de perdas, almejando maiores ganhos, ou seja, assumem maiores riscos. As empresas, da mesma forma, podem assumir maiores riscos quando percebem que os ganhos podem ser maiores. Os grandes investidores institucionais, fundos de pensão e fundos de investimento tendem a ser mais conservadores, pois estão trabalhando com recursos de terceiros. O gráfico a seguir procura mostrar o comportamento dos investidores em relação ao risco:

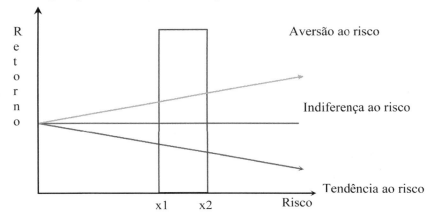

Como se pode medir o risco?

As principais medidas de risco utilizam a estatística. Conforme destacado no primeiro capítulo:

O conceito de risco de investimento é entendido como a variabilidade de seus retornos possíveis. Essa variabilidade é medida pelo desvio-padrão e pela variância dos retornos esperados. A relação existente entre os ativos de um investimento ou entre os papéis que compõem uma carteira de investimentos é medida pela correlação e pela covariância de seus retornos.

Vamos então recordar algumas noções da estatística que auxiliam na mensuração e na compreensão do risco dos investimentos:

a) <u>Média</u>: É a soma de todos os valores encontrados, dividida pelo número de observações.

$$\mu = \frac{\sum x_i . P(x_i)}{n}$$

onde:

μ	= Média
$\sum$	= Somatório
x_i	= Valor verificado
$P(x_i)$	= Frequência de ocorrência do valor x_i
$\sum x_i . P(x_i)$	= Valor encontrado da multiplicação do valor verificado pela frequência

Quando está publicado no jornal que a cotação do dólar comercial para venda fechou o dia em $2,35 não significa que todos os agentes econômicos venderam dólar a essa taxa, mas sim que a média das cotações de venda atingiu esse valor.

O exemplo a seguir representa as taxas de juros mensais cobradas por uma série de bancos, em determinada data, para financiamento de capital de giro. A primeira coluna da tabela especifica os bancos. Na segunda coluna estão as taxas cobradas em cada banco, e a terceira coluna apresenta o volume de recursos emprestados na data. Os cálculos começam a partir da quarta coluna: frequência relativa é a participação percentual de cada um dos montantes emprestados no valor total. A quinta coluna apresenta a ponderação, o resultado parcial necessário para o cálculo da taxa média: é a multiplicação da frequência relativa do montante emprestado pela taxa praticada naquele banco. O somatório dessa coluna é a taxa média verificada na data.

Tabela 5.1 Estatísticas da taxa de juros mensal cobrada pelos bancos, em uma determinada data

	Taxa	Montante	Frequência relativa	Ponderação	Variância	Desvio padrão
a	b	c	d	e	f	
			c/1.230.000	b*d	$(b-0{,}0204)^2$	
Banco A	1,90%	225.000	18.3%	0,00348	0,0000019464	
Banco B	1,93%	220.000	17,9%	0,00345	0,0000011993	
Banco C	2,00%	200.000	16.3%	0,00325	0,0000001561	
Banco D	2,10%	210.000	17,1%	0,00359	0,0000003659	
Banco E	2,15%	190.000	15,4%	0,00332	0,0000012208	
Banco F	2,20%	185.000	15,0%	0,00331	0,0000025756	
				μ	σ^2	σ
TOTAL		1.230.000	100,00%	2,04%	0,0007%	0,27%

No exemplo apresentado, a média é 2,04%, significando que todas as taxas verificadas, aplicadas aos montantes emprestados, foram em média 2,04% ao mês.

b) <u>Variância</u>: A medida de variância procura observar quanto os valores efetivamente praticados fogem da média. Para tanto, utiliza-se a fórmula:

$\sigma^2 = \sum (x_i - \mu)^2 \cdot P(x_i)$

em que:

σ^2	Variância
$(x_i - \mu)^2$	Quadrado da distância entre o valor verificado e a média obtida
$P(x_i)$	Frequência de ocorrência do valor x_i
$\sum$	Somatório

Como o resultado da variância é dado na segunda potência, ou na forma quadrática, é interessante extrair a raiz quadrada desse número para se ter um valor na mesma unidade de medida da média. A esse cálculo se dá o nome de desvio-padrão.

c) Desvio-padrão: É a raiz quadrada da variância.

$$\sigma = \sqrt{\sum (x_i - \mu)^2 \cdot P(x)}$$

em que: s = desvio-padrão.

O desvio-padrão é utilizado em finanças como sendo o valor do risco, quando as decisões são tomadas a partir das médias. Ou seja, quando uma decisão é tomada porque a média esperada do retorno é satisfatória, o risco envolvido é o desvio-padrão dessa série de retornos. Quanto maior o desvio-padrão, maior o risco.

No exemplo da Tabela 5.1, o desvio-padrão é 0,27%, significando que os valores possíveis se distanciam 0,27% da média esperada, na maioria dos casos. Em outras palavras, mantendo-se as condições dos empréstimos, espera-se que na maioria dos casos a taxa encontrada varie entre 1,77% e 2,31%, ou seja, entre a média menos o desvio-padrão e a média mais o desvio-padrão.

d) Distribuição: A forma como os valores se distribuem entre as observações chama-se distribuição. A forma mais comum de distribuição é a normal, em que a grande maioria dos valores observados se aproxima da média. Para se estudar a distribuição, é interessante elaborar um histograma de frequência, principalmente quando se tem um grande número de observações.

Exemplo: Imagine que em vez de termos coletado a taxa de juros em apenas seis bancos, como no exemplo anterior, tivéssemos disponível a informação para muitos bancos. Naturalmente, algumas taxas se repetiriam, conforme nos informa a tabela a seguir:

Tabela 5.2 Relação das taxas de juros mensais cobradas, em determinada data, por 96 bancos

Número de bancos	Taxa
3	1,92%
4	1,93%
5	1,95%
6	1,97%
7	1,98%
8	1,99%
9	2,00%
10	2,01%
9	2,10%
8	2,19%
7	2,20%
6	2,25%
5	2,26%
4	2,27%
3	2,28%
2	2,29%
Total 96	

Com base na tabela, é possível afirmar que dez bancos cobraram taxas de juros mensais, em determinada operação financeira, de 2,01% ao mês. A maior taxa foi de 2,29% ao mês, cobrada por dois bancos, e três bancos cobraram a menor taxa mensal, 1,92%.

Esse estudo do número de ocorrências de determinado evento é chamado de estudo de frequência. No caso em questão, o evento é a taxa de juros cobrada em cada banco. A representação gráfica das ocorrências dos eventos está no histograma de frequência, apresentado a seguir:

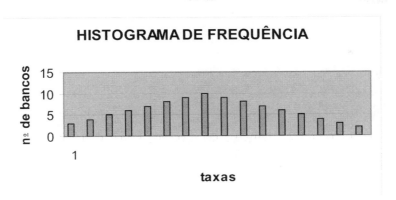

Tabela 5.3 Análise estatística das taxas de juros praticadas no dia

Números bancos	Taxa	Frequência relativa	Ponderação	Variância	desvio-padrão
a	b	c	d	e	
		a/96	b * c	$((b-2,08)^2)*c$	
3	1,92%	3,1%	0,00060	0,00000008390058729	
4	1,93%	4,2%	0,00080	0,00000009862960250	
5	1,95%	5,2%	0,00102	0,00000009331738507	
6	1,97%	6,3%	0,00123	0,00000008101732042	
7	1,98%	7,3%	0,00144	0,00000007864564119	
8	1,99%	8,3%	0,00166	0,00000007340503834	
9	2,00%	9,4%	0,00188	0,00000006592051188	
10	2,01%	10,4%	0,00209	0,00000005681706181	
9	2,10%	9,4%	0,00197	0,00000000244394938	
8	2,19%	8,3%	0,00183	0,00000009389114945	
7	2,20%	7,3%	0,00160	0,00000009836352313	
6	2,25%	6,3%	0,00141	0,00000017252773709	
5	2,26%	5,2%	0,00118	0,00000016160080521	
4	2,27%	4,2%	0,00095	0,00000014437613028	
3	2,28%	3,1%	0,00071	0,00000012022871229	
2	2,29%	2,1%	0,00048	0,00000008853355125	
				σ^2	σ
96		100,0%	2,08%	0,00015136%	0,12%

Nesse exemplo, a taxa de juros média cobrada pelos bancos é de 2,08%, e o desvio-padrão é de 0,12%. Pode-se afirmar com alguma certeza que na grande maioria dos casos as taxas de juros a serem praticadas por esses bancos estarão entre 1,96% e 2,21%, se permanecerem as mesmas condições gerais.

Algumas aplicações práticas dessa informação para o administrador financeiro são:
- Saber qual a taxa média de juros cobrada pelos bancos em determinada data, para a operação financeira considerada.
- Ao negociar uma taxa de juros para operação financeira semelhante, estabelecer parâmetros de negociação. No caso em estudo, o diretor financeiro pode autorizar o gerente de tesouraria a assumir empréstimos até 2,21%, ou seja, a taxa média mais um desvio-padrão. Dessa forma, o gerente de tesouraria, de posse das taxas médias praticadas, toma as decisões dentro do intervalo especificado, sem precisar de autorização do seu diretor a cada negociação bancária.

- Ao negociar ampliação de crédito concedido a clientes, por meio de prazos mais dilatados ou maior volume de recursos, o aumento do faturamento esperado deve compensar a taxa média de juros pagas para financiar essa expansão.

e) Volatilidade: Representa as flutuações dos eventos em torno de um denominador comum. Estatisticamente, a média é o denominador comum, e o desvio-padrão é a medida da flutuação. Quanto mais as observações fogem da média, maior o desvio-padrão e maior a volatilidade. Nos exemplos anteriores, as taxas cobradas pelos 96 bancos são menos voláteis, dp= 0,12%, do que as taxas cobradas pelos seis bancos, dp = 0,27%.

f) Probabilidade: É a expressão percentual de o evento ocorrer, a forma de medir as chances de que o evento esperado ocorra. Normalmente, o administrador financeiro cria cenários dos prováveis acontecimentos que interferem na decisão financeira e lhes atribui probabilidades de ocorrência.

Em decisões em condição de certeza, existe 100% de probabilidade de que o resultado esperado corresponda ao resultado verificado. Nesses casos o risco inexiste, pois o retorno esperado é igual ao retorno verificado.

Em decisões em condições de incerteza, o estabelecimento de cenários é importante, pois não se sabe com certeza qual é o retorno esperado. Dessa forma, os principais fatores que influenciam o resultado podem ser reunidos em cenários, aos quais são atribuídas probabilidades de ocorrência. Normalmente os cenários são elaborados para situações de:

- Períodos de normalidade econômica, recessão e crescimento.
- Perspectivas otimistas, pessimistas e normais.
- Situações de "se-então":
  - Se o político A vencer as eleições, então o resultado esperado é X, se o B vencer, o resultado é Y.
  - Se a lei C for aprovada, o resultado esperado é W, se não for aprovada, o resultado é Z.
  - Se chover até K milímetros, o resultado esperado é M, se chover mais de K milímetros, o resultado esperado é N. (A medida de chuvas é importante para usinas hidrelétricas, empreendimentos turísticos e atividades agrícolas.)

Aos cenários elaborados são relacionados resultados esperados. O resultado final esperado, em condição de incerteza, é a multiplicação da probabilidade de ocorrência do cenário esperado pelo resultado a ele relacionado. A tabela a seguir mostra um exemplo para um hotel de lazer:

Tabela 5.4

Cenário	Hóspedes	Probabilidade	Resultado
muita chuva	130	0,4	52
pouca chuva	190	0,6	114
Número médio de hóspedes esperados			166

O hotel de lazer sabe que, historicamente, em férias com muita chuva registram-se, em média, 130 hóspedes por dia, e em férias com pouca chuva, 190. Para as próximas férias há 40% de possibilidade de chover muito e 60% de possibilidade de chover pouco.

m= 0,4 x 130 + 0,6 x 190 = 166

Portanto, o número médio ponderado de hóspedes esperados é de 166. Se o valor da diária é de $100,00 por dia, espera-se um faturamento diário médio de $16.600,00. Se chover muito, o faturamento médio diário deve cair para $5.200,00 e, se "São Pedro ajudar", o faturamento diário sobe para $19.000,00.

Exemplo da carteira de ações

Um exemplo mais complexo de cenários pode ser visualizado na tabela a seguir:

Tabela 5.5

Quadro de Cenários					
Cenário	Probabilidade de ocorrência	Taxas de Retorno Esperadas			Retorno da Carteira
		Ação A	Ação B	Ação C	
Otimista	25%	10,00%	9,00%	6,00%	8,33%
Normal	50%	8,00%	7,00%	8,00%	7,67%
Pessimista	25%	6,00%	5,00%	10,00%	7,00%
Taxa média	μ	8,00%	7,00%	8,00%	7,67%

A tabela mostra os retornos esperados para três ações, de diferentes empresas, em três cenários distintos: o cenário otimista prevê crescimento econômico, com os fundamentos da economia caminhando bem. O cenário normal prevê a continuidade da situação atual, sem surpresas boas ou ruins, e o cenário pessimista antevê problemas nos fundamentos econômicos. As probabilidades de ocorrência de cada cenário estão mostradas na primeira coluna e as três colunas seguintes mostram qual o retorno esperado para cada ação, em cada um dos cenários.

O quadro a seguir mostra os cálculos da taxa média de retorno esperada para cada ação, caso ela seja analisada isoladamente.

Retorno esperado da ação A = 0,25 X 0,10 + 0,50 X 0,08 + 0,25 X 0,06 = 0,08 = 8%
Retorno esperado da ação B = 0,25 X 0,09 + 0,50 X 0,07 + 0,25 X 0,05 = 0,07 = 7%
Retorno esperado da ação C = 0,25 X 0,06 + 0,50 X 0,08 + 0,25 X 0,10 = 0,08 = 8%

Se a carteira do investidor for composta equitativamente dessas três ações, então o retorno esperado da carteira em cada cenário é mostrado nos cálculos do quadro a seguir.

Retorno esperado da carteira: cenário otimista = 0,33 X 0,10 + 0,33 X 0,09 + 0,33 X 0,06 = 0,0833 = 8,33%
Retorno esperado da carteira: cenário normal = 0,33 X 0,08 + 0,33 X 0,07 + 0,33 X 0,08 = 0,0767 = 7,67%
Retorno esperado da carteira: cenário pessimista = 0,33 X 0,06 + 0,33 X 0,05 + 0,33 X 0,10 = 0,07 = 7,00%

O retorno médio esperado da carteira, considerando as probabilidades de ocorrência de cada um dos três cenários e considerando que a carteira é composta de 1/3 de cada ação é de 7,67%.

g) <u>Covariância:</u> É uma medida do grau de relação entre duas variáveis.

Representar como as variáveis estão relacionadas significa saber como uma varia quando a outra varia. O cálculo da covariância é feito multiplicando-se as diferenças em relação aos retornos esperados de cada uma das variáveis consideradas.

Cov (A, B) = (Am− A) x (Bm − B)

Onde: A = retorno esperado da ação A

Am = retorno médio da ação A

B = retorno esperado da ação B

Bm = retorno médio da ação B

No exemplo dos cenários da carteira de ações, as covariâncias verificadas são:

Tabela 5.6 Análise de covariância

Covariância: A e B	Diferença em relação ao retorno esperado			
	ação A	ação B	Produto das diferenças	Ponderação das diferenças
	(0,10- 0,08)= 2%	2%	0,040%	0,010%
	(0,08- 0,08)= 0%	0%	0,000%	0,000%
	(0,06-0,08)= -2%	-2%	0,040%	0,010%
			cov(Ra,Rb)	0,020%
Covariância: A e C	Diferença em relação ao retorno esperado			
	ação A	ação C	Produto das diferenças	Ponderação das diferenças
	2%	-2%	-0,040%	-0,010%
	0%	0%	0,000%	0,000%
	-2%	2%	-0,040%	-0,010%
			cov(Ra,Rc)	-0,020%
Covariância: B e C	Diferença em relação ao retorno esperado			
	ação B	ação C	Produto das diferenças	Ponderação das diferenças
	2%	-2%	-0,040%	-0,010%
	0%	0%	0,000%	0,000%
	-2%	2%	-0,040%	-0,010%
			cov(Rb,Rc)	-0,020%

As ações A e B apresentam covariância positiva de 0,02%, e as ações A e C e B e C apresentam covariância negativa de -0,02%. Isso significa dizer que as ações A e B variam da mesma forma, enquanto a ação C varia de forma inversa. Essa carteira está relativamente diversificada.

h) Coeficiente de correlação: É outra medida do grau de relação entre duas variáveis. A correlação é a tendência de duas variáveis se moverem juntas. Estatisticamente é a normatização da covariância pelo desvio-padrão. Calcula-se dividindo-se a covariância pelos desvios-padrão das variáveis analisadas.

$$Corr(A,B) = \frac{Cov(A,B)}{\delta A \times \delta B}$$

Dois títulos perfeitamente correlacionados apresentam os mesmos retornos e desvio-padrão; a carteira por eles formada vai apresentar o mesmo retorno, o mesmo desvio-padrão, e, por consequência, o mesmo risco.

Dois títulos negativamente correlacionados apresentam retornos que se comportam de maneira inversa: quando um sobe, o outro cai e vice-versa. Nesse caso, a carteira está diversificada e o risco eliminado.

O mais comum é encontrarmos títulos positivamente correlacionados, mas não perfeitamente, ou seja, os retornos variam no mesmo sentido, mas não na mesma magnitude.

Para o exemplo da carteira de ações, é preciso primeiro calcular os desvios-padrão, depois a correlação.

Tabela 5.7 Análise de cenários

Cenário	Probabilidade de ocorrência	Variância ação A	ação B	ação C
otimista		0,000100	0,000100	0,000100
normal		0,000000	0,000000	0,000000
pessimista		0,000100	0,000100	0,000100
Variância	σ^2	0,0002	0,0002	0,0002
Desvio-padrão	σ	1,41%	1,41%	1,41%

Correlação	A e B	A e C	B e C
	1,00	-1,00	-1,00

As ações A e B são positivamente correlacionadas, enquanto as ações A e C, B e C são negativamente correlacionadas. Ou seja, se a carteira fosse composta apenas de A e C ou B e C seria uma carteira livre de risco. Como 66% dos títulos são positivamente correlacionados, então novamente podemos afirmar que a carteira está diversificada, mas não totalmente livre de risco.

5.4. CÁLCULO DO RETORNO DE AÇÕES E DE CARTEIRAS

A moderna teoria financeira tem pesquisado muito os modelos para otimização dos retornos dos investimentos em títulos e operações do mercado financeiro. Vamos dar maior destaque aos modelos mais conhecidos: o CAPM e o APT.

CARTEIRA: Conjunto ou grupo de ativos, físicos ou títulos.

5.4.1 MODELO DE PRECIFICAÇÃO DE ATIVOS DE CAPITAL OU CAPM: CAPITAL ASSET PRICING MODEL

ORIGEM

Os investimentos em ativos físicos ou em títulos formam carteiras de investimento, como visto anteriormente. O retorno esperado dessas carteiras depende de vários fatores, aos quais chamamos de fatores de risco. Alguns riscos referem-se ao mercado como um todo, por exemplo: riscos climáticos, riscos políticos, comportamento da inflação. Outros riscos são específicos do negócio em que se está aplicando recursos.

Naturalmente, o gestor financeiro tem maior gerência dos riscos especificamente relacionados aos projetos, podendo até deixar de investir no ativo, dependendo desse nível de risco, ou ainda investir em outros ativos, para evitar submeter todos os recursos ao mesmo tipo de risco; ou seja, pode diversificar o investimento. Esse é o risco diversificável.

Por outro lado, existem riscos aos quais todo e qualquer ativo está submetido: é o risco do mercado, aquele do qual não se pode fugir. Esse é o risco não diversificável.

Harry Markowitz e William Sharpe desenvolveram o modelo do CAPM preocupando-se com o risco não diversificável, pois o risco diversificável, como o próprio nome afirma, pode ser "desviado". Em mercados em equilíbrio, o retorno de todos os ativos aproxima-se do retorno do mercado. O modelo fez com que os autores fossem agraciados com o Prêmio Nobel de Economia em 1990.

É afirmação do equilíbrio de mercado que as taxas de retorno em equilíbrio de todos os ativos com risco são função da sua covariância com o portfólio de mercado. Em outras palavras, na avaliação do risco de uma carteira de investimentos importa a contribuição de cada um dos ativos. Por exemplo:

A Sra. Emenengarda Josefina tem parte de suas economias aplicada em ações, conforme o quadro:

Quadro 5.3 Portfólio Emenengarda Josefina

Ação	Montante	Participação %	Retorno Esperado	Variância	Desvio-padrão
Bananas S.A.	$3.000	30%	5%	0,000121	0,011000
Maçãs S.A.	$5.000	50%	6%	0,000001	0,001000
Brinquedos S.A.	$2.000	20%	8%	0,000361	0,019000
Carteira	$10.000	100%	6%	0,000109	0,007600
			μ	σ^2	σ

	Bananas S.A.	Maçãs S.A.	Brinquedos S.A.
Diferença entre os retornos esperados	-1,10	-0,10	1,90
Cov Ban e Mac	+0,00001		
Cov Ban e Brin	- 0,00021		
Cov Mac e Brin	- 0,00002		

Correlação	A e B	A e C	B e C
	1,00	-1,00	-1,00

O risco de cada um dos títulos é o risco diversificável, enquanto o risco total a que está submetida a carteira é o risco sistemático, ou não diversificável. O coeficiente de correlação das ações A e B é positivo, ou seja, os retornos esperados das duas ações variam juntos e conforme a variação do mercado. Em contrapartida, o coeficiente de correlação da ação C em relação às outras duas é negativo: os retornos esperados da ação C variam inversamente ao retorno das outras duas. Essa é uma carteira diversificada, pois os retornos das ações se comportam diferentemente. Perceba que o risco da carteira, expresso no desvio-padrão de 0,0076, é menor do que o risco dos ativos em separado, exceto o risco da ação da empresa Maçãs S.A. Isso significa que a investidora assume menor nível de risco mantendo a carteira do que mantendo as ações em separado.

TIPOS DE RISCO NO CAPM

O modelo do CAPM considera dois tipos distintos de risco: **o risco diversificável**, relativo ao risco de cada um dos papéis da carteira, e o **risco não diversificável**, inerente à economia como um todo. O risco não diversificável chama-se sistemático, pois essa variação de retornos ocorre em qualquer carteira. Risco não sistemático é o diversificável, ou seja, aquele inerente à variabilidade dos retornos de cada um dos ativos da carteira. Ao risco total há que se somar uma margem de erro, que pode ser expressa estatisticamente como um erro randômico.

O risco não sistemático de uma carteira com mais de um ativo é o somatório dos riscos de cada um dos ativos que a compõem. É o somatório ponderado das variabilidades dos retornos de cada um dos papéis da carteira. Quando se altera a composição dos ativos na carteira, obtém-se uma alteração do risco, medida pela covariância dos retornos de cada ativo. Dessa forma, o risco de um título pode ser entendido como a variância de seus retornos, e o risco da carteira como a covariância entre os retornos dos ativos considerados.

Risco diversificável: inerente à empresa e ao negócio.

Risco não diversificável: inerente ao mercado.

PREMISSAS DO MODELO

Para desenvolver o Modelo de Precificação de Ativos de Capital, William Sharpe e outros partem de algumas premissas:

- Os investidores são indivíduos aversos ao risco que buscam maximizar a utilidade esperada de sua riqueza no final do período do investimento.
- Os investidores são tomadores de preço que têm expectativa homogênea sobre o retorno dos ativos, que assumem distribuição normal.
- Existe um ativo livre de risco, que pode ser emprestado sem limites de quantias.
- A quantia de ativos é fixa. Todos os ativos são divisíveis e negociáveis no mercado.
- Os ativos do mercado estão acessíveis a todos, assim como as informações, que não têm custos. Os custos de captação são iguais aos custos de aplicação.
- Não existem imperfeições de mercado, tais como impostos, regulações e restrições para vendas de curto prazo.

DECISÃO DO INVESTIDOR

A decisão do investidor é balizada na análise de risco-retorno, o risco sendo entendido como variação dos retornos esperados, e o retorno sendo associado a probabilidades de ocorrência. Em outras palavras: a utilidade do investidor é função do valor esperado da riqueza e de seu desvio-padrão. O primeiro fator deve ser maximizado e o segundo, minimizado. Como o retorno do mercado é o parâmetro do investidor, e o mercado é considerado eficiente, a curva dos retornos constitui a fronteira eficiente, sob a qual repousarão as diferentes curvas de utilidade do investidor, a variar conforme o perfil de risco assumido.

Para provar o CAPM é necessário que a carteira de mercado seja eficiente. Se as expectativas dos investidores são homogêneas, todos irão perceber a mesma variância de risco, independentemente de sua tolerância a ele. Se todos escolhem carteiras eficientes, a linha de mercado será eficiente, pois é um somatório das escolhas individuais.

O MODELO: CAPM

É a associação dos riscos não diversificáveis ao retorno de todos os ativos. Utiliza-se de coeficientes para estabelecer uma equação e um gráfico de interpretação.

O COEFICIENTE BETA

É o índice do grau da variação do retorno em função das flutuações de mercado, a medida da volatilidade da ação em relação à de uma ação média.

O coeficiente beta considerado para o mercado é igual a 1. Coeficientes beta positivos representam ativos que se movimentam na mesma direção do mercado. Coeficientes negativos indicam movimentação oposta. Revistas especializadas fornecem os coeficientes beta para as empresas mais importantes.

  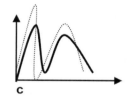

a) Beta igual a 1: o título tem seus retornos variando junto com os do mercado.
b) Beta menor do que 1: os retornos do título variam menos do que os do mercado.
c) Beta maior do que 1: os retornos do título oscilam mais do que os do mercado.

O GRÁFICO SML: A LINHA DO MERCADO DE TÍTULOS

É a ilustração gráfica dos retornos exigidos de um ativo a cada nível de risco. É uma reta que em um plano XY tem o eixo das ordenadas representando o retorno exigido e o eixo das abscissas representando o risco não diversificável.

O gráfico seguinte assemelha-se ao apresentado anteriormente para a relação risco-retorno. As diferenças são:
- Retorno livre de risco: o ponto em que a linha de mercado corta o eixo y representa o mínimo retorno exigido, ou seja, o retorno livre de risco.
- O retorno que importa é o retorno não diversificável.

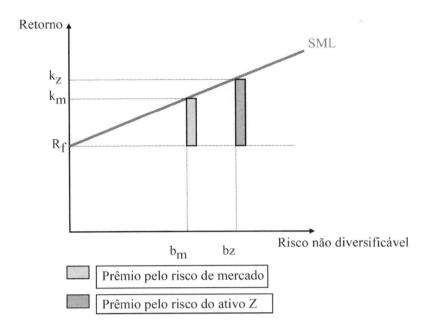

A equação
$k_j = R_f + [b_j \times (k_m - R_f)]$
onde:

k_j	retorno exigido sobre o ativo j
R_f	taxa de retorno livre de risco, comparada ao retorno de um título do Tesouro
b_j	coeficiente beta, variabilidade do retorno da ação em relação ao mercado
k_m	retorno de mercado; retorno sobre a carteira de ativos de mercado

Exemplo de aplicação do CAPM:

A Sra. Emenengarda Josefina quer mudar seu portfólio de aplicações. Está pensando em substituir parte das ações de sua carteira por ações de uma empresa da "nova economia". Calcule o retorno exigido dessa ação, utilizando o modelo do CAPM, para que a investidora mude o seu portfólio de investimento. Considere que as premissas do modelo são respeitadas. O retorno livre de risco, no caso do investidor individual brasileiro, pode ser considerado como a remuneração das cadernetas de poupança. O retorno de mercado está em 12% ao ano.

$k_j = R_f + [b_j \times (k_m - R_f)]$
$k_j = 0,06 + [\ 0,8 \times (0,12-0,06)]$
$k_j = 10,8$

k_j	?
R_f	6% ao ano (remuneração da poupança)
b_j	+0,8
k_m	12% ao ano

O retorno esperado da ação é de 10,8 % ao ano.

5.4.2 TEORIA DA ARBITRAGEM OU APT: ARBITRAGE PRICING THEORY

ORIGEM

A teoria de Precificação por Arbitragem foi formulada por Ross em 1976. Oferece uma alternativa passível de teste ao CAPM. A predição da taxa de retorno de um ativo não será apenas função de seu risco, mas incluirá k fatores, em função linear, tais como: a taxa de retorno randômica do n-ésimo ativo, a taxa de retorno esperada do n-ésimo ativo, a sensibilidade do n-ésimo ativo aos fatores considerados e uma margem de erro.

PRESSUPOSTOS

A teoria parte dos pressupostos de que o mercado é perfeitamente competitivo e de que não há custos de transação (*frictionless capital markets*). Os indivíduos têm crença homogênea de que os retornos dos ativos são função linear dos k fatores considerados. Para a comprovação da teoria é necessário haver um número de ativos bastante superior ao número k de fatores. É precondição da teoria que os ativos que não representam riqueza e não apresentam riscos não devem apresentar retornos. Esse portfólio que não altera riqueza e não corre riscos é denominado portfólio de arbitragem. Pode ser obtido eliminando o risco sistemático e o não sistemático dos ativos do portfólio.

TIPOS DE RISCO NO APT

Os ativos estão sujeitos a dois riscos: sistemático e não sistemático. Este se relaciona ao risco do ativo e aquele ao do mercado. A peculiaridade do risco no modelo de arbitragem é que ele não é o de mercado como um todo, mas sim composto por uma série de fatores que interferem no retorno do mercado e dos ativos. Dessa forma:

- Risco sistemático: é a reação de todos os retornos do mercado a um determinado fator.
- Risco não sistemático: é a reação do retorno de determinada empresa ao comportamento de determinado fator.

O retorno varia em função do risco de duas maneiras: o retorno esperado é aquele decorrente de condições previamente conhecidas pelo mercado, e a segunda parte é a variação inesperada do risco: surpresas que impactam o mercado como um todo e, especificamente, a ação considerada.

$$k = k_1 + I$$
$$k = k_1 + k_m + \varepsilon$$

onde:

k	taxa observada de retorno no mês
k_1	taxa de retorno esperada do ativo
I	parte inesperada da taxa de retorno
k_m	taxa de retorno de mercado; risco sistemático
ε	taxa de retorno do ativo específico, risco não sistemático

O modelo APT:

O modelo é construído com base nos fatores que podem influenciar os retornos das ações e da carteira. Por exemplo, o fator taxa de câmbio impacta o mercado como um todo, mas impacta diferentemente cada ação. Empresas muito dependentes de importação são mais afetadas por elevações na taxa de câmbio do que empresas supridas pelo mercado interno.

O modelo é dito fatorial, porque os riscos que impactam os retornos são divididos em fatores. Um modelo de um único fator é aquele em que apenas um fator de risco é considerado, por exemplo, a inflação.

A equação
$k = k_1 + \beta_1 F_1 + \beta_2 F_2 + \beta_n F_n$
em que:

	k	taxa observada de retorno no mês
	k_1	taxa de retorno esperada do ativo
	β_1	índice da variação da ação ou da carteira ao fator 1
	F_1	fator de risco 1
	β_2	índice da variação da ação ou da carteira ao fator 2
	F_2	fator de risco 2
	β_n	índice da variação da ação ou da carteira ao fator n
	F_n	fator de risco n

O número de fatores pode variar de acordo com a sofisticação do modelo. Normalmente, para facilitar os cálculos, considera-se o modelo com um único fator.

Exemplo

Imagine uma ação cujos retornos foram estudados durante uma série de 20 anos; modelos econométricos estabeleceram que os principais fatores de influência nos retornos da ação são o nível de atividade da economia e o nível de emprego. Os índices de variação estão indicados no quadro a seguir:

0,75	índice de variação da ação em relação ao nível de atividade da economia
0,85	índice de variação da ação em relação ao nível de emprego

Represente essas informações no modelo APT. $k = k_1 + 0{,}75 F_1 + 0{,}85 F_2$.

Para utilizar esse modelo no cálculo do retorno do ativo, em determinado ano, considere que os fatores se comportam conforme o próximo quadro, e então calcule o retorno esperado:

k_1	5%	taxa de retorno esperada do ativo, retorno médio do setor
F_1	2%	aumento no índice de atividade da economia
F_2	1%	aumento no índice do nível de emprego

$k = 0{,}05 + 0{,}75 \times 0{,}02 + 0{,}85 \times 0{,}01$
$k = 0{,}0735$
$k = 7{,}35\%$

O retorno esperado dessa ação é de 7,35%.

Relação entre o CAPM e o APT

A teoria de arbitragem é mais robusta do que a teoria do CAPM porque:

- Não é assumido nenhum pressuposto sobre a distribuição normal dos retornos dos ativos.
- Não é feita nenhuma assunção sobre a função utilidade individual do investidor.
- A teoria permite que a taxa de retorno de equilíbrio dos ativos seja dependente de vários fatores e não apenas do risco do mercado.
- Qualquer cesta de ativos pode ser considerada, sem a necessidade de envolver o universo dos ativos existentes.
- Não há necessidade de se estabelecer um portfólio de mercado.
- O APT é facilmente estendido para análise multiperíodo.

Em suma, a teoria da arbitragem estabelece uma análise fatorial dos elementos que mais influenciam o retorno do ativo. É criada uma função linear e seus resultados são testados empiricamente.

5.5. ELABORAÇÃO DE CENÁRIOS

Os conceitos de risco precisam ser incorporados às análises de projeto para que as decisões resultantes estejam pautadas em situações o mais realistas possível. Tradicionalmente, as técnicas de análise de investimento pressupõem ambiente de certeza. Para incorporar a variabilidade de retornos, a forma mais usual é a elaboração de cenários. Semelhante ao cenário desenvolvido na Tabela 5.4, é possível incorporar à análise elementos dos mais diferentes riscos e elaborar diferentes cenários. Os cálculos devem então ser feitos não apenas em uma situação, a situação de certeza, mas em diversas situações, às quais são associadas probabilidades de ocorrência.

Exemplo:

A rede varejista Sol Levante S.A. atua prioritariamente nas regiões sul e sudeste do Brasil. Considerando a expansão econômica dos estados do nordeste, os subsídios sociais e os incentivos fiscais da região, a equipe de planejamento estratégico acredita que esse é o momento de reativar os projetos de expansão, temporariamente suspensos, quando ocorreu a crise financeira internacional, a partir de outubro de 2008.

A equipe se reuniu e estabeleceu critérios econômicos e financeiros para a elaboração de cenários:

a) Crescimento da economia nos estados de Sergipe e Alagoas.
b) Expansão das linhas de crédito para consumo popular.
c) Aumento do salário mínimo e do Bolsa Família.
d) Taxa de juros medida pela taxa SELIC.

De posse desses parâmetros foi possível elaborar três cenários principais para o desenrolar das atividades da empresa na região.

Cenário A: A economia da região vai continuar crescendo acima da média nacional, os bancos públicos vão continuar a expandir a oferta de crédito e devem ser seguidos pelos bancos privados. A renda da população deve continuar aumentando, e a taxa de juros vai continuar caindo.

Cenário B: A economia da região vai crescer em paridade com a média nacional, os bancos públicos vão manter a oferta de crédito e devem ser seguidos pelos bancos privados. A renda da população deve se manter, assim como a taxa de juros vai parar sua tendência de queda e irá se estabilizar.

Cenário C: A economia da região já esgotou sua capacidade de crescimento e irá se estabilizar, a oferta de crédito irá diminuir, a renda da população irá manter-se e as taxas de juros retomam a sequência de altas.

5.6. RESUMO

Este capítulo aborda as questões relacionadas ao risco e ao retorno. A questão do risco é importante na medida em que nem sempre os fatores internos e externos ao empreendimento se comportam conforme o esperado. No Capítulo 4, todos os cálculos de valor do dinheiro no tempo foram realizados em condição de certeza, ou seja, não existia a variabilidade nos retornos. Neste capítulo, introduzimos a variabilidade, ou seja, apresentamos as condições de incerteza. O risco é conceituado em seus diferentes aspectos: risco do empreendimento, do negócio ou risco econômico, risco financeiro e risco Brasil. O cálculo de risco utilizando o ferramental estatístico é detalhadamente explicado. Na sequência, apresentamos os dois modelos mais comuns de medida de risco de títulos e de carteiras: o CAPM e o APT. O capítulo encerra explicando a elaboração de cenários para efeito de análise de investimentos.

5.7. QUESTÕES

1. Qual a diferença entre risco e incerteza na avaliação de um projeto de investimento?
2. Cite e explique os tipos de risco, conforme sua origem.
3. Qual a relação entre o risco e o retorno?
4. Como se classifica o retorno?
5. O que é o desvio-padrão e como ele se relaciona com a variância?
6. O que é volatilidade? Qual sua importância para os cálculos de retorno?
7. O que é probabilidade? Como é utilizada na criação de cenários?
8. O que é covariância? Como é utilizada no cálculo de retorno de uma carteira?
9. O que são os modelos CAPM e APT?
10. Como os riscos são considerados no modelo CAPM e no APT?
11. Para que serve a elaboração de cenários?

5.8. EXERCÍCIOS

1. Elabore o gráfico de risco-retorno a partir das informações da tabela:

	Risco	Retorno
A	5%	1%
B	10%	2%
C	15%	3%
D	20%	4%
E	25%	5%

2. Compare o retorno obtido por duas ações, sabendo que os custos de corretagem são os mesmos para as duas operações: Ornamentus S.A. podia ser comprada no mercado por $0,85 no início do ano; a empresa distribuiu dividendos no valor de $0,30 no período, e no início do ano seguinte pode ser vendida no mercado por $1,15.

   Beldade S.A. podia ser comprada no mercado por $0,65 no início do ano; a empresa distribuiu dividendos no valor de $0,35 por ação e no início do ano seguinte pode ser vendida no mercado por $0,95.

3. Calcule o retorno médio e o desvio-padrão dos retornos de uma série de títulos, em determinado período. Apresente o histograma de frequência e explique seu significado. Retire as informações de jornais de circulação nacional.

4. Considere as taxas de retorno das ações apresentadas na tabela a seguir para calcular o retorno médio esperado da carteira, em cada um dos cenários previstos. Calcule também variância, desvio-padrão e correlação e avalie se a carteira está diversificada ou não.

Quadro de cenários				
Cenário	Probabilidade de ocorrência	Taxas de retorno esperadas		
		título A	título B	título C
otimista	33%	9%	10%	7%
normal	34%	8%	8%	8%
pessimista	33%	7%	6%	9%

5. Calcule o retorno exigido de uma ação, utilizando o modelo do CAPM, para que um investidor retire seu dinheiro da caderneta de poupança e aplique nela, que apresenta beta de 0,85. O retorno de mercado está em 10%.

6. Elabore a expressão algébrica do modelo APT para uma carteira de ação cujos principais fatores de influência são o nível de inflação e a variação na taxa de câmbio. Os índices de variação estão indicados no quadro a seguir:

0,68	índice de variação da carteira em relação ao nível de inflação
0,92	índice de variação da carteira em relação ao nível da taxa de câmbio

7. Considerando o modelo APT do problema anterior, calcule o retorno esperado da carteira caso o retorno médio do setor seja 6%, a inflação aumente 3% e a taxa cambial aumente 4%.

8. Refaça os cálculos do problema anterior, considerando que a variação da inflação foi negativa em 1%. Explique o que ocorre com o retorno esperado da carteira.

5.9. CASO

Aplicações em Fundos de Investimento

Artrosina Araújo recebeu a casa de sua mãe em herança e vai utilizar o dinheiro da venda, daqui a um ano, na decoração de um apartamento de luxo que está comprando. Ela pensa em aplicar em fundo de investimento de perfil agressivo, afinal, o dinheiro será utilizado para uma atividade não essencial. Ela poderá gastar muito em tapetes persas, cristais suecos e armários de madeira maciça – ou optar por decoração mais parcimoniosa, com tapetes nacionais, armários modulados e cozinha pré-fabricada.

Artrosina não utilizará o dinheiro para pagar prestações e "balões" do apartamento.

Você precisa ajudá-la a decidir em quais fundos aplicar os recursos, utilizando o ferramental estatístico desenvolvido no capítulo. Calcule a média de retorno mensal e anual dos fundos apresentados, as variâncias, os desvios-padrão e as correlações.

	Volatilidade	Rentabilidade no mês	mês abril 2009 Rentabilidade no ano
ABN		0,966	4,50
ABN FAQ interest		0,919	1,86
Alfa private		0,668	4,02
Allocation		1,245	6,44
Argus FAQ		1,220	6,95
BB Deriv		0,831	1,57
BB Mult.		-0,205	-1,24
BB multiespecial		2,169	3,51
BB multiempresarial		2,227	4,12
BNL		1,695	3,33
BNP		-0,214	-0,34
Coinvalores Itaú		1,056	4,85
Coinvalores OPP		0,026	3,77
FAC corporativa 19		1,019	4,62
FAC private 21		0,951	4,35
FAC private 22		2,749	6,26
FAC private 23		0,841	3,44
FAC Vênus		0,966	3,93
FAQ Rio Bravo		1,924	4,00
Fator linear condor		2,504	5,83
Fator linear derivativos		1,580	4,40
Fator linear tiger		4,308	8,37
HSBC derivativos		-4,117	-6,97
HSBC FAQ Premier		-4,052	-6,69
HSBC institucional		-3,960	-6,26
Itaú geminni		1,034	4,02
Itaú person		-0,193	-2,07
Itaú private		1,163	5,45
Latinvest		0,934	4,50
Multi-itaú agressivo		-0,249	-2,57
Multimarcas agressivo		1,713	3,86
Pactual		0,105	2,15
Safra		0,300	0,15
Saint Malot		0,782	3,87
Sudameris		0,487	2,44

5.10. BIBLIOGRAFIA ADICIONAL

BERGMANN, D. R. ; CORRAR, L. J. ; NAKAMURA, W. T. ; OLIVEIRA, M. A. "Testando o CAPM no mercado de capitais brasileiro via GMM." *Revista de Economia e Administração*, v. 6, p. 326-46, 2008.

BERNSTEIN, Peter. *Desafio aos Deuses: a fascinante história do risco*. 9ª ed. Rio de Janeiro: Campus, 1997.

CLEMEN, R.T.; REILLY, T. *Making hard decisions with Decision Tools*. Pacific Grove: Duxbury Thomson Learning, 2001.

DIXIT A.A.; PINDYCK, R.S. "The options approach to capital investment." *Harvard Business Review*, Boston, v. 73, n. 3, p. 105-15, maio/jun. 1995.

FAMA, Eugene; FRENCH, Kenneth R.; MacBETH, James. D. "Risk, return, and equilibrium: empirical tests." *The Journal of Political Economy*, v. 81, n. 3, p. 607-36, maio/jun. 1972.

KAHNEMAN, D.; TVERSKY, A. "Prospect theory". In: KAHNEMAN, D.; TVERSKY, A. *Choices, values and frames*. Nova York: Russell Sage Foundation, 2000, p. 17-43.

MARKOWITZ, Harry. "Portfolio selection." *The journal of finance*, v. VII, n. 1, 1952.

NAKAMURA, W.T.; POKER JÚNIOR, J.; BASSO, L.F.C. "Aplicação de análises de variância univariada e multivariada no estudo das diferenças dos betas entre setores." In: XXV Encontro Anual da Anpad. Anais Eletrônicos. Campinas: Anpad, 2001.

SECURATO, José Roberto. *Decisões financeiras em condição de risco*. São Paulo: Saint Paul, 2ª ed., 2007. SHARPE, William. "Capital asset prices: a theory of market equilibrium under conditions of risk." *The journal of finance*, v. XIX, n. 3, 1964.

CAPÍTULO 6

DECISÕES DE INVESTIMENTO DE LONGO PRAZO

6.1. Introdução

6.2. Decisões de investimento de longo prazo e a importância do orçamento de capital

6.3. Fluxo de caixa livre

6.4. Métodos de avaliação de projetos

6.5. Práticas de orçamento de capital

6.6. Métodos contemporâneos de avaliação de projetos

6.7. Resumo

6.8. Questões

6.9. Exercícios

6.10. Bibliografia adicional

Concessão de estradas não vinga no Nordeste

São Paulo, domingo, 16/08/2009

FOLHA DE S.PAULO dinheiro

Para presidente da CCR, modelo do Sudeste não é usado no Norte e no Nordeste devido ao baixo desenvolvimento das regiões. Renato Vale afirma que a iniciativa privada não se arriscará em novos projetos nessas regiões do país sem a participação do governo.

AGNALDO BRITO(Da reportagem local) O baixo desenvolvimento econômico do Norte e do Nordeste do país excluiu e continuará a excluir aquelas regiões das concessões de rodovias adotado na região Sudeste. Para Renato Vale, presidente da CCR (Companhia de Concessões Rodoviárias), dona de concessões como a Nova Dutra, a ponte Rio – Niterói, o complexo Anhanguera – Bandeirantes e o trecho oeste do Rodoanel, a iniciativa privada só se arriscará em projetos rodoviários nessas regiões do país com a participação pública. Sozinhas, as empresas não irão, diz Vale. A empresa mira agora novas concessões, entre as quais trechos do Rodoanel metropolitano de São Paulo. A CCR já controla o trecho sul. Segundo Vale, a empresa prepara planos para atrair os investidores que andam descontentes com a renda fixa. A seguir, trechos da entrevista.

Trechos extraídos da entrevista

....

FOLHA – Mas isso tem reduzido as taxas de retorno? VALE – Quando entramos na licitação da Nova Dutra e da ponte Rio – Niterói, em 1994, o Brasil nem tinha moeda. Tínhamos a URV [Unidade Real de Valor, uma unidade de referência que antecedeu o real]. O juro básico da época era mais ou menos de 60%, a TJLP, de 25%, e o risco-país, de 900 pontos. A taxa de retorno nesses contratos foi de 17% ao ano, mas só de 2005 para cá é que o juro básico baixou de 19%. Agora é que os títulos do governo pagam 10% e temos um negócio pagando 17%. Isso é absolutamente razoável. Esse é o jogo do investidor.

> *FOLHA – Mas é possível esperar taxas de retorno menores? VALE –* Estamos começando a trabalhar no Brasil com rentabilidade mais baixa. Ganhamos uma licitação do Rodoanel em São Paulo com taxa interna de retorno de 11% ao ano. Era de 17%. No exterior fala-se em 9% ou 9,5%, mas esse patamar de retorno ocorre num ambiente em que a taxa de juro é de 1% a 1,5% ao ano. Aqui no Brasil, falamos agora de uma taxa real de 6% ou 7%, ainda muito alta...

6.1. INTRODUÇÃO

Neste capítulo analisaremos as decisões de investimento de longo prazo, também chamadas decisões de investimentos de capital. O principal processo usado é o orçamento de capital. Por serem estratégicas, essas decisões costumam tomar grande parte do tempo dos executivos de finanças. Analisaremos o orçamento de capital como um processo básico de análise de projetos e tomada de decisão, em suas várias fases: geração de propostas, determinação das alternativas viáveis, tomada de decisão, implantação e avaliação de desempenho.

O orçamento de capital é instrumento recomendável para a decisão de investimento de capital devido a vários fatores:

1. O impacto da decisão é de longo prazo – Quando a empresa decide implantar uma nova fábrica com vida útil de 10, 15 ou 20 anos, suas operações serão afetadas ao longo desse período. Suas previsões de vendas deverão abranger esse período, assim como a necessidade de matéria-prima, de energia, de pessoal especializado e treinado, de assistência técnica e atualização tecnológica, e assim por diante.

2. O risco envolvido é alto – O dimensionamento inadequado de mercado ou de tecnologia pode causar grandes prejuízos. O financiamento impróprio, a dependência de poucos fornecedores ou de poucos clientes, a má localização, a falta de energia, ou mudanças nas políticas públicas, as ações de concorrentes, dentre outros, são fatores que devem ser cuidadosamente considerados.

3. O momento adequado do investimento – Há grande dificuldade em se conhecer o momento adequado para o investimento. A máxima de se investir nos momentos de recessão como preparação para atender a demanda na vinda do crescimento seria válida somente se se conhecesse com alguma precisão e com antecedência a dimensão dos períodos de recessão e crescimento, fato que não acontece. A primeira montadora de veículos implantada no Brasil foi a Volkswagen, em 1956. Depois vieram a General Motors e a Ford, e somente em 1973/74, a Fiat se instalou em Minas Gerais. O país ficou muitos anos sendo atendido por essas quatro empresas. Com a abertura da economia, somente na década de 1990, mais de dez outras montadoras entraram no país para disputar o mercado interno: Toyota, Honda, Renault, Citroën-Peugeot, Daimler-Chrysler, Mitsubishi e Nissan. Evidentemente, algumas poderão ter dificuldades de sobrevivência, pois a capacidade instalada no momento é de cerca de 3.500.000 veículos por ano, sendo que a previsão de produção em 2009 é próxima de 2.860.000 veículos, já se considerando as exportações.

4. Racionalidade na decisão de investimento – Ao utilizar o orçamento de capital, a empresa pode gerar alternativas não analisadas inicialmente, como trocas de fornecedores, novos equipamentos, construção modular, terceirização de mão de obra, alianças estratégicas e novas fontes de financiamento.

5. Decisão de financiamento – Dependendo do montante envolvido, é possível analisar a viabilidade de lançar ações, captar recursos no exterior, buscar novos sócios ou mesmo financiamentos junto a fornecedores. Essa decisão procura menor custo de capital, prazos compatíveis e estrutura de capital adequada. O orçamento de capital propicia a análise completa desses aspectos.

O orçamento de capital visa responder uma série de questões, tais como: o projeto maximizará a riqueza dos acionistas? O projeto se pagará? Trará riscos adicionais ao negócio? Trará benefícios ou custos adicionais para os projetos existentes?

Há dois tipos de informações fundamentais à adoção das técnicas de orçamento de capital. Uma é a estimativa dos fluxos de caixa livres de cada projeto e a outra é a determinação do custo de capital a ser considerado para descontar esses fluxos. De modo geral, quanto maior for o risco do projeto, maior deverá ser o custo de capital considerado, tendo em vista que o custo de capital é afetado pelo risco do negócio e pelo risco financeiro de cada projeto, conforme estudado no Capítulo 5.

Na elaboração do orçamento de capital, é preciso atenção com a superestimação ou a subestimação dos fluxos de caixa associados a cada projeto. Se os gerentes forem muito arrojados, trarão riscos adicionais à empresa e, ao mesmo tempo, poderão trazer grandes prejuízos. Por outro lado, se eles forem muito conservadores, a empresa poderá ter dificuldades em seu desenvolvimento, pois estará deixando de aprovar bons projetos, os quais poderão ser implementados por concorrentes.

As boas decisões de investimento de capital são essenciais para o sucesso porque podem assegurar a maximização da riqueza dos acionistas, o encantamento dos clientes e a satisfação dos funcionários. O uso do orçamento de capital contribui para a redução dos riscos dos projetos, que geralmente representam desembolsos consideráveis de recursos financeiros.

SUCESSOS E INSUCESSOS NAS DECISÕES DE INVESTIMENTO DE LONGO PRAZO

Se o orçamento de capital não for bem preparado, poderão advir consequências econômicas bastante negativas. A empresa que investe demais assume grandes gastos de depreciação e encargos financeiros. A que não investe o suficiente pode ver os equipamentos tornarem-se obsoletos, a tecnologia utilizada ser superada, as inovações não acontecerem e ocorrerem perda de fatias de mercado.

Uma das preocupações básicas com a decisão de investimentos de capital é a consideração sobre qual a taxa de retorno a ser exigida dos projetos (custo de capital). Estudos realizados sobre o mercado de ações nos Estados Unidos no período de 1926 a 1976 indicam que os retornos que mais ocorreram foram entre 10% a 20%. Houve anos, no entanto, que os retornos chegaram a –50% (1931) e a + 50% (1933 e 1954).

No Brasil, desconhecemos estudos que forneçam esses dados. Existem grandes exemplos de sucesso de investimentos no país:. Casos como o do Grupo Gerdau, que tem expandido seus negócios no Brasil e no exterior, tendo investido na aquisição de siderúrgicas nos Estados Unidos. Outro exemplo significativo é o da Embraer, que investiu fortemente durante mais de duas décadas no desenvolvimento de tecnologia e de equipamentos para fabricação de aviões médios, tornando-se uma das três maiores do mundo. Há também o caso da Petrobras, que investe sistematicamente no seu ramo de negócios com grande sucesso, conseguindo a autossuficiência na produção de petróleo no país. Um exemplo também significativo é o da Ambev, que, antes de ser adquirida pela Interbrew, tornou-se a maior cervejeira da América Latina, fazendo investimentos altamente rentáveis, principalmente ao longo da década de 1990. Merece destaque também o grupo Votorantim, que se tornou um dos maiores grupos industriais do país e hoje amplia suas operações no exterior, adquirindo fábricas de cimento nos Estados Unidos e Canadá.

É importante citar alguns casos de insucessos de investimento. Um dos mais interessantes foi o da Mercedes Benz, que no final da década de 1990 construiu sua nova fábrica em Juiz de Fora, Minas Gerais, para produzir a minivan Classe A, aproveitando sua imagem favorável junto as classes mais ricas do país. Com *design* moderno e projeto tecnológico avançado, esperava vender no país cerca de 100.000 unidades por ano. As vendas ficaram muito aquém do previsto no projeto, determinando grandes mudanças.

Em fins do ano 2000, a chamada nova economia americana, constituída por empresas do *e-business*, viu suas ações negociadas na Nasdaq caírem vertiginosamente, causando grandes prejuízos aos acionistas. O excesso de otimismo quanto ao crescimento dos negócios não se confirmou, e só nos três primeiros meses de 2001 os preços das ações da Nasdaq caíram cerca de 40%.

Os projetos da Mercedes Benz e de centenas de empresas de *e-business* dos Estados Unidos são exemplos de decisões de investimento de longo prazo que envolveram detalhados orçamentos de capital e que mesmo assim culminaram em grandes insucessos.

De modo geral, o grande motivo do fracasso de projetos é o excesso de otimismo quanto às vendas e às entradas de caixa. Outros problemas como a má gestão, a elevação de preços de matérias-primas e insumos, as mudanças nas cotações cambiais, a entrada de novos concorrentes, a elevação dos custos de máquinas e equipamentos, a obsolescência tecnológica e os financiamentos inadequados também contribuem para que os projetos falhem.

Dentre os motivos de sucesso estão as previsões de vendas acuradas, permitindo que se determine corretamente oportunidades de aquisição ou arrendamento mercantil de ativos e desinvestimentos ou redução de investimentos durante períodos de baixa demanda, mantendo políticas equilibradas e grande disciplina econômico-financeira, evitando ora excesso de capacidade e custos altos, ora reduzida capacidade de atender a demanda, o que evita grandes dificuldades financeiras.

Outra preocupação, no caso de grandes projetos, é a necessidade de dispor de recursos financeiros com prazos e custos compatíveis. Para isso, é preciso ter planos de investimentos de capital com bastante antecipação, para assegurar que os recursos financeiros estejam disponíveis quando necessários, ou encontrar soluções de arrendamento mercantil compatíveis.

6.2 DECISÕES DE INVESTIMENTO DE LONGO PRAZO E A IMPORTÂNCIA DO ORÇAMENTO DE CAPITAL

As decisões de investimento de longo prazo, pela sua relevância, exigem a adoção de métodos sofisticados de análise dos projetos. Para isso, o processo de orçamento de capital contribui significativamente.

> Decisões de investimento de longo prazo envolvem a avaliação e seleção de propostas de investimento de recursos financeiros por prazo superior a um ano, com o objetivo de propiciar retorno aos proprietários desse capital.

Os investimentos de capital são estratégicos, pois quando falham costumam causar grandes prejuízos e são de difícil reversibilidade. Englobam a análise e avaliação de aspectos relevantes, tais como: a estratégia global da empresa, o método de avaliação, a barganha risco *versus* retorno, a dinâmica do mundo dos negócios e tantos outros.

> Orçamento de capital é a seleção dos projetos aprovados e a quantificação dos recursos a serem alocados.

É preciso estabelecer critérios que permitam fazer uma alocação de recursos capaz de assegurar a maximização da riqueza do acionista. Se as empresas não forem competentes nesse sentido, ao invés de reterem recursos para investimentos internos, deverão distribuir os recursos aos acionistas, por meio de dividendos. O orçamento de capital é um instrumento valioso para ajudá-las nessa tarefa.

O orçamento de capital procura atender objetivos empresariais estratégicos, os quais são fundamentais na determinação do sucesso ou fracasso do negócio:
- Maximizar a riqueza do acionista mediante investimentos nos projetos mais rentáveis.
- Criar sinergia entre os diversos projetos.
- Substituir ativos obsoletos, desgastados e antieconômicos.
- Proteger o mercado.
- Conhecer e dominar novas tecnologias.
- Dominar novos mercados.
- Inibir concorrentes.
- Aproveitar recursos existentes e potencial de crédito.
- Reduzir custos e deficiências.
- Aproveitar novas oportunidades, mudar o ritmo dos gastos e utilizar ativos de terceiros.

Por outro lado, sabemos que o orçamento de capital exige a criteriosa elaboração de propostas de investimentos envolvendo um complexo sistema de obtenção e análise de amplas e variadas informações. Embora não seja objetivo aprofundarmos esse assunto, destacamos a importância da elaboração de projetos de viabilidade econômico-financeira, contemplando basicamente as seguintes partes:

- Análise de mercado – definição do produto a ser produzido, quantidade, preço a ser praticado, produtos concorrentes, possíveis entrantes, possíveis produtos substitutos e canibalismo dos produtos existentes.
- Localização física – local de implantação, tamanho do projeto, distância dos centros fornecedores de matérias-primas, acesso a portos, aeroportos e rodovias, telecomunicações e mercado consumidor.
- Análise de suprimentos – determinação detalhada dos fornecedores de matéria-prima e insumos, mão de obra, energia, água, telecomunicações, transportes e logística.
- Análise de custos – cálculo dos custos dos equipamentos, máquinas, ferramentas, acessórios, transportes, montagem, construção civil, jardinagem, prédios, depósitos, laboratórios. Detalhamento dos custos fabris: matéria-prima, mão de obra, gastos gerais de fabricação e das despesas operacionais etc. Cálculo do ponto de equilíbrio, das margens de contribuição, simulação de custeios e alavancagem operacional.
- Análise da carga tributária – planejamento tributário abrangendo COFINS, ICMS, ISS, IPI, IR, ISS, IPVA, IPTU e encargos trabalhistas. Nesse item é muito importante aprovei-

tar incentivos proporcionados por estados e municípios, conforme podemos ver no Capítulo 16.

- Análise de preços – estudo dos preços praticados por fabricantes concorrentes do mesmo produto ou de produtos similares, comparação entre preços que o mercado aceita e custos dos produtos fabricados, prazo médio de recebimento, política de desconto, prazo médio de rotação de estoques.
- Análise de financiamento – determinação das origens e aplicações de recursos, avaliação das consequências na estrutura de capital, seleção das fontes de financiamento, taxas de juros, prazos de carência e de amortização.
- Elaboração do fluxo de caixa livre do projeto – determinação das entradas e saídas de caixa, por período. Nesse item é importante trabalhar com simulação considerando o risco do projeto.
- Determinação do custo de capital – cálculo do custo de capital com a adoção do novo projeto. Custo de capital será tratado no Capítulo 7.

SEMELHANÇA ENTRE INVESTIMENTO DE CAPITAL E INVESTIMENTO EM TÍTULOS

O Quadro 6.1 apresenta a comparação entre as decisões de investimento de capital, objeto de estudo deste capítulo, e em títulos do mercado financeiro, objeto de estudo do Capítulo 9.

Quadro 6.1 Fases da análise de investimentos

Investimento de Capital	Investimento em Ativos Financeiros
Determinação do custo do projeto.	Determinação do preço da ação ou do título.
Estimação do fluxo de caixa do projeto e do valor residual do investimento.	Estimação do fluxo de dividendos ou de juros de um título e de seu preço de venda final.
Consideração do risco dos fluxos de caixa.	Consideração do risco do recebimento de dividendos ou juros e valor investido.
Determinação da taxa de desconto em função do custo do capital e do risco.	Determinação da taxa de retorno exigido em função do risco.
Cálculo do valor presente do ativo.	Cálculo do valor presente dos dividendos futuros esperados da ação.
Comparação do valor presente das entradas com o das saídas – maior aceita, menor rejeita o projeto.	Comparação dos retornos esperados ao dispêndio inicial – se for maior, compra o título.
Mudanças no ritmo e no momento do investimento conforme as contingências.	Compra e venda de ativos em função das oportunidades e ameaças do mercado.

Fonte: Elaborado a partir de Weston e Brigham (2000).

6.2.1 CLASSIFICAÇÃO DE PROJETOS

Existem vários motivos que determinam a implantação ou não de certos projetos e que implicam numa primeira classificação para efeito de análise:

Projetos de manutenção, substituição ou redução de custos – são aqueles que envolvem reposição, atualização tecnológica ou redução de custos. Normalmente, dizem respeito a novas máquinas, equipamentos, computadores, softwares ou equivalentes, com a função de atualização e inovação tecnológica para melhoria da eficiência. Nesses projetos, surgem questões como: essa operação deve ser continuada? Devemos mudar a tecnologia? Exemplo: a avaliação de três projetos alternativos de modernização do sistema de transporte interno para substituição do atual que está se tornando antieconômico.

Projetos de expansão da capacidade – envolvem a compra de novas instalações, máquinas, equipamentos ou equivalentes, com a finalidade de aumentar produção, expandir vendas, aumentar a participação no mercado, expandir área geográfica. São projetos mais complexos e que exigem análises detalhadas e são decididos pela alta administração. Exemplo: a Suzuki Máquinas de Lavar, de Colombo-PR, está avaliando a implantação de uma nova unidade industrial no município de Caxias do Sul-RS, com o objetivo de dobrar sua produção.

Projetos de lançamento de novos produtos – envolvem a ampliação da linha de produto da empresa. Exemplo: a decisão da Volkswagen em produzir na fábrica de São José dos Pinhais-PR o carro mundial, servindo essa unidade como base para exportação para toda a América Latina e Ásia. São projetos altamente estratégicos, que exigem a decisão da alta administração da empresa e sofisticadas análises.

Projetos de segurança ou ambientais – ocorrem por determinações governamentais, acordos sindicais, cláusulas de contratos de seguros ou por política da empresa. Normalmente, abrangem projetos de tratamento e descarte de materiais tóxicos, inspeção e processos, restauração de terras, manutenção de equipamento para combate à poluição, testes para detectar contaminantes e outros. Exemplo: a Votorantim Cimentos investe num novo filtro para reduzir poluição em uma de suas unidades.

Projetos de pesquisa e desenvolvimento – são determinados pela própria administração da empresa na busca de vantagens competitivas. Exemplo: a Embraer desenvolve um projeto para construção de um novo avião.

Além dos projetos classificados anteriormente, existem outros que não se classificam adequadamente em nenhuma dessas categorias. Exemplos: centros administrativos, aviões executivos, estacionamentos.

6.2.2 NATUREZA DE PROJETOS DE INVESTIMENTO

De acordo com a contribuição para a geração de fluxos de caixa livres, os projetos podem ser classificados como:

Projetos independentes – são aqueles cujos fluxos de caixa não estão relacionados ou independem um do outro, de modo que a aceitação de um deles não exclui a consideração dos demais. Exemplo: a Fogões Atlas avaliando duas propostas de investimento: a primeira, a compra de um novo sistema de gestão integrada informatizada; a segunda, a compra de uma nova empilhadeira. Nesse caso, as duas propostas podem ser aprovadas simultaneamente.

Projetos dependentes – são aqueles cujos fluxos de caixa sofrem influências sobre entradas de caixa de outros. Exemplo: a Klabin está avaliando a construção de uma nova fábrica de papel e celulose (Projeto 1), a qual depende de investimentos em reservas florestais para abastecimento de insumos (Projeto 2).

Projetos mutuamente excludentes – são aqueles que possuem a mesma função e por isso competem entre si. A aceitação de um elimina a possibilidade da aceitação de outro. É uma situação em que é preciso escolher uma entre duas propostas apresentadas. Exemplo: as Indústrias de Papel Arapoti, uma média empresa que produz cerca de 600 toneladas/dia, está analisando duas propostas de investimentos: (Projeto 1) a compra de uma máquina de papel com dez anos de uso, capaz de produzir 800 toneladas/dia de papel e que custa $250 milhões; (Projeto 2), a compra de uma máquina nova que produz 1.000 toneladas/dia de papel, custa $500 milhões e cujo fabricante aceita sua atual máquina de papel por $100 milhões. A opção é por uma ou outra, pois o espaço físico a ser utilizado é o da atual máquina.

Outra abordagem para consideração de projetos é a de aceitar/rejeitar projetos, usualmente aplicada quando se tem recursos financeiros ilimitados. Consiste em simples aprovação ou rejeição das propostas. Logo, a abordagem de classificação por critério de contribuição aos objetivos estratégicos da empresa implica em classificar os projetos conforme algum índice, que permite que sejam definidos parâmetros para a escolha do melhor projeto.

6.2.3 O PROCESSO DE ORÇAMENTO DE CAPITAL

O processo de orçamento de capital é muito rico e complexo, e sua correta utilização depende da visão dos dirigentes da empresa e da forma como ele é incentivado e apoiado. Consiste em cinco fases:

1. Geração de propostas – A geração das propostas de investimentos geralmente ocorre na própria empresa. Normalmente, as pessoas da área comercial, que têm forte relacionamento com os clientes e com o mercado, trazem as ideias sobre novos produtos, novas tecnologias e novos sistemas. Visitas a feiras de negócios podem gerar uma série de novas ideias que se converterão em projetos. As empresas precisam desse fluxo constante de novas ideias para se desenvolverem. Muitas estimulam e premiam ideias inovadoras. Alguns exemplos: Boticário, Natura, 3M, General Electric e Microsoft.

2. Determinação das alternativas viáveis – Após a geração de propostas, são definidas as alternativas viáveis a serem analisadas, segundo as estratégias globais da empresa. Qualquer decisão a ser tomada implica na escolha entre duas ou mais alternativas viáveis, tendo sido considerados os aspectos econômicos, tecnológicos, ambientais, éticos etc. Nesta etapa, é gerado um relatório sintético, normalmente chamado de análise de viabilidade econômica e financeira, recomendando ou desaconselhando a aprovação do projeto. Na comparação dos diferentes projetos, são utilizados diversos métodos de avaliação. Neste livro apresentamos os métodos: a) *payback*; b) *payback* descontado; c) valor presente líquido; d) índice de rentabilidade, e) taxa interna de retorno e f) taxa interna de retorno modificada. Na prática, pode ser usado mais de um critério para melhorar a decisão.

3. Tomada de decisão – Implica no comprometimento de recursos para o projeto. As decisões de investimento baseiam-se em previsões sobre o futuro, e como essas previsões podem não se confirmar, é fundamental que os analistas considerem as consequências de desvios. Uma maneira de reduzir riscos é trabalhar com diferentes cenários, aplicando probabilidades aos fluxos de caixa. Outra é adicionar uma taxa de risco ao custo de capital, conforme o risco de cada projeto. Alguns projetos podem apresentar vantagens reais, mas difíceis de quantificar, como conforto, conveniência, qualidade e imagem, por exemplo. Mesmo que não haja vantagens econômicas imediatas, pode haver vantagens estratégicas que façam com que um projeto seja atraente, como a criação de novas oportunidades de negócio ou penetração em novos mercados.

4. Implantação – Após sua aprovação, vem uma das fases críticas de qualquer projeto: a implantação. Esse momento exige gestão de projetos que será mais ou menos complexa dependendo da natureza e do porte do projeto. Recomendamos àqueles que tiverem interesse no aprofundamento desse tema que consultem a bibliografia indicada no final do capítulo.

5. Avaliação de desempenho – As empresas têm procedimentos formais para avaliar o desempenho de seus investimentos. Normalmente essa avaliação abrange: controle dos projetos em implantação; avaliação *a posteriori* dos investimentos, sendo o momento mais comum para isso um ano após a implantação, e avaliação do desempenho operacional. O objetivo desta fase é assegurar que as premissas que o recomendaram sejam efetivadas e até ultrapassadas. Um exemplo típico dessa avaliação é o da Volvo, que possui um chamado *white book* (livro branco) para registrar toda a história de seus projetos, usando suas experiências passadas e atuais em novos projetos.

6.2.4 SISTEMA DE INFORMAÇÕES PARA SUPORTE DO ORÇAMENTO DE CAPITAL

Como o orçamento de capital é um processo-chave na tomada de decisão de investimento de longo prazo, as empresas desenvolvem um sistema de informações que lhes dê sustentação na coleta, analise e avaliação de:[1]

- Informações sobre a vida econômica do projeto.
- Custo de capital e taxa de retorno exigida.
- Entradas e saídas de caixa do projeto.
- Possíveis respostas dos concorrentes ao projeto.
- Possíveis implicações do projeto para o planejamento estratégico da empresa.

Esse sistema deverá permitir a consistência no estabelecimento das premissas que sustentarão as avaliações. Essas premissas são, por exemplo: crescimento das vendas, comportamento dos custos, comportamento dos gastos gerais, estrutura tributária, projetos em andamento e encargos trabalhistas. Uma premissa fundamental e que costuma ser muito controversa é a do custo de capital.

Os fluxos de caixa – e não qualquer outra medida, contábil ou econômica – constituem-se na informação mais relevante para o processo de análise de investimento.

Existe uma corrente de teóricos e práticos do orçamento de capital que defende a adoção de critérios não quantitativos na análise de projetos.

6.3 FLUXO DE CAIXA LIVRE

Fluxo de caixa livre é o fluxo de caixa formado pelo Investimento, pelo fluxo de caixa operacional do projeto e pelo valor residual.

Como o fluxo de caixa livre é fundamental para a avaliação da viabilidade econômico-financeira do projeto, é criado um sistema de informação de suporte à elaboração do orçamento de capital.

No cálculo do fluxo de caixa livre, precisamos calcular os três elementos fundamentais: o investimento, o fluxo de caixa operacional do projeto e o valor residual.

---

[1] HO, Simon S.M. e Pike, "Richardonal characteristics influencing the use of risk analysis in strategic capital investment." In: *Engineering Economist*, Primavera de 1998, vol. 43, n. 3, p. 147.

6.3.1 INVESTIMENTO

> ***Investimento*** *é o montante líquido a ser aplicado no projeto, já considerados os diversos ajustes necessários para contemplar os financiamentos gerados por recursos não onerosos, tais como: fornecedores, salários a pagar ou tributos a pagar, ativos que serão utilizados mediante operações de* arrendamento mercantil *e recursos obtidos com a possível venda de equipamentos a serem substituídos.*

LINHA DO TEMPO

Linha de tempo é uma representação gráfica que ilustra o resultado do fluxo de caixa do projeto. A Figura 6.1 apresenta a linha de tempo de um projeto de cinco anos. Quando os valores são negativos, eles são representados por um sinal de menos (-), ou então pelo valor entre parênteses. A utilização dessa linha é recomendável, pois permite rápida visualização do Fluxo de Caixa Livre do projeto como um todo.

Figura 6.1 Linha de tempo

Tempo/anos

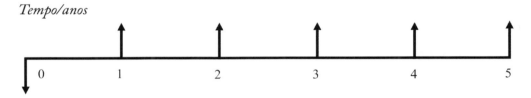

Na elaboração do orçamento de capital são feitas algumas simplificações. Na Figura 6.2 ilustramos o caso de gastos pré-operacionais, que são realizados até o momento zero, considerado no fluxo de caixa. Por exemplo, aquisição de terrenos, terraplenagem, construção civil, compra de equipamentos, dentre outros, que podem ser realizados um, dois ou até mais anos, antes da construção da fábrica.

CAPITALIZAÇÃO

Os projetos preveem o fluxo de aplicações que dão origem ao valor do investimento, que acontecem ao longo do tempo, e que devem ser capitalizados para a data prevista para o início da produção.

Figura 6.2 Fluxo dos investimentos do Projeto

Tempo/meses ou anos

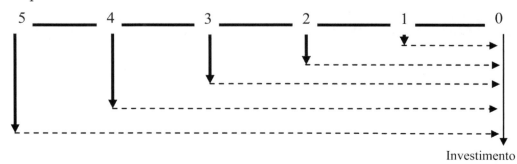

Investimento

Investimento

No Quadro 6.2 apresentamos um exemplo de cálculo de investimento. As informações para sua elaboração normalmente são obtidas de muitas fontes e então reunidas no departamento financeiro. Neste exemplo, vamos supor que a Telecomunicações do Sul do Brasil (TSB) esteja avaliando um projeto cujo valor a investir no ano 0 seja calculado da seguinte forma:

Quadro 6.2 TSB – Cálculo do Valor do Investimento – ano 0

(em R$1,00)

Aquisição de ativo imobilizado (líquido)	709.000
(+) Acréscimo de capital de giro	600.000
(=) Investimento	1.309.000

Para se chegar ao valor do investimento, são feitos vários ajustes nas necessidades de capital de giro, quando necessárias, tais como acréscimos ou reduções em necessidades de caixa, variação de estoque, variação de contas a receber, variação de contas a pagar. No exemplo anterior, conforme visto no Capítulo 3, o acréscimo de capital de giro é resultante das seguintes projeções de variações nos ativos e passivos circulantes:

Caixa	+ $200.000
Valores a receber	+ $500.000
Estoques	– $ 40.000
Contas a pagar	+ $ 60.000

O ativo imobilizado no valor de R$709.000,00 contempla os gastos com fretes, seguros e instalação dos equipamentos e a eventual venda de ativo já existente.

Nos projetos de substituição de equipamentos é preciso considerar o valor a ser obtido com a venda do equipamento substituído:

Um exemplo:

Investimento em novos equipamentos	$75.000,00
(–) Valor líquido pela venda do equipamento a ser substituído	$28.000,00
Investimento líquido	$47.000,00

Quando ocorre a venda do equipamento a ser substituído é preciso fazer o ajuste da tributação. O valor base é o dos registros contábeis. Se a venda for realizada por valor superior ao valor contábil, a diferença deve ser oferecida à tributação pelo IR. Se a venda for feita por valor igual ao valor contábil, não haverá incidência de tributação. Se for feita por valor inferior ao contábil, a diferença irá gerar um ganho tributário.

Vamos usar o exemplo anterior. O valor contábil do equipamento em substituição, supomos, é de $20.000,00. Portanto, haverá um lucro na venda de $8.000,00 sobre o qual incidirá o IR da empresa de 34%. Nesse caso, o valor líquido a ser obtido na venda não será de $28.000,00, e sim de:

28.000 – [(28.000 – 20.000) x (0,34)] = $25.280,00

Pelo exemplo, o investimento previsto seria:

Investimento no novo equipamento	($75.000,00)
(+) Valor líquido pela venda do equipamento a ser substituído	$28.000,00
(-) Imposto de Renda pela venda	($2.720,00)
(=) Investimento	($49.720,00)

6.3.2 FLUXO DE CAIXA OPERACIONAL DO PROJETO

Fluxo de caixa operacional do projeto é o resultado líquido das entradas e saídas ajustadas aos gastos que não envolvam saídas de caixa.

O Quadro 6.3 apresenta o fluxo de caixa livre da Telecomunicações do Sul do Brasil, para o ano 1. É importante observarmos que um dos ajustes mais significativos é aquele originado pela depreciação. Na avaliação do projeto, seriam definidos os fluxos de caixa livres para toda a vida útil do projeto.

Quadro 6.3 TSB – Fluxo de caixa operacional do projeto – ano 1 – em R$1,00

1. Receitas líquidas	765.000
2.1 Pessoal	13.500
2.2 Serviços de terceiros	14.918
2.3 Interconexão/interligação	124.083
2.4 Depreciação/amortização	144.203
2.5 Custo dos serviços vendidos	104.729
2.6 Outros	995
3. (=) Lucro Bruto	362.574
4. (-) Despesas de comercialização	129.200
4.1 Pessoal	17.280
4.2 Serviços de terceiros	61.430
4.3 Provisão para devedores duvidosos e perdas	22.109
4.4 Fundo de telecomunicações	17.748
4.5 Depreciação e amortização	9.945
4.6 Outras	689
5. (-) Despesas gerais e administrativas	65.714
5.1 Pessoal	16.830
5.2 Serviços de terceiros	25.857
5.3 Depreciação e amortização	15.759
5.4 Outras	7.268
6. (=) Lucro antes de Juros e Imposto de Renda – LAJIR	167.661
7. (-) Juros	17.064
8. (=) Lucro antes do Imposto de Renda – LAIR	150.597
9. (-) Imposto de Renda (34%)	51.203
10. (=) Lucro Líquido após o Imposto de Renda	99.394
11. (+) Depreciação – fábrica e administração	169.907
12. (=) Fluxo de Caixa Operacional do Projeto	269.301

6.3.2.1 FLUXO DE CAIXA INCREMENTAL

Os fluxos de caixa devem ser mensurados em termos incrementais, ou seja, os valores relevantes para a avaliação se originam em consequência da decisão de investimento, e estão perfeitamente associados ao dispêndio de capital. Em outras palavras, tudo aquilo que não sofre variação alguma em função dessa decisão de investimento não apresenta nenhum interesse para o dimensionamento do fluxo de caixa. Somente são relevantes aqueles valores que se alteram na suposição de ser implementada a proposta de investimento.

Um dos casos mais emblemáticos é o da Pepsi Twist. Lançada em 2002, a versão com limão foi bem recebida e fechou dezembro com 1,2% da participação no mercado de refrigerantes. Teria sido ótimo se a Pepsi tradicional não tivesse saído de 3,7% de participação de mercado, em dezembro de 2001, para 3,3% no fim de 2002.

Nos projetos de substituição, também devem ser considerados os fluxos incrementais que representam a diferença entre os fluxos de caixa livres projetados do equipamento existente e o fluxo de caixa livre a ser produzido pelo novo equipamento. Um exemplo:

Ano	Fluxos de Caixa Livres Equipamento Existente	Equipamento Novo	Valores Incrementais
1	5.000,	7.000,	2.000,
2	5.000,	8.000,	3.000,
3	5.000,	9.000,	4.000,
4	5.000,	10.000,	5.000,
5	5.000,	11.000,	6.000,

6.3.3 VALOR RESIDUAL

O projeto deve conter uma previsão de valor residual para o investimento. Se compramos uma frota de veículos, por exemplo, não é difícil imaginar que ao final de cinco anos, ao substituirmos a frota, os veículos substituídos serão vendidos e representarão algum valor que será inserido no Fluxo Livre de Caixa do último ano do projeto. Aqui se repetem as situações previstas na substituição de equipamentos para os casos de venda por valores diferentes do valor registrado contabilmente.

Considera-se aqui também a variação do capital de giro no final do projeto. Um exemplo: a empresa poderá reduzir valores em estoques em $12.000, valores em contas a receber em $7.000, e seus passivos com fornecedores também serão reduzidos em $8.000; assim, a variação do capital de giro será a seguinte:

Ganhos com a redução do Capital de Giro:

Com redução de Estoques	$12.000
Com redução de valores a receber	$ 7.000
Redução fornecedores	$ 8.000
Redução do Capital de Giro	$11.000

Neste exemplo, $11.000, será acrescido ao Valor residual que comporá o Fluxo de Caixa Livre, no final do período do projeto.

No Quadro 6.4 a seguir, apresentamos outro formato de fluxo de caixa de um projeto com vida útil de cinco anos.

Quadro 6.4 Telecomunicações do Sul do Brasil – TSB – Projeção dos Fluxos de Caixa Livre – anos 0-5 – R$1,00

	ano 0	ano 1	ano 2	ano 3	ano 4	ano 5
1. Investimentos em Ativos Permanentes	-709.000					
2. (+) Capital de giro inicial	-600.000					
3. (=) Investimento	-1.309.000					
1. Receitas Líquidas		765.000	880.000	880.000	880.000	880.000
2. (-) Custos de serviços prestados e mercadorias vendidas		402.426	460.592	460.592	460.592	460.592
2.1 Pessoal		13.500	13.200	13.200	13.200	13.200
2.2 Serviços de terceiros		14.918	17.160	17.160	17.160	17.160
2.3 Interconexão/interligação		124.083	142.736	142.736	142.736	142.736
2.4 Depreciação/amortização		144.203	165.880	165.880	165.880	165.880
2.5 Custo dos serviços prestados		104.729	120.472	120.472	120.472	120.472
2.6 Outros		995	1.144	1.144	1.144	1.144
3. (=) Lucro bruto		362.574	419.408	419.408	419.408	419.408
4. (-) Despesas de comercialização		129.200	145.640	145.640	145.640	145.640
4.1 Pessoal		17.280	16.896	16.896	16.896	16.896
4.2 Serviços de terceiros		61.430	70.664	70.664	70.664	70.664
4.3 Provisão para devedores duvidosos e perdas		22.109	25.432	25.432	25.432	25.432
4.4 Fundo de telecomunicações		17.748	20.416	20.416	20.416	20.416
4.5 Depreciação e amortização		9.945	11.440	11.440	11.440	11.440
4.6 Outras		689	792	792	792	792
5. (-) Despesas gerais e administrativas		65.714	72.688	72.688	72.688	72.688
5.1 Pessoal		16.830	16.456	16.456	16.456	16.456
5.2 Serviços de terceiros		25.857	29.744	29.744	29.744	29.744
5.3 Depreciação e amortização		15.759	18.128	18.128	18.128	18.128
5.4 Outras		7.268	8.360	8.360	8.360	8.360
6. (=) Lucro antes de Juros e Imposto de Renda – LAJIR		167.661	201.080	201.080	201.080	201.080
7. (-) Juros		17.064	17.064	17.064	17.064	17.064
8. (=) Lucro antes do Imposto de Renda – LAIR		150.597	184.016	184.016	184.016	184.016
9. (-) Imposto de Renda (34%)		51.203	62.565	62.565	62.565	62.565
10. (=) Lucro líquido após o Imposto de Renda		99.394	121.451	121.451	121.451	121.451
11. (+) Depreciação – fábrica e administração		169.907	195.448	195.448	195.448	195.448
12. (=) Fluxo de caixa operacional do projeto		269.301	316.899	316.899	316.899	316.899
13. (+) Valor residual						883.600
14. (=) Fluxo de caixa livre	-1.309.000	269.301	316.899	316.899	316.899	1.200.499

CUSTO DE CAPITAL

O custo de capital da empresa é a remuneração mínima exigida em seus projetos de investimento. É um padrão financeiro para tomada de decisões. Utiliza-se o Custo Médio Ponderado de Capital que abrange os custos de capital próprio e de terceiros. Este assunto é tratado em detalhes no Capítulo 7.

6.4. MÉTODOS DE AVALIAÇÃO DE PROJETOS

Existem vários métodos para a avaliação de projetos de investimento de capital. Aqui apresentamos os seguintes: *payback*; *payback* descontado; valor presente líquido; índice de rentabilidade; taxa interna de retorno e taxa interna de retorno modificada. Muitas vezes, esses métodos são utilizados simultaneamente.

No orçamento de capital, o custo médio ponderado de capital é utilizado como taxa de desconto. Custo de capital é um dos fatores mais controversos em qualquer decisão de investimento que use o método do fluxo de caixa descontado. Na prática, costuma-se adotar uma taxa que mescle resultados obtidos nos projetos existentes, com alternativas existentes no mercado financeiro e com retorno sobre o patrimônio líquido de empresas líderes no ramo.

6.4.1 PAYBACK

> Payback *é o período de tempo necessário para que o fluxo de caixa operacional do projeto recupere o valor a ser investido no projeto.*

O *payback* é um dos métodos mais utilizados nas decisões de investimento de longo prazo, principalmente como uma medida de risco. Ao estabelecer período máximo para o retorno do projeto, procura-se reduzir o risco e valorizar a liquidez. É um método utilizado para rejeitar alternativas com longo período de retorno. É dos mais simples e mais utilizados, embora seja considerado deficiente por não considerar o valor do dinheiro no tempo.

Exemplo: os fluxos de caixa livres do investimento proposto à TSB são apresentados a seguir. Quanto tempo é preciso esperar até que os fluxos de caixa livres acumulados desse investimento recuperem o capital investido? Ou qual o *payback* do investimento?

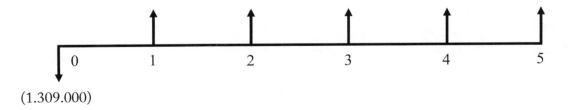

Sendo o valor a ser investido de $1.309.000, a empresa recupera $269.301 no primeiro ano, $316.899 no segundo, $316.899 no terceiro, $316.899 no quarto e ficam faltando $89.002. O fluxo de caixa do quinto é $1.200.499. Dividindo $89.002/$1.200.499, verificamos que restam 0,07 anos. Observamos, então, que o investimento é recuperado em 4,07 anos.

> **Regra do *payback*** – um investimento é aceitável quando o retorno do capital investido se dá num tempo igual ou menor que o padrão da empresa.
> *Payback* < padrão da empresa → aceita-se o projeto
> *Payback* = padrão da empresa → aceita-se o projeto
> *Payback* > padrão da empresa → rejeita-se o projeto

Agora que sabemos calcular o *payback* de um investimento, o uso da regra é bastante simples. Determina-se um padrão, digamos cinco anos, e todos os projetos de investimentos que tiverem *payback* de cinco anos ou menos serão aceitos, mas todos que recuperarem o investimento em mais de cinco anos serão rejeitados.

Vamos supor que no nosso exemplo o *payback* padrão da empresa seja de cinco anos. Como o *payback* do projeto é de 4,07 anos, aceita-se o projeto.

Analisando a regra do payback.

Vantagens	**Desvantagens**
1. Fácil de entender.	1. Ignora o valor do dinheiro no tempo.
2. Favorece a liquidez.	2. Exige um período limite arbitrário.
3. Considera a incerteza de fluxos de caixa mais distantes.	3. Ignora fluxos de caixa pós *payback*.
	4. Penaliza projetos de longo prazo.

Algumas observações importantes a respeito das decisões pelo *payback*:

- Quando se atua em diversos países com diferentes graus de risco, pode ser necessário estabelecer diferentes períodos de *payback*, como forma de reduzir riscos. Por exemplo, se a empresa tem projetos na Argentina, na China e na Nova Zelândia, ela deverá estabelecer *paybacks* para cada um desses países, de modo a expressarem os graus de risco de cada um deles.
- Quando uma empresa enfrenta problemas de liquidez, ela é forçada a dar prioridade a projetos cujo capital investido retorne o mais rápido possível.
- O *payback*, antes de ser um critério para classificar propostas de investimentos, é um critério para aceitar ou rejeitar projetos.
-

6.4.2 PAYBACK DESCONTADO

> **Payback** *descontado é o período de tempo necessário para recuperar o investimento inicial, considerando os fluxos de caixa descontados.*

Esse método foi desenvolvido para corrigir uma das principais falhas do *payback*, que é não considerar o valor do dinheiro no tempo. Nenhum dos dois, no entanto, considera o que ocorre com os fluxos de caixa após o *payback*.

Exemplo: vamos considerar os mesmos fluxos de caixa livres do investimento proposto à TSB apresentados a seguir. Quanto tempo é preciso esperar até que os fluxos de caixa livres acumulados desse investimento recuperem o capital investido, descontando o valor do dinheiro no tempo?

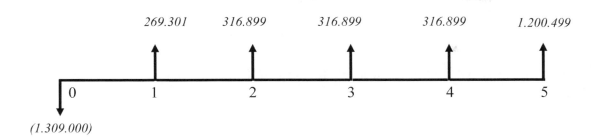

Trazendo a valor presente ao custo de capital de 17%, teremos:

Anos	FCL	FCL descontado
0	(1.309.000)	(1.309.000)
1	269.301	230.172
2	316.899	231.499
3	316.899	197.862
4	316.899	169.113
5	1.200.499	547.561

Sendo o valor do investimento $1.309.000, a empresa recupera, já calculados para valor presente, $230.172 no primeiro ano, $231.499 no segundo, $197.862 no terceiro, $169.113 no quarto e ficam faltando $480.354. O fluxo de caixa do quinto é $547.561. Dividindo $480.354/$547.561, verificamos que restam 0,88 anos. Observamos, então, que o investimento é recuperado em 4,88 anos, ou seja, o Valor Presente do Fluxo de Caixa Livre é de 1.376.207,00, maior que o investimento inicial de $1.309.000,00.

> **Regra do *payback* descontado** – um investimento é aceitável quando o retorno do capital investido se dá num tempo igual ou menor que o padrão da empresa.
> *Payback* descontado < padrão da empresa → aceita-se o projeto
> *Payback* descontado = padrão da empresa → aceita-se o projeto
> *Payback* descontado > padrão da empresa → rejeita-se o projeto

O uso da regra é similar ao do *payback*. Determina-se um padrão, digamos cinco anos, e todos os projetos de investimentos que tiverem *payback* descontado de cinco anos ou menos serão aceitos, mas todos que recuperarem o investimento em mais de cinco anos serão rejeitados.

Vamos supor que no nosso exemplo o *payback* descontado padrão da empresa seja de cinco anos. Como o *payback* do projeto é de 4,88 anos, aceita-se o projeto.

Analisando a regra do *payback* descontado.

Vantagens	**Desvantagens**
1. Fácil de entender.	1. Exige um período limite arbitrário.
2. Favorece a liquidez.	2. Penaliza projetos de longo prazo.
3. Considera o valor do dinheiro no tempo.	3. Ignora fluxos de caixa pós *payback* descontado.
4. Considera a incerteza de fluxos de caixa mais distantes.	

Algumas observações importantes a respeito das decisões pelo *payback* descontado:
- Da mesma forma que no método do *payback* simples, é preciso avaliar diferentes graus de risco dos projetos.
- Quando se precisa de liquidez, projetos cujo capital investido retorne o mais rápido possível tornam-se prioritários.
- O *payback* descontado, antes de ser um critério para classificar propostas de investimentos, é um critério para aceitar ou rejeitar projetos.

6.4.3 VALOR PRESENTE LÍQUIDO – VPL

> Valor presente líquido é o valor presente do fluxo de caixa operacional do projeto, descontado ao custo de capital da empresa.

É um dos métodos que considera o fluxo de caixa descontado. Quanto maior o valor presente líquido, melhor será o projeto. É um dos métodos mais utilizados, e a fórmula para seu cálculo é a seguinte:

$$VPL = (FC_0) + \frac{FC_1}{(1+k)} + \frac{FC_2}{(1+k)^2} + \frac{FC_3}{(1+k)^3} + \frac{FC_4}{(1+k)^4} + \cdots + \frac{FC_n}{(1+k)^n}$$

O *FC* é o fluxo líquido de caixa; *k* é o custo de capital; e *n* a vida útil do projeto. Nesse cálculo, as saídas de caixa são representadas por valores negativos. A lógica do VPL é a de que se o projeto está remunerando a empresa ao seu custo de capital, ele estará gerando caixa suficiente para pagar os juros e para remunerar os acionistas de acordo com suas exigências. Se, além disso, o projeto gera um VPL positivo, significa que a empresa estará aumentando sua riqueza ao aceitá-lo.

Exemplo: vamos utilizar o mesmo fluxo de caixa da TSB e um custo de capital de 17% para calcular o valor presente líquido do projeto.

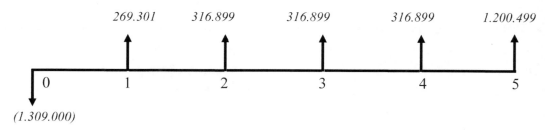

$$VPL = (1.309.000) + \frac{269.301}{(1+0{,}17)} + \frac{316.899}{(1+0{,}17)^2} + \frac{316.899}{(1+0{,}17)^3} + \frac{316.899}{(1+0{,}17)^4} + \frac{1.200.499}{(1+0{,}17)^5}$$

Resolvendo a equação temos: VPL = $67.207

A interpretação desse resultado revela que ao aceitar e implementar o projeto, como o VPL é positivo, a TSB estará aumentando a riqueza de seus acionistas em $67.207,00 além da remuneração do capital. Dessa forma, utilizar o VPL para tomada de decisões facilita o alcance do principal objetivo do administrador financeiro.

> Regra do Valor Presente Líquido – um projeto de investimento deve ser aceito se o VLP for positivo e rejeitado se ele for negativo.
>
> VPL > 0 ⇒ aceita-se o projeto
> VLP = 0 ⇒ aceita-se o projeto
> VPL < 0 ⇒ rejeita-se o projeto

Vantagens e desvantagens do VPL.

Vantagens
1. Leva em consideração o valor do dinheiro no tempo.
2. Os VPLs podem ser somados.
3. Dependem apenas dos fluxos de caixa e do custo de capital.

Desvantagens
1. Depende da determinação do custo de capital.
2. É um conceito de mais difícil assimilação pelos empresários do que uma taxa de retorno.

Algumas observações importantes a respeito das decisões pelo VPL:
- As propostas de investimento de capital com VPL = 0 são quase impossíveis de ocorrer. Caso ocorram, a decisão poderá ser por aceitá-las, pois remuneram a empresa em sua exigência de retorno, e evitam a busca de alternativas de investimento.
- Existem dificuldades de natureza prática, por exemplo, no ajuste do risco nos projetos de orçamento de capital, e na mensuração dos benefícios gerados por alguns projetos que podem ter VPL negativo, mas que poderá trazer uma imagem positiva para a empresa.
-

6.4.4 ÍNDICE DE RENTABILIDADE – IR

> Índice de rentabilidade é o índice que mede o número de vezes que a soma das entradas de caixa descontadas cobre o investimento realizado no projeto.

Da mesma forma que o VPL, é um método que considera o fluxo de caixa descontado. Quanto maior o índice de rentabilidade, melhor será o projeto. A forma para seu cálculo é a seguinte:

$$IRe = \frac{\frac{FC_1}{(1+k)^1} + \frac{FC_2}{(1+k)^2} + \frac{FC_3}{(1+k)^3} + \frac{FC_4}{(1+k)^4} + \cdots + \frac{FC_n}{(1+k)^n}}{FC_0}$$

No exemplo da TSB, temos:

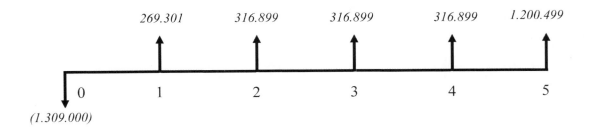

Aplicado a fórmula de cálculo do IRe:

$$IR = \frac{\dfrac{269.301}{(1+0,17)^1} + \dfrac{316.899}{(1+0,17)^2} + \dfrac{316.899}{(1+0,17)^3} + \dfrac{316.899}{(1+0,17)^4} + \dfrac{1.200.499}{(1+0,17)^5}}{1.309.000}$$

Anos	FCL	FCL Descontado
1	269.301	230.172
2	316.899	231.499
3	316.899	197.862
4	316.899	169.113
5	1.200.499	547.561
	$\sum =$	1.376.207

$$IR = \frac{1.376.207}{1.309.000} = 1,05 \text{ vezes}$$

O fluxo de caixa das entradas representa 1,05 vezes o fluxo de caixa das saídas, ou seja, o projeto está agregando valor para os acionistas. A diferença é que o VPL dá a informação em valor absoluto e o índice de rentabilidade informa sob a forma número de vezes que o investimento retorna. A lógica do IR é a de que se o projeto está trazendo mais entradas do que saídas de caixa (descontadas), ele está gerando riqueza e, portanto, deve ser aceito.

> Regra do Índice de Rentabilidade – um projeto de investimento deve ser aceito se o IR for maior ou igual a 1,0 e rejeitado se ele for menor que 1,0.
>
> IRe > 1,0 $\Rightarrow$ aceita-se o projeto
>
> IRe = 1,0 $\Rightarrow$ aceita-se o projeto
>
> IRe < 1,0 $\Rightarrow$ rejeita-se o projeto

Vantagens e desvantagens do IR.

Vantagens	Desvantagens
1. Leva em consideração o valor do dinheiro no tempo.	1. Depende da determinação do custo de capital.
2. Depende apenas dos fluxos de caixa e do custo de capital.	
3. Permite uma comparação entre entradas e saídas de caixa do projeto.	

Algumas observações importantes a respeito das decisões pelo IR:

- As propostas de investimento de capital com IR = 1 são quase impossíveis de ocorrer. Caso ocorram, a decisão poderá ser por aceitá-las, pois remuneram a empresa em sua exigência de retorno, e evitam a busca de alternativas de investimento.

- Existem dificuldades de natureza prática, por exemplo, no ajuste do risco nos projetos de orçamento de capital e na mensuração dos benefícios gerados por alguns projetos que podem ter um IR menor que 1,0, porém trazer uma imagem positiva para a empresa.

6.4.5 TAXA INTERNA DE RETORNO – TIR

> Taxa interna de retorno é a taxa que iguala o fluxo de caixa operacional ao valor a ser investido no projeto.

A taxa interna de retorno de um investimento é a maior taxa de desconto possível para tornar o VPL igual a zero.

Com a TIR, procuramos determinar uma única taxa de retorno para sintetizar os méritos de um projeto. Essa taxa é dita interna no sentido de que depende somente dos fluxos de caixa do projeto, e não de taxas oferecidas pelo mercado. Quanto maior a TIR, melhor será o projeto. Como o VPL, a TIR é um dos métodos mais utilizados, e a forma para seu cálculo é a seguinte:

$$(FC_0) + \frac{FC_1}{(1+TIR)} + \frac{FC_2}{(1+TIR)^2} + \frac{FC_3}{(1+TIR)^3} + \frac{FC_4}{(1+TIR)^4} + \cdots + \frac{FC_n}{(1+TIR)^n} = 0$$

Para calcularmos a TIR, precisamos encontrar o valor que torne a equação igual a zero. Ou seja, precisamos tornar o valor presente das entradas igual ao valor presente das saídas.

A lógica da TIR é a de que se o projeto está oferecendo um retorno igual ou superior ao custo de capital da empresa, ele estará gerando caixa suficiente para pagar os juros e para remunerar os acionistas de acordo com suas exigências. Se a TIR do projeto for maior que o custo de capital, significa que a empresa estará aumentando sua riqueza ao aceitá-lo.

Vamos utilizar o mesmo fluxo de caixa da TSB para calcular a TIR.

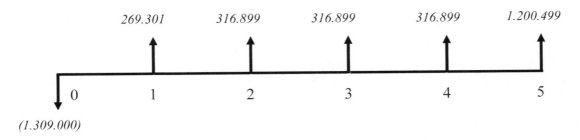

Precisamos encontrar a taxa que iguale o fluxo de caixa das entradas ao fluxo de caixa das saídas:

$$(1.309.000) + \frac{269.301}{(1+TIR)^1} + \frac{316.899}{(1+TIR)^2} + \frac{316.899}{(1+TIR)^3} + \frac{316.899}{(1+TIR)^4} + \frac{1.200.499}{(1+TIR)^5} = 0$$

Resolvendo a equação, temos: TIR = 18,7365%

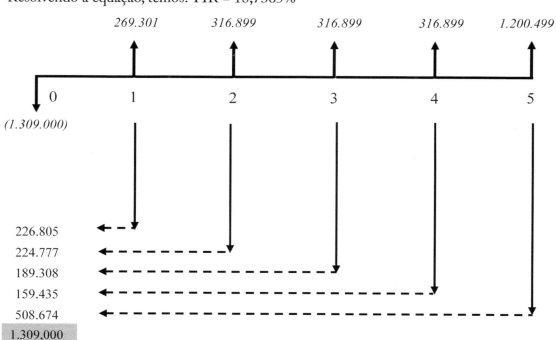

VPL = (12309.000) + 1.309.000 = 0

Na HP 12 C
f clear FIN
1.309.000 CHS g CF_o
269.301 g CF_j
316.899 g CFj
3 g Nj
1.200.499 g CFj
f IRR $\Rightarrow$ 18,74%

Como estamos utilizando o custo de capital de 17% para os projetos da TSB, a interpretação desse resultado é que ao aceitar e implementar o projeto a TSB estará aumentando a riqueza de seus acionistas, pois a TIR é maior que seu custo de capital. Dessa forma, utilizar a TIR permite a tomada de decisões que maximizam a riqueza dos acionistas.

> Regra da TIR – um projeto de investimento é aceitável se sua TIR for igual ou superior ao custo de capital. Caso contrário, deve ser rejeitado.
> TIR > k_e → aceita-se o projeto
> TIR = k_e → aceita-se o projeto
> TIR < k_e → rejeita-se o projeto

Vantagens e desvantagens da TIR

Vantagens	Desvantagens
1. Leva em consideração o valor do dinheiro no tempo.	1. Depende da determinação do custo de capital.
2. Depende apenas dos fluxos de caixa e do custo de capital.	2. Pode apresentar respostas múltiplas, se os fluxos de caixa forem não convencionais.
3. Permite a comparação entre a taxa de retorno do projeto e as taxas de mercado.	3. Pode conduzir a decisões incorretas nos investimentos mutuamente excludentes.
4. Relacionada de perto ao VPL, geralmente levando a decisões idênticas.	
5. Fácil de entender e transmitir.	

Algumas observações importantes a respeito das decisões pela TIR:
- Se os fluxos de caixa de um projeto forem convencionais (saídas seguidas de entradas ao longo da vida do projeto), e se os projetos forem independentes, então o VPL e a TIR irão levar às mesmas decisões de aceitar ou rejeitar.
- Se um projeto tiver um fluxo de caixa não convencional, ele poderá apresentar mais de uma TIR.

ALGUNS PROBLEMAS ESPECIAIS COM O CÁLCULO DA TIR

- Fluxos de caixa não convencionais — se o fluxo de caixa é do tipo empréstimo, significando entrada de caixa primeiro e depois saídas de caixa, a TIR é realmente uma taxa de empréstimos, e quanto menor melhor.
- Múltiplas taxas de retorno — se os fluxos de caixa se alternam, saídas, entradas, saídas, mais de uma TIR é possível. Nesse caso, a regra do VPL funciona melhor.

Exemplo: Vamos supor que um projeto qualquer tenha o seguinte fluxo de caixa. Qual sua TIR?[2]

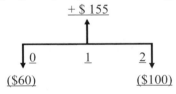

Resposta: Existem duas respostas, ou seja, há duas TIRs: 25% e 33,33%. Nesse caso é melhor usarmos o método VPL, pois saberemos que o VPL será positivo se a taxa exigida estiver entre 25% e 33,33%. Este exemplo mostra que o método da TIR pode, excepcionalmente, conduzir a mais de uma TIR, o que pode criar situações de aparente falta de solução.

CONFLITO ENTRE O VPL E A TIR

O VPL é o método mais indicado pelos acadêmicos. Já a TIR é preferida pelos executivos e empresários, porque estes analisam os investimentos em termos de taxas percentuais, como faz o mercado financeiro.

Projetos independentes. Nos projetos independentes, os dois métodos, VPL e TIR, conduzem às mesmas decisões de rejeição ou aceitação. Ou seja, dado um custo de capital, qualquer projeto que

---
[2] Veja detalhes da solução desse impasse no anexo deste capítulo.

tenha um VPL positivo terá uma TIR superior ao custo de capital. Qualquer projeto rejeitado por um dos métodos, também será pelo outro.

Projetos mutuamente excludentes. Nesses tipos de projetos, já não acontece o mesmo, pois os dois métodos podem levar a diferentes soluções. Isso ocorre pelas taxas de reinvestimento implícitas em cada um dos métodos, as quais determinam como serão reinvestidos os fluxos de caixa gerados pelos projetos. No caso do VPL, os fluxos de caixa gerados serão reinvestidos pelo custo de capital. No caso da TIR, os fluxos de caixa serão reinvestidos pela taxa interna de retorno.

Projetos com vidas diferentes. O mesmo problema verificado com projetos mutuamente excludentes acontece aqui, pelos mesmos motivos.

6.4.6 TAXA INTERNA DE RETORNO MODIFICADA – TIRM

Para corrigir a o problema de reinvestimento dos fluxos de caixa pela própria TIR, e não pelo custo de capital, utiliza-se a Taxa Interna de Retorno Modificada – TIRM.

> Taxa Interna de Retorno Modificada é a taxa de desconto à qual o valor presente do custo de um projeto é igual ao valor presente de seu valor final, em que o valor final é encontrado pela soma dos valores futuros das entradas de caixa capitalizadas ao custo de capital da empresa.

Vamos utilizar o mesmo fluxo de caixa da TSB para calcular a TIRM.

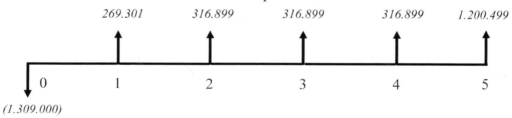

Precisamos encontrar a taxa que iguale o fluxo de caixa das entradas ao fluxo de caixa das saídas:

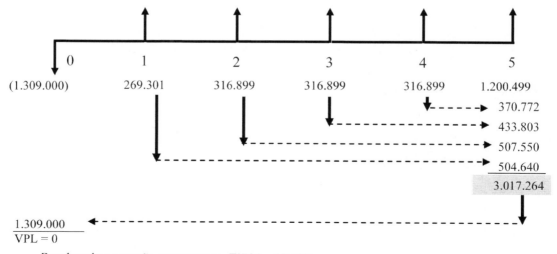

Resolvendo a equação encontramos: TIRM = 18,18%

Como estamos utilizando um custo de capital de 17% para os projetos da TSB, a interpretação desse resultado diz que ao aceitar e implementar o projeto a TSB estará aumentando a riqueza de seus acionistas, pois a TIRM é maior que seu custo de capital. Dessa forma, utilizar a TIRM permite a tomada de decisões que maximizam a riqueza dos acionistas.

> Regra da TIRM – um projeto de investimento é aceitável se sua TIRM for igual ou superior ao custo de capital. Caso contrário, deve ser rejeitado.
> TIRM > k_c → aceita-se o projeto
> TIRM = k_c → aceita-se o projeto
> TIRM < k_c → rejeita-se o projeto

Observação importante a respeito das decisões pela TIRM:
- Se os fluxos de caixa de um projeto forem convencionais (saídas, seguidas de entradas ao longo da vida do projeto), e se os projetos forem independentes, então o VPL e a TIR irão levar às mesmas decisões de aceitar ou rejeitar.

6.4.7 A DECISÃO DE INVESTIMENTO SOB CONDIÇÕES DE RISCO

As técnicas apresentadas são adotadas para decisão de investimento sem considerar o risco do projeto, e, no caso de decisão entre mais de um projeto, consideram os projetos em idênticas condições de risco. Essa situação nem sempre acontece, e torna-se necessária a inserção da variável risco nas análises dos projetos.

No Capítulo 5 o risco é estudado em profundidade, e o que foi visto deve ser utilizado para inserir essa variável na decisão de investimento.

Ao se formularem as projeções financeiras dos projetos, os responsáveis certamente consideram a variável risco na determinação dos valores que comporão o fluxo de caixa livre. É certo que os valores dos investimentos, dada a proximidade entre a preparação do projeto e a sua implantação, são os que apresentam menor risco. As projeções do fluxo de caixa livre e do valor residual estão expostas a níveis maiores de risco porque sua concretização se dará a longo prazo, o que é crucial no processo, dado que muitas variações podem ocorrer por mudanças na economia, alterações de tendências de consumo etc. De certa forma, pode-se considerar que cada projeção traz em si os ajustes correspondentes à exposição ao risco.

Outra forma de ajuste é pela adequação do custo de capital ao risco do Projeto. Através do Custo de Capital Proporcional ao Risco (CCPR), o cálculo do VPL se fará utilizando um Custo de Capital que trará inserida nele uma taxa inerente ao risco do projeto. A empresa pode definir um custo de capital padrão e ajustá-lo a projetos de maior ou menor risco.

Exemplificando:

Temos dois projetos em análise, ambos com investimento de $100.000 e fluxo de caixa livre de $25.000 por um período de seis anos. O custo de capital da empresa é de 12% e se aplica ao Projeto A. O Projeto B, cuja localização induz aos investidores a expectativa de maior risco, tem inserida no seu custo de capital uma taxa de risco de mais 2,5%. Assim, o Projeto A será analisado considerando o Custo de Capital de 12%, e o Projeto B terá um Custo de Capital Proporcional ao Risco (CCPR) de 14,5%. Calculando-se o VPL de ambos temos:

Projeto A – VPL = $2.785,20

Projeto B – VPL = ($4.100,00)

Os resultados indicam que o Projeto A é viável por apresentar VPL maior que zero e o B deve ser rejeitado por ter VPL negativo.

6.4.8 RESUMO E CONCLUSÕES SOBRE OS MÉTODOS DE AVALIAÇÃO

O quadro a seguir apresenta um resumo dos métodos de análise estudados neste capítulo. A primeira e a segunda coluna indicam o nome do método e a sigla mais usual. A terceira coluna explica o método, e a quarta destaca suas limitações.

Quadro 6.5 Resumo dos métodos de avaliação de investimentos

Método	Sigla	Observação	Restrições
Payback	PB	Período de tempo em que o investimento inicial retornará.	Desconsidera o período restante do projeto.
Payback descontado	PBD	Período de tempo em que o investimento inicial retornará; descontado o custo de capital.	Desconsidera o período restante do projeto.
Valor presente líquido	VPL	É o valor no presente dos valores a serem obtidos no futuro, descontados à taxa média de atratividade da empresa.	É o mais correto para maximizar a riqueza do acionista, pois considera o valor do dinheiro no tempo, o custo de capital e o tempo do projeto.
Índice de rentabilidade	IR	Mede o número de vezes que a soma das entradas de caixa descontadas ao custo de capital cobre o investimento realizado no projeto.	É um método que conduz às mesmas decisões do VPL, com a diferença de que indica a solução em forma de um indicador de proporcionalidade.
Taxa interna de retorno	TIR	É a taxa de desconto que iguala os fluxos de entrada e saída ou a taxa que iguala o valor presente líquido a zero.	É menos consistente com a maximização da riqueza do acionista, pode aceitar projetos com taxas altas, mas abaixo da TMA.
Taxa interna de retorno modificada	TIRM	É a taxa de desconto à qual o valor presente do custo de um projeto é igual ao valor presente de seu valor final, em que o valor final é encontrado como a soma dos valores futuros das entradas de caixa, capitalizados ao custo de capital da empresa.	É menos consistente com a maximização da riqueza do acionista, pode aceitar projetos com taxas altas, mas abaixo da TMA.

6.5. PRÁTICAS DE ORÇAMENTO DE CAPITAL

A utilização das técnicas de fluxo de caixa descontado teve início a partir de 1950 nos Estados Unidos e 1960 na Europa. No Brasil, as multinacionais trouxeram as técnicas de suas matrizes e influenciaram na adoção destas pelas grandes empresas a partir de 1980. Embora venham sendo ensinadas nos cursos de administração desde a década de 1980, os executivos e empresários brasileiros sempre tiveram dificuldades em adotá-las. Essas dificuldades advêm da situação econômica brasileira – altas taxas de inflação e de juros, mudanças da moeda nacional, modificações na legislação, edições de pacotes econômicos – que marca todo o gerenciamento empresarial brasileiro nas últimas décadas.

Mesmo nos países desenvolvidos, sua aplicação inicialmente se deu nos setores em que as empresas eram mais capazes de estimar os seus fluxos de caixa, como em indústrias do petróleo, de energia elétrica ou em serviços públicos. A utilização de métodos menos sofisticados de análise cresce em ambientes de grande incerteza e risco, pois se os fluxos futuros do projeto são difíceis de estimar com precisão, não há vantagem em se adotar métodos sofisticados de tratá-los.

Atualmente, nos Estados Unidos principalmente, é prática comum entre as grandes empresas empregar algumas técnicas de fluxo de caixa descontado, seja TIR ou VPL, com o *payback*. Essa é uma maneira de resolver a considerável incerteza sobre eventos futuros que norteiam as estimativas do VPL.

Pesquisas realizadas por Ho e Pike, nos Estados Unidos, publicadas na primavera de 1998, mostraram que 49,50% do sucesso ou do insucesso do orçamento de capital das empresas são explicados pelos fatores determinantes apresentados na Tabela 6.1, sendo muito mais significativo o sistema de informações para o orçamento de capital.

Tabela 6.1 Fatores determinantes do sucesso no orçamento de capital

Fatores determinantes do sucesso no orçamento de capital	Variância Explicada
1. Sistema de informação para orçamento de capital	*15,3%*
2. Sistema de controle para orçamento de capital	*6,9%*
3. Estrutura de recompensa para orçamento de capital	*6,3%*
4. Incerteza socioeconômica	*5,9%*
5. Incertezas do mercado	*5,4%*
6. Inovação e orientação tecnológica	*5,0%*
7. Propensão a assumir risco	*4,7%*
Total	***49,5%***

Fonte: HO e PIKE, op. cit., primavera de 1998.

As multinacionais e o Brasil

O estoque de investimentos estrangeiros diretos no Brasil chegou a US$150 bilhões em 1998, representando cerca de 20% do PIB. A Tabela 6.2 apresenta os fatores determinantes da decisão de investimentos realizados pelas multinacionais no País, segundo estudo da Sociedade Brasileira de Estudos de Empresas Transnacionais e da Globalização Econômica (Sobeet), realizado em 1999.

Tabela 6.2 Fatores determinantes da decisão de investimento

Fatores determinantes	%
1. Redução do custo de produção	87
2. Melhoria da qualidade do produto	84
3. Busca por novos produtos	70
4. Substituição de produtos e processos defasados	68
5. Melhoria das condições de segurança do trabalho	64
6. Simplificação do *mix* de produtos	59
7. Preservação do meio ambiente	59
8. Aumento da flexibilidade da produção	45

Fonte: Sobeet/*Gazeta Mercantil*, 28/03/2000.

É importante observar que a redução de custos da produção e a melhoria da qualidade do produto são os fatores determinantes apontados pelas multinacionais que operam no país como os mais relevantes. Os percentuais excedem os 100% porque as empresas podiam indicar mais de um fator na pesquisa. A Tabela 6.3 evidencia, por outro lado, os fatores condicionantes da decisão de investir, vigentes nas multinacionais que operam no Brasil. Merece destaque a importância dada à qualidade e disponibilidade da mão de obra. Quanto às fontes de financiamento apropriadas, para as multinacionais, não parecem ser tão relevantes, provavelmente porque suas matrizes conseguem obter recursos em seus países de origem a custos baixos e prazos longos.

Tabela 6.3 Fatores condicionantes da decisão de investimento

Fatores condicionantes	%
1. Qualidade de mão de obra especializada	59
2. Qualidade de mão de obra de nível superior	57
3. Disponibilidade de mão de obra de nível superior	56
4. Disponibilidade de mão de obra especializada	54
5. Acesso a matéria-prima e insumos básicos	52
6. Política de comercio exterior	49
7. Lei sobre direito de propriedade intelectual industrial	41
8. Infraestrutura tecnológica do país	41
9. Incentivos fiscais	33
10. Fontes de financiamento apropriadas	24

Fonte: Sobeet/*Gazeta Mercantil*, 28/03/00.

Outro fator importante a ser destacado é o dos incentivos fiscais, motivo de muitas discussões políticas no país, particularmente entre governantes dos estados, que costumam atribuir a esse fator o motivo de perderem investimentos de multinacionais em suas regiões.

6.6. MÉTODOS CONTEMPORÂNEOS DE AVALIAÇÃO DE PROJETOS

Quando os retornos dos projetos de investimento não são totalmente quantificáveis no fluxo de caixa do projeto, ou seja, nem todos os benefícios são quantitativos e existem alguns benefícios qualitativos, os empresários passam a utilizar parâmetros diferentes para a análise de decisão de investimentos. Chamamos esses parâmetros de métodos contemporâneos de avaliação de projetos de investimento. Os principais métodos são a avaliação relativa e a avaliação por direitos contingentes, que apresentamos a seguir, de forma sucinta.

AVALIAÇÃO RELATIVA

A avaliação relativa ou analógica vale-se da comparação como forma de avaliar a empresa. São estabelecidos indicadores padrões médios do setor em estudo, e a empresa avaliada tem seus indicadores comparados a esses padrões. Esses indicadores relacionam variáveis econômico-financeiras, tais como: preço das ações no mercado, lucro, vendas e valor contábil das ações. É pressuposto que o mercado avalia corretamente essas empresas.

A escolha do índice adequado para a avaliação pode ser feita de duas maneiras. A primeira emprega fundamentos: os indicadores são relacionados às informações básicas da empresa; o fluxo de caixa é relacionado à taxa de crescimento de lucros; os índices de pagamento, ao risco e o nível de vendas, à margem de lucros. A segunda emprega comparações: os indicadores da empresa avaliada são relacionados a indicadores médios do setor e a indicadores de outras empresas similares. Existe, nesse método, margem de subjetividade, principalmente na determinação do que é comparável. Por exemplo, em uma listagem de empresas do mesmo ramo de atividades, mesmo perfil de fornecedores e clientes, mesmas características operacionais, o índice preço-lucro médio pode variar muito quando se retiram *outliers* da amostra. A abordagem de avaliação relativa apresenta as imperfeições mencionadas exatamente por ser mais próxima da realidade do mercado. Sua utilização implica subjetividade na medida em que o mercado nem sempre é objetivo.

AVALIAÇÃO POR DIREITOS CONTINGENTES

Esta avaliação também é conhecida por Modelos de Precificação de Opções, cujos precursores são Black e Scholes (1972). A ideia-base é a vinculação de um valor, chamado opção, a certo ativo. O valor só existirá caso esse ativo assuma determinado valor preestabelecido. A utilização de técnicas de opções para a decisão de investimentos é recente; surgiu da necessidade de se justificar quantitativamente a alocação de recursos privados em grandes projetos de investimento, tais como privatização de segmentos da infraestrutura econômica. A viabilidade econômica desses projetos é de difícil mensuração, pois os prazos de maturação são longos e a variabilidade dos retornos esperados é grande. Dessa forma, a decisão de investimento desses projetos foi considerada como uma opção, semelhante ao modelo desenvolvido por Black e Scholes (1972) para ativos financeiros.

Conforme Dixit e Pindyck (1995, p. 105), as oportunidades de investimento são consideradas opções de investimento; o detentor da opção tem o direito, mas não a obrigação de realizá-la. A vantagem de se utilizar a técnica das opções reais está em evitar que o decisor abandone um projeto de investimento cujo valor presente líquido é negativo, quando calculado pelo tradicional método de fluxo de caixa descontado. A teoria das opções reais permite flexibilizar a irreversibilidade da decisão de investimento, em vez de apenas ser positivo, o valor presente de um fluxo de caixa esperado de um projeto deve exceder o custo do projeto em uma quantia igual ao valor de manter a opção de investimento viva.

6.7. RESUMO

Este capítulo apresentou e discutiu os principais fundamentos da decisão de investimento de longo prazo, abrangendo seu principal instrumento, que é o orçamento de capital, com seus métodos de avaliação de projetos.

Foram apresentados os principais fatores que justificam a adoção do orçamento de capital, com vários exemplos de sucessos e insucessos de projetos de investimento no país.

A seguir, foram apresentados e discutidos os conceitos fundamentais de decisão de investimento de longo prazo e orçamento de capital, ressaltando as partes que compõem a análise de viabilidade econômico-financeira de um projeto. Avaliou-se a semelhança entre investimento de capital e investimentos em títulos. Foi apresentada e discutida a natureza dos projetos de investimento: independentes, dependentes e mutuamente excludentes. Deu-se uma especial atenção ao processo de orçamento de capital em suas cinco fases: geração de propostas, determinação de alternativas, tomada de decisão, implantação e avaliação de desempenho. Discutiu-se o sistema de informações para suporte do orçamento de capital. Especial destaque foi dado à conceituação e elaboração do fluxo de caixa livre, com exemplos numéricos detalhados.

Os métodos de avaliação de projetos *payback*, *payback* descontado, valor presente líquido, índice de rentabilidade, taxa interna de retorno modificada foram amplamente conceituados, discutidos e exemplificados, permitindo uma boa visão do assunto.

Foram apresentados exemplos de práticas de orçamento de capital nos Estados Unidos e no Brasil. Finalmente, objetivando os leitores que buscam aprofundar o tema, foram mostrados dois métodos contemporâneos de avaliação de projetos, a avaliação relativa e a avaliação por direitos contingentes.

6.8. QUESTÕES

1. Por que as decisões de orçamento de capital são essenciais para o sucesso da empresa?
2. Por que as previsões de vendas são um elemento-chave na decisão de orçamento de capital?
3. Como uma empresa gera projetos de capital?
4. Identifique e explique em poucas palavras como as categorias de classificação de projetos de investimento de capital são utilizadas.
5. Liste os cinco passos do processo de orçamento de capital e compare-os com os passos da avaliação dos ativos financeiros.
6. Explique como o orçamento de capital está relacionado com o objetivo da maximização da riqueza que deveria ser atingido pelo administrador financeiro de uma empresa.
7. Conceitue depreciação, amortização e exaustão, e explique por que é importante considerá-las na determinação do fluxo de caixa livre.
8. Quais são os três métodos de avaliação de propostas de orçamento de capital mais utilizados pelas empresas modernamente?
9. Descreva cada método e justifique seu uso.
10. Quais os dois métodos que levam sempre à mesma decisão de aceitar/rejeitar os projetos independentes?
11. Quais as duas informações que são obtidas somente com o *payback*?
12. Qual é a razão do conflito entre os métodos do VPL e TIR?
13. Se um conflito existir, a decisão de orçamento de capital deveria ser feita baseada na classificação VPL ou TIR? Por quê?
14. Qual é o problema das múltiplas TIRs e qual a condição necessária para que isso ocorra?
15. Cite e explique um dos métodos de avaliação de investimentos contemporâneos.
16. "Nós utilizamos sempre os lucros retidos para fins de orçamento de capital, porque sendo capital próprio, eles não têm custo". Comente essa afirmação de um diretor financeiro de uma grande empresa nacional.
17. Explique por que o VPL de um projeto de LP é mais sensível às mudanças no custo de capital do que o VPL de um projeto de CP.
18. Há condições sob as quais uma empresa poderia estar melhor se optasse por uma máquina com um rápido *payback*, em vez de outra com um VPL maior?

19. Se dois projetos mutuamente excludentes estão sendo comparados, explique por que o Projeto de CP poderia ter uma classificação mais alta sob o critério do VPL, se o custo de capital fosse alto, e o projeto de LP poderia ser considerado melhor, se o custo de capital fosse baixo. As mudanças no custo de capital chegariam a causar uma mudança na classificação da TIR desses dois projetos?

20. Descreva as vantagens e desvantagens dos métodos de elaboração de orçamento de capital (*payback*, *payback* descontado, valor presente líquido, índice de rentabilidade, taxa interna de retorno e taxa interna de retorno modificada).

6.9. EXERCÍCIOS

1. A JBP de Computadores deseja conhecer o Valor Presente de um projeto que apresenta o seguinte Fluxo de Caixa. Seu custo de capital é de 12%. Considerando alternativas de risco, os custos de capital poderiam ser de 15% ou 18%. Calcule os respectivos valores presentes.

Ano	Fluxos de caixa
1	$ 600
2	700
3	600
4	400
5	400

2. Sua empresa gerará fluxos anuais de $20.000 durante os próximos oito anos graças a um novo banco de dados. O sistema de computação necessário para instalar o banco de dados custa $150.000. Se puder tomar dinheiro emprestado para comprar o sistema de computação à taxa de juros de 11% ao ano, valerá a pena ter o novo sistema?

3. O investimento "X" oferece pagar $2.000 por ano durante quatro anos, enquanto o investimento "Y" promete pagar $2.500 por ano durante três anos. Qual dessas séries de fluxos de caixa tem maior valor presente caso a taxa de desconto exigida desse investimento fosse 12%?

4. Se o custo de capital for 11% a.a, qual será o valor presente do seguinte fluxo de caixa?

Ano	Fluxos de caixa
1	$2.000
2	3.000
3	5.000
4	4.500
5	0
6	700

5. Vamos supor que um torno mecânico esteja sendo adquirido por $150.000,00 pela Sigma Empreendimentos, e tenha uma vida útil de 15.000 horas/máquina. Adotando o método direto, baseado nas horas trabalhadas, qual será a depreciação em cada um dos cinco anos de vida útil do torno se as horas/máquinas utilizadas no período forem: ano 1 – 2.625; ano 2 – 2.925; ano 3 – 3.075; ano 4 – 3.375 e ano 5 – 3.000?

6. Caso a Sigma utilize a depreciação linear para o mesmo período, quais os valores da depreciação? Se houvesse um valor residual de 10%, qual seria a depreciação?

7. Você está analisando dois projetos de investimento, A e B. Se o seu custo de capital é de 9% a.a., qual será o melhor projeto? Use o VPL, a TIR e o *payback*. Analise se nesse caso há coerência entre os resultados.

Ano	Fluxos de caixa de A	Fluxos de caixa de B
0	- $25.000	- $25.000
1	8.000	10.000
2	10.000	12.000
3	12.000	14.000
4	14.000	15.000
5	16.000	18.000

8. A Aves e Ovos S.A. tem um padrão de *payback* de três anos. Qual dos projetos a seguir se enquadra nos critérios da empresa?

Ano	Fluxos de caixa de A	Fluxos de caixa de B
0	- $50.000	- $120.000
1	32.000	65.000
2	32.000	65.000
3	20.000	65.000
4	20.000	65.000

9. Calcule as TIRs dos fluxos de caixa a seguir, e identifique qual projeto é mais interessante e por quê?

Ano	1	2
0	–3.000	–5.000
1	1.500	4.500
2	1.200	1.100
3	800	800
4	300	300
5	100	1.000
6	200	500

10. A Viação Azul-Celeste está avaliando um projeto com os seguintes fluxos de caixa:

Ano	Fluxos de caixa
0	- 1.800
1	2.400
2	- 200

a) Se seu custo de capital for de 10%, calcule o VPL.

b) Calcule a TIR deste projeto.

c) Sob a ótica do VPL e da TIR a empresa realiza esse investimento? Por quê?

11. Considere os seguintes projetos mutuamente excludentes. O custo de capital é de 12%. Calcule: a) O *payback*; b) o *payback* descontado; c) A TIR; d) O VPL; a TIRM. Analise os resultados e decida entre os dois. Por quê?

Ano	A	B
0	- 280.000	- 250.000
1	50.000	260.000
2	200.000	20.000
3	300.000	55.000

12. A Bósio Logística possui R$2.000.000 para investir em seus projetos, seu custo de capital é 10% e mesmo nível de risco. Ela está avaliando os seguintes projetos, mutuamente excludentes. Quais projetos a Bósio deveria aceitar? Por quê?

Projeto	Custo inicial $	Fluxo de caixa anual $	Vida do projeto
1	750.000	140.000	8 anos
2	680.000	180.000	7 anos
3	530.000	100.000	9 anos
4	400.000	90.000	7 anos
5	200.000	40.000	6 anos

13. A Corcovado Empreendimentos está em um processo de escolha do melhor, dentre dois projetos – M e N – de dispêndio de capital, mutuamente excludentes e com igual nível de risco. Os fluxos de caixa relevantes para cada projeto são apresentados a seguir. O custo de capital é de 18%

	Projeto M	Projeto N
Investimento de Capital	$30.000	$25.000
Ano	Entradas de caixa (FC)	
1	$12.800	$13.000
2	12.800	10.000
3	12.800	9.000
4	12.800	7.000

a. Calcule o período de *payback* para cada projeto.
b. Calcule o período de *payback* descontado para cada projeto.
c. Calcule o valor presente líquido para cada projeto.
d. Calcule o índice de rentabilidade para cada projeto.
e. Calcule a taxa interna de retorno para cada projeto.
f. Calcule a taxa interna de retorno modificada para cada projeto.
g. Faça um resumo das preferências determinadas de acordo com cada técnica e indique qual projeto você recomendaria. Explique por quê.

14. Você é analista financeiro da Nascente dos Pinhais Ltda. O responsável pelo orçamento de capital pediu-lhe que analisasse dois investimentos de capital propostos, os projetos X e Y. Cada projeto tem um custo de $10.000 e um custo de capital de 12%. Os fluxos de caixa líquidos esperados dos dois projetos são os seguintes:

Fluxos de Caixa Líquidos Esperados

Ano	Projeto X	Projeto Y
0	($10000)	($10000)
1	6.500	3.500
2	3.000	3.500
3	3.000	3.500
4	1.000	3.500

a. Calcule para cada projeto: o *payback*, o *payback* descontado, o VPL, o IR, a TIR e a TIRM.
b. Qual projeto deve ser aceito se eles forem independentes? Explique.
c. Qual projeto deve ser aceito se eles forem mutuamente excludentes? Explique.
d. Como uma variação no custo de Capital poderia produzir um conflito entre as ordenações, de acordo com o VPL e com a TIR desses dois projetos? Por que existe o conflito?

15. Uma empresa está tentando avaliar um projeto com os seguintes fluxos de caixa:

Ano	Fluxo de caixa
0	$- 900
1	1.200
2	-200

a. Se exigir um retorno de 10% em seus investimentos, deverá aceitar este projeto, pelo VPL?

b. Calcule a TIR desse projeto. Se aplicar a regra da TIR, deverá aceitar o projeto ou não? O que está ocorrendo neste caso?

16. Considere os seguintes projetos mutuamente excludentes:

Ano	Fluxo de caixa A	Fluxo de caixa B
0	$-260.000	$-40.000
1	5.000	45.000
2	15.000	5.000
3	15.000	500
4	425.000	500

Seja qual for o projeto escolhido, se houver algum, você requer um retorno de 15% sobre o seu investimento.

Aplique todos os critérios apreendidos neste capítulo e tome a sua decisão de investimento.

6.10. BIBLIOGRAFIA ADICIONAL

BLACK, Fischer; SCHOLES, Myron. "The pricing of options and corporate liabilities." *Journal of political economy*, v. 81, maio/jun. 1973.

BRIGHAM, Eugene F.; GAPENSKI, Louis C.; EHRARDT, Michael C. *Administração financeira: teoria e prática*. São Paulo: Atlas, 2001.

CLEMEN, Robert T. *Making hard decisions*. Califórnia: Duxbury Press Belmont, 1990.

DAMODARAN, Aswath. *Avaliação de investimentos: ferramentas e técnicas para a determinação do valor de qualquer ativo*. Rio de Janeiro: Qualitymark, 1997.

DIXIT, Avinash; PINDYCK, Robert. *Investment under uncertainty*. Princeton University Press, 1993.

FAMA, E. e MILLER, M. *The theory of finance*. Nova York: Holt, Rinehart and Winston, 1972.

FISHER, Irving. *The theory of interest*. Nova York: Augustus Kelley, Publishers, 1965.

Harvard Business Review, p. 105-15, maio/jun. 1995.

HIRSCHLEIFER. "On the theory of optimal investment decision." *Journal of Political Economy*. v. 66, p. 329-52, ago 1958.

HORNGREN, C.; SUNDEM, G.; ELLIOT, J. *Introduction to financial accounting*. 7ª ed. Prentice Hall: New Jersey, 1999.

RIGOLON, Francisco José Zagari. "Opções reais, análise de projetos e financiamentos de longo prazo." *Revista do BNDES*. Rio de Janeiro, v. 6, n. 11, p. 137-66, jun. 1999.

SECURATO, José Roberto. *Decisões financeiras em condição de risco*. 2ª ed. São Paulo: Saint Paul, 2007.

WESTON, J. Fred; BRIGHAM, Eugene F. *Fundamentos da administração financeira*. São Paulo: Makron Books, 2000.

ANEXO

Vamos supor que um projeto qualquer tenha o seguinte fluxo de caixa. Qual sua TIR?

0	1	2
($60.000)	+ 155.000	(- $100.000)

Simulação para elaboração de gráfico:

TAXA	VPL
20%	(277,78)
21%	(202,17)
22%	(137,06)
23%	(81,96)
24%	(36,42)
25%	0,00
26%	27,71
27%	47,12
28%	58,59
29%	62,50
30%	59,17
31%	48,95
32%	32,14
33%	9,05
34%	(20,05)
35%	(54,87)
36%	(95,16)
37%	(140,66)
38%	(191,14)
39%	(246,36)
40%	(306,12)

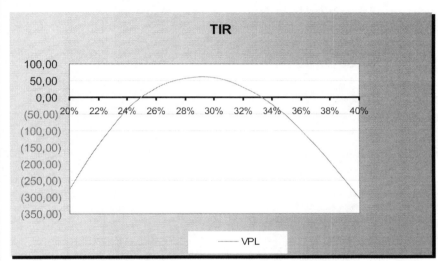

Observa-se, graficamente, que há duas taxas que zeram o VPL, e que o ponto de inflexão da curva está entre 29% e 30% (29,03%).

Na HP 12C: quando há mais de uma resposta, a HP 12C não calcula e indica, através da condição ERROR 3, que se deve fornecer uma estimativa, lógica e compatível, no mesmo período em que o fluxo for construído.

Armazenando a estimativa, libera-se a pausa, e a máquina vai buscar uma das respostas, de acordo com o ponto de inflexão da curva. Se a estimativa ficar à esquerda do ponto de inflexão, a máquina nos dará como resposta 25%, e se ficar à direita, 33,33%.

P 12 C
f REG
60000 CHS g CF$_o$
155000 g CF$_j$
100000 CHS g CFj
f IRR $\Rightarrow$ ERROR 3
CLx
29 RCL g R/S = 25%
29,1 RCL g R/S = 33,33%

Algebricamente: não há necessidade de utilizar tentativa e erro, pois, se houver apenas duas trocas de sinal, finalizaremos em uma equação do 2º grau, razão da existência de duas TIRs, zerando o VPL.

Por equivalência, adotando-se a data 2 como focal, tem-se:

$$FCo - FC1 + FC2 = 0$$

$$60.000 \times (1\ TIR)^2 - 155.000 \times (1 + TIR) + 100.000 = 0$$

Equação de 2º grau, resolvendo-se pela fórmula de Báscara, tem-se:

$$(1 + TIR) = \frac{150.000 \pm 5.000}{120.000}$$

Resposta: Existem duas respostas, ou seja, há duas TIRs, 25% e 33,33%. Nesse caso é melhor usarmos o método VPL, pois saberemos que o VPL será positivo se a taxa exigida estiver entre 25% e 33,33%. Este exemplo mostra que o método da TIR pode excepcionalmente conduzir a mais de uma TIR. Esse fato pode criar situações de aparente falta de solução.

PARTE

4

A DECISÃO DE FINANCIAMENTO

Capítulo 7: Custo de capital e estrutura de capital....197

Capítulo 8: Fontes de financiamento de longo prazo....238

Capítulo 9: Mercado de capitais....296

Capítulo 10: Políticas de dividendos e relações com investidores....339

CAPÍTULO 7

CUSTO DE CAPITAL E ESTRUTURA DE CAPITAL

7.1 Introdução

7.2 Custo de capital

7.3 Custo marginal de capital e orçamento de capital

7.4 Estrutura de capital

7.5 Resumo

7.6 Questões

7.7 Exercícios

7.8 Bibliografia adicional

TROMBINI INDUSTRIAL S.A.

Um dos tópicos mais importantes com relação à gestão financeira das empresas diz respeito à estrutura de capital mais adequada e suas fontes de financiamento, sejam elas de curto ou longo prazo. Na verdade, não é fácil adaptar os conceitos da teoria financeira ao exercício diário da boa prática da administração financeira. Quando estamos falando das grandes empresas com acesso a diversas fontes de financiamento do mercado de capitais, muitas delas extremamente sofisticadas, temos um leque maior de opções na busca da estrutura ideal de capital. Quando falamos de empresas médias e pequenas com acessos mais limitados a fontes de financiamento, temos alternativas mais restritas, muitas vezes dificultando e limitando o próprio desenvolvimento da empresa. No Brasil, em geral, essa gama de empresas fica limitada aos financiamentos de longo prazo do sistema BNDES, dividido entre capital de giro e ativos fixos.

A questão é identificar quais são as melhores oportunidades de busca de recursos de terceiros para combinar com as fontes de recursos próprios a fim de maximizar o valor da empresa.

Nós da Trombini Industrial nos situamos como uma empresa com fontes de financiamento acessíveis às grandes empresas. Dentro disso avaliamos as fontes possíveis de financiamento de acordo com seus custos, prazos, adequação dos prazos de financiamentos ao fluxo de caixa e tributos envolvidos.

Objetivamos dentro da nossa estrutura de capital bem balancear recursos próprios com recursos de terceiros. Pelas características do negócio, a tomada de recursos de terceiros, ou seja, alavancagem financeira a custos e prazos adequados, possibilita o investimento em aumento de escala com redução significativa dos custos fixos e consequente geração de caixa. No nosso caso, os prazos de financiamento se situam entre três e seis anos, que têm sido adequados à capacidade de pagamento.

Semestralmente analisamos as alternativas de investimento que temos para as seis plantas industriais tentando ao máximo agregar valor na cadeia produtiva, já que trabalhamos de forma integrada do recurso natural (árvores/pinus) até o produto final (embalagens de papel). Nem sempre o projeto de retorno mais elevado é o aprovado, algumas vezes aprovamos o projeto que tem uma melhor estrutura de financiamento exercendo um melhor controle do risco financeiro.

> Ao ser examinada a questão da estrutura de capital mais apropriada, é extremamente importante analisar a capacidade da empresa para pagar, mediante seus fluxos de caixa, as despesas de juros e o principal de suas dívidas. Temos feito isso com extremo rigor, nunca desviando o olhar do fluxo de caixa para não sermos surpreendidos no futuro. Quanto mais estável for o fluxo de caixa, maior será a capacidade de endividamento.
>
> Gostaria de lembrar que nosso mercado financeiro se sofistica rapidamente e, combinado com entrada de recursos de estrangeiros em grande volume, certamente conduzirá a área financeira a grandes oportunidades de melhoria em suas estruturas de capital. Temos de estar preparados para essas oportunidades, melhorando o nível de gestão e informações de nossas empresas, capacitando-as a participar desse processo, em que não faltarão recursos para as bem geridas e com boa governança.
>
> Armando Machado da Silva
> Trombini Industrial S. A.

7.1 INTRODUÇÃO

No Capítulo 6, foram examinados os principais conceitos envolvidos na decisão de investimento de longo prazo e sua importância para a maximização da riqueza da empresa. Foram discutidos os critérios fundamentais de avaliação de projetos, como *payback*, *payback* descontado, índice de rentabilidade, valor presente líquido, taxa interna de retorno e taxa interna de retorno modificada. O custo de capital foi tratado ali, como uma variável conhecida.

Neste capítulo, vamos apresentar e discutir os principais conceitos e teorias de custo de capital e mostrar como calcular o custo de capital das diversas fontes de financiamento de longo prazo e o custo de capital médio ponderado, padrão financeiro para avaliação de projetos de orçamento de capital. É de vital importância saber quanto você paga por seus recursos financeiros. O custo de capital é fundamental no desconto dos fluxos de caixa utilizados nas decisões de investimento de compra de ativos. Ele é afetado por diversos fatores como: condições gerais da economia, condições de mercado, decisões operacionais e financeiras da empresa e volume de recursos a serem financiados. As condições gerais da economia abrangem aspectos como a demanda, a oferta e a inflação; as condições de mercado implicam em considerações sobre a facilidade de negociação dos títulos e de obtenção de crédito; as decisões operacionais e financeiras implicam na avaliação dos riscos de negócios e financeiro e o volume de recursos a ser financiado e sua oferta.

O sucesso empresarial depende muito do custo em que ela incorre para financiar seus projetos. O retorno médio exigido pelos acionistas, no caso de capital próprio, ou pelos intermediários financeiros, no caso de capital de terceiros, determina o custo médio ponderado de capital, mais comumente denominado custo de capital. É calculado considerando as necessidades futuras de capital, as fontes de financiamento, os custos específicos de cada fonte. Portanto, é determinado em função das expectativas de custo das diversas fontes de financiamento.

A capacidade que se tem de obter custo de capital a uma taxa menor que a de uma concorrente pode proporcionar uma vantagem competitiva. Suponha, por exemplo, que a Alfa S. A., tenha um custo de capital de 19% e a Beta S.A., de 15%. A Beta poderá aprovar uma série de bons projetos cujas rentabilidades estejam entre 15% e 19%, que a Alfa terá descartado. A remuneração que um investidor aufere em um projeto é o custo que a empresa paga para utilizar aqueles recursos acrescidos dos custos de intermediação.

Serão discutidos também os princípios, os fundamentos e as práticas da estrutura de capital, que é a composição percentual das diversas fontes que financiam os ativos de longo prazo. À composição das fontes de financiamento que melhor atende a essas necessidades dá-se o nome de estrutura ótima de capital. É um fator muito importante no Brasil, porque, de forma geral, as linhas de financiamento de longo prazo são escassas, limitadas àquelas oferecidas pelo BNDES.

As grandes empresas podem buscar capital próprio no mercado internacional, principalmente, nas bolsas de Nova York e Londres por meio da emissão de ações no exterior. Podem também recorrer a financiamentos internacionais, em função da maior disponibilidade de recursos, menor custo e prazos mais longos. É um processo complexo, demorado e custoso que exige escala e contratações de consultorias especializadas. É preciso assegurar o *hedge* dessas operações, como veremos no Capítulo 9. Às pequenas e médias, restam poucas opções além do autofinanciamento e linhas específicas de financiamento do BNDES.

A partir deste capítulo, sempre que nos referirmos a custo de capital, caso não seja especificado nada diferente, será entendido como o custo de capital médio ponderado, em bases anuais.

7.2 CUSTO DE CAPITAL

Para tomar decisões financeiras de longo prazo, é preciso conhecer o custo de capital. Quando o tomamos como padrão financeiro é fundamental que entendamos, em detalhes, como esse custo é formado. Ele é calculado sempre considerando o custo das diversas fontes de financiamento de longo prazo, após o imposto de renda. Dessa forma, seu cálculo requer informações específicas de cada fonte de financiamento. É o caso, por exemplo, dos juros sobre o capital próprio, no Brasil, onde é permitido abatimento do imposto de renda. A seguir mostraremos como calcular o custo das diversas fontes de financiamento.

> **Custo médio ponderado de capital** é a remuneração recomendada para servir como taxa de desconto nas avaliações de projetos. É possível financiar-se inteiramente com recursos próprios, emitindo ações. Poderá também financiar-se apenas com capital de terceiros.

Suponha que a Medicamentos Energéticos tenha um custo de capital de terceiros de 15% e custo de capital próprio de 19%. Suponha que ela tenha decidido utilizar apenas capital de terceiros para financiar seus projetos nos próximos dois anos. Muitas vezes 15% é custo de capital desses projetos. A decisão é incorreta. Se a Medicamentos Energéticos utilizar apenas capital de terceiros para financiar seus projetos, ela estará utilizando todo seu limite de endividamento e em algum ponto terá de captar recursos próprios para evitar excesso de endividamento.

O custo de capital a ser considerado sempre é o custo médio ponderado de capital de todas as fontes de capital, independentemente dos financiamentos utilizados para financiar um projeto em particular.

> Definições
> **Capital** é qualquer bem suscetível de ser aplicado à produção, toda riqueza capaz de proporcionar renda. É um fator necessário ao funcionamento do negócio e tem um custo.
> **Custo de capital** é a remuneração mínima exigida nas propostas de orçamento de capital para manter o valor das ações.
> **Custo de capital de terceiros** é o custo de um componente dos financiamentos de terceiros, calculado após o imposto de renda.
> **Custo de ações preferenciais** é o custo de financiamento por meio de emissão de novas ações preferenciais. Não tem desconto de IR.
> **Custo de lucros retidos** é o custo dos lucros não distribuídos aos acionistas. Por se tratar de capital próprio interno não incorre em custo de corretagem.
> **Custo de ações ordinárias** é o custo de novas ações ordinárias lançadas no mercado, que incorrem em custos de corretagem.
> Essas definições serão detalhadas ao longo do capítulo.

Custo de capital pode ser entendido também como a remuneração dos bancos, investidores e acionistas. De natureza distinta, os bancos e investidores aplicam seus recursos com expectativa de recebê-los de volta num determinado momento futuro, ao passo que os acionistas aplicam seus recursos por um tempo indeterminado. Ambos têm avaliação de riscos e retornos distintos.

A Equação 7.1 evidencia os principais elementos que determinam o cálculo do custo de capital, podendo-se ver que no numerador temos as remunerações de capital e no denominador os capitais.

$$k = \frac{j}{c_t} + \frac{d}{c_p} \qquad (7.1)$$

k = custo de capital
j = juros
d = dividendos
c_t = capital de terceiros de longo prazo
c_p = capital próprio

O investidor analisa o custo de capital como uma taxa de retorno exigida em seus projetos de investimento, tanto para remunerar um custo de oportunidade quanto para premiar um risco percebido. É um padrão financeiro. Da composição percentual de cada fonte de financiamento e de seus custos, surge o custo médio ponderado de capital, k_{mp}. As empresas buscam financiar seus investimentos por meio de autofinanciamento, de capital próprio dos acionistas atuais, de capital de novas subscrições ou, ainda, de financiamentos bancários ou por meio de debêntures.

Nas decisões de orçamento de capital, custo de capital é a remuneração que se exige em projetos de investimentos para manter o valor das ações inalterado. É comum surgirem perguntas sobre a viabilidade econômica do projeto. Será que é viável? Trará aumento do valor das ações? As respostas a essas questões estão sempre ligadas ao fluxo de caixa e ao custo de capital. Ao subestimar ou superestimar o custo de capital, podemos destruir valor das ações, aprovando projetos que não o remuneram, ou abandonando bons projetos.

Qual custo de capital deve ser considerado nas decisões de investimento? A resposta adequada é o custo médio ponderado de capital, k_{mp}, porque ao usá-lo estamos nos valendo de um princípio robusto de buscar o equilíbrio entre endividamento e capital próprio. Se usarmos apenas capital próprio, estaremos elevando o custo de capital. Se utilizarmos só capital de terceiros, com o tempo, estaremos com excesso de endividamento, incorrendo em grandes dificuldades financeiras e em falta de acesso a linhas de financiamento.

A determinação do custo de capital é um dos fatores críticos das decisões de investimento que usam o método do fluxo de caixa descontado. O administrador, em busca de simplificação do processo de cálculo, baseia-se em custos de projetos passados, em alternativas de investimentos no mercado financeiro ou na rentabilidade de empresas líderes do ramo.

Remuneração entre 10% e 12%, em países desenvolvidos, é considerada boa. Em países de maior risco, como o Brasil, por exemplo, costuma-se utilizar taxas de 12% a 15%, nas decisões de orçamento de capital. Essas taxas variam em função de crises econômicas, políticas e sociais.

FUNDAMENTOS DA TEORIA DO CUSTO DE CAPITAL

As teorias do custo de capital fundamentam-se nos conceitos de risco e retorno, descritos no Capítulo 5. Para isso, procuram separar os efeitos que a exposição ao risco provoca sobre a taxa de retorno exigida em duas categorias: risco de negócio e risco financeiro. Como vimos no Capítulo 5, risco é a possibilidade de prejuízo financeiro ou, mais formalmente, a variabilidade de retorno associado a determinado ativo. Detalhamos a seguir o risco de negócio e o risco financeiro.

Risco de negócio é o risco de não gerar receitas suficientes para pagar os custos operacionais.

Risco de negócio já foi abordado nos Capítulos 1, 2 e 5 e está ligado aos aspectos operacionais, tais como receitas, custos, despesas, investimentos. Embora seja fator importante na análise dos investidores quanto ao prêmio a ser cobrado na formação do custo de capital, não constitui aqui o objeto de nossa avaliação, vamos nos concentrar no risco financeiro.

Risco financeiro é o risco de não gerar recursos para pagar compromissos financeiros.

O risco financeiro resulta da decisão de financiamento, do endividamento excessivo, quando se terá de pagar valores significativos de juros e amortizar grandes somas.

Quanto ao risco financeiro, pode-se adotar três posições: a) conservadora – quando não assume grande endividamento; b) agressiva – quando assume grande endividamento e c) intermediária – quando assume uma posição de médio endividamento.

Retorno é a remuneração de um proprietário ou investidor.

Suposições para custo de capital, quando da análise de decisões de risco/retorno:
1. É calculado para um momento específico.
2. É calculado para refletir o custo futuro de financiamentos de projetos.
3. É fixo para determinado volume de recursos.
4. Varia sempre quando há necessidades além desse volume (custo marginal)
5. Deve ser considerado sempre após o imposto de renda.
6. A taxa de imposto de renda não varia.
7. Os riscos de negócio e financeiro não variam.

CUSTO DE CAPITAL DE TERCEIROS

Custo de capital de terceiros é a remuneração dos financiamentos de longo prazo, após o Imposto de Renda.

De posse das variáveis juros, capital e alíquota de Imposto de Renda, pode-se calcular o custo de capital de terceiros, pela Equação 7.2

$$k_t = \frac{j}{c_t(1-IR)} \qquad (7.2)$$

k_t = custo de capital de terceiros de longo prazo
j = juros
c_t = capital de terceiros de longo prazo
IR = alíquota de IR.

Outra forma de cálculo considera também as variáveis custo de um título livre de risco, prêmio de risco de negócio e prêmio de risco financeiro, conforme a Equação 7.3. Se não considerarmos a redução do imposto de renda, estaremos calculando o custo financeiro da captação. Após o imposto de renda, temos o custo de capital da fonte específica.

$$k_{flp} = (k_{lr} + p_{rn} + p_{rf}) \times (1 - IR) \qquad (7.3)$$

k_{flp} = custo de capital de terceiros de longo prazo
k_{lr} = custo de um título livre de risco
p_{rn} = prêmio de risco de negócios
p_{rf} = prêmio de risco financeiro
IR = imposto de renda

Exemplo 1: A Medicamentos Energéticos fez um financiamento num banco no valor de R$10.000.000,00 por um prazo de dois anos, a uma taxa de juros de CDI + 5%, sendo os juros pagos anualmente e o capital no final. O banco cobrou uma taxa de 1% sobre o capital, como taxa de administração no início da operação. A taxa de imposto de renda é 34%. A taxa de CDI anual para os próximos dois anos está projetada em 9%. O custo de capital de terceiros, k_t, da ME é calculado assim; na HP12C

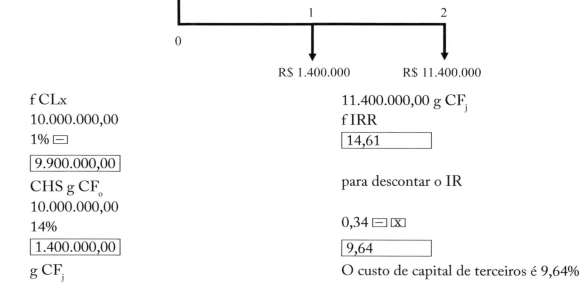

f CLx
10.000.000,00
1% =
9.900.000,00
CHS g CF₀
10.000.000,00
14%
1.400.000,00
g CF_j

11.400.000,00 g CF_j
f IRR
14,61

para descontar o IR

0,34 = x
9,64

O custo de capital de terceiros é 9,64%

Exemplo 2: A Medicamentos Energéticos fez uma operação FINAME de R$10.000.000,00 junto ao agente financeiro. A liberação de todo o montante se dará hoje. O pagamento do principal será feito no final do sexto ano. O custo do financiamento é a Taxa de Juros de Longo Prazo (TJLP) de 6,25%, mais 3,5% de taxa de intermediação bancária que serão pagos ao final de cada ano. Na liberação é cobrada uma taxa de 1,5% sobre o montante. Supondo que não haja outras taxas e que o IR é 34%, qual é o custo do financiamento?

O custo do FINAME é:

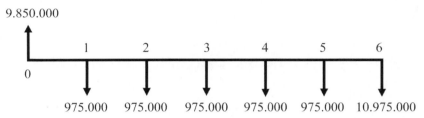

Resolvendo: na HP12c

f CLx

9.850.00,000 CHS g CFo

975.000 g CFj

5 g Nj

10.975.000 g CFj

f IRR = 10,10 % x (1-34%)

k_{finame} = 6,66%

O custo de capital deve ser calculado sempre após o imposto de renda. No caso dos banqueiros, é comum trabalharem com os conceitos de *spread* (taxa de administração para cobrir custos operacionais de intermediação e gerar lucro), mais um valor de *del credere* (taxa de risco). Em outras palavras, os banqueiros incluem no *spread* custos operacionais, tributos, comissões, taxas de abertura de crédito, e tantas outras que não vamos considerar aqui.

Quando se contrata um financiamento, seu custo efetivo deve ser determinado pela TIR do fluxo de caixa gerado, como vimos no Capítulo 6. Deduzido o imposto de renda, tem-se o custo de capital de terceiros. Isso é importante porque as entradas e saídas de caixa devem ser as reais e não as nominais.

Diferente do custo de capital próprio, k_p, o custo de capital de terceiros pode ser facilmente identificado, por ser um custo explícito expresso em contrato, por ser divulgado no mercado financeiro ou ainda por poder ser calculado através do fluxo de caixa esperado até o vencimento da operação. No entanto, existem casos especiais em que o custo de capital de terceiros, k_t, é de difícil obtenção, por exemplo, o das debêntures conversíveis em ações, tema que não trataremos aqui.[1]

---

[1] Ver NYBORG, Kjell. "Fundamento lógico para debêntures conversíveis." *Dominando finanças*. São Paulo: Makron, 2001. p 236-42.

CUSTO DE CAPITAL DAS DEBÊNTURES[2]

> **Custo de capital das debêntures** é a remuneração paga a investidores proprietários de debêntures, após o Imposto de Renda.

O custo de capital das debêntures, k_d, é facilmente estimado usando a remuneração contratada, até o vencimento do título, para se obter a taxa interna de retorno.

Exemplo 3: A Medicamentos Energéticos utiliza sistematicamente debêntures como fonte de financiamento. No ano passado, o custo das debêntures foi de 12,25% ao ano. Na época, o custo de financiamento livre de risco (SELIC) era 9,25%; o prêmio de risco de negócios, 2%, e o prêmio de risco financeiro, 1%. Supondo que, neste ano, a taxa SELIC caia para 9,0% e os prêmios de risco permaneçam inalterados, qual será o custo de debêntures, sabendo-se que o imposto de renda é 34%?

O custo das novas debêntures é:

$k_{flp} = (k_{lr} + p_{rn} + p_{rf}) = 9,0\% + 2\% + 1\% = 12,0\%$

descontando o IR : 12,0% x (1 − 0,34) = 7,92%.

CUSTO DE CAPITAL PRÓPRIO

> **Custo de capital próprio** é a remuneração mínima que os acionistas exigem por financiarem permanentemente a empresa.

$$k_p = \frac{d}{c_p} \qquad (7.4)$$

k_p = custo de capital próprio

d = dividendos

c_p = capital próprio

O capital próprio, de forma geral, existe para financiar as necessidades de longo prazo. Por essa característica, cabe a seus proprietários o risco principal do negócio e, naturalmente, o prêmio maior, representado pela maior remuneração. A legislação prevê que, em caso de insolvência, os acionistas só receberão seus direitos após o pagamento de todas as dívidas com terceiros.

O financiamento com capital próprio ocorre por meio da propriedade de ações ordinárias ou preferenciais. Essa fonte de financiamento duradoura é fator fundamental para o crescimento sustentável, para a saúde econômico-financeira e para a obtenção de crédito no mercado financeiro.

Como acontece com todos os fatores de produção, o capital próprio também precisa ser remunerado. A lógica por trás da necessidade da remuneração do capital próprio é a existência de um custo de oportunidade do capital. Custo de oportunidade é quanto se deixa de ganhar por não se estar aplicando na melhor alternativa.

A teoria financeira tem evidenciado que o custo de capital está intimamente vinculado à aplicação dos recursos, ou seja, depende da rentabilidade e do risco do investimento. Esse conceito fica claro quando se considera que para cada risco deve haver um prêmio, logo, para se mensurar e premiar o risco é preciso conhecer o destino do recurso financeiro.

---

[2] Debêntures será apresentada com maior profundidade no Capítulo 9.

CUSTO DE CAPITAL DA AÇÃO ORDINÁRIA

Custo de capital da ação ordinária é a remuneração a ser paga aos proprietários das ações ordinárias.

Existem três abordagens para se calcular o custo de capital das ações ordinárias.

a) Abordagem do crescimento dos dividendos[3]

É uma das formas mais simples de avaliar o custo de capital próprio, pois considera o preço da ação, o fluxo projetado de dividendos e a taxa de crescimento desses dividendos. A fórmula de cálculo, de acordo com essa abordagem, é a seguinte:

$$k_{ao} = \frac{d_1}{P_0} + c \qquad (7.5)$$

k_{ao} = custo de capital da ação ordinária
P_0 = preço atual da ação
d_1 = dividendo esperado no ano 1, ou $d_0 (1+c)$, sendo d_0 = dividendo pago no ano 0.
c = taxa de crescimento esperada dos dividendos

O preço da ação, P_0, é observado diretamente. Os dividendos a serem pagos no próximo exercício d_1, e nos demais, são projetados, permitindo o cálculo da taxa de crescimento constante dos dividendos, c, para encontrar o custo de capital da ação ordinária, k_{ao}.

Exemplo: Suponha que a Medicamentos Energéticos tenha distribuído dividendos de $1,18 neste ano, a cotação atual de suas ações ordinárias seja de $8,05 e que os dividendos foram projetados para os próximos seis anos. As taxas de crescimento anuais e a taxa de crescimento dos dividendos, c, são apresentadas a seguir.

Anos	Dividendos projetados	Crescimento
X_0	$1,18	-
X_1	$1,23	+ 4,24%
X_2	$1,35	+ 9,76%
X_3	$1,46	+ 8,15%
X_4	$1,53	+ 4,79%
X_5	$1,67	+ 9,15%
Taxa de crescimento dos dividendos, c =		+ 7,22%

A taxa de crescimento para o período é de 7,22 (36,09/5) ao ano. Embora a taxa de crescimento para o primeiro ano seja de 4,24%, o cálculo do custo de capital da ação ordinária, k_{ao}, é para o período todo.

Calculando k_{ao}, temos:
k_{ao} = 1,23 / 8,05 + 0,0722
    = 0,152795 + 0,0722
    = 0,2250 ou <u>22,50%</u>

Vantagem do modelo
- Facilidade nos cálculos.

Desvantagens do modelo
- Só se aplica a sociedades anônimas, e mesmo assim àquelas que possuem tradição em pagar dividendos, caso contrário, o cálculo de seu custo de capital, k, poderá ser prejudicado.

---

[3] Modelo de Gordon e Shapiro. Myron J. Gordon & Eli. Shapiro "Capital Equipment Analysis: The required rate of profit." *Management Science*, III, out. 1956, p. 102-10.

- Desconsidera os efeitos de diferentes períodos de tempo, o que pode alterar totalmente o cálculo do custo. Se considerarmos, por exemplo, três anos, o resultado poderá ser diferente de um período de cinco anos.
- Desconsidera o risco associado à taxa esperada de dividendos.

b) Abordagem do Capital *Asset Pricing Model* – CAPM[4]

O CAPM é um método muito usado nos Estados Unidos, onde o mercado de capitais é bem desenvolvido e se constitui em valioso instrumento de capitalização. No Brasil, cerca de 400 empresas são de capital aberto e negociadas em Bolsa. Destas, somente cerca de 100 têm ações com boa liquidez. Mesmo assim, o estudo desta abordagem e sua compreensão são necessários porque as maiores empresas brasileiras e a maioria das 500 maiores do mundo que atuam no país utilizam essa metodologia em suas decisões de investimento e de financiamento. Aquelas que não negociam ações em Bolsa ou, mesmo negociando, têm pouca expressão no mercado de capitais, podem, por exemplo, usar o Beta de uma empresa do mesmo ramo, por analogia para estabelecer parâmetro de risco na tomada de decisão.

Conforme vimos no Capítulo 5, coeficiente beta, β_e, é uma medida de risco não diversificável. Um índice do grau de movimento do retorno de um ativo em resposta ao retorno do mercado. É uma medida do grau de variação dos retornos de uma ação em relação à variação do mercado de ações.

Exemplo: Cálculo do beta, β_e, da Petrobras PN.

Os índices de fechamento do Ibovespa e da cotação da ação Petrobras PN, período janeiro/2007 a abril de 2009, são apresentados na Tabela 7.1 a seguir:

Tabela 7.1 Índices de Fechamento Bovespa e Petrobras

Ibovespa			Petrobras PN		
Data	Fechamento	Retorno (x)	Data	Fechamento	Retorno (y)
jan/07	44641	0,38	jan/07	21,04	-6,65
fev/07	43892	-1,68	fev/07	19,59	-6,89
mar/07	45804	4,36	mar/07	21,08	7,61
abr/07	48956	6,88	abr/07	20,82	-1,23
mai/07	52268	6,77	mai/07	21,15	1,59
jun/07	54392	4,06	jun/07	23,79	12,48
jul/07	54182	-0,39	jul/07	24,27	2,02
ago/07	54637	0,84	ago/07	24,30	0,12
set/07	60465	10,67	set/07	27,56	13,42
out/07	65317	8,02	out/07	33,79	22,61
nov/07	63006	-3,54	nov/07	33,74	-0,15
dez/07	63886	1,40	dez/07	41,47	22,91
jan/08	59490	-6,88	jan/08	37,87	-8,68
fev/08	63489	6,72	fev/08	38,36	1,29
mar/08	60968	-3,97	mar/08	34,85	-9,15
abr/08	67868	11,32	abr/08	39,85	14,35
mai/08	72592	6,96	mai/08	46,28	16,14
jun/08	65017	-10,44	jun/08	43,64	-5,70
jul/08	59505	-8,48	jul/08	33,90	-22,32
ago/08	55680	-6,43	ago/08	32,97	-2,74
set/08	49541	-11,03	set/08	33,15	0,55

continua

---

[4] CAPM em português: Modelo de Precificação de Ativos Financeiros.

Ibovespa			Petrobras PN		
Data	Fechamento	Retorno (x)	Data	Fechamento	Retorno (y)
out/08	37256	-24,80	out/08	22,01	-33,60
nov/08	36595	-1,77	nov/08	18,94	-13,95
dez/08	37550	2,61	dez/08	22,35	18,00
jan/09	39300	4,66	jan/09	24,50	9,62
fev/09	38183	-2,84	fev/09	25,84	5,47
mar/09	40926	7,18	mar/09	27,95	8,17
abr/09	47289	15,55	abr/09	29,25	4,65
mai/09	53197	12,49	mai/09	34,12	16,65
jun/09	51465	-3,26	jun/09	32,14	-5,80
jul/09	54765	6,41	jul/09	31,47	-2,08
ago/09	56488	3,15	ago/09	31,38	-0,29

Fonte: Bovespa e Cedro Finances, setembro, 2009.

Para resolver no Excel, realize os passos:

1 – No menu "exibir", marque a opção "barra de fórmulas".
2 – Clique em fx para inserir função.
3 – Selecione a categoria "estatística".
4 – Selecione a função "inclinação".
5 – Na janela "argumentos da função" clique no botão direito da barra.
"Val_ conhecidos_y" e marque o intervalo desejado, 12 ou 24 meses, da coluna "retorno da ação (y)" da tabela anterior, tecle "enter".

Em seguida, clique no botão direito da barra "Val_ conhecidos_x".
Marque o intervalo desejado, 12 ou 24 meses, coluna "retorno do mercado (x)" da tabela, tecle "enter".
6 – Clique em "OK". O resultado será apresentado na célula em uso.

Calculando:

Estatística

Inclinação ok

x = retorno do mercado

y = retorno da ação ok

β_e (12 meses) = 0,988558646

β_e (24 meses) = 1,13521169

Os betas, β_e, de empresas abertas e negociadas em bolsas de valores, são obtidos nas principais corretoras de valores do país, ou na própria BM&FBOVESPA. As taxas SELIC para títulos do governo são frequentemente usadas como custo de capital livre de risco, k_{lr}. A maior dificuldade é estabelecer o prêmio por risco de mercado, isto é, o preço de mercado de uma unidade de risco sistemático. Muitos usam o valor médio histórico ou a média das previsões dos analistas. Não há um horizonte de tempo indicado como o melhor, no Brasil se têm utilizado 12, 24 ou 36 meses. Na Tabela 7.2 apresentamos alguns betas, β_e, de ações brasileiras.

Tabela 7.2 Betas de Ações Brasileiras – 31/08/2006 a 31/08/2009

Nome	Classe	Beta 36 meses	Nome	Classe	Beta 36 meses
ALL Amer Lat	ON	1,20	Lojas Americanas	PN	1,30
Ambev4	PN	0,50	Lojas Renner	ON	1,50
Aracruz	PNB	2,30	Natura	ON	0,20
BMF Bovespa	ON	**1,00**	Net	PN	0,70

continua

Nome	Classe	Beta 36 meses	Nome	Classe	Beta 36 meses
Bradesco	PN	0,90	Perdigao	ON	0,80
Brasil	ON	1,20	Petrobras	PN	1,50
Cemig	PN	0,40	Petrobras	ON	1,10
Cesp	PNB	1,20	BRF Foods	PN	0,90
Copel	PNB	0,40	Sid Nacional	ON	1,30
Eletrobras	ON	0,30	Souza Cruz	ON	0,40
Eletropaulo	PNB	0,40	Tam	PN	0,90
Embraer	ON	0,60	Telemar	PN	0,10
Gerdau	PN	1,50	Tim	PN	0,70
Gol	PN	0,90	Usiminas	PNA	1,30
Itausa	PN	0,90	Vale do Rio Doce	PNA	1,00
Itau-Unibanco	PN	1,00	Vale do Rio Doce	ON	1,10
Klabin	PN	0,70	Vivo	PN	0,90
Light	ON	0,50	Weg	ON	0,90

Fonte: Economática, setembro/2009.

Para encontrarmos o custo de capital da ação ordinária, k_{ao}, pelo CAPM, utilizamos a equação:

$$k_{ao} = k_{lr} + \beta_e (k_m - k_{lr}) \qquad (7.6)$$

k_{ao} = custo da ação ordinária;

k_{lr} = taxa livre de risco;

k_m = taxa de retorno de mercado

β_e = beta

Exemplo: A Medicamentos Energéticos tem um beta, β_e, de 1,30. O retorno do mercado, k_m, é de 12% e a taxa livre de risco, k_{lr}, é de 9%. O custo da ação ordinária, k_{ao}, é encontrado assim:

k_{ao} = 12% + 1,30 (12% − 9%)

k_{ao} = 15,90%

Vantagens do modelo

- Leva em conta o risco de mercado.
- É facilmente aplicável a todas as empresas que negociam ações em bolsas.
- Pode ser adotado por empresas que não negociam em bolsas, por analogia.

Desvantagens do modelo

- O passado nem sempre é adequado para se prever os futuros prêmios de risco.
- Baixa relação histórica entre os retornos das ações e seus betas, βe.
- Dificuldades em estabelecer a taxa livre de mercado, klr; a taxa de retorno esperado do mercado, km; e o beta, βe, futuro da empresa.

c) Abordagem do custo de capital de terceiros mais prêmio de risco

Muitos administradores financeiros preferem não trabalhar com o conceito do CAPM por não terem suas ações negociadas em bolsas de valores, ou por não confiarem no CAPM. Dessa forma, acabam optando por modelo subjetivo que consiste na adoção de critério baseado no custo de capital de terceiros, mais um prêmio de risco, determinado com base em práticas do mercado.

$$k_{ao} = \text{custo de capital de terceiros} + \text{prêmio de risco} \qquad (7.7)$$

Exemplo: A Medicamentos Energéticos tem custo de capital de terceiros, k_t, de 16% ao ano. Por sua condição econômica e financeira, é considerada pelo mercado financeiro como de primeira linha, com baixo grau de risco. Com base em empresas similares, seu risco poderia ser estimado em 6% e seu custo de capital próprio, k_p, seria calculado desta forma:

k_{ao} = 16% + 6% = <u>22%</u>

Vantagens do modelo
- Simplicidade do cálculo.
- Baseado na realidade da empresa.

Desvantagens do modelo
- Desconsidera como o mercado de capitais avalia os riscos da empresa.
- Subjetividade.

CUSTO DOS LUCROS RETIDOS

Custo dos lucros retidos é a remuneração que os acionistas exigem sobre o capital próprio obtido pela retenção de parte dos lucros gerados internamente.

O custo dos lucros retidos, k_{lur}, deve ser igual ao custo das ações ordinárias, k_{ao}. A rigor, deve-se reter lucros se, e somente se, assegurarmos aos acionistas um retorno igual ao seu custo de oportunidade. Aceitando que o custo da ação ordinária, k_{ao}, é o seu custo de oportunidade, temos:

$$\boxed{k_{lur} = k_{ao}} \qquad (7.8)$$

Estamos adotando aqui a expressão lucros retidos, mas poderíamos ter utilizado também autofinanciamento, que é a forma usada por muitos autores.

CUSTO DE NOVAS AÇÕES ORDINÁRIAS

Custo de novas ações ordinárias é a remuneração exigida pelos acionistas de ações ordinárias, considerando os custos de lançamento das ações no mercado.

Na subscrição de novas ações ordinárias, incorre-se em custos de lançamento – emissão, corretagem – que resultam num custo de capital superior ao custo das ações ordinárias existentes. O valor líquido obtido será menor que o valor de mercado das ações existentes.

Pode ocorrer também variação no preço das novas ações, por ágio ou deságio, em relação ao preço das ações já existentes, resultando em alteração nos custos das ações ordinárias.

O custo das novas ações ordinárias, k_{nao}, é encontrado através da equação:

$$\boxed{k_{nao} = \frac{d_1}{vl_{nao}} + c} \qquad (7.9)$$

k_{nao} = custo de novas ações ordinárias;
vl_{nao} = valor líquido obtido da venda da nova ação ordinária;
d_1 = dividendo esperado no ano 1;
c = taxa esperada de crescimento dos dividendos.

Exemplo: Vamos supor que a Medicamentos Energéticos pretenda lançar novas ações ordinárias no mercado. Suas ações ordinárias atuais estão cotadas a $8,05 cada; no primeiro ano espera-se pagar um dividendo d_1, de $1,23/ação; haverá um deságio de 0,10/ação, e um custo de lançamento de $0,15/ação. A taxa de crescimento dos dividendos é de 7,22%. Substituindo os valores na Equação 7.9, encontraríamos custo das novas ações ordinárias, k_{nao}:

$$k_{nao} = \frac{1,23}{8,05 - 0,10 - 0,15} + 0,0722 =$$

$$k_{nao} = \frac{1,23}{7,80} + 0,0722$$

$$k_{nao} = 0,15769 \quad + 0,0722 = 0,22989 \quad ou \quad 22,99\%$$

CUSTO DAS AÇÕES PREFERENCIAIS

Custo das ações preferenciais é a remuneração que os acionistas de ações preferenciais esperam obter sobre seu capital.

O custo das ações preferenciais, k_{ap}, é calculado da mesma forma que o custo das ações ordinárias, k_{ao}, devendo-se considerar, no entanto, o prêmio de risco que o mercado cobra. Esse prêmio, na realidade, é obtido através do ajuste do preço da ação. As ações preferenciais tendem a ter um custo menor que o das ações ordinárias, devido ao menor risco quanto ao recebimento de dividendos.

Diferentemente dos Estados Unidos, onde a remuneração da ação preferencial é considerada quase como custo de capital de terceiros, já que é fixa e predeterminada, no Brasil, a remuneração da ação preferencial é variável, dependendo dos lucros obtidos. A diferença fundamental é dada pela percepção que o mercado tem do risco estabelecendo, portanto, preços diferentes para cada tipo de ação.

Sendo assim, adotaremos o mesmo custo das ações ordinárias, com um ajuste de mercado. Esse ajuste consiste em avaliar as cotações das ações ordinárias e das ações preferenciais, para levarmos em consideração a forma como o mercado age.

$$\boxed{k_{ap} = k_{ao} \times \text{ajuste de mercado}} \qquad (7.10)$$

Exemplo: Tomando o custo das ações ordinárias, k_{ao}, da Medicamentos Energéticos, de 15,90% obtido anteriormente pelo CAPM, vamos supor que ela tenha suas ações ordinárias cotadas a R\$8,05 e suas ações preferenciais cotadas a R\$9,00. O ajuste de mercado seria, \$8,05/\$9,00, ou 0,8944, e teríamos o seguinte custo das ações preferenciais:

$k_{ap} = k_{ao} (0,8944)$
$k_{ap} = 15,90\% (0,8944) = 14,22\%$

Outra forma de calcular o custo das ações preferenciais, k_{ap}, é considerar o dividendo pago anualmente e o preço da ação preferencial. A Equação 7.11 nos dá a solução:

$$\boxed{k_{ap} = \frac{d_1}{p_{ap}}} \qquad (7.11)$$

k_{ap} = custo das ações preferenciais
d_1 = dividendo no ano 1
p_{ap} = preço da ação preferencial

Exemplo: A Medicamentos Energéticos tem suas ações cotadas a R\$9,00 e pagará um dividendo no ano 1 de R\$1,30. O custo de suas ações preferenciais é:

$$k_{ap} = \frac{1,30}{9,00} = 0,1444 \quad ou \quad 14,44\%$$

No Brasil as ações preferenciais são consideradas títulos de propriedade e não títulos de dívida como nos Estados Unidos. Essa forma de cálculo seria mais adequada se considerasse a taxa de crescimento dos dividendos. Porém, a tendência é seguir as normas internacionais que consideram cada vez mais as ações preferenciais como títulos de dívida. Por exemplo, para que uma empresa tenha suas ações listadas no Novo Mercado, não pode emitir ações preferenciais.

CUSTO MÉDIO PONDERADO DE CAPITAL

> **Custo médio ponderado de capital** é o custo de capital calculado pela ponderação da participação das fontes específicas de capital de longo prazo, pelos seus respectivos custos de capital, e que é tomado como padrão financeiro na avaliação de projetos.

A administração financeira busca maximizar a riqueza dos acionistas. A busca de um custo médio ponderado de capital, no entanto, é um exercício complexo, tanto teórico como prático, pois o objetivo é remunerar mais o acionista e menos o emprestador, e isso nem sempre é possível. As condições de cada empresa influenciam nos prazos, taxas e possibilidades de renovação

O cálculo do custo médio ponderado de capital é feito obtendo-se a participação percentual, na estrutura de capital, de cada uma das fontes específicas de financiamento, multiplicando-as pelo seu custo de capital depois do imposto de renda e somando os resultados. Vamos verificar o exemplo a seguir.

Exemplo: A Medicamentos Energéticos possui a seguinte estrutura de capital e sua alíquota de imposto de renda é de 34%. Vamos calcular o custo médio ponderado de capital.

Tabela 7.3 Estrutura de capital e custo de capital

Fontes de financiamento	Valor em $1,00	Participação % na estrutura de capital	Custo de capital, depois do IR
Moeda nacional			
• Debêntures	10.000.000	20	0,0792
• Finame	2.500.000	5	0,0666
Moeda estrangeira			
• Empréstimos externos	2.500.000	5	0,08
Capital próprio			
Ações preferenciais[1]	20.000.000	40	0,1422
Ações ordinárias[2]	15.000.000	30	0,1590
	50.000.000	100	

[1] Conforme exemplo de cálculo por ajuste de mercado.

[2] Conforme exemplo de cálculo pelo CAPM.

O custo de capital médio ponderado, k_{mp}, é:
k_{mp} = 20% (0,0792) + 5% (0,0666) + 5% (0,08) + 40% (0,1422) + 30% (0,1590)
k_{mo} = 12,77%

7.3 CUSTO MARGINAL DE CAPITAL E ORÇAMENTO DE CAPITAL

CUSTO MARGINAL DE CAPITAL

O custo marginal é o custo de se obter mais uma unidade do item. O custo de se obter o transporte de um novo lote de mercadorias pode ser diferente do custo atual, se o transportador atual já tiver esgotado sua capacidade de atendimento. O mesmo ocorre com a necessidade de se tomarem novos recursos financeiros. A demanda por mais recursos, além de um determinado montante, estabelece novo patamar de custo de capital. E o custo marginal de capital aumenta à medida que se necessita captar mais e mais recursos.

> **Custo marginal de capital** é o custo médio ponderado de capital associado à próxima unidade monetária do novo financiamento da empresa.

À medida que se necessita captar mais recursos, o custo de capital é afetado pelo volume de recursos a ser captado. Isso ocorre porque o mercado pode acreditar que a empresa está captando recursos para solucionar problemas financeiros, ou por verificar que está ficando mais endividada. Como a captação de recursos se dá por projetos, por aquisições ou por qualquer outro tipo de investimento, o custo marginal de capital, k_{mc}, da mesma forma que o custo médio ponderado de capital, k_{mp}, se movimenta conforme o Gráfico 7.1.

É importante estudar o custo marginal de capital, k_{mc}, porque, à medida que se capta mais recursos no mercado, os agentes tendem a exigir taxas crescentes de juros. Quando se buscam constantemente recursos financeiros, há uma tendência de o mercado querer conhecer com mais profundidade os riscos envolvidos. Na dúvida, é exigida melhor remuneração.

É evidente que é possível que ocorram comportamentos diferentes do mencionado anteriormente. De qualquer forma, é preciso que se conheça o custo marginal do capital para a tomada de decisão.

TABELA DE CUSTO MARGINAL DE CAPITAL

Uma tabela que ilustre como o custo médio ponderado de capital se altera conforme o volume de recursos demandados pela empresa denomina-se **Tabela de custo marginal de capital**. O Gráfico 7.1 é um exemplo de ilustração gráfica de uma situação hipotética, na qual se pode verificar a mudança de faixas para o custo de capital, dependendo do volume de recursos financeiros utilizado.

Gráfico 7.1 – Custo marginal de capital

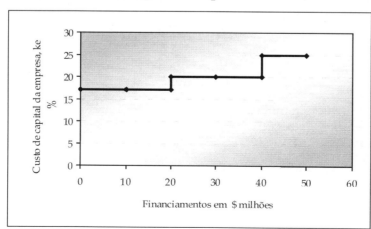

Você acredita que a Medicamentos Energéticos poderia aumentar ilimitadamente a quantia de capital novo a 14,61%? É provável que não, pois, como sabemos, à medida que as atividades crescem, o custo desses novos recursos aumenta. E assim aumenta também o custo de capital médio ponderado. Então, não se pode pensar em aprovar novos projetos de investimentos baseado num custo de capital constante para recursos ilimitados. À medida que vamos utilizando as fontes de financiamentos, elas tendem a ter seus custos aumentados.

Exemplo 1: Vamos supor que a Medicamentos Energéticos esteja implantando projetos que demandarão recursos adicionais de $10.000.000,00, os quais serão captados através de debêntures $3.000.000,00 a um custo de 12,75% ao ano, de ações preferenciais $5.000.000,00 a um custo de 14,72% ao ano e através de ações ordinárias, $2.000.000,00 a um custo de 22,99%. Sua estrutura de capital atual é apresentada na Tabela 7.3. O primeiro passo seria estabelecer a nova composição percentual das fontes de financiamento e os novos custos específicos de cada fonte seriam calculados desta forma:

k_{mp} = \$ debêntures (k_d) + \$ ações preferenciais (k_{ap}) + \$ ações ordinárias (k_{ao})
- Custo das debêntures depois do Imposto de Renda, kd = 0,1275 (1-0,34) = 0,0842
- Custo das ações preferenciais, kap = 14,72%
- Custo das novas ações ordinárias, kap = 22,99%

Considerando que a Tabela 7.3 apresenta a estrutura ótima de capital da Medicamentos Energéticos, os novos recursos devem manter a proporcionalidade de capital próprio e de terceiros, conforme apresentado na Tabela 7.4. Calcula-se então o custo marginal de capital.

Tabela 7.4 Nova estrutura de capital

Fontes de financiamento	Valor em $1,00	Participação % na estrutura de capital	k_{mc} %
Moeda nacional			
• Debêntures*	3.000.000	30	0,0842
Capital próprio			
• Ações preferenciais	4.000.000	40	0,1472
• Ações ordinárias	3.000.000	30	0,2299
	10.000.000		

O custo marginal de capital é:
k_{cm} = 30% (0,0842) + 40% (0,1472) + 30% (0,2299)
k_{cm} = 0, 15311 ou 15,31%

Verificamos então que o custo marginal de capital é 15,31%, maior que o custo de capital existente antes das novas captações, 12,77%.

Quanto a Medicamentos Energéticos consegue financiar até que o custo de capital aumente? É preciso reconhecer que todos os ativos apresentados nos balanços foram financiados com recursos do passado. Os novos projetos de investimentos demandarão novos recursos financeiros, com novos custos.

Se a empresa quiser manter sua estrutura de capital atual (ótima), com 30% de capital de terceiros, 40% de ações preferenciais e 30% de ações ordinárias, ela deve captar por meio de endividamento 30%, por meio de novas ações preferenciais 40% e, por meio de novas ações ordinárias 30%.

PONTOS DE RUPTURA E CUSTO MARGINAL DE CAPITAL

Para calcular o Custo Marginal de Capital devemos calcular o Ponto de Ruptura, que reflete o novo financiamento total, no qual o custo de cada um dos componentes do financiamento aumenta. A equação para encontrar os pontos de ruptura é:

$$PR = \frac{TRDj}{\%ECj} \qquad 7.12$$

PR = ponto de ruptura por fonte de financiamento

TRDj = Total de recursos disponível da fonte específica, j, a um determinado custo

%ECj = participação na estrutura ótima de capital existente, por fonte de financiamento j.

O exemplo a seguir apresenta situação hipotética de necessidade crescente de financiamento para novas oportunidades de investimento, mantendo a estrutura ótima de capital. Para isso os custos são arbitrados, para as diferentes fontes de recursos, crescendo à medida que atingem os pontos de ruptura de cada uma das fontes.

Exemplo 2: A Medicamentos Energéticos está avaliando um elenco de novos projetos que perfazem uma demanda de R$50.000.000,00 de novos financiamentos. Vamos imaginar que ela tem R$2.000.000,00 de lucros retidos a um custo de 15,90%, e pode tomar até R$5.000.000,00 em novas ações ordinárias ao custo de 22,99%; acima disso, até R$20.000.000,00 ao custo de 23,90%; até R$7.000.000,00 em ações preferenciais ao custo de 15,00%, e acima disso até R$10.000.000,00 a 18,00%; em debêntures até R$5.999.999,99 ao custo de 9,50% após o IR e, acima disso, até R$15.000.000,00 ao custo de 11,00% após o IR.

A Tabela 7.5 a seguir apresenta os CMPC e pontos de ruptura das diversas fontes de financiamento da Medicamentos Energéticos:

Para lucros retidos: $PR = \dfrac{2.000.000}{0,30} = 6.666.666,67$

Para ações ordinárias: $PR = \dfrac{5.000.000}{0,30} = 16.666.666,67$

Para ações preferenciais: $PR = \dfrac{7.000.000}{0,40} = 17.500.000,00$

Para ações debêntures: $PR = \dfrac{6.000.000}{0,30} = 20.000.000,00$

Temos então:

Tabela 7.5 CMPC e Pontos de Ruptura para CCM da Medicamentos Energéticos

Fontes	Valor disponível	Participação[1]	Pontos de ruptura:
Lucros retidos	2.000.000,00	0,3	6.666.666,67
Ações ordinárias	5.000.000,00	0,3	16.666.666,67
Ações preferenciais	7.000.000,00	0,4	17.500.000,00
Debêntures	6.000.000,00	0,3	20.000.000,00

[1] A participação percentual das fontes de financiamento na estrutura de capital de capital é apresentada apenas para cálculo dos pontos de ruptura; portanto não necessariamente somam 100%.

Calculando o CMPC marginal

Custo médio ponderado para faixas de novos financiamentos para a Medicamentos Energéticos:				
0 a $6.666.666,67				
Fontes de capital	valor R$	Peso	Custo*	CMPC
1 Lucros retidos	2.000.000,00	0,30	0,1590	0,0470
2 Ações preferenciais	2.666.666,67	0,40	0,1500	0,0600
3 Debêntures	2.000.000,00	0,30	0,0950	0,0285
	6.666.666,67	1		0,13550
$6.666.666,67 a $16.666.666,67				
1 PR ações ordinárias	5.000.000,00	0,30	0,2299	0,0690
2 PR ações preferenciais	6.666.666,67	0,40	0,1500	0,0600
3 PR debêntures	5.000.000,00	0,30	0,0950	0,0280
	16.666.666,67	1		0,1570
$16.666.666,67 a $17.500.000,00				
1 PR ações ordinárias	5.250.000,00	0,30	0,2390	0,0717
2 PR ações preferenciais	7.000.000,00	0,40	0,1500	0,0600
3 PR debêntures	5.250.000,00	0,30	0,0950	0,0285
	17.500.000,00	1		0,1602
$17.500.000,00 a $20.000.000,00				
1 PR ações ordinárias	6.000.000,00	0,3	0,2390	0,0717
2 PR ações preferenciais	8.000.000,00	0,4	0,1800	0,0720
3 PR debêntures	6.000.000,00	0,3	0,1100	0,0330
	20.000.000,00	1		0,1767
* Custo de capital após o IR				

O Gráfico 7.2 ilustra os Pontos de Rupturas e CCM da Medicamentos Energéticos para novo orçamento de capital. Os pontos de ruptura surgem na medida em que se pretende manter inalterada a estrutura de capital e ocorre o esgotamento de uma das fontes de financiamento. Exemplo no cálculo de ponto de ruptura para lucros retidos, quando houvesse a utilização de R$2.0000.000,00, a um custo de 15,90% ter-se-ia esgotado esta fonte. Recursos de capital próprio adicionais teriam de ser obtidos através de novas ações ordinárias, com maior custo de capital, 22,99%

Gráfico 7.2 CMPC e Pontos de Ruptura para CCM da Medicamentos Energéticos

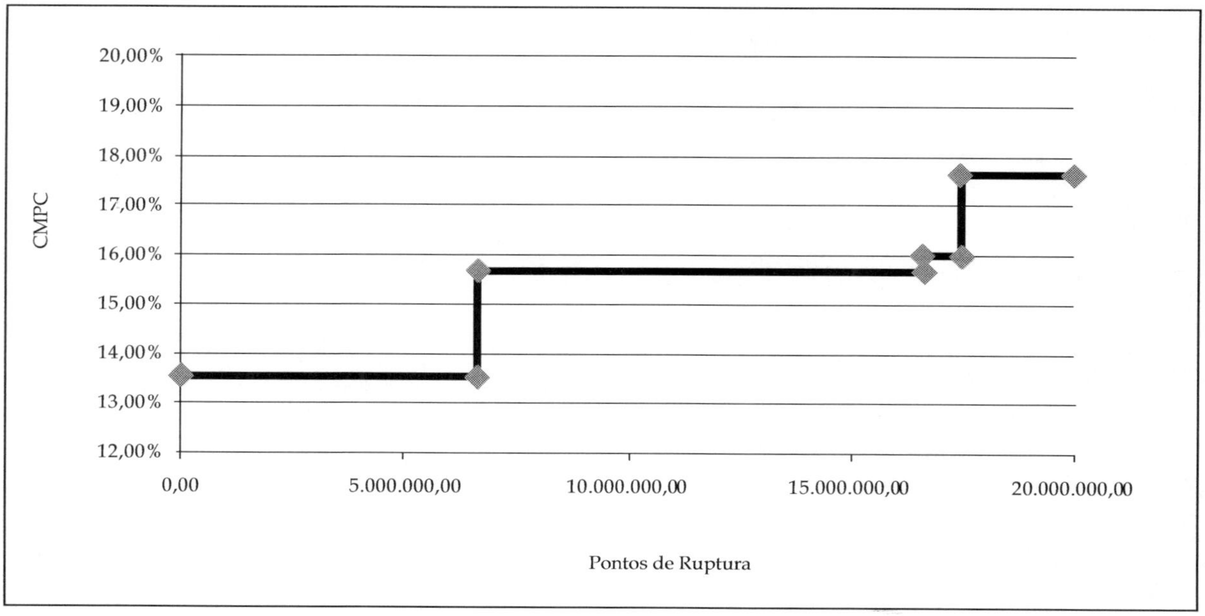

CUSTO MARGINAL DE CAPITAL E AS OPORTUNIDADES DE INVESTIMENTO

O custo marginal de capital médio ponderado, k_{mp}, é o custo de oportunidade a ser utilizado nas decisões de orçamento de capital que avaliam as novas oportunidades de investimentos. A sua utilização é adequada porque representa a taxa de retorno de todos os investimentos e, ao mesmo tempo, o custo médio ponderado de capital de todas suas fontes de financiamento.

Se a empresa considerar apenas o custo das fontes específicas de financiamento do projeto, por exemplo, poderá onerar os próximos projetos, pois um novo endividamento poderá elevar a percepção do risco, elevando o custo marginal de capital, k_{mc}, dos próximos projetos. Se a empresa obtém a taxa de retorno exigida sobre todas as suas fontes de financiamento, o valor de suas ações não mudará. Dessa forma, o que assegura a maior riqueza dos acionistas é o aproveitamento de oportunidades de capital, cujas taxas de retorno sejam superiores ao custo de capital. Sendo assim, como já havíamos visto no Capítulo 6, a lógica para o uso do custo de capital é a seguinte:

Taxa de retorno dos projetos	Riqueza do acionista
Taxa interna de retorno > custo de capital	Aumenta
Taxa interna de retorno = custo de capital	Não muda
Taxa interna de retorno < custo de capital	Diminui

Exemplo 3: Voltando ao Exemplo 2, vamos supor que a Medicamentos Energéticos esteja avaliando a viabilidade de empreender os seguintes projetos de investimentos:

Projetos	Valores em R$	TIR
A	10.000.000,00	17,00%
B	20.000.000,00	14,00%
C	10.000.000,00	16,50%
D	5.000.000,00	13,50%
E	5.000.000,00	18,50%

Projetos	Valores em R$	TIR
E	5.000.000,00	18,50%
A	10.000.000,00	17,00%
C	10.000.000,00	16,50%
B	20.000.000,00	14,00%
D	5.000.000,00	13,50%

Ao ordenarmos os projetos da maior para a menor TIR, à direita, poderemos elaborar o Gráfico 7.3, a seguir, no qual será possível observar as oportunidades de investimento com relação às taxas de retorno (TIR) de cada projeto:

Gráfico 7.3 Oportunidades de investimento e taxas de retornos

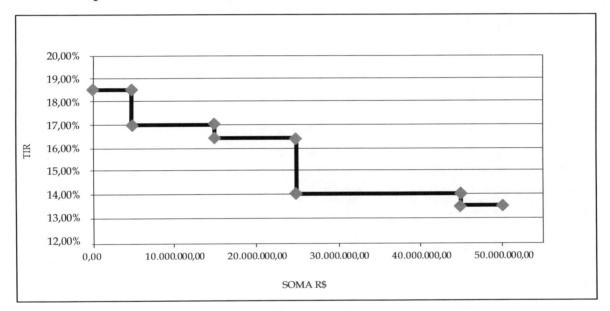

O Gráfico 7.3 ilustra as oportunidades de investimento da Medicamentos Energéticos num total de R$50.000.000,00. Como sabemos, nem sempre se pode aprovar todas as propostas de investimentos, temos de aprovar apenas aquelas cujas TIRs sejam superiores ao custo de capital.

Se plotarmos os Gráficos 7.2 e 7.3 num terceiro, teremos o Gráfico 7.4, que ilustrará as oportunidades de investimentos e o custo marginal de capital, permitindo visualizar os projetos que devem ser aceitos e os que devem ser rejeitados.

Gráfico 7.4 Oportunidades de investimentos e CCM da Medicamentos Energéticos

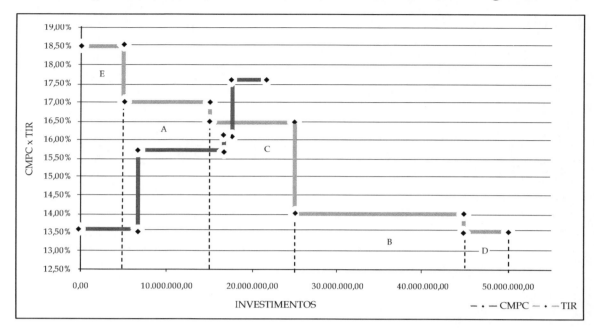

O Gráfico 7.4 mostra que deverão ser aceitos os projetos E e A, cujas TIRs são superiores ao custo de capital; os demais C, B e D deverão ser rejeitados. Alguns argumentarão se seria possível aprovar parte do projeto C ou não. A resposta é não, por estarmos considerando cada projeto como um todo, ou seja, não segmentados. E como ficaria então o orçamento de capital da empresa? Ficaria em R$15.000.000,00, que é a soma dos investimentos E e A.

UNIDADES DE NEGÓCIOS

Quando tratamos de unidades de negócios de uma mesma empresa, precisamos considerar o risco associado a cada uma e o risco como um todo. Se superavaliar o custo de capital, a empresa poderá sacrificar algumas unidades de negócios, impossibilitando, muitas vezes, a aprovação de bons projetos. Se, por outro lado, subavaliar o custo de capital, poderá aprovar projetos que prejudiquem a rentabilidade da unidade de negócio e reduzam a riqueza do acionista.

O uso do custo médio ponderado de capital, k_{mp}, como taxa de desconto para avaliar fluxos de caixa futuros só é apropriado quando o investimento proposto tem risco semelhante ao das atividades existentes, e sem alterar seu endividamento. Mudanças no risco e na estrutura de capital exigirão revisão do custo de capital.

Quando se tem diferentes divisões operacionais com diferentes riscos, seu custo de capital é uma média dos retornos exigidos das divisões. Em tais casos, o custo de capital para diferentes riscos precisa ser estabelecido. Em casos de uma única linha de negócios, a ideia é encontrar uma taxa de retorno dos projetos que supere aquele custo determinado.

O MODELO SUBJETIVO

Em virtude das dificuldades que existem na fixação de taxas de desconto para projetos individuais, pode-se adotar ajustes subjetivos ao custo de capital, dependendo da categoria de cada proposta de investimento.

Exemplo: Supondo que a Medicamentos Energéticos tenha um custo de capital médio ponderado, k_{mp}, de 17,67% e estabeleça um ajuste subjetivo ao risco e aos seus interesses, poderia utilizar os seguintes critérios:

Categoria	Projetos	Fator de Ajuste %	k_{mp} %
Alto risco	Novos produtos	+ 5	22,67
Médio risco	Reduções de custos, ampliação de linhas existentes		17,67
Baixo risco	Substituição de equipamentos existentes	- 5	12,67
Obrigatórios	Equipamento de controle de poluição	n/a	n/a

Em projetos internacionais, poderão ser efetuados ajustes a outros tipos de dificuldades, tais como risco cambial, risco político, segmentação do mercado de capital, diversificação internacional. Fazer esses ajustes requer grande dose de julgamento e especialização, tanto quanto uma profunda compreensão da teoria financeira. Muitas multinacionais encontram rapidamente a solução estabelecendo taxas subjetivas, em vez de tentar quantificar com precisão os efeitos desses fatores para cada projeto no exterior.

A EXPERIÊNCIA DAS EMPRESAS

As empresas com grande experiência na captação de recursos para seus projetos de investimentos se preocupam com um custo de capital muito elevado, porque sabem que isso limita suas oportunidades de investimento. Para muitas delas, não há o que fazer, mas para outras, é possível implementar projetos rentáveis e manter um bom relacionamento com a comunidade financeira. Sem decisões estratégicas adequadas, competitividade, boa imagem e tradição de pagamento, torna-se mais difícil a captação de recursos a baixo custo.

7.4 ESTRUTURA DE CAPITAL

A estrutura de capital, pela sua influência no custo de capital e no valor da empresa, tem sido estudada cada vez mais profundamente. Modigliani e Miller,[5] em 1958, apresentaram sua famosa tese de que a estrutura de capital não afeta o valor da empresa, ganhando com isso o Prêmio Nobel.

MM mostraram que quando a política de investimentos prevê a tomada de empréstimos, ela está num mercado perfeito e ideal – num mundo sem impostos, com ampla e perfeita divulgação de todas as informações e sem custos de transação. E por isso o endividamento, fruto da decisão perfeita, não afeta o seu valor. A ideia por trás da tese de MM é de que qualquer possível benefício vindo de um maior endividamento seria rapidamente conhecido e faria com que os acionistas elevassem suas exigências de retorno, fazendo com que o custo de capital se mantivesse inalterado.

Na prática, o que ocorre é que o endividamento pode ser vantajoso, porque a mudança da estrutura de capital pode reduzir o Imposto de Renda a pagar, pode tornar o custo de capital menor e pode aumentar o valor da empresa. Portanto, a habilidade de tomar mais recursos emprestados pode levar a uma vantagem competitiva.

---

[5] MODIGLIANI, Franco e MILLER, M. H. "The cost of capital, corporation finance, and theory of investment", *American Economic Review*, (jun 1958), p. 261-97 e "The cost of capital, corporation finance, and theory of investment: a reply", *American Economic Review*, (set 1959), p. 655-69.

Existem outros fatores que afetam a escolha da estrutura de capital, tais como os custos de subscrição, os de gerar e divulgar informações, os riscos de abertura de informações confidenciais, os de contratação de consultorias para operações mais sofisticadas, o montante de recursos a ser financiado, o perfil da gerência, e assim por diante. Há que se considerar, também, o risco do país, que afeta sensivelmente as empresas locais ou multinacionais que operam particularmente nos países emergentes.

FUNDAMENTOS DA TEORIA DA ESTRUTURA DE CAPITAL

> **Estrutura de capital** é a combinação de todas as fontes de financiamento de longo prazo, dívida ou capital próprio, utilizadas pela empresa.

As decisões de investimento, de financiamento e de remuneração dos acionistas buscam maximizar o valor das ações da empresa, e nesse sentido a escolha adequada da estrutura de capital envolve todas as três, abrangendo amplos conhecimentos de conceitos de risco, retorno, custo de capital, alavancagem financeira e valor, que são apresentados e discutidos neste livro. A empresa se depara constantemente com novos projetos, negócios, demandas, desafios, que determinam a necessidade de captação de recursos financeiros. Para suprir essa necessidade, ela seleciona várias fontes de financiamento. Nesse processo, avalia as condições gerais da economia, conhece o mercado financeiro, analisa as decisões operacionais e financeiras a serem tomadas, dimensiona as necessidades de recursos a serem financiados e escolhe a estrutura de capital.

> **Capital** é o total de recursos, próprios ou de terceiros, que financiam as necessidades de longo prazo da empresa.

Há uma diferença importante a ser estabelecida aqui entre estrutura financeira e estrutura de capital. A estrutura financeira abrange todo o passivo do balanço patrimonial, recursos de curto e de longo prazo. A estrutura de capital abrange apenas os financiamentos de longo prazo, que são recursos estratégicos.

As decisões de estrutura de capital envolvem desde o financiamento de um caminhão, pelo FINAME, até o financiamento do projeto da construção de uma nova fábrica no valor de $500 milhões, por exemplo.

A Figura 7.1 mostra-nos duas estruturas existentes no Passivo: 1) a estrutura financeira – que abrange o passivo circulante, as dívidas de longo prazo e o patrimônio líquido; e 2) a estrutura de capital – que consiste o capital de terceiros de longo prazo e o capital próprio.

Do ponto de vista das decisões financeiras de longo prazo, o executivo financeiro trabalha com a estrutura de capital, por ser ela voltada aos financiamentos estratégicos.

A divisão entre capital próprio e de terceiros é importante porque há grandes diferenças entre um e outro. Normalmente, o capital próprio assume um risco maior em relação ao recebimento de sua remuneração, ou seja, o capital de terceiros tem preferência legal no recebimento de sua remuneração, os juros, e na devolução do principal. É um tema complexo que será visto ainda neste e nos Capítulos 8 e 9.

Figura 7.1 Estrutura de capital

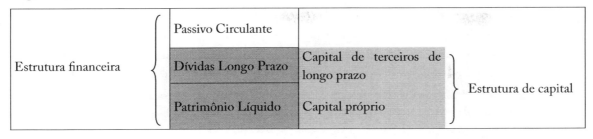

No financiamento de seus negócios, a empresa utiliza capital de terceiros, adiantamentos de contratos de câmbio, financiamentos do BNDES, debêntures e financiamentos do exterior e capital próprio – ações ordinárias, ações preferenciais e lucros retidos. No Brasil, as ações preferenciais são classificadas como capital próprio. Nos Estados Unidos, por aspectos jurídicos diferentes do nosso, o tratamento de ação preferencial se confunde, às vezes, com capital de terceiros.

Essas fontes apresentam diferentes características, principalmente quanto a custos, prazos, atualização monetária, facilidade de *hedging* e especificidade, como, por exemplo, fundos de pensão ou *private equity*, que estudaremos no Capítulo 8. A busca da melhor composição dessas fontes assegura uma estrutura ótima de capital.

> **Estrutura ótima de capital** é a combinação de todas as fontes de financiamento de longo prazo que maximize o valor das ações da empresa.

A estrutura ótima de capital procura atingir dois objetivos: maximizar o valor das ações e minimizar o custo de capital. Esses dois objetivos se confundem, pois à medida que se reduz custo de capital, pode-se aprovar mais projetos que contribuam para o aumento da riqueza.

A busca da estrutura ótima de capital é contínua, pois o mercado é dinâmico e as condições de negócios mudam constantemente.

FATORES DETERMINANTES NA ESCOLHA DA ESTRUTURA DE CAPITAL

Quadro 7.1 Fatores determinantes na escolha da estrutura de capital

A – Condições Gerais da Economia
  1 – Demanda e oferta na economia – Crescimento do Produto Interno Bruto, política fiscal, política cambial, queda do desemprego, balança comercial.
  2 – Inflação – Comportamento, tendências, metas do governo.

B – Condições de Mercado   3 – Agentes – Uma série de restrições contratuais ou de políticas empresariais podem dificultar a emissão de novas ações, contratação de novas dívidas, retenção de lucros, ou diluição do controle acionário.
C – Decisões operacionais e financeiras   4 – Risco de negócio – O mercado avalia o comportamento das receitas e dos custos e despesas, visando avaliar as tendências de lucros. Avalia também a capacidade de geração de caixa suficiente para cumprir obrigações.

continua

> 5 – Risco financeiro – A obtenção de lucros operacionais para pagar juros e devolver empréstimos é fundamental para evitar insolvência. Um baixo risco financeiro propicia condições para tomada de novos financiamentos ou lançamentos de ações.
>
> 6 – Posição tributária – Uma das grandes vantagens da utilização do capital de terceiros é o benefício da dedução do Imposto de Renda, se por qualquer motivo a empresa não puder se beneficiar dessa vantagem, o endividamento deixa de ser interessante.
>
> 7 – Informações – A empresa deve preocupar-se em prestar informações que possam permitir ao mercado avaliar adequadamente a sua posição de risco. Por outro lado, deve estar bem informada sobre as condições dos mercados de capital e financeiro, em termos de fontes de financiamento disponíveis e a melhor oportunidade para captá-las.
>
> 8 – Sincronia – Deve haver equilíbrio entre o vencimento dos juros e do principal e a entrada de recursos. Todo administrador financeiro deve cuidar para que os compromissos sejam honrados nos prazos e nas condições contratados.
>
> 9 – Vontade do acionista controlador – A preferência do acionista deve ser levada em consideração na determinação da estrutura de capital. Em algumas ocasiões, o controlador prefere uma alavancagem menor que, ao mesmo tempo, o despreocupe da necessidade periódica de produzir resultados suficientes para cobrir o pagamento fixo mensal de juros.
>
> **D – Volume de recursos a serem financiados**
>
> 10 – Demanda de recursos – Constantes tomadas de recursos podem sinalizar ao mercado dificuldades financeiras explícitas ou implícitas, em vez de sinalizar capacidade de gerar e aproveitar oportunidades de negócios.

O fato de os administradores terem, na maioria das vezes, mais informações que o mercado faz com que nem sempre predomine o modelo do mercado eficiente. De forma geral, pesquisas acadêmicas e empíricas têm apontado certa preferência por fontes de financiamento de longo prazo, primeiro os lucros retidos, segundo o endividamento e só depois o lançamento de ações.

No Brasil, diferentemente dos Estados Unidos, o mercado de capitais é restrito para pequenas e médias empresas e para as inovadoras. Do ponto de vista tributário, os investidores em ações levam certa vantagem sobre os aplicadores em renda fixa, pois a tributação para os investidores em ações é somente na realização do lucro, o que pode levar muito tempo. Então, o ganho de capital somente é tributado quando da venda, fazendo com que o valor presente do imposto seja menor do que o da renda fixa, cujo tributo é cobrado mensalmente.

No caso de micro e pequenas empresas, as vantagens do endividamento diminuem, em função do regime tributário adotado, que permite recolher Imposto de Renda com base no faturamento (lucro presumido, *simples*) e não no lucro real. O resultado é que as despesas de juros, nesse caso, não são dedutíveis para o pagamento do Imposto de Renda, tornando o uso de capital de terceiros menos atraente.

PLANOS FINANCEIROS

Com base nos conceitos de custo de capital, alavancagem financeira e estrutura de capital, podemos traçar planos financeiros que determinem a estrutura ótima de capital.

Exemplo: A Medicamentos Energéticos analisa três planos financeiros de forma a escolher aquele que melhor atenda seu objetivo de maximizar o retorno para o acionista. No Plano A, trabalha com 100% de capital próprio; no Plano B, trabalha com 75% de capital próprio e no Plano C, com 60% de capital próprio. O custo de capital de terceiros é 16%, a taxa de Imposto de Renda de 25% e o valor unitário de cada ação ordinária $10,00. Estamos supondo também quatro níveis de LAJIR: $4.000,00; $6.000,00; $8.000,00 e $10.000,00.

Tabela 7.6 Medicamentos Energéticos – Planos financeiros – Em $1,00

	Plano A	Plano B	Plano C
Capital de Terceiros	0,00	10.000,00	16.000,00
% CT	0,00	0,25	0,40
Capital Próprio	40.000,00	30.000,00	24.000,00
% CP	1,00	0,75	0,60
Custo de Capital Próprio	0,1600	0,1600	0,1600
Capital Total	40.000,00	40.000,00	40.000,00
IR – 25%	0,25	0,25	0,25
Valor da ação	10,00	10,00	10,00
Número de ações	4.000	3.000	2.400
LAJIR	4.000,00	4.000,00	4.000,00
(-) Juros	0,00	1.600,00	2.560,00
LAIR	4.000,00	2.400,00	1.440,00
(-) Imposto de Renda – 25%	1.000,00	600,00	360,00
Lucro a distribuir	3.000,00	1.800,00	1.080,00
LPA	0,75	0,60	0,45
LAJIR	6.000,00	6.000,00	6.000,00
(-) Juros	0,00	1.600,00	2.560,00
LAIR	6.000,00	4.400,00	3.440,00
(-) Imposto de Renda – 25%	1.500,00	1.100,00	860,00
Lucro a distribuir	4.500,00	3.300,00	2.580,00
LPA	1,13	1,10	1.08
LAJIR	8.000,00	8.000,00	8.000,00
(-) Juros	0,00	1.600,00	2.560,00
LAIR	8.000,00	6.400,00	5.440,00
(-) Imposto de Renda – 25%	2.000,00	1.600,00	1.360,00
Lucro a distribuir	6.000,00	4.800,00	4.080,00
LPA	1,50	1,60	1,70
LAJIR	10.000,00	10.000,00	10.000,00
(-) Juros	0,00	1.600,00	2.560,00
LAIR	10.000,00	8.400,00	7.440,00
(-) Imposto de Renda – 25%	2.500,00	2.100,00	1.860,00
Lucro a distribuir	7.500,00	6.300,00	5.580,00
LPA	1,88	2,10	2,33

A Tabela 7.6 permite visualizar a melhor alavancagem para cada nível de LAJIR. Observamos que até $6.000,00, o Plano A é o melhor, porque gera lucro por ação maior: LPA $0,75, no nível de LAJIR $4.000,00 e 1,13, no nível de LAJIR $6.000,00. A partir de R$8.000,00, o Plano C passa ser o melhor: LPA de 1,70 no nível de LAJIR $8.000,00 e $2,33, no nível de $10.000,00.

ESTRUTURA DE CAPITAL, CUSTO DE CAPITAL, RISCO FINANCEIRO E VALOR DA EMPRESA

Apresentamos a seguir uma série de simulações da composição da estrutura de capital; a partir de premissas de taxas de juros, custo de capital próprio e custo médio ponderado de capital para avaliar os impactos no custo de capital, no risco e no valor da empresa. As conclusões dessas simulações encontram-se na Tabela 7.8.

PREMISSAS

1. A primeira premissa da análise é de que o capital investido (representado por CI$) mantenha-se constante. Tal fato é importante para que seja percebida a influência que existe sobre o custo de capital médio ponderado, da variação de representatividade do capital de terceiros e próprio sobre o capital investido.

2. A segunda premissa é de que o LAJIR mantenha-se constante, independente da estrutura de capital.

3. A terceira premissa é de que endividamento maior implique em aumento do custo de capital, próprio ou de terceiros; estabelecido de forma arbitrária, mas proporcional ao nível de endividamento.

SIMULAÇÃO

A simulação inicia com uma composição de $48.000 de capital próprio (CP$) e $2.000 de capital de terceiros (CT$). Para a próxima simulação mudamos essa relação para $45.000 de capital próprio e $5.000 de capital de terceiros. Para todas as outras simulações, estabeleceu-se a mesma lógica, atribuindo arbitrariamente diferentes composições de estrutura de capital, sempre aumentando a participação de capital de terceiros sobre o capital total, em detrimento da participação de capital próprio. Como visto anteriormente, a soma dos dois tipos de capital deve sempre ser $50.000, referente ao capital investido, estipulado como constante.

Segue na Tabela 7.7 a evolução das composições de estrutura de capital e a oscilação das relações capital inicial, capital próprio e capital de terceiros em percentual:

Tabela 7.7 Evolução da estrutura de capital e oscilações das relações

Capital Total $	Capital Próprio $	CP/CI %	Capital de Terceiros $	CT/CI %
50.000	48.000	96%	2.000	04%
50.000	45.000	90%	5.000	10%
50.000	40.000	80%	10.000	20%
50.000	35.000	70%	15.000	30%
50.000	30.000	60%	20.000	40%
50.000	25.000	50%	25.000	50%
50.000	20.000	40%	30.000	60%
50.000	15.000	30%	35.000	70%
50.000	10.000	20%	40.000	80%
50.000	5.000	10%	45.000	90%
50.000	1.000	2%	49.000	98%

O valor da ação é de $1, portanto, a coluna "Ações" da Tabela 7.8 consiste na divisão do capital próprio pelo valor da ação.

Após estabelecer as premissas influenciadoras da estrutura de capital, determinamos um lucro antes dos juros e Imposto de Renda (LAJIR) fixo de $10.000. Dessa forma é possível avaliar os impactos causados no risco financeiro (RF3), no valor da empresa e nos lucros por ação (LPA). Isso significa dizer que, se mantido o LAJIR constante:

- O impacto percebido no risco financeiro (RF3) virá do aumento de representatividade dos juros sobre o LAJIR;
- O valor da empresa oscilará a partir do custo de capital médio ponderado;
- Os lucros por ação oscilarão em função da estrutura de capital.

Para o melhor entendimento dessas inferências, devemos analisar as fórmulas que calculam o RF3, Valor e LPA, com a manutenção de LAJIR constante.

Como visto anteriormente, podemos calcular os custos das diferentes fontes de financiamento através das técnicas indicadas. Na prática, há necessidade de se trabalhar com os dados de cada empresa. Ambos os custos aumentam à medida que a relação entre capital de terceiros e capital total (CT/CTo) cresce, pois essa relação tem impacto sobre o risco financeiro. E como já explicado, o risco tem forte impacto sobre o custo de capital. Determinou-se o Imposto de Renda como sendo 25%.

Iniciamos os cálculos da simulação começando pelos juros (j-$) que consistem na multiplicação do custo de capital de terceiros, que é a taxa de juros anualizada, pelo capital de terceiros, que representa o montante do endividamento. Portanto, esses juros são anuais e ao deduzirmos os mesmos do LAJIR, e após isso os impostos, obtivemos o Lucro Líquido depois do Imposto de Renda (LLDIR$).

$$\boxed{j\text{-}\$ = ct * kt}$$

$$LLDIR\$ = (LAJIR - J)*0{,}75$$

Feitos esses cálculos, prosseguimos para obter o lucro por ação, que consiste na divisão do lucro líquido depois do Imposto de Renda pelo número de ações. Perceba que o lucro por ação tende a aumentar com a maior participação do capital de terceiros sobre o capital investido. Isso ocorre porque o número de ações diminuiu proporcionalmente à diminuição de capital próprio na estrutura de capital. O aumento dos juros em decorrência do aumento do capital de terceiros não foi tão expressivo sobre o LLDIR para que conseguisse diminuir o LPA.

Em seguida, calculamos o custo médio ponderado de capital, um dos indicadores de maior importância nessa simulação, dada a sua influência sobre o indicador de Valor da empresa e sua expressão sobre a decisão de escolha de fontes de financiamento. A equação que ilustra esse cálculo é a seguinte:

$$\boxed{k_{mp} = \left(\frac{CT}{CTo}\right)*k_t + \left(\frac{CP}{CTo}\right)*k_p} \qquad 7.13$$

É importante observar que o custo médio ponderado de capital varia a partir das diferentes composições de estrutura de capital, atingindo em dado momento um ponto mínimo, representando o menor custo possível. No caso aqui descrito, decresce até 0,157 em função do aumento da relação de capital de terceiros sobre capital total, pelo fato de o capital de terceiros custar menos do que o próprio. Após esse momento, volta a aumentar, principalmente em função do aumento dos custos de capital sob a ótica da percepção do aumento de risco.

226 – Administração Financeira

Por fim, calculamos os riscos financeiros que representam em RF1 e RF2, indicadores de composição de estrutura de capital em termos de representatividade de dívida sobre capital total e em RF3 um indicador de cobertura dos juros da dívida. Finalmente, calculou-se o valor da empresa, que, como se pode observar, comporta-se de maneira diretamente proporcional ao custo médio ponderado de capital.

Este é um exercício ilustrativo e visa motivar os leitores a trabalhar com simulação através da utilização de planilhas eletrônicas, neste caso, o Excel. É recomendável que se entenda claramente este exercício e se trabalhe com simulações teóricas ou práticas, de forma a reforçar o aprendizado dos conceitos.

Tabela 7.8 Estrutura de capital, custo de capital, risco financeiro e valor da empresa

	= premissas												Em $1.000,00	
CT_0	CP	CT	LAJIR	j - $	LLDIR	LPA	k_t	k_p	k_e	RF_1	RF_2	RF_3	Valor	Ações
50.000	48.000	2.000	10.000	180	7.365	0,153	0,090	0,190	0,186	0,04	0,04	0,02	40.323	48.000
50.000	45.000	5.000	10.000	455	7.159	0,159	0,091	0,191	0,181	0,11	0,10	0,05	41.436	45.000
50.000	40.000	10.000	10.000	940	6.795	0,170	0,094	0,194	0,174	0,25	0,20	0,09	43.103	40.000
50.000	35.000	15.000	10.000	1.470	6.398	0,183	0,098	0,198	0,168	0,43	0,30	0,15	44.643	35.000
50.000	30.000	20.000	10.000	2.060	5.955	0,199	0,103	0,203	0,163	0,67	0,40	0,21	46.012	30.000
50.000	25.000	25.000	10.000	2.750	5.438	0,218	0,110	0,210	0,160	1,00	0,50	0,28	46.875	25.000
50.000	20.000	30.000	10.000	3.540	4.845	0,242	0,118	0,218	0,158	1,50	0,60	0,35	47.468	20.000
50.000	15.000	35.000	10.000	4.445	4.166	0,278	0,127	0,227	0,157	2,33	0,70	0,44	47.771	15.000
50.000	10.000	40.000	10.000	5.520	3.360	0,336	0,138	0,238	0,158	4,00	0,80	0,55	47.468	10.000
50.000	5.000	45.000	10.000	6.750	2.438	0,488	0,150	0,250	0,160	9,00	0,90	0,68	46.875	5.000
50.000	1.000	49.000	10.000	7.987	1.510	1,510	0,163	0,263	0,165	49,00	0,98	0,80	45.455	1.000

CTo – capital total (capital próprio + capital de terceiros)

CP – capital próprio

CT – capital de terceiros

LAJIR – lucro antes de juros e de Imposto de Renda

j – juros ou despesas financeiras

LLDIR – lucro líquido depois do Imposto de Renda

LPA – lucro por ação

k_t – custo de capital de terceiros

k_p – custo de capital próprio

k_e – custo de capital da empresa

RF_1 – risco financeiro, definido como CT/CP

RF_2 – risco financeiro, definido como CT/CTo

RF_3 – risco financeiro, definido como j/LAJIR

Valor – Valor da empresa, definido como LAJIR $(1 – ir)/k_e$

Ações – número de ações, ordinárias e preferenciais.

Recomendamos aos leitores que refaçam a Tabela 7.8, utilizando a planilha Excel. Por exemplo, na primeira coluna, temos o capital total de R$50.000,00; na coluna 2, trabalhamos com variações de capital próprio, iniciando com R$48.000,00 e terminando com R$1.000,00; a coluna 3 representa o valor do capital de terceiros, que é diferença entre a coluna 1 e a coluna 2. A coluna 4, LAJIR, é uma premissa do modelo fixada em R$10.000,00 e assim sucessivamente. O custo de capital de terceiros e o custo de capital próprio das colunas 8 e 9 são premissas do modelo, a título de exemplo. A partir daí e utilizando as fórmulas indicadas, monta-se a planilha.

É possível observar que quando o endividamento atinge 70%, coluna 12, na linha 8, obtém-se o menor custo de capital (ke=15,70) e ao mesmo tempo o maior valor para a empresa R$47.771.

A finalidade dessa tabela é proporcionar ao leitor a condição de ele mesmo montar tabelas e trabalhar simulando estruturas de capital, níveis de LAJIR, custo de capital e assim por diante.

ESTRUTURA DE CAPITAL E CUSTO DE CAPITAL

O Gráfico 7.5 ilustra o comportamento do custo de capital em função das modificações feitas na estrutura de capital: 1) o custo de capital de terceiros, k_t, é menor que o custo de capital próprio, k_p; 2) o custo de capital da empresa, k_e, é um custo médio ponderado dos dois, k_t e k_p; 3) à medida que elevamos a participação do capital de terceiros, o custo de capital, k_e, diminui; e 4) com o aumento da participação do capital de terceiros na estrutura de capital há um aumento do risco financeiro, e com isso, há um aumento do custo de capital.

Para elaborar esse gráfico, utilizamos custos encontrados na Tabela 7.8.

Gráfico 7.5 Comportamento do Custo de Capital

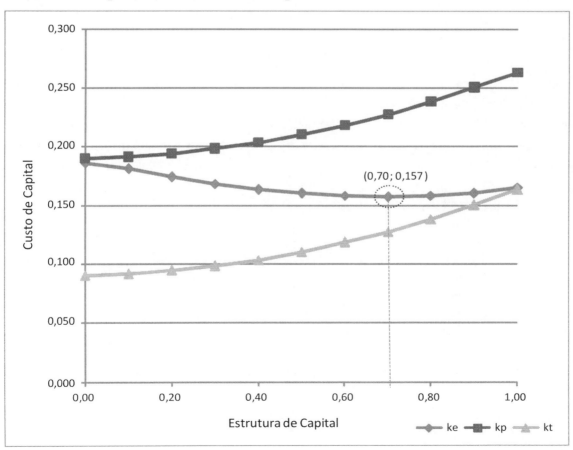

Os custos de capital de terceiros e próprio foram estabelecidos de forma intencional para representar o que nos aponta a teoria. Em outras palavras, o custo de capital próprio é maior que o capital de terceiros, e o custo de capital se eleva à medida que há maior risco.

É interessante que os leitores comparem o Gráfico 7.5 com a Tabela 7.8 e verifiquem, por exemplo, que o custo de capital, k_e, cai de 0,186 para 0,157 quando a estrutura de capital, indicada por RF_2, é de 0,70. Em seguida, volta a subir, indo até 0,165. Portanto, do ponto de vista do custo de capital, a estrutura ótima é aquela em que temos 70% de capital de terceiros e 30% de capital próprio.

ESTRUTURA DE CAPITAL E RISCO FINANCEIRO

Os riscos financeiros, RF_1 e RF_2, fornecem praticamente a mesma informação, o endividamento. RF_1 indica que para cada $1,00 de capital próprio, tem-se $x de capital de terceiros. RF_2 indica que para cada $1,00 de capital investido, $x é financiado por terceiros. São medidas de endividamento e, quanto maior o endividamento, maior o risco.

Pode-se optar por diferentes graus de risco financeiro. A estrutura ótima de capital, no entanto, é aquela que apresenta o menor custo de capital e o maior valor da empresa. Na Tabela 7.8, vimos que a melhor estrutura de capital encontrada apresenta um RF_1 de 2,33 e um RF_2 de 0,70. O RF_3, por sua vez, mostra a capacidade de se pagar os juros, ou seja, para cada $1,00 de juros a pagar, quanto é gerado de LAJIR.

ESTRUTURA DE CAPITAL E VALOR

O Gráfico 7.6 ilustra o comportamento do valor da empresa dada uma modificação na estrutura de capital. É importante verificarmos que o valor aumenta, até encontrarmos a estrutura ótima de capital, que conforme evidencia a Tabela 7.7, é a mesma que encontramos quando buscávamos o menor custo de capital, ou seja, 70% de capital de terceiros e 30% de capital próprio. Com essa estrutura de capital, o valor da empresa encontra seu ápice, $47.688. A maximização do valor para os acionistas é o principal objetivo da estrutura ótima de capital e de qualquer função financeira.

Gráfico 7.6 Estrutura de Capital e Valor

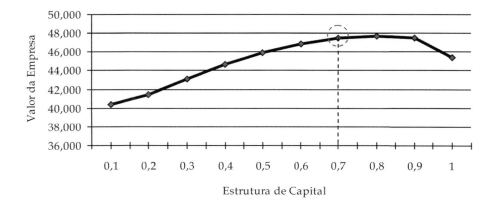

PRÁTICAS DE ESTRUTURA DE CAPITAL NO BRASIL

Na prática, a estrutura ótima de capital é um conceito a ser aprendido e utilizado porque pode se tornar uma vantagem competitiva. Muitas vezes, a empresa apresenta planos comerciais avançados, planos operacionais criativos, planos logísticos bem desenvolvidos e, mesmo assim, acaba sofrendo reveses em seus projetos e atividades, devido a uma inadequada estrutura de capital.

Não se sabe ao certo como obtê-la, mas os administradores financeiros entendem que a estrutura de capital não deve ser muito conservadora, porque se não assumir risco financeiro, não terá como maximizar o valor das ações da empresa.

Entendem também que uma estrutura de capital agressiva, que a exponha a um alto endividamento, poderá trazer um risco financeiro insuportável.

Não há, no entanto, um padrão que defina se o endividamento está alto ou não. Sendo assim, os executivos financeiros acabam se orientando pelo grau de dificuldades que encontram na gestão do fluxo de caixa e no acesso a crédito e ao mercado de capitais.

Pela sua natureza, existem empresas que atuam fortemente aliadas a bancos por entenderem que isso é fundamental aos seus negócios. De forma geral, o setor em que se opera influencia decisivamente para que isso ocorra. É o caso, por exemplo, dos setores de telecomunicações, energia, construção, mineração.

Diversos bancos, como Bradesco, Itaú-Unibanco, Garantia, têm participações significativas em grandes grupos econômicos.

Em alguns ramos de negócios, as empresas criam suas próprias instituições financeiras para facilitar a venda de seus produtos, como é o caso das montadoras de veículos e do comércio varejista: General Motors, Fiat, Volvo, Ford, Carrefour e Pão de Açúcar.

ENDIVIDAMENTO

A empresa nacional faz do autofinanciamento a sua principal fonte de financiamento. As grandes empresas nacionais e as multinacionais, principalmente montadoras de veículos, fábricas de aviões, indústrias de componentes e de centrais telefônicas, buscam a maior parte de seus financiamentos no mercado internacional.

Tabela 7.9 Endividamento das 20 empresas com maiores dívidas no Brasil – 2008 – (Valores em R$ milhões)

Empresa	Dívida R$	Empresa	Dívida R$
Petrobras	47.435	Unipar	6.807
Vale do Rio Doce	20.550	CPFL Energia	6.434
Metalúrgica Gerdau	19.018	Vivo	5.779
Gerdau	17.821	Sabesp	5.662
Eletrobrás	12.119	Suzano Papel	4.718
Telemar Norte Leste	11.329	Cemig	4.359
CSN	10.663	Aracruz	4.132
Telemar	9.804	Sadia	4.088
Braskem	9.037	Brasil Telecom	3.407
AmBev	7.726	JBS Friboi	3.325

Fonte: InfoMoney, 17/03/2009

A Tabela 7.9 apresenta o endividamento de empresas brasileiras, que de modo geral, não é muito alto devido às elevadas taxas de juros reais praticadas no país há muitos anos. As que apresentam dívidas líquidas maiores são as que possuem maiores patrimônios e investem muito em ativos não circulantes, como Petrobras, Vale, Gerdau. (Fonte: InfoMoney, mar/2009).

Pesquisa realizada com executivos financeiros de empresas brasileiras (Copel, Sanepar, Perfipar e Telepar) e multinacionais que atuam no Brasil (HSBC, Vivendi, Volvo e Telefono Itália Móbile), em 2000, sobre suas decisões de financiamento revelou que embora a maioria deles entenda e aplique os conceitos de estrutura ótima de capital, acabam optando por uma hierarquia quase natural de financiamento: 1) autofinanciamento através dos lucros retidos; 2) financiamento através de recursos do BNDES; 3) financiamentos internacionais; 4) debêntures; 5) ações preferenciais e 6) ações ordinárias.[6]

Uma adequada interpretação dos resultados dessa pesquisa depende da análise criteriosa dos custos reais das fontes de financiamento no país, da tributação sobre operações financeiras, do desenvolvimento do mercado de capitais e da cultura dos empresários brasileiros.

ALGUMAS PRÁTICAS FINANCEIRAS

Ao longo das últimas décadas, empresas buscaram sua estrutura ótima de capital como fator estratégico para sua expansão nos negócios. Dentre elas, caberia destacar as seguintes:

- Indústria de Eletrodomésticos – resolveu abrir o capital na década de 1970, vendendo 20% de suas ações ao Bradesco e 10% a um grupo paranaense, além de vender ao público aproximadamente 10%. Essa estratégia permitiu que ela pudesse comprar uma concorrente na área de refrigeradores e freezers, outra na área de aspiradores e algumas menores. Modernizou suas fábricas, expandiu negócios e tornou-se a segunda maior do ramo no país. Com a globalização, foi vendida para a segunda maior fabricante de eletrodomésticos do mundo, no fim dos anos 1990.

- Indústria de Papel – abriu o capital, na década de 1970, buscando aumentar a participação de capital próprio em sua estrutura de capital e ao mesmo tempo promover seu saneamento financeiro. Não conseguiu remunerar adequadamente seus acionistas, e hoje dificilmente conseguiria captar recursos novamente nessa modalidade.

- Energia e Infraestrutura do Paraná – abriu o capital na década de 1970. Remunerou seus acionistas regiamente ao longo dos anos, conseguindo fazer novas subscrições sucessivas. Tornou-se um dos maiores grupos industriais do país, baseado numa estratégia agressiva de aumento de capitais.

- Indústria de Balcões Frigoríficos – vendeu debêntures para fundos de pensões e para investidores institucionais. Esse endividamento mostrou-se desfavorável ao longo do tempo e levou-a para uma situação de grandes dificuldades financeiras. Acabou sendo vendida no final dos anos 1990 para uma multinacional americana.

- O financiamento de longo prazo junto ao BNDES foi ao longo das últimas décadas a principal fonte. Esse banco, fundamental para o desenvolvimento industrial brasileiro, financiou inúmeros projetos a custos subsidiados. Em decorrência de sua presença e dos incentivos

---

[6] LEMES JR, Antônio B. *Teoria e prática de estratégias financeiras de empresas atuando no Brasil: um estudo comparativo entre práticas de empresas inglesas, francesas, italianas e suecas com brasileiras.* Curitiba: Ceppad, 2000.

governamentais, surgiram no país os bancos de desenvolvimento regionais e estaduais, como o BRDE, Badep, BDMG e outros. Na década de 1990, devido à má gestão e às crescentes dificuldades financeiras, foram deixando de existir. Em 2009 há apenas três deles.

7.5 RESUMO

O sucesso de um empreendimento depende muito do custo em que ele incorre para financiar seus projetos. A taxa de retorno exigida pelos acionistas, no caso de capital próprio, ou pelos bancos, no caso de capital de terceiros, determina o custo médio ponderado de capital.

O custo de capital é a taxa mínima de retorno que se exige para aprovar propostas de investimento de capital sem diminuir o valor da empresa. A capacidade que se tem de obter custo de capital a uma taxa menor que a de uma concorrente pode dar-lhe vantagem competitiva. O custo de capital é calculado sempre considerando as fontes de financiamento de longo prazo e após o Imposto de Renda. Pode ser entendido como a remuneração paga aos bancos, investidores (debenturistas) e acionistas.

No cálculo do custo de capital são considerados os montantes de recursos, as taxas de juros, os dividendos e a taxa de Imposto de Renda. O investidor analisa o custo de capital como uma taxa de retorno exigida em seus projetos de investimento, para remunerar um custo de oportunidade e para premiar um risco percebido. É um padrão financeiro.

O custo médio ponderado de capital é uma ponderação dos custos de financiamentos, lucros retidos e ações. Os financiamentos podem ser obtidos por meio de autofinanciamento, de capital próprio dos acionistas atuais, de capital de novas subscrições, de intermediários financeiros, fundos de pensão e outros agentes econômicos. Na prática, se baseia em custos de projetos passados, em alternativas de investimentos no mercado financeiro e em rentabilidade de líderes do ramo.

A teoria do custo de capital fundamenta-se nos conceitos de risco e retorno. Risco de negócio é o que se corre de não gerar receitas suficientes para cobrir seus gastos operacionais. Risco financeiro é o de não gerar lucro antes de juros e impostos para pagar juros e o principal.

No cálculo do custo de capital utiliza-se a equação $k_{flp} = (k_{lr} + p_{rn} + p_{rf})$, sendo k_{flp} – custo de capital de terceiros de longo prazo; k_{lr} – custo de um título livre de risco; p_{rn} – prêmio de risco de negócios; p_{rf} – prêmio de risco financeiro. O custo de capital deve ser calculado sempre após o Imposto de Renda. No caso dos banqueiros, é comum trabalharem com os conceitos de *spread*.

Custo de capital de terceiros tende a ser menor que custo de capital próprio. Custo de capital próprio é o custo ponderado dos lucros retidos e das ações. Capital próprio financia necessidades de longo prazo.

Há três abordagens para se calcular o custo de capital das ações ordinárias: a) crescimento dos dividendos; b) CAPM e c) custo de capital de terceiros mais prêmio de risco. O custo das novas ações ordinárias é maior que o custo dos lucros retidos porque os lucros retidos já estão à disposição e não envolvem custos de lançamento e de corretagem.

Custo médio ponderado de capital é o custo calculado pela ponderação das fontes específicas de capital, pelos seus respectivos custos. A administração financeira busca maximizar a riqueza dos acionistas. Na prática, seu cálculo torna-se complexo pelo fato de o custo de capital próprio ser um custo implícito (não fornecido em contratos).

Na decisão de orçamento de capital (novos projetos) deve-se utilizar o custo marginal do capital, ou seja, o custo de se obterem recursos adicionais. Os juros e *spreads* bancários sempre foram muito altos no Brasil. É por isso que os grandes grupos brasileiros buscam cada vez mais a captação de recursos nos mercados americanos e europeus, nos bancos ou nas bolsas de valores.

Estrutura de capital é a composição percentual das diversas fontes de financiamento de longo prazo. Tem sido estudada desde que Modigliani e Miller, em 1958, apresentaram sua famosa tese de que a estrutura de capital não afeta o valor da empresa, ganhando com isso o Prêmio Nobel. Eles mostraram que quando a política de investimentos prevê a tomada de financiamentos ela está num mercado perfeito e ideal – sem impostos, com ampla e perfeita divulgação de todas as informações e sem custos de transação.

Na prática, o endividamento pode ser vantajoso, porque a mudança da estrutura de capital pode reduzir o Imposto de Renda a pagar, tornar o custo de capital menor e aumentar o valor da empresa. A estrutura financeira abrange todo o passivo, recursos de curto e de longo prazo. A estrutura de capital abrange apenas os financiamentos de longo prazo, que são recursos estratégicos.

No financiamento, utilizam-se adiantamentos de contratos de câmbio, financiamentos do BNDES, debêntures, ações ordinárias, ações preferenciais e lucros retidos. Essas fontes apresentam diferentes características – custos, prazos, atualização monetária, facilidade de *hedging* e especificidades como fundos de pensão ou *private equity*, e, portanto, deve-se buscar uma estrutura ótima de capital.

Há diversos fatores que determinam a escolha de uma estrutura ótima de capital: condições gerais da economia – demanda e oferta, inflação; condições de mercado – agentes; decisões operacionais e financeiras – risco do negócio, risco financeiro, posição tributária, informações, sincronia, vontade do acionista controlador; e volume de recursos a ser financiado.

7.6 QUESTÕES

1. Conceitue custo de capital e explique como cada um dos fatores utilizados na fórmula para calculá-lo afeta a sua determinação. Em sua opinião, quais são as diferenças fundamentais do cálculo do custo de capital em uma grande, média ou pequena empresa? O que ocorrerá se se subestimar ou subavaliar o custo de capital em suas decisões de investimentos?

2. Por que o capital próprio precisa ser remunerado? Que importância tem o capital próprio na avaliação do risco financeiro? Comente a relação risco *versus* retorno no custo de capital.

3. O que é risco de negócio? O que é risco financeiro? Como esses dois riscos afetam o custo de capital? Como um aumento no risco financeiro pode afetar o custo de capital? Explique e justifique cada um dos fatores utilizados na fórmula de cálculo do custo de capital.

4. Conceitue custo de capital próprio, custo da ação ordinária e taxa de crescimento dos dividendos e mostre como calculá-los. Quais as dificuldades em se determinar uma taxa de crescimento de dividendos que não seja distorcida? Identifique alguns problemas com o método do CAPM. Que conceito está por trás do método de rendimento de debêntures mais prêmio de risco? Qual dos componentes da fórmula do crescimento constante é mais difícil de ser estimado? Por quê? Por que os custos do capital captado são maiores que os custos de lucros retidos? Como o modelo do fluxo de caixa descontado pode ser alterado para se calcular o custo de lançamento? Como calcular o custo de capital? Demonstre através de um exemplo.

5. Conceitue custo de capital de terceiros, custo de debêntures. Determine suas fórmulas e explique como uma evolução nesses custos pode afetar o risco financeiro? Por que o custo de capital de terceiros é mais fácil de calcular que o custo de capital próprio? E por que, teoricamente, o custo de capital de terceiros é menor que o custo de capital próprio? O que leva os empresários a utilizar endividamento e não capital próprio no Brasil? Por que se utiliza o custo de capital de terceiros depois dos impostos, em vez dos custos antes dos impostos, para calcular o custo de capital?
6. O que significa cada um dos betas calculados? Por que os betas de 12, 24 ou 36 meses são diferentes? Em sua opinião, qual deles utilizar? Por quê?
7. Por que se deve considerar o custo dos lucros retidos igual ao custo das ações ordinárias? Quais os fatores envolvidos no cálculo do custo de novas ações ordinárias? E no custo das ações preferenciais? Por que o custo das ações preferenciais deve ser menor que o custo das ações ordinárias?
8. Quais são os fatores determinantes no custo de capital das fontes de financiamento? Em sua opinião, qual deles é o mais relevante? Por quê?
9. Comente sobre o custo de capital e as novas oportunidades de investimentos. Explique sua utilização nas tomadas de decisão de investimento em unidades de negócios. Comente o modelo subjetivo no uso do custo de capital. Comente também sobre o impacto dos juros no crescimento das empresas brasileiras.
10. Conceitue risco financeiro e explique qual sua importância para se calcular o custo de capital. Conceitue estrutura de capital e explique como obter a estrutura ótima de capital. Desenvolva e mostre as vantagens de adotar um plano financeiro em relação a outros dois.
11. Qual a importância do estudo da estrutura de capital para a tomada de decisão de financiamento? Como a estrutura de capital pode afetar o valor da empresa? Você concorda ou discorda da teoria de Modigliani e Miller? Por quê? Explique.
12. Qual a diferença entre estrutura financeira e estrutura de capital? Quais são os fatores determinantes na escolha da estrutura de capital?

7.7 EXERCÍCIOS

1. A Equipamentos e Máquinas Condor utiliza debêntures como fonte de financiamento. No ano passado, o custo das debêntures foi de 21% ao ano. Na época, o custo de financiamentos livre de risco era de 16% ao ano, o prêmio de risco de negócios era 3% e o prêmio de risco financeiro era 2%. Neste ano, as taxas de CDI caíram para 14% ao ano, e sua classificação de risco junto ao mercado melhorou muito, sendo que o prêmio de risco de negócios caiu para 1% e o prêmio de risco financeiro caiu para 0,5%. Qual seria o custo das debêntures, se a Equipamento e Máquinas Condor resolvesse lançar novas debêntures hoje?
2. A Campos Novos Equipamentos utiliza empréstimos de longo prazo, obtidos junto a bancos de investimentos. Neste ano, o gerente do Banco Bradesco, com o qual a Campos Novos opera, avisou seu gerente financeiro que o custo do dinheiro para clientes de primeira linha seria de 15%, ou seja, o custo do CDI. As demais empresas precisariam pagar prêmios de risco ao banco. Informou também que o Bradesco exigiria da Campos Novos prêmio de risco de negócio de 2,5% ao ano e prêmio de risco financeiro de 2,0%. Qual o custo desse

tipo de empréstimo? O que deveria fazer a Campos Novos para tentar obter uma redução das taxas de juros junto ao Bradesco?

3. A Expresso Santo Antônio opera junto ao Banco Itaú há mais de 20 anos. Nesse período desenvolveu um forte relacionamento com o banco, substanciado em contínuo fornecimento de demonstrações financeiras e fluxos de caixa. Graças a isso e à sua boa classificação de risco, a Santo Antônio conseguiu uma linha de crédito de CDI mais 4,5% ao ano. O Imposto de Renda mais a contribuição social é de 34%. O CDI está em 15,75%. Qual é o custo de capital de terceiros, após os impostos, da Santo Antônio? O que ela deveria fazer para tentar obter redução desses custos?

4. A Tecidos Champagnat tem uma debênture de quatro anos, faltando um ano para vencer, com uma taxa de juros de 19,5% ao ano, valor nominal de $1.000,00 e que gera um recebimento líquido, após despesas de lançamento e deságio de colocação, de $940,00. Sua alíquota de Imposto de Renda mais contribuição social é de 34%. Qual é o custo de debêntures, k_d, depois do Imposto de Renda, k_{dir}? Desenhe o fluxo de caixa e resolva utilizando a HP 12 C, demonstrando os passos utilizados.

5. A Fábrica de Pneus Continental é uma sociedade anônima de capital aberto com boa imagem no mercado, grande relacionamento junto aos principais bancos e uma avançada política de remuneração de acionistas. Ela vem crescendo a 10% ao ano nos últimos dez anos e é conhecida por ser uma das que pagam sistematicamente dividendos a seus acionistas. O diretor financeiro solicitou de seu assistente financeiro, Sr. Carlos Santos, que calculasse o custo das ações ordinárias, adotando a fórmula da média aritmética entre as três abordagens: a do crescimento dos dividendos, a do CAPM e a do custo de capital de terceiros mais prêmio de risco. Para isso, o Sr. Carlos recebeu as seguintes informações adicionais:

   - Preço da ação ordinária = $8,30
   - Taxa Selic ao ano, praticada neste mês = 15,75%.
   - Custo de capital de terceiros após os impostos, ao ano, da Continental = 13,20%.
   - Prêmio de risco de negócio da Continental cobrado pelos seus banqueiros = 2,0%.
   - Prêmio de risco financeiro da Continental cobrado pelos seus banqueiros = 1,5%.
   - Previsão de pagamento de dividendos para os próximos seis anos: x1 = 1,25; x2 = 1,33; x3 = 1,42; x4 = 1,54; x5 = 1,63; x6 = 1,63.
   - Retorno esperado do mercado = 21,25%

6. Calcule o beta da Continental usando as variações de suas ações ordinárias e do índice da Bolsa de Valores no período jun/2000 a jun/2001, fornecidas a seguir:

Meses	Variação do índice da Bolsa (x)	Variação das ações ON da Continental (y)
Jun/00	4,84%	9,35%
Jul/00	-10,19%	-6,51%
Ago/00	1,18%	-0,04%
Set/00	5,13%	11,67%
Out/00	5,35%	8,19%
Nov/00	17,76%	25,12%
Dez/00	24,05%	18,40%
Jan/01	-4,11%	-11,30%
Fev/01	7,76%	12,75%

continua

Mar/01	0,91%	4,38%
Abr/01	-12,81%	-8,88%
Mai/01	-3,74%	-2,58%
Jun/01	11,84%	30,07%
Jul/01	-1,63%	-14,09%

7. Supondo que você seja um investidor extremamente conservador e que as perspectivas da economia brasileira sejam das melhores, escolha três das seguintes ações para diversificar sua carteira e explique o porquê.

Tabela Betas, β_e, de ações brasileiras	
Ação	**beta, β_e**
Alfa PN	1,1880
Betim ON	1,0560
Chumbo ON	1,0764
Cristal ON	1,1724
Ômega PN	1,1345
Ouro ON	1,1794
Papel PN	1,1269
Prata PN	1,2245
Sigma ON	1,2213
Zinco PN	1,0056

8. A Companhia Criativa de Computadores pretende lançar novas ações ordinárias no mercado. Suas ações ordinárias atuais estão cotadas a $13,45, cada. Espera-se pagar um dividendo no ano 1, D_1, de $1,80/ação, haverá um deságio de 0,45/ação e um custo de lançamento de $0,40/ação. A taxa anual de crescimento de dividendos esperada para os próximos anos é de 4,55%. Qual será o custo das novas ações ordinárias, k_{nao}? Supondo ainda que se fossem lançadas também ações preferenciais elas teriam um recebimento líquido de caixa de R$11,20, qual seria o custo dessas ações?

9. A Companhia Paranaense de Metais possui a estrutura de capital com a participação percentual e os custos específicos de cada fonte de financiamento conforme apresentado na tabela a seguir. Sua taxa de Imposto de Renda e de contribuição social é de 34%. Qual é o custo de capital?

Tabela Estrutura de capital e custo de capital				
Fontes de financiamento	$	%	Custo de capital ao ano	
			Antes do IR	Depois do IR
Moeda nacional				
• Debêntures	50.000.000		0,1950	
• Finame	15.000.000		0,1195	
Moeda estrangeira				
• Empréstimos externos	15.000.000		0,1700	
Capital próprio				
Ações preferenciais	40.000.000		0,2030	
Ações ordinárias	80.000.000		0,2388	
	200.000.000			

10. Baseado nos valores da tabela do exercício anterior, suponha que a Companhia Paranaense de Metais pretenda implantar projetos, no ano 2, que demandarão recursos adicionais de

$30.000.000,00. Esses recursos serão captados através de debêntures – $10.000.000,00 a um custo de 21,00% ao ano; de ações preferenciais – $10.000.000,00, a um custo de 20,65% ao ano e através de ações ordinárias – $10.000.000,00 a um custo de 24,30%. A estrutura de capital atual é aquela apresentada no exercício anterior. Qual é o seu custo médio ponderado de capital marginal depois do Imposto de Renda, k_{mcir}?

11. A João Santos Alumínios está analisando três planos financeiros que melhor atendam ao seu objetivo de maximizar o retorno para o acionista. A tabela a seguir apresenta as informações necessárias, com os cálculos do lucro por ação e do grau de alavancagem financeira de cada plano. Trabalhe também com níveis de LAJIR de $5.500,00 e $6.500,00. Avalie os três planos financeiros e recomende qual deles é o melhor e explique o porquê. Explique também, detalhadamente, a alavancagem financeira, o grau de alavancagem financeira e o LPA de cada um deles.

Tabela Medicamentos Energéticos – Planos financeiros – Em $1,00

	Plano A	Plano B	Plano C
Capital Total	50.000,00	50.000,00	50.000,00
Capital de Terceiros	0	12.500,00	25.000,00
% CT	0	25%	50%
Custo de Capital de Terceiros	16%	16%	16%
Capital Próprio	50.000,00	37.500,00	25.000,00
% CP	100%	75%	50%
IR	34%	34%	34%
Valor da ação	20,00	20,00	20,00
Número das ações	2.500	1.875	1.250
LAJIR	4.000,00	4.000,00	4.000,00
(-) Juros			
LAIR			
(-) Imposto de Renda – 34%			
Lucro a distribuir			
LPA			

12. Elabore uma tabela e um gráfico que ilustrem o comportamento dos custos de capital de terceiros, de capital próprio e da empresa, à medida que vai aumentando o endividamento na estrutura de capital. Identifique qual a estrutura ótima de capital você encontrou e calcule e comente os Riscos Financeiros, RF1 e RF2.

7.8 BIBLIOGRAFIA ADICIONAL

BRIGHAM Eugene F.; HOUSTON, Joel F. *Fundamentos da moderna administração financeira*. Rio de Janeiro: Campus, 1999.

HOJI, Masakazu. *Administração financeira – e orçamentária*. São Paulo: Atlas, 2009.

LEMES, JR. Antônio B.; LEMOS, Mônica F. M. *Custo de capital e a competitividade das empresas brasileiras: a relevância do BNDES*. Curitiba: Ceppad, 2001.

ROSS, Stephen A.; WESTERFIELD, Randolph W.; JORDAN, Bradford D. *Princípios de administração financeira*. São Paulo: Atlas, 2001.

SHANE, A. Johnson. "The effect of bank debt on optimal capital structure." *Financial Management*, v. 27, n. 1, p. 47, primavera de 1998.

SOLOMON, Ezra. *Teoria da administração financeira*. Rio de Janeiro: Zahar, 1963.

VAN HORNE, James C. *Política e administração financeira*. São Paulo: USP, 1975.

WESTON, J. Fred; BESLEY, Scott; BRIGHAM, Eugene F. *Essentials of managerial finance*. 11ª ed. Nova York: The Dryden Press, 1993.

CAPÍTULO

8 FONTES DE FINANCIAMENTO DE LONGO PRAZO

8.1 Introdução

8.2 Sistema financeiro nacional

8.3 Mercado financeiro

8.4 Engenharia financeira

8.5 Práticas de financiamento no Brasil

8.6 Resumo

8.7 Questões

8.8 Bibliografia adicional

Bematech Indústria e Comércio de Equipamentos Eletrônicos S/A.

Fundada em 1990 na incubadora tecnológica do Paraná TECPAR, seu projeto inicial foi de fabricação de mini-impressoras para TELEX. Em 1991 prepara-se para sair da incubadora e, o fator crucial, foi a busca de investidores de longo prazo – sócios para consolidação da empresa.

Em outubro de 1991, Virgílio Moreira Filho (acionista e atual Presidente do Conselho de Administração) mais um grupo de investidores adquirem 50% do capital, deixando a incubadora e alugando o barracão onde se instalou a sede da empresa, a qual foi transformada em sociedade anônima e instalou o seu Conselho de Administração, tendo como membros os investidores e os fundadores como diretores executivos. Em seguida, conseguiram financiamento bancário necessário para impulsionar a produção.

Em 1992, ocorreu o fim da produção da impressora para TELEX e iniciou-se a produção de mini-impressoras, introduzindo-se esse conceito no Brasil. Em 1993, assinou-se o contrato com a HP para o fornecimento de 7.500 mini-impressoras para o Banco Bamerindus. Em 1994, foi criado o conceito de "bloco impressor". Em 1995 foram introduzidas as impressoras fiscais no mercado brasileiro.

Em 1996, foram captados recursos com capital de terceiros oriundos do BNDESPAR – "*venture capital*" – por meio de debêntures conversíveis em ações para alavancar o crescimento da empresa. Nesse mesmo ano foi considerada a primeira empresa a criar um canal de distribuição especializado em periféricos para automação comercial.

Em 1997, foi assinado contrato com Citizen Watch Co (Japão) para a compra dos mecanismos em CKD (importação de peças para montagem no Brasil). Em 1999, as debêntures do BNDESPAR foram convertidas em ações nominativas representando 20% do capital da empresa.

No ano 2000, foi estabelecida a BIC (Bematech International Company) e a família de impressoras MP 200 lançada na Cebit em Hannover, Alemanha. Em 2001, começou-se a exportação de impressoras para quiosques nos Estados Unidos. Em 2002, assinou-se o contrato de fornecimento de 75.000 impressoras para as urnas eletrônicas. Em 2003, iniciaram-se os projetos de automação comercial que se completaram em 2006, propiciando a consolidação da Bematech no mercado.

> Em 2007, ocorre uma nova fase de financiamentos para a empresa através de IPO (Initial Public Offering) no Mercado de Capitais. Decorrente dessas informações foi possível verificar quatro fases bem distintas na estrutura de capital da Bematech, que possibilitaram ser crescimento sustentado:
>
> Fase 1 – Start up (nascimento) = Capitalização – investidores e bancos
> Fase 2 – Estruturação = Capitalização – "*venture capital*" e BNDESpar
> Fase 3 – Crescimento = Capitalização e lucros
> Fase 4 – Consolidação = Capitalização – IPO – Mercado de Capitais – Bolsa de Valores
>
> **Panorama atual da empresa:**
>
> Missão: Tornar o varejo mais eficiente.
>
> Estratégias: a) One-stop-shop em automação comercial; b) único provedor de soluções completas com foco no varejo.
>
> Drivers: a) Crescimento do varejo; b) Aumento dos investimentos em TI; c) Aquisições.
>
> Vantagens competitivas: a) Liderança e marca; b) Canal de distribuição.
>
> Oferta: Soluções integradas para o varejo – *hardware*, *software* e serviços integrados.
>
> Serviços: Suporte técnico e manutenção.
>
> Clientes: Foco em varejistas de pequeno e médio portes.
>
> Operações internacionais: Replicar o modelo de sucesso da Bematech em outros países.
>
> **Futuro:**
> - Perpetuidade da companhia.
> - Consolidação da liderança no mercado brasileiro.
> - Soluções para as verticais do varejo.
> - Aquisições seletivas.

8.1 INTRODUÇÃO

No Capítulo 7 avaliamos princípios, fundamentos e práticas brasileiras de custo de capital e de estrutura de capital, pontos que contribuem para a maximização da riqueza do acionista. Neste capítulo, apresentaremos e discutiremos as principais fontes de financiamento de longo prazo disponíveis para as empresas no país.

A captação de recursos financeiros de longo prazo no Brasil é um dos aspectos críticos, devido às altas taxas de juros praticadas pelos bancos, com exceção do BNDES – Banco Nacional de Desenvolvimento Econômico e Social, a quem cabe operacionalizar as políticas públicas de apoio ao desenvolvimento empresarial brasileiro.

Os bancos privados – em parte porque não conseguem captar recursos de longo prazo, e também porque conseguem aplicar no mercado de curto prazo a taxas altamente recompensadoras – deixam de oferecer linhas de financiamento de longo prazo às empresas, com exceção de repasses do BNDES (ver Tabela 8.1).

Tabela 8.1 *Ranking* dos Juros. Taxas cobradas das empresas pelos dez maiores bancos em ativos totais, em % ao mês

Desconto de duplicatas 07/08 a 13/08/2009						Capital de giro prefixado 07/08 a 13/08/2009				
1º	Itaú/Unibanco	3,48	6º	Nossa Caixa	2,51	1º	Sant/Real	2,86	6º	Nossa Caixa	2,19
2º	Bradesco	3,21	7º	Caixa	2,44	2º	Bradesco	2,76	7º	Safra	1,89
3º	HSBC	2,79	8º	BB	2,22	3º	HSBC	2,70	8º	BB	1,84
4º	Safra	2,64	9º	Votorantim	1,95	4º	Votorantim	2,60	9º	Caixa	1,70
5º	Sant/Real	2,56	10	Citibank	1,65	5º	Itaú/Unib	2,36	10	Citibank	1,28
Aquisição de bens 07/08 a 13/08/2009						**Conta Garantida 07/08 a 13/08/2009**				
1º	Caixa	2,85	6º	HSBC	1,76	1º	HSBC	8,56	6º	BB	4,97
2º	Safra	2,21	7º	Sant/Real	1,72	2º	Itaú/Unib	6,27	7º	Nossa Caixa	4,75
3º	Itaú/Unibanco	1,99	8º	BB	1,21	3º	Votorantim	5,41	8º	Bradesco	3,80
4º	Bradesco	1,98	9º	Citibank	**	4º	Safra	5,31	9º	Citibank	2,30
5º	Votorantim	1,81	10	Nossa Caixa	**	5º	Sant/Real	5,26	10	Caixa	**
Cheque especial 18 a 24/08/2009						**Crédito pessoal 18 a 24/08/2009**				
1º	HSBC	8,78	6º	Nossa Caixa	7,98	1º	Safra	5,02	6º	Sant/Real	3,33
2º	Citibank	8,71	7º	BB	7,74	2º	Bradesco	4,96	7º	Votorantim	2,48
3º	Sant/Real	8,51	8º	Safra	6,32	3º	HSBC	4,74	8º	BB	2,34
4º	Bradesco	8,45	9º	Caixa	6,17	4º	Citibank	4,23	9º	Nossa Caixa	2,26
5º	Itaú/Unibanco	8,45	10	Votorantim	2,01	5º	Itaú/Unib	4,23	10	Caixa	2,20
Aquisição de bens 18 a 24/08/2009						**Aquisição de Veículos 18 a 24/08/2009**				
1º	Caixa	4,24	6º	BB	2,00	1º	Votorantim	2,04	6º	BB	1,60
2º	HSBC	4,01	7º	Nossa Caixa	1,99	2º	Bradesco	1,97	7º	Caixa	1,52
3º	Votorantim	4,01	8º	Sant/Real	1,58	3º	Itaú/Unib	1,96	8º	HSBC	1,50
4º	Bradesco	3,21	9º	Safra	1,49	4º	Sant/Real	1,70	9º	Nossa Caixa	1,48
5º	Itaú/Unibanco	2,46	10	Citibank	**	5º	Safra	1,67	10	Citibank	**

** não informado.

Fonte: Banco Central e *Folha S. Paulo*, 24/08 e 05/08/2009.

A Tabela 8.1 apresenta o *ranking* de juros publicado diariamente na *Folha de S. Paulo*. A dificuldade dos bancos em captar recursos de longo prazo dos aplicadores e a possibilidade de praticar essas elevadas taxas no curto prazo desestimula a destinação de recursos para longo prazo.

No caso do BNDES, é diferente, pois ele obtém recursos principalmente do Fundo de Amparo ao Trabalhador – FAT e de dotações orçamentárias da União, podendo oferecer linhas de financiamentos de cinco, seis e até mais anos.

TAXA DE JUROS NO BRASIL

Uma série de fatores tem contribuído para que o Brasil siga nas primeiras posições do *ranking* de países com as maiores taxas de juros do mundo. Não existe consenso, nem no mercado nem no mundo acadêmico, sobre o porquê de as taxas de juros serem tão altas, quando comparadas com outros países. Nas décadas de 1980 e 1990, um dos principais motivos era a inflação que assolava o país, hoje, no entanto, países que possuem inflação superior à do Brasil não têm taxas de juros tão elevadas quanto a nossa.

Outros motivos seriam: incerteza institucional, baixo índice de crédito em relação ao PIB, endividamento público, taxa de câmbio real instável, baixo nível de poupança interna, taxas de crescimento aquém do pleno emprego, depósitos compulsórios sobre os depósitos nos bancos, concentração de bancos, elevados índices de inadimplência e o imposto sobre operações financeiras. Alguns autores afirmam que o Brasil tem juros elevados desde o século XIX e que não se devem descartar aspectos sociais e políticos.

> **FAT – FUNDO DE AMPARO AO TRABALHADOR**
>
> O FAT é um fundo especial, de natureza contábil-financeira, vinculado ao Ministério do Trabalho e Emprego – MTE, destinado ao custeio do Programa do Seguro-Desemprego, do Abono Salarial e ao financiamento de Programas de Desenvolvimento Econômico.
>
> A principal fonte de recursos do FAT são as contribuições para o Programa de Integração Social – PIS, criado por meio da Lei Complementar nº 07, de 07 de setembro de 1970, e para o Programa de Formação do Patrimônio do Servidor Público – PASEP, instituído pela Lei Complementar nº 08, de 03 de dezembro de 1970.
>
> Através da Lei Complementar nº 19, de 25 de junho de 1974, as arrecadações relativas aos referidos Programas passaram a figurar como fonte de recursos para o BNDES. A partir da Lei Complementar nº 26, de 11 de setembro de 1975, esses Programas foram unificados, hoje sob denominação Fundo PIS-PASEP.
>
> Posteriormente, com a promulgação da Constituição Federal, em 05 de outubro de 1988, nos termos do que determina o seu art. nº 239, alterou-se a destinação dos recursos provenientes da arrecadação das contribuições para o PIS e para o PASEP, que deixaram de ser direcionados a esse Fundo, passando a ser alocados ao FAT, direcionados ao custeio do Programa do Seguro-Desemprego, do Abono Salarial e, pelo menos 40%, ao financiamento de Programas de Desenvolvimento Econômico, esses últimos a cargo do BNDES.

Segundo Staub (2009): "O que é ignorado e ocultado, de modo geral, é que entre a captação e a aplicação dos recursos existe um intrincado jogo de interesses, pressões, interações e interferências que acabam por elevar o *custo do dinheiro* para o *tomador final*".[1]

A taxa básica de juros da economia – taxa SELIC – é elevada, pois, diferente de bancos centrais de países que possuem um bom equilíbrio das contas públicas, o banco central brasileiro tem dificuldade de praticar uma adequada política monetária, pois o Governo é o principal tomador de recursos; em setembro de 2009, a relação dívida pública/PIB era 43%.

Com conhecimento dessa realidade, o Governo busca melhorar seus fundamentos econômicos. Em julho de 1994, implantou o Plano Real, que trouxe grandes melhorias nas contas públicas: redução de déficits públicos, desestatizações, incentivos à entrada de capitais estrangeiros e combate à inflação.

A partir de 1999, passou a adotar metas inflacionárias para o país, fazendo do Banco Central o principal responsável pelo seu alcance. As metas são sempre definidas para os próximos três anos, sendo 4,5% para os anos de 2009, 2010 e 2011, podendo variar numa faixa de dois pontos percentuais.

---

[1] Irineu Dário Staub. "Por que(m) os juros dobram (?)". Ensaio inédito. Curitiba, 2009.

Com o crescente processo de globalização, muitas empresas brasileiras têm sido adquiridas por multinacionais com maior poder econômico e amplo acesso aos mercados financeiros internacionais. Para diminuir esse risco, procuram reduzir seus custos financeiros, e para isso buscam fontes alternativas de financiamentos.

Multinacionais brasileiras, ou mesmo empresas domésticas, podem emitir títulos no exterior (American Depositary Receipts – ADRs – e eurobonds, por exemplo), permitindo maior liquidez, melhor desempenho do preço de suas ações, pulverização da base de acionistas e obtenção de grande volume de recursos, menores taxas de juros – reduzindo seu custo de capital. O ADR está normatizado como Depositary Receipts na Resolução nº 1.289, de 20/03/1987 e na Resolução nº 1.927, de18/05/1992, do BACEN.

Os bancos têm dificuldades na captação de recursos no mercado interno a custos e prazos adequados, em função da cultura inflacionária que limita as aplicações de longo prazo. Os bancos internacionais pouco têm contribuído para diminuir o problema, porquanto, apesar da facilidade em captar no exterior, seus empréstimos são altamente seletivos, dirigidos a empresas de primeira linha e, assim mesmo, com taxas de juros muito maiores que as praticadas em seus países.

Taxa final do tomador

1. (+) *Custo de captação*, a remuneração paga ao poupador, geralmente próxima da taxa primária (Selic).
2. (+) *Custos regulatórios*, os encargos decorrentes dos mecanismos acionados pelo governo para regular a liquidez da economia e garantir a higidez do sistema financeiro, composto de:
    (a) *encaixe obrigatório*, corresponde a um percentual estatisticamente determinado e calculado sobre os depósitos a vista, cujo montante é obrigatoriamente retido em caixa para saque aleatório dos correntistas;
    (b) *depósito compulsório*, calculado sobre os recursos que transitam pela instituição financeira; é o instrumento por excelência, da gestão da política monetária;
    (c) *direcionamento*, compreende formas seletivas de aplicação obrigatória dos recursos impostas às instituições.
3. (+) *Custo do inadimplemento*, representa o encarecimento do dinheiro provocado por:
    (a) *créditos perdidos*;
    (b) *custos de cobrança dos inadimplentes*;
    (c) *custos de realização de garantias*;
    (d) *substituição de fontes de captação de recursos*;
    (e) *compatibilização entre prazos de captação e aplicação*.
4. (+) *Custos tributários* ou *cunha fiscal*, referem-se à carga tributária que incide sobre o fluxo de recursos que onera o poupador, o agente financeiro e o tomador.
5. (+) *Custos do agente*, representados pelos encargos administrativos e operacionais, de gerir e operar uma instituição financeira.
6. (-) *Remuneração sobre depósitos compulsórios*, quando cabível.
7. (+) *Margem líquida* que equivale ao *spread* líquido; e, finalmente
    8. (=) *Taxa praticada* ou a *taxa efetiva* cobrada dos tomadores de recursos, que nada mais é do que a soma dos custos totais e a margem líquida do banqueiro.

O governo brasileiro tem feito grande esforço para reduzir a taxa de juros. O Gráfico 8.1 apresenta a evolução da taxa de juros básica do sistema financeiro, medida pelo SELIC – Sistema Especial de Liquidação e Custódia, e o SELIC real, no período de 2003 a 2009. Pode-se verificar que a taxa real de juro tem se mantido abaixo dos 10% ao ano desde janeiro de 2007, porém esse índice ainda é muito alto, quando comparado com as taxas de juros de outros países.

FONTES DE FINANCIAMENTO DE LONGO PRAZO – 243

Gráfico 8.1 Evolução da Taxa SELIC e do IPCA – 2003 a 2009

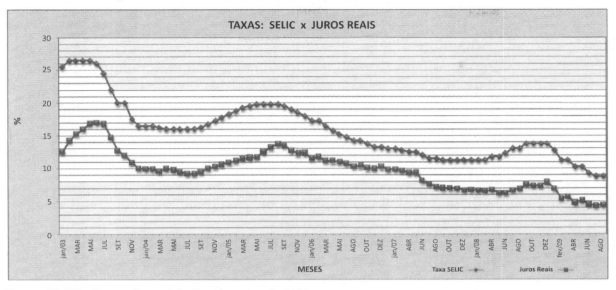

Fontes: IBGE e Banco Central do Brasil, agosto de 2009.

No cenário dos negócios globalizados, a crescente concorrência internacional tem levado empresas brasileiras a alongarem seus prazos médios de venda e, por conseguinte, a buscarem fontes de financiamento compatíveis. Exemplos disso são a Embraer, Gerdau, Petrobras, Vale, Votorantim.

Os Gráficos 8.2-A e 8.2-B apresentam um comparativo entre as taxas de juros reais e nominais praticadas em alguns países com os quais o Brasil mais se relaciona. Nota-se que o Brasil, no momento, possui uma das maiores taxas de juros reais do mundo. É preciso lembrar ainda que a taxa brasileira não dá uma boa ideia do custo de capital de terceiros, pois as empresas acabam pagando muito mais, devido aos altos *spreads* praticados pelos bancos no país.

Gráfico 8.2-A Taxas de juros reais   Gráfico 8.2-B Taxas de juros nominais

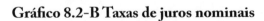

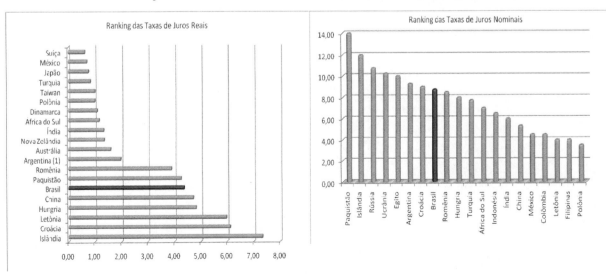

Fonte: Jornal *O Estado de S. Paulo*, set./2009.

Os Gráficos 8.3-A e 8.3-B apresentam os *rankings* de *spreads* e de inadimplência no mundo, onde se pode observar que, embora o Brasil apareça como líder em *spread*, ele está em décimo sexto lugar em termos de inadimplência, o que não justifica as taxas de juros cobrados no país.

Gráfico 8.3-A *Spread* em pontos percentuais

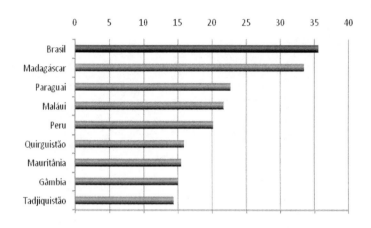

Gráfico 8.3-B Os Líderes da inadimplência

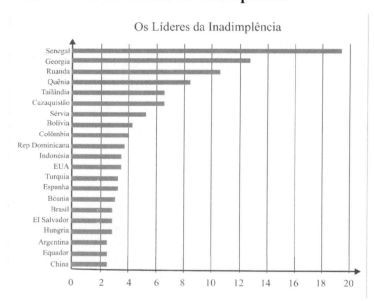

Fontes: FMI e Fórum Econômico Mundial, na *Folha de S. Paulo* 10/09/2009.

O Gráfico 8.4 mostra as taxas de juros praticadas nos principais mercados mundiais, observando-se suas reduções em todo o mundo, a partir de 14 de setembro de 2008, com a quebra do Lehmann Brothers, que deu início à crise do *subprime* nos Estados Unidos. É evidente a distância entre as taxas praticadas no Brasil e nos demais mercados.

Gráfico 8.4 Taxa de juros nominais de longo prazo ao ano – jan 2008 a mar 2009

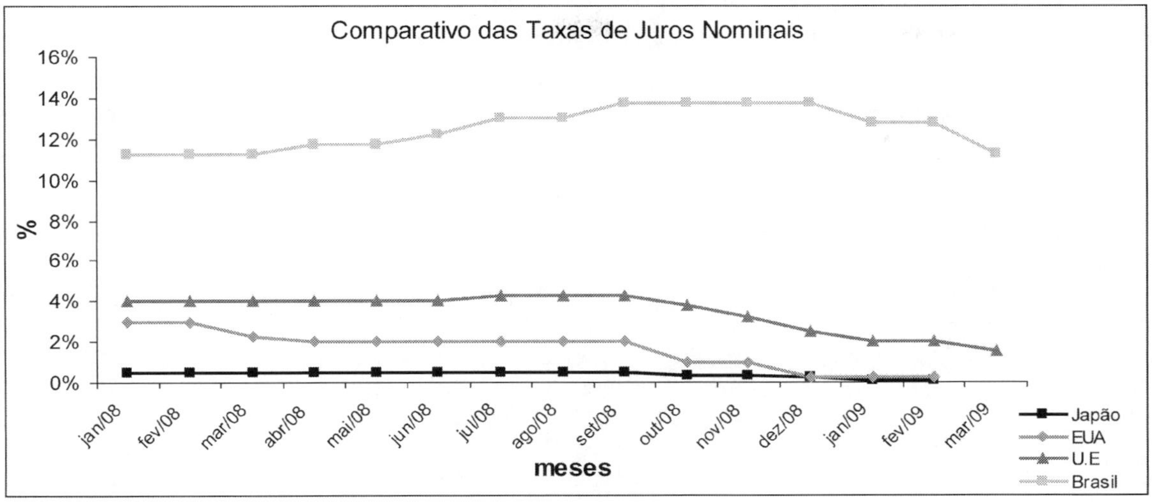

Fonte: Jornal *O Estado de S. Paulo*, mar./2009.

CUSTO BRASIL

O custo Brasil é um termo utilizado para descrever o conjunto de dificuldades estruturais, burocráticas e econômicas que encarecem o investimento no Brasil. Alguns exemplos do custo Brasil são: corrupção administrativa elevada, déficit público elevado, excesso de burocracia para criação de empresa, manutenção de taxas de juros reais elevadas, *spread* bancário exagerado, carga tributária alta, altos custos trabalhistas, altos custos do sistema previdenciário, legislação fiscal complexa e ineficiente, infraestrutura ineficiente (portos, aeroportos, estradas, fretes).

Organismos financeiros internacionais têm trabalhado com o governo brasileiro em medidas e projetos para aumentar o potencial da economia do país, dentre elas, no que se convencionou chamar de reformas microeconômicas: redução dos custos de logística; aumento da capacidade de inovação; aumento da eficiência do setor financeiro; melhora do ambiente de negócios.

O Banco Mundial, ao lado do FMI (Fundo Monetário Internacional), é uma das principais matrizes ideológicas do pensamento econômico liberal, e teve influência crescente na agenda do Brasil a partir da década passada, ajudando a propagar medidas como privatizações, contenção dos gastos públicos, abertura comercial e financeira.

8.2 SISTEMA FINANCEIRO NACIONAL

A busca de melhores alternativas na captação de recursos tem sido crítica no país devido, principalmente, a quatro fatores: a) a globalização, que provocou uma mudança radical nos papéis desempenhados por governos e empresas, com profundas transformações nos mercados locais; b) grande reestruturação dos sistemas financeiros internacionais, com a crescente facilidade das transferências de recursos entre países, empresas e investidores; c) o surgimento de novos e sofisticados instrumentos financeiros, revolução na área das telecomunicações e da informática e expansão da Internet na obtenção de informações sobre preços de bens e serviços; e d) escassez de crédito, advinda da crise do sistema financeiro americano (*subprime*) e suas derivações em praticamente todo o mundo.

O Quadro 8.1 apresenta o Sistema Financeiro Nacional de forma que possamos destacar e comentar algumas instituições financeiras que têm papel fundamental no financiamento de longo prazo. Dentre as instituições financeiras que operam com financiamentos de longo prazo no país, temos dois segmentos distintos: a) *bancos*, que podem ser comerciais, de investimentos, múltiplos e de investimento; e b) *operadores do mercado de capitais*, as bolsas, as corretoras, as distribuidoras e os agentes autônomos de investimentos. O Banco do Brasil, o BNDES e a Caixa Econômica Federal são bancos especiais do sistema, pois operam tanto no sistema normativo como no mercado financeiro, captando recursos e concedendo empréstimos e financiamentos.

Quadro 8.1 Sistema Financeiro Nacional

Órgãos de Regulação e Fiscalização				Supervisão e Controle
CMN Conselho Monetário Nacional	**BACEN** Banco Central do Brasil	**Instituições Financeiras Captadoras de Depósitos à Vista**	Bancos Múltiplos com Carteira Comercial	BACEN
			Bancos Comerciais	BACEN
			Caixas Econômicos	BACEN
			Cooperativas de Crédito	BACEN
			Bancos Cooperativos	BACEN
		Demais Instituições Financeira	Bancos Múltiplos sem Carteira Comercial	BACEN
			Bancos de Investimento	BACEN e CVM
			Bancos de Desenvolvimento	BACEN
			Sociedades de Crédito, Financiamento e Investimento	BACEN
			Sociedades de Crédito Imobiliário	BACEN
			Companhias Hipotecárias	BACEN
			Associações de Poupança e Empréstimo	BACEN
CNSP Conselho Nacional de Seguros Privados	**CVM** Comissão de Valores Mobiliários	**Outros Intermediários ou Auxiliares Financeiros**	Bolsas de Mercadorias e de Futuros	BACEN e CVM
			Bolsas de Valores	CVM
			Sociedades Corretoras de Títulos e Valores Mobiliários	BACEN e CVM
			Sociedades Distribuidoras de Títulos e Valores Mobiliários	BACEN e CVM
			Sociedades de Arrendamento Mercantil	BACEN
			Sociedades Corretoras de Câmbio	BACEN
			Agentes Autônomos de Investimento	BACEN e CVM
CGPC Conselho de Gestão da Previdência Complementar	**SUSEP** Superintendência de Seguros Privados e	**Entidades Ligadas aos Sistemas de Previdência e Seguros**	Entidades Fechadas de Previdência Privada	SPC
			Entidades Aberta de Previdência Privada	SUSEP
			Sociedades Seguradoras	SUSEP
			Sociedades de Capitalização	SUSEP
			Sociedades Administradoras de Seguro-Saúde	SUSEP
	IRB – Brasil Resseguros	**Entidades Administradoras de Recursos de Terceiros**	Fundos Mútuos	BACEN e CVM
			Clubes de Investimentos	CVM
			Carteiras de Investidores Estrangeiros	BACEN e CVM
			Administradores de Consórcio	BACEN
	SPC Secretaria de Previdência Complementar	**Sistema de Liquidação e Custódia**	Sistema Especial de Liquidação e de Custódia – SELIC	BACEN
			Central de Custódia e de Liquidação Financeira de Títulos – CETIP	BACEN
			Caixa de Liquidação e Custódia	CVM

Fonte: Ricardo J. Ferreira, *Contabilidade de Instituições financeiras*. Editora Ferreira, 2005.

O PAPEL DOS INTERMEDIÁRIOS FINANCEIROS

Os intermediários financeiros desempenham papel fundamental na economia e na sociedade, exercendo grande influência sobre decisões de investimento, de financiamento e de resultados. O mercado financeiro e o mercado de capitais promovem o desenvolvimento econômico do país, facilitando o encontro dos poupadores e investidores com os tomadores de recursos.

Os bancos, além de promoverem o contato entre tomadores e provedores de recursos, monitoram o desempenho das empresas para assegurar o recebimento dos juros e a devolução do principal.

FINANCIAMENTOS DE LONGO PRAZO

As principais formas de financiamento de longo prazo são: 1) recursos próprios gerados internamente por lucros retidos; 2) recursos de terceiros 3) recursos sob a forma de emissão de ações.

Os financiamentos de longo prazo no Brasil são praticamente balizados pelo Banco Nacional de Desenvolvimento Econômico e Social – BNDES, que de forma geral concede prazos de um a seis anos e é o principal "banco de investimento". Bancos múltiplos e de investimento são os grandes agentes dessa modalidade, atuando muitas vezes como repassadores dos recursos do BNDES, no caso de financiamentos.

Os bancos de investimento são os grandes agentes nos processos de abertura de capital, no lançamento de debêntures e nas operações de subscrições de novas ações, desempenhando o papel de intermediário entre as empresas e os investidores – institucionais e individuais; nacionais e estrangeiros.

Como vimos no Capítulo 7, as empresas podem obter seus recursos financeiros por meio de capital próprio ou de terceiros. Se optarem por capital próprio, utilizarão recursos gerados internamente (lucros retidos) ou emitirão ações, utilizando-se do mercado de capitais, como veremos no Capítulo 9. Se optarem por capitais de terceiros, utilizarão as diversas linhas de financiamentos do mercado financeiro e títulos de dívida do mercado de capitais. Nesse caso, terão de negociar as condições do financiamento, que envolverão taxas de juros, carência, prazos, garantias e taxas de corretagem.

Quadro 8.2 Operações com debêntures – Marcação Andima, em 03/09/2009

IPCA + SPREAD				
Empresa	Repactuação Vencimento	Índice de Correção	Preço Unitário
BNDESPAR	15/01/2012	IPCA + 6,00%	1.163,786635
BNDESPAR	15/08/2013	IPCA + 6,80%	1.098,187843
BR MALLS PARTICIPAÇÕES S/A	15/07/2016	IPCA + 7,90%	10.731,726391
SABESP	15/10/2015	IPCA + 12,87%	1.319,262399
TRACTEBEL ENERGIA	15/05/2014	IPCA + 7,00%	10.959,774979
IGPM + SPREAD				
Empresa	Vencimento	Índice de Correção	Preço Unitário
AMPLA - ENERGIA E SERVIÇOS	01/03/2010	IGP-M + 11,40%	12.971,804822
CONCESSIONÁRIA AUTOBAN (*)	01/04/2014	IGP-M + 10,65%	10.937,434457
CONCESSIONÁRIA AUTOBAN (*)	01/10/2013	IGP-M + 10,65%	13.702,496501
COELBA	01/06/2011	IGP-M + 10,80%	10.652,190216
ECOVIAS	01/05/2014	IGP-M + 9,50%	12.371,030902
ECOVIAS	01/11/2014	IGP-M + 9,50%	12.933,391371
ELEKTRO	01/09/2011	IGP-M + 11,80%	7.313,673426
NOVA DUTRA	01/07/2010	IGP-M + 9,50%	3.643,318969
NOVA DUTRA	01/01/2010	IGP-M + 9,50%	3.420,460871
PETROBRAS	01/08/2012	IGP-M + 11,00%	1.959,653641
PETROBRAS	01/10/2010	IGP-M + 10,30%	1.904,803206
RIO GRANDE ENERGIA	01/04/2011	IGP-M + 9,60%	10.536,168170
SABESP	01/06/2011	IGP-M + 10,75%	1.265,238924
SUZANO BAHIA SUL	01/04/2014	IGP-M + 8,00%	1.357,346669
TRACTEBEL ENERGIA	01/05/2011	IGP-M + 9,29%	10.407,665767
(*) O papel tem cláusula de resgate e amortização antecipado.			

Fonte: Finabank Corretora, set./2009

CONTRATOS DE FINANCIAMENTOS DE LONGO PRAZO

Os bancos fazem uma série de exigências aos tomadores, especificadas em contratos, antes de liberar recursos. Envolvem critérios a respeito de contabilidade, demonstrações financeiras auditadas, quitação de impostos, transparência de informações, fluxo de caixa, idoneidade dos dirigentes, entre outros.

De modo geral, essas exigências não são problemas para empresas saudáveis e de grande porte. Para pequenas e médias empresas, no entanto, elas representam dificuldade quase insuperável dada a precariedade das informações formais disponíveis. Nesses casos, os bancos costumam exigir garantias extras e elevam as taxas de juros cobradas, explicita ou implicitamente, sob a forma de reciprocidades diversas.

Quadro 8.3 Principais cláusulas contratuais em financiamentos de longo prazo

- Manutenção de saldos de caixa mínimos
- Proibições de operações de securitização
- Proibição de venda de ativos permanentes
- Limitação de níveis de endividamento
- Proibição de fusão ou venda da empresa
- Limitação de remuneração de diretores e executivos
- Manutenção de auditorias internas e externas
- Limitações de distribuição de dividendos
- Proibição de venda do controle acionário
- Exigência de Conselho de Administração

O Quadro 8.3 apresenta as principais cláusulas contratuais utilizadas no país, que poderão ser reduzidas ou ampliadas em função do volume de recursos, dos prazos, dos índices de correção, das moedas envolvidas, e de todo o tipo de complexidade que a operação possa ter.

Cada instituição financeira tem seus objetivos e suas estratégias, todas, porém, têm suas funções disciplinadas e fiscalizadas pelos órgãos reguladores. O Quadro 8.4 apresenta as instituições financeiras existentes no país e suas modalidades de financiamento.

Quadro 8.4 Características e tipos de financiamentos de longo prazo

INSTITUIÇÕES FINANCEIRAS	MODALIDADES DE FINANCIAMENTOS
Bancos Comerciais	Raramente concedem financiamentos de longo prazo. Fazem, no entanto, concessão de crédito rotativo, que pode atender necessidades permanentes de capital de giro.
Bancos de Desenvolvimento	Financiamentos de longo prazo, a custos menores que o de mercado.
Bancos de Investimentos e Bancos Múltiplos	Lideram ou participam de lançamentos de debêntures e de ações. Fazem repasses do BNDES, de recursos captados no exterior, *lease-back* financiamentos com recursos próprios.
Financeiras	Financiamentos para compras de equipamentos e máquinas. No Brasil, operam no financiamento de bens duráveis para pessoa física.
Arrendamento Mercantil	Operação de arrendamento mercantil (*leasing*) de bens de capital, novos, usados, nacionais ou importados.
Factoring	Operação de compras de contas a receber das empresas. No Brasil, operam também descontando cheques pré-datados.

Fonte: Autores.

Para desempenharem suas funções, as empresas demandam continuamente recursos financeiros, tendo de comprovar saúde econômico-financeira, capacidade de honrar compromissos, capacidade em fornecer garantias, histórico de boa pagadora, imagem na comunidade, entre outros predicados.

Tanto as instituições financeiras para concederem crédito ou para apoiarem lançamentos de títulos por parte das empresas, quanto os investidores em debêntures, notas promissórias ou ações utilizam-se, cada vez mais, de processos sofisticados de análise de risco, capazes de melhorar suas decisões. Nesse sentido é que surgiu a necessidade do estabelecimento da classificação de risco.

CLASSIFICAÇÃO DO RISCO (RATING)

A emissão de títulos privados no país é avaliada normalmente com base na classificação de títulos de consultorias multinacionais, como a Standard & Poor's, a Fitch Ratings, a Mood's Investors que os classificam em moeda local e em moeda estrangeira.

> A Moody's, por exemplo, classificava os papéis do Banco do Brasil, em abril de 2009, como nota "A1" em moeda local, a melhor possível, e "Baa3" em moeda estrangeira, a primeira do grau de investimento. Com a substituição do presidente do banco, naquela oportunidade, a direção da Moody's informou ao mercado que passará a avaliar o comportamento da carteira total do banco e a nova safra de crédito que pode indicar mudanças na atuação do banco.

De modo geral, apenas as grandes companhias têm classificação de risco no país. Essa é uma dificuldade adicional do mercado financeiro, pois, sem essa classificação que daria maior transparência de suas condições econômicas e financeiras, as instituições financeiras tendem a cobrar maiores prêmios de riscos em seus financiamentos.

Visando superar essa deficiência, os bancos criaram um sistema de informações de crédito, chamado Serasa. Hoje, a Serasa é uma das maiores empresas em análises e informações para decisões de crédito e apoio a negócios, atuando com cobertura nacional e internacional, por meio de acordos com as principais empresas de informações de todos os continentes.

A classificação de risco é um serviço que deverá ser cada vez mais solicitado pelo mercado, pois permite melhorar a gestão de risco na concessão de crédito. O Quadro 8.5 apresenta uma classificação de risco utilizada na análise de crédito. A análise de risco de títulos tem uma metodologia muito semelhante.

Quadro 8.5 Classificação de Risco (*Rating*)

CLASSIFICAÇÃO DE RISCO	INTERPRETAÇÃO
AAA AA A	Empresas de primeira linha
BBB BB B	Empresas de médio risco
CCC CC C	Empresas de alto risco
D	Empresas insolventes

Fonte: Elaborada pelos autores.

Diferentemente dos mercados financeiros americano e europeu, no Brasil não é comum a existência de mercado secundário para negociação de títulos privados. Apresentamos a seguir algumas das principais instituições financeiras e linhas de financiamento de longo prazo existentes no mercado brasileiro.

8.2.1 BANCO CENTRAL DO BRASIL – BCB

Missão Institucional do BCB: assegurar a estabilidade do poder de compra da moeda e a solidez do Sistema Financeiro Nacional.

O Banco Central do Brasil (BCB) foi criado pela Lei nº 4.595, de 31 de dezembro de 1964, chamada Lei de Reforma Bancária. Até então, as funções de autoridade monetária brasileira eram desempenhadas pela Superintendência da Moeda e do Crédito (Sumoc), pelo Conselho Superior da Sumoc, pelo Banco do Brasil e pelo Tesouro Nacional, que, em conjunto, exerciam funções típicas de um banco central, paralelamente ao desempenho de suas atribuições próprias. A Sumoc foi criada em 1945, com a finalidade de exercer o controle monetário e de preparar a organização de um Banco Central para o país. A Lei nº 4.595 também extinguiu o Conselho Superior da Sumoc, criando, em substituição, o Conselho Monetário Nacional (CMN).

Escolhidos pelo presidente da República, o presidente e os diretores do Banco Central são sabatinados pelo Senado Federal antes de serem empossados no cargo.

O CMN, órgão de cúpula do Sistema Financeiro Nacional, é composto do Ministro da Fazenda (que o preside), do Ministro do Planejamento, Orçamento e Gestão e do Presidente do Banco Central do Brasil.

8.2.1.1 FUNÇÕES DO BANCO CENTRAL DO BRASIL

Para cumprir sua missão, considerando o conjunto de atribuições legais e regulamentares, as funções do Banco Central do Brasil são:

- formulação, execução e acompanhamento da política monetária;
- controle das operações de crédito em todas as suas formas, no âmbito do sistema financeiro;
- formulação, execução e acompanhamento da política cambial e de relações financeiras com o exterior;
- organização, disciplinamento e fiscalização do Sistema Financeiro Nacional, do Sistema de Pagamentos Brasileiro e do Sistema Nacional de Habitação e ordenamento do mercado financeiro;
- emissão de papel-moeda e de moeda metálica e execução dos serviços do meio circulante.

8.2.1.1.1 ATUAÇÃO NA POLÍTICA MONETÁRIA

A política monetária é a função que define o sentido mais amplo de um banco central e aquela que, em última instância, articula as demais. A principal função de um banco central consiste em adequar o volume dos meios de pagamento à real capacidade da economia e absorver recursos sem causar desequilíbrios nos preços. Para isso, controla, por meio de instrumentos de efeito direto ou induzido, a expansão da moeda e do crédito e a taxa de juros, buscando adequá-los às necessidades do crescimento econômico e da estabilidade dos preços e zelar pela estabilidade da moeda, mantendo seu poder de compra. A influência sobre a evolução dos meios de pagamento implica o controle ou a regulação do crédito, para que o banco central conte com instrumentos, tais como as operações de mercado aberto, o recolhimento, compulsório e o redesconto.

Operações de Mercado Aberto – esse tipo de operação se realiza, geralmente, mediante a compra e a venda no mercado livre de títulos governamentais de curto prazo.

Depósito compulsório – é a reserva obrigatória recolhida dos depósitos bancários, conforme percentual fixado pelo CMN, com a finalidade de restringir ou de alimentar o processo de expansão dos meios de pagamento.

Redesconto – é a forma como o banco central atua junto aos bancos comerciais, concedendo-lhes crédito contra garantias em títulos, tanto para descasamentos de curtíssimo ou curto prazo entre suas operações credoras e devedoras, quanto atuando como "prestamista de última instância". O redesconto pode ser concedido de maneira quase automática. Pode ser também uma concessão limitada de crédito, para apoiar os bancos com problemas transitórios de liquidez ou para viabilizar ajuste patrimonial de instituição financeira com desequilíbrio estrutural e pode, ainda, ser utilizado com fins de regulação monetária.

A Política Monetária no Brasil é executada dentro do Sistema de Metas Para a Inflação (SMPI). Por esse sistema, inicialmente, o CMN estabelece a meta para a inflação. A partir dessa meta, o Comitê de Política Monetária do Banco Central (Copom) reúne-se periodicamente para analisar a economia brasileira e a tendência futura da inflação e decidir qual a taxa de juros necessária para atingir a meta. Uma vez definida a taxa de juros, o Banco Central do Brasil atua de forma a fazer com que a taxa de juros do mercado seja a definida na reunião do Copom.

8.2.1.1.2 CONTROLE DAS OPERAÇÕES DE CRÉDITO

O Banco Central divulga as decisões do Conselho Monetário Nacional, baixa as normas complementares e executa o controle e a fiscalização a respeito das operações de crédito em todas as suas modalidades.

Nesse sentido, de acordo com os objetivos estabelecidos pela política econômica, pode atuar inclusive no contingenciamento do crédito ao setor público, monitorando o cumprimento de limites para o seu endividamento por intermédio do sistema financeiro. Semelhante procedimento pode ser adotado para o setor privado.

8.2.1.1.3 ATUAÇÃO NA POLÍTICA CAMBIAL E RELAÇÕES FINANCEIRAS COM O EXTERIOR

Essa função consiste em manter ativos de ouro e de moedas estrangeiras para atuação nos mercados de câmbio, de forma a contribuir para manter a paridade da moeda e para induzir desempenhos das transações internacionais do país, de acordo com as diretrizes da política econômica.

O Banco Central atua regulando o mercado de câmbio, buscando o equilíbrio do balanço de pagamentos, administrando as reservas cambiais do país, acompanhando e controlando os movimentos de capitais, negociando com as instituições financeiras e com os organismos financeiros estrangeiros e internacionais (Fundo Monetário Internacional – FMI, Bank for International Settlements – BIS etc.) e gerenciando convênios internacionais de créditos recíprocos (CCR).

Quando surgem dificuldades no balanço de pagamentos, cabe ao Banco Central contratar no exterior as operações de regularização: os empréstimos compensatórios.

8.2.1.1.4 SUPERVISÃO E ORDENAMENTO DO SISTEMA FINANCEIRO NACIONAL E DO SISTEMA DE PAGAMENTOS BRASILEIRO

O Banco Central atua no sentido de aperfeiçoamento das instituições financeiras, de modo a zelar por sua liquidez e solvência, bancando a adequação dos instrumentos financeiros, com vistas à crescente eficiência do SFN. Assim, compete ao BCB:

- formular normas aplicáveis ao Sistema Financeiro Nacional;
- conceder autorização para o funcionamento das instituições financeiras e de outras entidades, conforme legislação em vigor; e
- fiscalizar e regular as atividades das instituições financeiras e demais entidades por ele autorizadas a funcionar.

A atividade de fiscalização, por sua vez, desenvolve-se de modo direto, com vistoria nas instituições, e, de modo indireto, que consiste em análise, avaliação e monitoramento sistemático das instituições financeiras e dos mercados, a partir das informações oriundas das próprias instituições, das entidades de liquidação e custódia de títulos e valores mobiliários, das bolsas de mercadorias e futuros e de ações.

No que concerne a sistema de pagamentos, o Banco Central atua na promoção de sua solidez, de seu normal funcionamento e de seu contínuo aperfeiçoamento.

Um exemplo dessa atuação foi a estruturação de um novo Sistema de Pagamentos Brasileiro, que propiciou, além de uma substancial redução do risco sistêmico e do risco do Banco Central, grandes avanços no gerenciamento de riscos de todas as instituições participantes do SFN.

8.2.1.1.5 CONTROLE DO MEIO CIRCULANTE

As atividades referentes ao meio circulante destinam-se a satisfazer a demanda de dinheiro indispensável à atividade econômico-financeira do país. Anualmente, são encomendados à Casa da Moeda do Brasil (CMB) os quantitativos de numerário projetados para atender às necessidades previstas.

O Banco Central, em conjunto com a CMB, desenvolve projetos de cédulas e moedas metálicas, sempre adotando linhas temáticas que lhes confiram identidade nacional, observando aspectos relacionados a custos e, especialmente, segurança contra a ação de falsificadores. Nesse sentido, o Banco Central participa ativamente de eventos internacionais voltados para a defesa do meio circulante.

A Casa da Moeda do Brasil existe desde 1694. Primeiro, foi instalada na Bahia, sendo, depois, transferida para o Rio de Janeiro, onde permanece até hoje. A CMB tem como finalidade prioritária garantir o suprimento do meio circulante nacional. Para atender à demanda do Banco Central, dispõe de unidades industriais responsáveis pela impressão de cédulas, pela cunhagem de moedas e também de medalhas comemorativas.

8.2.1.2. OUTRAS ATRIBUIÇÕES DO BANCO CENTRAL DO BRASIL

O Banco Central desempenha uma série de outras atribuições que, por sua natureza e especificidade, não se confundem com as descritas até aqui.

Contudo, elas têm grande importância na vida econômica nacional, merecendo, portanto, breve descrição. Em primeiro lugar, por determinação constitucional, o Banco Central exerce a função de banqueiro do governo, detendo a chamada Conta Única do Tesouro Nacional, onde são contabilizadas as disponibilidades de caixa da União.

O Banco Central tem também algumas outras funções que o tornam o principal organismo regulador em campos específicos. Assim, cabe ao BCB:

- Regulamentar, autorizar e fiscalizar as atividades das sociedades administradoras de consórcios para a aquisição de bens;
- Normatizar, autorizar e fiscalizar as sociedades de arrendamento mercantil, as sociedades de crédito imobiliário e as associações de poupança e empréstimo, bem como regular todas as suas operações;
- Normatizar as operações do Sistema Nacional de Crédito Rural (SNCR), consolidar suas informações por meio do Registro Comum das Operações Rurais (Recor) e administrar o Programa de Garantia da Atividade Agropecuária (Proagro); e
- Desenvolver trabalho de comunicação social, tanto de caráter técnico, por meio de publicações como o "Boletim Mensal", o "Relatório Anual", o "Relatório de Inflação", as "Notas do Copom", "Notas à Imprensa" e página da Internet, como de orientação, por meio de serviços de atendimento ao público, instalados em todas as gerências administrativas regionais.

8.2.2 BNDES

No Brasil, o BNDES é o principal instrumento de execução da política de financiamento do Governo Federal e tem por objetivo primordial apoiar programas, projetos, obras e serviços que se relacionem com o desenvolvimento econômico e social do país. O banco atua tanto na concessão de financiamentos quanto no mercado de capitais, contando com cerca de 100 instituições financeiras operando como seus agentes repassadores.

O BNDES conta com duas subsidiárias: FINAME (Agência Especial de Financiamento Industrial) e BNDESPAR (BNDES Participações), criadas com o objetivo, respectivamente, de financiar a comercialização de máquinas e equipamentos e de possibilitar a subscrição de valores mobiliários no mercado de capitais brasileiro. As três empresas, juntas, compreendem o chamado "Sistema BNDES".

A criação de bancos de desenvolvimento no Brasil é anterior às reformas institucionais do biênio 1964-65. Em 1952, foi criado o Banco Nacional de Desenvolvimento Econômico, BNDE, que passou a denominar-se Banco Nacional de Desenvolvimento Econômico e Social, BNDES, em 1983. Ainda nos anos 50, foram criados dois bancos regionais de fomento, o Banco do Nordeste e o Banco da Amazônia. No início da década de 1960, foi criado o Banco de Desenvolvimento do Extremo-Sul. Após as reformas, foram criados ainda 13 bancos estaduais de desenvolvimento.[2] O BNDES permanece como a principal instituição financeira de fomento do país e suas atividades vêm-se orientando para os seguintes objetivos:

---

[2] Destes resta apenas o BDMG, pois os demais foram extintos.

- Impulsionamento do desenvolvimento econômico, visando a estimular o processo de expansão da economia nacional e de crescimento continuado do PIB.
- Fortalecimento do setor empresarial nacional, estimulando a formação da grande empresa nos setores básicos que exigem operações em grande escala e apoiando as atividades das pequenas e médias empresas em todo o país.
- Atenuação dos desequilíbrios regionais, estimulando a formação de novos pólos de produção, de significativa importância para o desenvolvimento regional da Amazônia, do Nordeste e do Centro-Oeste, assegurando tratamento prioritário às iniciativas localizadas nessas regiões.
- Promoção do desenvolvimento integral das atividades agrícolas, industriais e de serviços, visando ao maior dinamismo econômico, via compatibilização das iniciativas desses segmentos.
- Crescimento e diversificação das exportações, considerando como prioritárias as iniciativas capazes de contribuir para a realização dessa meta.

A estrutura organizacional do BNDES mantém três grandes unidades de clientes e de produtos. A unidade de Clientes 1 é responsável por projetos para modernização dos setores produtivos: florestais, bens de capital, mineração e siderurgia, química e petroquímica, agroindústria, bens de consumo, complexo automotivo, comércio e serviços. A unidade de Clientes 2 compreende projetos de infraestrutura: energia, telecomunicações e logística (complexo eletrônico, transporte terrestre e aéreo e portos de navegação) e a unidade de Clientes 3, encarregada de projetos de desenvolvimento social e urbano, reúne projetos sociais (saúde, educação, trabalho e renda), de infraestrutura urbana e de administração pública.

As unidades de produtos estão divididas em produtos estruturados, produtos automáticos e produtos de exportação. A área de produtos estruturados absorveu as funções do BNDESPAR (produtos de renda variável – fundos de capital de risco e investimentos). A área de produtos de exportação é encarregada das operações de comércio exterior do BNDES-Exim. E a de produtos automáticos abrange as operações automáticas do banco, projetos de desenvolvimento regional e de pequenas e médias empresas.

Nesse caso, o BNDES opera direta ou indiretamente através da rede de agentes financeiros públicos e privados credenciados, que abrange os bancos de desenvolvimento, bancos de investimento, bancos comerciais, financeiras e bancos múltiplos. As solicitações de financiamento ao BNDES devem ser iniciadas com uma consulta prévia na qual são especificadas as características básicas da empresa solicitante e do seu empreendimento, necessárias ao enquadramento da operação nas políticas operacionais do BNDES. Essa consulta prévia deve ser encaminhada diretamente ou por intermédio de um dos agentes financeiros.

O BNDES apoia os projetos que tenham por objetivo: implantação, expansão, relocalização, modernização, capacitação tecnológica, exportação de máquinas e equipamentos, melhoria de qualidade e aumento de produtividade, reestruturação e racionalização empresarial, conservação do meio ambiente, conservação de energia, gastos com infraestrutura econômica e social e participação de capitais privados nos investimentos em infraestrutura.

Quadro 8.6 Desembolsos do BNDES por Ramos de Atividade 2001 a 2009 – R$ Bilhões

Atividade	2001	2002	2003	2004	2005	2006	2007	2008	2009 Jan – Abr
Agropecuária	2,80	4,50	4,60	6,90	4,10	3,40	5,00	5,60	1,70
Indústria	9,60	14,00	14,10	13,10	18,50	19,60	18,00	30,10	5,20
Indústria de base	3,40	3,20	1,90	2,60	4,70	6,20	6,60	5,70	4,00
Comércio e serviços	2,90	3,40	3,70	3,40	4,60	5,60	8,70	11,60	3,70
Infraestrutura	6,50	12,30	9,20	13,90	15,20	16,60	26,60	37,90	11,00
TOTAL	25,20	37,40	33,50	39,90	47,10	51,40	64,90	90,90	25,60

Fonte: ABDIB, 2009.

Para cada setor de atividade está disponibilizado um conjunto de produtos com valores predeterminados, condições e participações de acordo com a caracterização jurídica, o porte e a localização regional no país da empresa demandadora de recursos. Suas principais linhas de financiamento são:

BNDES Automático: atende aos quatro setores de atividade, financiando o investimento de empresas privadas através dos agentes financeiros credenciados no BNDES em operações de até R$10 milhões por empresa/ano. São apoiados projetos que visem a implantação, ampliação, recuperação e modernização de empresas, incluindo obras civis, montagens e instalações; aquisição de equipamentos novos, de fabricação nacional, credenciados pelo BNDES; capital de giro associado ao projeto; entre outros itens.

Quadro 8.7 Condições financeiras aplicáveis de acordo com as linhas de financiamento

BNDES AUTOMÁTICO Linhas de Financiamento	Investimentos Apoiados	Custo Financeiro	Remuneração do BNDES (% a.a.)	Participação Máxima (%)
MPME – Investimento	Projetos de investimento (investimento fixo, aquisição de equipamentos e capital de giro associado) de micro, pequenas e médias empresas e de produtores rurais.	TJLP (100%)	0,9	100
CP Investimento	Projetos de investimentos, exceto as parcelas destinadas à aquisição de equipamentos, a capital de giro associado e a concorrência internacional.	TJ-462 (80%) e Cesta (20%)	1,3	60 70[(1)] 80[(2)] (***)
CP Investimento Indústria de BK (*) exceto caminhões e afins	Projetos de investimentos para a Indústria de Bens de Capital, exceto as parcelas destinadas à aquisição de equipamentos, a capital de giro associado e a concorrência internacional.	TJLP (100%)	0,9	80 90 100 (***)
CP BK	Aquisição de máquinas e equipamentos nacionais novos, associado a investimentos financiados nas Linhas CP Investimento e CP Investimento Indústria BK	TJLP (100%)	0,9	80 90 100 (***)

continua

	Aquisição e produção, não isoladas, de equipamentos, *software*, bens de informática e automação que requeiram condições			
Concorrência Internacional (**)	de financiamento compatíveis com as ofertadas para congêneres estrangeiros em concorrências internacionais. Poderão ser também apoiados os serviços vinculados à instalação e comercialização desses itens.	TJLP (100%)	0,9	100
CP Importação	Importação de máquinas e equipamentos novos sem similar nacional, destinados exclusivamente a empresas, de qualquer porte, do setor industrial (Seções "B" e "C" do CNAE versão 2.0 do IBGE)	Cesta (100%)	2,5	60% do valor FOB *Free on Board*
Capital de Giro Associado	Financiamento ao capital de giro associado das Linhas CP Investimento e CP Investimento Indústria BK.	TJ-462 (100%)	2,5	Conforme limite sobre o investimento fixo financiável

Fonte: BNDES, set./2009.

(**) Serão passíveis de financiamento investimentos cujo valor mínimo seja de R$3.000.000,00.

(***) Participação do BNDES poderá ser incrementada em 10% ou 20%.

Pode haver aumento da participação máxima do BNDES como incentivo ao desenvolvimento regional.

Financiamento à Empresa (FINEM): atende aos quatro setores de atividade: indústria, infraestrutura, comércio e serviços e agropecuária, financiando os investimentos em operações de valor superior a R$1 milhão.

O Quadro 8.8 apresenta alguns exemplos das condições de financiamento do FINEM. É importante observar que as taxas de juros, a participação do BNDES, os prazos e os *spreads* variam dependendo das políticas e prioridades do Governo.

Quadro 8.8 Finem

Objetivos do Financiamento	Participação Máxima	Custo Financeiro	Remuneração do BNDES
Inovação Tecnológica.	100%	Taxa Fixa de 4,5% a.a	N/A
Capacidade produtiva: comércio, turismo e demais segmentos de serviços	60%	TJ-462 (100%)	1,80%
Indústria de Bens de Capital	de 80 a 100%	TJLP (100%)	0,90%
Capacidade produtiva: agropecuária e demais indústrias	de 60 a 80%	TJLP (50%), TJ-462 e/ou IPCA e/ou Cesta (50%)	1,30%
Importação de equipamentos, sem similar nacional	60% (sob o valor FOB)	IPCA ou Cesta (100%)	2,50%
Investimentos em meio ambiente	de 80 a 100%	TJLP (100% máximo)	0,90%

Fonte: BNDES, set./2009.

Fundo de Financiamento para Aquisição de Máquinas e Equipamentos (FINAME) Agrícolas: financia para o setor agrícola a aquisição de máquinas e implementos agrícolas novos, produzidos no país e cadastrados no FINAME. Empresas de qualquer porte classificadas no setor agrícola, inclusive cooperativa e pessoas físicas, podem obter recursos através desse produto.

O esquema a seguir ilustra o fluxo de contagem de prazos e amortizações relativos ao Finame Agrícola, cujos prazos máximos poderão atingir 90 meses e a participação do BNDES até 100%, para financiar a comercialização de máquinas e equipamentos novos, de fabricação nacional, sem limite de valor, de credenciados no BNDES, destinados ao setor agropecuário:

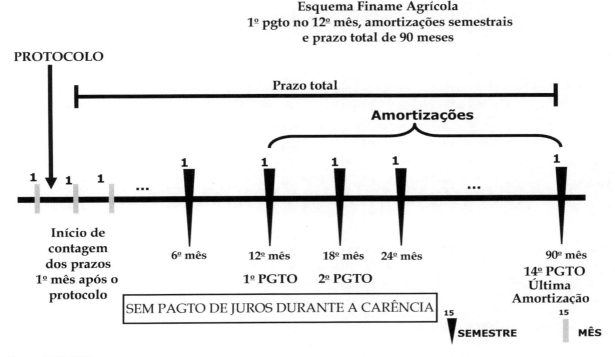

Fonte: BNDES.

O Quadro 8.9 apresenta detalhes do Finame, que é uma das fontes de financiamento de longo prazo mais utilizadas no país. Praticamente todos os grandes fornecedores de máquinas e equipamentos se cadastram junto ao FINAME para poderem ter seus produtos enquadrados nesse tipo de financiamento. Enquadram-se, por exemplo, caminhões, ônibus, tornos mecânicos, exaustores, prensas hidráulicas, secadores.

Quadro 8.9 – FINAME Máquinas e Equipamentos

Linhas de Financiamento	Objetivo do Investimento	Custo Financeiro	Remuneração do BNDES (% a.a.)	Participação Máxima (%)
Micro, Pequenas e Médias Empresas Bens de Capital	Aquisição de máquinas e equipamentos nacionais novos e financiamento a capital de giro associado.	TJLP (100%)	0,9	100%
Micro, Pequenas e Médias Empresas Ônibus e Caminhões	Aquisição de caminhões, caminhões-tratores, cavalos-mecânicos, reboques, semirreboques, chassis e carrocerias para caminhões, ônibus, chassis e carrocerias para ônibus, nacionais novos.	TJLP (70%) e TJ-462 (30%)	0,9	100%
Bens de Capital Aquisição	Aquisição de máquinas e equipamentos nacionais novos, exceto ônibus e caminhões.	TJLP (100%)	0,9	até 100%
Bens de Capital Aquisição ônibus e caminhões	Aquisição de caminhões, caminhões-tratores, cavalos-mecânicos, reboques, semirreboques, chassis e carrocerias para caminhões, ônibus, chassis e carrocerias para ônibus, nacionais novos.	TJLP (70%) e TJ-462 (30%)	0,9	até 100%
Bens de Capital Produção	Financiamento a fabricantes de equipamentos, independente do porte, para produção de máquinas e equipamentos.	TJ-462 (100%)	2,5	100 – do valor *Free on Board* (FOB)
Bens de Capital Concorrência Internacional (mínimo 3 milhões)	Aquisição e produção de equipamentos e bens de informática e automação que requeiram condições de financiamento compatíveis com as ofertadas para congêneres estrangeiros em concorrências internacionais.	TJLP (100%)	0,9	100%

Fonte: BNDES, set./2009.

TAXA DE JUROS DE LONGO PRAZO – TJLP

A TJLP foi instituída pela Medida Provisória nº 648, de 31/12/1994, sendo definida como o custo básico dos financiamentos concedidos pelo BNDES. Posteriores alterações ocorreram através de outras medidas provisórias, sempre procurando atender às políticas de incentivos e ao desenvolvimento econômico e social do país. O valor da TJLP é fixado trimestralmente pelo Banco Central de acordo com as normas do Conselho Monetário Nacional e pode ser obtido diariamente nos jornais de grande circulação no Brasil. Para abril de 2009, por exemplo, a TJLP foi de 6,25% ao ano.

Se considerarmos um financiamento para implantação de uma nova fábrica, teríamos um custo nominal de TJLP + *spread* igual 6,25% + 3,5%, ou seja, 9,75% ao ano. Supondo uma inflação anual de 4,5%, teríamos uma taxa real de 5,02% (1,0975/1,045).

O Gráfico 8.5 ilustra a evolução da TJLP e do IPCA no período de 1999 a 2008, em que podemos verificar a queda da TJLP real.

Gráfico 8.5 Evolução da TJLP e do IPCA – 1999 a 2008

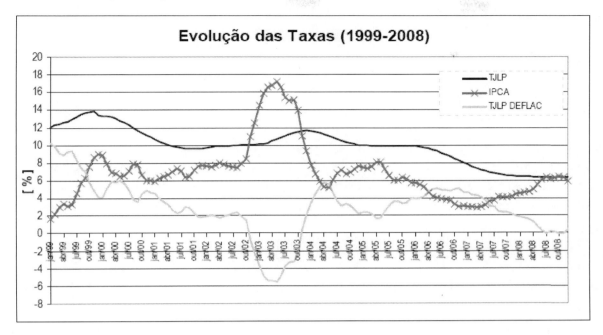

Fonte: ANEEL, mar./2009.

Algumas das principais fontes de financiamento do BNDES:

BNDES – Exim: destina-se ao financiamento para a exportação de bens e serviços. Este produto representa mais de um terço das operações do BNDES e serve como grande apoio à política de exportações do Governo.

FINAME Modermaq: refere-se aos grandes projetos cujos valores de financiamento são superiores a R$10 milhões, destinados à aquisição de máquinas e equipamentos (bens de capital) da indústria e do setor de saúde. São objetos de financiamento máquinas e equipamentos novos produzidos no país e que constem do CFI — Cadastro de Fabricantes Informatizado. São financiáveis máquinas e equipamentos novos produzidos no país que estejam credenciados no BNDES.

Leasing FINAME: Financiamentos a sociedades arrendadoras, sem limite de valor, para a aquisição de máquinas e equipamentos novos, de fabricação nacional, credenciados pelo BNDES, para operações de arrendamento mercantil. O financiamento é concedido à empresa arrendadora para aquisição dos bens, os quais serão simultaneamente arrendados à empresa usuária, a arrendatária.

O prazo da operação será definido pela arrendadora, em função da capacidade de pagamento da arrendatária e do grupo econômico ao qual pertença; a regra geral é de o prazo total ser de até 60 meses.

Programa de Apoio ao Fortalecimento da Capacidade de Geração de Emprego e Renda – Progeren: aumentar a produção, o emprego e a massa salarial, através de apoio financeiro, na forma de capital de giro, para as micro, pequenas e médias empresas (MPMEs), localizadas em municípios selecionados, assim como para as fabricantes de máquinas e equipamentos para agricultura, pecuária e irrigação agrícola, independentemente do município em que estiverem localizadas. As operações serão realizadas exclusivamente por meio das instituições financeiras credenciadas.

Existem outras linhas de financiamento nas áreas industrial, comercial, agropecuária, social, administração pública e outros de cunho específico, como Prosoft (Programa para o Desenvolvimento da Indústria de Software e Serviços de Tecnologia da Informação); Procaminhoneiro (Programa de Financiamento a Caminhoneiros); Revitaliza (Programa de Apoio à Revitalização de Empresas); BK Usados (Programa de Apoio à Aquisição de Bens de Capital Usados); Proaeronáutica (Programa de Financiamento às Empresas da Cadeia Produtiva Aeronáutica Brasileira), somente para citar alguns.

8.2.2.1 BNDESPAR

A finalidade do BNDESPAR é aportar recursos não exigíveis, sob a forma de participação societária transitória e minoritária, a empresas cujos projetos de investimento sejam considerados prioritários. Ele participa em operação de subscrição de valores mobiliários de forma direta, em emissões privadas, ou indireta, em emissões públicas, ou ainda através de garantia firme pela subscrição de ações ou debêntures conversíveis.

A filosofia é alienar sua participação acionária na empresa, uma vez alcançada a maturidade do projeto, através da colocação pulverizada das ações no mercado secundário de títulos, democratizando o controle do capital e fortalecendo o mercado de capitais, por meio de operação nas bolsas de valores.

As operações de capital de risco do BNDES começaram em 1974, com a criação de três subsidiárias – Embramec, Fibase e Brasa. Com sua fusão, ocorrida em 1982, formou-se o BNDESPAR, a maior e mais importante agência de capital de risco do país. Em janeiro de 1998, registrou-se na Comissão de Valores Mobiliários como companhia aberta, passando a lançar títulos de sua emissão, negociados no mercado de balcão organizado. Suas demonstrações financeiras são atualizadas trimestralmente e estão disponíveis na CVM.

Objetivos:
- Fortalecimento da estrutura de capital das empresas e apoio a novos investimentos na economia.
- Apoio à reestruturação da indústria através de fusões e aquisições.
- Apoio à capitalização de pequenas e médias empresas.
- Desenvolvimento da indústria de fundos de capital de risco no Brasil.
- Apoiar novos investimentos na economia.
- Apoiar a reestruturação da indústria através de fusões e aquisições.

EMPRESAS APOIÁVEIS

Empresas constituídas sob as leis brasileiras, com sede e administração no país, e que apresentem:
- Vantagens competitivas em seu mercado de atuação.
- Bom nível de rentabilidade.
- Gestão idônea, eficiente e profissionalizada.
- Capital aberto ou compromisso de abrir seu capital.

Formas de atuação:
- Subscrição e integralização de valores mobiliários, tais como ações, debêntures conversíveis, quotas de fundos e bônus de subscrição.
- Garantia de subscrição de ações ou de debêntures conversíveis em ações ou de bônus de subscrição.
- Aquisição e venda de valores mobiliários no mercado secundário.

Características do apoio:
- A participação do BNDESPAR é sempre minoritária e transitória.
- A avaliação das empresas baseia-se em suas perspectivas de desempenho.
- O investimento do BNDESPAR também pode ser efetuado de forma indireta, através de fundos administrados por terceiros.
- O BNDESPAR oferece programas especiais para empresas pequenas e médias, de base tecnológica, emergentes ou pré-mercado.

Capitalização de Empresas

Desde sua criação, o BNDESPAR vem estabelecendo parcerias com empresas privadas, participando como sócio minoritário ou garantidor em operações de *underwriting*.

Contatos

O atendimento do BNDESPAR para suas operações regulares de capitalização está organizado setorialmente.

PROGRAMA DE CAPITALIZAÇÃO DE EMPRESAS DE BASE TECNOLÓGICA – CONTEC

Reconhecendo a importância de criar canais de aporte de capital de risco para pequenas e médias empresas, o BNDESPAR criou, em 1991, o Contec.

Objetivos

Estimular o desenvolvimento tecnológico e fortalecer a competitividade das pequenas e médias empresas baseadas em inovações tecnológicas.

Forma de Operação

Subscrição de ações ou debêntures conversíveis.

Clientes

Empresas privadas com as seguintes características:
- Faturamento líquido anual de até R$15 milhões no último exercício.
- Produtos ou processos tecnologicamente diferenciados.
- Atuação em nichos de mercado promissores.
- Vantagens competitivas em seu mercado.
- Perspectiva de rápido crescimento e elevada rentabilidade.
- Gestão idônea e eficiente.

Critério Específico

Aporte máximo de R$2 milhões por empresa.

Contec Simplificado

Para atender a empresas de faturamento anual líquido inferior a R$7 milhões e que necessitem de aporte inferior a R$1 milhão, o BNDESPAR criou uma versão simplificada do Contec.

Objetivos

Estimular o desenvolvimento tecnológico no Brasil e fortalecer as pequenas e médias empresas baseadas em inovações tecnológicas.

Forma de Operação

Subscrição de ações ou debêntures conversíveis.

Clientes

Empresas privadas com as seguintes características:

- Faturamento líquido anual de até R$7 milhões no último exercício.
- Produtos ou processos tecnologicamente diferenciados.
- Atuação em nichos de mercado promissores.
- Vantagens competitivas em seu mercado.
- Perspectiva de rápido crescimento e elevada rentabilidade.
- Gestão idônea e eficiente.

Critério Específico

Aporte máximo de R$1 milhão por empresa.

PROGRAMA DE INVESTIMENTOS EM EMPRESAS EMERGENTES

Empresas emergentes são aquelas com alto potencial de crescimento e rentabilidade, que tenham apresentado faturamento inferior a R$60 milhões no último exercício e não pertençam a grupo econômico com patrimônio líquido consolidado superior a R$120 milhões.

Objetivo

Contribuir para o crescimento e fortalecimento das empresas emergentes.

Forma de Operação

Subscrição de ações ou debêntures conversíveis.

Clientes

Empresas que apresentem:

- Faturamento líquido anual de até R$60 milhões no último exercício.
- Atuação em nichos de mercado atraentes.
- Vantagens competitivas em seu mercado.
- Perspectiva de rápido crescimento e elevada rentabilidade.
- Gestão idônea e eficiente.

Critérios Específicos

- Aporte compatível com o estágio e a necessidade da empresa.
- A empresa não pode pertencer a grupo econômico com patrimônio líquido consolidado superior a R$120 milhões.

PROGRAMA DE INVESTIMENTOS EM EMPRESAS PRÉ-MERCADO

Empresas pré-mercado são aquelas com boas perspectivas de rentabilidade e potencial de abertura de capital em médio prazo.

Objetivo

Contribuir para o crescimento e fortalecimento das empresas pré-mercado.

Forma de Operação

Subscrição de ações ou debêntures conversíveis.

Clientes

Empresas que apresentem:

- Faturamento líquido anual de até R$150 milhões no último exercício.
- Vantagens competitivas em seu mercado de atuação.

- Bom nível de rentabilidade.
- Gestão idônea, eficiente e profissionalizada.
- Compromisso de abrir seu capital em médio prazo.

Critério Específico

Aporte compatível com o estágio e a necessidade da empresa

PARTICIPAÇÃO EM FUNDOS DE INVESTIMENTO

Uma das prioridades atuais do BNDESPAR é alavancar suas aplicações nas empresas através do investimento indireto, via fundos. A constituição desses fundos é feita através de parcerias com administradores privados de fundos e coinvestidores.

Objetivos
- Atrair investidores institucionais nacionais e externos para capitalização de empresas no país.
- Estimular a adoção de políticas de governança corporativa, de transparência, de comunicação e de bom relacionamento com os acionistas minoritários.
- Desenvolver administradores com competência na gestão de fundos de capital de risco.
- Propiciar efeito multiplicador do investimento do BNDESPAR.

Forma de Operação

Subscrição de quotas de fundos fechados.

Clientes

A proposta de formar um novo fundo pode partir de um administrador, um investidor ou do próprio BNDESPAR.

Os administradores de fundos devem ser empresas privadas e possuir:
- Experiência em capital de risco, avaliação de empresas, reestruturação financeira etc..
- Relevância em relação às características do fundo (setor, região etc.).
- Equipe multidisciplinar com experiência em capital de risco e dedicada ao fundo.
- Perspectiva de bons negócios a serem realizados pelo fundo.

Os investidores institucionais devem apresentar:
- Boa reputação no mercado;
- Compromisso de investir em longo prazo;
- Disposição e competência para acompanhamento diligente do administrador do fundo.

Características dos Fundos Apoiados pelo BNDESPAR:
- Fechados.
- Decisões tomadas por comitê de investimentos.
- Representante do BNDESPAR no comitê de investimentos.
- Resolução de conflitos por consenso do comitê de investimentos.
- Remuneração do administrador ligada ao desempenho do fundo.
- Aprovados pela CVM.

FUNDOS ESTRUTURADOS E APOIADOS PELO BNDESPAR

Cada fundo do BNDESPAR tem, de modo geral, mas não necessariamente, um foco, isto é, faz aplicações em empresas que possuem uma característica relevante em comum, tal como a base tecnológica, a mesma região, o mesmo setor ou cadeia produtiva. Outros fundos podem ser criados, num processo dinâmico, visando o apoio às empresas brasileiras e ao desenvolvimento da indústria de capital de risco. Os fundos já constituídos são:

a) Fundos voltados para pequenas e médias empresas de base tecnológica

O objetivo é promover o desenvolvimento de fundos especializados em empresas de base tecnológica. São consideradas de base tecnológica aquelas empresas cujo ativo mais importante é uma nova tecnologia de processo ou produto.

O BNDESPAR estruturou e participa como quotista de dois fundos nessa modalidade: o RSTec e o SCTec, com área de atuação no Rio Grande do Sul e em Santa Catarina, ambos administrados pela Companhia Riograndense de Participações (CRP). lnvestidores institucionais relevantes como o BID – Banco Interamericano de Desenvolvimento, o Sebrae e fundos de pensão estaduais também são quotistas desses fundos.

b) Fundos regionais de empresas emergentes

Fazem aplicações em empresas emergentes localizadas em um determinado estado ou região geográfica. Foram estruturados dois fundos nesta modalidade, dos quais o BNDESPAR participa como quotista: o SC-FIEE e o MG-FIEE, contemplando os estados de Santa Catarina e Minas Gerais, respectivamente. Ambos são administrados pelo Banco Fator e contam com fundações estaduais de previdência como investidores.

c) Fundos de capital de risco

Visam atrair investidores institucionais para aplicar capital de risco em empresas que apresentem boa perspectiva, de crescimento e valorização. O BNDESPAR estruturou e é quotista de três fundos nesta modalidade:

- Brasil Private Equity, um fundo multissetorial administrado pelo Credit Suisse First Boston Garantia, que realizou investimentos em cinco empresas de diversos setores.
- CVC-Opportunity, um fundo destinado ao setor de infraestrutura, administrado pelo Banco Opportunity. Este fundo realizou investimentos em empresas como Metrô do Rio, Telemig Celular, Brasil Telecom, todas provenientes da privatização. A fase de investimento deste fundo já foi concluída.
- Santander Private Equity, um fundo multissetorial, com patrimônio de R$150 milhões, administrado pelo Grupo Santander.

d) Fundos de liquidez ou governança

Estes fundos têm como objetivos agrupar pequenos lotes de ações, pertencentes a dois ou mais investidores institucionais, e, assim, formar blocos com tamanho suficiente para eleger representantes nos Conselhos de Administração ou Conselhos Fiscais; e proporcionar melhor acompanhamento e governança das empresas investidas. O BNDESPAR estruturou e participa como quotista de três fundos nesta modalidade:

- Fundo Fator Sinergia – com patrimônio de R$197 milhões, administrado pelo Banco Fator;
- Fundo Dynamo – com patrimônio de R$637 milhões, administrado pela Dynamo Administração de Recursos Ltda. e
- Fundo Bradesco Templeton – com patrimônio de R$315 milhões, administrado pelo Bradesco Templeton Asset Management.

Tais fundos têm exercido um papel relevante na governança das empresas em que são investidores, contribuindo para a disseminação do conceito de *governança corporativa*, e na observância dos direitos dos acionistas minoritários.

e) **Fundos de petróleo e gás**

O BNDESPAR criou um programa, juntamente com a Petros, para participar de fundos de capital de risco destinados a empreendimentos da cadeia produtiva de petróleo e gás. O programa compreende a constituição de três fundos, sendo o primeiro estruturado com patrimônio previsto de R$200 milhões e com a administração do Banco Brascan. Tais fundos aplicarão em prospecção, exploração de petróleo e gás, refino, gasodutos e outras atividades relacionadas à área de petróleo e gás, além da geração de energia elétrica, via termoelétricas a gás.

f) **Fundos de cogestão**

Nestes fundos de empresas emergentes, o BNDESPAR é o único investidor. Seus objetivos são terceirizar o acompanhamento e a governança das empresas de sua carteira e promover o desenvolvimento de administradores de fundos de investimento especializados em empresas emergentes.

VENDA DE TÍTULOS E VALORES MOBILIÁRIOS DO BNDESPAR

O BNDESPAR oferece ao mercado diversos valores mobiliários, desde ações até combinações de ações e derivativos, para colocação nos mercados nacional e internacional. Seus objetivos são: reciclar recursos para novos investimentos; introduzir, no mercado de capitais, novos instrumentos que venham a aumentar o leque de estratégias dos investidores no Brasil; promover a liquidez e a valorização da sua carteira de valores mobiliários.

As formas de operação do BNDESPAR são: a venda direta em pregão de bolsa de valores, os leilões com garantia firme e a colocação no mercado internacional. Seus principais clientes são os investidores institucionais e administradores de recursos, nacionais e internacionais, interessados na aquisição de valores mobiliários.

8.2.2.2 FINAME

A Agência Especial de Financiamento Industrial (FINAME) foi constituída em 1964, como subsidiária do BNDES, com objetivo de promover o desenvolvimento e a consolidação do parque nacional, produtos de máquinas e equipamentos através do financiamento para aquisição desses bens, operando exclusivamente através de repasses de recursos. Ao longo do tempo, desenvolveu e aperfeiçoou mecanismos que permitem às empresas de menor porte ter acesso ao financiamento de longo prazo, sem limite de valor, para aquisição de máquinas e equipamentos novos, de fabricação nacional, e *leasing* de equipamentos nacionais através de instituições financeiras credenciadas. Em 1991, passou a financiar as exportações de bens de capital e, a partir de 1997, ampliou esse apoio a outros produtos.

A FINAME busca permanentemente otimizar parcerias com suas instituições financeiras credenciadas, com as empresas de *leasing* e com cerca de 5.000 fabricantes de máquinas e equipamentos cadastrados. É responsável pelas operações de FINAME, FINAME Agrícola e BNDES – Exim, e também administra as operações da linha BNDES Automático e o Programa PRONAF, todas realizadas através de instituições financeiras credenciadas.

FLUXO DAS OPERAÇÕES

As operações de financiamento devem ser negociadas diretamente entre as empresas interessadas e as instituições financeiras credenciadas como repassadoras de recursos do BNDES. No BNDES Automático, por exemplo, a instituição financeira utiliza recursos do BNDES, que define através de sua política operacional o nível de participação admitido para financiamento. No entanto, as instituições financeiras credenciadas pelo BNDES, que processam e assumem o risco dessas operações de financiamento, têm suas próprias políticas de concessão de crédito. Assim, de acordo com a análise de risco, podem aprovar a operação conforme a solicitação de seu cliente ou alterá-la no valor e garantia das operações, inclusive prazos, desde que atendam aos limites máximos determinados pelo BNDES, BACEN e legislação.

CONDIÇÕES DAS OPERAÇÕES

O objetivo da FINAME é financiar a produção e a comercialização de máquinas e equipamentos, além de conjuntos e sistemas industriais, novos, de fabricação nacional, credenciados no BNDES, sem limite de valor. As condições básicas para utilização das linhas de financiamento FINAME podem ser resumidas conforme esquema a seguir:

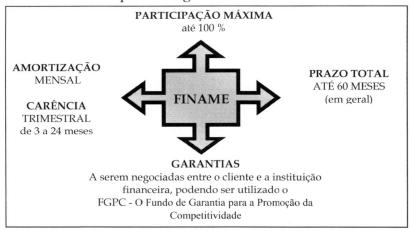

Fonte: BNDES, mar./2009.

O custo das operações do Produto FINAME que compõem a taxa de juros é obtida por meio do seguinte cálculo:

> Custo financeiro + Remuneração do BNDES + Taxa de intermediação financeira + Remuneração da instituição financeira credenciada.

A remuneração BNDES pode ser calculada levando-se em conta as taxas a seguir, conforme informação do BNDES para o ano de 2009:
- TJLP.
- TJ-462 – Taxa de Juros Medida Provisória 462 = TJLP + 1,0% a.a.
- Cesta – Variação do dólar norte-americano ou variação da UMBNDES[3] acrescidas dos encargos da Cesta de Moedas.

---

[3] A variação da UMBNDES reflete a média ponderada das variações cambiais das moedas existentes na Cesta de Moedas do BNDES. Sempre que o BNDES efetua novas captações externas e/ou amortiza operações existentes, sua composição é alterada. No sistema de cotação de moedas a UMBNDES, expressa em valor, tem o código 590.

A remuneração básica (*spread*) do BNDES é de até 2,5% a.a., de acordo com as condições financeiras aplicáveis a cada linha de financiamento. A remuneração da instituição financeira deve ser negociada diretamente entre o cliente e a instituição. As operações com micro, pequenas e médias empresas (MPMEs) são isentas da Taxa de Intermediação Financeira. Para efeito de porte, as pessoas físicas são equiparadas à classificação de MPMEs.

Os prazos de carência e de amortização são definidos em função da capacidade de pagamento do cliente e do grupo econômico ao qual pertença. Geralmente esse prazo é de 60 meses, porém existem exceções.

O prazo de carência, quando houver, deverá ser múltiplo de 3 e será de no máximo 24 meses para aquisição de máquinas e equipamentos, e de no máximo 12 meses para aquisição de equipamentos de informática por qualquer tipo de indústria, neste caso também existem exceções.

As exceções citadas, inclusos os prazos de carência, são:
- Para operações realizadas com a indústria de transformação: até 120 meses.
- Locomotivas e vagões ferroviários de carga: até 120 meses, incluída carência de até 24 meses para locomotivas e de até 6 meses para vagões.
- Operações de transportadores autônomos de carga: até 72 meses.
- Carrocerias de veículos para coleta de lixo: até 36 meses.
- Operações de concorrência internacional: até 144 meses.
- Operações de importação: até 60 meses.
- Para veículos sobre pneus para transporte de passageiros deverá ser consultada tabela própria que prevê prazos de carência de 12 meses e totais de 60 a 108 meses, dependendo do tipo do veículo (ônibus de passageiros).

O enquadramento nas linhas de financiamento FINAME pode ser representado pelo esquema a seguir:

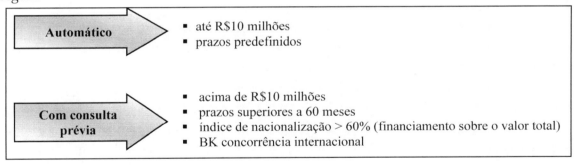

Fonte: BNDES, set./2009.

8.2.3 BANCOS

BANCOS COMERCIAIS

Os bancos comerciais constituem a base do sistema financeiro e possuem a faculdade de criar, sob efeito multiplicador, a moeda escritural.[4] Os bancos comerciais são fiscalizados pelo Banco Central, que zelam por sua liquidez e solvência, controlam indiretamente a expansão da oferta monetária

---

[4] Moeda escritural é a multiplicação da moeda, que os bancos conseguem, utilizando-se de operações de reempréstimos dos próprios recursos depositados.

devido ao efeito multiplicador da moeda e orientam a aplicação dos recursos captados por essas instituições.

No quadro geral do sistema de intermediação financeira do país, os bancos comerciais atuam em uma faixa específica do mercado, atendendo basicamente às operações de curto e médio prazos. Atendem às necessidades de capital de giro do setor privado, para atividades de produção e de comercialização. Atendem também às necessidades de pessoas físicas, momentaneamente em situações deficitárias, por intermédio de operações de curto prazo. Prestam, ainda, serviços básicos de cobrança de títulos de crédito, execução de ordens de pagamento, arrecadação de impostos e taxas, custódia de valores e recebimentos diversos.

De acordo com o manual de normas e instruções do Banco Central, o objetivo precípuo dos bancos comerciais é proporcionar o suprimento oportuno e adequado dos recursos necessários para financiar, a curto e a médio prazos, o comércio, a indústria, as empresas prestadoras de serviços e as pessoas físicas. Para atender a esses objetivos, os bancos comerciais podem descontar títulos; realizar operações de abertura de crédito, simples ou em conta corrente; realizar operações especiais, inclusive de crédito rural, de câmbio e comércio internacional; captar depósitos a vista e a prazo fixo; obter recursos no exterior para repasse e obter recursos junto a instituições oficiais.

A captação de depósitos a vista, que nada mais é do que conta corrente livremente movimentável, é a atividade básica dos bancos comerciais, configurando-os como instituições financeiras monetárias. Tal captação de recursos, junto com a captação via *CDB* (Certificados de Depósitos Bancários) e *RDB* (Recibo de Depósitos Bancários), via cobrança de títulos e arrecadação de tributos e tarifas públicas, permite aos bancos repassá-las às empresas, sob a forma de empréstimos que vão movimentar a atividade produtiva.

BANCOS DE INVESTIMENTO

Os bancos de investimento são intermediários financeiros que compram títulos de empresas e governos emitentes e revendem ao público em geral. Seu objetivo primordial é fortalecer a capitalização das empresas. Aplicam recursos no fortalecimento do capital social das empresas, via subscrição ou aquisição de títulos; na ampliação da capacidade produtiva da economia, via expansão ou relocalização de empreendimentos; no incentivo à melhoria da produtividade, através da reorganização, da racionalização e da modernização das empresas; na promoção da ordenação da economia e maior eficiência das empresas, através de fusões, cisões ou incorporações; na promoção ao desenvolvimento tecnológico, via treinamento ou assistência técnica.

No início, o papel dos bancos de investimento era suprir as empresas com recursos de médio e longo prazo, através de financiamentos e da compra de títulos e valores mobiliários emitidos pelas empresas, que seriam mantidos em carteira ou revertidos posteriormente ao público. Pretendia-se que esses bancos mantivessem níveis elevados de recursos próprios para as suas aplicações e equipes técnicas de modo a identificar oportunidades de investimentos de longo prazo. Entretanto, as dificuldades na captação de recursos de longo prazo impediram o cumprimento dessas metas.

Os bancos de investimento estão limitados legalmente quanto ao montante das operações por cliente e ainda quanto ao total de suas operações passivas em relação a seus recursos próprios. Seus limites são os seguintes:

- A responsabilidade direta por cliente não pode exceder a 5% do valor total das aplicações.
- O valor médio das operações por cliente não pode exceder a 2,5% do total das aplicações.

- O total das responsabilidades por todas as operações passivas não pode exceder doze vezes o total do capital realizado mais as reservas livres. Esse limite pode ser elevado para quinze vezes, desde que as responsabilidades excedentes estejam representadas exclusivamente por operações executadas na qualidade de agente financeiro, garantidor ou repassador de recursos de instituições oficiais nacionais.

As operações que podem ser praticadas pelos bancos de investimento são:
- Empréstimos, com prazo mínimo de um ano, para financiamento de capital fixo.
- Empréstimos, com prazo mínimo de um ano, para financiamento de capital de giro.
- Aquisições de ações, obrigações e quaisquer outros títulos e valores mobiliários, para investimentos ou revenda no mercado de capitais (operações *de underwriting*).
- Repasses de empréstimos obtidos no exterior.
- Prestação de garantia e empréstimos no país ou provenientes do exterior.
- Consultoria financeira.

BANCOS MÚLTIPLOS

Os bancos múltiplos foram criados no Brasil como medida de redução do custo do sistema financeiro, que até a década de 1970 se baseava nas cartas-patentes, tipo de concessão dada pelo governo a quem quisesse abrir bancos, mediante o pagamento de determinado valor. Para reduzir esse custo, o governo resolveu permitir que as instituições financeiras passassem a operar com uma única carta patente, desde que fossem pertencentes aos seguintes tipos: banco comercial, banco de investimento, corretora de valores ou financeira. Para efeitos de financiamentos de longo prazo, ele opera no mercado financeiro e no mercado de capitais.

POSIÇÃO DOS BANCOS NO BRASIL

O Quadro 8.10 apresenta a posição dos dez maiores bancos que operam no Brasil em março de 2009. Pode-se observar que os bancos brasileiros continuam ocupando as primeiras posições no *ranking*. É provável que muitas dessas posições se alterem, tal a dinâmica que tem imperado no mercado financeiro brasileiro nos últimos anos.

Quadro 8.10 Posição dos Bancos – por depósitos

Instituições	Ativo total	Ranking	Patrimônio líquido	Lucro líquido	Depósito total	Ranking	Nº de func.	Nº de agências	Índice de Imobilização
ITAÚ-UNIBANCO	605.152.500	1	46.081.131	1.994.917	210.315.753	2	100.821	3.732	29,76
BB	577.192.942	2	31.689.059	1.665.479	305.178.371	1	121.863	4.973	18,85
BRADESCO	426.564.326	3	35.723.403	1.731.099	171.274.509	4	79.529	3.385	48,93
SANTANDER-REAL	338.479.637	4	49.795.069	433.309	120.865.554	5	49.759	2.283	50,48
CEF	312.505.277	5	12.975.882	451.861	171.697.967	3	103.904	2.069	11,32
HSBC	104.813.243	6	5.631.288	265.776	64.251.567	6	28.943	935	27,98
VOTORANTIM	84.631.321	7	6.554.828	170.879	22.987.570	7	1.094	17	0,92
SAFRA	66.325.831	8	4.309.667	184.022	13.777.827	9	4.531	111	23,19
CITIBANK	47.850.642	9	4.541.895	1.615.985	8.434.029	10	5.734	127	16,99
BANRISUL	26.671.259	10	3.139.924	106.554	14.455.006	8	11.027	429	7,86

Dez Maiores Bancos – data base mar./2009 – em R$ mil

Fonte: Sisbacen – balancetes processados até 01 de julho de 2009.

8.3 MERCADO FINANCEIRO

> Mercado financeiro é onde ocorrem as transações entre poupadores e tomadores de recursos financeiros.

São inúmeras as instituições financeiras e as linhas de financiamento existentes no país, mas apresentaremos e discutiremos a seguir aquelas mais utilizadas.

8.3.1 ARRENDAMENTO MERCANTIL (*LEASING*)[5]

> Arrendamento mercantil ou *leasing* é um contrato pelo qual uma empresa cede à outra, por um determinado período, o direito de usar e obter rendimentos com bens de capital de sua propriedade.

Outro conceito determinado pela legislação considera arrendamento mercantil como o negócio jurídico realizado entre pessoa jurídica, na qualidade de arrendadora, e pessoa física ou jurídica, na qualidade de arrendatária, e que tenha por objeto o arrendamento de bens adquiridos pela arrendadora, segundo especificações da arrendatária e para uso próprio desta.

Os intervenientes envolvidos na operação de *leasing* são denominados: a) arrendador – que aplica recursos na aquisição de bens escolhidos pelo arrendatário e que serão objetos do contrato de arrendamento e b) arrendatário – que escolhe o bem junto ao fornecedor, e que será o usuário dos bens de capital e c) fornecedor – que entrega o bem ao arrendatário.

Bens de capital são ativos permanentes, como imóveis, automóveis, máquinas, equipamentos, ferramentas capazes de gerar rendas de médio e longo prazo.

A ideia do *leasing* é fundamentada na concepção econômica de que o fator propulsor de rendimentos para a empresa é a utilização, e não a propriedade, de um bem. Portanto, genericamente, o *leasing* pode ser explicado como um contrato cuja finalidade é a cessão do uso de bens de capital. Como no aluguel, a propriedade do bem arrendado continua a ser do proprietário inicial até o final do contrato. As operações de *leasing* preveem um fluxo de pagamento periódico de contraprestações – amortização do valor do bem, os encargos e a remuneração da arrendadora – e impostos.

HISTÓRICO DO *LEASING*

O *leasing* foi introduzido nos Estados Unidos por volta de 1700, pelos colonos ingleses. Sua real expansão ocorre a partir de 1941, durante a Segunda Guerra Mundial, com a promulgação de legislação sobre a atividade. O governo americano efetuava empréstimos de equipamentos bélicos aos países aliados, sob a condição de, finda a guerra, os mesmos serem adquiridos ou devolvidos.

---

[5] O *leasing* não se constitui uma operação financeira, mas na prática viabiliza o uso de bens, tal qual uma operação de financiamento.

Na década de 1950, a experiência consolidou-se junto ao setor empresarial. Uma fábrica de alimentos na Califórnia, necessitando atender um importante contrato de fornecimento firmado com o exército, e não possuindo equipamentos e disponibilidades suficientes para adquiri-los, resolveu alugá-los. Tempos mais tarde, essa mesma empresa constituiu a *US Leasing*, empresa americana destinada ao arrendamento de equipamentos.

No Brasil, as primeiras operações de *leasing*, referentes ao arrendamento de máquinas de escrever, foram realizadas em 1967. O setor ganhou impulso durante a década de 1970, quando grupos financeiros internacionais – e, posteriormente nacionais – decidiram concentrar-se na expansão das operações e começaram a divulgar os contratos através da rede de agências bancárias.

As operações foram regulamentadas pelas Leis nº 6.099/1974 e 7.132/1983. Em 1975, a Resolução nº 351, do Banco Central do Brasil, disciplinou a atuação do setor. Em 1984, foi alterada pela Resolução nº 980 e, em 1996, a Resolução nº 2.309 veio aperfeiçoar e consolidar essas operações.

Existem no Brasil mais de 70 sociedades de arrendamento mercantil e alguns bancos múltiplos oferecem esse serviço. Essas empresas são supervisionadas pelo Banco Central do Brasil, e o tratamento tributário e fiscal das operações é definido pela Receita Federal.

MODALIDADES DE *LEASING*

Há duas modalidades de *leasing:* a) *leasing* financeiro e b) *leasing* operacional

a) *Leasing* financeiro – É a operação de arrendamento mercantil que transfere ao arrendatário o direito do uso e de todos os riscos inerentes ao uso do bem arrendado e prevê a opção de compra mediante pagamento de valor residual garantido e contraprestações pagas ao longo do contrato, sempre suficientes para recuperar o valor que foi desembolsado para compra do bem.

Valor residual garantido (VRG) é o preço contratual estipulado para exercício da opção de compra, ou valor contratual garantido pela arrendatária como mínimo que será recebido pela arrendadora na venda a terceiros do bem arrendado, na hipótese de não ser exercida a opção de compra. A arrendatária pode pagar o valor residual garantido em qualquer momento durante a vigência do contrato, não caracterizando exercício da opção de compra. Não há limites para o VRG, devendo ser pactuado entre as partes.

Considera-se *leasing* financeiro a modalidade em que:
- As contraprestações e demais pagamentos previstos no contrato, devidos pela arrendatária, sejam normalmente suficientes para que a arrendadora recupere o custo do bem arrendado durante o prazo contratual da operação e, adicionalmente, obtenha um retorno sobre os recursos investidos.
- As despesas de manutenção, assistência técnica e serviços correlatos a operacionalidade do bem arrendado são de responsabilidade da arrendatária.
- O preço para o exercício da opção de compra seja livremente pactuado, podendo ser, inclusive, o valor de mercado do bem arrendado.

Os contratos de *leasing* financeiro devem seguir estes prazos mínimos:
- Dois anos, compreendidos entre a data da entrega dos bens à arrendatária, consubstanciada em termo de aceitação e recebimento dos bens, e a data de vencimento da última contraprestação, quando se tratar de arrendamento de bens com vida útil igual ou inferior a cinco anos.

- Três anos, observada a definição do prazo constante do item anterior, para o arrendamento de outros bens.

Nessa modalidade, existem diversos tipos de *leasing*, cada um deles atendendo necessidades distintas, sendo os mais utilizados:

- *Lease back*: operação de arrendamento mercantil que tem por objeto bens que estavam no ativo permanente do arrendatário, que os vendeu para a empresa de *leasing* e, em seguida, os arrendou; ou seja, o arrendatário é o próprio fornecedor dos bens. Pela Resolução nº 2.309 do Banco Central, de 28/09/1996, essa modalidade somente está disponível para arrendatários pessoas jurídicas.
- *Vendor*: um programa desenvolvido para uma empresa produtora/vendedora, junto a um agente financeiro, e destinado a financiar as empresas compradoras dos bens e/ou serviços que produz. O vendedor/produtor vende a prazo e recebe o dinheiro a vista do agente financeiro. Caso o comprador deixe de pagar as contraprestações, o vendedor/produtor responderá pelo respectivo valor ao agente financeiro, cabendo-lhe a cobrança do débito.
- *Leasing* imobiliário: arrendamento visando à construção ou aquisição de imóveis.
- *Leasing* internacional: relacionado ao arrendamento de bens importados.
- *Leasing* agrícola: destina-se à compra de equipamentos e implementos por produtores agrícolas.
- *Leasing* FINAME: arrendamento de máquinas e equipamentos financiados com recursos do FINAME.

Uma das principais características do *leasing* financeiro é que, no final do prazo do contrato, a empresa arrendatária tem a opção de adquirir o bem arrendado mediante o pagamento do valor residual garantido. O *leasing* se distingue do aluguel porque o valor do bem arrendado vai sendo gradativamente amortizado durante o pagamento das contraprestações, e, no final do contrato, a arrendatária tem a opção de adquirir definitivamente o bem arrendado.

b) *Leasing* operacional é a modalidade em que:

- As contraprestações a serem pagas pela arrendatária contemplam o custo de arrendamento do bem e os serviços inerentes à sua colocação a disposição da arrendatária, não podendo o valor presente dos pagamentos ultrapassar 90% do custo do bem.
- O prazo contratual é inferior a 75% da vida útil econômica do bem.
- O preço para o exercício da opção de compra é o valor de mercado do bem arrendado.
- Não há previsão de pagamento de valor residual garantido.

Nesse tipo de contrato não há cláusula de compra do bem arrendado. Se o arrendatário desejar comprar poderá fazê-lo no final do contrato, pagando o preço de mercado. Não há, portanto, a figura do valor residual garantido.

IMPACTO FISCAL PARA O ARRENDATÁRIO

A operação de *leasing* tem algumas particularidades em relação a uma operação financeira tradicional, o que gera o chamado impacto fiscal. Na operação de *leasing*, a prestação é integralmente considerada receita da arrendadora, ao contrário das outras operações financeiras, nas quais apenas o juro é considerado como tal e o restante da prestação é amortização do principal.

O *LEASING* NA PRÁTICA

Exemplo de *leasing* financeiro – A ESP Transportadora pretende renovar sua frota de caminhões, mas não dispõe de recursos financeiros, ou não pretende reduzir sua liquidez. Busca, então, contratar uma operação de arrendamento mercantil, junto a uma empresa de *leasing* que adquirirá os bens junto ao fornecedor escolhido e os entregará em arrendamento. O contrato de arrendamento firmado envolve as seguintes condições:

- Valor total: R$1.000.000,00
- Valor residual garantido: 1% = R$10.000,00
- Prazo: 2 anos
- Periodicidade das contraprestações: mensal
- Encargos: 15% mais TJLP de 9,25% ao ano
- ISS (Imposto sobre serviços): 0,5%
- PIS (Programa de integração social): 3,75%
- Pagamento da 1ª contraprestação: 30 dias após o recebimento dos caminhões

Durante o período de 24 meses, duração do contrato, a ESP Transportadora terá os caminhões como se fossem seus, arcando com as contraprestações mensais de R$51.498,04 ajustadas pela TJLP, acrescendo-se o ISS e os demais impostos, como PIS. O valor residual garantido de R$10.000,00, também atualizado pela TJLP, poderá ser pago ao final do prazo contratual, caso a transportadora decida adquirir definitivamente os caminhões.

VP = 1.000.000,00 − 6.478,79 = 993.521,20
n = 24 meses
i_{aa} = 15% + 9,25% = 24,25% a.a
i_{mes} = $(1,2425)^{1/12} - 1$ = 0,018258 = 1,8258% a.m
PMT = $51.498,04 + tributos
Obs: $6.478,79 é o valor presente do VRG.

Uma alternativa da transportadora seria devolver os bens e aguardar que a arrendadora faça a venda no mercado. Se o valor obtido for inferior ao Valor Residual Garantido, a arrendatária deverá cobrir essa diferença. Se o valor apurado for superior ao Valor Residual Garantido, a arrendatária terá o direito de receber a diferença.

Caso o VRG não fosse simbólico, uma terceira possibilidade seria, ao final do contrato, renová-lo pelo prazo de mais de dois anos, considerando o Valor Residual Garantido como base para o cálculo das contraprestações. Nesse caso, a transportadora, na prática, estaria estendendo o prazo do arrendamento.

O Quadro 8.11 apresenta as variáveis mais utilizadas nos contratos de *leasing*. As especificidades se referem a prazos, encargos, e naturalmente, ao bem.

Quadro 8.11 As principais variáveis de um contrato de *leasing*

Contraprestações. Valor pago periodicamente pela arrendatária no decorrer do contrato, composto de amortização do principal e encargos. Os prazos mínimo e máximo entre uma e outra contraprestação são de, respectivamente, 30 e 180 dias. Seu valor variará de acordo com: valor residual garantido escolhido; encargos; prazo do contrato, periodicidade e taxa de depreciação.

(continua)

Valor Residual Garantido. É a parcela do valor total do bem, que dá ao arrendatário o direito de adquirir definitivamente o bem arrendado, depois de cumprido o prazo contratual. Pode ser amortizado no final do contrato ou parcelado durante o prazo de vigência da operação. Pode variar entre 1% e 95% do valor total do bem. Por meio da fixação de um valor residual garantido maior ou menor, a empresa arrendatária poderá adequar o valor das contraprestações à sua previsão de fluxo de caixa.

Prazo. O prazo mínimo do *leasing* financeiro é de 24 meses para bens com vida útil igual ou inferior a 5 anos e de 36 meses para os demais. No *leasing* operacional esse prazo mínimo é de 90 dias.

Encargos. Podem ser pré ou pós-fixados e atualizados a índices financeiros (atualmente TJLP) ou à variação cambial, quando a arrendadora captou recursos no exterior. Os custos do *leasing* são compostos de: custos da captação, encargos, remuneração da arrendadora e impostos.

Valor passível de arrendamento. 100% do valor total do bem mais 25% de serviços.

Substituição de bens. O contrato deverá prever as condições para eventual substituição dos bens arrendados, inclusive na ocorrência de sinistro, por outros da mesma natureza, que melhor atendam às conveniências da arrendatária, devendo a substituição ser formalizada por intermédio de aditivo contratual.

Opção de compra. É o direito assegurado ao arrendatário de, no final do contrato, adquirir o bem pelo valor residual, que será o previamente pactuado ou o de mercado, se o contrato assim dispuser. Para ser exercido esse direito, o arrendatário deverá ter cumprido corretamente as obrigações contratuais.

Devolução do bem. Não é possível a devolução do bem, antes do final do contrato. Só é permitida ao final nos casos em que o arrendatário não opte nem por adquirir nem por renovar o arrendamento.

Renovação de contrato. Pode-se prever a renovação do contrato.

Transferência de direito da opção de compra. A arrendatária poderá transferir a terceiros no país os seus direitos e obrigações decorrentes do contrato, com ou sem corresponsabilidade solidária, desde que haja anuência expressa da arrendadora. Entre esses direitos está a opção de compra, que pode ser transferida, desde que o arrendatário já possa exercê-la, ou seja, desde que o contrato tenha chegado ao final e tenha sido corretamente cumprido.

8.3.2 FINANCIAMENTOS EXTERNOS

Os financiamentos externos mais comuns são os do Banco Interamericano de Desenvolvimento (BID), e da *International Finance Corporation* (IFC), braço financeiro do Banco Mundial. A IFC, por exemplo, opera com três formas básicas de financiamento: o crédito tradicional, o investimento de risco e o crédito envolvendo a formação de sindicatos de bancos.

Para o financiamento de máquinas e equipamentos, existem as agências financiadoras como a japonesa Eximbank e a americana Miga. Para apoio às exportações de seus países, financiando os compradores de suas máquinas e equipamentos, temos a Hermes, da Alemanha; a Coface, da França; a Cese, da Espanha; a OND, da Bélgica; a Sace, da Itália; a EDC, do Canadá e a ELGD, da Inglaterra.

Nesse tipo de financiamento, as empresas tomadoras têm custo inicial representado pelo pagamento do seguro de crédito, que varia de 0,5% a 4% sobre o valor total financiado, e a comissão do banco estrangeiro, que atua como mediador de operação, entre 0,5% e 2%. Os custos são bastante variáveis, dependendo do porte e das condições de risco ou crédito, variando entre 10 e 15% ao ano mais a variação cambial. As operações de financiamento no exterior são realizadas a partir de taxas básicas de juros internacionais, como a LIBOR (*London Interbank Offered Rate*) na Europa e a *Prime Rate*, nos Estados Unidos (no Brasil, a referência é a TJLP).

LIBOR é a taxa de juros usada nas operações internacionais de empréstimos realizadas entre instituições financeiras. Essa taxa é referência para a fixação dos juros que os bancos cobram de seus empréstimos de médio e longo prazos (acima de dois anos). A LIBOR é comumente adotada nas operações de repasses externos no Brasil como encargo principal do financiamento, sendo acrescida de um adicional de risco (*spread*).

Prime Rate é a taxa de referência de operações de empréstimos envolvendo bancos e empresas nos Estados Unidos. A essa taxa é acrescido um *spread*, de acordo com o risco da operação.

Normalmente, as agências governamentais praticam taxas menores, porque objetivam alavancar as exportações de seus países. O BNDES mantém relacionamento com os organismos multilaterais de crédito e atua como repassador de recursos para empresas brasileiras. No caso dos recursos do BID, por exemplo, o BNDES compõe uma cesta de recursos do exterior, complementada internamente por recursos financeiros oficiais.

LINHAS DE FINANCIAMENTO INTERNACIONAL

No Brasil, existem várias linhas de financiamento para as empresas que atuam em exportações, sendo que os recursos e as taxas de juros variam de banco para banco, e conforme a situação creditícia de cada um e do país como um todo.

A Resolução nº 63 estabelece a captação de divisas do exterior, para serem repassadas ao mercado interno em moeda nacional. Normalmente direcionada a exportadores, ao custo da variação cambial mais taxas que variam de banco para banco e de cliente para cliente.

A Lei Federal nº 4.131/1978 regulamenta operações nas quais um banco localizado no exterior financia diretamente empresa localizada em território brasileiro, cujo risco poderá ser suportado por outro banco aqui localizado.

Essas duas fontes de recursos externos têm sido as principais fontes de financiamento de empresas exportadoras no Brasil.

Outras linhas de financiamento utilizadas pelos exportadores são os adiantamentos sobre contratos de câmbio – ACCs (quando a mercadoria ainda não está embarcada); e os de adiantamento sobre contratos de câmbio já embarcados – ACEs (o mesmo que ACCs, com a diferença de que a mercadoria já está embarcada).

Há outras formas de financiamentos externos que são menos utilizadas, tais como: *Supplier's Credit*, exportação amparada em saque a prazo, geralmente de 90 dias, sendo a operação liquidada no vencimento do saque; *Buyer's Credit*, banco localizado no exterior financia o importador, por exemplo, carta de crédito a prazo, com pagamento a vista pelo exportador; *forfaiting* assemelha-se ao desconto de duplicatas, em que o exportador emite um saque ou cambial de exportação. Vendido a um banco esse saque não terá direito de regresso, isto é, se o importador não pagar, o problema será exclusivo do banco que negociou a cambial, CDs Certificado de Depósito, *pre-export*, pagamento prévio de exportação.

8.3.3 SECURITIZAÇÃO DE RECEBÍVEIS

> **Securitização de recebíveis** é uma operação financeira que consiste na antecipação de fluxos de caixas futuros, provenientes de contas a receber de uma empresa, sem comprometer seu limite de crédito e sem prejudicar seu índice de endividamento.

Esse tipo de operação surgiu na década de 1970 nos Estados Unidos, quando as agências governamentais ligadas ao crédito hipotecário promoveram o desenvolvimento do mercado de títulos lastreados em hipotecas. Em virtude das vantagens dessa nova técnica, no que se refere à segregação de riscos, ela foi estendida a outros ativos, como, por exemplo, recebíveis de financiamento de veículos, imóveis, ações, cartões de crédito, operações de crédito direto ao consumidor e outros.

No Brasil, a evolução do processo ocorreu com a securitização de créditos ao consumidor da Mesbla, via emissão de debêntures lastreadas por esses títulos, pois mesmo com a situação de concordata da emissora, os papéis foram honrados sem maiores problemas.

A securitização de recebíveis é feita normalmente por empresas que tenham contas de curto prazo a receber, bastante pulverizadas. Nessa operação, o risco de crédito leva em conta o índice de inadimplência histórica da carteira de recebíveis, a perspectiva de mercado e a situação econômico-financeira de cada empresa. Cria-se, então, uma empresa de propósito específico (EPE)[6] cujo objetivo será, exclusivamente, adquirir a carteira de recebíveis da empresa com recursos advindos da colocação de debêntures (ou outro título). Os recebíveis servirão de lastro para a operação. No resgate das debêntures, a EPE se extingue automaticamente.

Os recebíveis adquiridos pela EPE deverão ser suficientes para cobrir o principal mais encargos das debêntures e ainda ter uma sobra suficiente para cobrir a inadimplência histórica dessa carteira de recebíveis. Nessa operação é nomeado um agente fiduciário – *trustee*, cujo objetivo principal é monitorar, por meio de relatórios gerenciais e de auditoria, a situação da EPE, sendo responsável pela gestão do caixa da EPE e pelas medidas cabíveis para proteger os interesses dos investidores. O agente fiduciário deverá manter os investidores informados periodicamente através de relatórios gerenciais e pareceres de auditoria externa.

O custo de estruturação da operação, remuneração do *trustee*, remuneração do auditor independente, custos de emissão e registro das debêntures e de abertura da EPE são todos fixos e a remuneração dos debenturistas é o único custo variável. No caso de falência da empresa, os recebíveis da EPE não entrarão na massa falida, pois foram cedidos em uma etapa anterior à decretação da falência, sendo utilizados para liquidação antecipada das debêntures.

O Quadro 8.12 apresenta os principais elementos de uma operação de securitização.

Quadro 8.12 Elementos da securitização

- Empresa Originadora – empresa que possui direitos creditórios passíveis de alienação.
- Empresa de Propósito Específica (EPE) – criada com o objetivo exclusivo de adquirir os recebíveis da empresa originadora, através da emissão de debêntures simples. Não possui atividade operacional e é controlada integral da empresa originadora. Seu balanço patrimonial é representado apenas por posição de caixa, clientes (recebíveis), passivos (debêntures) e patrimônio líquido (apenas um valor simbólico aportado pela originadora). A vida dessa companhia está diretamente vinculada ao prazo das debêntures (portanto, quando ocorre a amortização desse título, a empresa se extingue automaticamente).
- Agente Fiduciário (*Trustee)* – instituição financeira que fiscaliza as atividades da *EPE* como, por exemplo, o gerenciamento de seu caixa, visando proteger os interesses dos debenturistas.

(continua)

---

[6] O termo em inglês é SPC, *Special Purpose Company* (SPC).

- Auditoria Independente – por ser companhia de capital aberto, são necessárias demonstrações financeiras auditadas por auditor independente, o qual deve também verificar a integridade das operações de transferências de ativos entre empresa originadora e *EPE*.
- *Back up Servicer* – é representado por um banco de dados adicional, que não possui a mesma localização do serviço original e que permite a obtenção de dados com rapidez e segurança caso algum evento de força maior ocorra na empresa originadora.
- Garantia adicional – dada a característica dos recebíveis e das debêntures em questão, é estipulada uma garantia extra que permita a amortização dos títulos, geralmente relacionada aos níveis de inadimplência dos créditos.

O desenho operacional dessas transações traz claras vantagens a todos os envolvidos: para a empresa geradora dos recebíveis, apresenta oportunidade de geração antecipada de caixa, a custos bastante competitivos quando comparados àqueles encontrados regularmente no mercado financeiro tradicional, além de divulgar a empresa no mercado de capitais. Aos investidores, propicia oportunidade de investimento em instrumentos formais de crédito, com grande segurança quanto ao repagamento dos mesmos a taxas tão ou mais atraentes àquelas encontradas no mercado tradicional. Outras vantagens do processo de securitização seriam a minimização da dependência da empresa das fontes tradicionais de financiamento e a obtenção de melhoria nos índices financeiros, além do fato de que tal estrutura segrega os riscos associados à empresa que gerou os recebíveis, e também de possibilitar o casamento de ativos com dívidas.

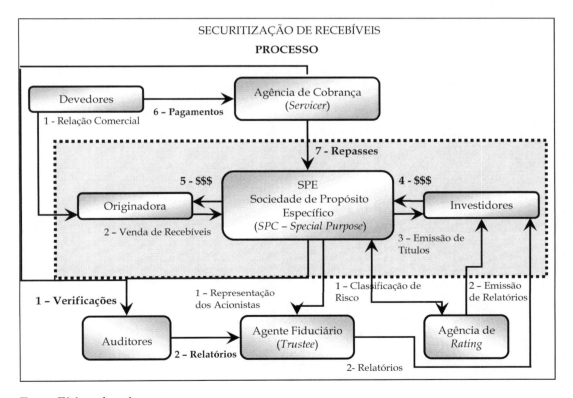

Fonte: Elaborado pelos autores.

8.4 ENGENHARIA FINANCEIRA

8.4.1 FUNDOS DE PENSÃO

A captação de recursos junto a fundos de pensão é uma das fontes mais atrativas de financiamento de longo prazo, seja em termos de capital de terceiros, sob a forma de debêntures, seja como capital próprio, através da participação acionária.

Fundos de pensão ainda são pouco divulgados no Brasil, mesmo porque, em termos práticos, somente nos últimos anos, com as constantes dificuldades financeiras do sistema de previdência social público, é que o Governo vem incentivando seu desenvolvimento. Como fonte de financiamento, então, é mais recente ainda, ganhando expressão após a implantação da política de privatizações das estatais. Alguns fundos de pensão, no entanto, existem há muitas décadas.

No Brasil, os processos de privatizações iniciados na década de 1990 tiveram grande sucesso, muito em função da forte presença dos principais fundos de pensão, que participaram ativamente dos processos de leilões, comprando participações acionárias em muitos casos e, em outros, evitando que as multinacionais conseguissem comprar a preços aviltantes.

Havia cerca de 42 fundos de pensão atuando no país no fim de 1999. Em 2009, temos 371, confirmando a tendência de crescimento substancial dessas instituições. Apresentamos a seguir o Quadro 8.13 com o *ranking* dos 20 maiores fundos de pensão no Brasil em maio de 2009:

Quadro 8.13 – *Ranking* 20 Maiores Fundo de Pensão em maio de 2009

Ranking	Fundo de Pensão	Investimentos R$-MIL
1	PREVI	128.497.967
2	PETROS	42.427.741
3	FUNCEF	34.879.164
4	FUNDAÇÃO CESP	15.746.742
5	VALIA	10.775.338
6	SISTEL	9.883.423
7	ITAUBANCO	9.753.177
8	BANESPREV	8.871.549
9	CENTRUS	8.154.421
10	FORLUZ	7.601.737
11	REAL GRANDEZA	6.629.775
12	FAPES	5.409.674
13	FUNDAÇÃO COPEL	4.805.817
14	POSTALIS	4.683.138
15	HSBC FUNDO DE PENSÃO	4.030.734
16	TELOS	3.904.084
17	VISÃO PREV	3.809.480
18	ELETROCEEE	3.658.100
19	FUNDAÇÃO ATLÂNTICO	3.569.925
20	CX EMPR USIMINAS	3.444.549

Fonte: ABAPP, maio 2009.

O QUE É UM FUNDO DE PENSÃO?

É uma forma de previdência por regime de capitalização de contribuições coletivas (sistemas fechados) para formar reservas, que na aposentadoria serão transformadas em benefício.

São organizados sob a forma de entidade civil sem fins lucrativos. O regime de previdência privada divide-se em dois grupos: os sistemas fechados, conhecidos por fundos de pensão, e os sistemas abertos, oferecidos por seguradoras de bancos e de outras instituições financeiras; conhecidos por planos de previdência privada.

Os fundos de pensão são vinculados a empregadores, chamados de patrocinadores, ou a entidades representativas de classe, denominadas instituidores. A responsabilidade pela formação do fundo pode ser exclusiva da empresa, do beneficiário ou as contribuições podem ser feitas parte pela empresa e parte pelos beneficiários.

A gestão do fundo aplica os recursos em diversos ativos com vistas a formar um patrimônio que seja capaz de assegurar renda aos participantes após sua aposentadoria, semelhante ao salário obtido ao longo da vida profissional. Analisados sob o ponto de vista de financiamento, são alternativas de fonte de recurso para as empresas que emitem títulos mobiliários.

Os grandes fundos de pensão fornecem recursos para a empresa. Ao aplicar em debêntures, títulos de dívida, os recursos são de médio e longo prazos. Ao aplicar em ações, títulos de propriedade, passam a fazer parte da composição acionária das empresas e geralmente participam dos conselhos de administração e fiscal.

Alguns mercados são particularmente bem-vistos pelos gestores dos fundos, como os de empreendimentos imobiliários, hospitais, escolas e universidades, infraestrutura e lazer, aeroportos, uma vez que, além de rentáveis, fazem parte de sua finalidade social como entidade.

Em 2008, conforme a Associação Brasileira de Venture Capital, a participação dos fundos de pensão em novas captações via Private Equity chegou a 50%. No montante do capital comprometido, esses fundos brasileiros responderam por 24% do total, o que equivale a U$6,4 bilhões.

8.4.2 FUNDOS DE CAPITAL DE RISCO – PRIVATE EQUITY

Fundo de capital de risco ou *private equity* é um fundo constituído em acordo contratual privado entre investidores e gestores, não sendo oferecido abertamente no mercado, e sim através de colocação privada. Além disso, companhias tipicamente receptoras desse tipo de investimento ainda não estão no estágio de acesso ao mercado público de capitais, bolsa de valores, tendo composição acionária normalmente em estrutura fechada.

São fundos fechados que compram participações minoritárias em empresas privadas, não podendo investir em companhias de capital aberto. Por essa razão, as empresas interessadas em receber esses investimentos devem fazer a chamada abertura técnica "registro na CVM e emissão de ações que são compradas pelos fundos".

Os objetivos dos fundos de capital de risco são capitalizar a companhia, definir uma estratégia de crescimento, valorizar as ações e vender essa participação com lucro elevado. O horizonte dessa aplicação varia de três a oito anos. Seus objetivos são maximizar o ganho de longo prazo através da aquisição de participações acionárias não disponíveis nos mercados organizados (no caso de companhias fechadas ou de novos projetos). Suas expectativas normalmente são de obtenção de taxas internas de retorno de 20% a 40% ao ano. Os investimentos são frequentemente feitos em conjunto com outros investidores ou empresas especializadas, aportando à iniciativa uma vasta gama de capacitações e experiências empresariais.

As aquisições são feitas em processos de privatização ou em negociações diretas. Seus investimentos são realizados em companhias não listadas em bolsas ou em posições acionárias de controle sujeitas a acordos de acionistas. Os recursos são aportados pelos investidores apenas no momento da aquisição da participação acionária.

Fusões e aquisições também estão na pauta dos fundos de capital de risco, que têm como estratégia comprar participações em empresas de médio porte em dificuldades financeiras, porém em mercados avaliados pelos profissionais do fundo como promissores ou rentáveis, tomar as rédeas da administração do negócio colocando seus especialistas, e depois de um ou dois anos vender sua participação na empresa, então sanada.

De qualquer forma, para a empresa que procura por investimento ou injeção de capital, em um momento de dificuldade financeira em que falta fôlego para os sócios, a administração profissional desses gestores, aliada ao aporte de capital, ainda que pareça meio oportunista, deve ser bem analisada pelos empresários.

FUNDOS DE CAPITAL DE RISCO NA ATUALIDADE

Os últimos anos presenciaram um grande crescimento de fundos de capital de risco no mundo em desenvolvimento devido, em grande parte, a investidores institucionais americanos. As razões para esse crescimento são várias, entre elas o recente e rápido crescimento de muitas nações em desenvolvimento e o relaxamento de barreiras para investimentos estrangeiros em muitas dessas nações. Igualmente importante foi a recente percepção por muitos investidores institucionais de que é provável que os lucros de investimentos em *fundos renda fixa* diminuam nos próximos anos.

FUNDOS DE CAPITAL DE RISCO EM PAÍSES EM DESENVOLVIMENTO

De acordo com o banco mundial, países emergentes são países que têm baixo nível de renda *per capita*, mercado de capitais subdesenvolvidos e/ou não são industrializados. O atual interesse dos fundos de capital de risco em investirem em países emergentes deve ser atribuído ao progresso econômico desses países nas últimas décadas. Outro fator importante é que hoje mais de três bilhões de cidadãos do mundo residem em economias fortemente capitalistas e estão formando uma riqueza financeira que busca boas oportunidades de investimento. Como visto no Capítulo 3, a tendência à padronização internacional das normas contábeis propicia maior segurança e transparência das empresas para o investidor tomar sua decisão.

Um quarto fator crítico no crescimento de investimentos de fundos de capital de risco em países emergentes foi a percepção da diminuição de oportunidades de investimento nas nações desenvolvidas, particularmente nos Estados Unidos.

FUNDOS DE CAPITAL DE RISCO NO BRASIL

Além dos fatores mencionados anteriormente; o aumento da riqueza pessoal está ajudando a fomentar uma indústria de capital de risco doméstica no Brasil. O Quadro 8.14 apresenta alguns exemplos de investimentos em *Private Equity* no Brasil.

Quadro 8.14 – Maiores investimentos em *Private Equity* no Brasil em 2007

PRIVATE EQUITY ENVOLVIDO NA TRANSAÇÃO	EMPRESA NEGOCIADA	VALOR US$ MLHÕES
BNDESPAR	JBS-Friboi	760
Woods Station, Capital International e Gávea Investimentos	Mc Donalds's América Latina	700
Monte Cristalina (Hypermarcas)	DM – Indústria Farmacêutica	650
GP Investimentos	Magnesita	639
AIG Capital / ASAS / Governança & Gestão de Investimentos, Banco Espírito Santo Capital	Cia. Providência	468
GP Investimentos (BR Malls)	Niterói Plaza Shopping São Conrado Fashion Mall Ilha Plaza Shopping Rio Plaza Shopping	447
Acon Investiments	GBarbosa	430
Gávea Investimentos	CIE Brasil	150
Pátria Banco de Negócios (Anhanguera Educacional)	Uniderp / Unaes	146

Fonte: Relatório Price Waterhouse Coopers, abr./2008.

De acordo com dados do Primeiro Censo Brasileiro de *Private Equity* e *Venture Capital*, realizado pela Fundação Getulio Vargas de São Paulo (FGV/SP), em 1994, havia oito gestores de fundos. Em 2000, esse número subiu para 45. Segundo informações do censo, a indústria de PE/VC contava em 2008 com 142 gestores, 1.414 profissionais, 181 fundos e 480 empresas em portfólio. Até o primeiro semestre de 2008, foram abertos 24 fundos que captaram U$2,6 bilhões.

Apresentamos a seguir exemplos de sucesso na indústria de Private Equity, extraídos da Associação Brasileira de *Private Equity* e *Venture Capital* (http://www.abvcap.com.br):

DIAGNÓSTICOS DA AMÉRICA S.A.

Com forte presença em São Paulo, Rio de Janeiro e Curitiba, a Diagnósticos da América Latina tem 148 unidades e três laboratórios centrais que atendem mais de 15.000 clientes, além de executar 80.000 exames por dia. As unidades operam sob oito marcas distintas, que possuem boa reputação em seus mercados, entre elas a Delboni Auriermo, Lavoisier, Lâmina, Bronstein e Curitiba Santa Casa.

Em 1999, o Pátria Banco de Negócios adquiriu uma parcela na DASA através de um fundo de *private equity*, permitindo à companhia se expandir até se tornar a maior empresa de medicina diagnóstica na América Latina. O sucesso do investimento culminou com a entrada da empresa no novo mercado da BOVESPA, no dia 19 de novembro de 2004, arrecadando R$377 milhões.

AMÉRICA LATINA LOGÍSTICA

A ALL, maior operadora logística com base ferroviária da América Latina, transporta para clientes de variados segmentos como *commodities* agrícolas, insumos e fertilizantes, combustíveis, construção civil, florestal, siderúrgico, higiene e limpeza, eletroeletrônicos, automotivo e autopeças, embalagens, químico, petroquímico e bebidas. A Companhia oferece uma gama completa de serviços de logística, combinando as vantagens econômicas do transporte ferroviário com a flexibilidade do transporte por caminhão, em uma área de cobertura que engloba mais de 62% do PIB do Mercosul.

Após receber investimentos de fundos de *private equity* de empresas como a GP Investimentos, CSFB, Electra e GEF, a ALL pôde se expandir. Hoje, são mais de 70 unidades de serviço localizadas nas principais cidades do Brasil, Argentina, Chile e Uruguai, além de centros de distribuição e 185 mil metros quadrados de áreas de armazenamento. A ALL administra uma malha férrea de 20.495 quilômetros de extensão, cobrindo o sul de São Paulo, Paraná, Santa Catarina e Rio Grande do Sul, além da região central da Argentina. A Companhia cruza as fronteiras do Paraguai e Uruguai e serve o Chile por rodovia a partir da base logística intermodal de Mendoza, na Argentina. Seis dos mais importantes portos do Brasil e Argentina são atendidos pela ALL. A empresa fez a sua primeira oferta pública de ações em 25 de junho de 2004 e arrecadou R$588 milhões.

SUBMARINO

Submarino é a empresa líder dentre aquelas que operam exclusivamente no varejo eletrônico no Brasil. O site mostra mais de 700.000 itens, em 20 categorias de produtos, de mais de 950 fornecedores, além de oferecer serviços de comércio eletrônico terceirizado para algumas empresas líderes na área de bens de consumo, como a Natura, Nokia e Motorola.

A empresa vem crescendo significativamente desde o início de suas operações, em 1999, quando recebeu investimento de fundos *private equity* das companhias GP Investimentos, Warburg Dillion, THLee, Santander, JPMorgan e Flatiron. No exercício social encerrado em 31 de dezembro de 2004, a empresa registrou uma receita bruta de aproximadamente R$361 milhões, representando uma taxa de crescimento anual de aproximadamente 68%, durante os últimos três exercícios sociais encerrados em 31 de dezembro de 2004.

NATURA

Há mais de 35 anos no mercado, a Natura reafirma sua posição de liderança no setor de cosméticos e produtos de higiene e de perfumaria. No fim da década de 1980, a empresa promoveu uma ampla reorganização. Novas empresas, que entre 1979 e 1981 tinham se agregado ao grupo, fundiram-se em 1989. Em seguida, no início da década de 1990, a Natura explicitava suas crenças e razão de ser, formalizava seu compromisso social e preparava-se para a abertura do mercado brasileiro às importações.

A expansão prosseguiu aceleradamente e, em 1994, a Natura dava início à internacionalização, com presença na Argentina, no Chile e no Peru, países nos quais estabeleceu centros de distribuição e trabalhou na formação de Consultoras.

Em 2005, a empresa teve o rendimento acima de R$3.2 bilhões e renda líquida de R$1.5 bilhões. A Natura tem recebido financiamento em *private equity* pelos investidores Janos Participações e BNDESPar. É bem conhecida em responsabilidade corporativa e transparência. Em maio de 2004, ela ingressou na BOVESPA, com o volume de R$768 milhões.

GOL LINHAS AÉREAS

GOL Linhas Aéreas é considerada uma das empresas que teve crescimento mais rápido no mundo. A GOL começou as suas atividades em 2001, e hoje oferece vôos a 49 cidades no Brasil, e a países como Argentina, Uruguai, Bolívia e Paraguai. A empresa tem participação de 29% no mercado aéreo brasileiro, com potencial para crescer ainda mais. Em 2005, a GOL obteve rendimentos líquidos de R$2.669 bilhões e lucros líquidos de R$513 milhões.

Em abril de 2002, a GOL entrou em negociação com o AIG Capital a fim de receber investimentos nas primeiras etapas de crescimento. Com aporte de US$26 milhões, ampliou os seus serviços no mercado internacional e instituiu a prática de boa governança. A empresa continuou a crescer e, em junho de 2004, ingressou na BOVESPA, arrecadando mais de US$280 milhões. A GOL Linhas Aéreas é um bom exemplo de empresa brasileira pronta para obter um crescimento agressivo e para receber fundos de *private equity*.

LOCALIZA

Localiza é a maior rede de aluguel de carros do Brasil, em número de agência, com uma rede de atendimento que inclui 283 agências de aluguel de carros, sendo 96 próprias e 187 franqueados, estando presente em seis países e 203 cidades da América Latina. A Companhia opera nos negócios de aluguel de carros, administração e aluguel de frotas e concessão de franquias, que são complementares e sinérgicos.

Em 1997, Donaldson, Lufkin & Jenrette comprou um terço da empresa por US$50 milhões. Esse investimento permitiu à companhia crescer e obter credibilidade no mercado público. Teve uma saída de sucesso em 2005, quando a Credit Suisse vendeu a sua parte na empresa através do IPO, na Bovespa, por cerca de US$130 millhões, e a Credit Suisse recebeu mais de US$20 milhões em dividendos. O investimento em *private equity* possibilitou uma saída de sucesso e lucros saudáveis.

UNIVERSO ONLINE – UOL

UOL é o principal portal de mídia on-line e empresa de Internet no Brasil, com base em páginas vistas por mês, tempo de permanência on-line por mês e número de assinantes.

A Companhia é pioneira no desenvolvimento da Internet no Brasil. Desde a sua fundação em 1996, o UOL tem sido bem-sucedido na manutenção de sua liderança em audiência.

O UOL provê acesso local à Internet em mais de 3.000 localidades no país e 14.000 no exterior. Em novembro de 2005, possuía mais de 1,4 milhão de assinantes pagantes de conteúdo. Desde setembro de 1999, atua também como portal e provedor de acesso na Argentina. Segundo o IBOPE/NetRatings, o UOL teve média de 7,1 milhões de visitantes únicos domiciliares mensais no Brasil em 2004, número que lhe dá a primeira posição no *ranking* dos maiores portais de conteúdo do país e representa cerca de 63% de alcance nesse mercado.

Em 1999, Morgan Stanley comprou a posição minoritária na empresa por US$100 milhões, obtendo 12.5% da companhia. Através desse financiamento, o UOL pôde realizar com sucesso o seu IPO, em dezembro de 2005, com um volume de R$555 milhões.

LUPATECH

Fundada em 1980, a Lupatech pode ser considerada um caso clássico para o setor, sendo a primeira companhia a ser investida pelo primeiro fundo estruturado sob a égide da Instrução CVM nº 209/1994 (Fundos Mútuos de Empresas Emergentes) e tendo passado por todas as etapas de capitalização do sistema de *private equity*.

A Lupatech é a empresa brasileira que lidera a produção e comercialização de válvulas industriais para aplicação principalmente na indústria de petróleo e gás. A empresa também tem posição de destaque no mercado internacional no desenvolvimento e na produção de peças complexas e subconjuntos, em ligas metálicas, notadamente para a indústria automotiva mundial, por meio dos processos de fundição de precisão e injeção de aço.

A Companhia tem um histórico importante de relacionamento com investidores de VC/PE que a diferencia de outras empresas do setor. O contínuo relacionamento com esses investidores, tais como Bozano Simonsen Advent, CRP Caderi, GP Investimentos e Axxon Group, além da BNDESPAR, consolidou uma cultura de transparência, de criação de valor para seus acionistas e a adoção de práticas superiores de governança corporativa, incluindo a presença de um conselho de administração atuante desde 1987.

A melhora da situação macroeconômica brasileira, fortalecimento do mercado de capitais e queda nas taxas de juros básicos da economia, aliados a forte presença do BNDES e da FINEP nas operações de *Private Equity,* além do sucesso das operações realizadas nos últimos anos favorecem a captação de recursos por meio desse instrumento.

8.4.3 PROJECT FINANCE

O *project finance* ou financiamento de projetos é uma operação financeira estruturada que permite dividir o risco entre o empreendedor e o financiador, que serão remunerados pelo fluxo de caixa do empreendimento.

É uma operação extremamente útil na implantação e expansão dos negócios, principalmente naqueles que exigem elevados investimentos. Sua grande vantagem é a ruptura da abordagem tradicional centrada na empresa, que busca financiamento para a implantação de um projeto e a adoção de um conceito mais amplo, o do empreendimento com vários participantes. Caracteriza-se como uma parceria de negócios em risco e retorno.

É essencial que a garantia do financiamento seja assegurada pelo fluxo de caixa do projeto, seus ativos, recebíveis e contratos; e que fique claramente demonstrada a viabilidade econômica e financeira do projeto para garantir o seu retorno, pois o empreendimento deve ser sua própria garantia, além de ser capaz de convencer os financiadores de que independe da condição financeira individual dos agentes envolvidos, já que os investidores estão mais preocupados com o fluxo de caixa do empreendimento.

Em muitos casos, o *project finance* é efetivado por uma EPE (Empresa de Propósito Específico), criada para atender ao projeto com a finalidade de isolar o empreendimento dos demais ativos do empreendedor, reduzindo, dessa forma, o risco de seus acionistas. A EPE faz o controle do fluxo de caixa por meio de instrumentos financeiros específicos, tais como uma *escrow account* (conta de custódia), ou seja, os ativos do empreendimento, os contratos e o fluxo de caixa durante todo o projeto ficam desvinculados das empresas participantes. Como instrumento de controle adicional, temos os acordos operacionais conjuntos (*joint operating agreements*) que definem as regras e os perfis de todos os envolvidos no projeto, ajudando a minimizar os riscos.

A preparação de um contrato de *project finance* é demorada, porque deve ser feita sob medida, caso a caso. Além disso, os contratos têm de estar em conformidade com a legislação em vigor, tanto no país do empreendedor, quanto no país dos financiadores.

Para viabilizar um contrato de *project finance* é necessário montar-se um seguro-garantia, que não deve se limitar nem ao *big bond* (seguro do licitante) nem ao *performance bond* (seguro do executante), mas incluir outras modalidades, como a garantia de adiantamento de recursos e a garantia de retenção de recursos (percentual do valor do contrato a ser pago no final). A opção do seguro-garantia das seguradoras é uma alternativa mais em conta do que a carta-fiança dos bancos.

O *project finance* é muito importante sob o ponto de vista operacional, pois envolve vários parceiros, diversificando a origem dos recursos alocados ao projeto e proporcionando condições para um retorno mais seguro dos créditos concedidos. Por ser muito cara, a estrutura de um contrato de *project finance* só se viabiliza para projetos de valor elevado, com o envolvimento de um sindicato de bancos ou organismos multilaterais de crédito.

Em toda operação de *project finance*, existe a figura do *sponsor* ou *project developer* (líder do projeto). Do arranjo contratual podem participar os governos, agências multilaterais de crédito (BID, IFC etc.), agências de crédito de exportação (Eximbank, Coface etc.), bancos de desenvolvimento (BNDES, BNB etc.), bancos públicos e privados, fundos de pensão, seguradoras, demais instituições financeiras, além de entidades não financeiras tais como empresas de engenharia e de projetos, consultores financeiros e jurídicos, fornecedores, clientes e operadores.

A operação de *acquisition finance*, ou financiamento para compra de empresas, é uma modalidade de *project finance* utilizada quando uma empresa deseja adquirir outra, ou então montar um grande projeto, mas não deseja pressionar financeiramente suas operações normais com o crédito utilizado para a aquisição. O objetivo é que a empresa adquirida liquide o financiamento obtido com o fluxo de dividendos futuros.

Alguns exemplos de *project finance*, que são muito conhecidos pelo seu sucesso, são o túnel sob a baía de Sydney, o túnel entre a Inglaterra e a França, as aquisições das companhias telefônicas no Brasil. No Paraná, temos alguns exemplos interessantes também, tais como o Estação Plaza Show, o lançamento das debêntures da Cidadela, da Casa Construção, da Irmãos Thá, os projetos de aquisição e de desenvolvimento de novos negócios da Inepar, o lançamento das debêntures da Eletrofrio-Auden, entre outros.

8.5 PRÁTICAS DE FINANCIAMENTO NO BRASIL

Vale emite US$1 bilhão em bônus com vencimento em 2019

Rio de Janeiro, 8 de setembro de 2009 – A Vale S.A. (Vale) informa que emitiu US$1 bilhão em bônus com vencimento em dez anos, através de sua subsidiária integral Vale Overseas Limited (Vale Overseas).

As notas com vencimento em setembro de 2019, no valor de US$1 bilhão, terão cupom de 5 5/8% ao ano, pagos semestralmente, ao preço de 99,232% do valor de face do título. Os bônus foram emitidos com *spread* de 225 pontos base sobre o retorno dos títulos do Tesouro dos Estados Unidos, resultando em rendimento para o investidor de 5,727% ao ano.

Os bônus receberam classificação de risco Baa2 pela Moody's Investor Services, BBB+ pela Standard & Poor's Rating Services, BBB pela Fitch Ratings e BBB (*high*) pela Dominion Bond Rating Service. Os bônus se constituem em obrigações não garantidas da Vale Overseas e terão garantia completa e incondicional da Vale. A garantia será *pari passu* a todas as obrigações da Vale de natureza semelhante.

A Vale utilizará os recursos líquidos dessa oferta para propósitos corporativos em geral.

Goldman, Sachs & Co., HSBC Securities (USA) Inc. e Santander Investment Securities Inc. atuaram como *bookrunners* da emissão.

A oferta está sendo realizada de acordo com um registro efetivo na SEC. O prospecto aditado com informações adicionais sobre a oferta será protocolado na Securities Exchange Commission (SEC) dos Estados Unidos. É possível obter esses documentos gratuitamente acessando a página EDGAR no Web site da SEC, www.sec.gov, assim que disponível. Também é possível obter o prospecto com o Goldman Sachs, HSBC e Santander mediante requisição através do telefone: (212) 902-1171 (ligação a cobrar de fora dos Estados Unidos) ou (917) 343-8000 (ligação gratuita dos Estados Unidos).

Este comunicado não representa oferta para a venda ou solicitação para oferta de compra dos bônus, nem deverá haver qualquer venda desses bônus em qualquer estado ou jurisdição no qual esta oferta, solicitação ou venda seja proibida perante a lei antes do registro ou qualificação de acordo com as leis de valores mobiliários deste estado ou jurisdição.

CONSTRUTORA FORTALEZA S.A.[7]

A Construtora Fortaleza, sediada em Curitiba, entendia em 1999 que havia um grande divisor de águas na economia mais recente do país, o Plano Real. Antes do Plano Real, havia uma grande reserva de mercado, inflação e sistemas complexos de indexação monetária. Tudo isso causava dificuldades para se obterem financiamentos de longo prazo. Com a estabilização da moeda, o mercado de crédito ao consumidor havia sofrido grandes alterações, permitindo que se pudesse incrementar o sistema financeiro de diversas formas: financiamentos de longo prazo com fornecedores, consórcios, *leasing*, abertura de capital. Isso exigiria melhor estrutura de capital, menor custo de capital, programas de longo prazo, projetos financeiros, enquadramento ao mercado globalizado, investimentos na qualificação da mão de obra, competitividade internacional. No geral, podia se dizer que após o Plano Real o mercado das empresas mudou completamente.

Inovação Empresarial: a Fortaleza inovou no mercado financeiro, sendo a pioneira ao lançar um projeto bem-sucedido de securitização de recebíveis no ramo imobiliário. O total do projeto foi de US$100.000.000,00 (o equivalente a 18.000 unidades habitacionais) e os recursos foram provenientes dos Estados Unidos.

A captação deu-se em diversas etapas, e a primeira foi no valor de US$8.000.000,00 (custo de variação cambial mais 14,75% ao ano). Simultaneamente ao lançamento das debêntures no mercado externo, foi efetuado um lançamento de papéis no mercado interno de R$15.000.000,00 através do Banestado (taxas: ANBID – 29% mais 2% ao ano).

Processo de lançamento:

---

[7] Empresa com nome fictício, mas existente e atuando no mercado.

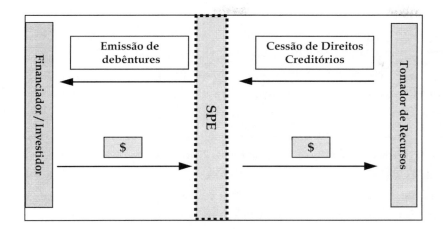

Adicionalmente a esse processo, foi efetuado um seguro de garantia ou de desempenho, no qual uma seguradora executaria a obra no caso de falência da construtora. Outras fontes de financiamento de longo prazo são ADTEN/FINEP, com custo de TJLP mais 6 % ao ano.

Alavancagem tecnológica: a Construtora Fortaleza buscou, junto a parceiros institucionais como a PUC/PR, uma forma de melhorar seus resultados técnicos. Também houve investimentos no projeto escola, que forneceu bons resultados para a empresa.

Foram firmadas parcerias com empresas no exterior para transferência de tecnologia. Os próximos passos da Construtora Fortaleza são a transformação em uma empresa S/A de capital aberto e exploração do mercado externo com American Depositary Receipts – ADRs. Outros mercados que se mostram atrativos para captação de recursos pela empresa são a Europa (eurobonds) e Canadá. As perspectivas do mercado eram de uma forte recessão no curto e médio prazo (1,5 a 2,0 anos), e no longo prazo esperava-se um incremento do mercado de *funding* com atuação mais forte dos fundos de pensão e investimentos do mercado externo (principalmente Estados Unidos).

Observação: a Construtora Fortaleza enfrentou, e enfrenta até hoje, problemas graves de liquidez, endividamento e rentabilidade devido aos altos custos de capital de sua estrutura de capital. No entanto, não temos autorização para entrar em mais detalhes.

BANCO DOS TRANSPORTADORES S.A.

O Banco dos Transportadores S.A. nasceu como um braço financeiro do Grupo Bethlem, para gerir os recursos do grupo. Em 1994, o banco passou por uma reestruturação com a profissionalização da administração. Em 1995, começou a operar com financiamentos de longo prazo. Em 1996, financiava automóveis para pessoas físicas, com contratos de R$10.000,00 em média. Em 1997, passou a financiar caminhões novos e usados para pessoas físicas (autônomos), com contratos de R$25.000,00 a R$30.000,00 em média. Atualmente conta com 10 agências e emprega 450 funcionários. É considerado o décimo quinto banco brasileiro em resultado. O patrimônio, que no começo era de R$5.000.000,00, hoje é de R$315.000.000,00, com uma rentabilidade sobre o patrimônio líquido de 21% ao ano. O banco atua com operações de financiamento (CDC, *Leasing* e FINAME), empréstimos e repasse do BNDES.

A estratégia do Banco dos Transportadores é focar sua atuação no *middle market*, principalmente em empresas do setor de transporte. Os principais produtos financiados pelo banco são caminhões, ônibus, implementos rodantes. Uma política do banco é não financiar mais de R$2.500.000,00 para uma única empresa. Grandes empresas geralmente têm um custo de capital menor, por isso o banco aposta nas empresas de médio porte, nas quais, devido ao maior risco, obtém-se um maior lucro. Para lidar com um risco maior, o banco conta com uma alta capacidade para o gerenciamento do crédito.

Na análise da concessão de crédito, o Banco dos Transportadores avalia o fluxo de caixa da empresa. Primeiro, levanta o faturamento mensal dos últimos dois anos. Segundo, desse faturamento mensal, deduz 20% a título de margem de segurança. Terceiro, para cada setor, o banco considera uma margem de lucratividade, por exemplo: 20% transporte em geral, 10% atacado de alimentos. Quarto, de posse dessa margem de lucratividade, é levantado o valor de desembolso máximo que a empresa pode ter mensalmente. Quinto, compara-se o desembolso máximo estimado com os desembolsos mensais efetivos que a empresa tem (outros financiamentos, consórcios, parcelamento de tributos) somado ao valor do desembolso da operação que será contratada. Sexto, é analisada a sobra do caixa da empresa; se a sobra for positiva e a empresa convencer o banco de que o apresentado condiz com a realidade, provavelmente ela terá o crédito aprovado. Além disso, são feitos a análise de cadastro, o levantamento de informações junto a fornecedores e outras instituições financeiras e a análise de demonstrativos contábeis.

Exemplo: Operação de *leasing* de dois anos, no valor de R$500.000,00, para uma empresa de transporte com faturamento mensal de R$1.000.000,00. A empresa tem desembolsos em curso de R$100.000,00. Para uma operação de *leasing* de 24 meses, o banco utiliza um coeficiente mensal (juros + *spread* + tributos) de aproximadamente 6%, ou seja, a operação será paga em 24 X (0,06 500.000) = 24 X 30.000,00

Faturamento mensal	1.000.000,00
(-) Margem de segurança (20%)	(200.000,00)
(=) Faturamento mensal corrigido	800.000,00
(*) Margem de lucratividade	20%
(=) Desembolso máximo	160.000,00
(-) Desembolso em curso	(100.000,00)
(=) Subtotal	60.000,00
(-) Desembolso da operação	(30.000,00)
(=) Sobra	30.000,00

Se essa empresa convencer o banco de que o apresentado condiz com a realidade, provavelmente terá o crédito aprovado, porque tem sobra positiva de R$30.000,00.

As principais fontes de captação do banco são fundações, autarquias, fundos de previdência privada, emissão de debêntures, captação externa, repasses do BNDES e aumento de capital próprio no mercado interno e de captação externa, principalmente nos mercados europeus e norte-americano.

Observação: O Banco dos Transportadores está sofrendo as profundas transformações verificadas no mercado brasileiro. Com os avanços tecnológicos e a crescente participação dos bancos multinacionais, dificilmente sobreviverá. Está tentando obter alto grau de especialização, estratégia definida e alianças estratégicas com outros bancos.

BRDE – BANCO REGIONAL DE DESENVOLVIMENTO DO EXTREMO SUL

O BRDE financia projetos dos mais diversos setores de atividade, desde que tenham por objetivo implantação, modernização, capacitação tecnológica, pesquisa e desenvolvimento, exportação de máquinas e equipamentos, gastos com infraestrutura social e econômica e outros.

Os recursos do BRDE provêm, basicamente, de três fontes: FAT (Fundo de Amparo ao Trabalhador), Tesouro Nacional e recursos provindos do exterior (emissão de papéis no mercado internacional).

A linha normal de financiamento oferece 24 meses de carência, para um financiamento de 60 meses, em que, para um valor de até R$200.000,00, existe um convênio com o SEBRAE que irá analisar a viabilidade do projeto, a um custo de aproximadamente R$500,00 a R$700,00. A taxa de juros cobrada por um financiamento depende do valor: até R$700.000,00 é de 3,5% a. a. + TJLP; e acima, é de 5,5% a. a + TJLP.

Nesses valores já estão incluídos os custos do repasse efetuados pelo BRDE, que variam entre 0,5% a 2,5% a.a. A quantia a ser devolvida ao BNDES é de 3,0% a.a. + TJLP.

É interessante observar que o baixo custo cobrado pelo BRDE é todo usado para sua manutenção e seu funcionamento, devido a pouca quantidade de recursos. O que contribui e gera um acréscimo na sua fonte própria de capital usado para sua manutenção são os ônus e juros de mora cobrados de seus clientes, valor este que não é repassado ao BNDES. O BRDE financia até 50% do valor do projeto, e o restante deverá vir do próprio requisitante. Prós e contras do BRDE:

- O processo para liberação de financiamento é demorado, sendo que todo o trâmite pode durar até 120 dias, o que para muitas empresas se torna inviável, dado o imediatismo do recurso. Isso já não ocorre nos bancos comerciais, em que o processo de liberação vem a ser mais ágil, e em alguns casos especiais, a um custo inferior.
- Existe uma maior fiscalização e rigorosidade por parte do BRDE, visto que ele terá de prestar contas para os órgãos governamentais e tribunais de contas.
- Não existe flexibilidade no desenvolvimento dos projetos, já que um financiamento de R$200.000,00 é tratado da mesma maneira que um de até R$5 milhões.
- Libera financiamentos para projetos que detém um elevado risco, cumprindo, talvez, certa função social de desenvolvimento, visto que os demais bancos comerciais não hesitam em inviabilizar tais projetos.
- Obrigatoriedade de uma garantia real (bens imóveis), o que, até um tempo atrás, exigia certa flexibilidade.

Segundo técnicos do BRDE, dadas as mudanças constantes na economia, dentro de um contexto macroeconômico, em que a abertura de mercado possibilitou a entrada de fortes concorrentes, criou-se a necessidade de constantes inovações e investimentos nos meios produtivos. As perspectivas de curto prazo são de aumento de juros, continuação da entrada de concorrentes de fora, perda de credibilidade no mercado internacional. A indefinição por parte do governo das questões das reformas tributária, fiscal, administrativa e política torna arriscado qualquer projeto de financiamento sem estudos profundos. A médio e longo prazo existe certo otimismo com relação à economia brasileira, mas moderado. O Brasil será sempre um centro de investimentos externos, visto o grande potencial de mercado aqui existente. O mercado financeiro brasileiro deverá também sofrer uma grande influência do modelo econômico americano, já que sua aplicação no Brasil é viável.

As principais características que o BRDE exige dos projetos são: tecnologia de ponta; economia de escala para redução de custos fixos; participação de capital de terceiros inferior a 40% de todo o capital, sendo que, com o passar do tempo, a empresa tende a se capitalizar; baixo nível de endividamento. Os setores que mais procuram o BRDE são turismo, serviços e agroindustriais, nesta incluídas as cooperativas agropecuárias, visto que esses são os setores mais promissores na criação de empregos.

Observação: O BRDE tem adotado uma política cada vez mais cuidadosa na concessão de crédito devido à redução de recursos dos estados do Sul, e mesmo do BNDES, para projetos de pequeno e médio portes. As grandes empresas vão diretamente ao BNDES ou trabalham com bancos particulares.

PETROBRAS

AVALIAÇÃO DA SITUAÇÃO ATUAL DE MERCADO

As empresas estatais dependem de aprovação da União para liberação de recursos de investimentos. Anualmente, o orçamento tem de ser aprovado pelo Congresso Nacional. As constantes alterações de políticas econômico-orçamentárias têm dificultado sobremaneira a captação de recursos próprios e externos para reinvestimento. A empresa tem competência e condições para captar recursos de investimento de longo prazo no exterior. A estratégia utilizada para alavancar o investimento de capital fixo tem se sofisticado com o uso de EPE. Atualmente, há uma série de cartas de intenções de desenvolvimentos de projetos ligados à Petroquímica de primeira geração. Os projetos do pré-sal constituem novo desafio para obtenção de fontes de financiamento.

ESTRATÉGIA DE CAPTAÇÃO DE RECURSOS DE LONGO PRAZO

Para financiamentos de grandes empreendimentos corporativos e de infraestrutura de países em desenvolvimento, a partir da década de 1990, passou-se a utilizar uma técnica de engenharia financeira conhecida com *project finance*.

A Eurodisney, o túnel sob o Canal da Mancha e muitos outros grandes projetos corporativos em todo o mundo se tornaram viáveis através do *project finance*. A Petrobras tem aplicado essa modalidade de financiamento em contratos de parceria com empresas privadas para exploração e produção de petróleo.

Project finance é a captação de recursos para financiar um projeto de investimento de capital, economicamente independente, em que os investidores utilizam o retorno financeiro do empreendimento para dar prosseguimento ao financiamento e fazer suas retiradas.

A empresa é superavitária e possui atratividade alta no mercado internacional. Goza de competência técnica e possui resultados financeiros expressivos. Esses são alguns dos fatores que permitem que a empresa desenvolva alternativas de captação de longo prazo como o uso de EPEs. Aliado aos resultados corporativos há um ótimo ambiente de mercado para crescimento de áreas ligadas à energia (custos de matéria-prima em redução, crescimento da demanda de energia e de produtos com valores agregados maiores, pressões ambientais elevadas para melhoria da qualidade dos produtos etc.). Isso faz com que sociedades e *joint ventures* se apresentem interessados em parcerias com o intuito de investimentos. Essa tem sido uma ótima oportunidade para parceiros externos e internos no Brasil. A corporação espera obter ótimos resultados com esse tipo de mecanismo. Paralelamente ao processo de captação de recursos, observa-se ainda que o risco também é dividido.

Há um forte investimento nas áreas de *off shore* e gasodutos, sendo que outras áreas possuem investimento de menor monta.

MECANISMO DE CAPTAÇÃO

Basicamente é efetuado com o uso de SPCs. A Petrobras entra como sócio minoritário (normalmente inferior a 50%, em média de 15 a 20%). O gasto inicial da companhia nesse tipo específico de investimento é normalmente zero, sendo que a parte da sociedade que lhe cabe é o fornecimento de matéria-prima. Outro detalhe interessante dessas parcerias é que, ao final de um tempo pré-estipulado, as instalações, objeto da sociedade, são incorporadas ao patrimônio da companhia sem custos adicionais (é efetuada uma espécie de *leasing* industrial).

Os investimentos são efetuados por *tradings,* que conseguem financiamentos subsidiados em seus países sede, no *Eximbank,* e em corporações financeiras internacionais. Há muito interesse de países desenvolvidos, como o Japão, em investimentos nesse tipo de negócio. Esse mecanismo funciona como alavancagem financeira em seus países sede, pois boa parte dos equipamentos industriais é adquirida em seus países de origem, fomentando, dessa forma, a economia interna de seus países. Como exemplo, podemos citar a construção de um gasoduto, com todas as tubulações e os compressores fornecidos pela *trading,* que, por sua vez, contrata o fornecimento dos materiais em seu país de origem.

Tradings que já possuem projetos em andamento: Mitsui, Nissho, Iwai, Maru Beni, Sumitomo.

Resumindo todo o mecanismo de investimento, podemos dizer que a estratégia básica consiste em transformar custo de capital em custo operacional, através de contratos de serviços. Sendo que, ao final do contrato, as instalações passam a ser incorporadas pela companhia.

8.6 RESUMO

Neste capítulo, pudemos conhecer e discutir as principais fontes de financiamento de longo prazo disponíveis para as empresas nacionais e multinacionais que operam no país. Observamos que devido ao baixo índice de crédito em relação ao PIB, endividamento público, taxa de câmbio real instável, baixo nível de poupança interna, taxas de crescimento aquém do pleno emprego, depósitos compulsórios sobre os depósitos nos bancos, concentração de bancos, elevados índices de inadimplência, imposto sobre operações financeiras, balanços de pagamentos deficitários, entre outros fatores, tornam a captação de recursos financeiros de longo prazo no Brasil um exercício complicado e caro.

Embora, num horizonte de médio prazo, 1998-2009, tenha ocorrido a queda acentuada do SELIC, passando de 30% a 40% ao ano para de 8,75% ao ano, as taxas de juros praticadas pelas empresas nacionais, de forma geral, estão muito acima daquelas praticadas pelas concorrentes internacionais.

Foi analisado o papel dos principais intermediários financeiros, características dos financiamentos, cláusulas de contratos e classificações de risco. Ficou evidenciada a importância do BNDES como o maior agente na concessão de empréstimos de longo prazo do Brasil, pois ele oferece as linhas de financiamento mais utilizadas pelo mercado: BNDES –Exim, FINAME Especial, *leasing* FINAME, PROGEREM, PROSOFT, PROCAMINHONEIRO, BK USADOS, REVITALIZA e tantas outras. Além disso, o BNDES atua através do BNDESPAR Participações, no aporte de recursos não exigíveis.

Outras fontes de financiamento avaliadas foram o arrendamento mercantil, os repasses externos do BID e da IFC, braço financeiro do Banco Mundial, as agências financiadoras, Eximbank, do Japão, e Miga, dos Estados Unidos. Foram discutidas a Resolução nº 63 e a Lei nº 4.131, os adiantamentos sobre contratos de câmbio (ACCs), os adiantamentos sobre contratos de câmbio já embarcados (ACEs) e outras formas de financiamentos externos menos utilizados, tais como *Supplier's Credit* e *Buyer's Credit*. A securitização de recebíveis foi discutida em todos seus pormenores, detalhando a criação e o funcionamento da *Special Purpose Company*.

Avaliamos os fundos de pensão como uma das melhores fontes financiamento de longo prazo no país, acompanhando o que já ocorre nos países desenvolvidos. Hoje, os fundos de pensão têm os recursos a taxas, prazos e condições mais atrativas para a empresa que vai capitalizar, pois participam da administração e se tornam parceiros para os futuros investimentos.

Os fundos de capital de risco ou *private equity* são fundos fechados que compram participações minoritárias em empresas privadas. Os objetivos dos fundos de capital de risco são capitalizar a empresa, definir uma estratégia de crescimento, valorizar as ações e vender essa participação com lucro elevado. Fusões e aquisições também estão na pauta dos fundos de capital de risco, que têm como estratégia comprar participações em empresas de médio porte em dificuldades financeiras, porém em mercados avaliados pelos profissionais do fundo como promissores ou rentáveis, tomar as rédeas da administração do negócio, colocando seus especialistas e, depois de um ou dois anos, vender sua participação na empresa, agora sanada.

O BNDESPAR é o maior fundo de capital de risco do país, e seus objetivos são o fortalecimento da estrutura de capital das empresas e apoio a novos investimentos na economia, o apoio à reestruturação da indústria através de fusões e aquisições, o apoio à capitalização de pequenas e médias empresas, o desenvolvimento da indústria de fundos de capital de risco e o apoio ao desenvolvimento do mercado de capitais.

O financiamento de projetos é uma operação financeira estruturada que permite dividir o risco entre o empreendedor e o financiador, que serão remunerados pelo fluxo de caixa do empreendimento. Sua grande vantagem é a ruptura da abordagem tradicional centrada na empresa, que busca financiamento para a implantação de um projeto e a adoção de um conceito mais amplo, o do empreendimento com vários participantes. Por ser muito cara, a estrutura de um contrato de *project finance* só se viabiliza para projetos de valor elevado, com o envolvimento de um sindicato de bancos ou organismos multilaterais de crédito. Finalmente, foram apresentados alguns casos práticos de decisões de financiamento de longo prazo no Brasil: Construtora Fortaleza, Banco dos Transportes, BRDE e Petrobras.

8.7 QUESTÕES

1. Por que a captação de recursos financeiros de longo prazo é tão crítica no Brasil? Quais são os fatores que mais contribuem para as altas taxas de juros cobradas no país? Como o BNDES é uma exceção entre os bancos nos empréstimos de longo prazo? Como a globalização deixa as empresas brasileiras mais vulneráveis ainda com a desvantagem competitiva advinda das altas taxas de juros praticadas no país? Como você entende a captação de recursos pelas maiores empresas brasileiras na Bolsa de Nova York?

2. Dentre as instituições financeiras que operam com financiamentos de longo prazo no país, temos dois segmentos distintos: a) bancos e b) operadores do mercado de capitais. Em sua opinião, qual o papel do Sistema Financeiro Nacional no desenvolvimento da vantagem competitiva de nossas empresas no mercado internacional? Como você entende o papel do Banco do Brasil, do BNDES e da Caixa Econômica Federal como bancos especiais do sistema, já que operam no mercado financeiro, captando e concedendo empréstimos?

3. Quais as características e os tipos de financiamento de longo prazo? Como as instituições brasileiras cumprem suas finalidades no Brasil? Coloque-se na posição de um executivo financeiro de uma média empresa. Como você prepararia sua empresa, para, a médio e longo prazo, ser bem classificada junto ao banqueiro de sua empresa?

4. Por que o BNDES é considerado o principal instrumento de execução da política de investimento do Governo Federal? Por que o BNDES é considerado a maior fonte de financiamento de longo prazo do Brasil e uma das maiores do mundo? Qual sua opinião sobre os objetivos do BNDES? Estão sendo atingidos? É isso que os empresários devem esperar dele? E a sociedade? Justifique sua opinião.

5. Quais são os principais produtos do BNDES? Você já teve em sua empresa experiências na elaboração de projetos de financiamento junto ao BNDES? Se afirmativo, comente-as. Se não, por quê? Você concorda com a TJLP como fator de correção? Se considerarmos um financiamento para implantação de uma nova fábrica, teríamos um custo nominal de TJLP + *spread* igual a 6,25% + 3,5%, ou seja, 9,75% ao ano. Supondo uma inflação anual de 4,5%, teríamos uma taxa real de 5,024% (1,0975/1,045). Comente a viabilidade econômica de financiamentos com essas taxas.

6. Qual é a finalidade do BNDESPAR Participações? E do FINAME? Comente o papel dos bancos comerciais, bancos de investimentos e bancos múltiplos. Como você vê a função de cada um deles? Eles cumprem sua função dentro da economia brasileira? Justifique sua opinião.

7. Comente o Quadro 8.10 – Posição dos bancos por depósitos. Fale da participação dos estatais, dos multinacionais e dos nacionais. Você vê alguma tendência? Qual? Comente.

8. Conceitue arrendamento mercantil. Quais os intervenientes dessa operação? Quais as modalidades de arrendamento mercantil? O que é valor residual garantido? Quais as vantagens e desvantagens de se fazer uma operação de arrendamento mercantil em vez de uma operação de financiamento normal? Comente os aspectos financeiros e tributários.

9. Quando é vantajoso, para uma empresa, utilizar repasses externos? Como funcionam as linhas de financiamentos de organismos governamentais? Quais são os custos atuais da Resolução nº 63 e da Lei nº 4.131? (Suponha uma empresa de primeira linha). É possível uma empresa que não atue no comércio exterior utilizar-se de ACCs? Explique.

10. Explique detalhadamente uma operação de securitização. Qual é o custo mínimo de uma operação de securitização? Quais seus os riscos? Comente o funcionamento de uma *Special Purpose Company*. Quais são os elementos de uma securitização?

11. Dê um exemplo de engenharia financeira. Como os fundos de pensão podem ser usados como uma fonte de financiamento de longo prazo? O que são fundos de capital de risco? Quais são seus objetivos e como funcionam? Em sua opinião, qual a possibilidade de eles darem certo no Brasil? Qual é o maior fundo de capital de risco do Brasil? Quais os objetivos desse fundo?

12. Se você fosse empresário de sucesso e recebesse uma oferta de aquisição por um fundo de capital de risco, qual seria sua reação? Por quê? Comente. Quais os exemplos que você poderia dar de operações que foram adquiridas por fundos de capital de risco? Cite e comente pelo menos cinco que não foram citadas no capítulo.

13. Conceitue financiamento de projetos (*project finance*). O que deve assegurar o sucesso do projeto? Quais projetos são mais adequados para um *project finance*? O que são acordos operacionais conjuntos? Quais os cuidados ao efetuar um contrato de financiamento de projeto? Quais as vantagens dessa modalidade de financiamento de longo prazo para os vários parceiros? Explique.

14. Qual o papel do líder do projeto e do arranjo contratual? Quem pode participar de um contrato de financiamento de projeto? Como funcionam as operações de financiamento para compra de empresas? Dê alguns exemplos de *project finance* mundiais, nacionais e regionais. Dê exemplos de projetos de sua cidade e de sua empresa que poderiam ser viabilizados através de um *project finance*.

15. Quais os ensinamentos que você tirou de cada um dos casos apresentados nas *Práticas de Financiamento do Brasil*? Comente detalhadamente.

8.8 BIBLIOGRAFIA ADICIONAL

ARMADA, Jorge S. "Fatores Determinantes do Endividamento: uma Análise em Painel." *Anais da 23ª Reunião Anual da ANPAD*, cd-rom, set./1999.

ASSAF NETO, Alexandre. *Mercado financeiro*. São Paulo: Atlas, 2009.

FINNERTY, John D. *Project finance – Asset-Based Financial Engineering*. Sidney: John Wiley Trade, 2007.

FORTUNA, Eduardo. *Mercado financeiro: produtos e serviços*. 17ª ed. Rio de Janeiro: Qualitymark, 2007.

GUSMÃO, Ivonaldo B.; LEMES JÚNIOR, Antônio B. *Risco de mercado em empresas emissoras de American Depositary Receipts: uma análise no período de 1995 a 2006.* Salvador: Enanpad, 2008.

MADURA, Jeff. *Finanças Corporativas Internacionais.* São Paulo: Cenange Learning, 2008.

NESS, Walter Lee Jr. *Securitização, garantias reais e operações estruturadas.* ANPAD. XVIII Enanpad Finanças. v. 5, p. 90. Curitiba, set./1994.

PINHEIRO, Juliano Lima. *Mercado de Capitais.* 4ª ed. São Paulo: Atlas, 2008.

REVISTA CAPITAL ABERTO. Private Equity Coletânea de Casos 07/08/2009.

SECURATO, José Roberto. *Mercado Financeiro.* São Paulo: Saint Paul, 2009.

ENDEREÇOS DE PESQUISA NA INTERNET

www.abrapp.org.br
www.abvcap.com.br
www.assetalt.com/products/news/lapeastory1.htm
www.bndes.gov.br
www.editoraferreira.com.br/publique/media/01SFN.pdf
www.fiesp.org.br
www.opportunity.com.br
www.people.hbs.edu/jlerner/
www.privateequity.com
www.valoronline.com.br

CAPÍTULO 9

MERCADO DE CAPITAIS

9.1 INTRODUÇÃO

9.2 MERCADO FINANCEIRO E MERCADO DE CAPITAIS

9.3 COMPANHIAS ABERTAS

9.4 BOLSAS DE VALORES NO BRASIL

9.5 TÍTULOS DO MERCADO DE CAPITAIS

9.6 MERCADOS DE AÇÕES

9.7 DERIVATIVOS: MERCADO A TERMO, FUTURO E DE OPÇÕES

9.8 ANÁLISE DE INVESTIMENTOS EM AÇÕES

9.9 TENDÊNCIAS DO MERCADO DE CAPITAIS

9.10 RESUMO

9.11 QUESTÕES

9.12 EXERCÍCIOS

9.13 BIBLIOGRAFIA ADICIONAL

Oferta de ações do Santander no Brasil pode superar US$5,6 bi
Folha On Line, 04/09/2009.

A unidade brasileira do Santander encaminhou pedido nesta quinta-feira (3) para um IPO (Oferta inicial pública de ações, na sigla em inglês) no Brasil e nos Estados Unidos, no que pode ser um dos maiores lançamentos do ano.

Em julho, o Santander informou que iria vender cerca de 15% da unidade brasileira via emissão de ações, sugerindo que a oferta inicial de ações poderia chegar a cerca de US$5,6 bilhões, baseado no atual valor de mercado do Santander no Brasil, de cerca de US$37 bilhões.

Uma operação desse tamanho ficaria entre os maiores IPOs de 2009 no mundo e seria a maior dos Estados Unidos desde a oferta de US$17,8 bilhões realizada pela Visa em março de 2008.

O pedido encaminhado pelo Banco Santander junto à SEC (Securities and Exchange Comission, o órgão americano que fiscaliza o mercado de capitais) ontem indicava que o banco estava buscando levantar até US$200 milhões, mas esse valor é quase que certamente um número provisório até que a instituição encaminhe um prospecto atualizado que incluirá termos como número de ações a serem vendidas e uma estimativa de preço.

Uma porta-voz do Santander no Brasil afirmou que o banco não comentaria a transação porque está em período de silêncio antes da oferta.

Outros grandes IPOs do ano incluíram a oferta de US$7,3 bilhões em julho pelo China Construction Engineering e a de US$4,3 bilhões da VisaNet.

9.1. INTRODUÇÃO[1]

No Capítulo 8 apresentamos as características do mercado financeiro relacionadas ao financiamento de longo prazo. Neste capítulo, tratamos da capitalização das empresas por meio do mercado de capitais. Esse mercado abrange o conjunto de transações para transferência de recursos financeiros entre agentes poupadores e investidores, com prazo médio, longo ou indefinido, ou seja, é uma relação financeira constituída por instituições e contratos que permite que poupadores e empresas demandantes de capital de longo prazo realizem suas operações.

Desse modo, a existência de um mercado de capitais ativo sinaliza o nível de desenvolvimento da economia do país; porquanto pessoas, empresas e instituições passam a ter maiores oportunidades de investimento e as empresas, fontes permanentes de captação de recursos financeiros. A participação nesse mercado permite às organizações a obtenção de recursos a custo competitivo, uma vez que podem captar externamente por meio da emissão de ações ou títulos de dívida, reduzindo, assim, a dependência dos financiamentos de longo prazo de recursos internos ou do endividamento (capital de terceiros).

O mercado de capitais também contribui para o desenvolvimento econômico do país, porque:
- Facilita o fluxo de capital dos agentes superavitários para o investimento em indústrias, comércio e serviços.
- Fornece maior agilidade às negociações para alteração de propriedade ou controle da empresa.
- Facilita processos de privatização.
- Amplia a transparência das empresas participantes devido à busca por informações e demonstrações financeiras por parte dos investidores, o que fornece maior credibilidade ao crescimento dessas organizações.
- Facilita a entrada e aplicação do capital externo na economia nacional, auxiliando no equilíbrio das contas da balança de pagamento e ampliação do volume de investimentos no país.
- Permite aos poupadores a aplicação de seus recursos em diferentes empresas ao mesmo tempo, com amplo acesso às informações sobre as companhias e alta liquidez do investimento.
- Incentiva a formação de poupança interna de longo prazo, promovendo o crescimento autossustentado do país.

O mercado de capitais brasileiro adquiriu relevância no cenário econômico nacional a partir de 2003. Fatores econômicos, financeiros e legais induziram esse crescimento, a saber:

O controle da inflação, iniciado com o Plano Real em 1994, diminuiu a falsa sensação de ganhos nas aplicações de renda fixa, decorrente da correção monetária e viabilizou planejamento de mais longo prazo dos investidores e das empresas. A estabilidade da moeda, aliada a juros reais elevados, fomentou o ingresso de capitais estrangeiros no país. Inicialmente destinados a aplicações em títulos da dívida pública, parte desses recursos pôde ser, posteriormente, direcionada ao mercado de capitais.

---

[1] Este capítulo foi originalmente escrito pela Profa. Dra Andrea Paula Segatto, a quem seremos sempre gratos pela contribuição. Alterações posteriores a 2002 são de responsabilidade exclusiva dos autores.

Os processos de privatização da década de 1990 alteraram o perfil de propriedade das empresas no Brasil: o conjunto de empresas prioritariamente formadas por capital das famílias e do governo passa a dividir espaço na estrutura produtiva do país com empresas de capital estrangeiro. Além dos impactos na competitividade, que não fazem parte do escopo deste capítulo, essa transformação na estrutura de propriedade acaba por fortalecer o mercado de capitais. Em face de inúmeras oportunidades de investimento, as empresas iniciam, a partir de 2004, processo de abertura de capital em bolsas de valores, como forma de captar recursos para financiar esses investimentos, conforme ilustra o Quadro 9.1.

Quadro 9.1 Empresas que abriram capital em anos recentes

Ano	Número de empresas	Destaques.
2009	6	Visanet e Santander
2008	4	OGX Petróleo
2007	64	BM&F e Bovespa holding
2006	26	Brascan Residencial
2005	9	Energias Brasil
2004	7	Gol

Fonte: www.bmfbovespa.com.br/mercados/ações/empresas/consultas/listagens recentes. Acesso em 29/12/2009.[2]

A partir do início do século XXI, contribuíram para a expansão do mercado de capitais as alterações na legislação. A CVM (Comissão de Valores Mobiliários) teve seu poder de regulação e fiscalização ampliado, e os acionistas minoritários tiveram mais direitos garantidos. O Quadro 9.2 apresenta as principais leis relacionadas às sociedades anônimas e a CVM, sem esgotar o tema.

Quadro 9.2 Síntese das alterações na Lei das S.A. e da CVM

Ano	Lei
1976	Lei nº 6.385 – 0/12/1976 – Dispõe sobre o mercado de valores mobiliários e cria a CVM.
1976	Lei nº 6.404 – 15/12/1976 – Lei das Sociedades Anônimas
2001	Lei nº 10.303 – 31/10/2001 – Alterações na Lei das S.A. e da CVM.
2007	Lei nº 11.638 – 28/12/2007 – Alterações nas leis anteriores.

Fonte: adaptado de www.cosif.com.br

A criação em 2001 de diferentes níveis de governança corporativa para as empresas listadas em bolsa de valores[3] fortaleceu a participação de investidores institucionais e pequenos investidores que passaram a diversificar suas aplicações, anteriormente concentradas em renda fixa. A lenta, porém gradual, redução da taxa SELIC, a partir de 2004, constitui mais um estímulo para essa diversificação de investimentos:

---

[2] O acesso ao site eletrônico da BmfBovespa foi atualizado em 29/12/2009 para todas as referências desse capítulo.

[3] Para mais detalhes a respeito dos níveis diferenciados de governança corporativa, ver www.bmfbovespa.com.br/mercados/ ações/empresas/governança corporativa.

> A crise financeira internacional de 2008 que assolou as economias ao redor do mundo e transformou-se em crise econômica mundial, dentre muitos problemas econômicos, financeiros e de governança, abalou profundamente a retomada de negócios e da imagem do mercado de capitais brasileiro. As negociações em bolsa de valores tomadas de excesso de otimismo desde 2004 e fortalecidas em maio de 2008, com a elevação do Brasil para *Investment Grade* levou o Ibovespa a 73.516,80 pontos, em 20 de maio, quando a crise financeira internacional já acarretava problemas no mercado financeiro mundial. Esse foi mais um fator a iludir investidores e autoridades brasileiras de que o país não estaria sujeito à crise. Investidores brasileiros não ficaram imunes às fortes oscilações de preços dos ativos de renda variável que, em muitos casos, acabou por impactar perdas expressivas no patrimônio das famílias, dos fundos de investimento e de pensão. Em 27 de outubro de 2008, o Ibovespa atingiu sua pior pontuação, desde o ano de 2005: 29.435,11 pontos. O otimismo retorna ao mercado a partir de abril de 2009, com a volta das aplicações do investidor estrangeiro. O Ibovespa encerra 2009 em 68.588 pontos sinalizando a recuperação do mercado de capitais para 2010.

9.2. MERCADO FINANCEIRO E MERCADO DE CAPITAIS

O mercado financeiro, apresentado no Capítulo 2, compreende todos os mercados de recursos financeiros e de intermediação do sistema econômico. Visa a canalizar recursos dos agentes superavitários para os agentes deficitários. O objetivo é dar fluidez aos recursos entre os agentes e fortalecer a base financeira dos negócios. Essa intermediação já foi mencionada no Capítulo 1 deste livro.

A relevância da intermediação e a sofisticação das operações organizadas no mercado justificam as duas principais tendências financeiras: fortalecimento da dependência do sistema econômico das diferentes operações do mercado e a sofisticação e especialização dos diferentes instrumentos financeiros.

Para compreender essas tendências é necessário distinguir o sistema econômico e o sistema financeiro.

Os aspectos financeiros estão relacionados aos recursos monetários. Englobam a captação dos recursos necessários, processo conhecido por *funding*; o cálculo do seu custo, bem como a projeção dos retornos, e, finalmente, referem-se à remuneração desses recursos.

> O mercado financeiro viabiliza a intermediação de recursos financeiros: dinheiro, crédito e capitais. Possibilita a captação e aplicação de recursos no curto e no longo prazo. É operacionalizado por diferentes instituições financeiras, de natureza privada e pública, as quais têm suas operações supervisionadas por órgãos reguladores e fiscalizadores, normalmente, de natureza pública.

O sistema financeiro nacional é a organização formal do ambiente financeiro, constituindo-se de órgãos reguladores e órgãos executores. Permite que um agente econômico deficitário possa captar recursos de outro agente econômico superavitário; auxilia o processo de crescimento econômico, pois permite o aumento da poupança e do investimento. O SFN foi apresentado em detalhes nos Capítulos 2 e 8.

O sistema econômico constitui-se de famílias, empresas e governos que se organizam para utilizar os recursos de forma a prover os bens e serviços necessários para satisfazer as necessidades de seus componentes.

Os aspectos econômicos estão relacionados a recursos escassos: pessoas, recursos naturais, matérias-primas, equipamentos, tecnologias e conhecimento, a fim de satisfazer necessidades ilimitadas. Nos sistemas econômicos capitalistas esse processo ocorre com vistas a gerar riquezas excedentes que permitam o crescimento das empresas, a melhora nas condições de vida das famílias e a manutenção do governo.

Em face do exposto, ainda que de maneira simplificada, é fácil perceber que o sistema financeiro está inserido no sistema econômico. As finanças provêm recursos para viabilizar as atividades econômicas. Finanças em sua origem não constituem um fim em si mesmo. Economia é a atividade produtiva: bens e serviços. Economia Internacional é a atividade produtiva realizada em vários países e destinada a mercados consumidores em diversos locais.

O mercado financeiro está organizado no sistema financeiro nacional de forma a dar fluidez aos recursos que permitem aos agentes econômicos exercerem suas funções dentro do sistema econômico.

O evidente processo de internacionalização das economias leva os recursos econômicos e financeiros a transcenderem as fronteiras nacionais e serem transferidos para outros países. Dessa forma verifica-se a migração de pessoas, empresas e recursos entre os diferentes países e, portanto, entre diferentes economias. O fluxo de recursos monetários, de crédito e de capitais que transcende as fronteiras nacionais e alcançam mercados em todo mundo passam a integrar o mercado financeiro internacional.

> O mercado financeiro internacional viabiliza a intermediação de recursos financeiros (dinheiro, crédito e capitais) entre agentes econômicos de diferentes países. Possibilita a captação e aplicação de recursos no curto e no longo prazo fora do país de origem. É operacionalizado por diferentes instituições financeiras, de natureza privada e pública, as quais têm suas operações supervisionadas por órgãos reguladores e fiscalizadores internos a cada país, normalmente, de natureza pública. As operações financeiras internacionais e as instituições financeiras que as viabilizam tendem a obedecer a padrões internacionais de conduta.

A soberania de cada país permite a adoção de regras econômicas, financeiras e contábeis de acordo com a orientação política e social de cada povo. As tendências político-partidárias dos governantes em exercício dos cargos executivos e legislativos do país podem também influenciar na regulação da atividade econômica e da intermediação financeira. O acesso dos agentes a recursos econômicos e financeiros do exterior pode ser facilitado ou dificultado pelos mesmos motivos. Da mesma forma, a adoção ou não das práticas internacionais está subordinada à vontade política dos dirigentes das diversas instituições normatizadoras e reguladoras em seguir padrões internacionais.

No caso específico das instituições financeiras, o Comitê da Basileia estabelece princípios para controle de risco. Em 2004, princípios foram divulgados no documento "Convergência Internacional de Mensuração e Padrões de Capital: Uma Estrutura Revisada", ou Basileia II, como é chamado. Esse documento subdivide-se em três pilares (BIS, 2004a): O Pilar 1 relaciona-se com exigência de capital para os riscos aos quais as instituições financeiras estão expostas, o Pilar 2 relaciona-se com o processo de revisão da supervisão, e o Pilar 3 relaciona-se com a transparência e disciplina do mercado. A principal orientação para controle de risco trata do estabelecimento de critérios mais adequados para mensuração e divulgação do nível de riscos associados às operações conduzidas pelas instituições financeiras para fins de requerimento de capital regulamentar.

DEPOIMENTO: As providências tomadas para enquadrar as instituições financeiras que atuam no Brasil às exigências do Comitê da Basileia:[4]

> O acordo da Basileia (Basileia I) foi formalizado em 1988 e referia-se a uma estrutura de cálculo para o requerimento de capital para o risco de crédito. A emenda a esse acordo, de 1996, contemplou o cálculo do requerimento de capital para o risco de mercado. O Basileia II, divulgado em junho de 2004 e atualizado posteriormente em novembro de 2005, inovou entre outros aspectos por tratar o requerimento de capital para o risco operacional.
>
> Em dezembro de 2004, o Comunicado 12.746 do Banco Central do Brasil contemplou os procedimentos para a implementação no Brasil da nova estrutura de capital baseada no Basileia II, e três anos depois foi divulgado o comunicado 16.137, a respeito desse mesmo assunto. Entre tais procedimentos foi estabelecido cronograma de implementação que se estende até 2012 e contempla diretrizes para requerimento de capital para risco de crédito, risco de mercado e risco operacional. A cada ação tomada relacionada ao Pilar 1 correspondem a ações equivalentes nos pilares 2 e 3. As estratégias para implementação observadas até o momento contemplaram a divulgação de um conjunto de resoluções do Conselho Monetário Nacional, circulares e cartas-circulares do Banco Central do Brasil, audiências públicas que permitiram o envio pela sociedade de sugestões a respeito de normas selecionadas que estiveram em elaboração, e a divulgação para o público interessado de informações a respeito dessas normas, utilizando, por exemplo, o sítio eletrônico do Banco Central do Brasil como canal de divulgação. Espera-se, para os próximos anos, a continuidade da implementação de diretrizes estabelecidas nos referidos comunicados e um esforço que contemple também as iniciativas das instituições financeiras que atuam no Brasil em busca do aperfeiçoamento contínuo das suas estruturas de gerenciamento de riscos.

A intermediação de recursos no mercado financeiro pode ocorrer por meio de diferentes operações, realizadas com diferentes títulos. No Capítulo 1 foram citados os produtos financeiros de captação e de aplicação de recursos, no curto e no longo prazo. Cada grupo desses papéis pode caracterizar um mercado diferente, quanto a prazos, tipos e objetivos de negociação; diversas são as classificações possíveis para o mercado financeiro. Optamos por apresentar de forma adaptada a classificação proposta por Pinheiro (2008), sem desconsiderar tantas outras, em função de sua forma didática, conforme Quadro 9.3.

---

[4] Depoimento de Carlos André de Melo Alves. As opiniões apresentadas são do autor do depoimento e não se referem à instituição em que trabalha. Para informações detalhadas a respeito das normas relacionadas ao Basileia II, acessar www.bcb.gov.br/legislação e normas / Basileia II.

Quadro 9.3 Classificação do Mercado Financeiro

Mercados classificados por tipo de ativo		
Mercados	Tipos	Exemplos de Operações
Monetário ou de Dinheiro	Merc. Monetário	*open market*
	Mercado de Crédito	Desconto Comercial Crédito Comercial Crédito Bancário Outras formas de adiantamento de recebíveis
	Mercado de Títulos	Dívida Pública de Curto Prazo Títulos de Empresas (notas promissórias) Títulos bancários (CDB´s e CDI´s)
Capitais	Crédito de Longo Prazo	Empréstimos de longo prazo Operações de Venda a Prazo Emissões de Debêntures operações de *leasing** operações de *factoring** Créditos Sindicados
	Mercado de valores	Bursátil (Ações de empresas de capital aberto) de balcão (ações de empresas de capital fechado)
	Ajudas oficiais	

Fonte: Adaptado de Pinheiro (2008).

* Operações de *Leasing* e de *Factoring* não constituem operações financeiras em sua origem; porquanto, são operações com características mercantis. *Leasing* é uma mera atividade de prestação de serviços: arrendamento mercantil, caracterizado pelo direito de uso de um bem, sem deter a propriedade, mediante o pagamento de uma contraprestação de arrendamento e com possibilidade de aquisição do bem ao final do contrato pelo valor residual. *Factoring* é uma atividade mista de prestação de serviços: gestão de crédito e cobrança, e/ou aquisição, a vista, de créditos resultantes de vendas a prazo, mediante comissão. Estão elencadas no quadro porque para efeito de supervisão têm sido consideradas como tal pelas autoridades brasileiras.

Importa para este capítulo o mercado de capitais no qual os títulos das empresas são emitidos e comercializados garantindo fluxo de recursos próprios e de terceiros para a empresa e liquidez dos papéis aos portadores desses títulos. Os principais papéis negociados no mercado de capitais são as ações e as debêntures das empresas.

As ações são títulos de propriedade que garantem ao seu titular a propriedade da empresa na proporção de seus papéis e direitos sobre o fluxo de caixa livre da empresa. Os ganhos para o acionista provêm da valorização da ação em mercado e/ou da distribuição de lucros.

As debêntures são títulos de dívida, emitidos pela empresa com valor de face, prazo de resgate e remuneração mediante pagamento de taxa de juro pré ou pós-fixada.

As negociações desses papéis podem ocorrer no mercado a vista, a termo, futuro e de opções. Cada um deles é detalhado ao longo deste capítulo.

9.3. COMPANHIAS ABERTAS

As companhias constituídas na forma de sociedade anônima de capital aberto são os principais interessados no mercado de capitais.

> Uma companhia aberta é aquela que possui títulos de própria emissão negociados junto ao público em bolsas de valores ou em mercado de balcão.

O mercado de capitais viabiliza parte das decisões de financiamento tomadas pelo administrador financeiro, porque através dele é possível emitir títulos de dívida e de propriedade. No Capítulo 7, estudamos a estrutura e o custo de capital das empresas. A decisão de financiamento mais complexa é a escolha da composição de financiamento da empresa, ou seja, a estratégia financeira para captar o volume de recursos necessários no curto e no longo prazo e ainda se captados por meio de capital de terceiros ou de capital próprio. Quando na forma de financiamentos bancários e empréstimos, os capitais de terceiros estão acessíveis a qualquer empresa; quando na forma de títulos de dívida ou de propriedade o acesso a recursos, só são permitidos às empresas constituídas na forma de sociedade anônima e registradas na CVM (Comissão de Valores Mobiliários).

A principal forma de acesso ao mercado de capitais é o mercado de ações. Por meio da emissão primária de ações, processo conhecido por IPO (*Initial Public Offer*) e por meio da emissão secundária de ações. Essa captação de novos recursos para as empresas ocorre no mercado primário de ações.

O mercado secundário de ações garante a liquidez das ações para aqueles investidores que não queiram mais permanecer com ações de uma determinada empresa, da mesma forma que viabiliza outros investidores a adquirir participações societárias nas empresas de capital aberto, mesmo quando a empresa não está emitindo novas ações.

A empresa pode optar por emitir títulos de dívida (debêntures) para negociação pública, nesse caso, não precisa ser necessariamente uma empresa listada em bolsa de valores, basta estar registrada na CVM.

Cabe lembrar que essas são características do mercado de capitais brasileiros. Em outros mercados, as exigências de registro e de controle são diferentes.

O PROCESSO DE ABERTURA DE CAPITAL

Para iniciar o processo de abertura de capital, a empresa deve estar organizada e constituída de acordo com as definições constantes na Lei nº 11.638/2007, de 28/12/2007, e anteriores, apresentada no Capítulo 3 deste livro. A empresa precisa estar na forma jurídica de uma sociedade anônima. Além disso, deverá ser efetuado o registro da empresa junto à Comissão de Valores Mobiliários (CVM), para ser autorizada a negociação junto ao público tanto em bolsas de valores quanto no mercado de balcão.

Os papéis emitidos pelas empresas podem ser títulos de propriedade e títulos de dívida, chamados de valores mobiliários. Os mais usuais no mercado são:
- Ações: Títulos nominativos negociáveis, que representam fração do capital social de uma empresa pertencente ao investidor.
- Bônus de subscrição: Títulos nominativos negociáveis, que concedem o direito de subscrever ações do capital social da companhia que os emitiu ao seu proprietário, dentro de condições anteriormente determinadas.
- Debêntures: Títulos nominativos negociáveis, que representam dívida de médio/longo prazo contraída pela companhia junto ao investidor.

9.4. BOLSAS DE VALORES NO BRASIL

Até meados da década de 1960, as bolsas brasileiras eram entidades oficiais corporativas, vinculadas às secretarias de finanças dos governos estaduais, sendo que seus corretores eram nomeados pelo poder público. Somente após as alterações realizadas no sistema financeiro nacional e no mercado de capitais resultantes da reforma institucional do biênio 1964/65, as bolsas foram transformadas em associações civis sem fins lucrativos, com autonomia administrativa, financeira e patrimonial. Em 2001, as bolsas regionais brasileiras assinaram acordo de integração, sob a coordenação da Bovespa e passaram a operar conjuntamente. Isso permitiu maior volume de negócios e mais liquidez aos papéis das empresas, antes negociados regionalmente e depois da reunião, negociados nacionalmente.

> A Bovespa integra o mercado de valores mobiliários nacional, com a participação de corretoras de todas as regiões do país, e a Bolsa de Valores do Rio de Janeiro administra o mercado de títulos públicos.

HISTÓRIA DA BOVESPA

A Bovespa foi fundada em 23 de agosto de 1890 e, desde a década de 1960, sempre foi uma instituição voltada para o seu constante desenvolvimento. Desse modo, em 1972, a Bovespa foi a primeira bolsa brasileira a implantar o pregão automatizado com a divulgação das informações *on-line* e no exato tempo em que ocorriam (*real time*). No final da década de 1970, introduziu as operações com opções sobre ações no Brasil; e, nos anos 1980, implantou o Sistema Privado de Operações por Telefone (SPOT), desenvolveu um sistema de custódia fungível de títulos e implantou uma rede de serviços on-line para as corretoras.

Em 1990, a Bovespa iniciou as negociações através do Sistema de Negociação Eletrônica – CATS (*Computer Assisted Trading System*) para operar simultaneamente com o tradicional sistema de Pregão Viva Voz. E, em 1997, implantou o Mega Bolsa, novo sistema de negociação eletrônica que, além de utilizar sistema tecnológico altamente avançado, amplia o volume potencial de processamento de informações.

Desde 1999, a Bovespa também oferece a seus participantes ou aos interessados em atuar no mercado de ações o *home broker,* sistema interligado aos sistemas da Bovespa que permite ao investidor enviar ordens de compra e venda de ações através da Internet, ou seja, utilizando o *home broker* (serviço semelhante ao dos *home banking*) de sua corretora que está ligado ao sistema de negociação da Bovespa.

A BMF Bovespa oferece também o *after market,* que é um mercado para negociação com ações transacionadas durante o pregão no mercado a vista, mas que ocorre após o horário regular de negociação. Isto é, após o fechamento do pregão diurno do mercado a vista, as ações que foram negociadas nesse dia, podem ser novamente transacionadas durante a noite (durante um intervalo de tempo definido pela Bovespa) e podem variar em até 2% em relação ao preço de fechamento do pregão diurno.

Em 2007 ocorre a desmutualização da Bovespa, que passa a ser chamada Bovespa Holding, deixa de ser uma associação sem fins lucrativos para se tornar uma empresa sociedade anônima. Em 26 de outubro de 2007, é realizada a abertura de capital da empresa, e a Bovespa passa ter ações listadas em bolsa.

Em 2008, a Bovespa se une à BM&F, Bolsa de Mercadorias e Futuros, que havia se desmutualizado em 2007 e aberto capital em 30 de novembro daquele ano. Juntas essas entidades formaram a BM&FBOVESPA, uma das maiores bolsas do mundo em valor de mercado.[5]

A BM&F surgiu em 1985, como Bolsa Mercantil & de Futuros. Os pregões iniciaram em 31 de janeiro de 1986. Em 9 de maio de 1991, fundiu-se com a Bolsa de Mercadorias de São Paulo (BMSP), criada em 26 de outubro de 1971 por empresários paulistas ligados a agricultura, comércio e exportação. Ela possuía forte tradição na negociação de contratos agropecuários (principalmente café, boi gordo e algodão) e foi a primeira bolsa a introduzir operações a termo no Brasil. Na data dessa fusão, a BM&F já oferecia diferentes negociações de produtos financeiros.[6]

O patrimônio dessas bolsas é representado por títulos patrimoniais que podem pertencer às sociedades corretoras membros ou pode estar representado na forma de ações, quando as bolsas se organizam como sociedade anônima de capital aberto, emitem ações em bolsa de valores e passam a operar de dois modos no mercado de capitais: como empresa sociedade anônima com ações listadas em bolsa e como a bolsa de valores cujo negócio principal é prestar serviços de intermediação de capitais. O capital social da empresa BMF Bovespa é extremamente pulverizado, nenhum acionista detém mais de 5% das ações.

MERCADOS DA BOVESPA

As operações em bolsa de valores são versáteis. A BMFBovespa viabiliza operações com diferentes papéis em diferentes mercados. O Quadro 9.4 apresenta síntese desse mercado. Essa informação pode ser sempre atualizada no site da BMF Bovespa.

Quadro 9.4. Mercados da Bovespa

Mercado	Formas de Negociação
Mercado de Bolsa	Mercado a vista
	Mercado a termo
	Mercado de Opções
	Mercado Futuro de Ações.
Mercado de Balcão organizado.	Mercado a Vista

Fonte: www.bmfbovespa.com.br/mercados/Ações/Formas de Negociação.

OPERAÇÕES EM BOLSA

Para operar em bolsa é necessário estar credenciado como corretora de valores. Um investidor pessoa física ou jurídica só consegue negociar valores mobiliários em bolsa se estiver cadastrado em uma sociedade corretora de valores. Esses registros garantem a transparência e a segurança das operações.

---

[5] O valor de mercado das bolsas de valores é calculado em tempo real, em função disso, a classificação das bolsas pode ser alterado, conforme as condições de mercado.

[6] Mais detalhes sobre o histórico das bolsas de valores no Brasil podem ser encontrados em: www.bmfbovespa.com.br / A BMF&Bovespa / Sobre a Bovespa / História.

> As sociedades corretoras são instituições financeiras que compram, vendem e distribuem títulos e valores mobiliários por conta própria ou de terceiros.

As corretoras precisam ser credenciadas pelo Banco Central do Brasil, pela CVM e pelas bolsas em que irão atuar. Além de intermediárias especializadas na negociação de valores mobiliários em pregão, as corretoras têm exclusividade na negociação de valores mobiliários em pregão físico ou eletrônico das bolsas. Podem intermediar lançamentos públicos de ações e debêntures, fornecer diretrizes para escolha de investimentos a seus clientes, administrar carteiras e orientar clubes de investimento.

ÍNDICES DA BOLSA DE VALORES DE SÃO PAULO

O acompanhamento das operações no mercado de capitais pode ser feito por meio de índices. Um índice é uma forma de medir o comportamento de uma variável quantitativa ao longo do tempo. Um índice de ações mede as variações dos preços das ações listadas em bolsa de valores. Essas oscilações demonstram a variação nos preços de mercado dos papéis.

A BMF Bovespa calcula vários índices de ações, conforme pode ser visto no Quadro 9.5.

Quadro 9.5 Índices calculados pela Bovespa

- Índice Bovespa – Ibovespa
- Índice Brasil 50 – IBrX 50
- Índice Brasil – IBrX
- Índice de Sustentabilidade Empresarial – ISE
- Índice Setorial de Telecomunicações – ITEL
- Índice de Energia Elétrica – IEE
- Índice do Setor Industrial – INDX
- Índice Valor Bovespa – IVBX-2
- Índice de Ações com Governança Corporativa Diferenciada – IGC
- Índice de Ações com Tag Along Diferenciado – ITAG
- Índice Mid-Large Cap – MLCX
- Índice Small Cap – SMLL
- Índice de Consumo – ICON
- Índice Imobiliário – IMOB

Fonte: www.bmfbovespa.com.br/mercado/ações/índices.

O mais importante, representativo e comentado índice é o Ibovespa. Criado em janeiro de 1968, acompanha a evolução média das cotações das ações, sendo uma carteira teórica formada por ações que em conjunto representam 80% do volume transacionado a vista na Bovespa, nos 12 meses anteriores à montagem da carteira.

Metodologia de cálculo do Ibovespa:

A carteira de ações que fazem parte do Ibovespa é atualizada a cada quatro meses. Para selecionar as ações cuja negociação representa até 80% do volume transacionado é calculado um índice de negociação:

$$IN = \sqrt{\frac{n_i}{N} * \frac{v_i}{V}}$$

Em que:

IN = índice de negociação.

n_i = número de negócios com o lote padrão da ação i.

N= número de negócios no mercado a vista da BOVESPA

v_i = volume financeiro da operação com a ação i

V = volume financeiro total do mercado a vista.

Cada ação negociada em bolsa tem seu IN calculado. Feita a somatória da ação de maior IN até a de menor IN, tomam-se as ações que somam até 80% de IN e desprezam-se as demais.

O IN vai estabelecer a quantidade de ações que entram no cálculo do índice para cada ação selecionada.

Para o cálculo em tempo real do índice, usa-se a variação do preço das diversas ações que compõem o índice e multiplicado pela quantidade teórica, estabelecida pelo IN.

$$Ibovespa_t = \sum_{i=1}^{n} P_i,t * Q_i,t$$

Em que:

$Ibovespa_t$ = índice Ibovespa no instante t

$P_{i,t}$ = último preço da ação i no instante t

$Q_{i,t}$ = quantidade teórica da ação i na carteira no instante t

Desse modo, o Ibovespa é o valor atual, em moeda corrente dessa carteira, e sua representatividade do mercado é garantida pela reavaliação quadrimestral, que é realizada para alteração de composição ou pesos que se fizerem necessárias para a manutenção dos 80% do volume transacionado.[7]

9.5. TÍTULOS DO MERCADO DE CAPITAIS

As negociações no mercado de capitais são realizadas por meio da emissão, compra e venda de títulos ou papéis chamados de valores mobiliários. Os valores mobiliários são originalmente produtos financeiros de captação de recursos para empresas. A sofisticação dos produtos financeiros levou à criação de outros valores mobiliários que representam a variação de preço, de taxas de juros e de outros elementos dos títulos originais ou ainda o comportamento dos contratos que envolvem a negociação desses papéis.

As negociações podem ocorrer no mercado de balcão e em bolsas de valores organizadas.

No mercado de balcão as partes negociam entre si. Grandes investidores aplicam em títulos de emissão privada, com ou sem a intermediação de corretoras e distribuidoras de valores.

Nas bolsas de valores, as negociações obedecem a regulamentos, horários de negociação, tipos de contratos e exigência de garantias. As operações de compra e venda ocorrem por meio de intermediários financeiros registrados e fiscalizados, as corretoras e distribuidoras de valores cadastradas.

---

[7] A metodologia de cálculo e as carteiras teóricas do Ibovespa e dos demais índices calculados pela Bovespa podem ser obtidas no site www.bmfbovespa.com.br/mercados/ações/índices.

308 – Administração Financeira

No Brasil existe em atuação apenas a BM&F-Bovespa, já explicada anteriormente na Seção 9.4 deste capítulo.

Os principais valores mobiliários negociados estão apresentados no Quadro 9.6:

Quadro 9.6 Valores mobiliários negociados em bolsa na BM&F Bovespa

Ações
BDRs Patrocinados
CRIs (Certificado de Recebíveis Imobiliários)
FIDC (Fundos de Investimento em Direitos Creditórios)
FII (Fundos de Investimento Imobiliário)
ETFs – Fundos de Índices
Debêntures
Notas Promissórias
Direitos de Subscrição
POP – Proteção de Investimento com Participação

Fonte: www.bmfbovespa.com.br/mercados.

A BMF&Bovespa oferece ainda possibilidades de negociação de outros papéis, no mercado organizado de balcão. O Quadro 9.7 apresenta esses ativos que são negociados com supervisão, mas com parâmetros de negociação e regras de listagem menos exigentes.

Quadro 9.7 Valores mobiliários negociados no mercado organizado de balcão da BM&F Bovespa

Ações
CRIs (Certificado de Recebíveis Imobiliários)
FIDC (Fundos de Investimento em Direitos Creditórios)
FII (Fundos de Investimento Imobiliário)
Debêntures
Notas Promissórias
Direitos de Subscrição
Recibos de Subscrição

Fonte: www.bmfbovespa.com.br/mercados/renda fixa e ações.

Explicamos, a seguir, os principais papéis.

AÇÕES

Ações são títulos que representam a participação social no capital de uma empresa, sendo nominativos e negociáveis. Há dois tipos de ações: preferenciais e ordinárias. As ações ordinárias são aquelas que conferem a seu titular o direito a voto na assembleia de acionistas da empresa, ou seja, concedem o poder de voto nas assembleias que determinam as principais destinações de recursos, elegem os membros da diretoria, aprovam as demonstrações contábeis e outros. Portanto, essas ações fornecem o direito a participação nas mais relevantes tomadas de decisão da empresa.

As ações representam parcelas do capital de uma empresa, podendo ser ações ordinárias ou ações preferenciais.

As ações preferenciais normalmente não concedem o direito a voto a seu titular, mas oferecem preferência na distribuição de resultados ou no reembolso do capital em caso de dissolução da companhia. A empresa pode definir no seu estatuto um dividendo mínimo ou fixo, como percentagem do lucro ou do capital social, a que os titulares das ações preferenciais terão direito. Caso não ocorram essas definições, são garantidas às ações preferenciais dividendos 10% maiores que os dividendos pagos às ordinárias.

A Lei das Sociedades Anônimas permite que as companhias emitam até 2/3 do capital social em ações preferenciais. Essas ações podem, em situações restritas, conceder também o direito a voto. As ações, ordinárias ou preferenciais, são sempre nominativas e podem ainda apresentar-se de duas formas: **nominativas registradas,** se houver um registro de controle de propriedade feito pela empresa ou por terceiros, independente de haver emissão de certificado; ou **escriturais nominativas**, se houver a designação de uma instituição financeira que atuará como depositária dos títulos, administrando-os através de uma conta corrente de ações. Essa instituição deverá ser credenciada pela CVM. Anteriormente ao Plano Collor, as ações poderiam ser também títulos ao portador; no entanto, após o plano, todas passaram a ser nominativas registradas ou escriturais nominativas.

O valor de uma ação dependerá das expectativas do mercado quanto ao desempenho futuro da empresa que a emitiu, o que reflete tanto seu desempenho passado, como as informações obtidas pelo mercado, quanto suas possibilidades a médio e longo prazo. Essas possibilidades dependem de fatores como a gestão dos recursos da empresa e pontos fortes e fracos desenvolvidos. A conjuntura econômica doméstica e internacional também influencia as cotações de preço de uma ação, uma vez que altera o chamado risco sistemático, ou seja, risco resultante de fatores que afetam todas as empresas do mercado por influenciarem todo o sistema econômico, e que podem constituir tanto oportunidades como ameaças para a companhia.

Uma ação dá a seu proprietário diversos direitos como:

1. Dividendos: pagamento de parte dos lucros, em dinheiro, aos acionistas na proporção da quantidade de ações detida, ao fim de cada exercício social. No Brasil, pela Lei das Sociedades Anônimas, a empresa deve distribuir, no mínimo, 25% do lucro líquido do exercício como dividendo. As ações preferenciais, como colocamos anteriormente, recebem 10% a mais de dividendos que as ordinárias, caso o estatuto social da companhia não estabeleça um dividendo mínimo. Se apresentar prejuízo ou estiver atravessando dificuldades financeiras, a companhia não será obrigada a distribuir dividendos. Caso tal situação perdure, porém, suas ações preferenciais adquirirão direito de voto, até que se restabeleça a distribuição de dividendos. Atualmente, pela legislação, parte dos dividendos pode ser paga como juros sobre o capital próprio. Do ponto de vista de planejamento tributário, é vantajoso para a empresa, pois reduz o lucro tributável da empresa.
2. Bonificação: distribuição gratuita de novas ações aos acionistas, em função de aumento de capital por incorporação de reservas. Excepcionalmente, pode ocorrer a distribuição de bonificação em dinheiro.
3. Desdobramento: distribuição gratuita de novas ações aos acionistas, pela diluição do capital em maior número de ações para prover mais liquidez à ação.
4. Agrupamento: transformação de várias ações em uma, com o aumento do valor patrimonial da ação.

5. Juros sobre o capital próprio: Lei de 1996 permitiu que as empresas remunerem os acionistas até o valor da TJLP, sendo esse valor considerado como despesa.

6. Bônus de Subscrição: direito dado ao acionista de subscrever novas ações, proporcionais ao seu capital, a um preço menor que o de mercado. Ou seja, é o direito de preferência na compra de novas ações emitidas, o que, além de garantir a possibilidade de manter a mesma participação no capital total, pode significar um ganho adicional, dependendo das condições do lançamento. Por fim, se não exercido, o direito pode ser vendido a terceiros.

7. Partes Beneficiárias: são títulos nominativos e endossáveis, negociáveis, sem valor nominal e estranhos ao capital social das sociedades anônimas e que darão aos seus titulares um direito de crédito eventual contra uma companhia.

8. Recibo de Carteira de Ações: é a consolidação de um conjunto de ações na forma de carteira de ações, e sua negociação se dá como se fosse uma ação.

9. Recompra de Ações: o acionista controlador pode recomprar ações no mercado para revendê-las mais tarde ou para mantê-las em tesouraria. Há duas vantagens nessa operação, primeiro, aumenta a participação do controlador no capital da empresa, e segundo, reduz o desembolso com dividendos.

Os principais investidores em ações são os investidores institucionais, como fundos de investimentos, fundo de ações, fundos mistos, fundos de pensão, seguradoras, dentre outros. Esses investidores são fundamentais para o mercado de capitais devido ao grande volume de recursos que aplicam, e pela qualidade de suas análises e decisões. As ações são negociadas em dois mercados distintos, o mercado primário – quando são lançadas da primeira vez (subscrição) e o mercado secundário – quando são vendidas normalmente nas bolsas de valores ou no mercado de balcão.

Existem vários indicadores que influenciam os investimentos numa compra ou venda de ações, dentre os quais podemos citar o beta (correlação do movimento da ação específica com o movimento do mercado); as cotações de ações no mercado; o índice preço/lucro; o lucro por ação; o índice dividendo/preço da ação; o índice dividendo/lucro e o índice preço/fluxo de caixa operacional.

DEBÊNTURES

As debêntures são títulos nominativos e negociáveis que representam uma parcela do empréstimo total efetuado pela emissora, em geral, para financiamento de projetos de investimento ou alongamento do perfil do passivo, sendo assim de médio ou longo prazo.

A obtenção de recursos de médio e longo prazo por sociedades anônimas pode ser realizada também através da emissão de debêntures. Esses títulos são títulos de dívida corporativa; portanto, conferem ao seu detentor, o debenturista, um direito de crédito contra a empresa emissora da debênture.

As características do título, como juros, prêmio e rendimentos, são definidas na escritura de sua emissão. As debêntures podem ser nominativas ou escriturais, sendo que as ao portador foram extintas pela Lei nº 9.457/1997.

* Debêntures nominativas são aquelas que possuem certificado (documento físico) no qual é definido o nome do titular da debênture. Em caso de transferência de titularidade, esta deverá ser registrada em livro destinado a esse fim, mantido pela companhia emissora, até a substituição do certificado, e deverá ser feito no antigo certificado um endosso em preto, ou seja, deve ser indicado no título o nome do novo beneficiário.

- Debêntures escriturais são aquelas que não possuem certificado (documento físico), mas também estão em nome de seus titulares e são mantidas em conta de depósito em instituição financeira depositária definida pela companhia emissora.

As debêntures podem ser classificadas em:

1. Debêntures simples – podem ser resgatadas somente em moeda nacional, ou seja, não são títulos conversíveis em ações.
2. Debêntures conversíveis em ações – são resgatadas em moeda nacional, podendo também ser convertidas em ações de emissão da companhia nas condições determinadas em sua escritura de emissão.
3. Debêntures permutáveis – podem ser transformadas em ações de emissão de companhia diferente da emissora, ou ainda, outros bens como títulos de crédito.
4. As debêntures conversíveis em ações possuem a peculiaridade de conceder ao título de dívida de renda fixa a possibilidade de tornar-se um investimento de renda variável após sua conversão em ações, e as debêntures permutáveis, na maioria das vezes, têm como objeto de troca ações de uma companhia pertencente ao mesmo conglomerado que a empresa emissora.

As condições para a conversão de uma debênture são definidas na cláusula de conversibilidade. Essas condições determinam as bases da conversão, ou seja, o número de ações equivalentes ou a relação entre o valor nominal do título e o preço das ações e o período em que o direito de conversão pode ser exercido.

As debêntures podem ser de diferentes espécies dependendo do tipo de garantia dada à emissão:

1. Debênture com garantia real: o título é garantido por bens móveis ou imóveis dados por hipoteca, penhor ou anticrese, isto é, respectivamente, por bens imóveis, bens móveis ou direitos sobre frutos e rendimentos de bens imóveis. Os bens podem ser fornecidos pela companhia emissora, por empresas pertencentes ao mesmo conglomerado da emissora ou por terceiros.
2. Debênture com garantia flutuante: título com garantia baseada no privilégio sobre o ativo da empresa. Essa espécie possui preferência de pagamento em relação a debêntures ou outros créditos especiais ou com garantias reais, que tenham sido firmadas antes de sua emissão. A garantia flutuante não impede que a empresa emissora negocie os bens que compõem seu ativo.
3. Debênture quirografária: título que não possui nenhuma das duas garantias anteriores, logo, em caso de falência, passará a compor o grupo formado pelos demais credores não privilegiados ou sem preferência (quirografários) da empresa emissora.
4. Debênture subordinada: título sem garantia e que, em caso de falência, estará à frente apenas dos acionistas no direito sobre o ativo remanescente da companhia emissora.
5. O volume de emissão da debênture dependerá de sua espécie. Assim, debêntures com garantia real podem ser emitidas, quando o valor de emissão for superior ao do capital social em até 80% do valor dos bens gravados da empresa. Debêntures com garantia flutuante, nas mesmas condições das anteriores, têm o valor de sua emissão limitada a 70% do valor contábil do ativo da companhia emissora (descontado o valor de outras dívidas garantidas por direitos reais). Debêntures quirografárias podem ser emitidas até o valor do capital social da empresa, e debêntures subordinadas não apresentam limites máximos para sua emissão.

As debêntures podem apresentar ainda outras garantias adicionais que deverão ser citadas em sua escritura de emissão. Esses títulos podem ser remunerados através de juros fixos ou variáveis, participação e/ou prêmios, além de poderem conter cláusulas de atualização monetária.

Os prêmios podem ser definidos em função da variação de receitas e lucros da companhia emissora. Os vencimentos desses títulos usualmente são determinados; no entanto, podem ser emitidas debêntures de prazo não determinado.

Caso tenha sido previsto em sua escritura de emissão, as debêntures permitem que as companhias emissoras realizem amortizações e resgates antecipados. As amortizações referem-se à redução do valor nominal de todos os títulos em circulação daquela série em que foi efetuada a amortização. Já o resgate, que pode ser total ou parcial, compreende a retirada de circulação de unidades de debêntures daquela série para posterior cancelamento dos títulos retirados. Essas operações podem ser extraordinárias, quando não foi prevista na escritura a data e os critérios para a operação, ou programadas, quando foi determinada na escritura a época e os critérios da amortização ou do resgate. Esses critérios relacionam-se ao percentual a ser amortizado, quantidade a ser resgatada e fórmulas para realização desses cálculos.

Uma emissão de debêntures pode ser realizada em séries, com o mesmo vencimento ou não, permitindo adequar a entrada de recursos às necessidades da companhia, como também das condições de demanda do mercado. A emissão de debêntures, quando relativa à operação de lançamento de novos títulos, é definida como emissão primária, que poderá ser pública ou privada. As emissões públicas exigem o registro de distribuição na Comissão de Valores Mobiliários e só pode ser realizada por companhias abertas, sendo títulos que podem ser negociados no mercado secundário de debêntures. A emissão privada é aquela direcionada a um grupo limitado de compradores, que geralmente são os próprios acionistas da emissora ou investidores predeterminados, e devido à sua forma de colocação, não podem ser negociadas em mercado secundários.

INVESTIDORES EM DEBÊNTURES

Os fundos de investimento, fundos de pensão e seguradoras são os principais investidores em debêntures, e são conhecidos como investidores institucionais. Eles só podem adquirir debêntures emitidas publicamente e dentro de limites de aplicação determinados por resoluções do Conselho Monetário Nacional, instruções da Comissão de Valores Mobiliários ou circulares do Banco Central, dependendo da instituição.

A colocação de debêntures no mercado pode ser realizada por intermediadores chamados *underwriters*. Esses intermediadores poderão ser bancos de investimento, bancos múltiplos com carteira de investimentos, corretoras ou distribuidoras de valores. Eles recebem pela atividade de *underwriting* comissões proporcionais ao volume emitido.

A emissão de debêntures é uma alternativa para a captação de recursos, distinta dos empréstimos bancários, que permite financiamento de projetos, reestruturação de passivos, aumentos do capital de giro ou estruturação de operações de securitização de recebíveis pela companhia emissora.

Quadro 9.8 Modelo de Anúncio de Início de Distribuição Pública de Debêntures

Anúncio de Início de Distribuição Pública de Emissão de Debêntures Conversíveis em Ações Preferenciais com Garantia Flutuante

Coordenadores

Comunicam o Início de Distribuição Pública de Debêntures Conversíveis em Ações Preferenciais com Garantia Flutuante de Emissão da:

Logomarca da Emissora

No montante global de

R$ Milhões

AUTORIZAÇÃO

OBJETO SOCIAL DA EMITENTE

CARACTERÍSITICAS BÁSICAS DAS DEBÊNTURES A SEREM EMITIDAS

1. Emissão e divisão em séries.
2. Forma.
3. Valor Nominal.
4. Preço a prazo de subscrição e integralização.
5. Modo de colocação e subscrição.
6. Exclusão do direito de preferência.
7. Espécie.
8. Data de emissão.
9. Vencimento.
10. Juros remuneratórios.
11. Juros moratórios.
12. Conversibilidade.
13. Amortização Programada e Aquisição facultativa.
14. Vencimento Antecipado.
15. Assembleia Geral dos Debenturistas.
16. Prorrogação de Prazos.
17. Decadência dos Direitos aos Acréscimos, Renúncia de Direitos.
18. Local de Pagamento.
19. Publicidade.
20. Registro na CBLC– Companhia Brasileira de Liquidação e Custódia.
21. Negociação no BOVESPAFIX.

CARACTERÍSTICAS DOS BÔNUS DE SUBSCRIÇÃO:

1. Quantidade de bônus de subscrição emitidos.
2. Valor de emissão.
3. Número de ações a serem subscritas por bônus.
4. Forma.
5. Integralização.
6. Prazo para o exercício dos direitos dos bônus de subscrição.
7. Prazo de realização de aumento de capital.
8. Direitos e vantagens das ações decorrentes do exercício dos bônus.

DESTINAÇÃO DOS RECURSOS
COORDENADOR LÍDER
AGENTE FIDUCIÁRIO
BANCO ESCRITURADOR
INFORMAÇÕES COMPLEMENTARES
DATA DE INÍCIO DA DISTRIBUIÇÃO: 00/00/2001
REGISTRO NA COMISSÃO DE VALORES MOBILIÁRIOS
Número e data

"O registro da presente emissão não implica, por parte da CVM – Comissão de Valores Mobiliários –, garantia de veracidade sobre as informações prestadas em julgamento sobre a qualidade da Companhia Emitente, bem como as Debêntures as serem distribuídas."

Fonte: www.bmfbovespa.com.br/mercados/renda fixa/debentures/guia de debentures.

Quando são distribuídas no mercado debêntures já emitidas, mas que estavam em propriedade dos acionistas da empresa ou outro investidor que ainda não as havia colocado em circulação, ocorrem as chamadas distribuições secundárias de debêntures. Além disso, a empresa também pode emitir no mercado externo, desde que autorizada pelo Banco Central. Esses títulos deverão possuir garantia real ou flutuante e podem apresentar seu valor nominal expresso em moeda nacional ou estrangeira.

314 – Administração Financeira

O Quadro 9.9 apresenta o comparativo das emissões de valores mobiliários no Brasil, desde 1995. Os valores estão em reais.

Quadro 9.9 Comparativo de Valores Mobiliários

Ano	Ações	Debêntures	Notas Promissórias	CRI	FIDC
1995	1.935,25	6.883,37	1.116,68	–	–
1996	9.171,90	8.395,47	499,35	–	–
1997	3.965,21	7.517,77	5.147,01	–	–
1998	4.112,10	9.657,34	12.903,49	–	–
1999	2.749,45	6.676,38	8.044,00	12,90	–
2000	1.410,17	8.748,00	7.590,70	171,67	–
2001	1.353,30	15.162,14	5.266,24	222,80	–
2002	1.050,44	14.635,60	3.875,92	142,18	200,00
2003	230,00	5.282,40	2.127,83	287,60	1.540,00
2004	4.469,90	9.614,45	2.241,25	403,08	5.134,65
2005	4.364,53	41.538,85	2.631,55	2.102,32	8.579,13
2006	14.223,02	69.464,08	5.278,50	1.071,44	12.777,40
2007	33.135,84	46.533,79	9.725,50	868,29	9.961,55
2008	32.148,10	37.458,53	25.907,75	930,63	10.220,30
2009	15.895,34	11.080,34	9.510,62	1.233,97	8.212,65
Total:	130.214,55	298.648,51	101.866,39	7.446,88	56.625,68

Fonte: www.debentures.com.br (Acesso 29/12/2009).

9.6. MERCADOS DE AÇÕES

As operações na Bolsa são efetuadas nos seguintes mercados: a vista, a termo, futuro e de opções. Nesta seção, estudamos o mercado de ações no segmento a vista. Na próxima seção estudaremos os mercados de derivativos: a termo, futuro e de opções.

MERCADO A VISTA

Ações emitidas por empresas abertas são negociadas no mercado a vista quando sua compra e venda são voltadas para a liquidação imediata. Os prazos para esse tipo de transação são dois dias após a negociação para liquidação física e três para a liquidação financeira. Isto é:

Liquidação física: D + 2
Liquidação financeira: D + 3

A liquidação física é o processo de se tornar disponível o título à bolsa para entrega ao comprador. Assim, no segundo dia útil (D2) após a negociação em pregão (D0), a sociedade corretora que intermediou a ordem de venda deve entregar à bolsa os títulos, que após a liquidação financeira, estarão à disposição do comprador.

A liquidação financeira que ocorre no terceiro dia útil (D3) após a realização do negócio em pregão compreende o pagamento pelo comprador do valor total das ações, o recebimento pelo vendedor e a transferência efetiva das ações.

Para negociar no mercado a vista é necessária a intermediação de uma sociedade corretora credenciada pela bolsa a executar ordens de compra e venda, através de seus operadores em pregão. A corretora poderá cumprir as ordens de seus clientes através do Sistema Eletrônico de Negociação (Mega Bolsa).

> Como funcionava o mercado viva voz: o operador anuncia de viva voz sua oferta de compra ou venda durante o pregão, informando o nome da empresa, o tipo da ação e a quantidade e preço de negociação. Apenas as ações de maior liquidez são negociadas no pregão viva voz. No Brasil não existem mais negociações viva voz, desde 30 de setembro de 2005.

> Mega Bolsa (Sistema Eletrônico de Negociação): A ordem de compra ou venda é realizada pela corretora através de terminais de computador, diretamente de seus escritórios, sendo que o fechamento do negócio é realizado automaticamente pelos computadores da bolsa.
> As operações são "cruzadas" por meio de sofisticado sistema de Tecnologia de Informação.

MERCADO *AFTER MARKET*

As ações também podem ser transacionadas fora do horário regular do pregão no denominado *after market*, como comentamos anteriormente. Essas transações deverão ser realizadas com aquelas ações que foram negociadas durante o pregão do mesmo dia. Para realizar ordens de compra e venda nesse mercado, os investidores também necessitam cadastrar-se em uma corretora credenciada pela BMF Bovespa, sendo que a variação de preços das ações no *after market* deverá ser no máximo de 2% acima ou abaixo do preço de fechamento do pregão diurno. As operações efetuadas nesse mercado são divulgadas no site da BMF Bovespa.

TIPOS DE ORDEM NO MERCADO A VISTA

As ordens de compra e venda de ações podem ser enviadas pelos investidores às corretoras de diferentes formas, algumas delas são:

1. Ordem a mercado: quando o investidor especifica à corretora apenas a quantidade e as características dos títulos que deseja comprar ou vender, sendo que a corretora executa a ordem a partir de seu recebimento. Caso o momento de execução fique a critério da corretora, será caracterizada uma ordem administrada.
2. Ordem limitada: quando o investidor estabelece o preço máximo ou mínimo pelo qual ele quer comprar ou vender determinada ação. Ela somente será executada por um preço igual, ou melhor, do que o indicado.
3. Ordem casada: quando o investidor determina uma ordem de compra de um título e uma venda de outro, escolhendo qual operação deverá ocorrer primeiro. A efetivação da transação é condicionada ao fato de ambas as ordens serem executadas.
4. Ordem de financiamento: quando o investidor determina uma ordem de compra (ou venda) de um título em um mercado e uma outra concomitante de venda (ou compra) de igual título, no mesmo ou em outro mercado, com prazos de vencimento distintos.

5. Ordem *on-stop*: é aquela que especifica o nível de preço a partir do qual a ordem deve ser executada. Uma ordem *on-stop* de compra deve ser executada a partir do momento em que, no caso de alta de preço, ocorra um negócio a preço igual ou superior ao preço especificado. Uma ordem *on-stop* de venda deve ser executada a partir do momento em que, no caso de baixa de preço, ocorra um negócio a preço igual ou inferior ao preço especificado.

As operações realizadas no mercado a vista envolvem custos de transação na forma de emolumentos e taxa de corretagem pela intermediação. O cálculo da taxa de corretagem é feito por faixas sobre o total de compras mais vendas das ordens realizadas em nome do investidor, por corretora e pregão.

Além desses custos, existe também o Aviso de Negociações com Ações (ANA) que deveria ser cobrado em cada pregão em que o investidor realizar negócio independente do número de transações. Mas esse aviso está isento de custo por tempo indeterminado.

As principais taxas e emolumentos cobrados nas operações no mercado de capitais são:
- BMF&Bovespa: taxas de negociação, de liquidação e de registro, conforme Quadro 9.10.
- CBLC: taxa de custódia.
- Corretoras: corretagem.

Quadro 9.10 Custos de negociação na BM&F Bovespa – mercado a vista.

Mercado a vista	Negociação	Liquidação	Registro	TOTAL
Pessoas físicas e demais investidores	0,0285%	0,006%	–	0,0345%
Fundos e Clubes de Investimento	0,019%	0,006%	–	0,025%
Day-trade (para todos os investidores)	0,019%	0,006%	–	0,025%
Exercício de posições lançadas de opções de compra	0,019%	0,006%	–	0,025%
Exercício de Opções de Índices – *spread*	0,0275%	0,006%	–	0,0335%

Fonte: www.bmfbovespa.com.br/mercado/ações/custos operacionais.

OPERAÇÕES DAY TRADE

No mercado a vista podem ocorrer ainda as operações de *day-trade*, operação de arbitragem em que um investidor compra e vende, num mesmo pregão, a mesma ação através de uma mesma corretora, o que pode ocorrer em mercados diferentes (compra em um e vende em outro) ou no mesmo mercado, mas em tempos diferentes. Nos casos dessas negociações, não ocorrerá a entrega física dos papéis, apenas a liquidação financeira em D + 3.

9.7 DERIVATIVOS: MERCADO A TERMO, FUTURO E DE OPÇÕES

Os mercados a termo, futuro e de opções são conhecidos como mercado de derivativos porque neles são negociados títulos e contratos que não constituem títulos em si mesmos, mas se originam em outros títulos, ou seja, derivam de outros papéis.

MERCADO A TERMO

Neste mercado são realizadas operações de compra e venda de ações (ativo-objeto), a um preço fixado e com prazo de liquidação determinado a partir da data da operação em pregão. Todas as ações negociadas no mercado a vista da BMF Bovespa podem ser negociadas a termo. Portanto, operações a termo resultam em contratos com prazo de liquidação fixado entre as partes. Esse prazo pode ser livremente escolhido entre os investidores, desde que estejam no intervalo de 16 dias úteis a 999 dias corridos. A maior parte das negociações é de 30 dias, mas também ocorrem contratos de 30, 60, 90, 120, 150 e até 180 dias.

> Mercado a termo: mercado em que são realizadas operações de compra e venda de ações (ativo-objeto), a um preço fixado e com prazo de liquidação determinado a partir da data da operação em pregão.

Assim como no mercado a vista, a negociação a termo exige a intermediação de uma corretora. Como o preço a termo depende do valor cotado para a ação no mercado a vista acrescido de juros, esses juros serão livremente determinados pelo mercado, em função do prazo do contrato.

No entanto, além dos custos de transação no mercado a vista, a operação a termo envolve também a taxa de registro do contrato cobrada de ambas as partes e os custos da CBLC – Companhia Brasileira de Liquidação (taxa de liquidação e de registro).

GARANTIAS E MARGENS

Transações no mercado a termo exigem o depósito de garantias por parte do investidor na sociedade corretora que repassará à CBLC. As garantias podem ser de duas formas: cobertura ou margem. A cobertura pode ser feita pelo vendedor a termo que já possua as ações negociadas em seu contrato. Nesse caso, ele as depositará na CBLC como garantia de sua obrigação, ficando dispensado de outras garantias adicionais.

A garantia na forma de margem envolve momentos distintos. No princípio, o investidor irá depositar na CBLC a margem inicial. Essa margem corresponde à diferença entre o preço a vista e o preço a termo negociado no contrato. A esse valor é somado o montante relativo ao diferencial entre o preço a vista e o menor preço a vista possível no pregão seguinte. O cálculo desse menor preço a vista é realizado com base na volatilidade histórica do título, ou seja, a oscilação que o preço daquele título vem apresentando nos pregões do mercado a vista. Os papéis são classificados pela CBLC em intervalos de margem em função de sua volatilidade e liquidez, são também consideradas as condições da empresa emissora. Essa classificação é periodicamente refeita, enquadrando os títulos à sua nova posição quando ocorrerem alterações.

Além da margem inicial, a margem adicional também deve ser mantida pelos investidores. Ela resulta da oscilação da cotação dos títulos depositados como margem ou do título da negociação. O investidor poderá efetuar depósitos dessa margem adicional com ativos autorizados pela CBLC ou dinheiro. Essas margens são aplicadas e seus juros repassados ao investidor.

O encerramento de uma negociação a termo pode ocorrer na data de vencimento estipulada no contrato, ou se o comprador desejar, em data anterior.

MERCADO FUTURO

O mercado futuro é o mercado em que se negociam lotes-padrão de ações com datas de liquidação futura, ou seja, é um mercado em que são estabelecidos contratos futuros. Um contrato futuro representa um compromisso entre duas partes, comprador e vendedor, de efetivar em data futura e predefinida a comercialização de determinado produto (ou *commodities*) agropecuário ou ativo financeiro, com características já estabelecidas e por preço negociado em pregão.

Esses contratos padronizam o objeto de negociação, a quantidade, o mês de vencimento, os locais e procedimentos de entrega e os custos envolvidos na operação; somente o preço futuro será negociado entre as partes, por meio do pregão, por intermédio de corretoras de mercadorias. Apesar de haver a possibilidade de entrega física do produto, a ideia básica é garantir preços e não liquidação física, pois ambos os participantes de uma transação poderão reverter sua posição, antes da data de vencimento.

A bolsa brasileira em que sempre foram firmados os contratos futuros é a BM&F (Bolsa de Mercadorias e Futuros). Após a fusão com a Bovespa, os negócios são realizados em separado, por questões técnicas de gerenciamento de tecnologia de informação, porém a tendência é de operação conjunta.

Atualmente são negociados nesse segmento da bolsa contratos de boi, soja, milho, café, açúcar cristal, algodão e álcool anidro carburante, além de outros produtos financeiros. Cada contrato possui uma quantidade padrão de cada tipo de mercadoria, como demonstrado.

Os vencimentos dos contratos futuros dependerão do produto do contrato, sendo que, exceto o contrato de boi gordo, todos os demais possuem vencimento somente em alguns meses do ano, que são definidos em função de liquidez (concentração maior de negócios), meses de safra e entressafra e datas definidas por outras bolsas (para permitir a arbitragem entre mercados).

O participante de um contrato futuro pode permanecer na bolsa até o vencimento do contrato, quando então optará pela liquidação física ou financeira do contrato, ou sair do mercado através da liquidação por reversão de posição.

A reversão de posição é a realização de uma operação inversa a que havia sido feita anteriormente. Isto é, no caso de uma pessoa que possui um contrato futuro em que é o comprador do produto, ele deverá realizar um contrato futuro de venda do mesmo produto, para o mesmo vencimento e através da mesma corretora. No caso de ser o vendedor, deverá firmar o contrato como comprador.

Quando o participante do contrato é o comprador do produto, diz-se que ele está comprado; e quando é o vendedor, que está vendido. A posição vendida é também conhecida como *short*, e a comprada, *long*. Assim, a reversão de posição para o participante vendido é a compra de contratos iguais aos que possui, e para o comprado é a venda. A bolsa então cruzará os negócios (através de CGC ou CPF) e liquidará a posição do interessado no número de contratos que tenha revertido. Se tiver comprado ou vendido exatamente a mesma quantidade de contratos em que estava vendido ou comprado respectivamente, sua posição estará liquidada.

A liquidação física de um contrato futuro é a entrega ou o recebimento da mercadoria referente ao compromisso. Nesse caso, a corretora deverá emitir Aviso de Intenção de Liquidação por Entrega, no período que vai do quinto dia útil anterior à data de vencimento do contrato até o último dia de negociação. Os locais e procedimentos de entrega são determinados pela Bolsa e, portanto, já conhecidos desde o estabelecimento do contrato.

No entanto, as entregas de produtos negociados na BM&F-Bovespa não ultrapassam 2% do volume negociado, pois na data do vencimento geralmente os participantes preferem realizar a liquidação financeira de seus contratos e vender seu produto em mercados mais próximos de sua localização, pois terão menores custos de deslocamento.

A liquidação financeira é o resultado do pagamento ou recebimento referente ao preço da mercadoria por ocasião da entrega mais o acerto de contas representado pelo ajuste diário. O ajuste diário é o mecanismo desenvolvido para reduzir o risco de não cumprimento do contrato futuro devido a uma grande diferença entre o preço negociado e o preço a vista no vencimento do contrato. Ou seja, como o preço futuro de um contrato é negociado em pregão e depende das expectativas de oferta e demanda futuras de um produto, esse preço pode oscilar de acordo com novas informações ou agentes surgidos no mercado. Assim, o preço futuro do pregão de ontem pode ser superior ou inferior ao preço negociado no pregão de uma semana atrás. A tendência é que à medida que se aproxima o vencimento do contrato, o preço futuro se aproxime cada vez mais do preço a vista.

Desse modo, ao fechar um negócio para o mês futuro a determinado preço de vencimento, se no próximo pregão esse preço se modificar, o vendedor ou comprador deverão pagar ou receber um ajuste que equivale ao valor financeiro da variação do preço futuro.

O recebimento ou pagamento do ajuste dependerá da posição tomada (comprador ou vendedor) e da variação ocorrida (valorização ou desvalorização do preço futuro), como demonstra o Quadro 9.11:

Quadro 9.11 Definição de Recebimento ou Pagamento de Ajuste Diário

Ajuste	Valor de negociação do preço futuro em relação ao preço firmado no contrato	
	Superior/Valorização	Inferior/Desvalorização
Comprador	Recebe ajuste diário	Paga ajuste diário
Vendedor	Paga ajuste diário	Recebe ajuste diário

Além dos ajustes diários, que são creditados ou debitados no dia seguinte ao encerramento do leilão, os compradores e vendedores de contratos futuros devem depositar também uma margem de garantia. As margens são definidas pela bolsa por mercadoria e contrato e devem ser depositadas no início de cada operação. Elas garantem que, caso o cliente deixe de pagar os ajustes diários, após ele ser considerado inadimplente, o valor não pago será coberto pela margem. Se não forem utilizadas, as margens são devolvidas ao final do contrato.

Na BM&F-Bovespa, caso um cliente deixe de pagar o ajuste diário, a bolsa o considere inadimplente e execute suas garantias, ele não terá mais o direito de operar no pregão e terá seu nome em relação de inadimplentes distribuída a todas as corretoras. Ou seja, a margem de garantia não deve ser vista como um recurso para pagamento de ajuste diário, pois só será utilizada após a declaração de inadimplência do cliente, o que o impedirá de atuar futuramente na bolsa.

HEDGERS

O mercado futuro pode ser utilizado por compradores e vendedores como uma forma de proteção contra as oscilações de preço. Nesse caso, estará sendo feito um *hedging*, e o tomador de posição que estiver realizando um negócio com esse objetivo será conhecido como *hedger*. Assim, por exemplo, um produtor rural pode vender seu produto através de um contrato futuro, garantindo o preço de sua mercadoria na data que selecionar. Logo, se o preço cair, ele poderá vender seu produto no mercado que desejar a esse preço inferior, mas receberá os ajustes diários relativos a seu contrato futuro quando fizer a liquidação financeira (poderá também, se quiser, realizar a liquidação física). Se o preço subir, ele fará o mesmo procedimento, só que agora pagará os ajustes. De qualquer forma, ele garantiu um preço futuro que considerava adequado a seu produto e eliminou os efeitos das oscilações de preços em seu negócio.

No caso do comprador, pode-se citar, por exemplo, empresas que industrializam produtos agrícolas, frigoríficos, produtores de ração e outros. Esses compradores também podem realizar suas compras através de um contrato futuro, garantido o preço que consideram justo para a negociação de seus insumos em data futura. Da mesma forma, se o preço se elevar acima daquele negociado no contrato futuro firmado, a empresa receberá as diferença entre o preço do contrato e o preço a vista no vencimento, podendo comprar a mercadoria em qualquer outro mercado, desembolsando apenas aquele valor programado através do contrato futuro, pois a diferença será paga pelo montante de ajustes recebidos. No caso de baixa, o procedimento será o mesmo e o desembolso também, pois a diferença entre o preço a vista e o firmado no contrato futuro será paga pelo comprador na forma de ajustes diários. Novamente, percebe-se que fica garantido o preço de compra firmado no contrato e eliminam-se as oscilações do mercado. Desse modo, os participantes do contrato se protegem das variações de preços dos produtos.

Quadro 9.12 Principais diferenças entre o mercado a termo e o mercado futuro

Características	FUTUROS	A TERMO
Objetivo	Proteção contra variações nos preços e especulação sem que haja, na maioria das vezes, transferência das mercadorias	Proteção contra variações nos preços, normalmente com entrega do produto contratado
Negociabilidade	Podem ser negociadas antes do vencimento	Não são negociados
Responsabilidade	Câmara de Compensação	Partes Contratantes
Qualidade/Quantidade	Estabelecida pela Bolsa	Estabelecida pelas partes
Local de Negociação	Bolsa de Futuros	Estabelecido pelas partes
Sistemas de Garantias	Sempre haverá garantias	Nem sempre existirão
Vencimentos	Estabelecidos pela Bolsa de Futuros	Normalmente negociados pelas partes
Participantes	Qualquer pessoa física ou jurídica	Produtores ou consumidores
Ajustes	Diários	No vencimento
Variações nos Preços	Diárias	Não muda o valor do contrato
Porte dos Participantes	Pequenos, médios e grandes	Grandes
Credibilidade	Não é necessário dar comprovação da boa situação creditícia	É normalmente exigido um alto padrão de crédito

MERCADO DE OPÇÕES

O mercado de opções é um mercado em que são transacionados direitos. São direitos de se negociar um lote de ações, ou de outros ativos com preços e prazos preestabelecidos, e essa negociação poderá ser de compra e venda, dependendo do tipo de opção adquirida.

> Opção = Direito

Uma opção possui três figuras centrais: titular, lançador e prêmio. O titular é o investidor que adquiriu a opção, comprando o direito de realizar a negociação se o desejar. O lançador é o investidor que colocou no mercado a opção a venda e precisa garantir a negociação; portanto, ele tem a obrigação de acatar a decisão do investidor e realizar a outra ponta do negócio, ou seja, a compra ou venda. Para garantir esse direito, assumir essa obrigação, o lançador recebe o prêmio, que é o pago pelo titular e negociado em bolsa.

Assim, um contrato de opção deve apresentar as figuras do titular, lançador, ativo-objeto (título em negociação), características do ativo (tipo, volume e outros), prêmio, preço de exercício e data de exercício. Todos esses parâmetros (ativo, características do ativo, preço e data de exercício) são fixados pela bolsa, ficando apenas o prêmio para ser negociado livremente. As opções sobre ações têm seu vencimento na terceira segunda-feira do mês de vencimento e, em geral, ocorrem bimestralmente, nos meses de fevereiro, abril, junho, agosto, outubro e dezembro. Já as opções sobre índices vencem na quarta-feira mais próxima do dia 15 do mês de vencimento.

- Opção de compra (*call*): é aquela em que o titular adquire o direito de comprar um determinado lote de ações, sendo que ele pode exercer esse direito em qualquer data até o vencimento da opção (tipo americano). Ao lançador cabe a obrigação de vender as ações assim que receber a comunicação de que sua posição foi exercida.
- Opção de venda (*put*): é aquela em que o titular adquire o direto de vender um determinado lote de ações, na data de vencimento da opção (tipo europeu). Ao lançador cabe a obrigação de comprar as ações.

Tanto nas opções de compra como nas de venda, o lançador receberá um prêmio pela venda da opção. Essa venda será intermediada por um corretor e representa uma obrigação (de compra ou venda) que o investidor assume perante a bolsa. Quando o titular decide exercer seu direito, o lançador deve entregar as ações-objeto mediante o pagamento do preço de exercício (opções de compra) ou comprar as ações-objeto ao preço de exercício (opções de venda).

O prêmio é o preço de uma opção e é negociado no pregão da bolsa, através dos representantes do comprador e do lançador. Ele dependerá de diversas características da ação-objeto, ou seja, da ação sobre a qual a opção é lançada, como: o prazo de vigência da opção, sua oferta e sua demanda, a volatilidade do preço, a diferença entre o preço de exercício e o preço no mercado a vista, entre outros.

O mercado de opções também permite operações de *day-trade*, sendo a liquidação dessas transações também exclusivamente financeira. As operações de "day-trade" só não são permitidas no dia de vencimento da opção.

> *Day-trade:* compra e venda de uma mesma série de títulos, em um mesmo pregão, por uma mesma sociedade corretora e para um mesmo investidor

O mercado de opções da Bovespa é um mercado escritural, ou seja, as negociações não possuem um certificado, são apenas registradas na BMF Bovespa. Os investidores relacionam-se com a caixa de liquidação da bolsa e não com seus parceiros de transação. Assim, quando é efetuado o exercício de uma opção, a determinação de quais lançadores deverão atendê-lo é realizada por sorteio entre as posições lançadoras de opções de série igual às da opção exercida.

As garantias no mercado de opções devem ser fornecidas pelos lançadores, que são aqueles que precisam garantir a realização da transação, se o titular o desejar. No caso do lançamento de uma opção de compra, a opção poderá ser coberta ou descoberta. A opção será coberta quando o lançador depositar as ações-objeto a que se refere a opção como garantia da negociação. Já a opção a descoberto será aquela em que o lançador deposita como garantia não as ações-objeto da opção, mas uma margem em dinheiro e/ou outros títulos autorizados pela BMF Bovespa. O valor desse depósito é definido pela soma do valor fechado do prêmio da opção mais o resultado da maior variação possível desse prêmio no leilão seguinte.

Para as opções de venda, a garantia de posição também será feita através do depósito de uma margem em dinheiro e/ou outros títulos autorizados pela bolsa, sendo que o cálculo de seu valor adota a mesma metodologia que a da opção de compra. Os depósitos em dinheiro são aplicados pela bolsa, que repassa às corretoras a remuneração obtida para que estas a transfiram aos investidores.

A BMF Bovespa mantém um mercado secundário de opções com o objetivo de garantir melhores condições de negociação e liquidez ao mercado. É através do mercado secundário que os investidores poderão fechar suas posições. O encerramento de uma posição envolve a realização de um contrato oposto ao original, com a mesma quantidade de ações e da mesma série. Assim, um titular de opções encerrará sua posição, vendendo (lançando) opções de mesma série das que ele comprou. Esse tipo de fechamento é interessante para o investidor quando ocorrem diferenças entre os valores dos prêmios pagos para uma determinada opção. Isto é, se o valor do prêmio se eleva, fechando a posição o investidor obtém a realização do lucro antes do vencimento.

Ou seja, caso os preços se elevem, é interessante ao investidor lançar uma posição igual a que ele adquiriu; se os preços dos prêmios se reduzirem, será interessante ao lançador comprar uma opção de série igual a que ele lançou. Nos dois casos, se qualquer das opções em que os agentes estão envolvidos for exercida, o investidor terá a outra opção para garantir o negócio e eliminar o seu risco, além de já ter obtido o ganho referente ao diferencial de preço do prêmio.

Exemplo:

Suponha que um investidor A adquiriu uma opção de compra de um lote de 1000 ações ABC/outubro/5,00, pagando um prêmio de 0,50/ação. Isto é, ele adquiriu o direito de comprar um lote de 1000 ações da empresa ABC, em outubro próximo ao preço de $5,00 por ação, e para adquirir tal direito, ele pagou ao lançador da opção um prêmio de $0,50 por ação. No entanto, as variações de mercado conduziram posteriormente o preço do prêmio dessa série de opções a 0,60/ação. O investidor A optou então por fechar sua posição, ou seja, lançou uma opção de compra ABC/outubro/5,00 e recebeu o prêmio de $0,60 por ação. Assim:

0,50 x 1000 = 500 – prêmio pago pelo investidor A

0,60 x 1000 = 600 – prêmio recebido pelo investidor A

ganho do investidor A = $100/opção

Na data de exercício dessa opção, caso o titular que comprou a opção lançada por investidor A decida realizá-la, ou seja, comprar as ações por $5,00 cada, o investidor A também realizará a primeira opção que comentamos, em que ele é o titular. Como o preço de exercício e as ações são iguais, ele simplesmente as repassará, não tendo ganho ou prejuízo com a transação, exceto o ganho por ele antecipado através da diferença de valor entre os prêmios.

O encerramento de posição, portanto, permite antecipar resultados e reduzir riscos. No entanto, é importante observar que também limita os ganhos, pois caso houvesse ocorrido uma grande elevação das ações ABC, por exemplo, $7,00/ação (logo, 1000 ações representariam um ganho superior ao investidor A de $2000 -> $7000 − $5000), o nosso investidor não poderia realizar a opção em que era titular e vender no mercado a vista tais ações realizando o ganho de $2000,00, pois teria de entregá-las ao titular da opção em que é lançador, por $5,00/ação, caso ele desejasse. As operações de compra ou venda para fechamento de posição são realizadas através de sociedades corretoras que deverão simultaneamente comunicar à BMF Bovespa o bloqueio de exercício de sua posição.

> Fechamento de Posição
> Lançador -> compra opção de série igual à lançada
> Titular − > lança opção de série igual à comprada

Além das operações de fechamento de posição, o investidor também pode realizar operações casadas. Esse tipo de transação ocorre quando se realiza uma operação no mercado de opções e outra no mercado a vista em um mesmo pregão e realizadas em conjunto, seja de compra ou venda. Desse modo, o titular de uma opção de compra poderá exercê-la e, no mesmo pregão, vender as ações compradas através da opção no mercado a vista. Ou, no caso da opção de venda, ele pode comprar no mercado a vista as ações que venderá no mesmo pregão, por meio de sua opção. Assim, ele obterá maior flexibilidade e necessitará desembolsar ou imobilizar menores volumes de recursos.

O lançador de uma opção de compra pode comprar no mercado a vista as ações que deverá naquele pregão vender ao titular da opção, caso seja uma opção a descoberto. Ou ainda, no caso de opções lançadas cobertas, o lançador pode comprar uma opção que feche sua posição (logo, uma transação contrária: lançou opção de venda, compra opção de venda; lançou opção de compra, compra opção de compra) e negociar as ações que estavam depositadas em garantia, no mercado a vista naquele mesmo pregão. Outra forma de transação casada para o lançador de opções de compra seria, ao comprar ações a vista, lançar as opções de compra dessas ações no mesmo pregão, assim as ações adquiridas já poderiam ser diretamente depositadas como garantia das opções vendidas. No caso de lançamento de opções de venda, o lançador pode, no mesmo pregão em que a opção foi exercida, já realizar a venda a vista das ações que adquiriu ao atender ao exercício da opção. Todos esses mecanismos fornecem maior agilidade e liquidez ao mercado de opções.

O titular de uma opção, seja de venda ou de compra, tem o valor de seu prejuízo máximo predeterminado, uma vez que caso os valores no mercado a vista tornem o exercício da opção inviável, o que o investidor fará será não exercer a opção, nesse caso ele perderá o prêmio pago ao lançador, ou seja, seu prejuízo máximo. Já o lançador terá fixado, ao contrário, seu ganho máximo que será o valor do prêmio, caso a opção não seja exercida. Exemplificando esse processo, suponhamos primeiramente aquela mesma opção de compra que havíamos apresentado anteriormente:

1. Opção de Compra ABC/outubro/5,00:
   Preço de exercício -> $5,00/ação
   Prêmio – > $0,50/ação

Se o preço da ação no mercado a vista, na data do vencimento da opção, estiver abaixo ou igual ao preço de exercício ($5,00), não haverá vantagens para o titular que terá perdido o prêmio, pois compensará mais realizar o negócio no mercado a vista. Logo, sua perda está limitada ao valor do prêmio: $0,50/ ação. Se o preço for superior a $5,00/ação, compensará o exercício da opção, e, quanto maior for o preço no mercado a vista, maior será o ganho do titular da opção. Suponhamos que o preço seja $7,00. O ganho do titular será:

$$\$7,00 - \$0,50 - \$5,00 = \$1,50/\text{ação}$$

Já para o lançador, a situação será inversa, pois ele estará vendendo por $5,00, uma ação que vale $7,00, logo seu prejuízo será de $1,50/ação e quanto maior for a cotação no mercado a vista, maior será a perda do lançador. Percebe-se assim, que inversamente ao titular, o lançador tem definido o valor máximo de seu ganho. O prejuízo do lançador será:

$$\$7,00 - \$0,50 - \$5,00 = \$1,50/\text{ação}$$

Graficamente teremos:

Gráfico 9.1 Resultados de Operação com Opções de Compra para Lançador e Titular

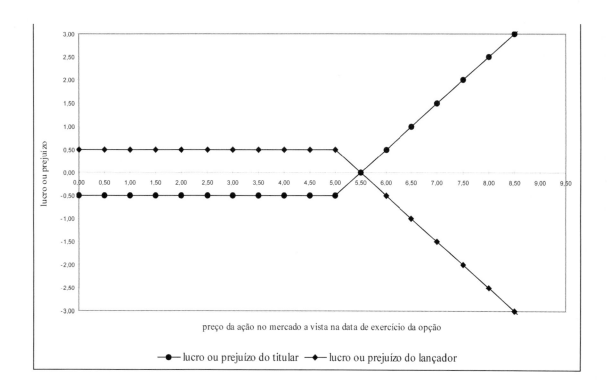

Suponhamos agora uma opção de venda:

> 2. Opção de Venda ABC/outubro/5,00:
> Preço de exercício -> $5,00/ação
> Prêmio – > $0,50/ação

Se o preço da ação no mercado a vista, na data do vencimento da opção, estiver acima ou igual ao preço de exercício ($5,00), não haverá vantagens para o titular que terá perdido o prêmio, pois compensará mais realizar o negócio no mercado a vista. Logo sua perda está limitada ao valor do prêmio: $0,50/ ação. Se o preço for inferior a $5,00/ação, compensará o exercício da opção e quanto menor for o preço no mercado a vista, maior será o ganho do titular da opção. Suponhamos que o preço seja $3,00. O ganho do titular será:

> $5,00 – $3,00 – $0,50 = $1,50/ação

Esse valor indica que também é prejuízo do lançador, pois ele comprará por $5,00 uma ação que no mercado a vista vale $3,00. Descontando o prêmio que ele já recebeu pela opção, ficará um prejuízo de $1,50 por ação. Novamente percebemos que o lançador fixa seu valor de ganho máximo e o titular seu prejuízo máximo, pois se o valor no mercado a vista for superior ao preço de exercício da opção, o titular não exercerá seu direito perdendo o prêmio, que corresponde ao ganho máximo do lançador.

Graficamente teremos:

Gráfico 9.2 Resultados de Operação com Opções de Venda para Lançador e Titular

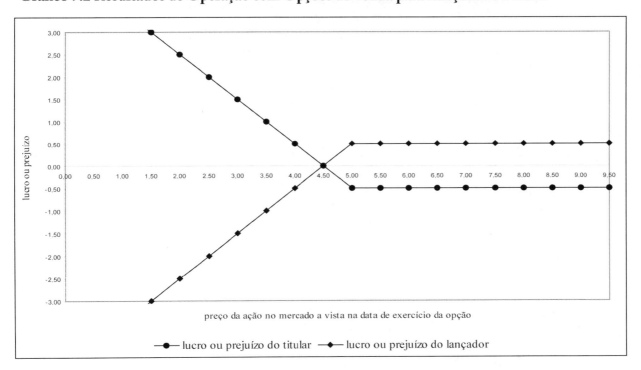

No caso da opção de compra, percebemos que o preço de equilíbrio tanto para lançador como titular será o valor do preço de exercício mais o valor do prêmio. Já na opção de venda, será o valor do preço de exercício menos o valor do prêmio.

No Quadro 9.13 são demonstradas algumas características de uma das opções comercializadas no mercado de derivativos brasileiro, a opção IBovespa, que se baseia na carteira de ações composta do índice Bovespa que apresentamos anteriormente.

Quadro 9.13 Características da opção IBovespa

Opção IBovespa

OBJETO DA OPÇÃO: Índice de lucratividade das ações da Bolsa de Valores de São Paulo – Índice Bovespa.

HORÁRIO DE NEGOCIAÇÃO: O mesmo horário do pregão.

COTAÇÃO: Prêmio é cotado em pontos do índice (duas casas decimais), sendo cada ponto equivalente ao valor em reais estabelecido pela Bovespa (R$1,00).

UNIDADE DE NEGOCIAÇÃO: Índice Bovespa multiplicado pelo valor em reais de cada ponto, estabelecido pela Bovespa.

VARIAÇÃO MÍNIMA DE APREGOAÇÃO: Um centésimo de ponto do Índice Bovespa.

OSCILAÇÃO MÁXIMA DIÁRIA: Não há limites de oscilação diária.

PREÇOS DE EXERCÍCIO: Os preços de exercício são estabelecidos e divulgados pela BMF Bovespa, sendo expressos em pontos do índice.

MESES DE VENCIMENTO: Meses pares. A BMF Bovespa poderá, a seu critério, autorizar a negociação para vencimento em meses ímpares.

DATA DE VENCIMENTO: Quarta-feira mais próxima do dia 15 do mês de vencimento. Quando a quarta-feira mais próxima do dia 15 for feriado ou não houver pregão, a data de vencimento será o dia útil subsequente.

SISTEMA DE NEGOCIAÇÃO: Sistema eletrônico de negociação.

ESTILO DAS OPÇÕES

Opções de compra: Estilo americano, ou seja, podem ser exercidas a qualquer momento até a data do vencimento, a partir do dia seguinte de sua aquisição.

Opções de venda: Estilo europeu, ou seja, só podem ser exercidas na data de vencimento.

ÚLTIMO DIA DE NEGOCIAÇÃO: Último dia útil anterior à data de vencimento. Na data de vencimento somente serão aceitos negócios com opção para encerramento de posição.

LIQUIDAÇÃO: No terceiro dia útil subsequente à negociação em pregão.

DAY-TRADE: São admitidas operações de compra e venda em um mesmo pregão, pelo mesmo comitente, desde que efetuadas por intermédio da mesma sociedade corretora e liquidadas pelo mesmo agente de compensação.

EXERCÍCIO: As opções serão exercidas por iniciativa do titular, nos horários estabelecidos pela BMF Bovespa.

CONDIÇÕES DE LIQUIDAÇÃO NO EXERCÍCIO: O exercício será efetuado pela liquidação financeira da diferença dos valores equivalentes em reais, do resultado das seguintes operações:

Opções de Compra

Titular: Crédito da diferença, se existente, entre o Índice Bovespa para liquidação e o preço de exercício.

Lançador: débito da diferença, se existente, entre o Índice Bovespa para liquidação e o preço de exercício.

Opções de venda

Titular: Crédito da diferença, se existente, entre o preço de exercício e o Índice Bovespa para liquidação

Lançador: débito da diferença, se existente, entre o preço de exercício e o índice Bovespa para liquidação.

ÍNDICE BOVESPA PARA LIQUIDAÇÃO: Será a média aritmética dos Índices Bovespa verificados nas últimas três horas do pregão do exercício.

HORÁRIO DE EXERCÍCIO E BLOQUEIO: Dias anteriores ao vencimento: Bloqueio e Exercício: das 11h às 18h.

DIA DE VENCIMENTO: Bloqueio: das 11h às 18h.Exercício: das 12h às 18h.

BASE DE INCIDÊNCIA DO EMOLUMENTO QUANDO HOUVER O EXERCÍCIO: A base de incidência do emolumento por contrato, quando ocorrer o exercício de opções sobre índice, será a diferença entre o preço de exercício e o índice de liquidação, multiplicada pelo valor econômico de cada ponto do índice (R$1,00). Os emolumentos incidentes serão iguais aos percentuais cobrados para as operações normais.

LIQUIDAÇÃO POR ENTREGA FÍSICA DE AÇÕES: No dia do exercício, o titular e o respectivo lançador de opção designado para atendê-lo poderão, de comum acordo e mediante comunicação expressa à BMF Bovespa, substituir a liquidação financeira pela liquidação por entrega de ações, a ser realizada diretamente entre as partes, respeitada a proporcionalidade das mesmas na composição da carteira.

MARGEM DE GARANTIA PARA O LANÇADOR: a CBLC usa o sistema CM-TIMS (*Clearing Member Theoretical Intermarket Margin System*) para calcular as necessidades de margem. O total de margem exigido é obtido pelo cálculo de dois componentes: margem de prêmio e margem de risco.

Margem de Prêmio: é o custo de liquidação do portfólio do investidor, determinado pelo preço de fechamento diário do prêmio.

Margem de Risco: é o valor adicional necessário à liquidação do portfólio do investidor, no caso de movimento adverso nos preços de mercado. Baseando-se em dez cenários prováveis (cinco de alta e cinco de baixa), o movimento do mercado é estimado pelo intervalo de margem, que é determinado com base na volatilidade histórica do índice.

Há também um dispositivo que determina uma exigência mínima de margem, de modo a garantir, se for o caso, os recursos necessários para cobrir os custos de liquidação da posição em pregão.

ATIVOS ACEITOS COMO GARANTIA: Dinheiro e outros ativos (Títulos Públicos e Privados, Certificados de Ouro, Ações, Carta de Fiança) de acordo com critérios estabelecidos pela Bovespa.

CUSTOS OPERACIONAIS

Emolumentos: Percentual do valor do prêmio negociado.

Emolumentos no Exercício: Percentual do valor da liquidação financeira (diferença entre o índice de liquidação e o preço de exercício, multiplicada pelo valor econômico de cada ponto do índice).

Taxa de corretagem: Livremente negociada entre as partes.

Taxa de Registro: Percentual do valor do prêmio negociado.

ANA – Aviso de Negociação com Ações: Valor fixo determinado pela Bovespa.

LIMITES OPERACIONAIS: O limite de posições estabelecido por clientes ou grupo de clientes, agindo em conjunto ou representando o mesmo interesse, é o maior entre 30 mil contratos por série ou 20% do total de contratos em aberto por série.

Fonte: www.bmfbovespa.com.br / mercado / Ações / Formas de Negociação / Mercado de Opções / Opções sobre índices.

9.8. ANÁLISE DE INVESTIMENTO EM AÇÕES

Os preços em mercado das ações são definidos com base nas expectativas do mercado quanto à empresa, ao seu setor, ao país e ao mercado internacional. Ou seja, tanto a conjuntura política e econômica dos diversos mercados quanto as decisões internas da empresa são fatores de influência nas oscilações no valor de uma ação.

Assim, diversas variáveis internas e externas à empresa se mostram relevantes na análise de um investimento em ações. A determinação do momento adequado para a compra ou venda desses títulos dependerá da leitura que o investidor realizar dos diversos indicadores disponíveis.

A análise da variação do valor de uma ação pode ser executada a partir de dois enfoques diferenciados, as escolas fundamentalista e técnica, que apresentam abordagens distintas, mas complementares para estudo das tendências de preços. A escola fundamentalista analisa tendências com base em resultados do ramo de negócios, da empresa, da economia nacional e dos negócios no mercado internacional. A escola gráfica analisa, através de gráficos, os volumes e preços praticados nos pregões da bolsa para estabelecer tendências.

ANÁLISE FUNDAMENTALISTA

Esta análise envolve a verificação de diferentes contextos e aspectos que influenciam o desempenho da companhia, o ambiente econômico, internacional e doméstico, análise do setor da empresa e a comparação com outras similares.

A análise fundamentalista estuda as causas que fazem com que os preços apresentem movimentos ascendentes ou descendentes, uma vez que tem por pressuposto teórico a existência de uma correlação lógica entre o valor intrínseco de uma ação e seu preço de mercado. Assim, a avaliação do patrimônio da empresa, seu desempenho e sua posição no respectivo setor de atuação, a intensidade da concorrência e a existência de produtos ou serviços alternativos, a política de distribuição de lucros e o cálculo do valor presente dos lucros futuros estimados são fatores determinantes na definição do valor da ação. Da mesma forma, informações sobre os níveis futuros e previstos das atividades econômicas nacional, setoriais e da empresa, as considerações políticas que possam influenciar o comportamento de variáveis, alterando taxas de retorno esperadas e o grau de incerteza, avanços tecnológicos de produtos e processos que possam elevar ou reduzir a competitividade da empresa em questão e outras variáveis podem auxiliar na análise dos fatores causadores das oscilações de preços das ações e permitir uma avaliação de seu comportamento futuro.

Assim, a análise dos fundamentos do valor de um ativo consiste em um procedimento de estudo de todas as informações que possam influenciar nesse valor. Para elaboração de uma análise fundamentalista alguns procedimentos básicos devem ser seguidos:

1. Desenvolver conhecimento aprofundado do setor em que a empresa atua: conhecer a política governamental para o setor, visitas a órgãos de classe, consulta a relatórios sobre produção, preços, matéria-prima, estudo das perspectivas futuras e as previsões presentes.
2. Conhecer a estrutura operacional das empresas do setor. Estudar planos de investimentos de curto, médio e longo prazos; planos de vendas; estratégias de marketing; capacidade produtiva utilizada e ociosa; nível de eficiência administrativa e financeira, capacidade tecnológica.
3. Estudar o comportamento do mercado de capitais em relação às ações das empresas do setor e da companhia em análise, podendo ser utilizada a análise gráfica que comentaremos a seguir.
4. Análise das demonstrações financeiras: indicadores de liquidez, rentabilidade e endividamento e análises vertical e horizontal.
5. Calcular alguns múltiplos da empresa.
6. Elaborar uma conclusão: para finalizar a análise fundamentalista é interessante a elaboração de uma síntese bem-estruturada das informações obtidas.

Uma outra técnica que pode ser adotada na elaboração de uma análise fundamentalista é o uso de cenários. Ou seja, selecionam-se variáveis macroeconômicas e microeconômicas, como taxa de inflação, valor do câmbio, taxa de juros, compra de tecnologia (que promoverá, por exemplo, alteração na produtividade da linha produtiva) e outras e definem-se os valores e impactos dessas variáveis para distintos contextos. Cada contexto será um cenário que poderá ser elaborado dentro de diversas perspectivas. Por exemplo, pode-se elaborar um cenário otimista, um neutro e um pessimista. Para cada um determina-se então uma probabilidade de ocorrência. Assim, define-se o impacto dessas variáveis nos resultados da empresa em cada cenário e balanceam-se esses resultados pela probabilidade de ocorrência de cada um.

Dentro das técnicas de análise fundamentalista também está o estudo da valorização das ações. São calculados indicadores de avaliação de mercado, também chamados de múltiplos. Relacionamos a seguir os principais:

- Índice preço/lucro, que indica em quantos anos o valor investido retornaria, caso todo o lucro fosse distribuído, pelo padrão de lucro projetado.
- Índice preço/fluxo de caixa descontado, que indica em quantos anos o valor investido retorna, pelo padrão de caixa projetado, descontado a uma taxa adequada ao cenário financeiro.
- *Dividend Yield* – Relação Dividendos Pagos/Valor de Mercado. Mede o histórico de remuneração pelo capital investido pago pela empresa.
- Indicador de Avaliação do Patrimônio: Relação preço/valor patrimonial da ação.
- Indicador de Avaliação do Endividamento: Endividamento Oneroso Líquido = Endiv. Oneroso – Caixa/Patrimônio Líquido. Mede o grau de alavancagem da empresa.
- Indicadores de Avaliação da Rentabilidade

Índice de retorno sobre o patrimônio líquido = Lucro Líquido/Patrimônio Líquido.
Mede a capacidade de a empresa remunerar o capital investido.

ANÁLISE TÉCNICA

Análise Técnica é um estudo baseado nas variações ocorridas nos preços e volumes negociados de um ativo financeiro. Seu objetivo é prever o comportamento futuro dos preços através de gráficos, que refletem a tendência do mercado em relação ao título em observação, demonstrando um movimento ascendente ou descendente de seu preço. Essas informações auxiliarão o investidor nos momentos de decisão quanto à compra ou venda de ativos financeiros. A preocupação central desse tipo de análise é a tendência do mercado, representada pelo movimento dos preços e quantidades.

A análise técnica tem por pressuposto teórico que ações negociadas seguem uma tendência de alta ou baixa, a qualquer momento, e para estudar esse movimento é necessário construir uma média da evolução dos preços através de uma amostra representativa de ativos.

Desse modo, é possível detectar tendências como: tendências primárias (de longo prazo), tendências secundárias (reversão no médio prazo da tendência primária) e tendências terciárias (tendência de curto prazo, que por si próprias não refletem nenhuma tendência do mercado). As tendências podem ser classificadas também como de alta ou de baixa. Nesse caso, apresentarão fases distintas.

TENDÊNCIAS DE ALTA: TRÊS FASES

- Fase de Acumulação: os investidores muito bem informados começam a adquirir lotes significativos de ações sem provocar grandes alterações nos preços, que lentamente começam a se elevar.
- Fase Intermediária: outros investidores já perceberam o movimento ascendente dos preços e começa a ocorrer uma sensível alta de preços e volume negociado.
- Fase Final: os preços apresentam uma valorização significativa e o volume negociado acompanha essa tendência. No entanto, investidores mais bem informados já começam a vender suas posições adquiridas na Fase de Acumulação.

Gráfico 9.3 Ação em Tendência de Alta

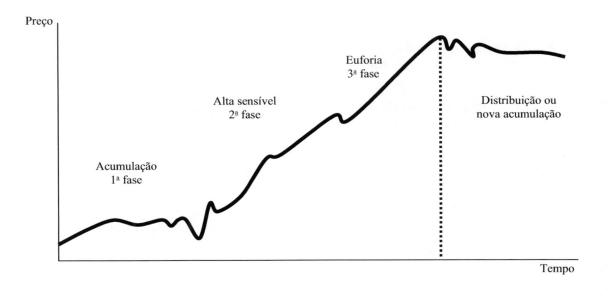

TENDÊNCIAS DE BAIXA: TRÊS FASES

- Fase de Distribuição: os preços começam a apresentar pequenos recuos e o volume negociado aumenta.
- Fase Intermediária: as ações apresentam quedas significativas em seus preços e os investidores começam a se desfazer de suas posições, ou seja, a vender suas ações.
- Fase Final: o mercado apresenta certa estabilização e torna-se menos volátil, isto é, as oscilações de preço tendem a ser menores.

Gráfico 9.4 Ação em Tendência de Baixa

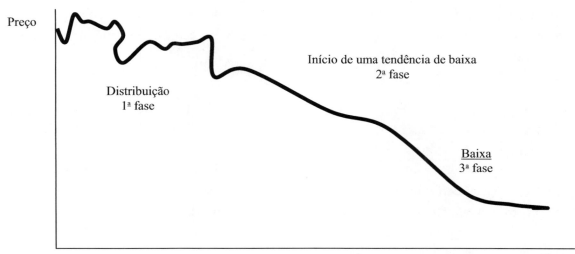

Para identificar uma linha de tendência de alta é preciso traçar uma reta passando pelas cotações mínimas de uma série de preços do período analisado. Os gráficos a seguir exemplificam esse tipo de estudo, para tal, utilizam uma representação da variação do valor de uma ação ao longo do dia da seguinte forma:

Supondo a ação da Petrobras, ordinária e nominativa, código PETR3 (ação que compõe o Índice Ibovespa), que em 24/08/2001 teve os seguintes preços em reais por ação:

cotação mínima: 54,90

cotação média (ponderada pelas quantidades negociadas): 56,85

cotação máxima: 58,10

A representação gráfica ficaria:

```
    | 58,10
    |
    |—— 56,85
    |
    | 54,90
```

A partir dessa representação, podemos, utilizando dados de diversas cotações diárias, ou no intervalo desejado pelo analista, reconhecer tendências de alta ou de baixa. Para identificar uma linha de tendências de alta, é preciso traçar uma reta passando pelas cotações mínimas de uma série de preços do período analisado e essa reta mostrar-se ascendente. Já no caso de uma linha de tendência de baixa, é preciso que haja uma linha unindo os pontos máximos da série e estes se mostrem descendentes.

Gráfico 9.5 Identificação de Linha de Tendência de Alta nas Variações de Preço de uma Ação

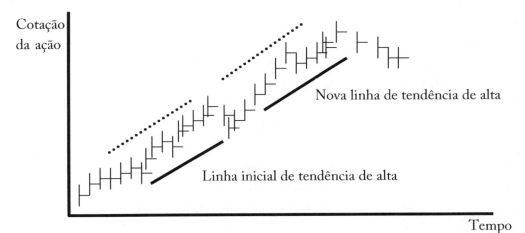

Gráfico 9.6 Identificação de linha de tendência de baixa nas variações de preço de uma ação

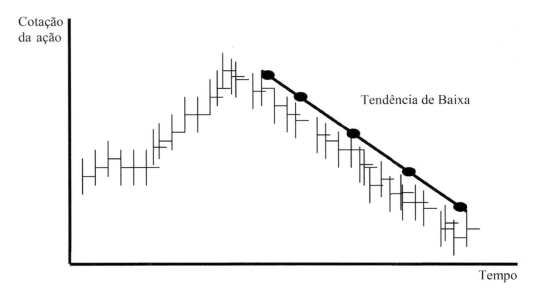

Existem diversas modalidades gráficas para elaboração de uma análise gráfica, e o analista deverá selecionar e montar seus gráficos de acordo com suas necessidades e preferências. A análise gráfica se baseia exclusivamente nas tendências de alta ou baixa do mercado, não considerando os fatores externos que determinam essa tendência, tais como: política de dividendos, planos econômicos, variação do nível de endividamento da companhia, alterações nos juros, safras, regulamentos setoriais implementados pelo governo e outros. Desse modo, a abordagem técnica pressupõe estarem todas as informações importantes para a tomada de decisão relativa a comprar ou vender demonstradas nas oscilações de preços e volumes negociados.

A análise ideal deve conter tanto o estudo fundamentalista quanto o técnico, pois na realidade eles se complementam, uma vez que, ao utilizarem abordagens distintas para estudo das oscilações de valor das ações, focando por que ou como essas variações acontecem, as duas escolas conjuntamente acabam por fornecer uma análise muito mais aperfeiçoada e completa dos movimentos das ações quando consideradas como complementares.

9.9. TENDÊNCIAS DO MERCADO DE CAPITAIS

Após a crise financeira de 2008, tomou força no mercado financeiro internacional a maior regulação dos mercados e a maior transparência nas negociações. A regulação dos mercados inicia com a padronização de relatórios e procedimentos, atualmente conduzido pelo IASB/FASB americano. A governança corporativa é a principal forma de sistematizar as práticas de transparência no mercado.

GOVERNANÇA CORPORATIVA

Existem várias definições de governança corporativa. Nelson Siffert Filho define sinteticamente como a forma que os controladores instituem mecanismos de monitoramento e controle em relação aos administradores e fazem com que estes ajam de acordo com o interesse dos controladores. Ou seja, um sistema no qual as empresas são controladas e dirigidas, formado pelo conselho de administração, os acionistas/cotistas, o executivo principal, a auditoria independente e o conselho fiscal.

De forma genérica, Governança Corporativa ou Governança Empresarial são mecanismos ou princípios que governam o processo decisório dentro de uma empresa.

> Governança corporativa é um conjunto de regras que visa minimizar os problemas de agência.

O problema de agência aparece quando o bem-estar de uma parte, nesse caso principal, depende das decisões tomadas por outra, agente. Esse tipo de conflito poderia ser evitado por meio da constituição de um contrato completo, em que todas as possíveis situações de conflito estão previstas. Considerando esse documento impossível de existir, torna-se importante a existência de instituições econômicas e legais que determinem que de fato detêm os direitos de controle em cada situação específica (chamado direito de controle residual). Essas instituições que compõem a estrutura de governança corporativa têm como elemento fundamental a proteção legal dos investidores.

GOVERNANÇA CORPORATIVA NO BRASIL

O crescimento do mercado de capitais brasileiro reflete o desenvolvimento da economia nacional, uma vez que demonstra o amadurecimento dos agentes do mercado, superavitários e deficitários, na busca de novos mecanismos de aplicação ou captação de recursos.

No entanto, a participação dos investidores brasileiros na bolsa ainda é muito tímida, e novas medidas vêm sendo adotadas no sentido de atrair maiores novos aplicadores a esse mercado. Uma das propostas levantadas, aprovadas e já em vigor é o conjunto de normas de condutas que aperfeiçoaram a prestação de informações ao mercado e a dispersão acionária. Ao atender essas normas, ou parte delas, as empresas sociedade anônima de capital aberto, listadas na BMF&Bovespa, passam a ser relacionadas a diferentes níveis de governança a saber:

Principais práticas agrupadas no Nível 1:

- Manutenção em circulação (*free-float)* de uma parcela mínima de ações, representando 25% do capital.
- Realização de ofertas públicas de colocação de ações por meio de mecanismos que favoreçam a dispersão do capital.
- Melhoria nas informações prestadas trimestralmente, entre as quais a exigência de consolidação e de revisão especial.
- Cumprimento de regras de *disclosure* em operações envolvendo ativos de emissão da companhia por parte de acionistas controladores ou administradores da empresa.
- Divulgação de acordos de acionistas e programas de *stock options*.
- Disponibilização de um calendário anual de eventos corporativos.

Principais práticas agrupadas no Nível 2 (além da aceitação das obrigações contidas no Nível 1):
- Mandato unificado de um ano para todo o Conselho de Administração.

- Disponibilização de balanço anual seguindo as normas do US GAAP[8] ou IASC.[9]
- Extensão para todos os acionistas detentores de ações ordinárias das mesmas condições obtidas pelos controladores quando da venda do controle da companhia e de, no mínimo, 70% desse valor para os detentores de ações preferenciais.
- Direito de voto às ações preferenciais em algumas matérias, como transformação, incorporação, cisão e fusão da companhia e aprovação de contratos entre a companhia e empresas do mesmo grupo.
- Obrigatoriedade de realização de uma oferta de compra de todas as ações em circulação, pelo valor econômico, nas hipóteses de fechamento do capital ou cancelamento do registro de negociação neste Nível.
- Adesão à Câmara de Arbitragem para resolução de conflitos societários.

- Principais práticas agrupadas no Novo Mercado (além da aceitação das obrigações contidas no Nível 1 e 2):

A principal alteração desse mercado em relação à inovação é a proibição de emissão de ações preferenciais pela empresa participante do novo mercado. Além disso, outras exigências são colocadas:

- Realização de ofertas públicas de colocação de ações por meio de mecanismos que favoreçam a dispersão do capital.
- Manutenção em circulação de uma parcela mínima de ações representando 25% do capital.
- Extensão para todos os acionistas das mesmas condições obtidas pelos controladores quando da venda do controle da companhia.
- Estabelecimento de um mandato unificado de um ano para todo o Conselho de Administração.
- Disponibilização de balanço anual seguindo as normas do US GAAP ou IASC.
- Introdução de melhorias nas informações prestadas trimestralmente, entre as quais a exigência de consolidação e de revisão especial.
- Obrigatoriedade de realização de uma oferta de compra de todas as ações em circulação, pelo valor econômico, nas hipóteses de fechamento do capital ou cancelamento do registro de negociação.
- Cumprimento de regras de *disclosure* em negociações envolvendo ativos de emissão da companhia por parte de acionistas controladores ou administradores da empresa.

Todas essas modificações e propostas baseiam-se na premissa de que a valorização das ações, assim como sua liquidez, estão diretamente relacionadas ao grau de segurança e à qualidade de informações cedidas aos investidores. O desenvolvimento futuro desses novos conceitos dependerá não apenas da disposição das companhias abertas listadas nas bolsas brasileiras de se adequarem às novas e rígidas regras, como também de toda a conjuntura internacional relativa de crescimento econômico. No entanto, medidas como essas podem trazer ao mercado de capitais brasileiro perspectivas de maior crescimento futuro, expandido ainda mais as oportunidades de captação de recursos às empresas e de investimento de longo prazo aos investidores.

---

[8] *Generally Accepted Accounting Principles in the United States.*

[9] *International Accounting Standards Commitee.*

9.10. RESUMO

O mercado de capitais abrange o conjunto de transações para transferência de recursos financeiros entre agentes poupadores e investidores, com prazo médio, longo ou indefinido. Um segmento do mercado de capitais é o mercado de ações, que envolve a colocação primária de ações emitidas pelas empresas e a negociação secundária das ações em circulação. No entanto, para participar desse mercado, uma companhia necessita realizar a abertura de seu capital, ou seja, lançar títulos de capital (ações) ou dívidas (debêntures) para negociação pública.

Para iniciar um processo de abertura de capital, a empresa precisa estar na forma jurídica de uma sociedade anônima e deverá ser efetuado o seu registro junto à Comissão de Valores Mobiliários (CVM), para ser autorizada a negociação junto ao público tanto em bolsas de valores quanto no mercado de balcão de suas ações. O mercado de capitais, enquanto sistema de distribuição desses valores, é constituído pelas bolsas de valores, sociedades corretoras e outras instituições financeiras autorizadas. Os valores mobiliários mais usuais no mercado são: ações, bônus de subscrição e debêntures.

Há dois tipos de ações: preferenciais e ordinárias. As ações ordinárias são aquelas que conferem a seu titular o direito a voto na assembleia de acionistas da empresa. As ações preferenciais normalmente não concedem o direito a voto a seu titular, mas oferecem preferência na distribuição de resultados ou no reembolso do capital em caso de dissolução da companhia. As ações são negociadas em dois mercados distintos, o mercado primário, quando são lançadas da primeira vez (subscrição), e o mercado secundário, quando são vendidas normalmente nas bolsas de valores ou no mercado de balcão.

Ações emitidas por empresas abertas são negociadas no mercado a vista, quando sua compra e venda são voltadas para a liquidação imediata. Já no mercado a termo, são realizadas operações de compra e venda de ações (ativo-objeto), a um preço fixado e com prazo de liquidação determinado a partir da data da operação em pregão. Transações no mercado a termo exigem o depósito de garantias por parte do investidor na sociedade corretora. As garantias podem ser de duas formas: cobertura ou margem.

As debêntures são títulos de dívida corporativa, portanto, conferem ao seu detentor, o debenturista, um direito de crédito contra a empresa emissora da debênture. Elas representam uma parcela do empréstimo total efetuado pela emissora usualmente para financiamento de projetos de investimento ou alongamento do perfil do passivo, sendo assim de médio ou longo prazo. As características do título, como juros, prêmio e rendimentos, são definidas na escritura de sua emissão. As debêntures podem ser nominativas ou escriturais e podem ser classificadas em debênture simples, debêntures conversíveis em ações e debêntures permutáveis.

O mercado de opções é um mercado em que são transacionados direitos. São direitos de se negociar um lote de ações, com preços e prazos preestabelecidos, e essa negociação poderá ser de compra e venda, dependendo do tipo de opção adquirida. Uma opção possui três figuras centrais: titular, lançador e prêmio. O titular é o investidor que adquiriu a opção, comprando o direito de realizar a negociação, se o desejar. O lançador é o investidor que colocou no mercado a opção à venda e ele terá de garantir a negociação. Para garantir esse direito, assumir essa obrigação, o lançador recebe o prêmio, que é o pago pelo titular e negociado em bolsa. As garantias no mercado de opções devem ser fornecidas pelos lançadores.

O mercado futuro é o mercado em que se negociam lotes-padrão de ações com datas de liquidação futura, ou seja, é um mercado em que são estabelecidos contratos futuros. Esses contratos padronizam o objeto de negociação, a quantidade, o mês de vencimento, os locais e procedimentos de entrega e os custos envolvidos na operação; somente o preço futuro será negociado entre as partes, através do pregão, por intermédio de corretoras de mercadorias. Apesar de haver a possibilidade de entrega física do produto, a ideia básica é garantir preços e não entrega ou recebimento da mercadoria. Assim, o mais usual nesse mercado é a liquidação financeira, ou seja, o pagamento ou recebimento referente ao preço da mercadoria por ocasião da entrega mais o acerto de contas representado pelo ajuste diário. O ajuste diário é o mecanismo desenvolvido para reduzir o risco de não cumprimento do contrato futuro devido a uma grande diferença entre o preço negociado e o preço a vista no vencimento do contrato.

Além dos ajustes diários, os compradores e vendedores de contratos futuros devem depositar também uma margem de garantia. O mercado futuro pode ser utilizado por compradores e vendedores como uma forma de proteção contra as oscilações de preço. Nesse caso, estará sendo feito um *hedging*, e o tomador de posição que estiver realizando um negócio com esse objetivo será conhecido como *hedger*.

A análise da variação do valor de uma ação pode ser executada a partir de dois enfoques diferenciados, as escolas fundamentalista e gráfica, que apresentam abordagens distintas, mas complementares para estudo das tendências de preços. A escola fundamentalista analisa tendências com base em resultados do ramo de negócios, da empresa, da economia nacional e dos negócios no mercado internacional. A escola gráfica analisa, através de gráficos, os volumes e preços praticados nos pregões da bolsa para estabelecer tendências.

9.11 QUESTÕES

1. Conceitue mercado financeiro e de capitais. Apresente uma classificação para os diferentes tipos de mercados de intermediação de recursos.
2. Quais os diferentes mercados que existem no mercado de capitais? O que são os valores mobiliários? Cite três exemplos.
3. Explique o que são ações e debêntures e destaque as principais diferenças entre elas.
4. Explique a diferenca entre mercado de bolsa, mercado organizado de balcão e mercado de balcão.
5. Conceitue mercado a vista de ações. Quais as formas de negociação no mercado a vista? Cite e explique as quatro modalidades de ordens de compra e venda de ações no mercado a vista que podem ser enviadas por investidores às corretoras.
6. O que é uma operação de *day-trade*?
7. O que são derivativos? Em que mercados são negociados?
8. Quais as principais diferenças entre o mercado a termo e o mercado futuro?
9. O que é o mercado de opções? Quais são as figuras centrais de uma opção e o que significam? Qual a diferença entre uma opção de compra e uma opção de venda? O que é o encerramento de uma posição no mercado de opções?
10. Discuta as finalidades e distinções das escolas fundamentalista e gráfica.

9.12 EXERCÍCIOS

1. Acesse o site da BM&F Bovespa e identifique as empresas que abriram capital nos últimos 12 meses. Relacione nome da empresa, sigla em pregão, valor captado na operação. Escolha uma dessas empresas, acesse o site da empresa ou outro site de informações sobre o mercado e procure identificar a evolução recente dos preços das ações no mercado, desde a abertura de capital até a data de hoje.

2. Acesse o site do Banco Central do Brasil e elabore um gráfico e/ou um esquema representativo da atual estrutura do Sistema Financeiro Nacional. Destaque os agentes reguladores e os agentes executores.

3. Acesse o site da BM&F Bovespa e relacione a atual composição da carteira teórica do Ibovespa. Elabore uma planilha eletrônica com as ações que compõem o índice e sua participação percentual e o seu preço atual. Em seguida, faça as seguintes simulações:
   a. Aumente em 20% o preço da ação de maior participação percentual na composição do índice e calcule o novo índice.
   b. Aumente em 20% o preço da ação de menor participação percentual na composição do índice e calcule o novo índice.
   c. O que aconteceu com o índice nas duas situações? Por quê?

4. Elabore uma carteira de investimentos. Considere que você tem R$50.000,00 para investir e pretende usar esses recursos para fazer um curso no exterior daqui a 30 meses. Você pode comprar títulos de renda fixa ou variável, de emissão pública ou privada. Explique por que escolheu esses produtos.

5. Elabore um quadro comparativo dos mercados a vista, a termo, opções e futuro.

6. Explique qual o papel que você deveria desempenhar se, em uma opção de compra de ações, fosse:
   a. o lançador
   b. o titular

7. Repita a questão anterior para uma opção de venda de ações.

8. Um investidor, após analisar o mercado, espera que as cotações das ações da Companhia Alfa S.A. subam mais do que aponta as expectativas do mercado através do mercado de opções. Desse modo, ele está estudando a possibilidade de comprar as ações no mercado a vista hoje (cotação $64,00/ação) para vendê-las posteriormente; ou comprar uma opção de compra de 1000 ações, para daqui a 90 dias, com preço de exercício de $67,00/ação e prêmio de $3,00/ação. Analise o resultado das duas transações, opções e mercado a vista, para cada uma das seguintes cotações no mercado a vista da ação da Companhia Alfa daqui a 90 dias:
   a) $80,00/ação
   b) $70,00/ação
   c) $58,00/ação

   Considere em sua análise o volume de capital investido e o retorno obtido. Desconsidere os custos envolvidos na transação.

9. Procure nos principais jornais e sites econômicos duas empresas sociedades anônimas listadas em bolsa de valores e acompanhe durante um determinado período suas cotações na Bolsa de Valores.

a. Procure os principais demonstrativos dessas companhias, dados relativos a seus mercados, concorrentes e outros e elabore uma análise fundamentalista dessas empresas.

b. Construa gráficos e faça uma análise técnica.

c. Prepare então um relatório comentando quais as possíveis explicações de acordo com sua análise e os acontecimentos conjunturais do período para o comportamento das ações dessa companhia.

10. Cadastre-se em um simulador de investimentos no mercado de ações e acompanhe sua carteira de investimento em ações por três meses.

9.13. BIBLIOGRAFIA ADICIONAL

ANDREZO, Andrea Fernandes. LIMA, Iran Siqueira. *Mercado Financeiro: aspectos históricos e conceituais.* 3ª ed. [s.l.]: Pioneira Thomson Learning, 2007.

BERNSTEIN, Peter. *Capital Ideas.* [s.l.]: John Wiley & Sons, 1992

BRITO, Ney Roberto Ottoni. *Alocação de ativos em* private banking. Porto Alegre: Bookman, 2006. 232 p.

CAVALCANTE, Francisco; MISUMI, Jorge; RUDGE, Luiz. *Mercado de Capitais.* 7ª ed. Rio de Janeiro: Campus, 2008.

FORTUNA, E. *Mercado Financeiro: produtos e Serviços.* 17ª ed. São Paulo: Qualitymark, 2008.

HISSA, Mauricio. *Investindo em opções: como aumentar seu capital investindo com segurança.* Rio de Janeiro: Campus, 2007.

HULL, John. *Introdução aos mercados futuros e de opções.* 4ª ed. São Paulo: BM&F, 2005.

LIMA, Maria Lúcia L. M. Pádua. *Instabilidade e criatividade nos mercados financeiros internacionais: condições de inserção dos países do grupo da América Latina.* São Paulo: Ed. Bienal, 1997.

PINHEIRO, Juliano Lima. *Mercado de Capitais.* 4ª ed. São Paulo: Atlas, 2008.

PROCIANOY, J. L. ; VERDI, Rodrigo dos Santos. "Adesão aos Novos Mercados da Bovespa: Novo Mercado, Nível 1 e Nível 2 – Determinantes e Consequências." *Revista Brasileira de Finanças,* v. 7, p. 107-36, 2009.

CAPÍTULO 10

POLÍTICAS DE DIVIDENDOS E RELAÇÕES COM INVESTIDORES

10.1 Introdução

10.2 As teorias de dividendos

10.3 Políticas de dividendos

10.4 Relações com investidores

10.5 Resumo

10.6 Questões

10.7 Exercícios

10.8 Casos

10.9 Bibliografia adicional

Necessidade de financiamento do Brasil cai para R$14,7 bi no 1º tri

Valor On Line 09/06/2009 – 13h31

RIO – A redução do envio de lucros e dividendos para o exterior foi determinante para que a necessidade de financiamento do Brasil no primeiro trimestre caísse para R$14,7 bilhões, ou R$5,2 bilhões abaixo da necessidade de R$19,9 bilhões observada no primeiro trimestre de 2008.

A crise financeira causou a diminuição dos volumes de lucros e dividendos enviados pelas multinacionais para as matrizes no exterior, que passaram de R$18,4 bilhões no primeiro trimestre do ano passado para R$13,8 bilhões entre janeiro e março de 2009.

A queda de R$6,8 bilhões nesse quesito compensou o aumento do pagamento de juros, que subiu R$2,2 bilhões e causou a diminuição de R$4,6 bilhões na Renda Líquida de Propriedade Enviada ao Resto do Mundo na comparação entre os três primeiros meses do ano passado e igual período de 2009.

Cláudia Dionísio, da coordenação de Contas Nacionais do Instituto Brasileiro de Geografia e Estatística (IBGE), destacou que foi a primeira vez desde o início da série histórica, em 2000, que a necessidade de financiamento do Brasil no exterior cai sem ocorrer melhora do saldo externo, que leva em consideração as exportações e importações de bens e serviços.

"É a primeira vez que a redução da necessidade de financiamento não se deve ao saldo externo, que piorou. Houve aumento do déficit comercial, mas enviamos menos lucros e dividendos", ressaltou Cláudia. No primeiro trimestre deste ano, o saldo externo ficou negativo em R$4,1 bilhões, contra um valor, também negativo, de R$4 bilhões nos três primeiros meses do ano passado.

(Rafael Rosas | *Valor Online*)

10.1 INTRODUÇÃO

Nos capítulos anteriores, estudamos os principais conceitos, fundamentos e práticas do custo de capital e da estrutura de capital, analisamos as principais fontes de financiamento de longo prazo e mercado de capitais. Neste capítulo, vamos nos preocupar com o adequado tratamento que as companhias devem ter com os investidores, segundo o objetivo da administração de maximizar o valor das ações.

Primeiramente, serão apresentadas e discutidas as teorias de distribuição de dividendos e sua influência sobre o preço das ações das companhias. Haverá uma aprofundada discussão da teoria de irrelevância dos dividendos, da teoria da relevância dos dividendos e da teoria residual dos dividendos.

A seguir serão apresentadas e discutidas as políticas de dividendos e os fatores que as influenciam. Para muitas empresas, os dividendos representam uma saída de caixa bastante importante, então, surge a questão: reter ou distribuir lucros? Muitos teóricos e pesquisadores têm evidenciado que a política de dividendos é irrelevante, o que importa é a capacidade de geração de valor e o risco de seus ativos, afirmam eles.

Modigliani e Miller (1961) foram os precursores da teoria dos dividendos, com a teoria clássica de dividendos, e suas ideias são até hoje reconhecidas como fundamentais na análise do tema. Em sua teoria da irrelevância dos dividendos, afirmavam que, na ausência de impostos e custos de transação, as políticas de dividendos não têm nenhum efeito sobre o preço das ações.

Estudaremos também as mudanças ocorridas nas empresas brasileiras após as alterações tributárias de 1988, evidenciando-se alguns estudos controversos que apontam diferentes resultados sobre seus efeitos nas decisões de dividendos. Finalmente abordaremos a importância de um bom programa de relações com os investidores, como um fator muito importante na maximização do valor da empresa. Tudo dentro de princípios éticos que devem orientar essa relação.

10.2 AS TEORIAS DE DIVIDENDOS

> Dividendo é a distribuição em dinheiro de parte ou de todo o lucro auferido pela empresa em um exercício social, ou de saldos de lucros acumulados, aos seus acionistas.

A fim de explicar a importância da distribuição de dividendos na empresa, foram desenvolvidas algumas teorias que mostram como esses fatores interagem para determinar a melhor política de dividendos. A política de dividendos afeta o preço das ações? Existem três pontos de vista básicos:
- a política de dividendos é irrelevante;
- altos dividendos elevam o valor das ações;
- baixos dividendos elevam o valor das ações.

Vamos analisar a seguir as principais teorias sobre a relevância dos dividendos.

10.2.1 TEORIA DA IRRELEVÂNCIA DOS DIVIDENDOS

A teoria da irrelevância dos dividendos foi exposta por Modigliani e Miller (MM) em 1961 e defendia que, em um mundo perfeito, sem risco, sem impostos, sem custo de transação e sem outras imperfeições do mercado, a política de dividendos não afetava o valor da empresa.

> **Teoria da irrelevância dos dividendos** defende que a política de dividendos de uma empresa não afeta o seu valor de mercado, pois este é afetado apenas pela sua capacidade de gerar lucros e pelo risco de seus ativos.

Segundo esta teoria, o valor de uma empresa é determinado pela sua capacidade de geração de lucros e pelo risco de seus ativos, sendo irrelevante se a empresa retém lucros ou os distribui como dividendos. Um exemplo da aplicação desta teoria seria a possibilidade de o próprio investidor criar a sua política de dividendos, independentemente da política da empresa, comprando e vendendo ações em mercados de capitais perfeitos, sem incorrer em novos riscos, em novos custos de transações e de lançamentos e em novas tributações. Além do mais, os lucros futuros das empresas escolhidas seriam certamente conhecidos. Se isso ocorresse, então a política de dividendos da empresa seria verdadeiramente irrelevante. O problema é que MM simplificam demais a realidade, pois o mercado não é perfeito, existem riscos, impostos e custos de transações. Vamos analisar alguns dos principais argumentos de MM e de seus críticos:

Índice de distribuição de dividendos. Uma das pressuposições da teoria de MM é de que a política de dividendos não afeta a taxa de retorno exigida sobre o capital próprio. Este tem sido um aspecto bastante discutido. Alguns estudiosos argumentam que o valor da empresa será maximizado pela fixação de um alto índice de distribuição de dividendos, pois os investidores tendem a valorizar mais dividendos elevados do que maiores ganhos de capital, devido ao menor risco que essa operação lhe confere. MM chamaram essa teoria de "Falácia do Pássaro na Mão", pois a seu ver, a maioria dos investidores planeja reinvestir seus dividendos em ações da mesma empresa ou em empresas similares, de forma que o risco dos fluxos de caixa da empresa para os investidores, a longo prazo, seja determinado pelo risco dos fluxos de caixa operacionais e não pela política de distribuição de dividendos.

A contribuição de MM é a argumentação mais completa em favor da irrelevância dos dividendos. Afirmam eles que, dada a decisão de investimento da empresa, o índice de distribuição de dividendos é um mero detalhe, não afetando a riqueza dos acionistas.

Financiamento *versus* retenção de dividendos. Outro ponto crítico da posição de MM é que o efeito do pagamento de dividendos sobre a riqueza dos acionistas é exatamente compensado por outros meios de financiamento. Consideremos primeiramente a venda de mais ações em vez de retenção de lucros. Ao tomar sua decisão de investimento, a empresa tem de resolver se vai reter lucros ou pagar dividendos e vender mais ações em valor equivalente aos dividendos pagos para poder financiar seus investimentos. Modigliani e Miller acham que o valor descontado por ação após o financiamento somado ao valor dos dividendos pagos é igual ao valor de mercado por ação antes do pagamento dos dividendos. Ou seja, a queda de preço da ação no mercado, por causa da diluição causada pelo financiamento de terceiros, compensa exatamente o pagamento dos dividendos. Assim, diz-se que o acionista é indiferente diante da opção entre dividendos e lucros retidos.

Embora seja verdade que o valor de mercado de uma ação seja o valor atual de todos os dividendos esperados, a distribuição dos dividendos no tempo pode variar. A posição da irrelevância simplesmente argumenta que o valor atual dos dividendos futuros permanece constante, mesmo que a política de dividendos altere a distribuição deles no tempo. Não argumenta que os dividendos, inclusive os de liquidação, nunca venham a ser pagos. À empresa apenas não vem ao caso se eles forem adiados, pois isso não influenciará o preço de mercado das ações.

Permanência do valor. Dadas as premissas de Modigliani e Miller de certeza total e suas outras premissas, segue-se que os dividendos não vêm ao caso. O princípio da conservação do valor assegura que a soma do valor de mercado e dos dividendos atuais de empresas idênticas em todos os aspectos, exceto em seus índices de pagamento de dividendos, será a mesma.

Os investidores podem reproduzir qualquer fluxo de dividendos que a empresa possa pagar. Se os dividendos forem inferiores ao que eles desejam, podem vender parte de suas ações para conseguir a distribuição desejada em dinheiro. Se os dividendos forem mais do que o que pretendem, os investidores podem usá-los para comprar mais ações da empresa.

Assim, os investidores podem programar seus dividendos "em casa" da mesma maneira que fazem sua alavancagem "em casa" em suas decisões de estrutura de capital. Para a decisão de uma empresa ter valor, ela tem de poder fazer pelos acionistas algo que eles não possam fazer sozinhos. Como os investidores podem programar seus dividendos por conta própria, e como esses dividendos são substitutos perfeitos dos dividendos pagos pelas empresas de acordo com as premissas anteriormente citadas, a política de dividendos não importa.

Por isso, todas as políticas de dividendos são iguais. A empresa não pode criar valor pela simples alteração da combinação de dividendos e lucros retidos. Como na teoria da estrutura de capital, o valor se mantém, de modo que a soma das partes é sempre a mesma. O tamanho do bolo é o que importa, independentemente do número de fatias em que seja cortado.

Preferência fiscal. Os investidores procuram tomar suas decisões devido a vantagens tributárias, vantagens estas que variam conforme o local onde as ações da empresa estão sendo negociadas. Quando os impostos mais altos incidirem sobre ganhos de capital, advindos da valorização das ações, e taxas mais baixas forem aplicadas sobre os dividendos, espera-se que empresas que distribuem maiores valores em dividendos tenham uma maior procura e valorização em relação às demais. Ao contrário, se os dividendos forem mais altamente taxados do que os ganhos de capital, os investidores deverão pagar mais pelas ações com baixas remunerações por dividendos.

Argumentos finais. Os proponentes da irrelevância dos dividendos argumentam que se tudo o mais permanecer constante, a riqueza do investidor não será afetada por quatro razões:

- A riqueza da empresa é determinada somente pela capacidade de gerar lucro e pelo risco de seus ativos.
- A política de dividendos pode afetar a riqueza dos acionistas em função apenas de seu conteúdo informacional, que sinaliza as expectativas de resultados futuros da empresa.
- Existe um efeito clientela que determina o padrão de distribuição de dividendos que a empresa deve manter com seus acionistas.
- Existe uma preferência fiscal de alguns investidores que pode determinar certa preferência por dividendos ou por ganhos de capital.

10.2.2 TEORIA DA RELEVÂNCIA DOS DIVIDENDOS

Existem muitos argumentos em favor da posição contrária, ou seja, a de que os dividendos são importantes em condições de incerteza. Em outras palavras, os investidores não são indiferentes entre receber seus retornos sob a forma de dividendos e sob a forma de valorização do preço das ações. Analisaremos esses argumentos em condições de incerteza.

> **Teoria da relevância dos dividendos** defende que quanto mais dividendos forem distribuídos pela empresa, maior será o preço de suas ações e menor será o custo do seu capital próprio.

MM argumentam que não existe nenhuma política ótima de dividendos. Seus críticos argumentam que a empresa deveria fixar um índice de distribuição de dividendos alto. Uma terceira teoria sugere que as empresas deveriam manter o pagamento de dividendos em níveis baixos para maximizar o preço das ações. Em qual delas deveríamos acreditar?

Há anos as empresas vêm dependendo demais dos lucros retidos como fonte de financiamento. Como o índice de distribuição de dividendos – a porcentagem do lucro distribuída em dinheiro aos acionistas – reduz os lucros retidos da empresa, uma decisão de dividendos é uma decisão de financiamento. O índice de distribuição de dividendos é um aspecto de grande importância para a política de dividendos da empresa, influenciando seu valor para os acionistas. Mas outros aspectos também influenciam a determinação do valor: a estabilidade dos dividendos, os fatores que influenciam o índice de distribuição de dividendos do ponto de vista da empresa, as bonificações e os desmembramentos de ações, a recompra de ações e os elementos administrativos e legais da política de dividendos. Vamos examinar cada um deles.

Preferência pelos dividendos ou efeito clientela. Alguns investidores preferem empresas que tenham uma política de distribuição e de estabilidade dos dividendos, pois agindo assim estarão reduzindo a incerteza e aumentando o valor das ações. Para esses investidores, é importante que a empresa tenha uma política de distribuição de dividendos compatível com seu perfil. À medida que os investidores prefiram acabar com a incerteza mais cedo, podem se dispor a pagar um preço mais alto pelas ações que paguem normalmente dividendos finais altos, caso todos os demais fatores se mantenham constantes. Se, na verdade, os investidores puderem programar seus dividendos por conta própria, essa preferência será irracional. Não obstante, muitas declarações nesse sentido, feitas por investidores, dificultam a contra-argumentação. Talvez por razões psicológicas ou de comodidade, os investidores prefiram não programar seus dividendos por conta própria, mas recebê-los diretamente da empresa. É a teoria do "mais vale um pássaro na mão do que dois voando". Sugere que uma empresa atrairá investidores que apreciam sua política de distribuição de dividendos.

Índice de distribuição de dividendos. As primeiras questões a serem examinadas é se o pagamento de dividendos em dinheiro pode afetar a riqueza dos acionistas e, em caso a positivo, que índice de distribuição de dividendos maximizará a riqueza dos acionistas. Também desta vez partimos da premissa de que o risco empresarial se mantenha constante. Para avaliar a questão sobre se o índice de distribuição de dividendos afeta a riqueza dos acionistas, é preciso examinar primeiro a política da empresa apenas como uma decisão de financiamento relacionada com a retenção dos lucros. Consideremos a situação em que o uso dos recursos provenientes dos lucros e a política de dividendos dele resultante sejam, estritamente, uma decisão de financiamento.

$$\text{Índice de distribuição de dividendos} = \frac{\text{dividendos em dinheiro}}{\text{lucros retidos}}$$

Enquanto os projetos de investimento da empresa tiverem retornos acima do exigido, ela usará os lucros retidos – e tanto endividamento quanto seu capital próprio permitir – para financiar esses projetos. Se ainda restarem à empresa lucros retidos depois de financiar todas as oportunidades aceitáveis de investimento, esses lucros serão distribuídos pelos acionistas sob a forma de dividendos em dinheiro. Se não restar um saldo de lucros retidos, não haverá dividendos. Se o número de oportunidades aceitáveis de investimento exigir uma importância total em dinheiro superior ao valor dos lucros retidos mais o endividamento permitido por eles, a empresa financiará a diferença com uma combinação de nova emissão de ações e obrigações preferenciais.

Quando consideramos a política de dividendos estritamente como uma decisão de financiamento, o pagamento de dividendos em dinheiro é um resíduo passivo. A importância paga em dividendos variará de um período para outro, de acordo com as variações das oportunidades de investimento aceitáveis que a empresa tenha. Se elas forem muito numerosas, a porcentagem dos pagamentos de dividendos provavelmente será zero. Por outro lado, se a empresa não conseguir descobrir oportunidades de investimento rentáveis, a porcentagem de pagamento de dividendos será 100%. Em situações entre esses dois extremos, o pagamento de dividendos será uma fração entre 0 e 1.

Dividendos como um resíduo passivo. O tratamento da política de dividendos como um resíduo passivo, determinado apenas pela existência de oportunidades de investimento aceitáveis, torna os dividendos irrelevantes; os investidores veem da mesma forma os dividendos e a retenção dos lucros pela empresa. Se as oportunidades de investimento apresentarem retorno maior que o exigido, os investidores preferirão que a empresa retenha os lucros. Se o retorno for igual ao retorno exigido, eles ficarão indiferentes entre a retenção dos lucros e o pagamento de dividendos. Mas, se o retorno for menor que o exigido, eles preferirão receber dividendos. É de se supor que, se a empresa puder ganhar, com os projetos, mais que o retorno exigido, os investidores ficarão plenamente satisfeitos em deixar que ela retenha os lucros necessários para financiar os investimentos. Se os investidores não fizerem questão dos dividendos, o retorno exigido não varia em função de variações do pagamento de dividendos. Os dividendos são mais do que um simples meio de distribuir recursos ociosos? A política de dividendos deve, de alguma forma, ser uma variável ativa de decisão? Para responder a essas perguntas, temos de examinar mais detidamente o argumento de que os dividendos não vêm ao caso, de modo que as variações do índice de distribuição de dividendos (mantendo-se constantes as oportunidades de investimento) não afetam a riqueza dos acionistas.

Conteúdo informacional dos dividendos. A informação que os dividendos fornecem com respeito a resultados futuros de uma empresa induz os proprietários a aumentar ou diminuir o preço das suas ações. Esse argumento implica que os dividendos têm um impacto sobre o preço das ações porque dão aos investidores informações sobre os resultados da empresa. Quando uma empresa tem um índice de distribuição de dividendos alto e estável no tempo e modifica esse índice, os investidores podem achar que a administração está anunciando uma mudança da rentabilidade futura da empresa. O resultado é que o preço das ações pode reagir a essa alteração dos dividendos. Os dividendos podem sinalizar a capacidade de a empresa gerar caixa, ao passo que excelentes perspectivas da empresa e de seu potencial de ganhos de capital não é tão claro. MM não negam a possibilidade desse efeito, mas insistem que o valor é determinado pelos lucros atuais e esperados para o futuro. Para eles os dividendos são um mero reflexo desses fatores e que não determinam, por si mesmos, o valor; portanto, a proposição da irrelevância continua válida. Assim, diz-se que os dividendos são encarados pelos investidores como indicadores do desempenho futuro da empresa; transmitem as expectativas da administração quanto ao futuro. A teoria da relevância dos dividendos defende a importância do conteúdo informacional dos dividendos.

Impostos pagos pelo investidor. Quando levamos em conta o imposto de renda, há diversos tipos de efeitos. À primeira vista, parece haver uma grande vantagem na retenção de lucros, pois os ganhos de capital são tributados a uma alíquota muito mais baixa que os dividendos. Atualmente,

60% de qualquer ganho de capital realizado pela venda de um título cuja posse tenha sido mantida no mínimo 12 meses são isentos do imposto de renda. Assim, só 40 % de um ganho de capital estão sujeitos à tributação, em comparação com 100% de quaisquer dividendos. Para quase todos os investidores, como pessoas físicas, o imposto de renda sobre um dólar de dividendos é muito mais alto que sobre um dólar de ganhos de capital. Além disso, o imposto sobre os ganhos de capital é diferido, só tendo de ser pago quando os investidores de fato vendem suas ações.

Há exceções a essa regra: para as empresas que façam investimentos, os dividendos pagos por uma empresa a outra são tributados a uma alíquota mais baixa que a que registra os ganhos de capital. Sendo assim, também pode haver uma preferência por dividendos pagos regularmente por parte de empresas investidoras. Apesar dessas exceções, para a maioria dos investidores existe uma diferença de imposto entre um real de dividendos e um real de ganhos de capital.

Custos de lançamento. A irrelevância do pagamento de dividendos baseia-se na ideia de que, de acordo com a política de investimento da empresa, os recursos distribuídos pela empresa têm de ser substituídos por recursos provenientes de financiamentos de terceiros. A presença dos custos de lançamento favorece a retenção de lucros pela empresa. Para cada real de dividendos pago pela empresa, esta não consegue um real líquido de financiamento, depois de deduzidos os custos de lançamento.

Custos de transação e divisibilidade dos títulos. Os custos de transação na venda de títulos tendem a limitar o processo de troca de posições da mesma maneira que no caso do endividamento. Os acionistas interessados numa renda regular têm de pagar taxas de corretagem na venda de uma parcela de suas ações, se os dividendos pagos não forem suficientes para satisfazer sua vontade de receber uma renda naquele momento. Essa taxa varia na razão inversa do valor das operações, por dólar de ações vendidas. Numa venda pequena, a taxa de corretagem pode ser bastante significativa. Por causa dessa taxa, os acionistas que queiram receber uma renda maior que a proporcionada pelos dividendos pagos preferirão que a empresa distribua mais dividendos. Os mercados de capitais perfeitos também partem da premissa de que os títulos sejam divisíveis *ad infinitum*. O fato de o menor inteiro ser uma ação pode fazer com que o valor das ações vendidas ultrapasse a importância exata que o investidor quer receber. Isso também tende a inibir a venda de ações por insuficiência de dividendos. Por outro lado, os acionistas que não queiram dividendos para gastar em consumo imediatamente precisarão reinvestir seus dividendos. Também nesse caso, os custos de transação e os problemas de divisibilidade prejudicam o acionista, embora na direção contrária. Assim, os custos de transação e os problemas de divisibilidade agem de ambos os lados.

Restrições institucionais. A lei limita os tipos de ações ordinárias que podem ser compradas por certos investidores institucionais. A lista de títulos que podem ser adquiridos é determinada, em parte, pelo número de anos de pagamento de dividendos. Se uma empresa não paga dividendos ou não os tem pago há muito tempo, certos investidores institucionais não podem investir em suas ações. Além disso, muitas administradoras de bens são proibidas de liquidar o principal. No caso de ações ordinárias, o beneficiário tem direito aos dividendos, mas não à receita da venda de ações. Por causa desse dispositivo, o administrador dos investimentos pode sentir-se constrangido a prestar especial atenção à renda de dividendos e procurar ações que paguem bons dividendos. Embora ambas as influências descritas sejam pequenas, tendem a levar a uma preferência por dividendos e não por lucros retidos e ganhos de capital.

10.2.3 TEORIA RESIDUAL DOS DIVIDENDOS

> **Teoria residual dos dividendos** defende que os dividendos pagos pela empresa seriam o montante que tenha sobrado após todas as oportunidades de investimentos aceitáveis terem sido aproveitadas.

Segundo esta abordagem, os dividendos deveriam ser tratados como resíduo, ou seja, apenas o montante restante dos lucros, após todas as oportunidades de investimentos aceitáveis terem sido aproveitadas, é que deveria ser distribuído como dividendos. Em outras palavras, considera-se que, se as necessidades de capital excedem os lucros retidos, nenhum dividendo em dinheiro será pago. Os dividendos somente serão distribuídos se houver excesso de lucros retidos. O argumento que sustenta essa ideia é o de que uma administração eficiente deve certificar-se de que a empresa tem o dinheiro de que necessita para competir satisfatoriamente no mercado e, consequentemente, conseguir elevar o valor de suas ações no mercado. Essa visão sugere a irrelevância da política de dividendos, uma vez que não influencia a taxa exigida de retorno dos investidores. Como vimos no Capítulo 7, os dividendos representam um fluxo de caixa para os acionistas e afetam o preço da ação da empresa. Dessa forma, há controvérsias quanto à aceitação dessa teoria.

Por essa abordagem, a empresa decidiria sua política de dividendos com base nas seguintes etapas:

1. Com base em seu perfil de oportunidades de investimentos e seu custo marginal de capital, determinar o nível ótimo de orçamento de capital.
2. Determinar o montante de financiamento com capital próprio necessário para que a empresa aproveite as oportunidades de investimento aceitáveis, sem alterar a estrutura ótima de capital.
3. Se os lucros retidos forem suficientes para satisfazer as exigências do item 2, retenha os lucros e não distribua dividendo. Se os lucros retidos forem insuficientes, lance novas ações. Se forem superiores às necessidades, distribua-os como dividendo.

Exemplo: Suponha que a DP Empreendimentos tenha de lucros retidos $3.000.000,00, possua atualmente as oportunidades de investimentos mostradas a seguir, o custo de capital da empresa para investimentos até $1.500.000,00 é de 14,60% e para investimentos acima desse valor é de 16,84%. Sua estrutura ótima de capital é formada por 65% de capital próprio e 35% de capital de terceiros. Quanto a DP deveria reter e quanto ela deveria distribuir como dividendos? Qual seu índice de distribuição de dividendos?

Perfil das oportunidades de investimento e custo marginal de capital da DP Empreendimentos		
Oportunidades de investimentos	Taxas internas de retorno	Investimento inicial
A	25%	$700.000,00
B	23%	$400.000,00
C	22%	$200.000,00
D	19%	$600.000,00
E	17%	$500.000,00
F	15%	$400.000,00
G	14%	$500.000,00
Total		$3.300.000,00

Resposta: A DP Empreendimentos deveria reter $1.560.000,00 (65% de $2.400.000,00), distribuir dividendos no valor de $1.440.000,00, e seu índice de distribuição de dividendos seria de 48%. (Ver Tabela 10.1)

Tabela 10.1 Aplicação da teoria residual de dividendos na DP Empreendimentos

Itens	Programa de oportunidade de investimentos
(1) Oportunidades de investimentos viáveis	$2.400.000,00
(2) Lucros retidos	$3.000.000,00
(3) Capital próprio necessário ($2.400.000,00 x 65%)	$1.560.000,00
(4) Dividendos a serem distribuídos em dinheiro	$1.440.000,00
(5) Índice de distribuição de dividendos (4 : 2)	48%

Por essa abordagem, nenhum dividendo deverá ser distribuído se houver oportunidades de investimentos aceitáveis internamente que demandem capital próprio e que não afetem a estrutura ótima de capital. No exemplo, apenas os projetos F e G não deveriam ser aceitos e, portanto, sobrariam para serem distribuídos como dividendos $1.440.000,00. É um critério baseado na lógica de que a empresa precisa estar constantemente aproveitando as melhores oportunidades de investimento de forma a se tornar competitiva no mercado. Além disso, baseia-se no fato de que os acionistas estarão obtendo retorno, na própria empresa, superior ao seu custo de capital.

10.3 POLÍTICAS DE DIVIDENDOS

A política de dividendos é uma das principais decisões da administração financeira e diz respeito à tomada de decisão quanto a reter ou distribuir lucros. Pode a administração influenciar no preço da ação da empresa através da política de dividendos? Pode a política de dividendos da empresa maximizar a riqueza de seus acionistas? Pode determinada política de dividendos assegurar o financiamento suficiente à empresa? Para tentarmos responder essas questões, vamos avaliar a seguir alguns aspectos fundamentais da decisão de dividendos.

> Política de dividendos é o procedimento adotado pela empresa nas decisões de reter ou distribuir lucros.

A política de dividendos envolve a decisão de reter lucros ou distribuí-los como dividendos. O modelo de avaliação do preço das ações,

$$P_o = \frac{D_1}{(k_{ao} - c)}$$

apresentado no Capítulo 7, evidencia que, se a empresa adotar uma política de pagar mais dividendos em dinheiro, D_1 se elevará o preço da ação. Por outro lado, se a empresa aumentar os dividendos a serem pagos, haverá menor recurso para novos investimentos, o que provocará queda na taxa de crescimento futura e tenderá a reduzir o preço da ação. Verificamos, assim, que essas políticas apresentam resultados opostos e que deve, então, existir uma política ótima de dividendos que permita maximizar o preço das ações.

> Política ótima de dividendos é a política de dividendos que atinge o equilíbrio entre dividendos correntes e crescimento futuro, maximizando o preço das ações da empresa.

10.3.1 FATORES QUE AFETAM A POLÍTICA DE DIVIDENDOS

Um fator importante em relação à política de distribuição de dividendos diz respeito ao seu valor informativo. Os dividendos proporcionam os melhores e mais confiáveis sinais. Um aumento nos dividendos demonstra confiança, por parte da administração, de que os lucros futuros serão suficientes para sustentar esse novo e mais alto dividendo, enquanto um corte no dividendo indica que a administração está preocupada com o nível dos lucros futuros.

Além do conteúdo de informação dos dividendos que pode influenciar a procura pelas ações de determinada empresa, existe ainda o chamado "efeito clientela", definido como a tendência de uma empresa a atrair o tipo de investidor que aprecia sua política de dividendos. Por exemplo, alguns acionistas preferem rentabilidade corrente a ganhos de capitais futuros. Estes procurarão empresas que distribuam uma porcentagem mais alta de seus lucros. Outros acionistas não têm necessidade de rentabilidade corrente de investimento. Provavelmente iriam reinvestir qualquer receita de dividendos que recebessem. Esse segundo grupo, então, preferirá um índice de distribuição de dividendos menor.

Até agora, só discutimos os aspectos teóricos da política de dividendos. No entanto, quando uma empresa estabelece uma política de dividendos, leva em consideração uma série de fatores. A condição desses fatores deve ser relacionada com a teoria da distribuição de dividendos e da determinação do valor da empresa.

Liquidez. A liquidez de uma empresa é uma consideração fundamental nas decisões de dividendos, pois como eles representam uma saída de caixa, quanto maior a posição de caixa e a liquidez geral da empresa, maior sua capacidade de pagar dividendos. Uma empresa que esteja crescendo e que seja rentável pode não ter liquidez, pois seus recursos podem estar sendo empregados em ativos permanentes e em capital de giro. Como a administração da empresa precisa manter um mínimo de liquidez para ter flexibilidade e para se proteger contra incertezas, poderá manter uma posição conservadora e, consequentemente, pagar menos dividendos. A liquidez da empresa é determinada, obviamente, por suas decisões de investimento e de financiamento. A decisão de investimento determina a taxa de expansão do ativo e a necessidade futura de recursos da empresa, e a decisão de financiamento determina como essa necessidade será financiada.

Perspectivas de crescimento. Inicialmente é preciso fazer uma avaliação das necessidades de recursos para expansão de ativos, e para isso são usados os orçamentos de capital e os demonstrativos projetados de origens e aplicações de recursos. As mudanças nos fluxos de caixa operacionais, os aumentos de contas a receber e estoques precisam ser cuidadosamente avaliados. Possíveis reduções nos níveis de endividamento e qualquer outra medida que afete a posição de caixa da empresa devem ser levadas em consideração. É fundamental a determinação das projeções dos fluxos de caixa e da posição de caixa da empresa, do risco de negócios e financeiro, e como isso tudo poderá influenciar no estabelecimento da política de dividendos.

A empresa está interessada em saber se sobram recursos para pagamento de juros e amortizações. Sob esse aspecto, a empresa deve verificar sua situação com muitos anos de antecedência para evitar mudanças na política de dividendos, que poderá resultar em queda no valor das ações. A provável capacidade da empresa de continuar distribuindo dividendos deve ser analisada em relação às distribuições de probabilidades dos possíveis fluxos e posições de caixa futuros.

Uma posição líquida que dê à empresa uma boa flexibilidade e proteção contra incertezas poderá ser assegurada através de sua capacidade de obter amplas linhas de crédito ou de recorrer aos mercados de capitais, emitindo ações ou debêntures. Quanto maior e mais bem estabelecida for uma empresa, maior será seu acesso ao mercado de capitais. Quanto maior a capacidade da empresa de levantar empréstimos, maior sua flexibilidade e sua capacidade de pagar dividendos em dinheiro. Com um pronto acesso a recursos de terceiros, a administração deve preocupar-se menos com o efeito que um dividendo em dinheiro possa ter sobre sua liquidez.

Considerações dos proprietários. A principal preocupação da empresa deveria ser maximizar a riqueza dos acionistas. Pode ser, no entanto, que os acionistas às vezes se preocupem demasiadamente com a manutenção do controle acionário. Se uma empresa pagar bons dividendos e de forma regular, poderá precisar de capital mais tarde e consegui-lo através da venda de ações. Nessas circunstâncias, o controle da empresa poderá se diluir se os acionistas controladores não puderem subscrever mais ações. Esses acionistas podem preferir dividendos baixos e o financiamento das necessidades de investimento da empresa por meio de lucros retidos. Essa política de dividendos pode não maximizar a riqueza dos acionistas, mas, mesmo assim, ainda promoverá os interesses dos acionistas controladores.

Quando uma empresa está sendo procurada por outra ou por pessoas físicas, dividendos baixos podem ser vantajosos para os investidores interessados no controle da empresa. Os investidores de fora podem conseguir convencer os acionistas de que a empresa não está maximizando sua riqueza e que eles (os de fora) podem conseguir mais – consequentemente, as empresas que estejam correndo perigo de ser adquiridas podem estabelecer dividendos altos para agradar seus acionistas.

Restrições legais em contratos de obrigações ou de empréstimos. As cláusulas de proteção num contrato de obrigações ou de empréstimo muitas vezes incluem uma restrição ao pagamento de dividendos. Essa restrição é imposta pelos financiadores para preservar a capacidade da empresa de arcar com as obrigações de suas dívidas. Quase sempre é expressa como uma percentagem máxima de lucros acumulados. Quando essa restrição está em vigor, é claro que influencia a política de dividendos da empresa. Às vezes, a administração de uma empresa vê com bons olhos uma restrição ao pagamento de dividendos imposta pelos credores, pois, assim, ela fica desobrigada de justificar, diante dos acionistas, a retenção dos lucros. Basta informar a restrição.

Avaliação do mercado. A administração da empresa deve procurar conhecer todas as informações relevantes para a política de dividendos que maximize a riqueza dos acionistas. O conhecimento da forma como o mercado valoriza certas políticas de dividendos, da preferência de determinados segmentos e do perfil de seus acionistas pode se tornar um fator determinante para o sucesso de uma política de dividendos. De modo geral, os acionistas apreciam políticas de pagamentos de dividendos fixos e contínuos. Essa política passa aos investidores uma segurança maior quanto à rentabilidade e à saúde econômico-financeira da empresa, reduzindo o custo de captação de recursos, aumentando o preço das ações e, consequentemente, maximizando a riqueza dos acionistas.

Uma boa observação das políticas de dividendos praticadas por empresas concorrentes pode trazer esclarecimentos importantes também, embora seja difícil fazer generalizações. A maioria das empresas examina os índices de distribuição de dividendos de outras empresas do ramo, especialmente as de mesmo porte e de mesmo ritmo de crescimento. A comparação com políticas de dividendos de concorrentes poderá ajudar a enxergar inconsistências internas. Por fim, uma empresa deve avaliar as informações que está transmitindo com seus dividendos e o que transmitiria com uma possível mudança de seus dividendos.

Uma observação final:

Na política de dividendos, a empresa analisa os fatores descritos anteriormente e estabelece o percentual de lucros retidos a ser pago. Quando as empresas distribuem dividendos, retendo lucros inferiores às oportunidades de investimentos existentes, isso significa que a administração julga que o pagamento desses dividendos terá um efeito favorável no preço das ações. O que é frustrante é que não podemos fazer muitas generalizações claras com base em provas empíricas. A falta de uma base sólida para prever o efeito de longo prazo de uma política de dividendos sobre o preço da ação torna a decisão mais difícil que as decisões de investimento ou de financiamento. Uma política ativa de dividendos envolve um ato de fé, já que exige que parte dos lucros distribuídos seja reposta por novas emissões de ações. Essa estratégia pode aumentar a riqueza dos acionistas, mas traz uma incerteza sobre a previsão dos resultados.

Testes empíricos sugerem que cada uma das teorias poderia estar correta ou que todas estão incorretas, porque:

a) Não é possível encontrar um conjunto de empresas que difiram apenas em suas políticas de dividendos.

b) Não podemos obter estimativas precisas sobre o custo de capital próprio.

c) Ainda não se sabe de que modo a política de dividendos afeta os preços das ações e o custo de capital.

10.3.2 CARACTERÍSTICAS DAS POLÍTICAS DE DIVIDENDOS

A política de dividendos deve levar em consideração dois objetivos fundamentais: maximizar a riqueza dos acionistas e propiciar um financiamento adequado à empresa. Vamos analisar a seguir três das políticas de dividendos mais utilizadas.

Política de dividendos com índice de distribuição constante. Através desta política, a empresa adota um índice de distribuição de dividendos fixos. Esse índice pode ser representado também pela divisão entre os dividendos pagos em dinheiro por seus lucros por ação. De certa forma, ao adotar essa política, a empresa tem de assegurar aos seus acionistas um repasse imediato dos resultados obtidos.

A desvantagem dessa política é que, se os lucros são instáveis, os dividendos vão variar continuamente passando aos acionistas uma impressão de que a empresa é muito arriscada, ou mal administrada.

Exemplo: A DP Empreendimentos trabalha com uma política de distribuição de dividendos em dinheiro de 25% dos lucros. Os dados obtidos dessa sua política estão apresentados a seguir:

Anos	Lucros por ação $	Dividendo em dinheiro por ação $	Preço médio da ação $
1996	2,00	0,50	12,00
1997	-1,80	0,00	10,00
1998	2.40	0,60	14,00
1999	3,00	0,75	16,00
2000	-1,00	0,00	13,00

Pode-se verificar que nos anos em que houve aumentos dos dividendos, 1998 e 1999, o preço da ação da DP Empreendimentos subiu, e nos períodos em que houve quedas dos dividendos, 1997 e 2000, o preço da ação caiu. Essa política traz aos acionistas uma insegurança sobre seus investimentos na empresa, fazendo com que paguem menos por ações de empresas que a utilizem. Ela não tem sido muito utilizada pelas empresas exatamente por reduzir o valor das ações, diminuindo a riqueza do acionista.

Política de dividendos regulares.[1] A política de distribuição de dividendos regulares se baseia no pagamento de um dividendo em dinheiro fixo por período, podendo ser mensal ou anual. Esta política quase sempre transmite ao acionista uma impressão positiva sobre o desempenho da empresa. Ao longo do tempo, a empresa pode reajustar esse dividendo fixo para cima, à medida que vão se observando novos patamares de lucros.

Exemplo: A ES Alimentícia adota uma política de dividendos regulares. Ela ajusta o valor desses dividendos à medida que mudam seus patamares de lucros ao longo dos anos. Os dados obtidos dessa política estão apresentados a seguir:

Anos	Lucros por ação $	Dividendo em dinheiro por ação $	Preço médio da ação $	Índice de distribuição de dividendos
1996	0,60	0,18	4,20	0,30
1997	0,59	0,18	4,10	0,30
1998	0,62	0,18	4,30	0,29
1999	0,67	0,20	4,50	0,30
2000	0,65	0,20	4,55	0,31

A ES Alimentícia pagou dividendo fixo de $0,18 por ano, nos anos de 1996 a 1998. Quando seus lucros mudaram de patamar, passou a pagar $0,20 por ano. Pode-se verificar que a empresa procurou assegurar um dividendo fixo, mas ajustou o valor aos novos patamares de lucro, buscando assegurar também um índice de distribuição de dividendos próximo de 30% ao ano. Essa política dá aos acionistas uma maior segurança, fazendo com que as ações da empresa sejam mais valorizadas no mercado.

Esta tem sido mais utilizada que a política de dividendos regulares exatamente por cumprir melhor os objetivos de uma boa política de dividendos, que são maximizar a riqueza dos acionistas

---

[1] O Brasil é um dos únicos países do mundo que estabelece em sua legislação das Sociedades Anônimas um índice de distribuição de dividendos obrigatório de 25% ao ano.

e propiciar um financiamento adequado à empresa. Sempre poderá haver grandes oscilações nos lucros; no entanto, com essa política, a empresa procura não repassar todas as oscilações aos acionistas.

Política de dividendos regulares mais extra. A política de dividendos regulares mais a distribuição de um dividendo extra por ocasião de bons resultados proporciona aos acionistas uma renda estável que lhe dá segurança e uma renda extra que o mantém como participante dos períodos de bons lucros da empresa. É uma política mais conservadora que a política de dividendos regulares, pois toma o cuidado de distribuir um pouco menos de dividendos regulares e só distribuindo mais dividendos segundo sua capacidade de gerar caixa. Esta política tem o cuidado de não criar falsas expectativas nos acionistas, chamando de dividendo extra tudo aquilo que o acionista não deve incorporar a seu fluxo de caixa normal.

É uma política adequada para aqueles investidores cujo perfil exige uma remuneração estável para cumprir seus compromissos, e também àqueles investidores que estão dispostos a assumir um pouco mais de risco.

Exemplo: Vamos supor que a JB Banco de Investimentos tenha optado por uma política de distribuição de dividendos em dinheiro de $0,20 por ano, mais dividendos extras, sempre que os lucros permitirem. Os dados obtidos dessa política estão apresentados a seguir:

Anos	Lucros por ação $	Dividendo em dinheiro por ação $	Preço médio da ação $	Índice de distribuição de dividendos
1996	0,80	0,20	5,00	0,25
1997	0,75	0,20	4,70	0,27
1998	0,83	0,20	5,20	0,24
1999	1,20	0,45 (0,20+0,25)	7,50	0,38
2000	1,10	0,40 (0,20+0,20)	6,80	0,36

Pode-se verificar que nos anos em que houve aumentos de lucros, como em 1999 e 2000, foram distribuídos dividendos extras de $0,20 e $0,25 respectivamente, refletindo no preço das ações. Também nesse caso, a empresa busca manter um índice de distribuição de dividendos estável, em torno de 25% mais dividendos extras.

Esta política traz a vantagem de assegurar um adequado fluxo de financiamento para a empresa e melhor preço da ação.

10.3.3 INSTRUMENTOS DA POLÍTICA DE DIVIDENDOS

Distribuição de lucros. A Lei das Sociedades Anônimas determina que pelo menos 25% do lucro líquido seja distribuído a título de dividendos aos detentores das ações tanto ordinárias, quanto preferenciais, depois de realizados os seguintes ajustes no lucro líquido:

a) Parcela destinada à formação de Reserva Legal.

b) Parcela destinada à formação de Reservas para Contingências e reversão das mesmas, quando formadas em exercícios anteriores.

c) Lucros a realizar, transferidos para a respectiva reserva e lucros anteriormente registrados nessa reserva que tenham sido realizados no exercício então findo.

A distribuição de dividendos depende dos lucros da empresa, é estabelecida pela Assembleia de Acionistas e é feita em dinheiro. A forma de pagamento depende da política e das condições da empresa, e pode ser mensal, semestral ou anual, sendo que, no primeiro caso, é comum que haja um dividendo extra por ocasião do encerramento do balanço no final de cada exercício social. É fundamental que a empresa crie um padrão histórico de dividendos, de forma a manter um bom relacionamento com os investidores.

Distribuição em dinheiro. Com pagamento em dinheiro, a distribuição de lucros pode ser feita de duas formas.

- Como pagamento de dividendo, o Conselho de Administração, ouvindo o Conselho Fiscal, propõe (e a Assembleia de Acionistas declara) os dividendos a serem pagos, a data de registro e a data de pagamento dos dividendos. Todos os acionistas registrados nos controles internos da empresa naquela data terão direito a receber os dividendos declarados, em prazo que não deve ultrapassar em 60 dias a data da Assembleia, conforme está estabelecido na Lei das S.A. Essa data é importante, porque define também quando uma ação passará a ser negociada ex-dividendo, ou seja, sem direito aos dividendos. Existem empresas que pagam dividendos mensais na primeira semana de cada mês subsequente e um dividendo extra em abril do ano seguinte.

Muitas empresas utilizam a ocasião do pagamento dos dividendos para oferecerem aos acionistas oportunidades de reinvestimento dos dividendos na compra de novas ações, com preços menores do que aqueles cotados em bolsas. É uma forma de incentivar a permanência dos recursos na própria empresa. No Brasil, o Bradesco utiliza essa política com muito sucesso, pois consegue "convencer" os investidores de que seus lucros futuros serão compensadores.

- Sob a forma de juros sobre o capital próprio, conforme será visto na Seção 3.5, a seguir.

Distribuição em bonificações. A distribuição de lucros e/ou reservas livres poderá ser feita também sob a forma de bonificações. Embora as bonificações não possuam um valor real, os acionistas sentem que têm em mãos algo de valor. Da mesma forma que o pagamento em dinheiro, essa decisão é aprovada pela Assembleia de Acionistas.

A bonificação é resultado de incorporação ao Capital Social de valores existentes no Patrimônio Líquido da empresa compostos de saldos de lucros acumulados e reservas livres. A incorporação desses valores resulta em aumento do valor do Capital Social. A decisão poderá manter a mesma quantidade existente de ações, alterando-se apenas o valor nominal ou de referência das ações. Mas pode também resultar na emissão proporcional de novas ações, que são denominadas inicialmente ações bonificadas.

Exemplo de bonificação em ações:

Situação anterior:

100.000 ações ordinárias de valor nominal de $10,00	$1.000.000
100.000 ações preferenciais de valor nominal de $10,00	$1.000.000
Reservas de capital	$150.000
Lucros acumulados	$250.000
Total do patrimônio líquido	$2.400.000

A Assembleia de Acionistas autorizou a distribuição de $200.000 da conta de lucros acumulados sob a forma de bonificação, e a nova composição do Patrimônio Liquido ficou assim:

110.000 ações ordinárias de valor nominal de $10,00	$1.100.000
110.000 ações preferenciais de valor nominal de $10,00	$1.100.000
Reservas de capital	$150.000
Lucros acumulados	$50.000
Total do patrimônio líquido	$2.400.000

Verifica-se que houve bonificação de uma ação para cada 10 ações existentes, tanto ordinárias quanto preferenciais e consequente aumento do Capital Social de $2.000.000 para $2.200.000 – $1.100.000 de ações ordinárias mais $1.100.000 de ações preferenciais. Em consequência, o saldo de lucros acumulados baixou de $250.000 para $50.000.

Do ponto de vista do acionista, em princípio não há qualquer variação na sua riqueza, pois o mercado rapidamente ajusta o valor da ação ao novo número de ações existente no mercado. O que determinará um aumento ou uma queda no valor das ações será a variação nos lucros da empresa e nos novos dividendos a serem distribuídos no futuro.

Do ponto de vista da empresa, a vantagem de distribuir bonificações é evitar a saída de caixa. Muitas vezes as empresas utilizam essa prática para aproveitar boas alternativas de investimentos. Nesse caso, a riqueza do acionista poderá aumentar efetivamente. Numa outra situação em que a empresa utilize essa prática para pagar contas, por exemplo, o valor das ações poderá cair mais que proporcionalmente, diminuindo a riqueza do acionista.

10.3.4. COMPLEMENTOS DAS POLÍTICAS DE DIVIDENDOS

O administrador tem à mão alguns mecanismos que podem contribuir para estabelecer melhor relacionamento com os investidores através de políticas de dividendos, tais como:

Plano de recompra de ações. As empresas utilizam a recompra de parte de suas ações no mercado, visando a aumentar o valor das ações para os acionistas ou para evitar a compra de grande parcela do capital ou mesmo da maioria das ações ordinárias, com mudança do controle acionário.

Normalmente uma empresa recompra algumas de suas ações em circulação, reduzindo o número de ações e aumentando tanto o Lucro Por Ação (LPA) como o preço da ação. As recompras são úteis para proporcionar grandes mudanças na estrutura de capital de uma empresa. Em alguns casos, podem permitir também que os acionistas posterguem o pagamento de impostos sobre sua parte dos lucros da empresa.

Reinvestimento de lucros. Os lucros retidos, remanescentes dos lucros após os dividendos, constituem uma fonte interna de capital próprio, utilizada no financiamento dos planos operacionais e de investimento. No Brasil, a Lei nº 6.404/1976, das sociedades anônimas, em seu art. 196, determina que a retenção tem de ser justificada. A decisão de retenção de lucros é uma decisão de financiamento.

Plano de reinvestimento de dividendos. É o plano que habilita os acionistas a usar dividendos recebidos das ações da empresa na aquisição de ações adicionais inteiras ou fracionárias, a um custo de corretagem pequeno ou inexistente. A vantagem desse plano é que, em empresas razoavelmente estáveis, o custo médio por ação torna-se menor que o preço médio de mercado. A desvantagem é que todos os dividendos reinvestidos serão tributados no ano em que foram pagos. Normalmente, é direcionado aos pequenos investidores que têm somente uma quantia limitada para investir.

Desdobramentos de ações (*Splits*). Os desdobramentos de ações são feitos para baixar o preço das ações no mercado. Muitas vezes as empresas acreditam que, se reduzirem o valor unitário da ação, os investidores serão estimulados a comprar a ação. Esses desdobramentos costumam ser realizados antes de novas emissões e tentam explorar aspectos psicológicos dos investidores, por darem ideia de que a liquidez da ação aumentaria em decorrência disso.

Do ponto de vista da empresa, o desdobramento de ações não altera sua estrutura de capital nem seu custo de capital, embora sempre haja uma expectativa da empresa de que, ao aumentar o número de ações em circulação, os desdobramentos poderão não apenas "dividir o bolo em fatias menores", mas, em alguns casos, "aumentar o bolo" também.

As vantagens ou desvantagens de se usarem essas estratégias dependem de uma série de fatores e precisam ser bem analisadas para evitar queda da credibilidade da empresa junto ao mercado.

Exemplo de desdobramento de ações:

Situação anterior:

10.000 ações ordinárias de valor nominal de $100,00	$1.000.000
10.000 ações preferenciais de valor nominal de $100,00	$1.000.000
Reservas de capital	$150.000
Lucros acumulados	$250.000
Total do patrimônio líquido	$2.400.000

Após a decisão de desdobramento de ações de dez por uma:

100.000 ações ordinárias de valor nominal de $10,00	$1.000.000
100.000 ações preferenciais de valor nominal de $10,00	$1.000.000
Reservas de capital	$ 150.000
Lucros acumulados	$ 250.000
Total do patrimônio líquido	$2.400.000

O desdobramento aumentou a quantidade de ações ordinárias e preferenciais existentes de 10.000 para 100.000, respectivamente, reduziu o valor nominal de $100,00 para $10,00 e manteve a mesma estrutura do Patrimônio Líquido.

Ao contrário do desdobramento, pode ser interessante para a empresa reduzir a quantidade de ações em circulação, em razão, por exemplo, de um baixo valor de mercado, fazendo um agrupamento de ações (INPLIT), também chamado de desdobramento inverso, trocando certo número de ações por uma quantidade menor de ações, sem haver alteração no valor do Capital Social, mudando somente a quantidade de ações em circulação, porém aumentando o valor unitário da ação. No Brasil essa estratégia foi bastante utilizada, principalmente devido às altas taxas de inflação, que provocavam grande queda do valor do dinheiro no tempo e obrigavam o Governo a mudar inclusive a moeda do país diversas vezes nas décadas de 1980 e 1990.

Exemplo de agrupamento de ações:

Situação anterior:

5.000.000 ações ordinárias de valor nominal de $0,20	$1.000.000
4.000.000 ações preferenciais de valor nominal de $0,20	$800.000
Reservas de capital	$200.000
Lucros acumulados	$250.000
Total do patrimônio líquido	$2.250.000

Após a decisão de agrupamento de ações de uma por dez:

500.000 ações ordinárias de valor nominal de $2,00	$1.000.000
400.000 ações preferenciais de valor nominal de $2,00	$800.000
Reservas de capital	$200.000
Lucros acumulados	$250.000
Total do patrimônio líquido	$2.250.000

O agrupamento diminuiu a quantidade de ações ordinárias e preferenciais existentes de 5.000.000 e 4.000.000 para 500.000 e 400.000, respectivamente, aumentou o valor nominal de $0,20 para $2,00 e manteve a mesma estrutura do Patrimônio Líquido.

10.3.5 ALGUMAS EVIDÊNCIAS DA INFLUÊNCIA DA TRIBUTAÇÃO NA POLÍTICA DE DIVIDENDOS

Vários estudos realizados na década de 1990 sobre as mudanças nas políticas de dividendos das companhias brasileiras, em decorrência das alterações tributárias ocorridas a partir de 1988, mostraram a influência da tributação sobre os dividendos e ganhos de capital.

Mas restaram muitas controvérsias, pois alguns concluíram que as reformas tributárias não provocaram modificações significativas nas políticas de dividendos, ao passo que outros, como os resultados apresentados por Procianoy (1996), apontam para um aumento no nível médio dos índices de distribuição de dividendos de todos os exercícios sociais após as modificações tributárias (1988-1989), sugerindo que as mudanças ocorridas na legislação tributária provocaram uma modificação nas políticas de dividendos da maioria das empresas analisadas.

JUROS SOBRE O CAPITAL PRÓPRIO

Em 1996, foi abolida a correção monetária sobre valores do patrimônio líquido no Brasil, para atender aos objetivos de desindexação do Plano Real. Para reduzir os efeitos sobre patrimônios das empresas, decorrentes da extinção da correção monetária, a legislação determinou que para efeito de apuração do lucro real, a partir de 01/01/1996, observado regime de competência, poderão ser deduzidos os juros pagos a título de remuneração do capital próprio.

A lei estabelece que o efetivo pagamento ou crédito dos juros fica condicionado à existência de lucros computados antes da dedução dos juros ou lucros acumulados, ou reserva de lucros, em montante igual ou superior a duas vezes os juros a serem pagos ou creditados.

Até o final de 1996, os juros sobre o capital próprio eram dedutíveis apenas para o cálculo do imposto de renda da pessoa jurídica. A partir de janeiro de 1997, a dedução foi estendida também para a contribuição social sobre o lucro líquido (8%). Assim, as pessoas jurídicas passaram a se beneficiar de uma redução de até 100% da carga fiscal sobre os lucros, limitados a 50% do lucro efetivo.

A lei faculta à empresa a destinação dos juros sobre o capital próprio. Ela poderá optar pela alternativa de capitalizá-los e, nesse caso, haverá incidência de imposto de renda na fonte à alíquota de 15% por conta da empresa, e o valor efetivo de capitalização será equivalente aos 85% restantes. Se optar pelo pagamento, também haverá incidência do mesmo imposto, que será por conta do beneficiário, e considerado exclusivo de fonte para a pessoa física, ou jurídica não tributada com base no lucro real, ou antecipação do devido, no caso de pessoa jurídica tributada com base no lucro real.

O art. 9º da Lei nº 9.249/1995 faculta que os juros sobre o capital próprio poderão ser imputados ao valor dos dividendos de que trata o art. 202 da Lei nº 6.404/1976, que disciplina o dividendo obrigatório e o dividendo anual mínimo. Assim, o juro sobre o capital próprio, ao se transformar em dividendo, pode beneficiar as empresas, na totalidade, ou pelo menos, em uma parcela, com um dividendo dedutível para fins de apuração do imposto de renda da pessoa jurídica. Entretanto, na pessoa física, os dividendos são isentos enquanto os JSCP sofrem a incidência do IRF de 15%.

Não pretendemos nos alongar nessa análise aqui, e estamos recomendando apenas que qualquer política de dividendos a ser implementada no país deverá levar em consideração o tratamento fiscal dado ao pagamento de juros sobre o capital próprio.

10.4 RELAÇÕES COM INVESTIDORES

Relações com investidores são um conjunto de atividades destinadas a estreitar o relacionamento entre a companhia aberta e os investidores. São atividades de comunicação corporativa, finanças e marketing, que visam fornecer ao mercado informações precisas sobre os desempenhos empresarial e societário e suas perspectivas. São atividades que permitem à companhia exercer maior influência no processo de formação dos preços de suas ações e também na criação de uma imagem institucional favorável junto aos investidores.

Nos mercados financeiros nacionais e internacionais, é cada vez maior a percepção de que o valor de mercado de uma companhia reflete a confiança que o mercado deposita nela. A confiança exige cultivo perene, consolida-se lentamente e pode se tornar muito volátil diante de ruídos de comunicação. Devido a essa constatação, além de um trabalho permanente de comunicação com todo o mercado, as companhias empreendem programas específicos para se relacionarem com investidores, com a imprensa especializada e com os demais públicos formadores de opinião, quando planejam abordar o mercado para novas emissões. O Quadro 4.1 apresenta as principais atividades desenvolvidas pelas relações com investidores.

Quadro 10.1 Principais atividades de relações com investidores

Desenvolvimento interno da cultura de companhia aberta
Divulgação de informações obrigatórias
Relacionamento com órgãos reguladores
Divulgação de informações voluntárias ao mercado
Monitoração dos serviços aos acionistas e respectivas assembleias
Relacionamento com as bolsas de valores e mercados de balcão
Reuniões com analistas de investimento, acionistas e investidores potenciais
Acompanhamento das avaliações feitas sobre a companhia
Relacionamento com a imprensa
Acompanhamento das condições de negociação dos valores mobiliários da companhia.

Relações com investidores vêm apresentando grande desenvolvimento no mercado americano e europeu, e têm se estendido por todos os países emergentes que estão abrindo seus mercados. É uma área estratégica para o futuro das companhias abertas, pois os mercados operam não só com dados objetivos, mas também com avaliações subjetivas sobre a companhia, seu meio ambiente e a sua capacidade de reação frente a este, podendo ocorrer formação de preço de mercado substancialmente diferente daquela que seria resultante apenas dos fatores objetivos. A fim de que esse diferencial seja positivo para a companhia, não basta agir corretamente — é preciso dar a adequada divulgação às atitudes tomadas.

A área de relações com investidores é dirigida aos acionistas, investidores, profissionais e analistas de mercado. Os benefícios de uma boa área de relações com investidores são diversos, podendo-se destacar: o aumento do valor de mercado da companhia e da liquidez de seus valores mobiliários, a redução de custos de captação, a atração de investidores qualificados, o acesso ao mercado de capitais globalizado e o aperfeiçoamento da postura ética e da imagem institucional.

No caso brasileiro, a abertura do mercado ao investidor estrangeiro, o crescimento da participação dos investidores institucionais enquanto acionistas e o processo de privatização impuseram a necessidade de aprimoramento da atividade de RI ao longo dos anos 1990, mas o processo ainda não atingiu um conjunto amplo de companhias.

A adequada comunicação de seus projetos e atividades passou a ser uma questão de sobrevivência das companhias abertas. O ganho intangível gerado pelo maior cuidado no relacionamento da companhia com o mercado não substitui fatores objetivos como rentabilidade e remuneração do acionista, mas constitui-se em importante diferencial quanto à atratividade da companhia. Ou seja, já não basta gerir bem sua produção, suas finanças e o marketing de seus produtos. Hoje a companhia aberta passa a ter o dever de administrar responsavelmente a forma como é percebida não só pelo mercado, mas por sua comunidade. Sua imagem e reputação exigem um investimento constante, que ao longo dos tempos gerará retornos compatíveis via valorização de suas ações.

10.4.1 O DIRETOR DE RELAÇÕES COM INVESTIDORES

De acordo com as instruções emitidas pela CVM, para a empresa ser nela registrada, o estatuto social ou o Conselho de Administração deve atribuir a um diretor a função de relações com o mercado, que poderá ou não ser exercida cumulativamente a outras atribuições executivas. O diretor de relações com o mercado é responsável pela prestação de informações aos investidores, à CVM e às bolsas de valores, devendo manter atualizado o registro da empresa.

Pela Instrução CVM nº 358, de 3/01/2002, cumpre ao Diretor de Relações com Investidores divulgar e comunicar à CVM e, se for o caso, à Bolsa de Valores e entidade do mercado de balcão organizado em que os valores mobiliários de emissão da companhia sejam admitidos à negociação, qualquer ato ou fato relevante ocorrido ou relacionado aos seus negócios, bem como zelar por sua ampla e imediata disseminação, simultaneamente em todos os mercados em que tais valores mobiliários sejam admitidos à negociação. O Diretor de Relações com Investidores deverá ainda divulgar simultaneamente ao mercado ato ou fato relevante a ser veiculado por qualquer meio de comunicação, inclusive informação à imprensa, ou em reuniões de entidades de classe, investidores, analistas ou com público selecionado, no país ou no exterior.

DEVERES E RESPONSABILIDADES DO DIRETOR DE RELAÇÕES COM INVESTIDORES

É de responsabilidade do Diretor de Relações com Investidores:

- Divulgar ao mercado e comunicar aos órgãos reguladores e autorreguladores qualquer ato ou fato relevante ocorrido ou relacionado aos negócios da companhia, imediatamente após tomar conhecimento do mesmo.
- Zelar pela ampla, simultânea e imediata disseminação do ato ou fato relevante ao mercado.
- Atuar como principal porta-voz da companhia em assuntos pertinentes ao mercado.
- Responder prontamente aos órgãos competentes a eventuais solicitações de esclarecimentos adicionais, correção, aditamento ou republicação sobre ato ou fato relevante.
- Receber a comunicação sobre a quantidade, as características e a forma de aquisição dos valores mobiliários em negociação no mercado, de emissão da Companhia e de sociedades controladas ou controladoras, que sejam companhias abertas, de que sejam titulares as pessoas abrangidas, bem como as alterações em suas posições.
- Acompanhar a negociação dos valores mobiliários de emissão da companhia e, em caso de identificar oscilação atípica na cotação, preço ou quantidade negociada, averiguar a existência de novas informações sobre a companhia que devam ser divulgadas ao mercado.

A função de Diretor de Relações com o Mercado vem sendo exercida por diretores como presidentes, vice-presidentes, superintendentes, diretores de finanças e outros.

10.4.2 BENEFÍCIOS DA ADOÇÃO DE UM PROGRAMA DE RELAÇÕES COM INVESTIDORES

Crescimento do valor de mercado. O aumento da transparência da companhia pode contribuir para a elevação de seu valor de mercado, pois a falta de informação aumenta o risco, o que faz com que os investidores apliquem deságio sobre o que deveria ser o preço justo da companhia. Ocorre também uma menor dispersão das expectativas, viabilizando uma valorização mais apropriada da companhia.

Crescimento da liquidez. Na mesma linha, a transparência concorre para o aumento da liquidez dos valores mobiliários emitidos pela companhia, pois, com melhores informações, mais analistas acompanharão a empresa, estimulando decisões de compra e venda.

Redução dos custos de captação. Companhias que contam com departamentos e programas de relações com investidores maduros afirmam que o custo dessa atividade é mais do que compensado pelo maior valor de mercado da companhia e por reduções em comissões e custos de futuras emissões de títulos. O mercado tende a aceitar pagar um pouco mais pelo título mobiliário emitido por essas companhias. Há maior facilidade na obtenção de consenso na formação de preço por parte das instituições envolvidas na operação de subscrição. Há também menor esforço de marketing da distribuição.

Base acionária satisfatória. Um programa de relações com investidores pode contribuir para que a companhia atinja uma base acionária mais adequada à estratégia de seus dirigentes, tanto no que se refere à pulverização do capital, como na postura ativa ou passiva dos acionistas minoritários, ou ainda na capacidade financeira dos acionistas atuais e potenciais para fazer frente a novas emissões.

Intercâmbio de informações relevantes. Os investidores e analistas trazem para a companhia informações relevantes acerca do comportamento do mercado, do setor de atuação da companhia e de conceitos e expectativas acerca da própria companhia. Com a globalização financeira, esses profissionais contribuem também com preciosas comparações internacionais, úteis para o desenvolvimento de novas estratégias.

Profissionalização. A atividade de relações com investidores contribui para aprimorar a profissionalização dos quadros dirigentes. O mercado demanda profissionalismo e quer saber o histórico dos dirigentes, a lógica do organograma funcional, a dinâmica das tomadas de decisões e a postura dos principais dirigentes frente ao mercado de capitais. Exige também que haja independência nas práticas de gestão da empresa, diante dos interesses particulares do controlador.

Postura ética e imagem institucional. Uma postura eticamente correta contribui para a fixação da imagem institucional da companhia, uma vez que o trabalho perante a comunidade financeira é amplamente divulgado, atingindo fornecedores, clientes, meio acadêmico e setor governamental.

10.4.3 PRINCÍPIOS ÉTICOS QUE DEVERIAM SER RESPEITADOS POR COMPANHIAS ABERTAS

Podemos citar alguns princípios éticos que deveriam ser respeitados por companhias abertas:

Transparência. Qualidade de gerar informações satisfatórias acerca do desempenho da companhia, assim como de sinalizar as principais tendências do comportamento futuro do mercado e da empresa.

Confiabilidade. Confiabilidade das informações divulgadas, em especial quanto às Demonstrações Financeiras e fatos relevantes

Tratamento respeitoso ao acionista minoritário. Contribuição para o desenvolvimento do mercado de capitais como um todo, seja atuando adequadamente nesse mercado, seja por meio de ações coletivas para o aprimoramento das regras, da qualidade e do aumento do volume de negócios. É fundamental que a empresa desenvolva um bom relacionamento com os investidores para que não só mantenha seus atuais acionistas, como também possa atrair acionistas potenciais. A incerteza faz com que os investidores observem certas atitudes da administração como "sinais" de perspectivas futuras. A sinalização via distribuição de dividendos é honesta, pois exige pagamento em dinheiro que não pode ser manipulado.

Observações: Como pudemos observar, um bom relacionamento com os investidores exige conhecimento dos diversos instrumentos existentes no mercado financeiro e de capitais, da situação econômica e financeira da empresa e das oportunidades de investimentos e de financiamentos da empresa, do perfil dos acionistas da empresa e uma adequada política de dividendos. Além disso, a administração deve tomar medidas para produzir lucros futuros altos e estáveis.

10.5. RESUMO

O capítulo chama a atenção para a importância de a empresa ter uma política de dividendos que considere as diferentes teorias existentes. A política de dividendos afeta o preço das ações? A política de dividendos é irrelevante? Altos dividendos elevam o valor das ações? São algumas questões apresentadas em seu início.

Modigliani e Miller (MM) defendiam que num mundo perfeito, sem risco, sem impostos, sem custo de transação e sem outras imperfeições do mercado, a política de dividendos não afetava o valor da empresa. Toda a Teoria de Dividendos é baseada nas proposições desses autores.

A teoria da irrelevância dos dividendos defendida por MM afirma que a política de dividendos não afeta o valor da empresa. A teoria da relevância defende que, quanto mais dividendos forem distribuídos pela empresa, maior será o preço de suas ações e menor será o custo do seu capital próprio. A teoria residual já defende que os dividendos pagos pela empresa deveriam ser apenas o que tenha sobrado após todas as oportunidades de investimentos aceitáveis terem sido aproveitadas. Baseados nessas teorias, os estudiosos desenvolveram o conceito de política ótima de dividendos.

Existem vários fatores que influenciam uma política de dividendos: liquidez, perspectiva de crescimento, considerações dos proprietários, restrições legais em contratos de obrigações ou de empréstimos e avaliação do mercado.

Há três políticas de dividendos: a política de dividendos com índice de distribuição constante, a política de dividendos regulares e a política de dividendos regulares mais extra. Não há uma que seja a mais indicada, sendo suas utilizações dependentes de cada caso e das estratégias globais da empresa.

As empresas utilizam vários instrumentos na condução de suas políticas de dividendos, sendo as mais comuns: distribuição de dividendos; desdobramentos de ações; recompra de ações; reinvestimento de lucros e reinvestimento de dividendos.

Aspectos tributários afetam as políticas de dividendos, e um dos casos marcantes foi a adoção no Brasil da legislação que implantou o juro sobre o capital próprio.

Relações com investidores são atividades de comunicação corporativa, finanças e marketing que visam fornecer ao mercado informações precisas sobre os desempenhos empresarial e societário e suas perspectivas. Sua importância para as empresas é fundamental e crescente. Os principais benefícios que essa área pode trazer às empresas são: crescimento do valor de mercado, crescimento da liquidez, redução dos custos de captação, base acionária satisfatória, intercâmbio de informações relevantes, profissionalização, postura ética e imagem institucional.

Finalmente, as companhias abertas devem respeitar alguns princípios éticos como transparência, confiabilidade e tratamento respeitoso ao acionista majoritário.

10.6. QUESTÕES

1. Quais são as três teorias que procuram mostrar se a política de dividendos afeta o preço das ações?
2. Conceitue e critique a teoria da irrelevância dos dividendos de Modigliani e Miller.
3. Defina índice de distribuição de dividendos e dê exemplos de sua utilização nas decisões de dividendos.
4. Dê seu ponto de vista entre o dilema financiar ou reter lucros.
5. O que assegura o princípio da conservação do valor? Como os aspectos tributários alteram o modelo de MM?
6. Quais os argumentos finais da teoria de MM?
7. Conceitue e critique a teoria da relevância dos dividendos.
8. Você acredita no efeito clientela? Por quê?
9. Comente os dividendos como um resíduo passivo e o conteúdo informacional dos dividendos.
10. Pesquise os custos de transação e divisibilidade dos títulos no Brasil, nos Estados Unidos e na Europa.
11. Conceitue e critique a teoria residual dos dividendos.
12. Quais são as etapas necessárias às decisões de dividendos segundo a teoria residual dos dividendos?
13. Conceitue política de dividendos. É possível obter uma política ótima de dividendos? Explique.
14. Quais os fatores que afetam uma política de dividendos? Detalhe-os.
15. Apresente e comente as três políticas de dividendos mais utilizadas. Dê exemplos.
16. Quais são os instrumentos na implementação de uma política de dividendos? Comente cada um deles.
17. Como a implantação da legislação de juros sobre o capital próprio afetou a política de dividendos no Brasil. Pesquise e apresente suas conclusões.
18. Conceitue relações com investidores e apresente suas principais atividades numa empresa.
19. Apresente detalhadamente os benefícios da adoção de um programa de relações com investidores. Cite alguns princípios éticos que deveriam ser respeitados por companhias abertas.
20. Faça uma pesquisa empírica sobre as políticas de dividendos utilizadas em três das principais empresas de sua cidade, de sua região ou do país.

10.7. EXERCÍCIOS

1. A LG Engenharia Genética tem $3.000.000,00 de lucros retidos e as oportunidades de investimentos e taxas internas de retorno mostradas no quadro a seguir. Seu custo de capital para investimentos até $2.000.000,00 é de 13,90% e para investimentos acima desse valor é de 15,60%. Sua estrutura ótima de capital é formada por 60% de capital próprio e 40% de capital de terceiros. Quanto a LG deveria reter e quanto ela deveria distribuir como dividendos? Qual seu índice de distribuição de dividendos? Construa o gráfico perfil de oportunidades de investimentos e custo de capital da empresa e teça comentários sobre suas respostas.

Perfil das oportunidades de investimento e custo marginal de capital da DP Empreendimentos		
Oportunidades de investimentos	Taxas internas de retorno	Investimento inicial
A	21,5%	$ 1.000.000,00
B	20,5%	$ 800.000,00
C	16,8%	$ 600.000,00
D	15,3%	$ 550.000,00
E	14,5%	$ 400.000,00
F	12,5%	$ 1.000.000,00
Total		$ 4.350.000,00

2. Baseado no Exercício 1, suponha que a LG Engenharia Genética mantenha um índice de distribuição de dividendos de 30%. Que implicações teriam para a maximização da riqueza da empresa, se ela não alterasse essa política nesse ano?

10.8 CASOS

10.8.1 O CASO DA PETROBRAS

A Petrobras divulgou o lucro obtido no ano de 1999: R$9,942 bilhões. Por lei, 25% devem ser distribuídos em dividendos, o que representa R$2,48 bilhões. A empresa distribuiu 49% do lucro referente a 1999. Se for seguido o mesmo critério em 2000, a quantia pode chegar a R$4,871 bilhões. O valor exato só seria conhecido na reunião do Conselho de Administração da empresa, que deve acontecer até o final de março de 2000.

Os investidores que aplicaram recursos do FGTS em ações ON da Petrobras também recebem os dividendos. O cotista, entretanto, só receberá o dividendo, quando fizer o saque dos recursos — seja do Fundo Mútuo de Privatização (FMP), seja da conta vinculada do FGTS, se o cotista optar por retirar o dinheiro do fundo e devolvê-lo à conta do FGTS. Os saques só podem ser efetuados em caso de demissão sem justa causa, doença grave, compra de imóvel e aposentadoria ou invalidez.

"O dividendo é incorporado à cota que se valoriza", explica Fulano de Tal, da área de gestão de fundos, da Caixa Econômica Federal (CEF). A partir de hoje, os cotistas dos fundos FMP que se enquadrarem nessas regras já podem pedir o resgate do Fundo. Mas, quem o fizer, perderá 10% dos 20% de desconto concedidos pelo governo quando da adesão ao fundo.

De acordo com os dados da Associação Nacional dos Bancos de Investimentos (Anbid), desde a sua criação até o dia 13 de fevereiro, os FMPs tiveram uma rentabilidade de 66,80%, já contabilizado o desconto de 20%. Quem sacar agora, recebe 56,80%. Beltrano de Tal, analista de petroquímica da Max Asset Management, projeta uma alta de 30% para as ações da Petrobras até o final do ano. Apesar disso, ele acha que o investidor que teve como primeira experiência em Bolsa a aplicação nos FMPs já deveria realizar o lucro, pois esse primeiro contato foi bastante positivo.

Para o investidor mais experiente em renda variável que suporta o sobe e desce da Bolsa, Beltrano acredita que ele deva manter a aplicação. Quem fizer o saque, só a partir de 15 de agosto receberá a rentabilidade total, descontados 10% de imposto de renda sobre o ganho que exceder a rentabilidade do FGTS no período. Pede-se:

Tendo em vista a experiência, quase inédita no Brasil, de o Governo permitir que trabalhadores passassem a usar seu FGTS para aplicar em ações, qual deveria ser a política de dividendos da Petrobras? Comente detalhadamente.

10.8.2 O CASO DA QUÍMICA BRASILEIRA

A Química Brasileira não é mais a mesma. No início de fevereiro, o Conselho de Administração decidiu reorganizar os negócios do conglomerado com o objetivo de maximizar o valor das ações da empresa para os acionistas. "Essa operação viabilizará obter este valor", diz o presidente da empresa.

A proposta do conselho é clara. De um lado, ficarão as especialidades químicas e de plásticos, que englobam revestimentos, tintas, adesivos. E, do outro, a operação, que receberá as fibras de acetato e resinas plásticas PET. "Acreditamos que, ao separar esses negócios em duas empresas de capital aberto, proporcionaremos valor aos acionistas a longo prazo", afirma. Após a divisão, os atuais acionistas da companhia vão ter ações das duas empresas.

No Brasil, a Química Brasileira nega que tenha interesse nos ativos da Pet-bras, controlada pela holandesa Platt. Fabricante de resinas PET, usadas na fabricação de embalagens plásticas, por exemplo, e de fibras de poliéster, a Pet-bras não está mais nos planos da empresa francesa.

O presidente da Química Brasileira para a América Latina, informa que a cisão da companhia não traz mudanças a curto prazo para a operação brasileira. E acrescenta que é cedo anunciar investimentos para este continente. No entanto, a empresa negocia a compra da divisão de resinas da Hercules no México.

Presente em 30 países e com 15 mil empregados, a Química Brasileira fatura US$5,3 bilhões no mundo. Desse montante, a atual divisão de especialidades químicas e plásticas garante US$3 bilhões. E a operação de fibras de acetato e Polietileno tereftalato (PET) aufere US$2 bilhões. Pede-se:

1. Coloque-se na posição do diretor de Relações com os Investidores da empresa e proponha uma política de dividendos da firma que considere a teoria aprendida no Capítulo 10 e a maximização da riqueza da empresa no longo prazo. Comente detalhadamente.

10.8.3 O CASO DA COMPANHIA SIDERÚRGICA NACIONAL

A emissão de debêntures da Vicunha Siderúrgica S.A., conforme pedido encaminhado à Comissão de Valores Mobiliários (CVM), indica ainda a necessidade de pagamento de US$500 milhões de dividendos extraordinários da Companhia Siderúrgica Nacional (CSN) para Benjamin Steinbruch fechar a conta da compra de 32% das ações da CSN da Bradespar e da Previ, passando a deter 48% da siderúrgica após o descruzamento societário com a Vale do Rio Doce.

Analistas do setor siderúrgico avaliam que, do pacote total de emissão de debêntures, no valor de R$1,9 bilhão (cerca de US$1 bilhão), excluindo R$594,8 milhões (US$300 milhões) de repactuação de dívida, o Vicunha deve levantar com as debêntures R$1,4 bilhão (US$700 milhões), precisando pagar cerca de R$2,35 bilhões (US$1,2 bilhão) por mais 32% de participação na CSN. Para cobrir essa diferença, a CSN terá de pagar US$1 bilhão em dividendos extraordinários aos seus acionistas, dos quais US$500 milhões ao Vicunha.

Os dividendos equivalerão a R$28,00 ou US$13,94 por lote de mil ações da siderúrgica, correspondente a um retorno de 42% sobre o preço atual do papel, de R$67,20 por lote de mil. Os dividendos da CSN são a única fonte de recursos para o Vicunha, já que o grupo não dispõe mais do dinheiro da venda da Maxitel, da ordem de US$120 milhões. Esse montante foi usado para renegociar uma dívida da Vicunha Têxtil com o BNDES.

Pelas contas de analistas, hoje a CSN dispõe de condições de efetivar essa distribuição e ainda ficar com caixa. No terceiro trimestre de 2000, conforme dados do balanço, ela estava com caixa de R$1,7 bilhão ou US$700 milhões. Somado ao dinheiro da venda da Light, de US$360 milhões, a companhia deverá fechar o ano de 2006 com caixa de US$1 bilhão, dizem analistas.

No pagamento do descruzamento de ações previsto para 15 de março, a CSN receberá mais US$1,3 bilhão pela venda da participação de 32% na Valepar, equivalente a uma participação direta de 8,5% na Vale. Nesse caso, o caixa subirá para US$2,3 bilhões. Com todo esse dinheiro, mesmo distribuindo US$1 bilhão em dividendos extraordinários a CSN ainda fica confortável com um caixa de US$1,3 bilhão no primeiro trimestre de 2001.

Mas esse caixa não será suficiente para os planos estratégicos da siderúrgica de construir uma planta de placas em Itaguaí (RJ) e adquirir uma siderúrgica nos Estados Unidos para beneficiar essas placas. Um megainvestimento desses deverá atingir entre US$2 bilhões e US$2,5 bilhões, havendo necessidade de financiamentos de terceiros.

Pela conta dos analistas, a CSN teria de tomar 70% desses recursos no mercado, tendo em vista a evolução de seu caixa ao longo dos próximos dez anos, prazo de vida útil da dívida da Vicunha. Nesse prazo, ela tem de continuar gerando dividendo.

Se não fizer esse investimento, e considerando preços estáveis do aço nos níveis atuais (placas a US$190/CIF a tonelada), a CSN terá de pagar mais de 100% de seu lucro líquido em dividendos especiais para o grupo Vicunha obter receita de modo a honrar o serviço da sua dívida até 2009. Pede-se:

1. Tendo em vista a necessidade de recursos para seus investimentos estratégicos e as demais condições da empresa, que recomendações você daria à CSN em termos de política de dividendos? Quais os prós e os contras de sua recomendação?
2. Qual seria sua preocupação quanto às perspectivas de pagamento de dividendos em 2009?
3. Caso a CSN fosse uma empresa multinacional, você mudaria sua recomendação? Justifique.

10.9 BIBLIOGRAFIA ADICIONAL

BLACK, Fischer; SCHOLES, Myron. "The effects of dividend yield and dividend policy on common stock prices and returns." *Journal of Financial Economics*, v. 1, p. 1-22, 1982.

BREALEY, Richard A.; MYERS, Stewart C.; FRANKLIN, Alen. *Princípios de Finanças Corporativas*. [s.l.]: McGraw-Hill Brasil, 2008.

BRIGHAM, Eugene F.; HOUSTON, Joel F. *Fundamentos da moderna administração financeira*. 2ª ed. Rio de Janeiro: Campus, 1999.

DAMODARAN, Aswath. *Finanças Corporativas Aplicadas – manual do usuário*. Trad. Jorge Ritter. Porto Alegre: Bookman, 2002.

MILLER, Merton H. "Debt and taxes." *The Journal of Finance*, maio, 1977.

MILLER, Merton H.; SCHOLES, Myron S. "Dividends and taxes: some empirical evidence." *Journal of political economy*, v. 90, n. 6, p. 1118-1141, 1982.

MODIGLIANI, Franco; MILLER, Merton H. "The cost of capital, corporate finance and the theory of investment." *American Economic Review*, jun. 1958.

_____. "Dividend Policy, Growth and the Valuations of Shares". *Journal of Business* n. 34, p. 411-33, out. 1996.

NESS JR, W. L. ; ZANI, J. "Os juros sobre o capital próprio versus a vantagem fiscal do endividamento." *Revista de Administração da Universidade de São Paulo*, São Paulo, v. 36, n. 2, p. 89-102, 2001.

PROCIANOY, J. L.; VERDI, Rodrigo dos Santos. "Clientela em dividendos, novos elementos e novas questões: o caso brasileiro." *RAE Eletrônica*, v. 8, p. 1, 2009.

PROCIANOY, J. L.; VIEIRA, Kelmara Mandes. "Reação dos Investidores a Bonificações e Desdobramentos: O Caso Brasileiro." *RAC. Revista de Administração Contemporânea*, Curitiba, v. 7, n. 2, p. 9-33, 2003.

TROCIANOY, J. L. "Dividendos e Tributação: o que aconteceu após 1988-1989." *RAUSP Revista de Administração*, São Paulo, v. 31, n. 2, p. 7-18, 1996.

PARTE

5

ADMINISTRAÇÃO FINANCEIRA DE CURTO PRAZO

Capítulo 11: Administração do caixa....369
Capítulo 12: Administração de crédito e contas a receber....392
Capítulo 13: Administração financeira de estoques....412
Capítulo 14: Fontes de financiamentos de curto prazo....430
Capítulo 15: Planejamento econômico-financeiro....445

CAPÍTULO 11

ADMINISTRAÇÃO DO CAIXA

11.1. Introdução

11.2. O capital circulante

11.3. Políticas de gerenciamento do capital circulante

11.4. Gestão do caixa

11.5. Administração Internacional do caixa

11.6. Gestão de recursos temporariamente ociosos – títulos negociáveis

11.7. Os empréstimos de curto prazo e o saldo de caixa

11.8. Resumo

11.9. Questões

11.10. Exercícios

11.11. Bibliografia adicional

QUATTOR informa geração de caixa

SÃO PAULO – A petroquímica Quattor, que vem buscando formas para melhorar sua estrutura de capital dado ao alto endividamento e poderá negociar sua transferência de controle à Braskem, informou que sua geração operacional de caixa nos últimos 12 meses chegou a R$781 milhões. A empresa, controlada pela Unipar e a Petrobras (60%-40%), disse que o resultado foi obtido numa conjuntura adversa após a crise iniciada em setembro do ano passado e parado programa de manutenção das unidades do pólo petroquímico de São Paulo, entre agosto e outubro de 2008, responsáveis por boa parte da capacidade de produção da empresa. "Este resultado é consequência do bom desempenho operacional e comercial da Quatro Participações e suas controladas em especial no segundo trimestre do ano", disse a empresa em nota, rebatendo as informações sobre suas debilidades financeiras em razão das negociações recentes. A Quattor disse ainda que obteve avanço de cinco pontos percentuais de participação no mercado doméstico de resinas no segundo trimestre na comparação com o último trimestre de 2008 e conseguiu elevar suas exportações em 102% no mesmo período. Procurada, a empresa não deu entrevista para comentar os resultados.

(André Vieira | *Valor Econômico* em 27/08/2009)

11.1. INTRODUÇÃO

Este capítulo inicia a abordagem da administração dos recursos financeiros de curto prazo utilizados pela empresa e suas respectivas fontes. São os recursos aplicados nas atividades operacionais que dão movimentação aos ativos permanentes. Por serem de curto prazo, são recursos e fontes que necessitam de grande agilidade em sua gestão. A geração de caixa é base para a posterior distribuição de dividendos aos acionistas, conforme exemplo no início do capítulo.

Acostumados a viverem em regime de grandes variações inflacionárias, em que as chances de perdas na gestão desses ativos eram grandes e, da mesma forma, as fontes de recursos de curto prazo poderiam ter custos excessivamente elevados de encargos financeiros, as empresas e os executivos financeiros brasileiros adquiriram grande habilidade no tratamento dessa matéria.

O poder de negociação com fornecedores em termos de preços e prazos de pagamentos e também a determinação das políticas de preços e prazos de vendas têm influência importantes na gestão do capital circulante.

O ciclo operacional e o ciclo de caixa estão estreitamente vinculados à administração de materiais, no que se refere ao encurtamento dos prazos médios de estocagem; à administração da produção, em relação ao período médio de fabricação; aos processos de logística de distribuição, para os produtos e serviços chegarem mais rapidamente ao cliente, o que possibilita concessão de menor prazo de pagamento. Também sofrem impacto das estratégias de marketing adotadas pela empresa, conforme discutido genericamente no Capítulo 2 e aqui mais bem especificado.

Neste capítulo serão estudados os conceitos, as técnicas e as práticas adotadas na definição das políticas de gestão do capital circulante, incluindo a gestão do caixa, do ciclo operacional e do ciclo de caixa, a gestão do caixa internacional, bem como as técnicas para a determinação do saldo de caixa. Os recursos ociosos e os empréstimos de curto prazo para suprirem as deficiências ocasionais de recursos também serão objeto dos estudos deste capítulo.

11.2. O CAPITAL CIRCULANTE

Observando-se a estrutura dos ativos das empresas, encontra-se a sua divisão em três grandes grupos de valores que representam as aplicações de recursos financeiros ou os investimentos realizados: o Ativo Circulante, o Realizável de Longo Prazo e o Ativo Permanente, demonstrados na representação simplificada do Balanço Patrimonial, no Quadro 11.1.

Quadro 11.1 Balanço Patrimonial Simplificado

ATIVO (aplicações/direitos)	PASSIVO (origens/obrigações)	
1. ATIVO CIRCULANTE - caixa - valores a receber - estoques	1. PASSIVO CIRCULANTE	Capital de terceiros
Capital circulante líquido	2. PASSIVO NÃO CIRCULANTE	
2. ATIVO NÃO CIRCULANTE – realizável a longo prazo – investimentos – imobilizado – intangível	3. PATRIMÔNIO LÍQUIDO - capital - reservas - lucros (prejuízos) acumulados	Capital Próprio

Considerando-se que no ativo encontram-se a aplicações de recursos e as suas fontes estão registradas no passivo, no Ativo Circulante estão as aplicações de curto prazo, compreendendo os valores em disponibilidade chamados de *caixa* ou *disponível*, os valores aplicados em créditos concedidos a clientes, denominados *valores a receber*, ou *duplicatas a receber* ou ainda *contas a receber* e, finalmente, os valores dos *estoques*, que incluem desde as matérias-primas, os componentes, os insumos, os produtos em processo e os produtos acabados.

Os direitos (ativos) e as obrigações (passivos) são identificados como circulantes, quando se espera a sua realização até o final do exercício social.[1]

O Capital Circulante, que tem também outras denominações, como *Capital de Giro* e *Ativo Circulante*, representa o valor dos recursos aplicados pela empresa para movimentar seu *Ciclo Operacional*, que compreende o espaço de tempo que vai desde a entrada da matéria-prima no estoque da empresa até a venda dos produtos elaborados e respectivo recebimento. Nas empresas comerciais, o capital circulante compreende o montante de recursos aplicados no caixa, na aquisição de produtos para a venda e na concessão de prazo de pagamento aos clientes. Nas empresas de serviços, normalmente o aporte de recursos em capital circulante é menor, porquanto o nível de estoque de bens para a prestação de serviços é reduzido, e não é possível estocar "serviços acabados".

O Ciclo Operacional compreende o percurso constante, em dinheiro, e em bens, de valores do caixa para os estoques e dos estoques retornando para o caixa, passando muitas vezes por duplicatas a receber ou recebimento de vendas a vista. Esse percurso acontece na estrutura do capital circulante da empresa.

> O **Capital Circulante** difere do **Capital Circulante Líquido**, pois este representa a diferença entre o valor do Ativo Circulante e o valor do Passivo Circulante. O Capital Circulante Líquido tem também a denominação de **Capital de Giro Próprio**.

Os Ciclos Operacional e de Caixa podem ser mais bem visualizados na Figura 11.1 a seguir:

Figura 11.1 Ciclos Operacional e de Caixa

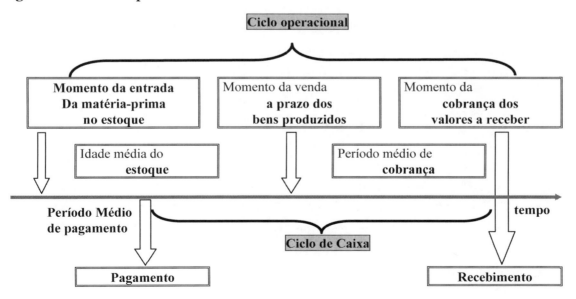

---

[1] A definição do período que compreende o exercício social cabe à empresa. O exercício fiscal é definido em lei e vai de janeiro a dezembro de cada ano.

O **ciclo operacional**, conforme visto na Figura 11.1, compreende o período de tempo que vai desde o momento em que a empresa recebe em suas instalações os produtos ou matérias-primas, até o instante em que recebe o dinheiro pela venda do produto acabado resultante. O Ciclo Operacional pode ser assim expressado:

$$\text{Ciclo Operacional} = \text{IME} + \text{PMC}$$

onde:

IME = idade média do estoque

PMC = período médio de cobrança

Para se calcular a idade média dos estoques, primeiramente é necessário calcular o Giro do Estoque, obtido pela divisão do custo dos produtos vendidos pelo valor do estoque.

$$\text{Giro do Estoque} = \frac{CPV}{Estoques}$$

Dividindo-se o número de dias do ano pelo giro do estoque obtém-se a idade média do estoque, conforme a fórmula a seguir.

$$\text{Idade Média do Estoque} = \frac{360}{\text{Giro de Estoque}}$$

O cálculo do período médio de cobrança da venda é obtido pela divisão do valor de duplicatas a receber pela média diária das vendas.

$$\textbf{Período Médio de Cobrança} = \frac{\textbf{Duplicatas a Receber}}{\dfrac{\textbf{Vendas}}{\textbf{360}}}$$

O **ciclo de caixa** compreende o período de tempo em que os recursos da empresa foram utilizados para o pagamento dos bens e/ou matérias-primas até o recebimento pela venda do produto acabado resultante. Pode ser calculado através da expressão:

$$\textbf{Ciclo de Caixa} = \textbf{CO} - \textbf{PMP}$$

em que:

CO = Ciclo Operacional

PMP = Período Médio de Pagamento

Como o Ciclo Operacional é o resultado da soma da idade média do estoque mais o período médio de cobrança da venda, o Ciclo de Caixa pode ser calculado pela expressão a seguir:

$$\textbf{Ciclo de Caixa} = \textbf{IME} + \textbf{PMC} - \textbf{PMP}$$

Pode-se ainda medir o número de vezes, por ano, em que se realizam os Ciclos de Caixa por meio da fórmula do Giro de Caixa, dada a seguir:

$$\text{Giro de Caixa} = \frac{360}{\text{Ciclo e Caixa}}$$

O Conceito Financeiro de Ciclo Operacional aproxima-se do conceito de Ciclo de pedido em logística. Ciclo de pedido ou *Lead Time* é o tempo decorrido entre o cliente colocar o pedido, receber a mercadoria e/ou ter o serviço prestado.

A diferença está em que o conceito de Ciclo Operacional em finanças inclui o prazo médio de pagamento.

APLICAÇÃO PRÁTICA

Trabalha-se com baixos estoques para este Natal

Gazeta Mercantil, 1 de Dezembro de 2003 – Indústria aguarda maior demanda a partir de janeiro. As encomendas do varejo para a indústria estão sendo feitas com cautela, mas podem compensar meses ruins de vendas ao longo deste ano. Houve quedas de até 30% (janeiro a agosto), no caso de brinquedos, e de 14% (janeiro a outubro) no mercado de linha branca. Nesse cenário, os estoques, mesmo que as vendas do Natal superem expectativas, devem suprir a demanda.

A Dixie Toga, que fornece embalagens para as indústrias de alimentos, higiene e limpeza, passou o ano acompanhando a redução gradativa de estoques pela clientela.

O fim de ano, diz o presidente Walter Schalka, trouxe novas encomendas, mas o movimento continua fraco. Ele aguarda, agora, o "efeito janeiro", que vem sendo observado há dois anos. "Há um comportamento inicial otimista de aumento nas encomendas para reforçar estoques, movimento que depois acaba revertido. Para o próximo ano, diante das expectativas de melhora no nível de atividade, o 'efeito janeiro' deve vir ainda mais forte", disse Shalka.

Na indústria de brinquedos, os estoques foram ampliados de 15 para 30 dias para abastecer o fim do ano, mas o volume ainda é o menor dos últimos dez anos.

"A opção por estoques pequenos objetiva o não comprometimento do capital de giro e a não demissão de mão de obra em janeiro, para evitar gastos com a rescisão", diz o presidente da Associação Brasileira de Fabricantes de Brinquedos (Abrinq), Synésio Batista da Costa.

"Não acredito em falta de mercadorias. O estoque vai ser regulado com a demanda. Ninguém está iludido", diz o presidente da Associação Comercial de São Paulo (ACSP), Guilherme Afif Domingos.

O varejo poderá ter vendas um pouco melhores em pelo menos 19 estados, segundo pesquisa da Global Invest. No cenário "otimista", o estudo indica que apenas a região Sul teria um aumento das vendas, de 1,4%. Nas demais regiões do Brasil, as estimativas são de queda.

Outra pesquisa da Associação Comercial de São Paulo mostra que 56% dos 600 paulistanos entrevistados não têm intenção de dar presentes neste Natal.

Exercício:
A partir da informação da idade média dos estoques contido no texto anterior, antes da ampliação dos estoques, responda: qual o ciclo de caixa até novembro de 2003? Qual o ciclo operacional? Quais mudanças de ciclo de caixa e de ciclo operacional acontecem em dezembro? Qual o novo giro de caixa da empresa?

Ciclo Operacional: IME + PMC = 15 + 60 = 75 dias. Altera para 30 + 60 = 90 dias.

Ciclo de caixa: CO – PMP = 75 – 30 = 45 dias. Altera para 90 – 30 = 60 dias

Giro de caixa: 360/CC = 360 / 60 = 6 giros no ano.

Caso o fabricante não obtenha mais prazo junto aos seus fornecedores, a política de aumento dos estoques para fazer face ao aumento de vendas no período de natal acarretará em aumento dos dias de ciclo de caixa, demandando maior aporte de recursos no capital circulante.

11.3. POLÍTICAS DE GERENCIAMENTO DO CAPITAL CIRCULANTE

Ao lidar com políticas, pode-se cair no erro de que, uma vez fixadas, têm sua vigência e aplicação asseguradas indefinidamente. A grande velocidade e a profundidade com que ocorrem alterações nos ambientes interno e externo em que a empresa atua trazem consequências importantes e rápidas nas bases sobre as quais foram fundamentadas as políticas. Dessa forma, as políticas são estabelecidas para as condições próximas às encontradas no momento de sua definição. Havendo alterações nos ambientes internos e externos, as políticas deverão ser revistas e redefinidas.

> As políticas voltadas para a administração do capital circulante objetivam definir: a) o volume de investimentos necessários no total do capital circulante; b) a distribuição desses investimentos em caixa, valores a receber e estoques; e c) como serão financiados esses investimentos. As políticas relacionam-se sempre a um volume preestabelecido de vendas.

a) Volume de investimentos necessários no total do capital circulante

Os recursos aplicados no capital circulante não fogem ao cálculo do custo de oportunidade a que todos os recursos financeiros da empresa estão submetidos, conforme visto no Capítulo 6. No que se refere à administração de Capital Circulante, a política objetivará definir os volumes de investimentos necessários reduzidos ao mínimo, para se obterem os resultados desejados pela empresa.

Uma rápida análise na fórmula do cálculo da Taxa de Retorno sobre o Investimento Total, ou a ROI (*Return on Investiment*), indica a necessidade de se trabalhar com ativos enxutos, pois quanto maior o valor do ativo, maiores serão os lucros necessários para se obter a taxa de retorno desejada.

$$ROI = \frac{\text{Lucro Líquido}}{\text{Ativo Total}}$$

Da mesma forma, a análise do Ciclo de Caixa também indica a necessidade de determinação de ações que visem encurtá-lo: quanto mais longo for o Ciclo de Caixa, maior será a necessidade de recursos financeiros para o financiamento dos valores aplicados em estoques e valores a receber.

Sem dúvida, a política que objetiva trabalhar com ciclos operacionais e de caixa reduzidos torna mais complexa a gestão financeira e operacional; exige trabalho com recursos escassos em caixa, impõe limitações nas políticas de crédito, o que dificulta a realização das vendas, e força a redução de estoques de matérias-primas e produtos acabados. O aumento de eficácia nos processos logísticos diminui as pressões no capital circulante.

A atribuição de valores especificamente a cada conta do Capital Circulante dependerá de fatores como agilidade na realização das vendas, competitividade do mercado, mercado comprador ou não, disponibilidade de matérias-primas e produtos acabados. A política enxuta terá sempre a preocupação de não prejudicar o volume pretendido de vendas.

Em oposição ao enxugamento dos valores aplicados no Capital Circulante, podem existir políticas mais flexíveis para a gestão do capital circulante. Ao mesmo tempo em que facilitam a gestão da liquidez, contribuem para maiores facilidades de vendas por meio de concessão de maiores prazos de vendas e também traduzem poucas restrições aos volumes de estoques, porém podem reduzir o nível de rentabilidade.

b) Distribuição dos investimentos em caixa, valores a receber e estoques

Esta distribuição leva em conta, primeiramente, a definição do volume de investimentos no capital circulante e, na sequência, o setor de atividade em que a empresa atua e as condições de mercado em que opera.

Existem setores de atividade nos quais há maior concentração de investimentos em estoques, como no comércio, por exemplo; setores voltados para a prestação de serviços tendem a concentrar menores investimentos em estoques. Há alguns setores comerciais em que as receitas estão suportadas basicamente por vendas a crédito, consequentemente há grandes volumes de investimentos em valores a receber. O gestor financeiro precisará encontrar a distribuição ideal para o momento vivido e para o setor de atividades da empresa. Sob a ótica estritamente financeira, a decisão pode tomar por base o custo financeiro de cada uma das fontes de recursos que financia o montante aplicado em caixa, em valores a receber e em estoques. Sob a ótica do Planejamento Estratégico da empresa, é preciso considerar o volume de vendas pretendido e quais as condições de preço (preço praticado e condições de pagamento) que levam a esse volume de vendas.

c) Como serão financiados os investimentos

A existência ou a busca de fontes de recursos para financiar os investimentos em ativos circulantes é talvez a maior condicionante das definições do volume de investimentos necessários em ativo circulante e da forma como serão financiados. A utilização de fontes de capitais próprios e/ou de terceiros, considerando as possibilidades de captação ou obtenção, irá contribuir para a determinação desse volume de investimentos, especialmente no caso das pequenas e microempresas que no Brasil ainda não dispõem de amplas linhas de financiamento a custo acessível.

11.4. GESTÃO DO CAIXA

Caixa, também denominado **disponível**, em administração financeira, representa os ativos que têm a característica principal de possuir liquidez imediata, ou seja, a sua utilização independe de ações de terceiros ou de outras ações que não a do seu uso.

São valores em moeda, mantidos na tesouraria da empresa ou depositados em contas correntes bancárias, de liquidez imediata e, em sua maior parte, livres para serem usados a qualquer momento. Todos os bens do Ativo em algum momento da vida da empresa serão convertidos em caixa.

Junto aos valores que formam o Caixa são somados os recursos, eventual e momentaneamente ociosos, que estão aplicados no mercado financeiro, sob a denominação de títulos negociáveis, considerados como **quase caixa** pelas suas características de grande liquidez e risco minimizado.

A gestão do caixa ou o *cash management* é a atividade de tesouraria da empresa, que acompanha os reflexos das políticas de investimentos, de vendas, de crédito, de compras e de estoques. O gestor do caixa participa das definições dessas políticas orientando-as para que não ofereçam problemas de liquidez para a empresa.

O gestor do caixa ou o *cash manager* mantém atenção especial na forma como os fluxos de entrada e saída de caixa são estabelecidos, lembrando sempre que diversas áreas e regiões em que a empresa opera são agentes que dão origem às entradas e às saídas de caixa. Da mesma forma, haverá atenção permanente em identificar e orientar as áreas ou pessoas que tomam decisões que afetam o fluxo de caixa.

Há necessidade de coordenação permanente na ação desses agentes causadores de entradas e saídas de caixa, pois há momentos em que pode haver excesso de disponibilidade em caixa, o que ensejará, por exemplo, a obtenção de descontos atraentes na aquisição de bens e matérias-primas; em outros momentos, poderá haver escassez de recursos, e são necessárias negociações de maiores prazos de pagamentos com fornecedores e, ao mesmo tempo, redução nos prazos das vendas a crédito.

Segundo Keynes, as empresas mantêm dinheiro em caixa e quase caixa como meio de troca e como meio de armazenar riqueza. A motivação para manter caixa como meio de troca acontece por necessidades **negociais** ou de **transações** e de **precaução**. A motivação como meio de preservar a riqueza vem através da **especulação**.

Como **motivo de negócios** ou de **transação,** os recursos de caixa são destinados a efetuar os pagamentos decorrentes da atividade operacional da empresa, ou seja, das transações comuns e diárias, uma vez que existe sempre um intervalo de tempo entre os pagamentos do fluxo de caixa e os recebimentos das vendas. O nível de caixa está diretamente relacionado com o valor da produção atual e com o tempo do ciclo operacional. A sincronização entre recebimentos e pagamentos, proporcionando condições de realização das entradas de caixa antes das saídas, mesmo que parcial, fará com que o nível de caixa seja reduzido. A sazonalidade da atividade empresarial também influirá na definição do nível de caixa.

No **motivo de precaução**, os recursos de caixa são destinados a atender pagamentos de compromissos inesperados. A habilidade maior ou menor na elaboração da projeção do fluxo de caixa fará com que se necessitem maiores ou menores volumes de caixa para atender as necessidades emergenciais. O conceito creditício da empresa junto às instituições financeiras, que poderá proporcionar maiores facilidades e rapidez na obtenção de empréstimos bancários, também poderá influenciar a definição dos níveis de caixa. Empresas que fazem parte de organizações corporativas podem se valer de excessos de disponibilidades em outras empresas do grupo econômico para suprir necessidades eventuais e momentâneas de caixa. Os saldos mantidos por precaução são transformados em quase caixa, através da aplicação em títulos negociáveis.

Como **motivo de especulação,** os recursos de caixa estão voltados para o aproveitamento de possibilidades de ganho que o mercado venha a oferecer para as empresas que tiverem pronta disponibilidade de recursos financeiros e também pelo receio de possibilidades de prejuízos inesperados que possam surgir em razão de variações mais acentuadas de políticas econômicas ou, até mesmo, reflexos de mudanças na economia mundial. As empresas brasileiras foram profundamente afetadas por crises econômicas na Ásia, México, Rússia e na Argentina ao final da década de 1990 e início do novo milênio.

Cabe destacar que a evolução e a diversificação dos produtos financeiros oferecidos pelo mercado permitem às empresas trabalhar com níveis de caixa muito reduzidos, dada a sua facilidade de conversão dos títulos em caixa. No Brasil uma das principais limitações ao maior número de conversões de caixa em títulos negociáveis e vice-versa é a cobrança do tributo IOF.[2]

11.4.1. SALDOS MÍNIMOS

Toda decisão do gestor financeiro está voltada para o aumento do valor da empresa, e a definição de saldos mínimos de caixa deve estar consoante com esse objetivo.

Existem alguns modelos matemáticos que utilizam percentual da projeção de vendas do período. Alguns fatores são importantes na determinação do saldo mínimo de caixa. Muitas vezes as empresas,

---

[2] IOF: Imposto sobre Operações Financeiras. Esse tributo incide sobre a compra de títulos negociáveis em percentuais decrescentes em relação ao número de dias da aplicação. O objetivo é diminuir a especulação financeira.

por trabalharem com capital de giro insuficiente, nem se preocupam com a determinação de saldos mínimos de caixa, ou seja, o caixa é quase que todo utilizado nas atividades operacionais da empresa.

Entretanto, na determinação do saldo mínimo, é necessário considerar alguns fatores, como por exemplo:

PECULIARIDADES DE CADA SETOR DE ATIVIDADE

As atividades das empresas estão condicionadas àquilo que se poderia chamar de "usos e costumes" do setor de atividade. Por exemplo, não se concebe, no Brasil, loja de eletrodomésticos que não venda a prazo, pois essa é prática comercial usual. Ainda entre as peculiaridades estão os chamados efeitos da lei da oferta e da procura. Nos tempos da construção da hidrelétrica de Itaipu, por exemplo, houve excessiva demanda por cimento; quem quisesse cimento devia apresentar o recibo de depósito bancário do valor da compra, a vista. As diversidades regionais também não devem ser esquecidas pelo administrador financeiro.

PREVISIBILIDADE DAS ENTRADAS E SAÍDAS DE CAIXA

O Planejamento Financeiro, que será estudado no Capítulo 15, mostra a importância dessa ferramenta na definição dos saldos de caixa. Ao adquirir conhecimento suficiente para preparar orçamentos de caixa confiáveis, ou seja, previsões que sejam muito próximas da realidade, haverá maior confiança, e os chamados pagamentos inesperados passam a ter menor frequência na gestão do caixa. Daí a necessidade não só da elaboração, mas também da atualização permanente do orçamento de caixa.

EXIGÊNCIAS DE RECIPROCIDADE BANCÁRIA

Alguns bancos oferecem encargos financeiros e tarifas menores em troca daquilo que é denominada reciprocidade bancária. As instituições financeiras, principalmente os bancos comerciais, são hoje eficazes prestadores de serviços na área financeira, atuando, por exemplo, como agentes de cobrança de títulos emitidos pelas empresas (duplicatas), e é natural que cobrem tarifas pelos serviços prestados. Se a empresa nos serviços de cobrança negociar reciprocidade, por exemplo, D + 2, ou seja, o produto da cobrança fica no banco sem ser utilizado pela empresa por dois dias após o dia do pagamento pelo devedor, isso permite ao banco utilizar os recursos por dois dias, obtendo ganhos no mercado financeiro. Teoricamente, haveria redução do custo do serviço, pois o valor cobrado pelo banco seria menor, porém a empresa não terá à sua disposição os recursos cobrados por dois dias.

Compete ao gestor do caixa analisar a forma de operacionalizar o serviço que seja de menor custo e maior eficácia para a empresa. Existem inúmeras outras formas de reciprocidade bancária, que devem ser analisadas por ocasião das negociações com a instituição financeira.

CAPACIDADE DE CAPTAR RECURSOS, PRÓPRIOS OU DE TERCEIROS

A vida das empresas é acompanhada de perto pelas instituições financeiras com as quais mantêm relacionamento. Se a empresa tem boa saúde financeira, ou seja, se é bem administrada financeiramente e, consequentemente, apresenta menores riscos para os bancos, poderá utilizar-se dessa prerrogativa para ter mais tranquilidade na gestão do seu caixa. Ao contrário, se não tiver bom conceito de crédito junto ao mercado financeiro terá dificuldades, se trabalhar com saldos reduzidos de caixa, no momento em que for em busca de recursos para suprir possíveis necessidades de caixa.

Empresas que estão vinculadas a grupos econômicos podem se valer dessa prerrogativa para se socorrer com outras empresas do grupo para atenderem suas necessidades emergenciais; da mesma forma, podem ser chamadas a socorrer outras empresas do grupo econômico a que pertencem.

Acionistas controladores capitalizados são também fontes importantes e oportunas para aportar recursos em situações de emergência.

11.4.2. ESTRATÉGIAS BÁSICAS PARA REDUÇÃO DO CICLO DE CAIXA DA EMPRESA[3]

A redução do ciclo de caixa contribui para a diminuição das aplicações no ativo circulante e consequente redução do saldo mínimo de caixa; é sempre desejável que os atos envolvendo a redução ocorram de forma a não afetar os negócios da empresa.

Algumas estratégias voltadas para a gestão dos passivos circulantes, estoques e valores a receber, que podem ser adotadas, são apresentadas a seguir.

- **Retardar os pagamentos de valores a pagar**

Sem prejuízo do conceito de crédito da empresa, retardar os pagamentos por meio da negociação dos prazos de pagamento no ato da negociação da compra. Esse é o momento mais propício para se conseguir maiores prazos, pois se entende que há maior interesse por parte do vendedor em abrir concessões na negociação. Em havendo casos de mercado comprador, o fornecedor estará menos disposto a fazer concessões, mas no geral, é nesse momento que se consegue negociar maiores prazos.

Deixar de efetuar os pagamentos em dia pode resultar em redução do ciclo de caixa, porém essa não é a forma recomendável, pois afeta o conceito de crédito da empresa, além de demonstrar incompetência na gestão dos negócios.

- **Aproveitar os descontos favoráveis**

Descontos favoráveis oferecidos pelos credores podem também contribuir para a redução do ciclo de caixa, uma vez que o seu aproveitamento diminui o volume dos valores pagos aos credores. O tema descontos é tratado no Capítulo 12 deste livro.

- **Acelerar o giro de estoques**

Os estoques, conforme está demonstrado no Capítulo 13, são importantes ativos do ponto de vista de aplicação de recursos, portanto, requerem ações voltadas para a sua minimização. É preciso utilizar-se de técnicas de gestão de estoques que evitem trazer prejuízos para a produção ou se traduzam em empecilhos para as vendas.

- **Aumentar o giro de matérias-primas**

Programas de produção bem elaborados e coordenados com as previsões confiáveis de vendas contribuem para a utilização racional de matérias-primas. Parcerias ou negociações com fornecedores para redução do tempo de permanência das matérias-primas nos estoques e outras ações voltadas para que o seu giro seja maior reduzirão, por via de consequência, o Ciclo de Caixa da empresa.

- **Diminuir o ciclo de produção**

Estoques de produtos em fabricação são também grandes consumidores de recursos financeiros. Produtos que necessitam grande tempo para sua produção, como aviões e navios, por exemplo, exigem grandes investimentos em mão de obra, matérias-primas, componentes, insumos, peças etc.,

---

[3] No Capítulo 2, foram apresentadas as estruturas de mercado e citados exemplos diferenciando as negociações de compra de indústria em concorrência e em monopólio.

que serão atenuados se a empresa fizer uso mais racional dos recursos, tornando o ciclo de produção menor.

- **Aumentar o giro de produtos acabados**

Mais uma vez, a perfeita coordenação entre as áreas de vendas, produção e gerenciamento de estoques se faz necessária, com o objetivo de reduzir a permanência dos estoques de produtos acabados nos almoxarifados da empresa para que o ciclo de caixa seja reduzido. Daqui emerge o conceito de "produção *on demand*".

- **Acelerar o recebimento de valores a receber**

A concessão de crédito é ferramenta propulsora das vendas. Porém, a venda a crédito exige recursos financeiros para financiá-la. No Capítulo 12 estuda-se a administração de valores a receber. No entanto, para acelerar o recebimento de valores a receber podem ser adotadas ações como, por exemplo, a adoção de normas rígidas de cobrança, o encurtamento dos prazos de pagamento, o oferecimento de descontos favoráveis e, até mesmo, a parceria com instituições financeiras para o financiamento do crédito concedido.

TÉCNICAS DE ADMINISTRAÇÃO DO CAIXA

A administração do caixa é realizada de acordo com técnicas desenvolvidas para que seja mais eficaz, trazendo como resultado o aumento do valor da empresa. As técnicas de administração de caixa objetivam a determinação de ações na direção do melhor aproveitamento dos chamados *floats*, que representam os prazos de compensação de recebimentos ou pagamentos, nos procedimentos em direção à aceleração das cobranças de valores a receber e no aumento do prazo de compromissos financeiros de curto prazo, ou seja, de passivos circulantes.

Em termos de melhor utilização de *floats*,[4] as técnicas podem ser as seguintes:

- **Redução do tempo de compensação da cobrança**

Ações para minimizar o tempo entre o pagamento efetuado pelo cliente e a efetiva disponibilização dos recursos financeiros para a utilização pelo gestor do caixa. No caso de recebimento através de carteira de cobrança, na tesouraria, as ações são voltadas para o imediato depósito em conta corrente.[5]

A cobrança via rede bancária, muito eficiente, requer acompanhamento permanente dos lançamentos na conta corrente bancária, para se ter conhecimento das entradas de dinheiro. É necessária ainda negociação com o banco para se reduzirem, além das tarifas, os prazos de disponibilização dos valores cobrados.

- **Ampliação do tempo de pagamento, ou *float* de pagamento**

São ações desenvolvidas com o objetivo de se ampliar o tempo entre a emissão de cheques para pagamentos de contas e o momento em que os recursos financeiros serão debitados na conta corrente bancária. Esta técnica teve sua importância reduzida com a introdução de mecanismos eletrônicos no sistema bancário, em que o cheque, por exemplo, perde relevância. Aumenta a importância dos pagamentos realizados por meio de cartões de débito, cartões de crédito e transferências

---

[4] Conforme o teor da seção sobre o sistema de pagamentos brasileiros, o Banco Central implantou, a partir de maio de 2002, o SPB – Sistema de Pagamentos Brasileiro – via meio eletrônico, que tende a reduzir a importância dos *floats*, porque pagamentos e recebimentos ocorrem em tempo real.

[5] Os depósitos em cheque são regulamentados pelo Banco Central, que estabelece prazos para a disponibilização do dinheiro na conta do depositante. Esses prazos são vinculados a valores e praças de emissão do cheque. No entanto, podem ser negociados com o gerente da agência bancária, em termos de sua redução e/ou eliminação.

eletrônicas em terminais de autoatendimento, via Internet e via EDI – Troca Eletrônica de Dados. O pagamento de títulos em carteira requer medidas como: estabelecimento de horário de funcionamento de tesouraria compatível com o horário das Instituições Financeiras, de forma que os cheques emitidos e não recebidos na tesouraria possam ter seus valores utilizados para outras finalidades; manter controle estatístico do tempo médio de compensação dos cheques emitidos. Esse fator é ainda relevante para pagamentos feitos em cheque em outras praças ou enviados para clientes mais distantes.

As técnicas que visam o adiamento de pagamentos têm como objetivo principal a maximização do tempo para o pagamento de compromissos financeiros, alongando os prazos de vencimento desses compromissos ou ajustando-os ao comportamento do fluxo de entrada de recursos no caixa.

- Redução dos prazos de processamento administrativo

A burocracia interna pode fazer com que os valores recebidos percorram longos caminhos na empresa e, como consequência, a sua disponibilização para utilização pelo gestor do caixa se torna demorada, perdendo-se eficiência com o aumento do ciclo de caixa. A determinação de ações para a redução do tempo decorrido entre o recebimento dos cheques e o seu depósito em conta corrente merece especial atenção do gestor do caixa.

O acompanhamento da movimentação da conta corrente bancária, *on line* e em tempo real possibilita o uso das disponibilidades de recursos de forma mais eficaz. Por exemplo, algumas distribuidoras de bebidas instruem os motoristas e entregadores a depositar os cheques, recebidos dos clientes de varejo, em caixas automáticos, como forma de agilizar a compensação dos valores e também com isso elevam a segurança do sistema de distribuição.

- **A aceleração da cobrança de valores a receber**

Envolve técnicas que têm como objetivo estimular os clientes a pagarem seus compromissos nos respectivos vencimentos, ou antecipadamente mediante descontos, e, ao mesmo tempo, promover a conversão rápida dos pagamentos em valores disponíveis no caixa, reduzindo o *float* da cobrança. Considerando os acirrados níveis de concorrência a que está submetida a grande maioria das empresas, cabe à empresa disponibilizar o maior número possível de formas de pagamento ao cliente.

- **Uso dos meios eletrônicos**

Quase todo o sistema bancário brasileiro dispõe de eficiente rede de agências que utiliza as facilidades dos meios eletrônicos e de comunicação para agilizar o processo de recebimento, reduzindo *o float* da cobrança. O gerente financeiro necessita negociar as tarifas de cobrança e prazo de disponibilização dos recursos provenientes dos recebimentos efetuados. Cabe aqui destacar que muitas empresas geram internamente os próprios formulários de cobrança, os chamados boletos ou fichas de compensação, e os enviam junto com a nota fiscal (fatura para o cliente), reduzindo custos bancários de cobrança e diminuindo o número de dias que o cliente leva para receber o documento de cobrança. Isso é interessante quando os prazos concedidos ao cliente são inferiores a quinze dias e/ou o cliente localiza-se em praças distantes.

- **As melhores formas de cobrança**

As diversas formas de cobrança, que são estudadas no Capítulo 12, podem, de acordo com as peculiaridades da empresa ou do seu ramo de atividade, ser valorosos instrumentos para acentuar a eficácia da cobrança de valores a receber.

Entre as principais formas, são destacadas o uso da duplicata de fatura, do cheque pré-datado, da ficha de compensação, também denominada boleto bancário, dos carnês de cobrança, da cobrança em carteira feita por cobrador ou na tesouraria, do débito automático em conta corrente bancária, por meio de ordem de pagamento, de transferências eletrônicas, de cartões de crédito próprios ou de terceiros e a conta corrente.

- Ajustamento conveniente dos vencimentos

As despesas provisionadas são ajustadas para pagamento em datas do mês em que o fluxo de caixa é favorável. São feitas negociações para definição de datas de pagamentos de regularidade mensal, como salários, aluguéis, matérias-primas etc., que sejam convenientes para a empresa, se possível, fazendo com que as *entradas* de caixa ocorram antes que as *saídas*.

APLICAÇÃO PRÁTICA

A empresa de refeições industriais Carbovari Ltda. serve diariamente almoço para todos os funcionários de seus clientes, jantar e lanche para parte deles, conforme Tabela 11.1, 11.2 e 11.3

Atualmente o sistema de cobrança é por meio de débito em conta corrente dos funcionários, e os custos bancários e administrativos estão expostos nas tabelas a seguir. O sistema de cobrança está desorganizado, porquanto alguns funcionários não autorizam o débito em conta ou suspendem o pagamento na data marcada, além disso, a cada substituição de funcionário, novo procedimento administrativo de descadastramento do funcionário que sai e cadastramento do novo funcionário é necessário. A empresa Carbovari Ltda está negociando com seus clientes a cobrança por meio de emissão de duplicatas para as empresas, que pagam com prazo de 30 dias. Os custos da cobrança bancária e administrativos estão demonstrados na Tabela 11.2. Calcule:

a) Quanto a empresa vai ganhar ou perder financeiramente com essa alteração do sistema de cobrança?
b) Para manter a margem líquida do serviço no mesmo valor atual, quanto deverá ser acrescido ao valor de cada almoço ou deduzido deste na forma de desconto?

Tabela 11.1

Clientes	Almoço	Jantar	Lanches	Faturamento	Margem Bruta
TOTAL				417.200,00	104.840,00
Nastásia S.A.	1500	500h	500	13.000,00	3.750,00
Rouault Co.	2000	600	1000	18.000,00	5.300,00
Heloísa Ltda.	1600	800	1600	18.400,00	4.960,00
Dubuc S.A.	600	0	0	3.600,00	1.320,00
Ema & Ema	12000	6000	3000	111.000,00	29.100,00
Andervilliers	1300	300	300	10.200,00	3.130,00
Leon Ltda.	7500	5000	5000	85.000,00	21.000,00
Rodolfo Ltda.	8200	8200	4100	102.500,00	21.730,00
Homais S.A.	6000	3000	1500	55.500,00	14.550,00

Tabela 11.2

	valores		
	Almoço	Jantar	Lanches
Preço	$6,00	$5,00	$3,00
Custo	3,80	5,00	2,10
Desp. bancárias		0,65	por funcionário
Desp. administrativas		-	por cliente
Desp. bancária proposta		35,00	por cliente
Desp. administr. proposta		15,50	por cliente

Tabela 11.3

	Atual	Proposto	a)	
Faturamento	417.200,00	417.200,00	Ganho adicional:	$26.000,50
Margem Bruta	104.840,00	104.840,00	b)	
Cobrança bancária	26.455,00	315,00	Desconto por funcion.	$0,64
Desp. Administrativas	-	139,50		
Margem Liquida	78.385,00	104.385,50		

O SISTEMA DE PAGAMENTOS BRASILEIRO

Desde meados de 1999, a Diretoria do Banco Central do Brasil vem promovendo a reestruturação do Sistema de Pagamentos Brasileiro, abrangendo basicamente, dois aspectos:[6]

a. Estabelecimento de diretrizes a serem observadas na reestruturação do Sistema de Pagamentos Brasileiro, com vistas ao melhor gerenciamento do risco sistêmico.

b. Implantação de sistema de transferência de grandes valores com liquidação bruta (pagamento a pagamento) em tempo real e alteração no regime operacional da conta Reservas Bancárias, que passa a ser monitorada em tempo real.

Veja alguns aspectos e comentários do Sistema de Pagamentos Brasileiro, destacados por serem importantes para a gestão do caixa:

- Criação, pelo setor privado, de rede de telecomunicações dedicada exclusivamente ao sistema financeiro e operada sob rígidos padrões de segurança e confiabilidade definidos pelo Banco Central, permitindo a liquidação financeira em tempo real de transações.

- Adoção de mecanismo indutor à oferta, pelos bancos, de novos produtos à clientela, que permitam a migração dos pagamentos de valor maior do que R$5 mil, antes realizados por cheques e DOC, para instrumentos de pagamento eletrônicos adequadamente estruturados.

- Para o cidadão comum, surge a possibilidade de transferir recursos de sua conta corrente para conta de outra pessoa em banco diferente do seu, em agência de qualquer localidade do país, sendo o recurso imediatamente disponível para o destinatário. De negativo, pode ocor-

---

[6] Adaptado do texto "Reestruturação do Sistema de Pagamentos Brasileiro" disponibilizado no site do BACEN: www.bacen.gov.br.

rer a cobrança de tarifa para cheques de valor igual ou superior a R$5 mil (que representam pouco mais de 1% da quantidade de cheques emitidos diariamente e 69% do respectivo valor total).
- Os grandes clientes passam a ter acesso imediato a produtos mais eficientes; por exemplo, cartórios de registro de imóveis, grandes concessionárias de veículos e empresas atacadistas, por exemplo, passam a dispor de terminais bancários para a realização de pagamentos eletrônicos e dispensam a necessidade de emissão de cheques.

Esses mecanismos agilizam a gestão do caixa das empresas, aumentam a segurança dos recebimentos, porém reduzem significativamente as possibilidades de *float*.

11.5. ADMINISTRAÇÃO INTERNACIONAL DO CAIXA

À medida que a globalização se torna fator irreversível no mundo atual, as empresas passam a considerar em suas expectativas negociais a possibilidade de virem a atuar no mercado internacional.

A gestão do caixa torna-se mais complexa, pois em termos de sistemas bancários, por exemplo, existem diferenças na legislação própria de cada país, regras definidas em acordos internacionais, diferenças entre a eficiência de meios eletrônicos e de comunicação utilizados. A existência ou não de redes bancárias nacionais e internacionais, as formas de movimentação de contas correntes, os custos de serviços, os custos financeiros, as exigências de reciprocidade bancária, cultura empresarial e financeira, usos e costumes são fatores que têm influência importante na administração internacional do caixa. O conhecimento dessas particularidades trará melhores resultados na gestão do caixa da empresa.

No trabalho com mais de uma moeda, cujos valores variam permanentemente, a conversão dessas moedas para fins contábeis, de planejamento e de gestão do caixa ocupa tempo e exige conhecimento dos gestores. A alteração diária das cotações das moedas estrangeiras, em especial o dólar e o euro, afeta o montante a ser recebido de empréstimos obtidos no exterior, recebimentos de subsidiárias no exterior ou recebimento de exportações; porquanto o valor em reais a ser creditado em conta corrente não pode ser previsto com exatidão. A quantidade de reais a estar disponível em conta corrente para a remessa de valores em moedas estrangeiras ao exterior também não pode ser prevista com exatidão, pelo mesmo motivo. Há que se lembrar que as leis brasileiras não permitem a manutenção de contas correntes em moedas estrangeiras, e todo e qualquer valor em moeda estrangeira é convertido, na data do crédito ou débito em conta.

O acompanhamento das influências da economia na flutuação das cotações das moedas aumenta essa complexidade, já que o gestor estará atento às possibilidades dessas flutuações com o objetivo de reduzir riscos de perdas para a empresa, buscando mecanismos de proteção.

Sem dúvida nenhuma, o conhecimento das diferentes legislações de cada país é a preocupação maior do gestor do caixa. É fundamental conhecer proibições e facilidades da legislação existente e possíveis alterações em tramitação nos órgãos legislativos.

Os aspectos tributários da legislação de cada país também são muito importantes. Escritórios de consultoria competentes tornam-se facilitadores dos negócios e devem ser contratados sempre houver necessidade.

O gestor do caixa deve também conhecer a forma de operação da Clearing House Interbank Payment System (CHIPS), que é o mecanismo utilizado para transferências eletrônicas internacionais.

O gerente do Banco com o qual a empresa trabalha, com toda certeza, dará valiosas informações sobre a forma como o CHIPS opera.

Inserida no contexto internacional, a empresa poderá contar com maior amplitude para aplicação dos recursos ociosos de caixa, pois poderá operar, à sua escolha, nos mercados financeiros em que atua.

APLICAÇÃO PRÁTICA

MERCADO FINANCEIRO: *Hora de fazer caixa para remessa de lucros*

Gazeta Mercantil, 7/11/2003 – O atual patamar do dólar pode estar levando alguns participantes do mercado a antecipar compras da divisa para remessas posteriores. Esse, pelo menos, é o comentado pelas mesas de operações e a impressão de alguns especialistas. A percepção foi aguçada ontem, depois que alguns empresários disseram pessoalmente ao governo que a taxa de câmbio deveria ser mantida no patamar de R$3,00, preservando a competitividade do produto brasileiro no exterior.

O mercado sabe que o Banco Central (BC) não vai intervir na cotação da divisa aleatoriamente. Mas o fato de a autoridade monetária já ter autorizado o Tesouro a comprar divisas com até 180 dias de antecedência para pagamento de compromissos externos deixou alguns participantes cautelosos.

A percepção corrente é a de que, se o Tesouro passar a comprar uma quantidade maior de dólares no mercado a vista, a cotação poderá subir. Mas quem tem reserva para fazer caixa em moeda estrangeira estaria aproveitando o atual patamar, uma vez que no início do ano há uma pressão natural sobre as cotações justamente em razão das remessas de lucros que ocorrem no período.

O fluxo favorável de captações e do comércio exterior, além de recursos para o mercado de capitais, pode fazer com que o dólar encerre o ano abaixo das estimativas do mercado, que apontam para R$3,00. Mesmo o forte vencimento de dívida privada até dezembro, da ordem de US$7 bilhões, segundo cálculos do mercado, não deve interferir na tendência atual do câmbio.

As empresas brasileiras, além de estarem conseguindo renovar as operações que estão vencendo, estão alongando o prazo do próximo vencimento e reduzindo as taxas das novas emissões.

CÂMBIO na data da notícia:

O dólar comercial fechou a R$2,875 na compra e a R$2,877 na venda, em alta de 0,45% em relação ao fechamento anterior.

O leitor pode perceber a grande influência das políticas monetária e cambial na gestão do caixa das empresas com operações internacionais.

11.6 GESTÃO DE RECURSOS TEMPORARIAMENTE OCIOSOS – TÍTULOS NEGOCIÁVEIS

A gestão do caixa compreende, além do manuseio dos recursos que estão disponíveis para o seu uso imediato, conforme examinado no início deste capítulo, também a gestão dos recursos temporariamente ociosos, cuja técnica recomenda sua aplicação nos denominados títulos negociáveis.

Os títulos negociáveis representam o instrumento utilizado pelo gestor do caixa para aplicar os recursos temporariamente ociosos que compõem o caixa da empresa. São aplicações no mercado financeiro, de curto prazo classificadas como parte dos ativos circulante da empresa, mais precisamente como parte do caixa, que podem ser fácil e prontamente convertidas em dinheiro. Representam aplicação remunerada de grande liquidez e existem porque a empresa deve obter remuneração sobre recursos de caixa temporariamente ociosos, como forma de reduzir o custo de oportunidade dos recursos aplicados em ativos circulantes, especialmente no caixa.

Motivos para reter recursos em caixa e em aplicações de curtíssimo prazo:

Conforme Keynes, três são os motivos para se reter dinheiro em caixa: transação, precaução e especulação.

O motivo **transação** refere-se à necessidade de retenção de recursos destinados a pagamentos futuros, antecipando a formação do caixa: especialmente para pagamentos vultosos, concentrados em determinada época do mês ou do ano, tais como folha de salários, pagamento do 13º salário no final do ano ou amortização de parcela de financiamento.

O motivo de **precaução** objetiva a formação de reservas de caixa para atender necessidades emergenciais. São balizadas pela instabilidade da economia em que a empresa atua. É de se supor que quanto mais instável o nível das atividades econômicas, maiores deverão ser as reservas de precaução.

Já o motivo **especulação** é uma alternativa temporária de utilização de dinheiro com o objetivo maior de aproveitar as oportunidades que os mercados oferecem para aumentar a riqueza dos proprietários.

O longo período de inflação elevada no Brasil, final da década de 1960 até 1994, estabeleceu forma mais ágil de aplicação dos valores em caixa, transformando todo e qualquer recurso excedente em títulos negociáveis, conversíveis diariamente em caixa, conforme a necessidade de recursos dia a dia. Os executivos financeiros brasileiros tornaram-se especialistas em aplicar recursos ociosos, de forma a manter o seu poder aquisitivo, atenuando a ação nefasta da inflação.

11.6.1. CARACTERÍSTICAS PRINCIPAIS DOS TÍTULOS NEGOCIÁVEIS

As aplicações em títulos negociáveis, por utilizarem recursos temporariamente ociosos, devem ser feitas obedecendo a três regras básicas.

A primeira delas é a **liquidez** das aplicações. Os recursos desse tipo de aplicação financeira devem estar à disposição da administração da empresa para atender os motivos pelos quais existem. Os títulos devem ser facilmente convertidos em caixa. A segunda regra está relacionada com a **garantia do principal**, que deve orientar a aplicação para que não haja possibilidade de perda dos valores aplicados, com quase totalidade de ausência de risco, mesmo que esse fato contribua para a diminuição da remuneração da aplicação.

E a terceira regra é a **análise da incidência de impostos** na operação, pois com o objetivo de alongar os prazos de aplicações financeiras, as autoridades econômicas têm determinado altas taxas de tributação em aplicações de curto prazo que, em muitos casos, inviabilizam a operação, conforme discutido anteriormente.

As operações com títulos negociáveis têm características próprias que as diferenciam de outras formas de aplicação financeira. São aplicações realizadas com títulos previamente emitidos, basicamente por instituições governamentais,[7] adquiridos por instituições financeiras e que, provavelmente, terão valores e prazos de vencimentos diferentes daqueles necessários à empresa no momento da realização da aplicação.

Ao receber a aplicação em títulos negociáveis, a instituição financeira vende à empresa parte de um ou de vários títulos de sua propriedade, no valor igual ao da aplicação, permanecendo com a custódia do título pelo tempo da aplicação. Assim, um título pode ter vários parceiros proprietários

---

[7] Há razões para a preferência pelos títulos de emissão federal. É que esses títulos, por questões de mercado, são os que pagam melhor remuneração e podem oferecer garantias bem aceitas pelos investidores.

durante determinado período de tempo. A remuneração correspondente a essa parte vendida é a remuneração da empresa aplicadora. Certamente, a instituição financeira cobrará remuneração pela sua participação no negócio. Ao ser liquidada a operação, a instituição financeira volta a ser proprietária da parte negociada do título. Podem ainda ser feitas aplicações por meio da aquisição de quotas de *Fundos* formados com Títulos de Emissão Governamental ou Privada.

11.6.2. ALTERNATIVAS DE APLICAÇÃO NO MERCADO

Existe grande quantidade e variedade de modalidades de aplicações em títulos negociáveis. A permanente variação é consequência da grande criatividade das instituições financeiras que estão sempre procurando oferecer títulos ou operações que possibilitem, a elas e aos aplicadores, melhor remuneração. Essa criatividade é decorrente também da reação das instituições financeiras aos controles e excesso de tributação por parte do governo.

Entre os títulos básicos, utilizados para aplicações em títulos negociáveis, temos os títulos de emissão governamental (vide Nota 7). São vários os papéis emitidos pelo governo, todos eles de longo prazo.

As várias equipes econômicas que assumiram a direção da economia brasileira, ao longo do tempo, quase sempre deixaram um novo papel no mercado. Já existiram as ORTN (Obrigações Reajustáveis do Tesouro Nacional), os BTN (Bônus do Tesouro Nacional), as LTN (Letras do Tesouro Nacional), as LFT (Letras Financeiras do Tesouro) etc. Por certo logo existirão outros papéis que o governo irá emitir. Existem ainda títulos de emissão de governos estaduais e municipais.

São também utilizados títulos de emissão privada, de empresas, governamentais ou privadas, instituições financeiras ou não, com o objetivo de captar recursos para atender suas necessidades de caixa. Entre os títulos de emissão privada, alguns exemplos:

Certificado de Depósito Bancário – CDB. São emitidos por bancos com remuneração pré ou pós-fixada, mediante aplicação direta junto à instituição financeira. São papéis endossáveis, ou seja, transferíveis a terceiros.

Recibo de Depósito Bancário – RDB. São títulos semelhantes ao CDB, só que não são endossáveis.

Debêntures. São títulos de captação de recursos de longo prazo, emitidos por empresas registradas na Comissão de Valores Mobiliários.

Export notes. Títulos vinculados a operações de exportação que o exportador *desconta* no banco; têm valor expresso em moeda estrangeira, geralmente o dólar norte-americano (US$). A instituição financeira que efetuou o desconto *vende* título ao aplicador que fica com a garantia da variação cambial vinculada ao dólar. São muito requisitados pelas empresas quando há ameaças de desvalorização da moeda nacional ou para *hedge* de compromissos em moeda estrangeira.

Existem ainda muitos *Fundos* administrados pelas instituições financeiras que oferecem oportunidades de aplicações de curtíssimo prazo. Os fundos formam carteiras de títulos, e os investidores adquirem quotas dessas carteiras. Alguns exemplos de fundos:

Fundos de renda fixa – lastreados em títulos de renda fixa.

Fundo Ouro (Over Gold) – lastreado na variação da cotação do ouro.

Fundos de Commodities – compostos de carteira formada basicamente por títulos de renda fixa. São atraentes em função de menor incidência tributária.

Fundos de ações – podem ser divididos em dois tipos de fundos, um mais conservador, cuja carteira é de pequeno risco, e outro, também chamado de carteira livre, mais agressivo no que diz respeito à administração da carteira de ações e, portanto, de maior risco e/ou rentabilidade.

11.6.3. COMO SÃO FEITAS AS APLICAÇÕES EM TÍTULOS NEGOCIÁVEIS

A empresa, por meio de seu gestor do caixa, deve manter relacionamento com algumas instituições financeiras. Quase todas mantêm sua *mesa de operações* que facilita e realiza as aplicações. Quando da aplicação, o gestor de caixa mantém contato telefônico com as mesas de operação, informando o valor e o período da aplicação, solicitando as taxas do dia, às vezes do momento. Como é operação de rotina para as mesas de aplicação, o contato informa suas taxas e apresenta, se solicitado, algumas informações adicionais, como situação do mercado, possíveis tendências de aplicações, câmbio etc. De posse de mais de uma posição das mesas de aplicação, é tomada a decisão de onde aplicar.

Interessante ressaltar que taxas mais atraentes sinalizam problemas de caixa da instituição financeira consultada. Isso cria a ideia ilusória de rendimentos maiores; no entanto, os riscos também são maiores. Dentro das regras básicas já vistas, deve-se evitar esse tipo de aplicação em títulos negociáveis.

11.7. OS EMPRÉSTIMOS DE CURTO PRAZO E O SALDO DE CAIXA

Os empréstimos de curto prazo são utilizados para suprir as deficiências ocasionais ou sazonais de recursos. É necessário o estabelecimento de estratégias para que, nas ocasiões necessárias, a empresa possa contar com a possibilidade de obtenção de empréstimos junto à rede bancária.

O relacionamento deve ser estabelecido com instituição financeira que esteja disposta a prestar serviços a custos competitivos e também emprestar dinheiro a custos baixos.

O processo tem início com a solicitação de abertura de **linha de crédito,** que é o estabelecimento de um limite de crédito, com base nas informações solicitadas pela instituição financeira. A linha de crédito fica à disposição da empresa para sua utilização quando necessário. Dentro da linha de crédito estão as várias modalidades de empréstimos com as quais a instituição financeira trabalha e que, em princípio, podem ser utilizadas pela empresa. A realização de cada operação fica mais simples se estiver dentro da linha de crédito da empresa, ou seja, as formalidades ficam reduzidas porque a maioria delas foi cumprida com antecedência.

Figura 11. 2 Linha de crédito

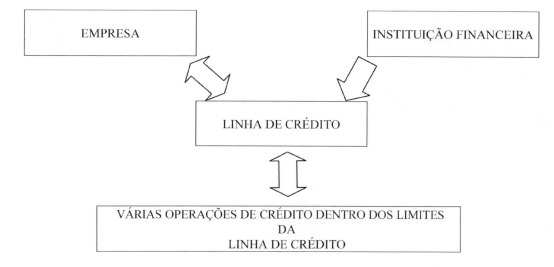

388 – Administração Financeira

A Figura 11.2 apresenta a forma de relacionamento da empresa com a instituição financeira com o uso da linha de crédito.

Existem várias modalidades de empréstimos de curto prazo oferecidas pelas instituições financeiras para serem utilizadas pelas empresas. Todas essas modalidades serão vistas no Capítulo 14, que trata dos empréstimos de curto prazo.

11.8. RESUMO

Este capítulo iniciou a abordagem da administração dos recursos financeiros de curto prazo e suas respectivas fontes. São os recursos aplicados nas atividades operacionais que dão movimentação aos ativos permanentes. Por serem de curto prazo, são recursos e fontes que necessitam de grande agilidade em sua gestão.

No Ativo Circulante estão as aplicações de curto prazo, compreendendo os valores em disponibilidade, chamados de *caixa* ou *disponível*, os valores aplicados em créditos concedidos a clientes, denominados *valores a receber*, ou *duplicatas a receber* ou ainda *contas a receber* e os valores dos *estoques*.

Os direitos (ativos) e as obrigações (passivos) são identificados como Circulantes, quando os prazos esperados das respectivas realizações situem-se no curso do período de tempo não superior a um ano, contado a partir da data do Balaço Patrimonial.

O Capital Circulante, também denominado *Capital de Giro* e *Ativo Circulante*, representa o valor dos recursos aplicados pela empresa para movimentar seu *Ciclo Operacional*, que abrange o espaço de tempo que vai desde a entrada da matéria-prima no estoque da empresa até a venda dos produtos elaborados e respectivo recebimento.

As políticas voltadas para a administração do capital circulante objetivam definir: i) o volume de investimentos necessários no total do capital circulante; ii) a distribuição desses investimentos em caixa, valores a receber e estoques; e iii) como serão financiados esses investimentos. As políticas relacionam-se sempre a um volume pretendido de vendas.

Segundo Keynes, as empresas mantêm dinheiro em caixa e quase caixa como meio de troca e de armazenar riqueza. A motivação para manter caixa como meio de troca acontece por necessidades *negociais,* de *transações* e de *precaução*. A motivação como meio de preservar a riqueza vem através da *especulação*.

Em termos de determinação de saldos mínimos de caixa, o objetivo do gestor financeiro deverá ser manter níveis voltados para o aumento do valor da empresa. Pode utilizar-se, por exemplo, percentual da projeção de vendas do período.

A redução do ciclo de caixa contribui para a diminuição das aplicações no ativo circulante e consequente redução do saldo mínimo de caixa, é sempre desejável, porém deve ser implementada de forma a não afetar os negócios da empresa.

A gestão do caixa compreende, além do manuseio daqueles recursos que estão disponíveis para o seu uso imediato, também a gestão dos recursos temporariamente ociosos, cuja técnica recomenda a sua aplicação nos denominados títulos negociáveis – o instrumento utilizado pelo gestor do caixa para aplicar os recursos temporariamente ociosos.

Existe grande quantidade e variedade de modalidades de aplicações em títulos negociáveis. Há permanente variação de opções para os aplicadores. A variação é consequência da grande criatividade das instituições financeiras, que estão sempre procurando oferecer títulos ou operações que possibilitem, a elas e aos aplicadores, melhores remunerações.

11.9. QUESTÕES

1. Conceitue a diferença entre ativos circulantes e ativos permanentes. Quais as suas respectivas funções na empresa?
2. Conceitue os ciclos operacionais e de caixa. Apresente as principais diferenças entre eles. Como o ciclo operacional e o ciclo de caixa têm influência nas necessidades de recursos financeiros na empresa? Como são calculados o ciclo operacional e o ciclo de caixa?
3. O que deve definir as políticas de gerenciamento do capital circulante? Conceitue o caixa. Apresente e discuta os motivos de se manter caixa.
4. Discuta os fatores importantes na determinação do saldo mínimo de caixa? Quais são as estratégias básicas para a redução do saldo de caixa na empresa?
5. Apresente as principais técnicas de administração do caixa. Quais as principais dificuldades encontradas na administração internacional do caixa?
6. Conceitue os recursos temporariamente ociosos. Quais os motivos pelos quais as empresas aplicam seus recursos em títulos negociáveis?
7. Quais as três características principais dos títulos negociáveis? De exemplos de títulos de emissão privada usados para aplicações em títulos negociáveis.
8. Quais as alternativas que o mercado financeiro oferece às empresas para aplicação de recursos temporariamente ociosos? Descreva como são feitas as aplicações em títulos negociáveis.
9. Qual a função dos empréstimos de curto prazo na definição dos saldos de caixa?
10. Como foi feita a reestruturação do Sistema Brasileiro de Pagamentos?

11.10. EXERCÍCIOS

1. A empresa Empreendimentos Piraquara S.A. pretende melhorar a eficiência da gestão de seu caixa. Seus valores a receber são cobrados, em média, em 45 dias, e a idade média dos estoques é de 60 dias. Os compromissos com seus de fornecedores são pagos no prazo de trinta dias. A empresa gasta R$250.000 por ano de 360 dias, a uma taxa constante, para dar suporte ao ciclo operacional.
    a. Calcule o ciclo operacional da empresa.
    b. Calcule o ciclo de caixa.
    c. Calcule o montante de financiamento necessário para sustentar o ciclo de caixa.
    d. Quais as alternativas possíveis para que empresa possa reduzir o ciclo de caixa?
2. Utilizando-se dos dados do Exercício 1, calcule os resultados nos ciclos de caixa e no giro de caixa se acontecerem as seguintes hipóteses independentes:
    a) Os valores a receber são cobrados, em média, em 60 dias.
    b) Os compromissos com fornecedores são pagos, em média, em 90 dias.
    c) A idade média dos estoques passa a 45 dias.

3. A Bocaiúva Comércio e Indústria S.A. terá, nos próximos três meses, recursos ociosos no valor de R$100.000,00. O gerente financeiro da empresa está analisando algumas alternativas de aplicação desses recursos. Utilizando seus conhecimentos de matemática financeira, ajude o gerente na decisão. Não considere a incidência de eventuais impostos.

   Alternativa a. Pagar uma Duplicata de R$120.000, com vencimento em 90 dias, com um desconto de 3% ao mês. Como o emitente exige o pagamento integral, o gerente precisará recorrer ao banco para emprestar a diferença a um custo de 2,5% ao mês.

   Alternativa b. Aplicar em CDB a uma taxa de 3% ao mês.

   Alternativa c. Aplicar em ações com uma expectativa de rendimento de 5% ao mês.

4. Determinada indústria do setor de alimentos tem vendas anuais totais da ordem de R$25.000.000,00. Terminou o último ano com R$1.800.000,00 na conta de duplicatas a receber. Caso esta tenha sido a média da conta durante o ano, qual o seu período médio de cobrança?

5. Rodrigo Silva terminou recentemente o mestrado em Direito Tributário. Convidado a associar-se a importante escritório de advocacia, com atuação internacional, está refletindo sobre os aspectos gerenciais do escritório, porque a capacidade técnica e competência profissional dos outros advogados, sócios da banca, são inquestionáveis. A empresa costuma vencer as causas para as quais é contratada com galhardia.

   A liquidez financeira do escritório é que preocupa o jovem mestre advogado: as causas demandam elevadas saídas de caixa em custas de cartório e de registros, em viagens da equipe, salários do pessoal administrativo do escritório, dos advogados contratados e dos estagiários e ainda o pagamento de honorários.

   As receitas, apesar de elevadas, se resumem aos percentuais cobrados das causas vencidas, à custa das causas perdidas e aos honorários dos projetos de consultoria. As despesas ocorrem ao longo de todos os processos, e as receitas apenas no final de cada causa ou projeto de consultoria.

   A empresa paga suas contas com prazo médio de 30 dias. As receitas, apesar de flutuarem bastante, são recebidas em média 15 dias após o final das causas ou da entrega de projetos. O tempo médio de uma causa é 180 dias, e de um projeto, 90 dias.

   Pergunta-se:

   a) É possível calcular ciclo de caixa e ciclo operacional desta empresa? Se afirmativo, calcule.

   b) Quais os requisitos necessários para que a competência técnica do escritório não sucumba em face de adversidades financeiras de curto prazo?

   c) Calcule o Ciclo Operacional e o Ciclo de Caixa caso o faturamento da empresa seja decorrente 30% projetos e 70% de causas.

   d) Qual o giro de caixa?

6. Determinado fabricante de equipamentos de som fatura as vendas para os seus clientes na forma de 30 dias fora o decêndio. Ou seja, o que foi vendido nos dez primeiros dias do mês, será pago no dia dez do mês seguinte, o que foi vendido entre os dias 11 e 20 do mês, será pago no dia 20 do próximo mês e o que foi vendido entre os dias 21 e 31, será pago no dia 30 ou 31 do mês seguinte. A tabela a seguir mostra a grande concentração das vendas nos últimos dez dias do mês e os percentuais de descontos que cada um dos clientes tem para pagamento em

dia das faturas. Os custos bancários do faturamento hoje são de R$3,00 por fatura, e os custos administrativos são de R$2.000,00 por lote de cobrança (três lotes por mês).

Para diminuir os custos de faturamento e cobrança estuda-se a possibilidade de fazer apenas uma cobrança referente a todas as vendas do mês, com prazo de 15 dias fora o mês. Como os clientes terão ampliação no prazo de pagamento, os percentuais de desconto serão reduzidos em 1%, independentemente das características do cliente. Para verificar a viabilidade da nova forma de cobrança, calcule:

a) Redução de faturamento e custos atuais de cobrança.
b) Redução de faturamento e custos na forma proposta.
c) Ganhos ou perdas no total da despesa se a solução proposta for adotada.

Clientes	dia 1 a 10	dia 11 a 20	dia 21 a 31	Faturamento Bruto	% desc. pgto em dia	Faturamento Líquido
TOTAL				**732.502**		**680.875,00**
Caetano S.A.	25.000	25.000	25.000	75.000,00	10%	67.500,00
Costa Ltda.	18.000	12.000	26.000	56.000,00	8%	51.520,00
Gilberto e Cia.	1.000	1.000	8.000	10.000,00	1%	9.900,00
Roberto S.A.	–	–	68.000	68.000,00	5%	64.600,00
Erasmo Ltda.	18.000	20.000	45.000	83.000,00	4%	79.680,00
Betânia Co.	18.000	22.000	58.000	98.000,00	6%	92.120,00
Fábio S.A.	25.000	28.000	35.000	88.000,00	6%	82.720,00
Buarque & Buarque.	35.000	40.000	65.000	140.000,00	12%	123.200,00
Leão Ltda.	18.000	8.000	22.000	48.000,00	5%	45.600,00
Da Vila e irmãos	2.000	1.000	12.000	15.000,00	1%	14.850,00
Vanderleia Ltda.	5.000	4.500	6.000	15.500,00	1%	15.345,00
Soares S/C	12.000	12.000	12.000	36.000,00	6%	33.840,00

11.11 BIBLIOGRAFIA ADICIONAL

ASSAF NETO, Alexandre. *Administração do capital de giro*. 3ª. ed. São Paulo: Atlas, 2008.

_____. *Finanças corporativas e valor*. São Paulo: Atlas, 2003.

BREALEY, R. A. e MYERS, S. C. *Princípios de Finanças Empresariais*. 3ª ed., Portugal: McGraw-Hill, 1992.

BRIGHAM, Eugene F.; EHRHARDT, Michael C. *Administração Financeira*. 10ª ed. São Paulo: Pioneira Thomson Learning, 2006.

DAMODARAN, Aswath. *Finanças corporativas – teoria e prática*. Porto Alegre: Bookman, 2004.

GITMAN, Lawrence J. *Princípios de Administração Financeira*. 10ª ed. São Paulo: Pearson, 2004.

MEGGINSON, L.C.; MOSLEY, D. C.; PIETRI Jr, P. H. *Administração Conceitos e Aplicações*. 4ª ed. São Paulo: Harbra, 1998.

ROSS, Stephen A.; WESTERFIELD, Randolph; JORDAN, Bradford D. *Administração financeira*. 8ª ed. São Paulo: McGraw-Hill, 2008.

STEWART, Beneth G. *Em busca do valor – o guia EVA para estrategistas*. Porto Alegre: Bookman, 2005.

VAN HORNE, James. *Financial management and policy*. 12ª ed. New York: Prentice Hall, 2002.

WESTON, F. W.; BRIGHAM, E. F. *Fundamentos da Administração Financeira*. 10ª ed. São Paulo: Makron, 2000.

CAPÍTULO 12

ADMINISTRAÇÃO DE CRÉDITO E CONTAS A RECEBER

12.1. Introdução

12.2. O crédito

12.3. O faturamento

12.4. Políticas de crédito

12.5. O processo de concessão de crédito

12.6. O custo do crédito

12.7. Administração internacional de crédito

12.8. A gestão da cobrança

12.9. Resumo

12.10. Questões

12.11. Exercícios

12.12. Bibliografia adicional

Infomoney – Prazo de pagamento com cartões mais do que dobra em junho e julho
04/09/2009
SÃO PAULO – O prazo de pagamento das faturas de cartões de crédito pelos consumidores mais do que dobrou em junho e julho passados, em relação à média histórica de pagamentos, segundo dados da Fecomercio-SP (Federação do Comércio do Estado de São Paulo), divulgados nesta sexta-feira (4). De acordo com a Federação, a média de prazo para a liquidação da fatura no sexto e no sétimo meses deste ano atingiu 62 dias, 100% a mais do que a média histórica de 30 dias. Nos sete primeiros meses de 2009, este prazo é de 53 dias (71% maior).
Inadimplência – Como consequência, na avaliação da entidade, em curto prazo, pode haver aumento da inadimplência, que, por sua vez, pode resultar em diminuição da capacidade de consumo, já que as famílias necessitarão de um tempo para normalizar seu orçamento doméstico. "O que esses números mostram, de forma inequívoca, é uma dilatação abrupta dos prazos de financiamento da modalidade mais cara para os consumidores, cujos juros chegam a ultrapassar os 200% ao ano, resultando em forte perda no nível de qualidade do endividamento das famílias", afirma o economista da Fecomercio, Altamiro Carvalho.

12.1. INTRODUÇÃO

O crédito é fator facilitador das vendas. Por meio da concessão de crédito, as empresas podem vender muito mais do que venderiam se não utilizassem esse tipo de facilidade. Por outro lado, crédito é fator de risco para as empresas; porquanto, pode haver perda com devedores relapsos. A concessão do crédito exige também grandes volumes de investimentos em capital de giro, o que torna a sua administração complexa, exigindo de gestores e executivos atenção e uso de técnicas adequadas.

12.2. O CRÉDITO

Nas sociedades muito antigas voltadas exclusivamente para as atividades rurais e agrícolas, o prazo entre o plantio e a colheita determinava a necessidade de antecipação de entrega, aos produtores, de sementes e implementos agrícolas. Essa entrega antecipada fez com que surgissem as primeiras formas de crédito. Os autores Homer e Sylla dizem que existem evidências de que o Código de Hamurabi, 1800 a.C., trazia seções referentes à regulamentação do crédito na Babilônia.

Mais tarde, na Grécia Antiga, após o surgimento do dinheiro, as atividades comerciais deram origem às primeiras instituições bancárias, que passaram a realizar operações de crédito sob diversas formas, embora muito longe das formas praticadas atualmente.

O crédito, no conceito atual, é a disposição de alguém ceder temporariamente parte de seu patrimônio ou prestar serviços a terceiros, com a expectativa de receber de volta o valor cedido ou receber pagamento, depois de decorrido o período de tempo estipulado, na sua integralidade ou em valor correspondente. É a troca de bens presentes por bens futuros.

Por se tratar se aplicação de recursos em Ativo Circulante, a sua concessão deve ser suportada pela existência ou obtenção de recursos para financiá-la, pois interfere no equilíbrio econômico-financeiro da empresa.

A concessão de crédito aos clientes resulta Ativos que têm várias denominações: como Valores a Receber, Duplicatas a Receber ou ainda Contas a Receber. Junto a Estoques, formam os principais valores do Ativo Circulante.

Quanto maior o volume de vendas a crédito e o prazo médio de cobrança, maior será a necessidade de capital de giro para financiar esse ativo. O custo desse financiamento deve ser agregado aos custos dos produtos.

12.3. O FATURAMENTO

Conceder crédito implica em proceder ao recebimento do valor do crédito em época futura, o que torna necessária a emissão de documento que será o instrumento de cobrança. A emissão desses documentos, geralmente denominados faturas, pode ser de grande complexidade para as empresas, dependendo do tipo de produto, mas principalmente os serviços são os que apresentam maiores dificuldades em serem faturados.

Não raro encontram-se na imprensa reclamações de clientes de prestadoras de serviço, telecomunicações, por exemplo, que contestam as faturas apresentadas, nas quais constam serviços que, alegam, não terem sido prestados. Nesse caso, as faturas são objetos de atrito entre a empresa e o cliente e, por essa razão, há necessidade de grande suporte de informações para responder às queixas dos clientes. A NTT (Nippon Telegraph and Telecommunications), empresa de telefonia do Japão, na década de 1980, emitia 6 milhões de faturas mensais, só na cidade de Tóquio. A meta da NTT era ter, no máximo, cinco erros por mês no total de suas faturas.

Outras dificuldades, também na área de prestação de serviços, se apresentam em atividades de grande diversidade de serviços prestados a diversos tipos de clientes, que têm contratos com cláusulas específicas de faturamento diferentes. É o caso dos Hospitais, cujas faturas são altamente complexas, não só pelos diferentes serviços prestados, como também pelos diversos clientes a quem prestam serviços – SUS (Sistema Único de Saúde), UNIMED (Cooperativa Médica), outros convênios, Prefeituras Municipais, particulares – cada um deles com regras específicas de faturamento.

Existem outros problemas de faturamento vividos pelas prestadoras de serviços públicos de água, energia, telefone e gás que coexistem com clientes de baixíssimo consumo, dando origem a faturas de pequeno valor. Os custos de cobrança são praticamente os mesmos que os das faturas de grande valor. A solução adotada por alguns países, como a Inglaterra, por exemplo, onde as faturas de baixo valor são cobradas trimestralmente, encontra certas barreiras com os consumidores brasileiros de baixa renda que não se submetem a esse tipo de faturamento.

Faturar bem emitindo faturas com qualidade é fator primordial para a obtenção de bons resultados nas empresas.

12.4. POLÍTICAS DE CRÉDITO

As políticas de crédito são base da eficiente administração de Valores a Receber, pois orientam a forma como o crédito é concedido, definindo padrões de crédito, prazos, riscos, garantias exigidas e diretrizes de crédito.

As políticas de crédito definem formas de concessão de crédito com base nas condições presentes e expectativas futuras da situação econômico-financeira da empresa, das condições da economia e do mercado em que empresa atua. Como tais, serão revistas sempre que houver alterações importantes nesses fatores. A ação repentina e agressiva da concorrência deve provocar alterações nas políticas de crédito, por exemplo.

A definição das políticas de crédito pode não ser responsabilidade exclusiva da área financeira das empresas. Há que haver equilíbrio de influência das áreas de marketing e financeira. Forte influência da área financeira, voltada para redução de riscos, pode levar a condições de crédito excessivamente severas que impedirão vendas. Por outro lado, condições com exigências bastante brandas podem facilitar as vendas, mas tornar difícil o seu recebimento. Há que se lembrar que é melhor não vender, do que vender e não receber.

12.4.1. PADRÕES DE CRÉDITO

Os padrões de crédito estabelecem as condições mínimas que o pretendente deve possuir para receber crédito da empresa.

Os padrões de crédito estão diretamente relacionados com o risco de não recebimento do todo ou de parte do valor da venda e influenciam as seguintes variáveis:

1. Vendas

Condições mínimas muito exigentes restringem o universo de pretendentes a crédito e, consequentemente, de compradores. Isso dificulta a realização de vendas. Já padrões menos exigentes ampliam esse universo, abrindo as portas para a realização de maiores vendas.

2. Valores a Receber

Padrões de crédito que facilitam a realização de vendas são indicativos de aumento de necessidade de mais recursos para financiamento de Valores a Receber.

3. Riscos

Os riscos de não recebimento de Valores a Receber aumentam com a definição dos padrões de crédito menos exigentes. Aumenta o risco de perdas pelo não recebimento.[1]

12.4.2. PRAZO

O prazo de pagamento é o período de tempo concedido ao cliente para efetuar o pagamento do compromisso assumido. É fator considerado tanto por quem pleiteia o crédito, porque quanto maior o prazo obtido, menor o seu ciclo de caixa, como para quem está analisando a sua concessão, porque quanto maior o prazo concedido, maior o ciclo de caixa e maior a necessidade de aporte de recursos no ativo circulante.

Conceder crédito significa investir em Ativo Circulante, e o prazo do crédito concedido representa o tempo pelo qual o investimento é realizado. Significa ter a disposição de assumir os custos visando benefício futuro, ou seja, rentabilidade.

Os prazos de pagamento, definidos nas políticas de crédito, estão relacionados e são influenciados por vários fatores, como usos e costumes, mercado comprador ou recessivo, ação da concorrência, compra por encomenda, condições negociais, nível da atividade econômica, capacidade de a empresa sustentar capital de giro adicional. Representam influência direta no volume de investimentos em Valores a Receber.

É prática comum as empresas terem definidos os prazos de pagamento oferecidos aos clientes. No entanto, como o prazo é um componente negocial, pode ser analisado de acordo com as necessidades de cada cliente importante.

Existem muitas práticas de definição de prazos. Por exemplo, no Brasil eletrodomésticos são comercializados em maiores prazos – 12 a 24 meses. Automóveis também são comercializados a prazo – até 48 meses – e, da mesma forma, móveis (12 meses) e roupas (seis meses). Materiais de construção podem ser pagos a vista, em 28 dias ou em prazos maiores. O consumidor final brasileiro costuma concentrar mais sua atenção no valor da prestação, do que no valor total de compras. Normalmente as famílias calculam qual o tamanho da prestação que "cabe" no seu orçamento. Ao se considerar a queda do poder aquisitivo da classe média brasileira nos últimos anos, e o aumento da renda das classes D e E, à população trabalhadora, fica fácil compreender a decisão dos administradores financeiros e planejadores mercadológicos de estender os prazos de pagamento, como forma de diminuir o "tamanho" das prestações.

As empresas podem oferecer prazos flexíveis, com mais de uma data de vencimento. É definida a data de vencimento que figura formalmente no documento de cobrança e, no mesmo documento, mais duas ou três datas posteriores, não muito distantes da primeira – de 5 até 30 dias – cada uma delas com novo valor a ser cobrado incorporando os encargos financeiros dos novos prazos de pagamento.

A definição do prazo influi no estabelecimento do preço a vista. Há casos em que a empresa não estabelece diferença entre preço a vista ou a prazo. Encontram-se situações em que o produto é vendido pelo mesmo preço a vista ou em três parcelas, por exemplo. Essa política induz o comprador a adquiri-lo a prazo, pois não recebe recompensa pela compra a vista. Cabe aqui lembrar que as vendas

---

[1] O tema é tratado também no Capítulo 2, na Seção "Formação de taxas de juros" e no Capítulo 5, em Tipos de risco.

por meio de cartão de crédito constituem-se vendas a prazo, mas no Brasil, a legislação exige que sejam praticados preços iguais a vista e no cartão de crédito.

O prazo de pagamento vincula-se também ao desconto oferecido. Os descontos são ofertados nas negociações para pagamento antecipado à data previamente negociada e, até mesmo, para pagamento na data do vencimento da obrigação. No Brasil, algumas indústrias e laboratórios de produtos farmacêuticos utilizam essa sistemática.

É comum, no lugar de multa por atraso, a empresa oferecer desconto para pagamento no vencimento; após o vencimento, o desconto deixa de existir e é equivalente à multa, só que com nome diferente e mais bens aceitos por parte do devedor. As taxas de condomínio e os aluguéis normalmente apresentam essa característica.

Descontos atraentes influenciam o comportamento dos clientes e reduzem os períodos médios de cobrança, no entanto podem reduzir os lucros da empresa se maiores que os custos de empréstimos, ou seja, o custo da fonte de financiamento de curto prazo tem de ser maior do que o desconto concedido ao cliente.

12.4.3. GARANTIAS

O mecanismo utilizado para reduzir o risco nas vendas a crédito é a exigência de garantias sobre o valor do crédito concedido ao cliente no ato da formalização do crédito. As garantias representam o comprometimento de outras pessoas, físicas ou jurídicas, pela dívida assumida ou a definição de bens, que podem ser móveis ou imóveis, que responderão pela dívida caso o devedor não consiga pagá-la.

As garantias estão classificadas em garantias pessoais, também chamadas de fidejussórias, e as denominadas garantias reais, conforme Quadro 12.1.

Quadro 12.1

Garantias	
Pessoais	Reais
Aval **Fiança**	**Alienação fiduciária** **Hipoteca** **Penhor** **Anticrese**

As garantias estabelecidas pela forma de aval são geralmente utilizadas em títulos de crédito. A garantia pessoal representada pelo aval estabelece a obrigação de avalista pelo valor do título de crédito no qual foi formalizada a garantia, representada pela assinatura do garantidor denominado avalista. É obrigatório que o cônjuge assine com o avalista, no caso de casamento em comunhão de bens. O garantidor responde pelo aval com todos os seus bens, exceto os denominados bens de família.

A outra garantia pessoal representada pela *fiança* é um tipo de garantia estabelecido sob a forma de contrato no qual o fiador, que pode ser pessoa física ou jurídica, presta garantia de cumprimento da obrigação assumida pelo comprador caso ele não o faça. Nesse caso, se o fiador for pessoa física e for casado, com comunhão de bens, deverá ser exigida também a assinatura do cônjuge.[2]

---

[2] O novo Código Civil Brasileiro, aprovado em janeiro de 2003, equipara a união estável ao casamento civil.

As garantias *reais* compreendem a alienação fiduciária, a hipoteca, o penhor e a anticrese.

A *alienação fiduciária* é o tipo de garantia feito através de instrumento público ou particular arquivado no Registro de Títulos e Documentos, na qual o devedor detém a posse e utilização dos bens móveis oferecidos em garantia, mas a propriedade é do credor.

O devedor será o responsável pela preservação e manutenção dos bens alienados e por danos sofridos pelos bens.

A *hipoteca* representa o tipo de garantia no qual, por instrumento público, são utilizados bens imóveis, veículos, aeronaves e embarcações para garantir dívida contraída pelo devedor. É preciso considerar que os denominados bens de família não devem ser objeto de hipoteca porque são protegidos por lei.

O *penhor* consiste no estabelecimento de quantidade suficiente de mercadorias, máquinas, equipamentos, produtos agrícolas ou títulos de crédito, oferecidos para garantir a dívida. A definição da quantidade está na razão direta do valor da dívida contraída. Se o que for penhorado ficar depositado na propriedade do devedor, este deve ser designado fiel depositário do que for penhorado e ficará responsável pela sua guarda.

São previstas severas punições se o fiel depositário não cumprir sua função de acordo com o estabelecido na legislação.

A *anticrese* é o tipo de garantia em que o bem garantidor é um imóvel denominado frugífero cujos resultados, pelo uso, o credor pode utilizar para receber o valor de seu crédito. Atualmente, no lugar desse tipo de garantia está sendo utilizado o penhor de safras futuras.

Ainda com respeito às garantias reais é possível o estabelecimento de garantias flutuantes que não impedem a negociação dos bens oferecidos, desde que os bens não negociados sejam suficientes para garantir a dívida.

RISCO DO CRÉDITO

As políticas de crédito também definem o grau de risco relacionado às vendas a crédito. O risco nesse caso representa a possibilidade de não recebimento do todo ou de parte da venda a crédito realizada. Como o não recebimento significa perda financeira e redução do lucro, as políticas de crédito definem condições tais para a concessão de crédito que permitem o estabelecimento de previsões de perdas. Havendo concessão de crédito há risco inerente de perdas com devedores duvidosos.

A grande dificuldade está em estabelecer o grau de risco com precisão. Como as perdas representam custos, as empresas devem incluir nos custos de comercialização parcela que representa a reposição desses custos. Tal prática, embora utilizada, tem suas reservas, pois faz com que os bons pagadores sejam punidos pela existência de maus pagadores.

A legislação brasileira permite às empresas reconhecer perdas com devedores incobráveis que não honrarão seus compromissos. São os denominados "devedores duvidosos". O valor é deduzido do lucro, reduzindo os valores do Imposto de Renda e da Contribuição Social sobre o Lucro a serem recolhidos pela empresa.

O gerenciamento do risco relacionado à concessão de crédito faz parte do tema *compliance*, discutido no Capítulo 5 deste livro. Especificamente a concessão de crédito a clientes aumenta o valor das contas a receber da empresa; conforme a flexibilidade na concessão do crédito, a empresa estará mais exposta ao risco do não recebimento. Isso compromete, no curto prazo, o fluxo de caixa, quando ocorrem atrasos de pagamento; e no médio e longo prazos, a lucratividade da empresa, caso não ocorra o pagamento.

12.5. O PROCESSO DE CONCESSÃO DE CRÉDITO

Na análise para concessão de crédito a literatura específica de administração financeira refere-se às diretrizes tradicionais e subjetivas, conhecidas como cinco "Cs", para a definição da capacidade de crédito: clientes solicitantes, o caráter, a capacidade, o capital, o colateral e as condições.

* **Caráter**

Refere-se ao comportamento dos antecedentes do cliente no cumprimento de suas obrigações assumidas como cliente. A constatação de descumprimento de compromissos deve trazer reflexos na avaliação do caráter do cliente. A existência de títulos protestados pode ser evidência de que o cliente passou ou passa por dificuldade financeira, fato que deve influenciar a decisão sobre a concessão ou não do crédito pretendido.

* **Capacidade**

Considera se os ganhos ou o desempenho operacional e financeiro do cliente permitirão a geração de recursos para efetuar o pagamento do compromisso pretendido. No caso de pessoas jurídicas, os demonstrativos financeiros são úteis para o cálculo de índices de liquidez e de endividamento. Comprovações de rendimentos e compromissos assumidos são também importantes para a análise de crédito de pessoas físicas.

* **Capital**

Preocupam-se com o comprometimento do patrimônio líquido com valores exigíveis da empresa e respectivos índices de lucratividade. Para as pessoas físicas, a indicação da existência de comprometimento de seus ganhos, como prestações mensais, aluguéis, consórcios etc., pode mostrar insuficiência de recursos para pagamento do crédito pretendido.

* **Colateral**

Leva em conta o que o cliente pode oferecer como garantia, real ou não, do crédito; se ele possui bens e outros recursos disponíveis para cobrir o valor exigido pela transação.

* **Condições**

Avalia o grau de exposição aos possíveis efeitos de ocorrências exógenas sobre a capacidade do cliente para pagar suas dívidas, como por exemplo, influências de variação no nível da atividade econômica, agressividade da concorrência etc. No caso de pessoa física é importante considerar como os ganhos estão condicionados às variações da atividade econômica, nível de emprego, estabilidade no emprego etc.

12.5.1 OBTENÇÃO DE INFORMAÇÕES SOBRE O CLIENTE

A empresa deve ter procedimentos muito bem estruturados para coletar informações sobre o pretendente a crédito. As chamadas "informações comerciais" são a base da análise para o estabelecimento do crédito a ser concedido. Tais procedimentos serão diferentes para pessoas físicas e jurídicas e, ao mesmo tempo, para clientes atuais e futuros clientes.

O nível de profundidade das informações a serem utilizadas está relacionado ao valor do limite do crédito pretendido, entendendo-se que à medida que os valores de crédito pretendidos forem maiores, maior será o nível de profundidade das informações.

Se houver disposição para maiores perdas com incobráveis, certamente serão exigidos níveis menores de informações. Havendo pouca disposição para perdas com incobráveis, serão exigidos maiores níveis de informações. As informações geralmente utilizadas e fornecidas pelos clientes são as seguintes:

Pessoas jurídicas
- Documentação legal da pessoa jurídica, como estatuto ou contrato social, acionistas majoritários, proprietários, vínculos com outras empresas, eleição de pessoas autorizadas a assinar pela pessoa jurídica, poderes de quem assina, documentação legal de bens etc.
- Demonstrações financeiras dos últimos três anos, de preferência com parecer de Auditor Independente, visando à elaboração de análise financeira e, com ela, a definição do limite de crédito.
- Ficha cadastral da empresa indicando principais clientes e fornecedores, acionistas majoritários, proprietários e dirigentes.

Pessoas físicas
- Ficha cadastral de pessoa física.
- Cópia da documentação, RG, CPF, comprovante de residência, comprovantes de rendimento, comprovantes de propriedade dos bens e se estão onerados ou não.
- Comprovantes de renda de outras pessoas da família (renda familiar).

Os limites de crédito devem ser revisados com frequência mínima anual. Nesse caso, algumas informações solicitadas de clientes novos podem ser dispensadas aos clientes antigos. Porém, a empresa deve manter o cadastro ou histórico de seus clientes para facilitar seu relacionamento com o cliente e, ao mesmo tempo, reduzir perdas com vendas a prazo.

12.5.2 CONFIRMAÇÃO DAS INFORMAÇÕES

De posse das informações, analistas de crédito da empresa devem verificar sua veracidade. É importante salientar que existem muitos "golpistas" no mercado que constituem verdadeiras quadrilhas especializadas em se beneficiar da ingenuidade ou despreparo das empresas para iludir e obter benefícios desonestos comprando e não pagando.

Vem daí a importância desta fase do processo de concessão de crédito. As informações obtidas são então confirmadas através de consultas diversas, tais como:
- Cadastro próprio, no caso de não ser cliente novo.
- Para clientes novos e antigos, estão disponíveis e são utilizadas agências ou empresas especializadas em não só prestar e confirmar informações sobre pessoas físicas e/ou jurídicas, mas também informar sobre seu comportamento financeiro. Entre as Agências ou empresas destacamos.
  - Serviço de Proteção ao Crédito (SPC)- das Associações Comerciais;
  - SCI/Equifax (Segurança ao Crédito e Informações)- www.sci.com.br
  - Dun & Bradstreet – www.dnb.com
  - SERASA – www.serasa.com
  - Bancos com os quais a empresa opera.
  - Outras fontes de informações apresentadas pelo Cliente.

12.5.3 ANÁLISE DAS INFORMAÇÕES

A partir da confirmação das informações sobre o cliente, a empresa dispõe dos elementos necessários para elaborar a análise dessas informações, que preferencialmente será realizada com o auxílio de programas de processamento de dados específicos para essa função.

O fator tempo também é importante no processo, pois os clientes desejam ser atendidos com rapidez e não estão dispostos a esperar por análises demoradas de suas informações.

A abrangência da análise deve destacar indicativos que virão facilitar a próxima etapa, que é a decisão sobre a concessão do crédito pretendido pelo cliente. A seguir estão listados os mais importantes:

Pessoas jurídicas

- Comparação entre o período médio de pagamento e o período médio de cobrança, que deve indicar a sincronização entre os fluxos de entrada e os de saída de caixa.
- A análise temporal e setorial dos índices financeiros da empresa, visando conhecer a evolução favorável ou desfavorável dos índices e também sua posição perante seu setor de atividade.
- O volume e frequência de negócios para se conhecer o nível de atividade da empresa.
- A organização, experiência no ramo. Algumas informações não são obtidas formalmente, mas por meio de contatos estabelecidos com a empresa, seus gerentes, pessoal da área de compras, até mesmo as instalações físicas são bons indicativos sobre a qualidade e organização da empresa como um todo.
- A análise dos dados conseguidos com as consultas realizadas junto às empresas e agências especializadas é útil para a tomada de decisão. É preciso atenção especial no caso dos dados obtidos das outras fontes de informações apresentadas pelo cliente. Seria ingenuidade acreditar que o cliente ofereceria fontes de informação que viessem a prestar informações errôneas a seu respeito.

Pessoas físicas

- Adequação do valor do crédito pretendido ao nível de renda confirmado.
- Nível de comprometimento dos ganhos do cliente quando adicionado o crédito pretendido. As políticas de crédito, tendo em conta a exposição ao risco, devem estabelecer níveis máximos de comprometimento da renda familiar.
- Possibilidade de apresentação de garantidor da operação caso o pretendente ao crédito não se enquadre nos níveis de exposição ao risco de crédito estabelecido.
- A flexibilização do emprego formal no Brasil tem aumentado o número de pessoas sem comprovante de renda. Para conceder crédito a essas pessoas é preciso desenvolver mecanismos alternativos de análise tais como: diminuir a importância da comprovação de renda e aumentar o peso das garantias exigidas; ou formas alternativas de reduzir o risco, como faz, por exemplo, a rede de lojas C&A, que inclui nas parcelas pequeno valor referente a seguro pelo não pagamento.

12.5.4. TOMADA DE DECISÃO SOBRE O CRÉDITO PRETENDIDO

A análise configurará as bases para a definição de um limite do crédito ao cliente, estabelecendo linha de crédito, com valor definido, que ficará à disposição do cliente para ser utilizada por período determinado, geralmente um ano, a partir da qual não será necessária a realização de novo processo de concessão de crédito ao cliente.

No caso de pessoas físicas é possível também se utilizar a Tabela de Classificação de Crédito, técnica que define a pontuação indicando a capacidade financeira do cliente, como ferramenta auxiliar para a tomada de decisão sobre a concessão do crédito.

A Tabela de Classificação de Crédito representa cálculo da média ponderada da pontuação da situação do cliente em alguns itens relativos à sua condição de pretendente ao crédito, considerados importantes. A empresa estabelece a pontuação referente a esses itens para os quais atribui pesos considerando a sua importância relativa.

Utilizando-se das facilidades da informática, a empresa poderá, rapidamente, construir a Tabela de Classificação de Crédito de um cliente, conforme a Tabela 12.1.

Tabela 12. 1 – Classificação de Crédito

Pontuação Obtida	Mutante de crédito a se concedido	
100	Limite máximo	O limite máximo
De 75 a 99	75% do limite máximo	depende da
De 50 a 74	50% do limite máximo	disponibilidade
De 25 a 49	25% do limite máximo	de recursos para a
Menos de 25	Não concede crédito	concessão de crédito.

O responsável pela política de concessão de crédito da empresa é quem define:
- Os itens que compõem a tabela, levando em conta as características regionais e usos e costumes do setor. Esses ítens devem ser alterados periodicamente para não "viciar" vendedores e clientes.
- A pontuação para cada um dos itens, considerando a importância positiva ou negativa de cada item.
- A distribuição dos pesos para os diversos itens, conforme o fator de redução do risco do crédito.

Definida a estrutura da Tabela de Classificação de Crédito, a empresa estabelecerá limites mínimos de classificação para que o crédito seja concedido ou faixas de classificação de crédito com condições específicas para cada faixa, nas quais estabelecerá exigências negociais e de garantias para a concessão do crédito.

No exemplo da Tabela 12.1 seria possível estabelecer as seguintes faixas:

Pontuação Obtida	Montante de crédito a ser concedido	
100	Limite máximo	O limite máximo
De 75 a 99	75% do limite máximo	depende da
De 50 a 74	50% do limite máximo	disponibilidade de
De 25 49	25% do limite máximo	recursos para a
Menos de 25	Não concede crédito	concessão de crédito.

12.5.5. INFORMAÇÃO DA DECISÃO AO CLIENTE

A informação ao cliente deve ser formal. Na impossibilidade de concessão de crédito nas condições normais, deve ser aberta possibilidade de reforço de garantias, como a utilização de avalista ou fiador, por exemplo.

12.6. O CUSTO DO CRÉDITO

Comercialmente é importante conceder mais crédito aos clientes, porquanto, em geral, padrões de concessão de crédito mais flexíveis impulsionam as vendas. No entanto, conceder crédito aos clientes representa custos para a empresa. Esses custos relacionam-se ao maior volume de recursos aportados em valores a receber e a possibilidade de aumento nas perdas com devedores incobráveis.

A expansão do crédito em montante e em prazo implica aumento de recursos aplicados no capital circulante da empresa. A empresa incorre em custo de oportunidade por não aplicar esses recursos em outro investimento de mesmo nível de risco. Para o cálculo do investimento médio em duplicatas a receber considera-se o montante de recursos gastos na fabricação ou aquisição dos produtos vendidos e o prazo médio de recebimento. O valor é inferior ao montante da conta Duplicatas a Receber porque esse valor inclui a margem bruta da empresa.[3]

$$\text{Giro de Valores a Receber} = \frac{\text{Vendas}}{\text{Valores a Receber}}$$

$$\text{Investimento Médio em Valores a receber} = \frac{\text{Custo variável total das vendas anuais}}{\text{Giro dos valores a receber}}$$

$$\text{Período Médio de Cobrança} = \frac{\text{Valores a Receber}}{\text{Vendas}/360}$$

em que:

$$\textit{Custo do Investimento Médio em VR} = \textit{Invto Médio em VR x custo de oportunidade}$$

> **APLICAÇÃO PRÁTICA:**
>
> Considere a empresa de refeições industriais Carbovari Ltda., apresentada no Capítulo 11. Vislumbra-se aquecimento na economia e por consequência aumento de horas extras e novas contratações. Isso deverá aumentar a quantidade de refeições servidas em 20%. A quantidade de clientes não aumenta. Os clientes estão solicitando ampliação de 30 dias nos prazos de pagamento, sem aumento de preços. Caso a Carbovari Ltda. conceda esta expansão de crédito, será necessário utilizar a linha de crédito rotativo que a empresa já tem previamente aprovada em um banco comercial, ao custo de 1,5% ao mês. Considere que a margem bruta aumenta proporcionalmente ao faturamento, ou seja, não é necessário calcular a margem bruta por cliente.
> Para sugerir se a mudança é viável financeiramente, calcule:
> a) Alteração no prazo médio de cobrança.
> b) Alteração no giro de duplicatas a receber.
> c) Alteração no montante de duplicatas a receber.
> d) Aumento no investimento médio em duplicatas a receber.
> e) Custo do investimento médio adicional em duplicatas a receber
> f) Margem líquida da situação atual e proposta

---

[3] Custo variável total das vendas refere-se ao custo de aquisição dos produtos e serviços.

Acompanhe a solução

a) PMC proposto = 30 + 30 = 60 dias: aumento de 30 dias.

	ATUAL	PROPOSTO
b) Giro das duplicatas a receber	$= \dfrac{360}{30} = 12$	$\dfrac{360}{60} = 6$
c) Duplicatas a Receber	$= \dfrac{417.200 \times 12}{12} = 417.200$	$\dfrac{500.640 \times 12}{6} = 1.001.280$
d) Inv. Médio em DR	$= \dfrac{312.360 \times 12}{12} = 312.360$	$\dfrac{374.832 \times 12}{6} = 749.664$
	ATUAL	PROPOSTO
e) Custo do Inv. médio em DR	= 1,5% a.m = 4.685,40 ao mês	11.244,96 ao mês

f) Margem Líquida

RESUMO

			Atual	Proposto
1	Faturamento	20%	417.200,00	500.640,00
2	Margem bruta	20%	104.840,00	125.808,00
3	Custo cobr. bancár. e admin.*1		454,50	454,50
4	Margem líquida*2		104.385,50	125.353,50
5	Prazo Médio Cobrança		30	60
6	Duplicatas a receber*3		417.200,00	1.001.280,00
7	Inv. médio em duplic a receb*4		312.360,00	749.664,00
8	Custo do inv. médio em DR*4	0,015	4.685,40	11.244,96
9	Margem líquida descontado custo financeiro*5		99.700,10	114.108,54

*1 Repete, pois mesmo número de clientes
*2 Considera aumento linear de custos
*3 Acresce prazo 30 dias e 20% montante
*4 30 dias atual, 60 dias proposto
*5 No exercício anterior não se considerava o custo financeiro do investimento em DR.

12.7. ADMINISTRAÇÃO INTERNACIONAL DO CRÉDITO

Existem alguns complicadores na administração internacional de crédito, tais como o risco cambial,[4] daí a necessidade de definição de moeda de negociação não exposta a grandes riscos, como o dólar norte-americano ou euro, por exemplo.

---

[4] Risco cambial aqui é entendido como a possibilidade de perda financeira em função da desvalorização da moeda de negociação em relação à moeda do país.

12.8. A GESTÃO DA COBRANÇA

Há também dificuldades inerentes a distância, diferenças de legislação em relação à conversão cambial e em casos de inadimplência, ocasionando elevados custos com processos de cobrança. Há ainda dificuldades decorrentes de barreiras alfandegárias, protecionismos e com a demora e atrasos no transporte de mercadorias.

A não ser para clientes conhecidos e tradicionais, em termos de proteção ao crédito o mais usual é exigir-se do cliente estrangeiro carta de crédito bancária irrevogável, passível de liquidação tão logo seja feito o desembarque da mercadoria exportada.

A carta de crédito é útil até mesmo para vendas a vista, contra a entrega da mercadoria. Como contém cláusula condicionante de recebimento da mercadoria, é garantia para quem compra também.

12.8. A GESTÃO DA COBRANÇA

Cobrança é o ato de concretização do recebimento de valores representativos de vendas, a vista ou a prazo, de forma oportuna. Cobrar é tão importante quanto vender, pois o ciclo operacional só se completa quando o valor da venda é recebido.

12.8.1. POLÍTICAS DE COBRANÇA

As políticas de cobrança têm o objetivo de fazer com que os recebimentos ocorram nas datas de vencimento e estejam prontamente à disposição da administração de caixa da empresa.

Como condição negocial, as políticas de cobrança devem ser do conhecimento dos clientes no momento da negociação para que não haja reclamações futuras.

As políticas de cobrança devem estabelecer desde mecanismos de como o débito será cobrado (veja a próxima Seção 12.7.2), até os procedimentos nos casos de atrasos e inadimplência.

O pagamento em dia é a situação ideal após todo o processo de concessão do crédito. Para os casos de atrasos e não pagamento há necessidade de atenção redobrada, pois podem surgir conflitos, dificuldades no relacionamento com o cliente que sempre espera postura mais flexível da empresa e, por outro lado, do responsável pela área de cobrança da empresa, de quem são exigidos resultados.

As políticas definem ações sequenciais para esses casos, por exemplo:
a) Telefonema de lembrança no segundo dia após o vencimento.
b) Carta ou *e-mail* no quinto dia.
c) Carta ou *e-mail* com texto mais duro no décimo dia (informando que o título está sendo enviado para os advogados da empresa para as medidas judiciais cabíveis e/ou que o avalista ou garantidor será acionado).
d) Acionamento do avalista ou garantidor.
e) Envio ao Cartório de Protesto de Títulos e comunicação da inadimplência às Agências de Crédito (ver Seção 12.7.2).
f) Execução da dívida através do encaminhamento do título[5] aos advogados da empresa.[6]

---

[5] Ao longo deste capítulo é utilizada a expressão mais genérica de "título" em vez de duplicata, pois a duplicata não é o único título emitido pelas empresas para a cobrança de suas vendas de produtos e/ou serviços. Os principais documentos utilizados para a cobrança podem ser os carnês, as duplicatas, as notas promissórias, simples registro em conta corrente e o cheque pré-datado, e o débito eletrônico programado.

[6] Quando os títulos são negociados com Instituições Financeiras ou Agentes de *Factoring*, é possível que sejam estabelecidas políticas mais duras de cobrança, como envio imediato ao Cartório de Protesto caso não haja pagamento no vencimento, por exemplo.

As políticas de cobrança devem definir, se assim o entenderem os administradores financeiros e de comercialização, as taxas de desconto por pagamento antecipado ou no vencimento da obrigação. Como a aplicação de multa é considerada agressiva pelos clientes e, até mesmo discutível do ponto de vista legal, o mecanismo encontrado para incentivar o pagamento pontual é o uso desta mais branda.

As taxas adicionais de juros, correção monetária – quando permitida pela legislação – e multas por atraso são também componentes importantes das políticas de cobrança.

Como os clientes são pessoas distintas que podem passar por dificuldades momentâneas para pagar seus compromissos em dia, a empresa deve manter o cadastro atualizado do comportamento de seus clientes e, de acordo com o histórico do cliente, estabelecer o nível adequado de pressão de cobrança.

Clientes circunstanciais, efêmeros, que não têm potencial de parcerias duradouras devem ter tratamento diferenciado daqueles parceiros permanentes, em termos de pressão de cobrança.

As consequências das políticas de cobrança traduzem resultados diretos nos valores aplicados em valores a receber, diminuindo-os ou aumentando-os de acordo com maior ou menor pressão de cobrança. Políticas eficazes tendem a reduzir perdas com devedores incobráveis, pois é sabido que os maus pagadores estão mais expostos a pressão de cobradores mais exigentes.

Os custos de cobrança devem ser analisados em termos de custo-benefício. Algumas empresas vão até o final de uma ação para cobrar dívida de valor irrisório com o objetivo de mostrar aos clientes sua postura rígida em relação à cobrança.

12.8.2 MECANISMOS DE COBRANÇA

A eficiência e o custo das diversas formas de realização da cobrança são fatores importantes na decisão dentre os diversos mecanismos de cobrança.

Alguns dos mecanismos mais usados de cobrança são:

Via Bancária

Através da rede bancária é que flui o maior volume de cobranças formais no meio econômico. É muito importante a escolha do banco a quem se atribuirá a responsabilidade da cobrança, pois é necessária muita negociação para que os serviços sejam prestados dentro das expectativas da empresa, voltado para a eficiência e para o baixo custo operacional. Essa forma é essencial para empresas que tenham clientes dispersos geograficamente. Dependendo da negociação com o banco, a cobrança poderá ser realizada através de várias modalidades, das quais alguns exemplos a seguir são apresentados:

Cobrança simples

O banco atua como simples prestador de serviços de cobrança. Recebe o Borderô, que é um formulário em que constam todas as informações da empresa e dos títulos colocados em cobrança e lança o débito pelo serviço de cobrança. Recebido o pagamento, o banco efetua o crédito na conta da empresa.

A emissão e envio das Fichas de Compensação, também denominadas bloquetos bancários, podem ser feitos pela empresa ou pelo banco. A Ficha de Compensação pode ser paga, até o vencimento, em qualquer agência bancária do país. É possível o pagamento pela Internet, via digitação do número do título de cobrança ou da leitura ótica do código de barras deste título.

Após o vencimento o pagamento somente poderá ser feito nas agências do banco responsável pela cobrança.

Na negociação com o banco, para que as taxas de cobrança fiquem menores, é comum serem acordados prazos para a disponibilização dos valores cobrados. Esses prazos podem variar e são identificados pelas siglas[7] D+1 ou D+n, dependendo de quantos dias o produto da cobrança fica indisponível para a empresa.

As ações posteriores de cobrança, caso o devedor não pague, ficam sob a responsabilidade da empresa emitente do título.

Caução dos títulos

Os procedimentos são os mesmos da cobrança simples. A diferença é que os títulos e o produto da cobrança representam garantia para empréstimos obtidos pela empresa emitente dos títulos junto à instituição bancária.

Desconto dos títulos

A empresa realiza operação de empréstimo junto ao banco e vincula o recebimento dos títulos "descontados" para a liquidação do empréstimo. Embora os títulos atuem como garantidores da operação de empréstimo, o banco não detém a sua propriedade. No vencimento, caso o devedor não pague, o valor do título é debitado na conta da empresa emitente. É uma forma de cobrança eficaz, no sentido de que o banco auxilia a empresa na escolha dos títulos a serem descontados, pois só aceita e desconta aqueles cujo risco considera pequeno. Títulos descontados têm condições menos flexíveis de cobrança.

Via Carteira

É mecanismo que tem menores custos e maior flexibilidade, mas sua eficiência é discutível. Os títulos ficam depositados na área de cobrança da empresa, e sua cobrança é acionada nas respectivas datas de vencimento, geralmente, por cobradores da empresa. Essa prática pode ser de iniciativa da empresa emitente ou quando da solicitação do cliente. Muitas instituições do poder público somente efetuam pagamentos via carteira.

Os controles devem ser muito rígidos, pois podem ocorrer perdas ou extravios de dinheiro recebido, assaltos etc. Os registros dos títulos emitidos e seus pagamentos devem ser alvo permanente de eficiente controle e enquadrados nos programas periódicos dos auditores internos. Os cobradores da empresa recebem o Borderô diário dos títulos que irão cobrar e, ao final do dia, prestam contas dos valores recebidos e devolvem os títulos não cobrados. Todo o controle é formal.

Algumas atividades comerciais, como *boutiques* e lojas de varejo, preferem o uso da cobrança via carteira, por meio da emissão de carnês de cobrança. Dessa forma procuram fazer com que os clientes retornem à loja para efetuarem os pagamentos, abrindo oportunidades para a realização de novas vendas. É uma forma de trazer o cliente à empresa. O comércio das cidades de menor porte ainda é fortemente baseado nessa forma de cobrança; no entanto, a popularização dos cartões de crédito e dos cartões de débito com data programada tende a diminuir essa forma de concessão de crédito e cobrança.

Via Representante

Trata-se da modalidade de cobrança via carteira, mas realizada através de representante ou escritório localizado em outra cidade. Como normalmente o denominado escritório é um posto avançado

---

[7] A letra **D** representa a data em que o pagamento foi realizado, e o número somado representa a quantidade de dias que o valor cobrado ficará na conta corrente "sem uso" pelo credor.

de vendas da empresa e o representante é responsável pelas vendas em determinada região, é discutível se deve assumir a função de "cobradores", pois a ação cobrança pode dificultar a realização de vendas.

Mecanismos alternativos

É fato incontestável que a gestão do crédito e da cobrança tem alto nível de complexidade, com consequências diretas em níveis de vendas e na estrutura financeira da empresa. Empresas que usam intensivamente o crédito para realizar suas vendas encontram dificuldades em gerenciá-lo, pois o crédito não é a sua atividade principal, portanto, não é o seu forte.

Em razão dessas dificuldades da administração de valores a receber e também do alto investimento nesse ativo circulante, algumas empresas, cuja atividade depende essencialmente da venda a crédito, buscam mecanismos alternativos, o que contribui para reduzir eventuais atritos com os clientes, pois a cobrança é feita por outra instituição. Criam ou se associam a instituições financeiras especializadas que exercem essa atividade. Lojas de departamentos, grandes supermercados, montadoras de veículos são exemplos de empresas que buscaram esse tipo de solução constituindo suas próprias instituições financeiras, os bancos de investimentos e as companhias de crédito, financiamento e investimento, as chamadas *financeiras*, ou se associando a instituição financeira experiente. O texto apresentado no início deste capítulo exemplifica as parcerias mencionadas.

Está se tornando prática comum no Brasil a utilização de cartões de crédito, próprios ou de terceiros, para vendas a vista ou parceladas. Os custos supostamente elevados dessa modalidade de crédito podem compensar riscos de inadimplência, que se tornam quase nulos com a sua adoção.

Alternativa é a venda por meio dos cartões que movimentam contas bancárias, como a Redecard, por exemplo, que podem ser utilizados para vendas a vista ou em parcelas, substituindo o cheque e reduzindo o risco do não recebimento.

Como será visto no Capítulo 14, as empresas podem ainda lançar mão do *factoring*, modalidade de fonte de recursos que representa a venda dos títulos à empresa, conhecida como *factor*. Também se caracteriza por ter custos nominais elevados, porém elimina o risco de inadimplência.

12.9. RESUMO

O crédito é a disposição de alguém ceder temporariamente parte de seu patrimônio ou prestar serviços a terceiro, com a expectativa de receber de volta, após decorrido o período de tempo estipulado, na sua integralidade ou em valor correspondente. É a troca de bens presentes por bens futuros.

A concessão de crédito aos clientes resulta num ativo denominado Valores a Receber ou Duplicatas a Receber ou ainda Contas a Receber. Junto com Estoques formam os principais valores do Ativo Circulante.

A emissão de documentos de crédito, geralmente denominados de faturas, pode ser de grande complexidade para as empresas, dependendo do tipo de produto, mas, principalmente os serviços são os que apresentam maior dificuldade em serem faturados.

Os padrões de crédito estabelecem as condições mínimas que o pretendente a crédito deve possuir para receber crédito da empresa. Estão diretamente relacionados com o risco de não recebimento do todo ou de parte da venda. Têm influência nas variáveis vendas, valores a receber e riscos.

O prazo de pagamento é o período de tempo concedido ao cliente para efetuar o pagamento da compra realizada. O prazo é condição tão importante quanto a concessão do crédito em si. É fator considerado tanto por quem pleiteia o crédito, como para quem está analisando a sua concessão.

O mecanismo utilizado para reduzir o risco nas vendas a crédito é a exigência de garantias no ato da formalização do compromisso. As garantias representam o comprometimento de outras pessoas, físicas ou jurídicas, pela dívida assumida ou a definição de bens, que podem ser móveis ou imóveis, que responderão pela dívida caso o devedor não consiga pagá-la. As garantias estão classificadas em dois tipos: as garantias pessoais, também chamadas de fidejussórias, e as denominadas garantias reais.

Na análise para concessão de crédito são utilizadas as diretrizes tradicionais e subjetivas conhecidas como cinco "C" do crédito, para a definição da capacidade de crédito dos clientes solicitantes: o caráter, a capacidade, o capital, o colateral e as condições.

As etapas da análise de crédito são a obtenção de informações sobre o cliente, a confirmação das informações, a análise das informações, a tomada de decisão sobre o crédito pretendido e a informação da decisão ao cliente.

Existem alguns complicadores na administração internacional de crédito, tais como o risco cambial, daí a necessidade de definição de moeda de negociação não exposta a grandes riscos, o dólar norte-americano, por exemplo.

Há também as dificuldades inerentes à distância, às diferenças de legislação em relação à conversão cambial e em casos de inadimplência, ocasionando elevados custos com o processo de cobrança. Há dificuldades ainda relacionadas com barreiras alfandegárias, protecionismos e com a demora e atrasos no transporte de mercadoria.

A cobrança é o ato de concretização do recebimento de valores representativos de vendas, a vista ou a prazo, de forma oportuna. Cobrar é tão importante quanto vender, pois o ciclo operacional só se completa quando o valor da venda é recebido.

As empresas dispõem de diversas formas de realização da cobrança. A eficiência e o custo são fatores importantes na decisão da escolha das formas de cobrança, entre elas via bancária, via carteira e via representante.

12.10. QUESTÕES

1. Conceitue crédito. Justifique a importância do crédito na realização de vendas. Como o crédito interfere nas necessidades de capital da empresa? Qual a importância do faturamento na administração de valores receber? É correto afirmar que o faturamento é mais complexo em empresas prestadoras de serviços? Explique.
2. O que são e para que servem as políticas de crédito?
3. O que são e para que servem os padrões de crédito?
4. Quais as variáveis influenciadas pelos padrões de crédito? Como a influência acontece?
5. Como o prazo influencia o volume de vendas? Quais as principais consequências de um aumento de prazo para quem compra e para quem vende?
6. Qual a função da exigência de garantias? Explique os tipos de garantias que podem ser utilizados pelas empresas.
7. Explique as cinco etapas do processo de concessão de crédito.

8. É correto afirmar que a administração internacional de crédito é mais complexa? Por quê? Qual a garantia mais utilizada na concessão de crédito internacional?

9. O que é cobrança e como ela pode influenciar as vendas? O que as políticas de cobrança estabelecem? Quais os principais mecanismos de cobrança utilizados pelas empresas?

10. Se você vendesse a crédito em que condições utilizaria os mecanismos alternativos mencionados neste capítulo? Que consequências negativas podem advir da cobrança via representante comercial?

12.11. EXERCÍCIOS

1. A Comercial Campo Largo S.A. vende seus produtos a crédito, no valor de $500.000 e o desempenho de sua cobrança é de um período médio de 60 dias. Calcule o saldo médio de valores a receber.

2. Em face das dificuldades causadas por postura agressiva da concorrência, a empresa Umbará Industrial Ltda. está estudando reduzir as suas exigências para a concessão de crédito, o que elevaria suas perdas com incobráveis de 2% para 4%, porém, aumentaria o volume de vendas em 20%. Ela vende hoje 5.000 unidades de seu produto ao preço de $200,00 e o custo variável do produto é $150,00. Pede-se:
   1. Quanto ele perde hoje com incobráveis?
   2. Quanto passará a perder com o novo plano?
   3. Você recomenda o novo plano? Explique por quê.

3. A alternativa da Umbará Industrial Ltda. é oferecer um bom desconto, de 4% ao mês, para que os clientes sejam atraídos e paguem em dia seus compromissos. O desconto seria oferecido para pagamento em 15 dias. O período médio de cobrança atual é de 60 dias. O plano prevê aumento de 5% na quantidade de produtos vendidos atualmente e que do total das vendas 80% sejam pagos com desconto. Se o custo do capital é de 20%, a alternativa é viável?

4. A Semprebela Ltda. é tradicional loja de artigos femininos em sua cidade. A nova gerente contratada quer controlar melhor o volume de crédito concedido a clientes. A partir da Tabela 12.1, do Quadro de Política Creditícia e das informações sobre as clientes, listadas a seguir, estabeleça:
   a) Classificação de crédito de cada cliente.
   b) Limite máximo de crédito a ser concedido por cliente.

   Quadro de Política de Crédito

Pontuação obtida	Montante de crédito permitido
De 90 a 100	Limite máximo
De 75 a 89	75% do limite máximo
De 50 a 74	50% do limite máximo
De 25 a 49	25% do limite máximo
Menos de 25	Não concede crédito

   Atualmente o limite máximo é R$5.0000,00.

Quadro Pontuação das Informações Creditícias

Informações creditícias	100	Tempo de cliente	100	Comprometimento do ganho	100
Sem indicação SEPROC	100	Mais de 24 meses	100	Solteiro	100
Uma indicação já resolvida	75	Entre 12 e 23 meses	75	Casal sem filhos	75
Indicações pendentes	50	Menos de 12 meses	50	Casal com filhos maiores em casa	50
Indicações não resolvidas	0	Primeira compra	0	Casal com filhos menores em casa	0
Casa própria	100	Emprego estável	100		
Casa própria paga	100	Emprego público	100		
Mora com familiares	75	Empr. iniciativa privada com registro	75		
Casa própria financiada	50	Emprego sem registro	50		
Paga aluguel	0	Desempregado	0		
Tempo de residência	100	Tempo de emprego	100		
Mais de 10 anos	100	Mais de dois anos	100		
Entre 5 e 9 anos	75	Entre 13 meses e dois anos	75		
Entre 1 e 4 anos	50	Entre seis meses e um ano	50		
Menos de um ano	0	Menos de seis meses	0		

INFORMAÇÕES SOBRE AS CLIENTES:

RAQUEL: Tem uma indicação SEPROC resolvida, tem casa própria quitada, onde reside há oito anos. Mora com o marido e dois filhos adultos. É cliente da loja há três anos. Trabalha há dez meses, com carteira assinada em uma livraria da cidade.

DAGMAR: Tem uma indicação SEPROC resolvida, mora a dois anos em apartamento alugado, com três filhos menores. É cliente da loja há um ano e meio. Faz três meses que está revendendo produtos de beleza por meio de catálogos.

LIDIA: Tem uma indicação SEPROC resolvida. Mora há 12 anos em casa própria quitada, apenas com seu companheiro. É cliente da loja há seis meses. Há quase dois anos trabalha como autônoma em uma empresa de informática.

SILVIA: Não tem indicação do SEPROC. Há dois meses mudou-se com seus filhos, já formados, para um sobrado quitado. É servidora pública federal aposentada.

ELISABETH: Tem uma indicação no SEPROC, não resolvida. Está pagando o financiamento de sua casa, para onde se mudou há 18 meses, com seus três filhos com idades entre 9 e 14 anos. Esta é a primeira compra na loja. Trabalha há oito meses em uma empresa de telecomunicações.

MARISE: Tem uma indicação SEPROC resolvida. Mora há oito anos em casa financiada. Seus filhos já estão casados. Faz sete meses que é cliente da loja. Recentemente começou a vender artesanato em uma feira da cidade.

SIRIA: Tem uma indicação SEPROC resolvida. É solteira e há quatro nos mora com familiares. Há quase dois anos é cliente da loja. Está desempregada.

LYGIA: Tem várias indicações no SEPROC. Reside com o marido e um filho de 23 anos, há seis anos, em um apartamento financiado. É cliente da loja há quase dois anos. Está trabalhando em casa com traduções de textos, há quatro meses.

LUCY: Tem várias indicações no SEPROC. É solteira e sempre morou com a família. É cliente da loja há pouco mais de um ano. Está trabalhando há sete meses em uma cadeia de supermercados.

5. Considere a empresa e as informações do Exercício 7 do Capítulo 11. Calcule agora a viabilidade financeira de aumentar o prazo médio de cobrança em 15 dias, caso o faturamento aumente 15% em função da adoção de nova estratégia de distribuição. A margem bruta é de 20%. O custo de oportunidade da empresa é de 2% ao mês

Caso você não tenha a resolução do exercício, a tabela a seguir poderá ajudá-lo:

	Proposto
Faturamento bruto	732.500,00
Faturamento liquido	688.200,00
Redução faturamento	44.300,00
Cobrança bancária	36,00
Desp. Administrativas	2.000,00
TOTAL de DESPESAS	46.336,00

12.12. BIBLIOGRAFIA ADICIONAL

ASSAF NETO, Alexandre. *Finanças corporativas e valor*. São Paulo: Atlas, 2003.

ASSAF NETO, Alexandre; SILVA, C. A. T. *Administração do capital de giro*. 3ª ed. São Paulo: Atlas, 2008.

BREALEY, R. A.; MYERS, S. C. *Princípios de Finanças Empresariais*. 3ª ed. Portugal: McGraw-Hill, 1992.

BRIGHAM, Eugene F.; EHRHARDT, Michael C. *Administração Financeira*. 10ª ed, São Paulo: Pioneira Thomson Learning, 2006.

DAMODARAN, Aswath. *Finanças corporativas – teoria e prática*. Porto Alegre: Bookman, 2004.

GITMAN, Lawrence J. *Princípios de Administração Financeira*. 10ª ed, São Paulo: Pearson, 2004.

ROSS, Stephen A.; WESTERFIELD, Randolph; JORDAN, Bradford D. *Administração financeira*. 8ª. ed., São Paulo: McGraw-Hill, 2008.

STEWART, Beneth G. *Em busca do valor – o guia EVA para estrategistas*. Porto Alegre: Bookman, 2005.

VAN HORNE, James. *Financial management and policy*. 12ª ed. Nova York: Prentice Hall, 2002.

WESTON, F. W.; BRIGHAM, E. F. *Fundamentos da Administração Financeira*. 10ª ed. São Paulo: Makron, 2000.

CAPÍTULO 13

ADMINISTRAÇÃO FINANCEIRA DE ESTOQUES

13.1. INTRODUÇÃO

13.2. TIPOS DE ESTOQUES

13.3. MANUTENÇÃO DE ESTOQUES

13.4. CUSTOS DOS ESTOQUES

13.5. A GESTÃO DOS ESTOQUES NA EMPRESA

13.6. COMPRAR

13.7. CONTROLES DE ESTOQUES

13.8. TÉCNICAS DE ADMINISTRAÇÃO DE ESTOQUES

13.9. SISTEMA *JUST-IN-TIME* (JIT)

13.10. ADMINISTRAÇÃO INTERNACIONAL DE ESTOQUES

13.11. RESUMO

13.12. QUESTÕES

13.13. EXERCÍCIOS

13.14. BIBLIOGRAFIA ADICIONAL

Comércio reduz estoques e margem de lucros

Gazeta Mercantil, 21/02/2003 – Os comerciantes brasilienses estão entre a cruz e a espada. De um lado, se deparam com o aumento médio de 8,85% nos preços pagos ao fornecedor. Do outro, veem o consumidor que não se mostra receptivo ao repasse dos preços e que tem evitado ao máximo as compras a prazo, o que tem contribuindo para o baixo desempenho do comércio. Em meio a uma queda de 9,74% das vendas em janeiro registrada na pesquisa conjuntural do Instituto Fecomercio na comparação com o desempenho de dezembro, a saída tem sido encolher a margem de lucros e diminuir ao máximo o tempo de permanência dos estoques.

Essa foi a maneira que a gerente da loja de calçados Sapato da Corte, Níria Melo, encontrou para equilibrar as contas a receber e a nova coleção. Estamos em liquidação desde a semana seguinte ao Natal e só conseguimos escoar o estoque antigo esta semana, revela Níria, que reduziu sua margem de lucro de 2,1% para 1,9% nesse período. "Isso porque já estávamos trabalhando com estoque 30% menor que o normal", diz.

Na papelaria ABC, a situação é semelhante. "A duração do estoque varia entre uma semana e um mês, dependendo do produto", afirma Highor Moreira, do Departamento Comercial. "Mais do que isso, começa a dificultar o pagamento das duplicatas", explica. O prazo médio para pagamento de fornecedores no segmento de papelarias e materiais de escritório encolheu de 30 dias, em dezembro, para 25 dias, em janeiro. Além disso, os comerciantes do segmento só conseguiram repassar ao consumidor 4,67 pontos percentuais dos 9,71% de aumento nos preços cobrados pelos fornecedores.

"A dificuldade de repasse dos aumentos, a retração das compras a prazo e a disparada dos juros faz com que o encolhimento dos estoques seja uma tendência geral no setor", afirma o presidente da Fecomercio, Adelmir Santana. "Além disso, os fornecedores estão bastante ágeis na entrega de encomendas, o que reforça essa tendência". Highor Moreira concorda: "É muito mais vantajoso repor estoques toda semana do que correr o risco de encalhe de mercadoria."

Período de ressaca

Para o presidente da Fecomercio, o baixo movimento do setor em janeiro não é, necessariamente, um mau sinal. Historicamente, o mês faz parte de um período de ressaca do setor, abalado pelas férias, com o esvaziamento da cidade, e pelo endividamento da população, comprometida em pagar pelos excessos cometidos no período natalino. "Na verdade, o desempenho de janeiro deste ano foi melhor que o observado no mesmo período, em 2002, quando houve queda de 10,58% nas vendas", avalia Santana. "A diminuição desse índice mostra uma lenta movimentação da economia rumo a uma recuperação", acredita. "Os problemas estão no cenário econômico desenhado neste início de ano", analisa o economista Raul Velloso, consultor do sistema Fecomercio. Ele se refere às duas medidas anunciadas pelo Copom esta semana: o aumento da taxa Selic, que foi para 26,5%, e da alíquota do compulsório bancário sobre depósitos a vista, que subiu de 45% para 60%, retirando de circulação mais de R$8 bilhões.

As duas medidas devem atingir em cheio as vendas a prazo, que no mês passado haviam registrado um discreto aumento, passando de 17,22%, registrados em dezembro, para 17,96%. Segundo Velloso, a determinação de aumento do depósito compulsório atua como um "efeito cascata" sobre os juros mensais do cheque especial. Com menor disponibilidade de dinheiro para aplicações e empréstimos, os bancos tendem a compensar essa perda no usuário de cheque especial. "O medo de não conseguir saldar as dívidas e entrar nessa bola de neve de juros fará o consumidor usar cada vez menos formas de pagamento como cartão de crédito e cheque pré-datado", acredita.

O crescimento da inadimplência é outro subproduto da euforia do Natal e dos juros altos. Janeiro registrou aumento de 3,47% para 4,18% no número de cheques devolvidos e de 2,81 pontos percentuais nos atrasos de pagamento, que passaram a 7,58%. "Esse é outro fator que deve influenciar negativamente o desempenho do comércio nos próximos meses", diz o economista. "O fantasma da inadimplência faz o comerciante se cercar de garantias antes de vender e amedronta o cliente, que tem medo de se endividar além da conta." Isso, somado à tensão com a possibilidade de guerra e a flutuação do câmbio, deve manter o consumidor longe das prateleiras por mais algum tempo, avalia o economista.

13.1. INTRODUÇÃO

Os estoques são componentes importantes dos ativos circulantes, principalmente nas empresas comerciais e industriais, por representarem grandes volumes de dinheiro aplicado em relação aos demais ativos circulantes.

São ainda os ativos circulantes de menor liquidez. Os estoques são representados por matérias-primas, componentes, insumos, produtos em processo e os acabados e se constituem nos bens comercializáveis pelas empresas comerciais e destinados à produção e venda pelas empresas industriais. Por esse motivo, a administração dos estoques deve ser objeto de políticas que traduzam resultados eficazes em sua gestão. Por exemplo, conforme a notícia do início do capítulo destaca, o giro mais lento do estoque impacta diretamente no fluxo de caixa da empresa, porque as duplicatas vencem e o produto ainda não foi vendido.

De acordo com o volume, a relevância dos investimentos em estoques nas empresas é a seguinte:

Tipo de empresa	Relevância dos Estoques
Industrial	Grande
Comercial	Grande
Serviços	Média a pequena

Nas empresas industriais a gestão dos estoques é considerada plena, pois são utilizados praticamente todos os tipos de estoques, desde as matérias-primas e componentes, até os produtos acabados.

Já nas empresas comerciais, que não transformam bens, a gestão está concentrada nos produtos acabados, que são adquiridos prontos para serem vendidos.

Nas empresas prestadoras de serviço, a relevância dos estoques é de média para pequena, já que o foco empresa está na prestação do serviço e não na comercialização de produtos. O fornecimento dos materiais utilizados pode estar incluído na prestação de serviço; daí a classificação de relevância média para pequena. Por outro lado, a melhoria dos processos logísticos dos fornecedores, tornando-os mais ágeis na entrega, permite ao comerciante trabalhar com níveis menores de estoque.

A administração de estoques envolve, portanto, o controle dos ativos circulantes que são usados nos processos de prestação de serviços, na comercialização ou na produção para serem vendidos no curso normal das operações da empresa. Portanto, a administração de estoques deve procurar estabelecer ações e procedimentos para saber:

1) Quanto comprar ou produzir.
2) Em que momento comprar ou produzir.
3) Quais itens do estoque merecem maior atenção.

Os estoques não são administrados diretamente pelo Administrador Financeiro. Em geral são de responsabilidade das áreas administrativas (compras) e/ou industrial (logística), o que torna a administração de estoques mais complexa; porquanto podem surgir divergências funcionais na definição e execução das políticas de estocagem. A notícia do início do capítulo deixa evidente a relação entre a situação econômica desfavorável, a redução no volume de vendas e o aumento no nível dos estoques. O conteúdo deste capítulo ficará restrito aos assuntos relacionados à participação do Administrador Financeiro na administração de estoques. Os textos ligados a Administração de Materiais e Logística abrangem os aspectos mais técnicos do assunto.

13.2. TIPOS DE ESTOQUES

Os estoques são constituídos de bens destinados a venda, ou à produção, vinculados aos objetivos da empresa.

Existem diferentes tipos de estoques, caracterizados pela sua condição ao nível de produção e comercialização. Na sequência são apresentados os tipos de estoques conforme estudados neste capítulo.

13.2.1. MATÉRIAS-PRIMAS

São bens que, no seu todo ou parcialmente, irão fazer parte do produto acabado. Alguns autores consideram a matéria-prima com a designação genérica de insumo. As políticas de estocagem devem estar voltadas para atender as necessidades básicas de produção e/ou comercialização.

Estoques de matérias-primas insuficientes causam graves transtornos na produção e comercialização e afetam negativamente os resultados econômicos e financeiros da empresa.

No conjunto dos diversos tipos de estoques, as matérias-primas são os de menor liquidez, pois precisam ser transformadas em produtos acabados para serem vendidas e, após, se tornarem caixa.

13.2.2. COMPONENTES

Também irão fazer parte do produto final. São partes do produto final que a ele são agregadas durante o processo de produção. Sua importância é grande para o processo produtivo, e a sua falta também ocasiona possibilidades de perdas financeiras.

Há exemplos de produtos complexos que utilizam grande número de componentes e que não podem ser comercializados por faltar apenas um componente, às vezes de baixíssimo custo; por exemplo: uma fábrica de automóveis ficou com a produção inteira, de vários dias, no pátio, pela falta da maçaneta da porta, de custo relativo pequeno.

13.2.3. INSUMOS

Os insumos são bens e produtos utilizados no processo produtivo, porém não fazem parte do produto final, o que caracteriza a sua diferente classificação de estoque.

Não possuem a mesma importância relativa das matérias-primas e componentes em termos de valor, mas são também imprescindíveis ao processo produtivo. Têm a mesma classificação de liquidez, ou seja, são também pouco líquidos.

13.2.4. PRODUTOS EM PROCESSO

Os estoques de produtos em processo compreendem os produtos que têm a característica de necessitar tempo de produção suficientemente longo para que seja necessário esse registro.

Grande parte das empresas industriais não necessita ter em seus estoques os produtos em processo, já que o processo de produção é rápido e os estoques se transformam diretamente de matérias-primas e componentes em produtos acabados.

Já outras empresas, como fabricantes de aviões, navios, centrais telefônicas, satélites, por exemplo, obrigatoriamente mantêm estoques de produtos em processo, pois seus produtos são feitos em tempos maiores, chegando a algumas situações a mais de um ano. Exigem grandes volumes de recursos materiais e financeiros, e a administração eficiente desses estoques propõe-se a reduzir o tempo de duração da produção. Certos tipos de produtos, que demandam mais tempo para produção, são vendidos antecipadamente e, consequentemente, com recebimento de pagamentos antecipados.

13.2.5. PRODUTOS ACABADOS

São os produtos que estão prontos para a venda, originários do processo produtivo da empresa ou adquiridos de outros fornecedores para venda.

É nos produtos acabados que se concentram grandes volumes de investimento nas empresas comerciais. Devem estar prontos para a entrega tão logo a venda seja realizada. É o mais líquido dos estoques, pois a sua transformação em caixa depende da venda, do prazo se for venda a prazo, e da cobrança.

13.3. MANUTENÇÃO DE ESTOQUES

Por que as empresas mantêm os valores aplicados em estoques em seu capital? Dada sua importância por requerer o uso de grandes volumes de recursos financeiros, a administração japonesa, na década de 1970, foi a primeira a se preocupar em reduzir esses investimentos.

Surgiram então os vários modelos ou sistemas de operacionalização de estoques, desenvolvidos no Japão, entre eles os denominados *Just-in-time* e *Kanban*. Através desses modelos foi possível reduzir-se sensivelmente o volume de dinheiro investido nesses ativos.

A literatura específica da matéria refere-se às finalidades básicas estudadas para justificar a existência de estoques nas empresas como sendo:

- Estoques *operacionais, funcionais ou mínimos*

Representam a quantidade necessária de estoque destinada a garantir o desenvolvimento e a operacionalização da produção. Seus níveis devem estar adequados aos fluxos de entrada e saída de materiais e produtos, considerando as características específicas dos processos de compra, transformação e vendas. Nas empresas comerciais, os níveis de estoques devem estar adequados às expectativas de vendas.

- Estoques de *segurança*

São estoques de materiais e produtos definidos como importantes para o processo produtivo, que são mantidos para superar os imprevistos que podem acontecer nos processos de fornecimento, produção e vendas. O motivo maior do provisionamento de estoques de segurança está na continuidade do fornecimento aos clientes.

- Estoques *especulativos*

Estoques mantidos para se beneficiar ou reduzir os efeitos negativos de variações de preços no mercado. Havendo perspectivas de aumentos de preços, as empresas tendem a aumentar o volume de estoques para evitar que os aumentos de preços venham onerar os custos de produção. A decisão de manter estoques especulativos deve ser momentânea e considerar a relação de custo-benefício.

13.4. CUSTOS DOS ESTOQUES

As políticas de administração de estoques devem estar focadas na determinação do nível ideal de estoques de cada produto ou grupo de produtos. O nível ideal é estabelecido em relação à flexibilidade operacional proporcionada pela manutenção dos estoques.

Quanto maior for o volume de estoque, maior será a flexibilidade da empresa e vice-versa. As vantagens dessa flexibilidade devem ser comparadas com os custos de manutenção dos estoques.

Os custos vinculados aos estoques estão classificados em três diferentes categorias: custos de manter, comprar ou repor e de faltar estoque.

13.4.1. CUSTOS DE MANTER

Para **manter** estoques, as empresas devem considerar os seguintes custos que estão diretamente ligados à sua manutenção:

- Investimento aplicado
- Armazenagem
- Transferência

- Impostos
- Seguros
- Perdas
- Controle
- Desuso/obsolescência.

Também podem ser chamados de custos de estocar, custos de carregar o estoque, ou ainda, custo de carregamento. Em inglês "*carrying costs*".

APLICAÇÃO PRÁTICA

Se uma empresa vende ou utiliza **Q** quantidade de um produto em um ano, sem sazonalidade, e compra **N** lotes uni formes, ao longo do ano, então o volume encomendado será:

$$Ue = \frac{Q}{N}$$

E o estoque médio será:

$$Uem = \frac{Ue}{2}$$

O estoque se inicia com **Ue** peças, vai sendo utilizado e quando chega o novo lote, o estoque está a zero. Caso o custo unitário de aquisição ou de fabricação seja **p**, o valor do estoque médio será:

Valor estoque médio = Uem x p

APLICAÇÃO PRÁTICA

Imagine uma empresa que utiliza 24.000 peças por ano na fabricação do principal produto de venda. Faz oito compras por ano. Cada peça custa R$17,00

Volume comprado por encomenda $\Rightarrow Ue = \frac{24.000}{8} = 3.000$ *peças*

Estoque médio $\Rightarrow Uem = \frac{3.000}{2} = 1.500$ *peças*

Valor do estoque médio $\Rightarrow$ 1.500 x 17,00 = R$25.500,00

Se o custo financeiro de manter o estoque for de 18% ao ano, o encargo de financiamento será de 25.500,00 x 0,18 = R$4.590,00

Se a empresa tem custos de armazenamento de R$600,00, custos de seguro de R$250,00 e custos com perdas por obsolescência de $500,00, então o custo total para manter o estoque médio será:

Custo de manter $\Rightarrow$ CM = custo financeiro + custo de armazenamento + custo de seguro + custo com perdas e obsolescência.

CM = 4.590,00 + 600,00 + 250,00 + 500,00 = 5.940,00

Em termos porcentuais = $\frac{5.940,00}{25.500} = 0,233 = 23,3\%$

Confirmando:
CM = taxa x p x Uem = 0,233 x 17,00 x 1.500 = 5.941,00
A diferença está no arredondamento da taxa.

Perceba que o custo de estocagem se altera, em alterando: o número de pedidos por ano, a quantidade pedida e a quantidade consumida no ano.

13.4.2. CUSTOS DE COMPRAR

Para comprar ou repor estoques devem ser considerados custos vinculados à compra ou reposição dos produtos em estoque. Esses custos são importantes, pois muitos deles ocorrem sempre que houver nova compra ou reposição, e esse fato deve influenciar a definição dos níveis de estoques. Os principais custos de comprar ou repor estão relacionados com:

- Pesquisa de preços
- Comunicações (correio, telefone, fax, Internet, plataforma de comunicação de dados)
- Negociação com fornecedores de bens e serviços
- Emissão das ordens de compra
- Recepção e conferência dos produtos comprados
- Devoluções ocasionais

Esse custo tende a ser fixo por pedido ou encomenda, independente do tamanho. Isso se deve ao fato de a empresa dispor de estrutura administrativa de compras, cujos custos operacionais devem ser diluídos pelo total de pedidos realizados.

CC = N x Cce

onde:

CC = custos de comprar

N= número de encomendas

Cce = custos de comprar por encomenda

O custo total do estoque considera o somatório do custo de manter mais o custo de comprar:[1]

CT = CM + CC = taxa x p x Uem + N x Cce,

$$Como \quad N = \frac{Q}{2Uem} \quad então:$$

$$CT = taxa \ x \ p \ x \ Uem + \frac{Q}{2Uem} xCce$$

$$Como \quad Uem = \frac{Ue}{2} \qquad então:$$

$$\boxed{CT = taxa \ x \ p \ x \ \frac{Ue}{2} + \frac{Q}{Uem} xCce}$$

APLICAÇÃO PRÁTICA

Continuando a questão anterior, calcule o custo total do estoque, considerando o custo fixo de comprar como R$180,00.

$$CT = CM + CC \Rightarrow CT = 5.940,00 + \frac{24.000}{3.000} \times 180,00 = 7.380,00$$

13.4.3. CUSTOS DE FALTAR

A falta de estoques pode trazer consequências negativas sérias para a empresa, como:

- Atraso na produção/entrega do produto ao cliente: quando todo o pedido do cliente não pode ser atendido.

---

[1] A utilização dos termos em inglês ou as mais diversas formas de tradução dos termos pode levar o estudante a confundir: custo de manter, *carrying cost*, com o custo total de estocar, *inventory cost*.

- Custo da compra eventual, fora de programação e com reduzido poder de negociação.
- Custos de reemissão de faturamento, embalagem e despacho de mercadoria: quando parte do pedido é atendido e os produtos em falta seguem posteriormente.
- Custo da venda perdida: quando o cliente vai comprar o produto no concorrente.
- Custo do cliente perdido; quando o cliente vai comprar o produto no concorrente e troca de fornecedor.

Além dos custos, para se estabelecerem os volumes de estoques, são levados ainda em consideração os seguintes fatores:

- Velocidade da reposição

O tempo necessário para a reposição do estoque consumido é fator relevante para a determinação do nível ideal de estoques. Produtos sazonais, de safra, por exemplo, precisam ter níveis ideais maiores por ocasião da colheita. Produtos cuja reposição é imediata têm níveis ideais menores.

As estratégias desenvolvidas na gestão de estoques atingem resultados que chegam a zerar os estoques mínimos, levando o fornecedor a colocar o seu próprio almoxarifado ao lado da linha de produção, saindo daí diretamente para o produto em processo. Dessa forma a empresa reduz a zero o estoque de componentes. A indústria automobilística utiliza inteligentemente essa estratégia.

- Duração do ciclo de produção

A duração do ciclo de produção influi também na decisão do volume de estoques. Produtos que têm longos ciclos de produção tendem a exigir maiores investimentos em estoques.

Reduzir os ciclos de produção faz parte de estudos permanentes dos responsáveis pela administração de estoques.

- Hábitos de compra dos clientes

Produtos customizados, que são produzidos dentro de especificações definidas pelo cliente, requerem maiores volumes de estoques de partes e componentes do produto final, justamente para atender com rapidez às expectativas do cliente.

Maiores volumes de estoques resultam em maiores aplicações de recursos financeiros em estoques.

- Durabilidade dos produtos estocados

Outro fator que influencia os níveis de estoques é o tempo de vida do produto. Produtos perecíveis têm vida curta e requerem ambientes especiais para sua preservação, resultando maiores custos de estocagem.

13.5. A GESTÃO DOS ESTOQUES

Várias áreas organizacionais da empresa têm vinculação com a administração de estoques. Cada área, em princípio, está voltada para um diferente tipo de estoque e, consequentemente, com atenção concentrada no tipo de estoque de sua responsabilidade, podendo, daí, surgirem conflitos funcionais de interesses. Dessa forma, é necessário que a empresa tenha políticas de administração de estoques bem definidas e claras e que tenham sido debatidas entre todas as áreas funcionais, antes de serem implantadas.

A área de compras tem sua atenção focada na aquisição de matérias-primas, insumos e componentes nas empresas industriais e nas empresas comerciais em mercadorias.

A área de produção, ao utilizar as partes dos produtos em fabricação, tende a desejar grandes volumes de estoque de matérias-primas, insumos e componentes para atender bem suas atividades. Quanto maior for o ciclo de produção, maiores serão os volumes de estoques.

A ênfase da área de marketing é maior em produtos acabados e seus gestores têm grande interesse em manter estoques suficientes para que as vendas não sejam prejudicadas por falta de estoques.

Já a área de finanças tende a demandar esforços com o objetivo de minimizar todos os tipos de estoques, partindo do pressuposto de que os estoques requerem recursos financeiros.

A administração de estoques requer o conhecimento de dois conceitos básicos:

Tempo de trânsito (*transit time*) é o tempo entre disponibilizar o produto para transporte, já embalado e faturado e a entrega ao cliente.

Tempo de ciclo (*lead time*) é o tempo transcorrido entre o cliente colocar o pedido, o produto ser produzido ou separado no armazém, embalado, faturado e disponibilizado para a coleta. No caso de vendas CIF, com a entrega incluída, considera-se também o tempo de trânsito.

Quanto menor o tempo de trânsito e o tempo de ciclo de pedido, menores os estoques.

13.6. GESTÃO DE COMPRAS

Empresas compradoras e fornecedoras devem se tornar verdadeiros parceiros em suas atividades, dado que o relacionamento, quando é transparente, tende a se estabelecer por longos períodos. Essa interação origina o que se tem chamado de gerenciamento da cadeia de abastecimento ou *supply chain management*

Não são muitos os fornecedores que conseguem ver as vantagens de relacionamentos duradouros, que somente se solidificam se forem bons, tanto para quem vende como para quem compra. Se a empresa está inserida em estrutura de mercado concorrencial e fornece para monopólios ou oligopólios, a cadeia de abastecimento tende a ser gerenciada pelo principal comprador.

Embora sejam importantes as parcerias, é preciso manter-se a par de como o mercado está atuando, isso porque as relações comerciais, mantidas por longo tempo, podem incorporar vícios prejudiciais a um dos parceiros. Verificadas as alterações nas condições do mercado, os parceiros devem dialogar visando à devida adequação de seu relacionamento.

As empresas devem definir políticas simples para seus procedimentos de compras, que tragam resultados eficazes como, por exemplo, manter o cadastro atualizado de fornecedores de bens e serviços, manter o histórico do relacionamento com os fornecedores no qual constarão os preços e condições de negociação, além do registro de ocorrências técnicas e comerciais, como recusa de produtos, procedimentos irregulares em cobrança, etc. As políticas devem ainda definir os procedimentos relacionados à consulta a número mínimo de fornecedores a partir de determinados valores de compras, bem como a disposição da empresa em aceitar ou não testes de novos produtos lançados no mercado.

O processo de compra é formal, ou seja, deve estar embasado em documentação que dê suporte às decisões. Dessa documentação não se deve prescindir das propostas de fornecimento de materiais e/ou serviços.

A pesquisa de novos fornecedores e de novos produtos também é atividade que a área de compras deve desenvolver em conjunto com a área de produção.

Os procedimentos da área de compras interagem permanentemente com a área financeira, recebendo desta as orientações referentes a formas de negociação de volumes de compras, prazos para pagamentos e descontos por antecipação de pagamentos. Há momentos em que o fluxo de caixa da empresa é superavitário devendo-se, consequentemente, negociar bons descontos para pagamentos a vista. Da mesma forma, podem existir momentos em que o fluxo de caixa da empresa está comprometido e a orientação deve ser para se conseguir bons prazos de pagamento e menores volumes de compras.

Dada a grande dinâmica das atividades empresariais, as mudanças de se negociarem bons descontos ou bons prazos podem acontecer muito frequentemente, o que confirma a necessidade de entrosamento permanente das duas áreas.

As negociações com fornecedores, em termos de prazos, devem considerar as políticas de comercialização da empresa. Deve-se procurar sempre adquirir os bens em prazos que sejam, pelo menos, iguais aos oferecidos aos clientes. Assim, se a empresa vende a prazo, deve procurar comprar a prazo, de forma que seu período médio de recebimento seja menor ou igual ao período médio de pagamento.[2]

A área de compras deve também estar preparada para atender às exigências burocráticas e creditícias de fornecedores novos, tendo à mão toda a documentação legal e financeira que normalmente é exigida quando se iniciam transações comerciais entre empresas.

13.7. CONTROLES DE ESTOQUES

O controle físico do estoque é objeto de administração de materiais, ou mais modernamente, objeto do gerenciamento de processos logísticos. Do ponto de vista econômico-financeiro, os controles visam verificar se os valores registrados estão corretamente avaliados, porque compõem a estrutura de custos da empresa.

A codificação de itens em estoque, sua localização no armazém ou centro de distribuição, os procedimentos de entrada e saída fazem parte da operacionalização das políticas de estoque da empresa e devem estar estabelecidos de maneira formal.

Algumas das técnicas de acompanhamento e controle são estudadas mais adiante, neste capítulo.

13.8. TÉCNICAS DE ADMINISTRAÇÃO DE ESTOQUES

A relevância das aplicações financeiras em estoques motivou o surgimento de várias técnicas utilizadas para minimizar os níveis de estoques, indicando quando devem ser feitas novas encomendas, sem prejuízo das atividades operacionais da empresa. Um resumo dos principais métodos e sistemas, que, como já visto, não fazem parte das responsabilidades do administrador financeiro na empresa, é apresentado a seguir.

13.8.1. MÉTODO DA FAIXA VERMELHA

Método simples de controle em que as unidades de determinado produto em estoque são colocadas numa caixa tendo uma faixa vermelha indicando o nível em que deve ser feita nova encomenda.

---

[2] Ver Capítulo 3, sobre índices financeiros, e Capítulos 11 e 12, sobre ciclo de caixa, período médio de pagamento e período médio de cobrança.

É feita nova encomenda quando a faixa vermelha aparecer na caixa. A altura da faixa é determinada levando em conta o prazo de reposição definido pelo fornecedor.

13.8.2. MÉTODO DAS DUAS CAIXAS OU GAVETAS

É também um método bastante simples de controle. As unidades de determinado produto estocado são alojadas em duas caixas ou gavetas, colocadas lado a lado. Sempre que uma das caixas ou gavetas ficar vazia é momento para se fazer nova encomenda.

13.8.3. SISTEMA ABC

Esse método baseia-se na Lei de Pareto, a qual afirma, baseada na lei dos grandes números, que em amplo universo de itens, de 20% a 30% deles, detém 70% a 80% da representatividade do conjunto.

No gerenciamento de produtos em estoque, divide-se o total dos itens em três grupos por ordem decrescente de importância quanto ao valor dos investimentos feitos em cada grupo: A, B e C. Normalmente, são classificados como: A – menor número de produtos que requerem maior volume de investimentos; são também os que demandam maior atenção exigindo acompanhamento permanente dos níveis de estoque. Cada empresa estabelece as relações de investimentos e quantidades para a separação dos grupos de produtos. Como regra geral, o grupo A representa produtos que têm valor equivalente a 70% do total de investimentos em estoques e 10% do total de itens dos estoques.

Os produtos do grupo B vêm em seguida, em termos de investimento, e são controlados por meio de contagens frequentes. Tanto no grupo A quanto no B a quantidade de itens de produtos é relativamente pequena, sendo menor no grupo A; são poucos bens, mas que têm grande representatividade em termos de investimentos. Os produtos do Grupo B, no geral, compõem 20% do total de investimentos em estoques e 20% do total de itens.

No grupo C há grande quantidade e variedade de itens de produtos e menores investimentos totais. O controle é feito de forma mais simplificada. Representam cerca de 10% do total de investimento em estoques e 70% do total de itens dos estoques.

No quadro a seguir a distribuição dentro dos grupos fica mais clara.

Tabela 13.1 Grupos de Estoques

Grupos	Valor	Itens
A	70%	10%
B	20%	20%
C	10%	70%

Para aplicar a técnica ABC, inicialmente se escolhe que medida quantitativa será utilizada como parâmetro de análise, para o administrador financeiro normalmente é a quantidade do item no estoque multiplicada pelo seu valor unitário – valor do investimento em estoque. Em seguida, relacionam-se esses itens em ordem decrescente de valor. Calcula-se, então, a participação percentual de cada item no montante total, em termos estatísticos: calcula-se a frequência. Em seguida, calcula-se a frequência acumulada dos itens, respeitando a ordem decrescente. Os cortes para os itens **A**, **B** e **C** serão feitos a partir das frequências acumuladas, conforme indicado na Tabela 13.1. A experiência prática do gerente no segmento de atividade em estudo é essencial; porquanto os pontos de corte devem estar coerentes com as boas práticas industriais e comerciais.

Essa técnica pode também ser aplicada na classificação de produtos acabados, clientes, filiais e qualquer outra relação de itens quantificáveis.

13.8.4. MÉTODO DO LOTE ECONÔMICO DE COMPRA[3]

Este método, também chamado LEC, está mais voltado para os produtos dos grupos A e B do Sistema ABC. Considera os custos operacionais e financeiros e determina a quantidade do produto a ser comprada para minimizar os custos totais de estocagem, procurando estabelecer a quantidade ótima de compra.

Custos considerados.

São consideradas duas das categorias de custos, vistas anteriormente neste capítulo, referidas a seguir:

- Custos de Comprar – "CC"
- Custos de Manter – "CM"
- Custos Totais (comprar + manter) – "CT"

Matematicamente, o cálculo do LEC pode ser feito seguindo as seguintes etapas:

1ª etapa:

Cálculo dos Custos de Comprar "CC"

em que:

$$CC = CCe \times \frac{Q}{Ue}$$

CC = Custo de Comprar
CCe = Custo de Comprar, por encomenda
Q = Quantidade necessária por período
Ue = Quantidade da encomenda

2ª etapa:

Cálculo dos custos de manter "CM"

$$CM = CMe \times \frac{Ue}{2}$$

em que:

CM = Custo de Manter
CMe = Custo de Manter por período, por unidade
Ue = Quantidade da encomenda

A expressão Ue/2 calcula o estoque médio.

3ª etapa:

Como o Custo Total "CT" é igual à soma dos custos de comprar e manter, temos:

Para se calcular o LEC, que é o menor custo, deriva-se na equação CT o custo total em relação à

$$CT = \left[CCe \times \frac{Q}{Ue} \right] + \left[CMe \times \frac{Ue}{2} \right]$$

---

[3] Método desenvolvido em 1915 por F. Harris.

quantidade, obtendo-se a fórmula de cálculo do LEC:

$$Ue = \sqrt{\frac{2 \times Q \times CCe}{CMe}}$$

Substituindo Ue por LEC, temos:

$$LEC = \sqrt{\frac{2 \times Q \times CCe}{CMe}}$$

APLICAÇÃO PRÁTICA:

A empresa tem necessidades mensais de 250 unidades (Q) do produto Z e seus custos são:

- Custo de comprar, por encomenda (CCe): $20,00
- Custo de manter, por período, por unidade (CMe): $0,25

O LEC será de:

$$LEC = \sqrt{\frac{2 \times 250 \times 20}{0,25}} = 200 \; unidades$$

Daí, pode-se concluir que:

1. O estoque médio Ue será de 100 unidades, resultante da divisão (200/2).
2. Será feita 1,25 encomenda por mês (250/200).
3. O tempo entre cada encomenda será de 24 dias (30/1,25), considerando a entrega imediata por parte do fornecedor. Não havendo essa hipótese de entrega imediata, deverá ser calculado o ponto de reencomenda, visto a seguir.

13.8.5. MÉTODO DO PONTO DE REENCOMENDA

O Método do Ponto de Reencomenda indica em que nível de estoque deve ser feita nova encomenda. Por esse método se considera o tempo do ciclo de pedido. O cálculo é feito multiplicando-se a quantidade diária de consumo pelo tempo de reposição do produto.

No exemplo da Seção 13.8.4, a demanda diária é de 8,33 unidades, obtida pelo cálculo da média diária de necessidades (250/30). Se o tempo de reposição for de 12 dias, o Ponto de Reencomenda acontecerá quando o nível de estoque atingir 100 unidades (8,33 x 12).

13.8.6. SISTEMA MRP – MATERIALS REQUIREMENT PLANNING

O Sistema MRP usa os resultados do método do lote econômico de compra (LEC) e através das facilidades da informática realiza comparações das necessidades de matérias-primas usadas no processo de produção, incluindo os saldos disponíveis em estoque, para determinar quando as encomendas deverão ser efetuadas para cada item das partes que compõem o produto.

13.8.7. SISTEMA MRP II – MANUFACTURING RESOURCES PLANNING II

O Sistema MRP II também utiliza as facilidades da informática para cumprir os prazos de entrega da empresa, mantendo níveis mínimos de estoques.

13.9. SISTEMA *JUST-IN-TIME* (JIT)

O sistema baseia-se na eliminação dos estoques sincronizando o momento da chegada das partes, que irão compor o produto, com o momento de sua utilização no produto final.

O objetivo principal do Sistema JIT é minimizar o investimento em estoques, evitando a sua passagem, por algum tempo, pelos almoxarifados da empresa, reduzindo a quase zero a idade média do estoque.

O *kanban* – palavra japonesa que significa cartão, e componente do sistema JIT – tem a função de programar e controlar a produção, na fábrica, através de encomendas internas de peças e componentes utilizados no processo produtivo. As encomendas são repetidas todas as vezes que as peças ou os componentes controlados são consumidos na produção.

Assaf Neto (2008) enumera algumas exigências que as empresas devem observar para a utilização do Sistema JIT:
- Redução do número de defeitos
- Redução do tempo que não agrega valor
- Redução na quantidade comprada dos fornecedores
- Redução no número de fornecedores
- Redução da movimentação do estoque
- Redução da complexidade do processo produtivo

Como se pode verificar, são necessárias grandes transformações na administração tradicional de estoques para a transição e efetivação do modelo *just-in-time*.

13.10. ADMINISTRAÇÃO INTERNACIONAL DE ESTOQUES

A internacionalização dos processos produtivos e a abertura comercial no Brasil, a partir das duas últimas décadas, tornaram mais efetiva a participação de matérias-primas, componentes e produtos importados na gestão administrativa das empresas. Por outro lado, as exportações tiveram a sua pauta diversificada e hoje extrapolam a esfera das *commodities*, e envolvem outros produtos agroindustriais, automóveis, aviões, calçados e outros.[4]

Comprar do exterior ou vender para empresas no exterior é muito mais complexo do que exercer as práticas comerciais no Brasil. As dificuldades começam com a diferença de idiomas e seguem-se as diferenças de sistemas de numeração de produtos e de medidas. Mesmo os produtos denominados *commodities*[5] podem apresentar dificuldades no comércio internacional pelo entendimento errado de determinada informação.

Há também a burocracia própria do comércio internacional, assentada na regulamentação alfandegária de cada país. Os custos inerentes, como impostos, seguros, fretes etc., também devem fazer parte dos estudos de viabilidade da negociação. O maior tempo de ciclo de pedido ou tempo de trânsito pelas longas distâncias que os produtos transacionados devem percorrer, ou por eventuais desvios de cargas, aumentam ainda mais a complexidade da administração internacional de estoques.

Do ponto de vista econômico-financeiro, a atenção do administrador se volta à elevação do custo de carregamento do estoque, tendo em vista o provável aumento da idade média dos estoques; ao

---

[4] A pauta de exportações brasileiras pode ser acessada nos sites: www.mdic.gov.br ou http://aliceweb.desenvolvimento.gov.br
[5] Produtos como metais, cereais e alimentos, que têm definições de padrões conhecidos internacionalmente, como unidades homogêneas e de fácil padronização e classificação, o que facilita sua comercialização.

aumento dos custos de comprar, em função da necessidade de se manter estrutura de comércio exterior ou contratar despachantes e principalmente às variações cambiais e a decorrente necessidade de contratar mecanismos de proteção, *hedge*.

13.11. RESUMO

A administração de estoques envolve o controle de ativos circulantes usados nos processos de prestação de serviços, na comercialização ou na produção, para serem vendidos no curso normal das operações da empresa. As principais decisões da administração de estoques são: a) quanto comprar ou produzir; b) em que momento comprar ou produzir; e c) quais itens do estoque merecem maior atenção. O administrador financeiro participa indiretamente da administração de estoques, definindo políticas e orientando na utilização de prazos de pagamento, volumes de compras e descontos.

Os tipos de estoques estudados são matérias-primas, componentes, insumos, produtos em processo e produtos acabados.

As empresas mantêm estoques com as finalidades operacionais, de segurança e de especulação. Os custos dos estoques estão classificados em três diferentes categorias: custos de manter, comprar ou repor e de faltar estoque.

Os volumes de estoques são estabelecidos por meio da análise dos seguintes fatores: velocidade de reposição, duração do ciclo de produção, hábitos de compras dos clientes e durabilidade dos produtos estocados.

A área de produção, ao utilizar as partes dos produtos em fabricação, tem a tendência de desejar grandes volumes de estoque para atender bem suas atividades. A ênfase da área de marketing é maior em produtos acabados, e seus gestores têm grande interesse em manter estoques suficientes para que as vendas não sejam prejudicadas por falta de estoques. A área de finanças tende a demandar esforços com o objetivo de minimizar todos os tipos de estoques, partindo do pressuposto de que os estoques requerem recursos financeiros importantes na composição dos ativos circulantes.

A gestão eficaz de estoques passa pelos trabalhos da área de compras bem estruturada e com políticas de compras e objetivos bem definidos. Os controles de estoques têm como objetivo verificar se as quantidades registradas de bens em estoque existem e onde estão localizados. A empresa deve estabelecer procedimentos formais de movimentação dos estoques, definindo as pessoas competentes para assinarem requisições de estoques.

Comprar do exterior ou vender para empresas no exterior é muito mais complexo do que exercer as práticas comerciais no Brasil. As dificuldades começam com a diferença de idiomas e seguem-se as diferenças de sistemas de numeração de produtos e de medidas. Mesmo os produtos denominados *commodities* podem apresentar dificuldades no comércio internacional pelo entendimento errado de determinada informação.

A relevância das aplicações financeiras em estoques motivou o surgimento de várias técnicas utilizadas para minimizar os níveis de estoques, indicando quando devem ser feitas novas encomendas, sem prejuízo das atividades operacionais da empresa. Entre as técnicas são destacadas: o método da faixa vermelha, o método das duas caixas ou gavetas, o sistema ABC, o método do lote econômico de compra, o método do ponto de reencomenda, o sistema MRP (*materials requirement planning*), o sistema MRP II (*manufacturing resources planning* II) e o Sistema *just-in-time* (JIT).

13.12. QUESTÕES

1. Esclareça a importância dos estoques em termos de ativo circulante.
2. Quais as ações e os procedimentos que a administração de estoques procura estabelecer?
3. Apresente os tipos de estoques e as principais diferenças que os distinguem.
4. Qual a relevância dos produtos em processo, quando existirem, nas necessidades de recursos financeiros das empresas? Por quê?
5. Quais as finalidades principais pelas quais as empresas mantêm estoques?
6. Quais os fatores considerados nas definições dos níveis mínimos de estoques?
7. Quais as áreas da empresa envolvidas na administração de estoques. Explique as respectivas responsabilidades e causas de possíveis conflitos funcionais.
8. Como o administrador financeiro atua em relação à área de compras?
9. Por que a administração internacional de estoques é mais complexa?
10. Apresente e explique os principais sistemas de administração de estoques.

13.13. EXERCÍCIOS

1. A empresa Piraquara Industrial Ltda. tem necessidades mensais de 200 unidades de determinado produto cujos custos são:
   Custo de comprar, por encomenda $50,00
   Custo de manter, por período, por unidade $0,50
   Calcule o LEC e o tempo entre cada encomenda.
2. Utilizando-se das informações do exercício anterior, calcule o ponto de reencomenda.
3. Construa a distribuição do sistema ABC dos produtos a seguir, pertencentes à Piraquara Industrial Ltda.

Item	Quantidade de produtos em unidades	Custo unitário Médio
1	3.000	0,60
2	1.700	12,00
3	2	200,00
4	2.800	2,50
5	5.000	0,25
6	30	1,00
7	700	15,00
8	3.500	8,00
9	100	26,00
10	900	45,00
11	400	10,00
12	90	1.500,00

4. Calcule os custos de manter estoques, custos de comprar e custos totais, nas três situações indicadas a seguir. Compare o impacto da alteração no número de encomendas feitas no ano.

	Situação C	Situação B	Situação A
Q =	35.000	35.000	35.000
N =	7	5	9
p =	R$12,50	R$12,50	R$12,50
Taxa custo financeiro =	10%	10%	10%
Cce =	R$80,00	R$80,00	R$80,00

5. A empresa Docemel S.A fabrica diversos produtos de higiene pessoal. O principal insumo para produzir diferentes aromas é atualmente comprado no mercado interno. Vislumbra-se a possibilidade de importá-lo. As alterações nos custos do produto e nas características do estoque estão resumidas na tabela a seguir. O produto é importado de Portugal. Os procedimentos burocráticos são exaustivos; portanto, o custo de pedir é maior, o número de pedidos no ano será reduzido e o volume por encomenda aumenta. Isso acarreta maiores custos de armazenagem e de seguros. No entanto, as características do produto importado reduzem as perdas e a obsolescência.
Calcule o custo de manter, o custo de pedir e o custo total de estocar. Nesse nível de compras e nessa cotação do Euro a importação é viável financeiramente?

	Insumo nacional	Insumo importado
Q =	63.000	63.000
N =	12	6
p =	R$25,00	4,00 €
Cotação moeda	R$1,00	R$3,20
p efetivo =	R$25,00	R$12,80
Taxa custo financ. =	10%	10%
Custo armazenag. =	R$300,00	R$500,00
Custo seguro =	R$28,00	R$56,00
Custo perdas =	R$130,00	R$50,00
Custo Obsolescência =	R$150,00	R$0,00
CCe =	R$25,00	R$100,00

6. Considere as três situações A, B e C, a seguir.
   a) Calcule o Lote Econômico de Compra para cada uma das três situações.
   b) Calcule o custo de manter, o custo de pedir e o e custo total de estocar.
   c) Explique os diferentes resultados.

Período	Dias	A	B	C
		360	360	360
Q	Unidade	20.000	20.000	20.000
CCe	$	25,00	25,00	25,00
Cme	$	0,15	0,20	0,10

7. Refaça o exercício anterior, com $0,15 de custo de manter estoque, por período, por unidade e altere os custos de comprar, conforme tabela. Compare os resultados. Por que neste e no exercício anterior o custo de manter e o custo de comprar são iguais, em cada uma das situações?

	Dias	X	Y
		360	360
Q	Unidade	20.000	20.000
CCe	$	30,00	20,00
Cme	$	0,15	0,15

13.14 BIBLIOGRAFIA ADICIONAL

ASSAF NETO, Alexandre; SILVA, C. A. T. *Administração do capital de giro*. 3ª ed. São Paulo. Atlas, 2008.

_____. *Finanças corporativas e valor*. São Paulo: Atlas, 2003.

BREALEY, R. A. e MYERS, S. C. *Princípios de Finanças Empresariais*. 3ª ed. Portugal: McGraw-Hill, 1992.

BRIGHAM, Eugene F.; EHRHARDT, Michael C. *Administração Financeira*. 10ª ed. São Paulo: Pioneira Thomson Learning, 2006.

DAMODARAN, Aswath. *Finanças corporativas – teoria e prática*. Porto Alegre: Bookman, 2004.

GITMAN, Lawrence J. *Princípios de Administração Financeira*. 10ª ed. São Paulo: Pearson, 2004.

ROSS, Stephen A.; WESTERFIELD, Randolph; JORDAN, Bradford D. *Administração financeira*. 8ª ed. São Paulo: McGraw-Hill, 2008.

STEWART, Beneth G. *Em busca do valor – o guia EVA para estrategistas*. Porto Alegre: Bookman, 2005.

VAN HORNE, James. *Financial management and policy*. 12ª ed. Nova York: Prentice Hall, 2002.

WESTON, F. W.; BRIGHAM, E. F. *Fundamentos da Administração Financeira*. 10ª edição. São Paulo: Makron, 2000.

CAPÍTULO 14

FONTES DE FINANCIAMENTOS DE CURTO PRAZO

14.1. INTRODUÇÃO

14.2. CAPITAIS PRÓPRIOS

14.3. CAPITAIS DE TERCEIROS

14.4. CAPITAIS DE TERCEIROS DE CURTO PRAZO – CRÉDITO COMERCIAL

14.5. CAPITAIS DE TERCEIROS DE CURTO PRAZO – CRÉDITO BANCÁRIO

14.6. PRINCIPAIS MODALIDADES DE CRÉDITO BANCÁRIO

14.7. A ESCOLHA DO BANCO

14.8. RESUMO

14.9. QUESTÕES

14.10. EXERCÍCIOS

14.11. BIBLIOGRAFIA ADICIONAL

14.1. INTRODUÇÃO

A estrutura ótima de capital[1] visa utilizar recursos de capital próprio e financiamentos de longo prazo para financiar os ativos permanentes e os ativos circulantes permanentes, ficando as fontes de financiamento de curto prazo para financiar os ativos circulantes temporários – as necessidades sazonais.

No entanto, não é o que geralmente acontece. A tendência é as empresas terem como *funding* ou buscarem fontes de empréstimos de curto prazo para financiar os ativos circulantes permanentes e temporários, ficando os financiamentos de longo prazo e os capitais próprios para financiarem os ativos permanentes. Daí a prática da constante busca de recursos de curto prazo.

Neste capítulo são estudadas as fontes de empréstimos[2] de curto prazo utilizadas pelas empresas, entendendo-se como curto prazo o período não superior a um ano.

14.2. CAPITAIS PRÓPRIOS

Capitais próprios são recursos aportados nas empresas pela via do Patrimônio Líquido, quer através da autogeração de recursos e respectivo reinvestimento, quer pela subscrição e integralização de capital social.

---

[1] O conceito de estrutura de capital foi estudado no Capítulo 7.

[2] São considerados **empréstimos** os capitais de terceiros, de curto prazo, utilizados pelas empresas sem que o credor exerça controle sobre seu uso. São considerados **financiamentos** os capitais de terceiros, de médio e longo prazos, utilizados pelas empresas com objetivos específicos de utilização.

O uso de capitais próprios, via aumento de capital social, para financiar ativos circulantes, não é comum nas atividades quotidianas das empresas. Ocorre em circunstâncias especiais, como quando da implantação de grande projeto que exige, além de investimentos em ativos permanentes, também investimentos em capital circulante. Pode ocorrer também como atendimento a pedido de socorro da administração com o objetivo de sanar ou amenizar dificuldades financeiras.

A utilização de recursos gerados pela atividade econômica, mais especificamente os lucros retidos, é mais frequente, já que o seu uso nem sempre é justificado por plano de aplicação, caindo os recursos nas atividades operacionais da empresa.

14.3. CAPITAIS DE TERCEIROS

Os capitais de terceiros são representados pelo endividamento da empresa. Pertencem a terceiros e são utilizados por períodos de tempo definidos, justificando por isso o pagamento de encargos financeiros que seriam uma espécie de aluguel pela sua utilização.

Os capitais de terceiros estudados neste capítulo são os de curto prazo, e os financiamentos de longo prazo foram estudados no Capítulo 8.

As fontes de recursos de curto prazo utilizadas para financiar o capital de giro das empresas estão divididas em duas categorias:
- Crédito comercial.
- Crédito bancário.

14.4. CAPITAIS DE TERCEIROS DE CURTO PRAZO – CRÉDITO COMERCIAL

O crédito comercial decorre de condições negociais entre a empresa e seus fornecedores de materiais e serviços.

São fontes expontâneas de financiamento que são originadas de créditos comerciais, que podem ou não ter custos financeiros explícitos e que têm origem nas operações mercantis da empresa.

O crédito comercial pode originar-se de fontes como:
- Crédito de fornecedores
- Crédito de impostos e obrigações sociais
- Outros créditos operacionais

A seguir serão estudadas as diversas fontes de crédito comercial.

14.4.1. CRÉDITO DE FORNECEDORES

É a fonte mais importante de crédito comercial utilizada para financiar o capital de giro. Decorre do fato, como foi visto no Capítulo 12, de que o prazo para pagamento tem grande efeito motivador nas vendas e é utilizado com muita intensidade na comercialização de materiais e serviços.

Comprar a prazo faz parte das negociações entre clientes e fornecedores como um dos componentes das condições de venda.

São enumeradas diversas vantagens na utilização do crédito comercial. As principais são:
- **Adequação**

O valor do crédito comercial é estabelecido de acordo com o nível de atividade da empresa. Maior volume de vendas gera, como consequência, maiores compras e maiores volumes de créditos obtidos junto aos fornecedores, adequando os recursos às necessidades da empresa.

- **Fonte de crédito**

A concessão do crédito faz parte das principais estratégias de vendas, ou seja, para que os fornecedores possam vender mais precisam conceder crédito. Há sempre a possibilidade de se conseguir recursos através do crédito comercial.

- **Agilidade**

As empresas são mais fáceis, menos burocratizadas e menos rigorosas na concessão de crédito do que as Instituições Financeiras. São também menos rigorosas em penalidades em caso de atrasos de pagamentos.

- **Custos financeiros atrativos**

Em termos de custos financeiros, o crédito comercial compete em condições mais favoráveis com o crédito bancário. As compras a prazo podem conter condições explícitas de custos financeiros ou não. Quando não especificado, é quase certo que há custo financeiro inserido no preço do produto.

O maior problema para quem utiliza o crédito comercial é descobrir esse custo para compará-lo com as práticas do mercado financeiro. Entre as formas de identificação está a comparação do preço a vista com o preço a prazo, isso no caso de os dois preços serem conhecidos. Em épocas de grande incerteza econômica, os fornecedores procuram proteção agregando elevadas taxas de juros em seus preços.

PRÁTICA EMPRESARIAL

A empresa Letras S.A. tem como principal fornecedor o fabricante do abecedário. Normalmente adquire 6.000 unidades por mês e paga a vista. O gerente financeiro identificou na projeção de fluxo de caixa da empresa dificuldades para os próximos dois meses, em função do pagamento de algumas multas que a empresa recebeu do Vernáculo e que agora precisam ser quitadas, absorvendo recursos de caixa. O fornecedor apresenta as seguintes alternativas de prazo e preços de venda:

preço a vista	34,00
preço 30 dias	35,70
preço 60 dias	38,20

A empresa tem três alternativas:
a) comprar 6.000 peças com prazo de 30 dias
b) comprar 6.000 peças com prazo de 60 dias
c) comprar 2.000 peças a vista, 2.000 com prazo de 30 dias e 2.000 com prazo de 60 dias.
  Calcule o custo financeiro de cada uma delas, e responda:
a) se não houver problemas de caixa depois de quitadas as dívidas, qual a melhor alternativa?
b) se a empresa ainda tiver limitações de caixa nos próximos trinta dias e conseguir um financiamento bancário ao custo de 5,2% ao mês, qual a melhor alternativa de compra?

	Valor financiado	Pagamento em 30 dias	Pagamento em 60 dias	TIR
FC a vista	0			0
FC compra 30dias	(204.000,00)	214.200,00		5,00%
FC compra 60 dias	(204.000,00)	-	229.214,40	6,00%
FC parcelada	(136.000,00)	71.400,00	76.404,80	5,67%

a) Pagamento em trinta dias porque os juros mensais são menores.
b) Comprar parceladamente porque como a empresa não dispõe do recurso para pagar integralmente a dívida em 30 dias, pagará parte a vista com o dinheiro do empréstimo e o restante em parcelas.

14.4.2. CRÉDITO DE IMPOSTOS E OBRIGAÇÕES SOCIAIS

As empresas têm, normalmente, prazos para recolher os impostos, contribuições e obrigações sociais devidos ao governo em decorrência de sua atividade, tais como:[3] ICMS, IPI, COFINS, INSS, IR, IR na Fonte, FGTS etc.

Esses prazos constituem créditos sem ônus para a empresa, sendo importante fonte espontânea de cobertura de capital de giro. Uma vez que os bancos comerciais têm um *float* junto aos beneficiários desses recolhimentos, ou recebem deles algum benefício pelo serviço de recebimento, é possível negociar-se o recolhimento mediante alguma remuneração.

Os governos vêm, constantemente, reduzindo os prazos para recolhimento e não abrem mão da correção monetária para recolhimento dos impostos. Nesses casos, deve-se analisar se o ganho no mercado financeiro é maior ou menor do que os encargos cobrados pelo governo para definir pelo pagamento antecipado ou não.

Existem sempre possibilidades de obtenção de dilação dos prazos de pagamento e, nas situações de inadimplência, pode-se obter parcelamento em condições vantajosas. No entanto, esse jogo é arriscado, especulativo, ao qual a empresa não deve se submeter.

14.4.3. OUTROS CRÉDITOS OPERACIONAIS

São também incluídos no rol de fontes de crédito comerciais alguns créditos operacionais, como o pagamento de salários, por exemplo, a legislação estabelece o prazo de cinco dias úteis, após o mês, para o pagamento dos salários.

Em outras situações, quando os mercados são compradores, ou quando os produtos são vendidos por encomenda, é comum a venda ou prestação de serviços com cobrança antecipada de valores.

14.5. CAPITAIS DE TERCEIROS DE CURTO PRAZO – CRÉDITO BANCÁRIO

APLICAÇÃO PRÁTICA

> *Valor Econômico*, 21/06/2003 – Há um interesse renovado dos bancos pelas pequenas e médias empresas. Essa fatia de mercado representa um potencial nada desprezível de negócios. São cerca de 200 mil empresas, quase 5% do total de 4,1 milhões existentes no país, que respondem por 30% do faturamento. Não são as disputadíssimas grandes empresas, que não chegam a 6 mil, mas concentram mais da metade do faturamento. Cobiçadas pelos bancos, essas grandes empresas exigem muito e não rendem tanto. Não são também as microempresas, que representam 95% do mercado e apenas 13,4% do faturamento. O analista da ABM Consulting, Fernando Coelho de Oliveira, vê por trás desse movimento dos bancos a busca de escala e a expectativa de um juro menor a médio prazo. "Hoje, o modelo de lucratividade dos bancos brasileiros

---

[3] ICMS = Imposto sobre Circulação de Mercadorias e Serviços; IPI = Imposto sobre Produtos Industrializados; COFINS = Contribuição para o Programa de Integração Social; IR = Imposto de renda; FGTS = Fundo de Garantia por Tempo de Serviço.

> repousa no *spread* elevado. Quando o juro cair, terão de aumentar os negócios para compensar." Para ampliar a clientela, mesmo as empresas pequenas e médias estão sendo atraídas com produtos antes só acessíveis às *"corporate"*, como crédito em dólar, *hedge* e administração de fluxo de caixa. Na maior parte dos bancos, as empresas consideradas pequenas têm faturamento até R$10 milhões por ano; as médias, começam daí, mas o ponto até onde podem ir varia de R$50 milhões, R$100 milhões e até R$300 milhões de faturamento anual. Até mesmo bancos estrangeiros que, normalmente, se concentram nas grandes empresas, estão na briga.

A captação de recursos de curto prazo através de crédito bancário é **operação de empréstimo** e pode ser feita junto a bancos comerciais, sociedades de crédito financiamento e investimentos, as chamadas *financeiras* e os bancos de investimento. Há também as empresas de *Factoring*, que não são consideradas instituições financeiras, como instituições financiadoras.

Como são operações de empréstimos, não há destinação específica para os recursos objeto da operação. No entanto, elas se caracterizam por condições que são definidas em termos de negociação com o emprestador. As operações são formalizadas através de **contratos**[4] firmados entre o emprestador, o tomador do empréstimo e os eventuais avalistas. Como exigências prévias à assinatura dos contratos, há uma série de providências impostas pelos emprestadores a serem cumpridas, em termos de documentação legal, informações cadastrais e financeiras.

As condições contratuais das operações de crédito bancário englobam:

1. O **valor da operação** de crédito é expresso em moeda nacional. O valor poderá ser definido como um teto a ser utilizado de acordo com as necessidades do tomador do empréstimo, ou a ser liberado conforme esquema previamente acordado. É possível que o empréstimo envolva também um valor a ser caucionado, em espécie ou em títulos, para garantia adicional ou principal da operação.

2. Os **custos da operação**, aí incluídos os juros (nominais ou efetivos), comissões, taxas e demais despesas cobradas pela instituição financeira. Esses custos podem ser cobrados antecipadamente ou não, influenciando o custo total da operação.

3. Os **encargos tributários** são custos da operação de crédito, geralmente, de responsabilidade do tomador do empréstimo.

4. São também definidos os **prazos da operação,** que devem estar adequados às necessidades da empresa. Os prazos podem ser distribuídos ao longo de determinado período de tempo, ocorrendo pagamentos parcelados de juros e amortizações.[5] Em certas operações de crédito bancário pode ser estabelecido o denominado **período de carência**, no qual são feitos pagamentos somente de juros e encargos, sem amortização do valor do principal.

5. Nas condições das operações de crédito são estabelecidas as **garantias** que são exigidas pelo emprestador e irão contribuir para que o risco da operação seja diminuído.

Fatores a serem examinados na tomada de decisões para utilização de capitais de terceiros, de curto prazo:

- Os custos do empréstimo devem ser inferiores às margens de contribuição ou lucros ou economias adicionais geradas pela utilização dos recursos.

---

[4] É importante lembrar que as obrigações contratuais assumidas pelos dirigentes devem estar previamente aprovadas pelos órgãos deliberativos da empresa, como o Conselho de Administração ou Assembleia Geral de Acionistas, conforme especificado no Estatuto social.

[5] Por amortização se entende o pagamento de parcela do valor do principal emprestado, reduzindo o valor da dívida.

- O prazo de pagamento do empréstimo deve estar ajustado às disponibilidades financeiras da empresa, preferencialmente, geradas com a utilização do valor emprestado.
- Os empréstimos, geralmente, são contratados com taxas de juros pré ou pós-fixadas.
- A possibilidade de obtenção de empréstimo depende do valor das garantias (comuns ou reais) que a empresa, os acionistas ou os dirigentes podem oferecer. O valor das garantias exigidas pode chegar a 50% acima do valor emprestado.
- Normalmente, os limites de crédito bancário situam-se entre 30% a 40% do valor do Patrimônio Líquido da empresa, apurado por critério definido pelo banco.
- As reciprocidades exigidas pelos bancos, comissões, taxas de abertura, impostos, juros cobrados antecipadamente e outros artifícios, tornam os custos efetivos superiores aos nominais.

14.6. PRINCIPAIS MODALIDADES DE CRÉDITO BANCÁRIO

As instituições financeiras são extremamente criativas e colocam à disposição das empresas vasta gama de operações de crédito para atender adequadamente suas necessidades de recursos financeiros.

As principais modalidades de crédito bancário podem ser distribuídas em cinco categorias: os descontos de títulos, os créditos rotativos, as operações de *vendor*, o crédito direto ao consumidor e as operações de *Factoring*.[6]

14.6.1. DESCONTO DE TÍTULOS

Os *descontos de títulos* são operações comuns realizadas pelas empresas junto aos bancos comerciais. O desconto representa a negociação de título representativo de crédito em algum momento antes de seu vencimento. É a antecipação de recebimento de crédito através da cessão dos direitos a um banco.

As operações de *desconto de títulos* podem ser desdobradas em três modalidades:

14.6.1.1. DESCONTO DE DUPLICATAS

Ao realizar venda a prazo, as empresas emitem títulos, denominados *duplicatas de fatura*, correspondentes ao valor da venda e cuja função é ser o instrumento de cobrança da venda. Quando a venda a prazo é feita para um só vencimento é emitida uma só duplicata; se a venda se constituir de mais de uma parcela, serão emitidas tantas duplicatas quantos forem os vencimentos e com os respectivos valores.

Como instrumentos de cobrança, as duplicatas tornam-se títulos negociáveis e sua operação de crédito de desconto é operação à qual são vinculadas duplicatas provenientes de vendas realizadas e/ou prestação de serviços pela empresa emitente, cuja cobrança ficará a cargo do banco e irá quitar o empréstimo quando do pagamento pelo devedor, denominado sacado. A duplicata tem o papel de garantia oferecida pela empresa para a operação, pois é endossada ao banco que passa ter o privilégio do seu recebimento. Caso o sacado não efetue o pagamento na data do vencimento da duplicata, o banco está autorizado a efetuar o correspondente débito na conta corrente da empresa.

---

[6] Embora as operações de *factoring* não sejam realizadas por bancos, elas aqui estão incluídas por se tratar de fontes de recursos de curto prazo para as empresas.

Os prazos para essas operações variam de 11 a 90 dias, e mesmo com o endosso das duplicatas, é exigida a garantia de avalista e aprovação de limite de crédito. As duplicatas são recebidas conferidas e aceitas para serem descontadas pelo banco, além de assinatura dos responsáveis pela empresa nos Borderôs de Desconto de Títulos.

Apesar de normalmente terem custos elevados, as operações de desconto de duplicatas são muito utilizadas pelas empresas, em função de vantagens reconhecidas, dentre elas:

- Reduzem ou evitam despesas de cobrança e há maior interesse do banco na cobrança.
- Facilitam e agilizam as operações de obtenção dos recursos, pois duplicatas de bons pagadores são facilmente descontáveis.
- Como faz prévia seleção das duplicatas a serem negociadas, o banco auxilia na avaliação de crédito dos clientes.

Custos das operações de desconto de duplicata

Os encargos financeiros são deduzidos do capital quando da sua liberação como no desconto *bancário* ou *comercial* ou *por fora*. Calculado com os critérios de juros simples, da seguinte forma:

$$df = Nin$$

em que:

df = valor em $ do desconto por fora;

N = valor nominal da operação (valor de resgate da duplicata na data do vencimento);

i = taxa de desconto aplicada na operação;

n = prazo de antecipação.

PRÁTICA EMPRESARIAL

A empresa Piraquara Comércio de Materiais de Construção Ltda. recebeu liberação para operação de desconto de 20 duplicatas de clientes, no valor de $6.000,00, cujos vencimentos ocorrerão em trinta dias. Os encargos totais cobrados pelo banco são de 7,5% a.m., incluindo impostos. Qual será o valor do desconto e qual o valor creditado pelo banco na conta da empresa, na data da operação.

$$df = Nin$$

df = 6.000, x 0,075 x 1

df = 450,00

Valor creditado em conta (6.000,00 – 450,00) = $5.550,00

14.6.1.2. DESCONTO DE NOTA PROMISSÓRIA

Operação de empréstimo vinculada a título de crédito, a nota promissória, também sem destinação específica dos recursos. A nota promissória é emitida pela própria empresa que está negociando a operação de empréstimo, com avalistas solicitados pelo banco.

Os prazos para esta operação variam de 11 a 90 dias, há necessidade de avalista, aprovação prévia do limite de crédito e assinatura da nota promissória e do Borderô de Desconto de Títulos.

Dentre as vantagens do desconto de nota promissória destacam-se a possibilidade de antecipação de recebimento de recursos financeiros e por se tratar de modalidade de contratação bastante simples.

14.6.1.3. EMPRÉSTIMOS POR CONTRATO

Os empréstimos por contrato, de curto prazo, praticados pelos bancos representam modalidade de desconto de título, pois são feitos mediante o desconto de nota promissória.

São operações destinadas a financiar especificamente capital de giro. Os prazos variam de 30 a 360 dias, há necessidade de avalista e/ou garantia com duplicatas, aprovação prévia do limite de crédito e assinatura do Contrato de Empréstimo.

Entre as vantagens deste tipo de operação estão o auxílio no ajuste no fluxo de caixa e a sua vinculação com duplicatas, o que pode implicar em menores taxas de juros.

Dentre as operações de crédito definidas na modalidade empréstimos por contrato estão enquadrados os empréstimos denominados de ***hot-money***. São operações de curtíssimo prazo, por alguns dias, destinadas a suprir necessidades momentâneas de caixa. Os encargos financeiros são cobrados exclusivamente pelo período do empréstimo. Se as necessidades momentâneas são frequentes, fica mais simples as empresas utilizarem modalidade de crédito rotativo no lugar do operador de ***hot-money***.

14.6.2. CRÉDITOS ROTATIVOS

Os *créditos rotativos* são operações de crédito facilitadoras e simplificadoras da utilização de empréstimos junto aos bancos. Funcionam como conta corrente, com limite de crédito e prazo preestabelecido, dentro do qual a empresa pode efetuar saques a descoberto para atender suas necessidades de caixa, sem maiores burocracias.

Alguns contratos de crédito rotativo estabelecem a necessidade de se avisar previamente ao banco o valor do saque.

Os encargos financeiros são geralmente altos, porém somente são pagos pelo período pelo qual a conta corrente permanece devedora.

14.6.3. OPERAÇÃO VENDOR

A *operação de **vendor*** é um financiamento da venda com cessão de crédito. O fornecedor vende a prazo, tem o recebimento a vista e assume o risco do não pagamento junto à Instituição Financeira que financia o comprador.

Esquematicamente, a operação *vendor* está representada na figura a seguir:

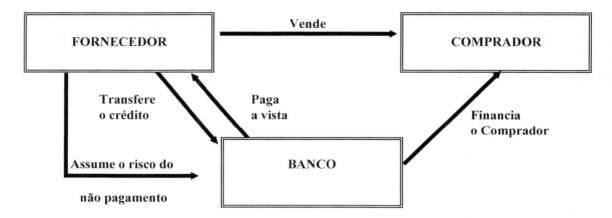

1. **Fornecedor**: vende, transfere o crédito ao Banco e assume o risco do não pagamento por parte do comprador.
2. **Comprador**: compra e recebe o financiamento do banco.
3. **Banco**: financia o comprador e paga a vista ao fornecedor.

Como o financiamento não é feito diretamente ao comprador, não existem custos financeiros no preço e, por conseguinte, a base de incidência de impostos, *royalties* e comissões é menor.

A negociação da operação de *vendor* junto ao banco é feita pelo fornecedor que assume o risco e em operações de grande volume, que podem possibilitar condições mais favoráveis para o comprador se ele fosse negociar sozinho com o banco.

Como a operação *vendor* possibilita melhores condições para os compradores, proporciona contribuições mais favoráveis ao aumento das vendas.

Para o comprador, a operação é interessante, pois a compra caracteriza-se como uma operação a vista tornando os preços menores. Há também mais flexibilidade na obtenção dos recursos, com custos financeiros menores. Há redução de capital de giro, e a obtenção do crédito exige menores esforços.

Utilizando-se do recurso da **equalização**, o fornecedor tem condições de definir os custos financeiros e os prazos na operação entre o banco e o comprador e pode ainda avalizar a operação.

Os custos financeiros e os prazos devem então estar ajustados:
- Com o ciclo operacional e de caixa do comprador para possibilitar a quitação da operação, dentro dos prazos acordados.
- Com os custos financeiros e prazos da concorrência para tornar viável a operação e oferecer melhores condições do que a concorrência.
- Com os usos e costumes (ou estratégias) de vendas praticados pelo mercado, para que as operações sejam possíveis de serem realizadas.

14.6.4. FACTORING

Leite (1999, p. 29) conceitua as operações de **fomento mercantil ou *Factoring***, na modalidade convencional, como "a compra de direitos creditórios ou ativos, representativos de vendas mercantis a prazo, mediante a cessão *pro-soluto* notificada pelo vendedor (endossante) ao comprador (sacado-devedor)".

O mesmo autor apresenta também a definição legal de *Factoring*, adotada na Lei nº 8.991, de 20/01/1995, como sendo "a prestação contínua de serviços ou de alavancagem mercadológica, ou de seleção de riscos, conjugada com a aquisição de créditos de empresas resultantes de suas vendas mercantis ou de prestação de serviços a prazo".

São operações em que as empresas realizam a transferência efetiva de créditos emitidos contra clientes, no caso as duplicatas, para a casa *Factoring*, também denominada Agente Factor, que assume o risco do não recebimento. Legalmente não se constituem operações de crédito, mas são consideradas operações de *cessão de direitos*.

14.6.4.1. AS PRINCIPAIS MODALIDADES DE OPERAÇÕES DE FACTORING PRATICADAS NO BRASIL

- **Adiantamento sobre títulos comprados pelo Agente Factor**

É a denominada modalidade convencional, bastante semelhante à operação de desconto de títulos. A maior diferença é que não há o envolvimento de crédito, e sim a antecipação de recebimento de contas realizáveis, com vencimentos futuros. Ao realizar a operação, o Agente Factor assume todos os direitos e riscos sobre a operação.[7]

- **Operações liquidadas no vencimento**

Nesta modalidade de operação de *Factoring*, o valor só é creditado ao emitente do título negociado na data fixada para o vencimento do título. É forma de o emitente ter a garantia da realização do recebimento no vencimento. Esta modalidade de operação é também denominada de *Maturity*.

- **Adiantamento sobre títulos a serem emitidos**

É operação semelhante ao empréstimo de curto prazo por contrato para capital de giro. A empresa emitente compromete-se a pagar a operação com duplicatas que serão emitidas no futuro.

- ***Factoring* contra a entrega de mercadorias**

Esta modalidade de operação de *Factoring* envolve um fornecedor de estoques, um vendedor de produtos e o comprador.

A Casa *Factoring* paga ao fornecedor de estoques, e a liquidação da operação é feita pelo comprador, após a venda, no vencimento junto a Casa *Factoring*.

- **Administração do Caixa**

Modalidade, também denominada *trustee*, na qual a Casa *Factoring* torna-se a gestora do caixa da empresa.

14.6.4.2. CUSTOS DE OPERAÇÕES DE FACTORING

Os custos de operações de *Factoring* tendem a ser maiores do que os custos de empréstimos obtidos junto a instituições financeiras. Isso porque as instituições financeiras não assumem o risco da inadimplência do devedor. Ao assumir o risco da operação a Casa *Factoring* cobra por isso, tornando, aparentemente, a operação mais cara.

---

[7] Como atividade iniciante no Brasil, é comum o Agente Factor esquivar-se da assunção do risco.

Nas operações na modalidade convencional, os custos envolvidos são os seguintes:

1. Comissão cobrada pela Casa *Factoring*
2. Juros por antecipações
3. Reserva de caução, que deve variar entre 5 e 15% do valor dos títulos. Essa reserva é liberada quando do recebimento dos títulos e justificada para garantir a fidelidade dos títulos negociados.

14.6.4.3. VANTAGENS DAS OPERAÇÕES DE *FACTORING*

São enumerados diversos benefícios obtidos pelas empresas ao se utilizarem desse mecanismo de obtenção de recursos financeiros, entre os quais, podemos citar:

1. Maior flexibilidade de financiamento

Como a Casa *Factoring* assume o risco da operação, sua preocupação maior em termos de risco é com o devedor e não com a empresa que está realizando a operação. Esse fato torna as operações mais flexíveis desde que, é claro, o devedor seja empresa de reputação creditícia reconhecida como de baixo risco. Empresas que não se enquadram nesse nível de reputação têm seus títulos recusados pela Casa *Factoring*.

2. Redução de custos financeiros disfarçados

Nas relações com os bancos é comum a existência de custos financeiros disfarçados, resultados de exigências facilitadoras das operações de crédito, como manutenção de saldos médios e outras reciprocidades exigidas pelos bancos. Esses custos não são requeridos nas operações de *factoring*.

3. Eliminação do risco

Este pode ser considerado o maior benefício proporcionado pelas operações de fomento mercantil. A gestão do crédito, conforme pode ser visto no Capítulo 12, é altamente complexa, e um dos mais importantes fatores de complexidade está na redução do risco. Como as operações de *Factoring* eliminam o risco, temos um benefício bastante importante.

14.6.5 MICROCRÉDITO

O Bacen conceitua a atividade de microcrédito como aquela, que no contexto das microfinanças, se dedica a conceder crédito para o financiamento de pequenos empreendimentos e diferencia-se dos demais tipos de empréstimo especialmente pela metodologia utilizada: agente de crédito, garantia solidária, prazos curtos e valores crescentes. É comumente entendida como a principal atividade do setor de microfinanças, pela importância que tem junto às políticas públicas de superação da miséria pela geração de emprego e renda.

> **Caixa e BNB emprestam R$ 3 bi a pequenos empreendedores em 2009**
> FOLHA ON LINE 14/01/2010
> da **Agência Brasil**, em Brasília
>
> A Caixa Econômica Federal e o BNB (Banco do Nordeste) emprestaram em 2009 cerca de R$ 3 bilhões de microcrédito, de acordo com dados das instituições.
>
> Pessoas com renda de até R$ 1,5 mil por mês e pequenos empreendedores são os principais clientes do microcrédito no país. Segundo o gerente nacional de aplicação Pessoa Física da Caixa Econômica Federal, Jorge Pedro de Lima Filho, no ano passado, o total concedido nessa modalidade de crédito em 2009 foi de quase R$ 1 bilhão.
>
> "São clientes de baixa renda, que não tem conta corrente comum, têm conta corrente simplificada. Quando eles abrem essa conta simplificada, recebem em casa um oferecimento de crédito para usarem quando necessário. Até R$ 1,5 mil, mas a maioria [dos clientes] é de um a dois salários mínimo", disse.
>
> No caso dos empreendedores, explicou Lima Filho, quem usa esse tipo de crédito são os pequenos empresários. "São os donos dos pequenos empreendimentos, são os donos de lojinhas de cachorro quente, pequenas mercearias, costureiras."

14.7. A ESCOLHA DO BANCO

É muito difícil fazer a escolha certa da instituição financeira com a qual a empresa irá trabalhar. Geralmente os interesses *banco x cliente* são opostos. Ao banco interessam clientes que não estejam em situação financeira difícil e nessas situações é que os clientes mais precisam dele.

Os bancos estão se especializando, utilizando as disposições contidas na legislação em vigor. Há bancos atacadistas que preferem trabalhar com poucos e grandes clientes. Há os bancos varejistas quem procuram trabalhar também com grande número de clientes, não importando o tamanho.

A tendência natural é que os bancos de grande porte sejam mais exigentes e burocratizados. Já os bancos de menor porte podem oferecer algumas vantagens às empresas em termos de eficiência e rapidez de decisões.

Fatores que se adequam às necessidades da empresa, como a distribuição geográfica das agências, informatização e atualização tecnológica, postura, as facilidades operacionais oferecidas, agilidade e o interesse do banco em operar com a empresa são importantes na escolha.

14.8. RESUMO

A estrutura financeira utilizaria as fontes de financiamento de curto prazo para financiar os ativos circulantes temporários – as necessidades sazonais. Porém, a tendência é as empresas terem como *funding* ou buscarem fontes de empréstimos de curto prazo para financiar os ativos circulantes permanentes e temporários, ficando os financiamentos de longo prazo e os capitais próprios para financiarem os ativos permanentes.

Capitais próprios são recursos aportados nas empresas pela via do Patrimônio Líquido através da autogeração de recursos e respectivo reinvestimento e pela subscrição e integralização de capital social.

Capitais de terceiros são representados pelo endividamento da empresa e são utilizados por períodos de tempo definidos, justificando por isso o pagamento de encargos financeiros que seriam uma espécie de aluguel pela sua utilização.

O crédito comercial decorre de condições negociais entre a empresa e seus fornecedores de materiais e serviços. São as chamadas fontes espontâneas de financiamento que se originam de crédito comercial, o qual pode ou não ter custos financeiros explícitos e que têm origem nas operações mercantis da empresa. Pode ter origem através de fontes como: crédito de fornecedores, crédito de impostos e obrigações sociais e outros créditos operacionais.

A captação de recursos de curto prazo através de crédito bancário é operação de empréstimo e pode ser feita junto a bancos comerciais, sociedades de crédito financiamento e investimentos, as chamadas *financeiras*, e os bancos de investimento. Há também as empresas de *Factoring*, que não são consideradas instituições financeiras.

As principais modalidades de crédito bancário: desconto de títulos – duplicatas, notas promissórias e empréstimos por contrato, créditos rotativos, operações *vendor* e operações de *Factoring*.

14.9. QUESTÕES

1. De que forma as práticas de utilização de recursos utilizadas pelas empresas brasileiras diferem na estrutura ótima de capital?
2. Apresente as diferenças entre empréstimos e financiamentos.
3. Conceitue capital próprio.
4. Conceitue capital de terceiros.
5. Demonstre a importância do crédito comercial na composição da estrutura de capital das empresas.
6. Descreva as principais fontes de crédito comercial.
7. Explique as principais vantagens do crédito comercial.
8. Demonstre a importância do crédito bancário na composição da estrutura de capital das empresas.
9. Descreva as condições contratuais de operações de crédito bancário.
10. Explique as principais vantagens do crédito bancário.
11. Descreva as principais modalidades de crédito bancário.
12. Como são feitas as operações de desconto de títulos?
13. Explique como são realizadas as operações de *vendor*.
14. Como as operações de *Factoring* diferem das operações de crédito?
15. Descreva as principais modalidades de operações de crédito praticadas no Brasil.

14.10. EXERCÍCIOS

1. A empresa Piraquara Comércio de Materiais de Construção Ltda. recebeu liberação para operação de desconto de 30 duplicatas de clientes, no valor de $12.000,00, cujos vencimentos ocorrerão em trinta dias. Os encargos totais cobrados pelo banco são de 9,5% a.m., incluindo impostos. Qual será o valor do desconto e qual o valor creditado pelo banco na conta da empresa, na data da operação.
2. A empresa Lucro Certo S.A. está negociando suas duplicatas com uma Casa *Factoring*. Os custos e condições são os seguintes: **comissão de *Factoring*** de 1,5% sobre o valor nominal das duplicatas, **reserva** de 18% e **juros** pagos antecipadamente de 4,6% a.m. (capitalização

simples) sobre o valor do adiantamento do lote de duplicatas a seguir relacionado. O prazo entre o adiantamento e a liquidação das duplicatas é de 45 dias.

Duplicata Nº 0305/x0 – valor $33.000,

Duplicata Nº 0306/x0 – valor $54.000,

Duplicata Nº 0307/x0 – valor $13.000,

Calcule:

a) O montante efetivo de dinheiro que a empresa poderá tomar emprestado.
b) O valor dos juros que deverão ser pagos.
c) O custo efetivo anual dos juros pagos.
d) O custo (%) anual da operação de *Factoring*.

3. Tentando reduzir seus custos de produção, a Empreendimentos Cinco Barras S.A. está negociando as compras de sua principal matéria-prima junto ao único fornecedor. Após diversas reuniões, tem sobre a mesa a seguinte situação: para as 10.000 unidades/mês de matéria-prima comprada até então por R$30,00 a unidade, para pagamento no ato da compra e recebimento (simultâneos): a) Acréscimo de 3% para pagamento em 30 dias; b) Desconto de 2% para pagamento no ato da compra e recebimento. Como não dispõe de capital de giro suficiente, necessita apelar ao seu banco, que cobra taxa de 4,5% ao mês para empréstimos a 30 dias, pagos no final, já incluídos todas as demais despesas e os tributos, necessários para a compra integral da matéria-prima.

a) Qual a decisão de compra?
b) Quais os efeitos de cada alternativa nos custos de produção?

4. A empresa Calculus Ltda. oferece os seguintes preços e condições de pagamentos a seus clientes, para a aquisição do produto Encalhe:

preço a vista	100,00
preço 30 dias	105,00
preço 60 dias	108,00

Analfabetos S.A está calculando qual a melhor opção para comprar 8.000 unidades de Encalhe: pagar a vista, em 30 dias, em 60 dias ou comprar metade com prazo de 30 dias e a outra metade em 60 dias. Baseando-se no custo financeiro das operações e considerando custo de oportunidade mensal de 6%, mostre qual a opção mais vantajosa.

14.11. BIBLIOGRAFIA ADICIONAL

ASSAF NETO, Alexandre. *Mercado financeiro*. São Paulo: Atlas, 2009.

ASSAF NETO, A.; SILVA C. A. T. *Administração do Capital de Giro*. 3ª ed. São Paulo: Atlas, 2008.

FINNERTY, John D. *Project finance – Asset-Based Financial Engineering*. Sidney: John Wiley Trade, 2007.

FORTUNA, Eduardo. *Mercado financeiro: produtos e serviços*. 17ª ed. Rio de Janeiro: Qualitymark, 2007.

GUSMÃO, Ivonaldo B.; LEMES JÚNIOR, Antônio B. *Risco de mercado em empresas emissoras de American Depositary Receipts: uma análise no período de 1995 a 2006*. Salvador: Enanpad, 2008.

MADURA, Jeff. *Finanças Corporativas Internacionais*. São Paulo: Cenange Learning, 2008.

PINHEIRO, Juliano Lima. *Mercado de Capitais*. 4ª ed. São Paulo: Atlas, 2008.

REVISTA CAPITAL ABERTO. Private Equity Coletânea de Casos 07/08/2009.

SECURATO, José Roberto. *Mercado Financeiro*. São Paulo: Saint Paul, 2009.

ENDEREÇOS DE PESQUISA NA INTERNET

www.abrapp.org.br

www.abvcap.com.br

www.assetalt.com/products/news/lapeastory1.htm

www.bndes.gov.br

www.editoraferreira.com.br/publique/media/01SFN.pdf

www.fiesp.org.br

www.opportunity.com.br

www.people.hbs.edu/jlerner/

www.privateequity.com

www.valoronline.com.br

CAPÍTULO 15

PLANEJAMENTO ECONÔMICO-FINANCEIRO

15.1. Introdução

15.2. O tempo e o planejamento econômico-financeiro

15.3. Planejamento econômico-financeiro de longo prazo

15.4. Planejamento econômico-financeiro de curto prazo

15.5. Resumo

15.6. Questões

15.7. Exercícios

15.8. Bibliografia adicional

15.1. INTRODUÇÃO

Neste capítulo é estudado o Planejamento Econômico-Financeiro como ferramenta complexa e essencial para a gestão das empresas.

Planejamento é o processo de estabelecer objetivos ou metas, determinando a melhor maneira de atingi-las. O planejamento estabelece o alicerce para as subsequentes funções de organizar, liderar e controlar, e por isso é considerado função fundamental do administrador.

Para que os planos sejam viabilizados é preciso que tenham o suporte de configurações relativas aos investimentos necessários e ao respectivo financiamento. Essas configurações de investimento e financiamento são interdependentes e como tal devem ser estabelecidas em conjunto.

O planejamento econômico-financeiro, ao contribuir para definir objetivos e fixar padrões de avaliação de resultados, é a ferramenta adequada para os estudos de viabilidade do planejamento da empresa. Através do planejamento econômico-financeiro são avaliados os resultados relativos a objetivos, decisões e alternativas contidas no planejamento da empresa, indicando a possibilidade de sua implantação, ou não, do ponto de vista financeiro.

O processo de planejamento econômico-financeiro é desenvolvido através da manipulação, etapa por etapa, de inúmeros dados projetados, vinculados ao planejamento da empresa, que vão sendo agrupados proporcionando a geração de resultados intermediários. A cada etapa percorrida é possível avaliar resultados e definir a realimentação com novos objetivos e projeções do plano. Esses resultados, também agrupados, formarão o plano financeiro. Há uma interdependência entre os dados gerados, o orçamento operacional que é elaborado com base no regime de competência, além de apurar a projeção do lucro do período, fornece elementos para a projeção do fluxo de caixa. Os dados obtidos através do orçamento operacional, junto aos dados da projeção do fluxo de caixa e dos orçamentos de capital, fornecerão os elementos necessários para a projeção do balanço patrimonial.

A informática trouxe grandes facilidades para as atividades relacionadas ao planejamento econômico-financeiro possibilitando, com grande rapidez e níveis ótimos de detalhes, simulações de resultados decorrentes de inúmeras alternativas do planejamento da empresa, possibilitando, em tempo real, conhecer reflexos financeiros de decisões propostas em análise.

O planejamento econômico-financeiro é também eficiente ferramenta de controle visando conhecer se as projeções e os objetivos estabelecidos estão sendo atingidos, permitindo analisar o desempenho de produtos e áreas da empresa, indicando a necessidade, ou não, de ações de correção de curso.

15.2. O TEMPO E O PLANEJAMENTO ECONOMICO-FINANCEIRO

Como o planejamento econômico-financeiro é utilizado para a análise de viabilidade de projeções futuras do planejamento da empresa, são necessários distribuição e detalhamento dessas projeções no tempo. Assim, os planos econômico-financeiros são de curto e de longo prazo. À medida que as projeções se distanciam do momento do planejamento, o seu nível de detalhe diminui. Ao contrário, quanto mais perto do momento do planejamento, maiores os detalhes envolvidos neste.

15.2.1 O LONGO PRAZO

O planejamento econômico-financeiro de longo prazo traduz, em termos financeiros, os resultados de planos estratégicos da empresa voltados para períodos superiores a um ano. Podem cobrir períodos de dois a cinco anos, com algumas empresas preparando planos para períodos de 25 anos ou mais. O tempo limite desse planejamento é definido pela empresa de acordo com suas expectativas e objetivos.

O conteúdo do planejamento econômico-financeiro de longo prazo, em que o nível de detalhamento é pequeno, está vinculado ao plano estratégico da empresa, mais especificamente com as estratégias e os objetivos de crescimento relacionados aos investimentos de capital, expansão em termos de mercados e produtos, daí os investimentos previstos em pesquisa e desenvolvimento de produtos, definição das fontes de financiamento necessárias. O planejamento econômico-financeiro de longo prazo se concentrará no orçamento de capital e nas expectativas de geração de lucros e recursos financeiros.

> A empresa pode adotar a estratégia de utilizar-se do mercado de capitais como fonte alternativa de financiamento para seus investimentos. Se ela não está no mercado de capitais ainda, é necessária toda uma preparação para tê-lo como fonte de financiamento, e essa preparação leva tempo.

No momento em que existem grandes mudanças no mundo, principalmente com a internacionalização das finanças, essas mudanças são fatores complicadores do planejamento de longo prazo, dado o alto grau de incerteza das expectativas econômicas do futuro.

No entanto, a percepção do futuro que se aproxima é sempre melhor quanto mais vezes realizamos planos sobre ele. Nossas expectativas ou projeções para daqui a dez anos serão, certamente, muito diferentes da realidade daquela época. Porém, se efetuarmos projeções durante os nove anos que antecedem o ano 10, certamente quando chegarmos ao ano 10, nossas projeções serão muito melhores do que se começássemos a projetar o ano 10 durante o ano 9.

15.2.2 O CURTO PRAZO

As atividades desenvolvidas pela empresa para a preparação do planejamento econômico-financeiro de curto prazo visam preparar quatro demonstrativos financeiros que serão utilizados para a análise de viabilidade do planejamento da empresa e, se aprovados, seus conteúdos constituirão os objetivos financeiros a serem perseguidos. Serão também utilizados na implementação, no acompanhamento e controle do planejamento econômico-financeiro. Os demonstrativos financeiros são os seguintes:

a) O *orçamento de capital*, também denominado orçamento de investimentos.
b) A *demonstração de resultados projetada*, também denominada de orçamento operacional.
c) A *projeção do fluxo de caixa*, também denominada orçamento de caixa.
d) Os *balanços patrimoniais projetados*.

Os demonstrativos financeiros projetados servirão para elaborar a análise dos resultados projetados. Os resultados da análise irão indicar se o planejamento da empresa, tal como concebido, irá melhorar ou não a sua situação econômico-financeira.

Há grande interdependência entre esses "instrumentos gerenciais", e decisões de investimentos ou de financiamentos produzirão reflexos em todos eles. A projeção de cada demonstrativo exige técnica especial de sua preparação dadas as características específicas de cada um deles.

15.3. PLANEJAMENTO ECONÔMICO-FINANCEIRO DE LONGO PRAZO

Como vimos, a preparação do planejamento econômico-financeiro de longo prazo objetiva determinar os resultados futuros de longo prazo decorrentes de decisões tomadas no presente. Portanto, se propõe a definir e projetar:

a. O orçamento de capital.
b. Os lucros futuros.
c. A geração de recursos financeiros (caixa).

15.3.10 ORÇAMENTO DE CAPITAL

O assunto foi tratado no Capítulo 6. Os orçamentos de capital, que foram escolhidos para serem implantados no período de planejamento, fornecerão as informações necessárias para a determinação dos resultados adicionados, tanto em termos de lucros para a projeção da demonstração de resultados, como em termos de entradas de caixa para a projeção do fluxo de caixa.

15.3.2 OS LUCROS FUTUROS

As demais informações contidas no planejamento da empresa, como expansão de mercados e produtos e os investimentos previstos em pesquisa e desenvolvimento de produtos, os quais certamente farão parte de orçamentos de capitais escolhidos pela empresa, serão utilizados para as projeções da demonstração de resultados e do balanço patrimonial. Todas as informações utilizadas estarão distribuídas no tempo, de acordo com cronogramas que fazem parte do planejamento da empresa.

15.3.3 A GERAÇÃO DE RECURSOS FINANCEIROS (CAIXA)

A projeção da capacidade de geração de recursos financeiros, ou a capacidade de geração de caixa, ao longo do tempo é utilizada pelas empresas para orientar decisões de obtenção de financiamentos ou então de aplicação dos excedentes de caixa gerados.

15.3.4 MÉTODOS DE PREPARAÇÃO

Serão estudados dois métodos encontrados na literatura de administração financeira que se propõem a calcular o valor do caixa gerado no final dos períodos a que se referem as demonstrações de resultados e os balanços patrimoniais projetados.

MÉTODO DA DEMONSTRAÇÃO DE RESULTADOS AJUSTADA

O primeiro é o denominado **método da demonstração de resultados ajustada**, que utiliza o valor projetado do lucro líquido no período, ajustando-o às variações ativas e passivas obtidas na projeção do balanço patrimonial. Esquematicamente, o método pode ser apresentado da seguinte forma:

Quadro 15.1 Método da demonstração de resultados ajustada.

1. LUCRO LÍQUIDO PROJETADO	
MAIS	MENOS
2. REDUÇÕES NO ATIVO DE	**3. ACRÉSCIMOS NO ATIVO DE**
- valores a receber - estoques - despesas diferidas - venda de títulos de investimento - venda de ativo permanente - depreciação	- valores a receber - estoques - despesas diferidas - compra de títulos de investimento - compra de ativo permanente
4. ACRÉSCIMOS NO PASSIVO DE	**5. REDUÇÕES NO PASSIVO DE**

- valores a pagar
- outros circulantes
- venda de títulos de dívida a
  longo prazo
	- valores a pagar
	- outros circulantes
	- pagamento de dívida a longo
	  prazo

continua

6. ACRÉSCIMOS NO PATRIMÔNIO LÍQUIDO DE	7. REDUÇÕES NO PATRIMÔNIO LÍQUIDO DE
- venda de ações - capitalização por acionistas	- recompra de ações - dividendos - retiradas dos proprietários
1 + (2 + 4 + 6) – (3 + 5 +7) =	
VARIAÇÃO POSITIVA OU NEGATIVA DO SALDO LÍQUIDO DE CAIXA	

PRÁTICA EMPRESARIAL

Gerente Financeiro da empresa XYZ Produtos Industriais S.A. encontrou os seguintes dados obtidos das demonstrações financeiras projetadas para os anos X3 e X4:
- Lucro Líquido após Imposto de Renda e Contribuição Social = R$250.000,
- Variações no ativo[1]
    - Valores a receber = + R$60.000
    - Estoques = – R$50.000
    - Depreciação = R$48.000
    - Ativo permanente = + R$100.000
- Variações no passivo
    - Valores a pagar = + R$10.000
    - Empréstimos de longo prazo = + R$100.000
    - Outros passivos circulantes = – R$25.000
- Patrimônio líquido
    - Dividendos pagos R$45.000

O Gerente Financeiro preparou a seguinte demonstração de resultados ajustada para verificar se haverá variação positiva ou negativa do saldo líquido de caixa no ano X4:

1. LUCRO LÍQUIDO PROJETADO = R$250.000			
MAIS		MENOS	
2. REDUÇÕES NO ATIVO		3. ACRÉSCIMOS NO ATIVO	
- estoques	R$50.000	- valores a receber	R$ 60.000
- depreciação	R$48.000	- ativo permanente	R$100.000
Total	R$98.000	Total	R$160.000
4. ACRÉSCIMOS NO PASSIVO		5. REDUÇÕES NO PASSIVO	
- valores a pagar	R$10.000	- outros circulantes	R$25.000
- dívida longo prazo	R$100.000		
Total	R$110.000,	Total	$25.000
6. ACRÉSCIMOS NO PL		7. REDUÇÕES NO PL	
		- dividendos	R$45.000
Total	0	Total	R$45.000
250.000 +(98.000 + 110.000) - (160.000 + 25.000 + 45.000) =			
VARIAÇÃO POSITIVA DO SALDO LÍQUIDO DE CAIXA DE R$228.000			

Como as aplicações de recursos previstas (160.000 + 25.000 + 45.000 = R$230.000) serão maiores do que a geração (98.000 + 110.000 =R$208.000), portanto, haverá uma redução do valor do lucro, embora o resultado previsto seja de **variação positiva** no saldo líquido de caixa para o ano X4.

---

[1] As variações são obtidas pela diferença entre os valores projetados, de cada conta, do ano X3 e o ano X4.

MÉTODO DA DIFERENÇA DO CAPITAL DE GIRO

O segundo é o denominado método da diferença do capital de giro, e também utiliza informações das projeções das demonstrações de resultados e dos Balanços Patrimoniais.

O método pode ser subdividido em três fases, na primeira é calculada a variação do capital circulante líquido[2], em seguida são calculadas as variações dos elementos patrimoniais e, na terceira fase, são calculadas as entradas e saídas de caixa.

1ª fase – Variação do Capital Circulante Líquido

No cálculo da variação do capital circulante líquido são utilizadas as projeções dos orçamentos de vendas, custos de produção e despesas operacionais, para se projetarem itens de ativos e passivos circulantes e o capital de giro. Os valores de caixa não são considerados, neste momento.

O cálculo da variação do capital circulante líquido se dá da seguinte forma:

Cálculo do CCL do ano

Ano X1	AC final	(-) PC final	= CCL de X1
Ano X0	AC final	(-) PC final	= CCL de X0

Variação do CCL no período

CCL de X1	(-) CCL de X0	= Variação no CCL

De outra forma

Variação no Ativo Circulante

Ano X1	Ano X0	Variação
AC final	(-) AC final	= Variação no AC

Variação no Passivo Circulante

Ano X1	Ano X0	Variação
PC final	(-) PC final	= Variação no PC

Exemplo

Calculo do CCL do ano

Ano	AC final	(-) PC final	= CCL
Ano X1	$989.060.548	(-) 1,873.971.137	= (884.910.589)
Ano X0	$670.669.331	(-) 1.056.875.027	= (386.205.696)

Variação do CCL no período

CCL de X1	(-) CCL de X0	= Variação no CCL
(884.910.589)	(-)(386.205.696)	= (498.704.893)

De outra forma

Variação no Ativo Circulante

Ano X1	Ano X0	Variação
$989.060.548	(-) $670.669.331	= 318.391.216

---

[2] Capital circulante líquido é igual ao ativo circulante *menos* o passivo circulante.

Variação no Passivo Circulante

Ano X1	Ano X0	Variação
(-) 1.873.971.137	(-) 1.056.875.027	= 817.096.109

Variação do CCL no período

Variação no AC	(-) CCL de X0	= Variação no CCL
318.391.216	(-) 871.096.109	= (498.704.893)

sendo:
AC = Ativo Circulante
PC = Passivo Circulante
CCL = Capital Circulante Líquido

A variação do capital circulante líquido é utilizada como entrada ou saída de caixa para regular o saldo final de caixa.

A variação negativa do capital circulante líquido indica aumento da participação de recursos de terceiros, e esse valor deve ser somado no orçamento de caixa. Se a variação for positiva, o valor deve ser diminuído no orçamento de caixa.

2ª fase – Variações dos elementos patrimoniais

São projetadas as entradas ou saídas de caixa pelas variações dos elementos patrimoniais, mais especificamente os valores do realizável a longo prazo, do ativo permanente, do exigível de longo prazo e do patrimônio líquido.

3ª fase – Cálculo da projeção do saldo final de caixa

A partir dos dados obtidos, torna-se possível calcular o saldo final de caixa do período, da seguinte forma:

1 – ENTRADAS DE CAIXA

Variações de:	Valores ($)
Lucro líquido após Imposto de Renda	
Depreciação	
Reduções de ativos permanentes	
Reduções do realizável a longo prazo	
Aumentos de passivos de longo prazo	
Aumentos de patrimônio líquido	
Total 1	

2 – SAÍDAS DE CAIXA

Variações de:	Valores ($)
Aumentos do realizável a longo prazo	
Aumentos do ativo permanente	
Redução de exigível de longo prazo	
Redução de patrimônio líquido	
Prejuízos a recuperar	
Total 2	

3 – DIFERENÇA DO PERÍODO (1 – 2)

4 – ± SALDO INICIAL DE CAIXA

5 – ± VARIAÇÃO DO CAPITAL DE GIRO

6 – DISPONIBILIDADE ACUMULADA (±3 ± 4 ± 5)

7 – ± EMPRÉSTIMOS OU APLICAÇÕES DE CURTO   PRAZO

8 – ± APLICAÇÕES CURTO PRAZO (T.N.)

9 – PROJEÇÃO DO SALDO FINAL DE CAIXA

PRÁTICA EMPRESARIAL

Utilizando os mesmos dados do exemplo apresentado sobre o método da demonstração de resultados ajustada, o gerente financeiro da empresa XYZ Produtos Industriais S.A. vai agora projetar o saldo final de caixa do ano X4 através do método da diferença do capital de giro:[3]

Primeiro, ele calcula a variação do capital circulante líquido:

Variações do ativo circulante:	Valores (R$)
Estoques	(50.000)
Valores a receber	60.000
Variação	R$10.000

Variações do passivo circulante:	Valores (R$)
Valores a pagar	10.000
Outros passivos	(25.000)
Variação	(R$15.000)

Como a variação prevista do Passivo Circulante será negativa, significa que haverá aplicação de recursos no passivo circulante, portanto, essa aplicação deverá ser somada à aplicação projetada no ativo circulante de R$10.000. A variação do Capital Circulante Líquido prevista será de R$25.000.

Cálculo das ENTRADAS DE CAIXA

Variações de:	Valores (R$)
Lucro Líquido após Imposto de Renda	250.000
Depreciação	48.000
Reduções de Ativos Permanentes	0
Reduções do Realizável a Longo Prazo	0
Aumentos de passivos de Longo Prazo	100.000
Aumentos de Patrimônio Líquido	0
Total 1	398.000

---

[3] Se houver saldo maior do que R$25.000, é política da empresa considerar a diferença como recurso temporariamente ocioso e para aplicá-lo em Títulos Negociáveis.

Cálculo da SAÍDAS DE CAIXA	
Variações de:	Valores ($)
Aumentos do Realizável a Longo Prazo	0
Aumentos do Ativo Permanente	100.000
Redução de Exigível de Longo Prazo	0
Redução de Patrimônio Líquido	45.000
Prejuízos a recuperar	0
Total 2	145.000
3 - DIFERENÇA DO PERÍODO (1 - 2)	253.000
4 - ± SALDO INICIAL DE CAIXA	0
5 - ± VARIAÇÃO DO CAPITAL DE GIRO	(25.000)
6 - DISPONIBILIDADE ACUMULADA (±3 ± 4 ± 5)	228.000
7 - + EMPRÉSTIMOS OU RESGATE DE APLICAÇÕES DE CURTO PRAZO	0
8 - - APLICAÇÕES CURTO PRAZO (T.N.)	200.000
9 - PROJEÇÃO DO SALDO FINAL DE CAIXA	28.000

No exemplo foi desconsiderada a existência de saldo de caixa no início do período e, não fora a aplicação de $200.000 em títulos negociáveis, seria o mesmo saldo de caixa projetado pelo método da demonstração de resultados ajustada, que foi de R$228.000, identificado no item 6 da disponibilidade acumulada.

15.4. PLANEJAMENTO ECONOMICO-FINANCEIRO DE CURTO PRAZO

As atividades relacionadas à elaboração do planejamento econômico-financeiro de curto prazo têm como objetivo preparar as projeções do fluxo de caixa, também denominada orçamento de caixa e das projeções das demonstrações financeiras, da demonstração de resultados e do balanço patrimonial.

15.4.1 A PROJEÇÃO DA DEMONSTRAÇÃO DE RESULTADOS OU ORÇAMENTO OPERACIONAL

A projeção da Demonstração de Resultados do Exercício permite avaliar os resultados do planejamento da empresa e avaliar também as relações entre custos e receitas operacionais e entre as projeções de vendas, dos custos, das despesas e dos lucros.

Os resultados apresentados permitem aos credores analisar possibilidades de concessão de créditos. Permitem também aos acionistas avaliar a possibilidade de continuar investindo na empresa ou não.

A projeção da Demonstração de Resultados do Exercício possibilita avaliar a situação econômica da empresa, ou seja, a sua capacidade de gerar lucros.

A legislação das Sociedades Anônimas, art. 187, define a composição da Demonstração dos Resultados do Exercício. É aconselhável verificar como a lei estabeleceu os componentes da Demonstração de Resultados. Em tese, a projeção da Demonstração de Resultados deveria abranger todos os componentes previstos em sua estrutura. No quadro a seguir é apresentada a Demonstração de Resultados de acordo com a Lei das Sociedades Anônimas.[4]

Item	**Ano X0**	**Ano X1**
1. Receita operacional bruta		
Venda de produtos ou mercadorias		
Prestação de serviços		
2. Deduções		
Devoluções de produtos ou mercadorias		
Abatimentos concedidos incondicionalmente		
Imposto faturado		
3. Receita operacional líquida (1 − 2)		
4. Custos operacionais		
Custos dos produtos ou mercadorias vendidos		
Custos dos serviços prestados		
5. Lucro (ou prejuízo) operacional bruto (3 − 4)		
6. Despesas operacionais		
Despesas comerciais		
Despesas administrativas		
Despesas financeiras Líquidas		
Outras despesas operacionais		
Despesas operacionais provisionadas		
7. Lucro (ou prejuízo) operacional líquido (5 -6)		
8. Receitas de variações monetárias		
Cambial de direitos a receber do exterior		
9. Despesas de variações monetárias		
Cambial de financiamentos em moeda estrangeira		
10. Receitas de participações societárias		
Aumento de investimento em sociedades coligadas		
Aumento de investimento em sociedades controladas		
11. Despesas de participações societárias		
Despesa provisionada de participações em coligadas		
Despesa provisionada em participações em controladas		
12. Outras receitas não operacionais		
13. Outras despesas não operacionais		
14. Despesas provisionadas não operacionais		
15. Resultado líquido do exercício antes do IR e contribuição social s/ll [(7 + 8 + 10 + 12) − (9 + 11 + 13 + 14)]		
16. Provisão para IR e CSL		
17. Resultado líquido do exercício após IR e CSL (15 − 16)		

---

[4] Foram excluídas as despesas e receitas de correção monetária que deixaram de ser previstas em lei.

18. Participação nos lucros
    Participações de debenturistas
    Participações de empregados
    Participações de administradores
    Participações de titulares de partes beneficiárias
    Contribuições a fundos ou instituições de assistência ou previdência
    de Empregados
19. Lucro (ou Prejuízo) líquido do exercício (17 – 18)
20. Lucro por ação (19 ÷ nº de ações)

Se o objetivo é elaborar o orçamento operacional ou projetar a DRE, as bases para o trabalho são os principais itens que compõem a DRE.

Os principais itens que compõem a estrutura do orçamento operacional a serem calculados são os seguintes:

O ORÇAMENTO DE VENDAS

O Orçamento de vendas é a peça básica, que dá início a todo o processo de planejamento de lucro e de caixa da empresa. É com base nele que são formulados os programas de produção, compras, pesquisas, investimentos em ativo fixo etc. Deve prever as quantidades mensais de vendas por produto, ou linhas de produtos, em cada unidade de vendas (lojas ou filiais). É considerado compromisso assumido pela área comercial e não se devem medir esforços para cumpri-lo.

EXEMPLO

Vendas previstas no período:

Produto	Previsão Unidades	Preço de venda R$	Receita R$
A	1.500	100,00	150.000
B	2.000	210,00	420.000
Total			570.000

O ORÇAMENTO DE PRODUÇÃO

A partir das definições do Orçamento de Vendas, é elaborado primeiramente o programa de produção, e, a partir deste, é preparado o Orçamento de Produção, que considerando os estoques existentes de produtos acabados, é composto dos seguintes orçamentos:
- Orçamento de matérias-primas e insumos.
- Orçamento de mão de obra direta.
- Orçamento de despesas indiretas de fabricação.
- Orçamento dos custos dos produtos vendidos.

Conhecidas as quantidades a serem vendidas nas respectivas épocas e os estoques existentes de produtos acabados, são definidas as quantidades a serem produzidas nos períodos definidos – mês, semana, dia – para atender as necessidades da área de vendas.

A partir desse programa de produção, são especificadas as matérias-primas e os insumos, a mão de obra direta e as atividades que geram despesas e custos indiretos de fabricação. Obtêm-se então os custos dos produtos fabricados.

O PROGRAMA DE PRODUÇÃO

A partir do estoque inicial previsto para o início do período e com as informações sobre as quantidades a serem vendidas, é preparado o programa de Produção, conforme o exemplo a seguir:

Produto A	Previsão Un.
Estoque inicial	400
A produzir	1.600
Vendas	(1.500)
Estoque final	500

Produto B	Previsão Un.
Estoque inicial	500
A produzir	1.800
Vendas	(2.000)
Estoque final	300

ORÇAMENTO DE MATÉRIAS-PRIMAS E INSUMOS

O programa de produção, no qual são definidos os níveis de estoques, as quantidades e o cronograma de utilização de cada tipo de matéria-prima, oferece condições para a elaboração da programação de utilização, compras e, consequentemente, do orçamento de matérias-primas.

EXEMPLO

Consumo[5]

Produto A	Previsão Un.
Estoque inicial	200
A produzir	1.600
Vendas	(1.500)
Estoque final	300

Produto B	Previsão Un.
Estoque inicial	600
A produzir	1.800
Vendas	(2.000)
Estoque final	400

Custos de matérias-primas

Produto	Previsão Un.	Custo $	Total
A	1.600	10,00	16.000,00
B	1.800	12,00	21.600,00
Total			37.600,00

Orçamento de mão de obra direta

A mão de obra **direta** consiste no pessoal que está diretamente ligado às operações específicas de produção e é classificada como custo variável. É necessário fazer previsões de quantidades de horas-padrão, necessárias para produzir uma unidade de produto e, da mesma forma, o custo de cada hora-padrão.

EXEMPLO

Produto	Produção Un.	Nº de HP/Un.	Custo HP $	Valor Orçado $
A	1600	1,50	4,00	9.600,00
B	1800	1,25	5,00	11.250,00
Total				20.850,00

ORÇAMENTO DOS CUSTOS INDIRETOS DE FABRICAÇÃO

São considerados custos indiretos de fabricação as despesas com:

- mão de obra indireta;
- materiais indiretos;
- seguros;
- aluguéis;
- depreciações;

---

[5] Por simplificação está se supondo que será utilizada uma unidade de matéria-prima para cada produto.

- energia elétrica;
- água etc.

Esses custos são distribuídos, ou rateados, entre os produtos de acordo com critérios estabelecidos pela administração da empresa. No exemplo a seguir, serão distribuídos de forma proporcional às quantidades produzidas.

Custos	Total	Produto A	Produto B
Mão de obra indireta	$12.000,00	$5.647,06	$6.352,94
Materiais indiretos	5.000,00	2.352,94	2.647,06
Seguros	1.000,00	470,59	529,41
Aluguéis	4.000,00	1.882,35	2.117,65
Depreciação	15.000,00	7.058,82	7.941,18
Energia elétrica	8.000,00	3.764,71	4.235,29
Água	2.500,00	1.176,47	1.323,53
Outras	1.500,00	705,88	794,12
Total	**49.000,00**	**23.058,82**	**25.941,18**

Serão produzidas 3.400 unidades de produtos (1.600 + 1.800). De acordo com o critério estabelecido, o Produto A representa 47,06% da produção e o Produto B representa 53,94%. A distribuição dos custos indiretos de produção foi feita de acordo com essa proporcionalidade.

ORÇAMENTO DOS CUSTOS DOS PRODUTOS VENDIDOS

Os custos dos produtos vendidos resultam da média[6] calculada entre os custos dos produtos acabados no período e os custos dos produtos em estoque.

Custos de produção

Custos	Produto A	Produto B	Total
Matérias-primas	$16.000,00	$21.600,00	$37.600,00
Mão de obra direta	9.600,00	11.250,00	20.850,00
Custos indiretos de fabricação	23.058,82	25.941,18	49.000,00
Totais	48.658,82	58.791,18	107.450,00
Custos unitários			
$48.658,82/1600	$30,41		
$58.791,18/1.800		$32,66	

Custos dos produtos vendidos

Custos	Produto A		Produto B	
	Unidades	Valor	Unidades	Valor
Produtos em estoque	400	$16.341,18	500	$15.208,82
Produtos produzidos	1.600	48.658,82	1.800	58.791,18
Somas	2.000	65.000,00	2.300	74.000,00
Custo médio unitário		$32,50		$32,17

Como se pode observar, o plano indica que deverá haver aumento de custos unitários para o produto A e redução para o produto B.

---

[6] Se a empresa adota outros modelos de cálculo de custo de estoques, como o **PEPS** (**P**rimeiro a **E**ntrar, **P**rimeiro a **S**air), ou o **UEPS** (**Ú**ltimo a **E**ntrar, **P**rimeiro a **S**air), poderá utilizá-los na projeção do cálculo do custo dos produtos vendidos.

ORÇAMENTO DE DESPESAS OPERACIONAIS

Compreende as despesas operacionais necessárias para a venda dos produtos e com a administração da empresa, incluindo as despesas financeiras e tributárias. O orçamento de despesas operacionais é composto, portanto, dos seguintes orçamentos:

- Despesas administrativas
- Despesas com vendas
- Despesas financeiras
- Despesas tributárias

ORÇAMENTO DE DESPESAS ADMINISTRATIVAS

São geralmente despesas fixas de supervisão ou de prestação de serviços a todas as principais áreas da empresa, em vez de se relacionarem com o desempenho de uma única função.

EXEMPLO

Despesas Administrativas	Total
Salários	$12.000,00
Encargos sociais	8.040,00
Postais e telecomunicações	1.200,00
Viagens	2.500,00
Material de expediente	1.000,00
Seguros	3.000,00
Depreciação	7.500,00
Outras	2.300,00
Total	**37.540,00**

ORÇAMENTO DE DESPESAS DE VENDAS

São consideradas as despesas com vendas incluindo a distribuição, englobando:

- Despesas com pessoal administrativo e de materiais do Departamento Comercial ou de Vendas
- Comissões e prêmios sobre as vendas
- Promoção e publicidade
- Expedição
- Fretes
- Assistência técnica
- Despesas diversas com vendas

Despesas de Vendas	Total
Salários, comissões e prêmios	$6.000,00
Encargos sociais	4.020,00
Postais e telecomunicações	1.000,00
Viagens	5.500,00
Material de expediente	1.000,00
Seguros	2.000,00
Promoção e publicidade	18.000,00
Expedição	4.500,00
Depreciação	**2.500,00**
Assistência técnica	5.000,00
Diversas	1.454,25
Total	**50.974,25**

ORÇAMENTO DE DESPESAS FINANCEIRAS

Compreende os juros, encargos financeiros e correção monetária (quando houver), além de outros tipos de gastos financeiros, como taxas de abertura de crédito e demais valores cobrados pelas instituições financeiras sob as mais variadas denominações. As despesas financeiras podem ser classificadas em dois tipos:

- Encargos financeiros operacionais – despesas de empréstimos de curto prazo para financiamento do capital de giro.
- Encargos financeiros de investimentos – quando da aquisição de ativos fixos, geralmente operações de médio e longo prazo.

ORÇAMENTO DE DESPESAS TRIBUTÁRIAS

Engloba toda a tributação específica de pessoas jurídicas. Merece atenção especial em razão do grande número de impostos e contribuições, com diversos prazos de recolhimento, além de constantes mudanças na legislação.

MODELO DE DRE PROJETADA

No quadro a seguir é apresentado um modelo de Demonstração de Resultado, no qual constam os diversos componentes do demonstrativo financeiro e que pode ser utilizado para a projeção. Como se poderá ver, o modelo é mensal e deve ser acompanhando mês a mês.

Quadro 15.2 Projeção da demonstração de resultado do exercício (DRE)

ITENS	R$			
	JAN.	FEV.	MAR.	...
RECEITA BRUTA DE VENDAS				
(-) Deduções da receita bruta				
RECEITA LÍQUIDA				
(-) Custo dos produtos vendidos				
= LUCRO BRUTO				
(-) Despesas administrativas e comerciais				
(-) Despesas financeiras				
(+) Receitas financeiras				
= LUCRO OPERACIONAL				
(+) Receitas não operacionais				
(-) Despesas não operacionais				
(±) Saldo CM e variações monetárias				
= LUCRO ANTES DO IR e CSL				
(-) Provisão IR e CSL				
LUCRO LÍQUIDO DO EXERCÍCIO				
(-) Provisão de dividendos				
A TRANSFERIR PARA PATRIMÔNIO LÍQUIDO				

EXEMPLO

Utilizando-se dados apresentados nos exemplos do orçamento operacional, vamos alocá-los na D.R.E:

ITENS	Valor
RECEITA BRUTA DE VENDAS	570.000,00
(-) Dedução de receita bruta	0,00
RECEITA LÍQUIDA	570.000,00
(-) Custo dos produtos vendidos	139.000,00
= LUCRO BRUTO	431.000,00
(-) Despesas administrativas	37.540,00
(-) Despesas comerciais	50.974,25
(-) Despesas financeiras	
(+) Receitas financeiras	
= LUCRO OPERACIONAL	342.465,75
(+) Receitas não operacionais	
(-) Despesas não operacionais	
(±) Saldo CM e variações monetárias	
= LUCRO ANTES DO IR e CSL	342.465,75
(-) Provisão IR e CSL (27%)	92.465,75
= LUCRO LÍQUIDO DO EXERCÍCIO	250.000,00
(-) Provisão de dividendos	0
A TRANSFERIR PARA PATRIMÔNIO LÍQUIDO	250.000,00

A PROJEÇÃO DO FLUXO DE CAIXA OU ORÇAMENTO DE CAIXA

A projeção do fluxo de caixa ou orçamento de caixa é o instrumento utilizado pelo administrador financeiro com a finalidade de verificar se as entradas e saídas de caixa previstas para determinado período apresentarão ou não excedentes de caixa. Uma vez conhecida a projeção, torna-se possível a consolidação ou redefinição de medidas visando suprir as necessidades ou utilizar os excedentes de caixa.

O orçamento de caixa utiliza o regime de caixa, e não o regime de competência, como na projeção da Demonstração de Resultados.

Antes de se tratar do assunto projeção do fluxo de caixa, é necessário conhecermos os três fluxos que compõem o fluxo de caixa. O conhecimento desses fluxos facilitará o trabalho de preparação do orçamento de caixa.

1. O **Fluxo operacional**, que trata das entradas e saídas de caixa decorrentes da atividade operacional da empresa, conforme pode ser visto no Quadro 15.3:

Quadro 15.3. Fluxo de caixa operacional

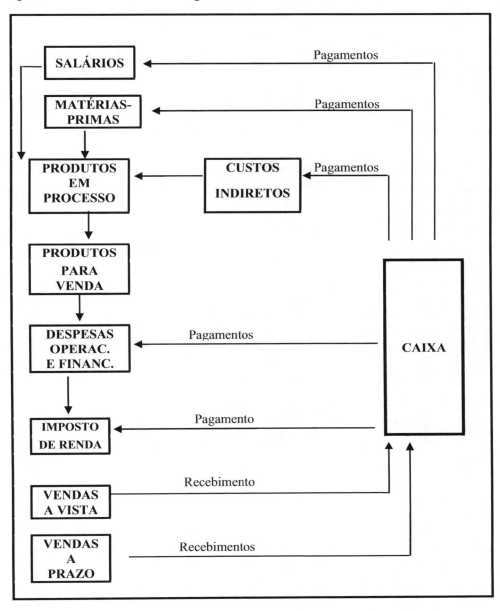

2. O **Fluxo de investimentos** no qual encontramos as entradas e saídas de caixa relacionadas com os investimentos em ativos permanentes e investimentos propriamente ditos,[7] demonstrado no Quadro 15.4:

Quadro 15.4. Fluxo de investimentos

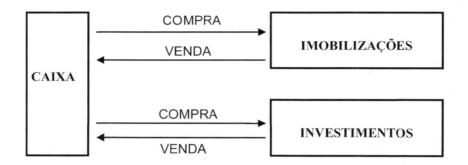

3. O **Fluxo de financiamento** demonstra as entradas e saídas de caixa referentes aos valores exigíveis, no caso empréstimos e financiamentos, e ao patrimônio líquido, apresentado no Quadro 15.5.

Quadro 15.5. Fluxo de financiamentos

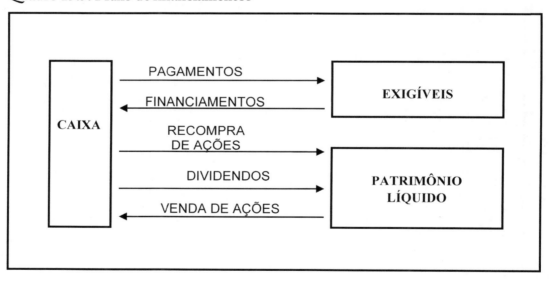

MÉTODO DAS ENTRADAS E SAÍDAS DE CAIXA OU MÉTODO DIRETO

O Método Direto é utilizado para a preparação do orçamento de caixa, a partir do Orçamento Operacional ou da projeção da Demonstração de Resultados do período.

É estabelecido o período abrangido pelo orçamento de caixa, um ano, por exemplo, e a sua subdivisão em meses.

Para cada mês do período definido, registram-se os valores das seguintes previsões de valores:[8]

---

[7] Os investimentos neste caso representam as aplicações financeiras em participações societárias.
[8] Cada previsão mensal é calculada em detalhe em quadros ou planilhas à parte para apresentação dos resultados no Orçamento de Caixa.

MODELO DE UMA PROJEÇÃO DO FLUXO DE CAIXA

ITENS	Valor			
	JAN.	FEV.	MAR.	...
ENTRADAS (ou RECEBIMENTOS)				
1. Vendas a vista				
2. Vendas a prazo				
3. Vendas de ativos permanentes				
4. Aumentos de capital				
5. Receitas financeiras				
6. Resgates de aplicações de curto prazo				
7. Outros recebimentos				
8. TOTAL DAS ENTRADAS (1+...+7)				
SAÍDAS (ou PAGAMENTOS)				
9. Materiais				
10. Pessoal				
11. Encargos sociais				
12. Serviços gerais				
13. Despesas comerciais				
14. Dividendos				
15. Tributos				
16. Imposto de renda				
17. Amortização de empréstimos				
18. Juros				
19. Investimentos				
20. TOTAL DAS SAÍDAS (9+...+19)				
21. Fluxo líquido de caixa (8 − 20)				
22. Saldo inicial de caixa				
23. Novos empréstimos				
24. Amortização novos empréstimos				
25. Saldo final de caixa				

EXEMPLO

ITENS	TOTAL
ENTRADAS (ou RECEBIMENTOS)	
1. Vendas a vista	45.000,00
2. Vendas a prazo	150.000,00
3. Vendas de Ativos Permanentes	0,00
4. Aumentos de capital	0,00
5. Receitas financeiras	0,00
6. Resgates de aplicações de curto prazo	0,00
7. Outros recebimentos	5.000,00
8. TOTAL DAS ENTRADAS (1+...+7)	200.000,00
SAÍDAS (ou PAGAMENTOS)	
09. Materiais	45.000,00
10. Pessoal	64.000,00
11. Encargos sociais	32.000,00
12. Serviços gerais	15.000,00
13. Despesas comerciais	25.000,00
14. Dividendos	0,00
15. Tributos	2.000,00
16. Imposto de Renda	53.000,00
17. Amortização de empréstimos	0,00
18. Juros	0,00

continua

ITENS	TOTAL
19. Investimentos	10.000,00
20. Total das Saídas (9+...+19)	246.000,00
21. Fluxo Líquido de Caixa (8 – 20)	(46.000,00)
22. Saldo Inicial de Caixa	50.000,00
23. Novos Empréstimos	0,00
24. Amortização Novos Empréstimos	0,00
25. Saldo Final de Caixa	4.000,00

Fica evidente, com os resultados apresentados, que a empresa programou utilizar o excedente de caixa existente no início do período, razão pela qual o saldo final passou para R$4.000,00, muito menor em relação ao saldo inicial de R$50.000,00

15.4.2. OS BALANÇOS PATRIMONIAIS PROJETADOS

O título desta Seção 4.3. está no plural porque, na realidade, no processo de planejamento econômico-financeiro, em função de o mesmo ser desenvolvido antes do encerramento do exercício que antecede o período do novo plano financeiro, é preciso fazer a projeção de mais de um balanço: o do exercício em curso e o do exercício futuro, ou de exercícios futuros.

O balanço patrimonial projetado é utilizado para fazer comparações com os balanços dos exercícios encerrados anteriormente, possibilitando o calculo dos índices financeiros que proporcionarão condições de se realizar a análise financeira, assunto debatido no Capítulo 3.

A elaboração do balanço patrimonial projetado utiliza todas as informações que afetam diretamente as suas respectivas contas e que são obtidas através das projeções do balanço do exercício em curso, da demonstração de resultados, dos orçamentos de capital e do orçamento de caixa.

São utilizados todas as variações e os resultados projetados de forma a se estabelecer a projeção do Balanço Patrimonial para o período. As principais contas do Balanço a serem definidas são as seguintes:

Quadro 15.6 Exemplo de Balanço Patrimonial

ATIVO	PASSIVO
Ativo Circulante	**Passivo Circulante**
	Fornecedores
Disponibilidades	Empréstimos bancários
Valores a Receber	Obrigações sociais
Estoques	Contas a pagar
Despesas Antecipadas	
Ativo Realizável a Longo Prazo	**Passivo não circulante**
	Resultados de Exercícios Futuros
Financiamentos	
Créditos junto à Eletrobrás	**Patrimônio Líquido**
Empréstimos a Administradores	
Ativo Permanente	Capital
	Reservas de Capital
Investimentos	Reservas de Reavaliação
Imobilizado	Reservas de Lucros
Diferido	Lucros ou prejuízos acumulados

A utilização das técnicas de planejamento econômico-financeiras aqui apresentadas permitirá aos administradores a melhoria dos desempenhos gerenciais, na busca de metas e resultados.

15.5. RESUMO

O planejamento econômico-financeiro contribui para definir objetivos e fixar padrões de avaliação de resultados, transformando-se em ferramenta para estudos de viabilidade do planejamento da empresa, além de se transformar em importante meio de controle com relação aos objetivos a serem atingidos, indicando ou não necessidades de correção de curso.

Os planos financeiros de longo prazo para períodos superiores a um ano, vinculados aos planos estratégicos da empresa, com nível de detalhamento bastante reduzido, são voltados para objetivos de crescimento relacionados com o investimento de capital, expansão em termos de mercados e produtos, pesquisa e desenvolvimento de produtos e definição de fontes de financiamentos, concentrando-se na preparação de orçamentos de capital, expectativas de geração de lucros e recursos financeiros.

Nos planos financeiros de curto prazo, com prazos não superiores a um ano, preparam-se, utilizando-se também dos orçamentos de capital, as projeções da Demonstração de Resultados, do fluxo de caixa e do Balanço Patrimonial.

As projeções da Demonstração de Resultados são bastante detalhadas em termos de preparação dos diversos orçamentos que irão compor os valores alocados às receitas, aos custos e às despesas, permitindo a projeção do resultado do período do plano financeiro.

Utilizando-se das informações preparadas nos orçamentos de capital e na projeção da Demonstração de Resultados, são projetadas as entradas e saídas de caixa, dando origem ao fluxo de caixa do período, indicando necessidades adicionais de recursos ou excedentes de caixa. Essas informações são utilizadas para decisões de busca ou aplicação de recursos no período.

O Balanço Patrimonial projetado é utilizado para a preparação dos índices da análise financeira, os quais darão ao dirigente a informação dos resultados previstos no plano, que comparados aos índices passados e presentes, indicarão melhora ou deterioração nos resultados econômico-financeiros da empresa, com a implantação do plano em estudo.

15.6. QUESTÕES

1. Quais os motivos para a preparação do planejamento econômico-financeiro? Comente cada um dos motivos apresentados.
2. Faça a vinculação entre o planejamento econômico-financeiro, o planejamento geral da empresa e o planejamento estratégico. Como o tempo é considerado no planejamento econômico-financeiro?
3. Conceitue o planejamento econômico-financeiro de longo prazo. Qual é o conteúdo dos planos financeiros de longo prazo?
4. Que produtos são obtidos com planejamento econômico-financeiro de longo prazo? Quais suas respectivas finalidades? Explique os métodos de preparação dos planos financeiros de longo prazo.
5. Conceitue o planejamento econômico-financeiro de curto prazo. Qual é o conteúdo dos planos financeiros de curto prazo?

6. Que produtos são obtidos com planejamento econômico-financeiro de curto prazo? Quais as suas respectivas finalidades? Por que o orçamento de vendas é importante para o planejamento econômico-financeiro?

7. Explique como se prepara a variação do Capital Circulante Líquido.

8. Explique todos os procedimentos para se projetar a Demonstração de Resultados.

9. Explique todos os procedimentos para se projetar o fluxo de caixa ou o orçamento de caixa.

10. Em sua opinião, o planejamento econômico-financeiro contribui para que a empresa alcance os resultados definidos em seus planos gerais? Por quê?

15.7. EXERCÍCIOS

1. A empresa Tamandaré Produtos Industriais S.A. dispõe das seguintes informações obtidas das demonstrações financeiras projetadas para os anos X3 e X4:

- Lucro líquido após Imposto de Renda e contribuição social = $300.000,

- Variações no ativo

  Valores a receber = + R$50.000,

  Estoques = − R$70.000,

  Depreciação = R$38.000,

  Ativo permanente = + R$100.000,

- Variações no passivo

  Valores a pagar = + $15.000,

  Empréstimos de longo prazo = + 50.000,

  Outros passivos circulantes = − 30.000,

- Patrimônio líquido

  Dividendos pagos R$25.000

  Prepare a demonstração de resultados ajustada para verificar se haverá variação positiva ou negativa do saldo líquido de caixa no ano X4. Comente os resultados obtidos.

2. Com os dados do Exercício 1, calcule a variação do capital circulante líquido.

3. Utilizando o método da diferença do capital circulante líquido, calcule a projeção do saldo final de caixa do ano X4, com as informações do Exercício 1.

4. Desenvolva as informações financeiras necessárias, considerando o período de um ano, para a preparação de:

   4.1. Projeção da demonstração de resultados

   4.2. Projeção do orçamento de caixa

   4.3. Projeção do balanço patrimonial

5. Em 31 de maio de X1, a projeção do Balanço Patrimonial da Quatro Barras Equipamentos S.A. é a seguinte:

Caixa	50.000	Contas a pagar	360.000
Contas a Receber	530.000	Empréstimo bancário	400.000
Estoques	545.000	Salários e IR a pagar	212.000
Ativo Circulante	1.125.000	Passivo Circulante	972.000
		Financiamento a L. Prazo	450.000
		Capital Social	100.000
Ativo Fixo Líquido	1.836.000	Lucros Retidos	1.439.000
Ativo total	2.961.000	Passivo total	2.961.000

A empresa recebeu uma grande encomenda não programada e precisa fazer uma revisão de seu Planejamento econômico-financeiro para os meses de junho, julho e agosto/X1.

Além da projeção do Balaço Patrimonial de 31/05/X1, as informações disponíveis são as seguintes:

As compras de matérias-primas são feitas no mês anterior às vendas, representam 60% das vendas do mês subsequente e são pagas no mês seguinte ao da realização da compra.

O Orçamento de Pessoal prevê custos de mão de obra, inclusive encargos sociais, de R$150.000 em junho, R$200.000 em julho e R$160.000 em agosto. Esses custos são realizados no caixa dos respectivos meses.

Os orçamentos de despesas de vendas, administrativas, de impostos e outras saídas de caixa preveem R$100.000 por mês de junho a agosto e são realizados no caixa dos respectivos meses.

As vendas efetivas de abril e as previsões de vendas de maio a setembro são as seguintes:

abril	500.000	julho	1.000.000
maio	600.000	agosto	650.000
junho	600.000	setembro	750.000

A empresa cobra normalmente 20% de suas vendas no próprio mês da venda, 70% no mês seguinte e 10% dois meses após a venda. Todas as suas vendas são a prazo, e não há provisão nem previsão para devedores incobráveis.

Com base nessas informações:
  a) prepare um Orçamento de Caixa para os meses de junho, julho e agosto;
  b) determine as necessidades de empréstimo bancário para manter um saldo mínimo de caixa de R$50.000;
  c) prepare uma Demonstração de Resultados operacionais para os meses de junho a agosto;
  d) prepare um Balanço Patrimonial projetado para 30 de agosto, observando que a empresa tem um estoque de segurança;
  e) se você fosse o principal executivo dessa empresa aceitaria a situação encontrada ou tentaria ações corretivas. Quais?

6. A Ecotur realizou vendas de pacotes turísticos para Camboriú e Quênios do Rio Grande do Sul no valor de R$40.000,00 em fevereiro e R$50.000,00 em março. Suas previsões de vendas de pacotes turísticos para os meses de abril, maio e junho são de R$60.000,00, R$70.000,00 e R$90.000,00. O saldo inicial de caixa em abril é de R$4.000,00, e a empresa pretende manter esse saldo como mínimo de caixa.
  a) Os recebimentos das vendas devem ocorrer 20% a vista, 60% no mês seguinte e o restante em 60 dias.
  b) A empresa recebe outras receitas de R$1.000,00 por mês.
  c) Os pagamentos previstos são de R$30.000,00 em abril, R$40.000 em maio e R$50.000,00 em junho.
  d) A empresa paga aluguéis no valor de R$2.000,00 por mês.
  e) Os ordenados correspondem a 5% das vendas do mês anterior.
  f) O pagamento do Imposto de Renda é de R$5.000,00 em maio.
  g) A empresa contraiu empréstimos no montante de R$15.000,00, o qual será amortizado em três parcelas.

Você deverá fazer o fluxo de caixa para os meses de abril, maio e junho, constando de:
  a) O quadro de Receitas.

b) O quadro de despesas, incluindo a planilha de pagamento de juros e principal do empréstimo.

c) O fluxo de caixa, considerando a manutenção do saldo mínimo de caixa de R$4.000,00.

7. Maria Flaitrevel trabalha em uma agência de turismo e agora quer montar a sua própria agência. Como tem um excelente relacionamento com seus clientes, pessoas físicas e empresas, ela estima vender conforme apresentado a seguir.

Maio: início das atividades:

Previsão de vendas:

Venda de 10 pacotes de viagem para Europa, em cinco parcelas de €1.500 cada um.

a) Pacotes de viagens para a Europa, em Euros, valor médio €1.500,00.

Maio: 10; junho: 13; julho: 10; agosto: 7; setembro: 8.

b) Pacotes de viagens nacionais, comissão de 10% sobre o valor bruto de R$800,00. Esses pacotes são originalmente ofertados por uma operadora, e a receita da agência é apenas o valor da comissão.

Maio: zero; junho: 16; julho: 25; agosto: 5; setembro: 10.

c) Vendas de passagens aéreas, comissão de 2% sobre um valor médio de R$320,00.

Maio: 100; junho: 150; julho: 180; agosto: 130; setembro: 100

d) Existe uma receita fixa de R$600,00 por mês.

Previsão de despesas:

a) A empresa paga mensalmente:

R$2.000 de aluguel; R$600 de condomínio; ordenados no valor de R$4.000 e água e energia no valor de R$250,00.

A conta de telefone inicia, em maio, no valor de R$500,00 com previsão de aumento de 10% ao mês, sobre o valor do mês anterior, em função da elevação do movimento esperado na agência.

b) As despesas relativas aos produtos vendidos são:

• Pacotes para a Europa custam 70% do valor das vendas, pagos no mesmo mês em que são vendidos.

• Os custos operacionais dos pacotes nacionais custam 80% do valor das comissões, pagos no mês seguinte à venda.

• As passagens aéreas têm um custo operacional de 5% do valor da comissão, no mesmo mês em que ocorrem as vendas.

c) A empresa pretende adquirir um sistema de informática no mês de maio, no valor de R$10.000,00.

d) Para junho e julho estão previstos desembolsos de R$3.000,00 por mês para campanha promocional das férias de inverno.

Empréstimos e Financiamentos

a) Caso ocorram faltas de caixa, a empresa poderá contratar um financiamento para capital de giro, no montante da falta de caixa, pagando juros de 4% ao mês sobre o saldo devedor.

Esse empréstimo só pode ser quitado integralmente, ou seja, quando a empresa tiver disponível o total dos recursos tomados emprestados.

b) As sobras de caixa são aplicadas e remuneradas em 0,5% ao mês.

Pede-se:

Você deverá fazer o fluxo de caixa para os meses em que as informações de despesas e receitas estejam completas. Em seguida, responda:

a) Que alterações de despesas melhorariam o fluxo de caixa?

b) A partir de quando a empresa poderá quitar o(s) financiamento(s) de capital de giro contratado(s)?

c) Quando será possível à Maria começar fazer suas retiradas de sócia proprietária?

d) Caso a empresa resolva contratar mais um agente de viagens, cujo trabalho aumente o faturamento total da empresa em 10% e pague salário fixo de R$500,00 mais comissão sobre o total do faturamento da empresa de 1%, como ficará o fluxo de caixa?

8. A empresa Queiroça S.A é empresa do setor de telecomunicações. O Balanço Patrimonial e a Demonstração dos Resultados do Exercício para o ano de 200X, estão apresentados nos Quadros 15.7 e 15.8, respectivamente.

Atualmente a empresa fabrica dois produtos de alta densidade tecnológica, X e Y. Em face da redução do poder aquisitivo dos clientes e vislumbrando nova oportunidade de mercado junto a clientes de nível mais baixo de renda, pretende lançar o produto Y, mais simples, a partir do próximo mês de janeiro. Todos os produtos demandam o mesmo tipo de serviço de instalação e manutenção, cobrado separadamente dos clientes; gerando, portanto receitas de serviços. O Quadro 15.9 mostra os preços dos produtos e dos serviços e a quantidade projetada de venda para o próximo semestre. Os serviços são cobrados por unidade vendida. Com essas informações é possível elaborar o Quadro de Receitas. Para elaborar o fluxo de caixa das entradas de recursos, você precisa saber os prazos médios concedidos a clientes, os quais também constam no Quadro 15.9. As outras receitas esperadas constam no Quadro 15.12 – Receitas e Despesas não operacionais, as quais são efetivadas sempre no mesmo mês em que são contabilizadas.

Os custos diretos de fabricação dos três produtos se referem à aquisição de três tipos de matérias-primas e pagamento de mão de obra direta. O Quadro 15.10 apresenta o consumo de matéria-prima, por unidade fabricada dos três diferentes produtos, bem como o número de horas-homem gasto na fabricação dos produtos. O cálculo do custo da mão de obra de prestação de serviço baseia-se em percentual do faturamento de serviços. Com essas informações, é possível elaborar o orçamento de custos diretos de fabricação. As informações referentes a política de estoque de produtos e matérias-primas também estão nesse quadro. Para elaborar o fluxo de caixa das saídas de recursos, você precisa saber o prazo de pagamento de matérias-primas, salários e impostos, os quais estão descritos no Quadro 15.10.

As despesas operacionais estão listadas no Quadro 15.11; você pode contabilizá-las diretamente na DRE e para incluí-las no fluxo de caixa de saída de recursos, considerando que são pagas dentro do mês. As despesas não operacionais estão relacionadas no Quadro 15.12 e também são pagas dentro do próprio mês de competência.

As participações nos lucros estão relacionadas no Quadro 15.13.

A empresa pretende manter saldo mínimo de caixa de R$1.500,00. As eventuais captações de recursos de curto prazo no mercado financeiro pagam taxa de juros de 2% ao mês, e as aplicações recebem 0,8% de juros ao mês.

Pede-se:

1. Com os dados do problema, elabore a partir do regime de competência, para o período de janeiro a junho do ano 20x1:
   a) Orçamento de receitas operacionais
   b) Orçamento de custos de matéria-prima, orçamento de custos de mão de obra e orçamento de despesas operacionais.
   c) Orçamento de receitas e despesas não operacionais.
   d) Demonstração do Resultado do Exercício projetada.
   e) Balanço Patrimonial Projetado.
2. Com os dados do problema e orçamentos preparados, elabore, a partir do regime de caixa, para o período de janeiro a junho do ano 20x1:
   a) Quadro de entradas de caixa.
   b) Quadro de saídas de caixa.
   c) Fluxo de caixa projetado.
3. Explique como está a disponibilidade de caixa da empresa no período considerado.

Quadro 15.7

		Balanço Patrimonial 31.12. 200x
ATIVO TOTAL		56.183,3
ATIVO CIRCULANTE		19.183,3
Disponível	100,0	
Contas a receber	15.040,0	
Estoques	4.043,3	
ATIVO IMOBILIZADO		37.000,0
Equipamentos	37.000,0	
PASSIVO + PL		56.183,4
PASSIVO CIRCULANTE		21.870,6
Contas a pagar	7.390,0	
Salários a pagar	9.941,6	
Tributos a pagar	4.539,0	
PASSIVO NÃO CIRCULANTE		
PATRIMONIO LÍQUIDO		34.312,8
Patrimônio Líquido	30.312,8	
Lucros do Exercício	–	
Participação em coligadas	4.000,0	

Quadro 15.8 – DRE 20x0   Dezembro

	Receita Operacional Bruta		26.700,0
(+)	Venda de Produtos ou Mercadorias		15.000,0
(+)	Prestação de Serviços		11.700,0
	2. Deduções		**4.689,0**
(-)	Devoluções de Prod. ou Mercad.	1%	150,0
(-)	Abatimentos concedidos incondicionalmente		–
(-)	Imposto Faturado	17%	4.539,0
	3. Receita Operacional Líquida (1 – 2)		**22.011,0**
	4. Custos Operacionais		**25.314,7**
(-)	Custos dos Produtos ou Mercadorias Vendidos		19.824,7
(-)	Custos dos Serviços Prestados		5.490,0
	5. Lucro (ou Prejuízo) Operacional Bruto (3 – 4)		**(3.303,7)**
	6. Despesas Operacionais		**700,0**
(-)	Despesas Comerciais		500,0
(-)	Despesas Administrativas		200,0
(-)	Despesas Financeiras Líquidas		–
(-)	Outras Despesas Operacionais		–
(-)	Despesas Operacionais Provisionadas		–
	7. Lucro (ou Prejuízo) Operacional Líquido (5 -6)		**(4.003,7)**
	8. Receitas de Variações Monetárias		–
(+)	Cambial de Direitos a Receber do Exterior		–
	9. Despesas de Variações Monetárias		–
(-)	Cambial de financiamentos em Moeda Estrangeira		–
	10. Receitas de Participações Societárias		–
(+)	Aumento de Investimento em Sociedades Coligadas		–
(+)	Aumento de Investimento em Sociedades Controladas		–
	11. Despesas de Participações Societárias		–
(-)	Despesa provisionada de Participações em Coligadas		–
(-)	Despesa provisionada em Participações em Controladas		–
	12. Outras Receitas não operacionais		–
(-)	**13. Outras Despesas não operacionais**		–
(-)	**14. Despesas Provisionadas não operacionais**		–
	15. Result. Líq. do Exerc. antes do IR e Contrib. Social s/LL [(7 + 8 + 10 + 12) – (9 + 11 + 13 + 14)]		**(4.003,7)**
(-)	**16. Provisão para IR e CSL**	25%	–
	17. Resultado líquido do exercício após IR e CSL (15 – 16)		**(4.003,7)**
	18. Participação nos lucros		
(-)	Participações de debenturistas		–
(-)	Participações de empregados		–
(-)	Participações de administradores		–
(-)	Participações de titulares de partes beneficiárias		–
(-)	Contribuições a Fundos ou Instit. de Assist. ou Previdência de Empregados		–
	19. Lucro (ou prejuízo) líquido do exercício (17 – 18)		**(4.003,7)**
	20. Lucro por ação (19 ÷ nº de Ações)	10000	(0,4)

472 – Administração Financeira

Quadro 15.9 Informações sobre receitas operacionais

Venda de Produtos ou Mercadorias			dez.	jan.	fev.	mar.	abr.	maio	jun.
Preço		QUANTIDADE		1370	1550	1776	1991	2179	2395
Prod X	18,00		500	520	580	650	700	750	800
Prod Y	15,00	Impostos 17%	400	450	490	550	600	600	600
Prod Z	9,00	Tx crescto 20%	0	400	480	576	691	829	995

Prestação de Serviços – preço	
Instalação	9,00
Manutenção	4,00

Condições Venda	a vista	a prazo
Prod X	30%	70%
Prod Y	30%	70%
Prod Z	10%	90%
Prestação de Serviços	50%	50%

Quadro 15.10 Informações de custos

Política de estoques

Prod X	10	dias
Prod Y	10	dias
Prod Z	15	dias

Consumo Matéria-prima				
sistema *just in time*				
unid/prod	X	Y	Z	custo unit
A	2	2	2	1,00
B	3	2	1	1,20
C	5	4	0	0,75

Custo mão de obra direta

custo hora-padrão		5,00	
acabamento		9,00	Total
Produto	hp/unid	hp acab/unid	custo unit
X	2	0,3	12,70
Y	1,5	0,5	12,00
Z	1	0	5,00

Serviços		
		% de custo de mão de obra direta
Instalação	50%	
Manutenção	40%	

Condições pagamento

	a vista	a prazo	
Salários	50%	50%	
Fornecedores		30	Dias

Quadro 15.11 Despesas operacionais

	jan.	fev.	mar.	abr.	maio	jun.
Despesas Operacionais	**1.450,0**	**1.450,0**	**2.950,0**	**1.450,0**	**1.450,0**	**1.450,0**
Despesas comerciais	1.000,0	1.000,0	1.000,0	1.000,0	1.000,0	1.000,0
Despesas administrativas	450,0	450,0	450,0	450,0	450,0	450,0
Despesas financeiras líquidas	–	–	1.500,0	–	–	–
Outras despesas operacionais	–	–	–	–	–	–
Despesas operacionais provisionadas						

Quadro 15.12 Receitas e Despesas Não Operacionais

	jan.	fev.	mar.	abr.	maio	jun.
Receitas de variações monetárias	–	–	–	–	–	–
C Cambial de Direitos a Receber do Exterior	–	–	–	–	–	–
Despesas de Variações Monetárias	–	–	–	–	–	–
C Cambial de financiamentos em moeda estrangeira	–	–	–	–	–	–
Receitas de participações societárias	–	–	–	–	–	–
Aumento de investimento em sociedades coligadas	–	–	–	–	–	–
Aumento de Invest. em sociedades controladas	–	–	–	–	–	–
Despesas de participações societárias	–	4.000,0	–	–	–	–
Despesa provis. de participações em coligadas	–	4.000,0	–	–	–	–
Despesa provis. em participações em controladas	–	–	–	–	–	–
Outras receitas não operacionais	–	–	600,0	–	–	–
Outras despesas não operacionais	–	–	–	200,0	200,0	200,0
Despesas provisionadas não operacionais	–	–	–	–	–	–

Quadro 15.13 Participações nos lucros

Participações de Debenturistas	0,0%
Participações de Empregados	0,5%
Participações de Administradores	0,5%
Partic. de Titulares de Partes Benefic.	0,0%
Contribuições a Fundos ou Instit. de Assist. ou Previdência de Empregados	0,0%

15.8. BIBLIOGRAFIA ADICIONAL

BELLARDO, Alexander Sawozuk. "Controle e Planejamento Orçamentário aplicado a empresas de pequeno porte". Monografia Curso em Gestão Empresarial – Departamento de Ciências Contábeis, Setor de Ciências Aplicadas, Universidade Federal do Paraná, Curitiba, 2007.

FREZATTI, Fábio. *Orçamento Empresarial Planejamento e Controle Gerencial*. São Paulo: Atlas, 2000.

PADOVEZE, Clóvis Luís. *Controladoria Estratégica e Operacional*. São Paulo: Cengage Learning, 2009.

PAOLINELLI, Plínio Soares Maciel. "Orçamento de Projetos de Pesquisa Mineral. Estudo de Caso das ferramentas auxiliares utilizadas na Companhia Vale do Rio Doce". Minas Gerais: Faculdade de Administração do IBMEC, 2007. Disponível em: http://monografias.com. Acesso em: 05.07.2009.

SOBANSKI, Jaert J. *Prática de Orçamento Empresarial*. 3ª ed. São Paulo: Atlas, 2000.

WELSCH, Glenn A. *Orçamento Empresarial*. 4ª ed. São Paulo: Atlas, 1983.

ZDANOVICZ, José E. *Planejamento financeiro e Orçamento*. 3ª ed. Porto Alegre: Sagra Luzzatto, 2000.

PARTE

6

TÓPICOS ESPECIAIS EM FINANÇAS

CAPÍTULO 16: GESTÃO TRIBUTÁRIA APLICADA À ÁREA
DE FINANÇAS....477
CAPÍTULO 17: DIFICULDADES FINANCEIRAS....505

CAPÍTULO 16

GESTÃO TRIBUTÁRIA APLICADA À ÁREA DE FINANÇAS[1]

16.1. Introdução

16.2. Tendências para a nova administração tributária – reflexões

16.3. Gestão tributária – noções conceituais

16.4. Principais tributos incidentes sobre a atividade da pessoa jurídica

16.5. Conceito de planejamento tributário

16.6. Os reflexos do planejamento tributário na administração financeira

16.7. Aspectos mínimos recomendáveis na implementação do planejamento

16.8. Efeitos do planejamento tributário no registro contábil

16.9. Responsabilidade dos administradores de empresas

16.10. Resumo

16.11. Questões

16.12. Bibliografia adicional

16.1 INTRODUÇÃO

A capacidade de gerenciamento eficaz da incidência tributária sobre as operações da empresa é característica essencial na gestão financeira das organizações. Por vezes, a "eficiente" gestão financeira é literalmente "engolida" pelos erros involuntários ou pela ausência de planejamento na determinação dos tributos (35,79% do PIB em 2008).

Estudo apresentado pela Coordenação Geral de Estudos, Previsão e Análise da Subsecretaria de Tributação e Contencioso da Receita Federal mostrou que no ano de 2008 a Carga Tributária Bruta atingiu 35,79%, contra 34,72% em 2007, indicando variação positiva de 1,08 ponto percentual. Essa

---

[1] Este capítulo foi preparado especialmente por:

Nereu Ribeiro Domingues, Contador, pós-graduado em Controladoria pela UFPR, advogado pela faculdade de Direito de Curitiba, professor de cursos de graduação e pós-graduação na área de gestão tributária e sócio do escritório Gaia, Silva, Gaede & Associados em Curitiba-PR.

variação resultou da combinação dos crescimentos, em termos reais, de 5,1% do Produto Interno Bruto e de 8,3% da arrecadação tributária nos três níveis de governo (Gráfico 16.1).

Gráfico 16. 1 – Carga Tributária Brasileira 2004 a 2008

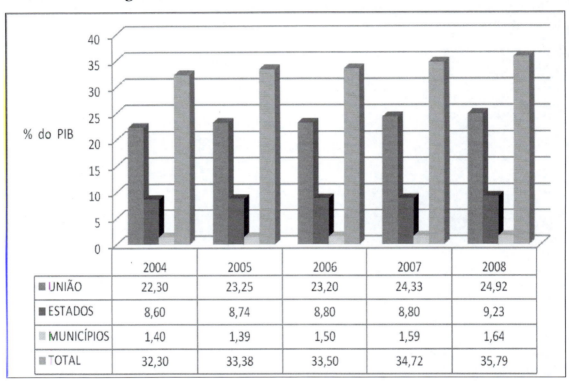

Fonte: Receita Federal, Estudos Tributários nº 21 – Carga Tributária no Brasil – 2008-jun./2009.

Como se não bastasse essa elevada carga tributária, temos a complexidade e o alto custo de conformidade[2] da manutenção dos registros fiscais nas empresas. Quanto se gasta em equipamentos, sistemas, impressos e outros recursos para o atendimento das obrigações formais? Quantos colaboradores da sua organização, internos ou externos, são contratados para esse fim?

Dessa análise vamos concluir que muitos dos empregados da empresa trabalham cada vez menos para a empresa e cada vez mais para o Estado. A partir do ano de 2002, especialmente, tivemos um aumento vertiginoso de novas obrigações formais (declarações em meio magnético) introduzidas pelos governos estadual e federal.

Nos ensina Rafael Iatauro, no artigo "O Peso dos Impostos nas Finanças":[3]

> Nas discussões sobre a estrutura da economia, a carga tributária tem ocupado espaço privilegiado e aguçado várias interpretações sobre seu peso na base financeira e patrimonial do contribuinte. A questão, na verdade, envolve três aspectos significativos: a legislação, o número de tributos e o montante imposto pelo governo. Os atos legais, aplicáveis à ordem tributária, formam contingente assustador e, segui-los à risca constitui desafio para o contribuinte.

---

[2] "Custo de conformidade à tributação – *compliance costs of taxation*, em inglês – corresponde ao custo dos recursos necessários ao cumprimento das determinações legais tributárias pelos contribuintes", p. 15, Aldo Vincenzo Bertolucci. *Quanto custa pagar tributos*. São Paulo: Atlas, 2003.

[3] Artigo publicado no Jornal *Gazeta Mercantil*, 08/08/2001, Rafael Iatauro, presidente do Tribunal de Contas do Paraná.

> Levantamento realizado pelo Instituto Brasileiro de Planejamento Tributário (IBPT) revela que são 55.767 artigos, 33.374 parágrafos, 23.497 incisos e 9.956 alíneas, numa voracidade 'legiferante' assustadora. Além disso, são editadas, em média, 300 normas por ano, deixando a classe empresarial à beira da loucura para acompanhar tão diversificado arsenal jurídico.
>
> Não bastasse esse emaranhado jurídico-legal, as regras não têm consistência temporal, sendo constantemente alteradas, o que impõe expressivo custo às empresas, representado pelo pagamento de funcionários e especialistas encarregados de interpretar as obrigações fiscais e cumprir o elenco de exigências, tudo dentro do nefasto estigma latino-americano de que todos são desonestos até prova em contrário. Deveras, é sabido que alterar o sistema tributário é tarefa difícil, já que envolve componentes políticos, econômicos, financeiros e de aceitação pelo contribuinte. Ninguém gosta de pagar imposto e, por isso mesmo, há verdadeira síndrome quando se toca no assunto. A prova é que toda a formulação tributária do país é de 1966. ... [4]

E as dificuldades não param por aí, como consequência desse clima de apreensão e revolta, surgem ainda dois outros fatores: supostamente do lado dos contribuintes, o "jeitinho brasileiro" traz verdadeiros aproveitadores que vendem facilidades das mais variadas sob o manto do Planejamento Tributário e, do lado do Estado, a "discricionariedade excessiva", que na dúvida considera todos criminosos.

É nesse contexto que inserimos o presente capítulo no estudo da administração financeira, apresentamos as principais características do Sistema Tributário Nacional e do exercício do legítimo Planejamento Tributário, com o intuito de prover o administrador da área de finanças das principais informações necessárias à efetiva gestão da carga tributária da empresa, através dos processos ligados a economia legal de tributos e prevenção de contingências fiscais.

Por fim, destacamos que este estudo poderia contemplar algumas centenas de páginas, seja pela necessidade de melhor explorar os conceitos abordados ou pela sua característica personalíssima na aplicação a casos concretos. No entanto, para atender didaticamente o público a que se destina, trazemos considerações de cunho geral. Necessidades mais específicas ou que requeiram maior profundidade de análise deverão ser submetidas a profissional habilitado.

16.2 TENDÊNCIAS PARA A NOVA ADMINISTRAÇÃO TRIBUTÁRIA – REFLEXÕES

Inicialmente, faremos uma reflexão sobre o que chamaremos de "tendências da nova administração tributária", muitos não só escutaram como eventualmente vivenciaram uma época em que o "jeitinho brasileiro" imperava na administração tributária, desde os modelos mais simples como, por exemplo, a nota fiscal calçada, nota fiscal clonada, erro de soma, uso de "laranja" (interposta pessoa), até os mais elaborados, tais como o registro de créditos extemporâneos ilegítimos, compensação de títulos públicos ou o "relacionamento" com a autoridade fiscal – tudo era genericamente festejado como a melhor receita para pagar menos tributo.

Os tempos são outros, e não é só com alteração na lei que o Estado brasileiro tem aumentado a arrecadação, parcela substancial desse aumento decorre da maior eficiência fiscalizatória, especialmente no âmbito federal e no cruzamento de dados em meio magnético.

---

[4] Secretaria da Receita Federal.

Quadro 16.1 – Principais sistemas de cruzamento de dados da SRF[5]

QUEM FORNECE	DADOS APRESENTADOS À RECEITA FEDERAL
Administradoras de cartões de crédito	Quanto cada cliente gastou e quanto foi pago a cada lojista.
Bancos – Import. e Export.	Importação e Exportação – Registro de compra e venda no mercado externo.
Bolsas de valores	Movimento financeiro de cada investidor.
Capitania dos Portos	Todas as transações com barcos, *jet-ski*, lanchas e outras embarcações.
Cartórios (DOI)	Operações de compra e venda de imóveis.
DAC	Operações de compra, venda ou arrendamento de aeronaves.
Empresa (DCTF)	Apuração e recolhimento dos tributos federais constituem confissão de dívida.
Empresa (DIPJ)	Demonstrações financeiras, preços de transferência, base de cálculo de tributos federais e no caso de IPI, principais clientes e fornecedores.
Fontes pagadoras	Quanto foi pago anualmente a cada empregado ou profissional liberal.
Imobiliárias (DIMOB)	Transações imobiliárias realizadas.
Instituições Internacionais	Remessas e contas no exterior.
Mídia	Através das colunas sociais e *talk shows* as autoridades fiscais tomam conhecimento dos sinais exteriores de riqueza.
Detran-Renavam	Transações com veículos.
SPED – Sistema Público de Escrituração Digital	Composto de três subprojetos distintos, quais sejam Nota Fiscal Eletrônica, Escrituração Fiscal Digital e Escrituração Contábil Digital, traz uma exposição fiscal sem precedentes, informando detalhadamente o conteúdo das notas fiscais de saída e entrada de produtos na empresa, bem como todos os dados relacionados à sua escrituração contábil e fiscal.

Fonte: Gaia, Silva, Gaede & Associados.

Em 2004 tivemos o estabelecimento do "acompanhamento econômico-tributário diferenciado", instituído pela Portaria SRF nº 557/2004 que objetiva, através do cruzamento dos dados referidos e da utilização de elementos estatísticos dos setores econômicos da sociedade, acompanhar as empresas previamente selecionadas, monitorando a sua vida fiscal com muito mais efetividade.

No âmbito das discussões judiciais e ainda se reportando a um passado não muito remoto, também tínhamos um contencioso tributário calcado em ações de "prateleira", teses que tinham a mesma base e simplesmente multiplicavam-se os pleitos pela alteração do pólo ativo. Hoje vivemos outra realidade! Seja pelo aprimoramento técnico daqueles que elaboram os normativos ou pela discutível presença das decisões políticas nos tribunais superiores, as teses de prateleira não têm confirmado o êxito esperado, e as chances de sucesso estão muito mais nas questões específicas do que nas demandas coletivas.

Podemos concluir, portanto, que a gestão tributária nos dias atuais deve ter como base mestra a inclusão fiscal, a excelência técnica, a especificidade e, por que não reiterar: a ética. Não há mais espaço para a sonegação fiscal ou o "estelionato legal" de alguns "profissionais" pouco éticos no trato da matéria tributária:

> Nos últimos anos grassou uma espécie de estelionato legal. Escritórios de advocacia inescrupulosos entram em contato com empresas prometendo vitórias em ações inexequíveis, algumas das quais já condenadas em súmulas do Supremo Tribunal Federal – o que caracterizaria claramente o estelionato. Há casos de empresas que deixaram de recolher impostos, mesmo podendo, com a garantia que seria aceito o pagamento com títulos do início do século. Os honorários dos advogados são fixados

---

[5] Secretaria da Receita Federal.

sobre o volume de títulos utilizado – não da vitória final dos tribunais. Depois de os advogados terem embolsado os honorários, essas empresas perdem na justiça. Além dos honorários já pagos, terão de recolher os impostos atrasados com multas e juros de mora.[6]

Naturalmente, toda quebra de paradigma traz o estabelecimento de uma nova convenção, e esta, por sua vez, vai fatalmente encontrar componentes não preparados para a mudança necessária: ao contribuinte ainda falta um mercado homogeneamente formal, solução para as dificuldades de eventuais contingências do passado e profissionais habilitados para o exercício da nova gestão tributária. Ao Fisco, por seu turno, também falta capacitação técnica e especialmente controle para a excessiva discricionariedade na condução das verificações fiscais.

O que fazer? Procuramos reunir algumas poucas sugestões que podem em muito contribuir para a adaptação necessária à nova Gestão Tributária no plano da administração financeira das sociedades:

a) **Inclusão fiscal** – a eventual dificuldade com a concorrência que sustenta a melhor condição de preço na sonegação fiscal está muito próxima do fim, mas se ainda perdurar ao ponto de provocar dificuldades no mercado de atuação da empresa, deve-se procurar a entidade de classe que representa a sua atividade e através dela realizar os contatos necessários à sensibilização dessas empresas ou das autoridades fiscais.

b) **Contingências do passado** – prioritariamente, mas não exclusivamente, o fisco faz a verificação fiscal do ano que está mais próximo da decadência (data limite para o lançamento tributário), por exemplo, no ano de 2009 fiscaliza-se o ano-base de 2004 e assim sucessivamente. Nesse sentido, caso a empresa tenha contingências passivas por ela conhecidas e ainda não identificadas pelas autoridades fiscais, deve estar sempre revisitando as suas decisões anteriores, pois a denúncia espontânea dessas obrigações pode reduzir substancialmente a contingência apontada pelas autoridades fiscais em procedimento de fiscalização.

c) **Capacitação dos profissionais internos** – o excesso de normativos em matéria tributária e as constantes alterações do sistema exigem uma reciclagem diária dos profissionais que atuam na área tributária, logo, as empresas precisam estar atentas à qualificação dos seus profissionais, avaliando-os periodicamente e proporcionando os recursos necessários para essa atualização. Algumas empresas especializadas desenvolvem trabalhos de auditoria fiscal preventiva nos mesmos moldes da Secretaria da Receita Federal, apontando preventivamente as falhas na qualificação dos recursos humanos, de controles internos, interpretação dos normativos, dentre outros.

d) **Rigor na formalização de procedimentos** – procurar registrar tempestivamente os procedimentos e questionamentos da área tributária, e não raras vezes a empresa terá de tomar decisões com base em entendimentos da sua área técnica, que não poderão ser confirmados na legislação ou que podem até ser contrário ao entendimento da autoridade administrativa. É importante o registro tempestivo dos fundamentos dessa sua decisão, pois eles poderão dar guarida a eventual questionamento futuro por parte das autoridades fiscais, muitas vezes só apresentado entre 4 (quatro) ou 5 (cinco) anos após o evento.

e) **Revisão permanente das rotinas** – tanto o entendimento acerca da norma tributária quanto a atividade empresarial, em geral, têm a mutação como característica marcante, logo, as operações e registros devem ser constantemente reavaliados, elidindo questionamentos fiscais ou recolhimentos desnecessários de tributos.

---

[6] Luiz Nassif, *Folha de S. Paulo*, 17/10/2000.

f) **Integração das áreas da empresa** – é recomendável que a área tributária esteja sempre integrada com as demais áreas da empresa, dentro dessa característica de especificidade da Gestão Tributária, quanto mais integrada ela estiver, mais elementos terá para encontrar aquela solução específica e diferenciada.

Por fim, temos que no plano técnico a especialização e a conduta ética constituem – no campo tributário – atributos essenciais à licitude de procedimentos e preservação do patrimônio das empresas e de seus administradores. Felizmente nosso país é aos poucos passado a limpo, não encontrando mais espaço para as antigas simulações e contatos.

16.3 GESTÃO TRIBUTÁRIA – NOÇÕES CONCEITUAIS

Para melhor ilustrar o contexto do tributo na gestão pública, tomemos como comparação a atividade financeira de uma empresa privada, a qual deverá gerir receitas, custos e despesas, objetivando o bem-estar dos seus sócios/acionistas, qual seja, o lucro. Dentre as suas receitas, vamos encontrar as entradas de recursos da atividade principal – venda de produtos – e outras oriundas das atividades acessórias, tais como as receitas financeiras, de aluguéis, investimentos em outras empresas etc.

Na atividade financeira do Estado, as atribuições e os objetivos não são muito diferentes. Também nesse plano vamos encontrar a gestão de receitas, custos e despesas, alterando-se o lucro para superávit e o beneficiário sócio/acionista para a coletividade (cidadãos). No âmbito das receitas, também encontraremos as entradas de recursos da sua atividade principal, chamadas receitas originárias – produto gerado da arrecadação dos tributos – e as receitas acessórias, chamadas receitas derivadas, formadas, dentre outras, pelas entradas de recursos oriundos das participações em empresas, mercado financeiro, aplicação de multas pecuniárias (sanção de ato ilícito) etc.

Portanto, verifica-se que o tributo é a principal fonte geradora de recursos na atividade financeira do Estado. O Direito Tributário, por sua vez, é o ramo do direito público regente dessa relação jurídica entre o Estado e os particulares, no que se refere às receitas tributárias.

O tributo, por conseguinte, tem o seu conceito previsto pelo art. 3º do Código Tributário Nacional – CTN, que dispõe:

> *Art. 3. – Tributo é toda prestação pecuniária compulsória, em moeda ou cujo valor nela se possa exprimir, que não constitua sanção de ato ilícito, instituída em lei e cobrada mediante atividade administrativa plenamente vinculada.*

Desse conceito legal de tributo, são oportunos os seguintes destaques:

a) **Prestação pecuniária** – o conceito legal exclui qualquer prestação que não seja representada por dinheiro. Assim, não podem ser cobrados tributos que consistam em prestação de natureza pessoal, tal como a prestação de serviços.

b) **Compulsória** – é essência do tributo à sua obrigatoriedade. O tributo não decorre de negócio jurídico realizado mediante manifestação de vontade das partes, mas sim da soberania do Estado.

c) **Em moeda ou cujo valor nela se possa exprimir** – o tributo pode ser fixado em moeda ou em outra unidade traduzível em moeda. Exemplo: UFIR, FCA, UFESP, UFR etc.

d) **Que não constitua sanção de ato ilícito** – a lei exclui do conceito de tributo a multa pecuniária decorrente de sanção de ato ilícito.

e) **Instituída em lei** – esse princípio é de âmbito constitucional. De fato, o art. 150, I da Constituição Federal veda à União, aos Estados, ao Distrito Federal e aos Municípios exigirem ou aumentarem tributo sem lei que o estabeleça.
f) **É cobrada mediante atividade administrativa vinculada** – esse trecho final do conceito estabelece que, administrativamente, esta é uma atividade privada do Estado, não podendo ser exercida por nenhuma outra pessoa. De forma vinculada, ou seja, a administração pública deverá agir estritamente conforme a Lei.

Quanto às espécies de tributos, muitas vezes erroneamente generalizados pelo título de "impostos", têm-se as seguintes denominações:

a) **Impostos** – o elemento essencial à conceituação do imposto é o seu caráter geral. Imposto é tributo que se destina a cobrir as necessidades públicas gerais, tem característica não vinculada. Exemplos: Imposto de Renda (IR), Imposto sobre Produtos Industrializados (IPI), Imposto sobre a Circulação de Mercadorias e Prestação de Serviços de Transporte Intermunicipal e Interestadual e de Comunicação (ICMS), Imposto Predial e Territorial Urbano (IPTU).
b) **Taxas** – diferentemente do imposto, a taxa tem como característica essencial vinculação à prestação de serviços públicos; portanto de caráter remuneratório. Exemplos: taxa de alvará, taxa de arquivamento de contrato social, taxa de iluminação pública etc.
c) **Contribuição de Melhoria** – é o tributo instituído para fazer face ao custo de obras públicas de que decorra valorização imobiliária, tendo como limites: total – a despesa realizada – e individual – a valorização proporcionada individualmente. Exemplo: contribuição de melhoria pela pavimentação de uma rua.
d) **Empréstimos Compulsórios** – tributos que poderão ser instituídos para o atendimento de despesas extraordinárias, decorrentes de calamidade pública, de guerra externa ou de sua iminência; ou no caso da necessidade relevante de investimentos públicos de caráter urgente. Exemplos: Empréstimo compulsório sobre energia elétrica, combustíveis, aquisição de veículos novos etc.
e) **Contribuições** – previstas pelo art. 149 da Constituição Federal/1988, podem ter diferentes finalidades e distintas bases de cálculo. Poderão, pois, conceituarem-se como imposto ou taxa, a ser um misto das duas categorias ou contribuições de melhoria. Sendo assim, a sua identificação é específica e deve ser efetuada de acordo com a previsão constitucional. Exemplo: Contribuição para o Financiamento da Seguridade Social (COFINS), Contribuição para o Programa de Integração Social (PIS), Contribuição para o Instituto Nacional da Seguridade Social (INSS), Contribuição Social sobre o Lucro (CSL) etc.

Conceituado o tributo e apresentadas as suas espécies, se faz necessária a compreensão de alguns conceitos para a adequada interpretação da norma tributária:

- **Competência tributária** – o legislador utiliza-se deste título para designar a quem compete normatizar ou cobrar determinados tributos, fundamentalmente distribuídos entre os seguintes poderes: União, Estados, Distrito Federal e Municípios. Exemplo: o ISS é de competência municipal, o PIS é de competência federal ou da União.
- **Campo de incidência** – é o delimitador da área de incidência de um tributo. Exemplo: o ICMS incide sobre as operações de circulação de mercadorias e sobre a prestação de serviços de comunicação e de transporte intermunicipal e interestadual; o ISS é de competência

municipal, porém, tem o campo de incidência limitado aos serviços previstos em Lei Complementar Federal.

- **Fato Gerador** – segundo o art. 114 do CTN, "é a situação definida em lei como necessária e suficiente à sua ocorrência", é o nascimento da obrigação tributária. Exemplo: a obrigação tributária com o IPI nasce no momento em que ocorre a saída de produto industrializado do estabelecimento industrial.

- **Base de cálculo** – também denominada de base imponível. Junto com a alíquota correspondente, proporciona a característica de valor (quantificação) ao tributo. Por exemplo: a base de cálculo do ICMS é o valor da operação, e a sua alíquota é 7%, 12%, 17%, 18% ou 25%; a base de cálculo do imposto de renda da pessoa jurídica é o lucro real, arbitrado ou presumido, e a sua alíquota é 15%.

16.4 PRINCIPAIS TRIBUTOS INCIDENTES SOBRE A ATIVIDADE DA PESSOA JURÍDICA

Como vimos, a carga tributária brasileira é excessivamente alta e de uma complexidade bastante acentuada, e resumir nestas poucas linhas os principais tributos incidentes sobre a atividade da pessoa jurídica não constitui tarefa fácil. Nesse sentido, optamos pela apresentação de dois quadros sumários: (a) tributos brasileiros – lista com 65 tipos de tributos aplicados no Brasil (não fiquem surpresos se encontrarem outros tributos além dos aqui relacionados), e (b) principais tributos da atividade empresarial – descrição dos tributos mais representativos na atividade empresarial e suas respectivas características mais relevantes.

(a) **Tributos brasileiros** – a lista de tributos em vigência no país está entre as maiores do globo. Sofre alterações constantes e a apresentação de uma lista exaustiva é praticamente impossível:

Quadro 16.2 Lista de tributos brasileiros

1	Contribuição à Direção de Portos e Costas – DPC
2	Contribuição ao Fundo Nacional de Desenvolvimento da Educação – FNDE – Salário Educação
3	Contribuição ao Funrural
4	Contribuição ao Instituto Nacional de Colonização e Reforma Agrária – INCRA
5	Contribuição ao Seguro Acidente de Trabalho – SAT
6	Contribuição ao Serviço Brasileiro de Apoio a Pequena Empresa –SEBRAE
7	Contribuição ao Serviço Nacional de Aprendizado Comercial – SENAC
8	Contribuição ao Serviço Nacional de Aprendizado dos Transportes – SENAT
9	Contribuição ao Serviço Nacional de Aprendizado Industrial – SENAI
10	Contribuição ao Serviço Nacional de Aprendizado Rural – SENAR
11	Contribuição ao Serviço Social da Indústria – SESI
12	Contribuição ao Serviço Social do Comércio – SESC
13	Contribuição ao Serviço Social do Cooperativismo – SESCOOP
14	Contribuição ao Serviço Social dos Transportes – SEST
15	Contribuição Confederativa Laboral (dos empregados)
16	Contribuição Confederativa Patronal (das empresas)
17	Contribuição de Intervenção no Domínio Econômico – CIDE
18	Contribuição para o Fundo de Universalização dos Serviços de Telecomunicações – FUST
19	Contribuição Rural
20	Contribuição para o Instituto Nacional de Seguridade Social – INSS Autônomos e Empresários

21	Contribuição para o Instituto Nacional de Seguridade Social – INSS Empregados
22	Contribuição para o Instituto Nacional de Seguridade Social – INSS Patronal
23	Contribuição para o Programa de Integração Social – PIS (cumulativo)
24	Contribuição para o Programa de Integração Social – PIS (não cumulativo)
25	Contribuição para o Programa de Integração Social – PIS na importação
26	Contribuição para o Programa de formação do Patrimônio do Servidor Público – PASEP
27	Contribuição Sindical Laboral
28	Contribuição Sindical Patronal
29	Contribuição Social sobre o Faturamento – COFINS (cumulativa)
30	Contribuição Social sobre o Faturamento – COFINS (não cumulativa)
31	Contribuição Social sobre o Faturamento – COFINS na importação
32	Contribuição Social sobre o Lucro Líquido – CSLL
33	Contribuição Social sobre o montante do FGTS e remuneração – LC nº 110/01
34	Contribuições aos Órgãos de Fiscalização Profissional
35	Contribuições de Melhoria
36	Empréstimos Compulsórios
37	Fundo Aeronáutico – FAER
38	Fundo de Garantia por Tempo de Serviço – FGTS
39	Imposto de Renda da Pessoa Jurídica – IRPJ e Imposto de Renda da Pessoa Física – IRPF
40	Imposto sobre a Circulação de Mercadorias e Serviços e sobre a Prestação de Serviços de Transporte Interestadual e Intermunicipal e de Comunicações – ICMS
41	Imposto sobre a Exportação – IE
42	Imposto sobre a importação – II
43	Imposto sobre a Propriedade de Veículos Automotores – IPVA
44	Imposto sobre a Propriedade Territorial Urbana – IPTU
45	Imposto sobre a Propriedade Territorial Rural – ITR
46	Imposto sobre Operações de Crédito – IOF
47	Imposto sobre Produtos Industrializados – IPI
48	Imposto sobre Serviços – ISS
49	Imposto sobre Transmissão de Bens Intervivos – ITBI
50	Imposto sobre Transmissão de Causa Mortis e Doações – ITCMD
51	Taxa Adicional de Frete para Renovação da Marinha Mercante – AFRMM
52	Taxa de Autorização do Trabalho Estrangeiro
53	Taxa de Coleta de Lixo
54	Taxa de Combate a Incêndios
55	Taxa de Conservação e Limpeza Pública
56	Taxa de Emissão de Documentos (níveis municipais, estaduais e federais)
57	Taxa de Iluminação Pública
58	Taxa de Licenciamento e Alvará Municipal
59	Taxa de Pesquisa Mineral (Portaria nº 503/1999)
60	Taxas da Comissão de Valores Mobiliários – CVM
61	Taxas de Fiscalização da Agência Nacional de Saúde Suplementar – ANS
62	Taxas de Outorgas (Radiodifusão, Telecomunicações, Transporte Rodoviário e Ferroviário,etc.)
63	Taxas do Conselho Nacional de Petróleo – CNP
64	Taxas do Instituto Brasileiro do Meio Ambiente – IBAMA
65	Taxas do Registro do Comércio (Juntas Comerciais)

Naturalmente, relativa parcela desses tributos, especialmente as taxas e algumas contribuições anuais, ainda que contribuam na formação da "quantidade" de tributos e na complexidade de atos legais existentes, são pouco relevantes na formação da carga tributária brasileira.

486 – Administração Financeira

(b) Principais tributos da atividade empresarial – segue lista e algumas características dos tributos que contribuem mais significativamente com a carga tributária brasileira:

Quadro 16.3 Principais tributos da atividade empresarial

Tributo	Espécie	Competência	Fato Gerador	Base de Cálculo	Alíquota
COFINS (cumulativa)	Contribuição	Federal	Obter receitas de qualquer espécie	Receita ajustada	3%
COFINS (não cumulativa)	Contribuição	Federal	Obter receitas de qualquer espécie	Receita ajustada	7,60%
COFINS importação	Contribuição	Federal	Importar bens ou serviços	Valor da importação ajustado	7,60%
PIS (cumulativo)	Contribuição	Federal	Obter receitas de qualquer espécie	Receita ajustada	0,65%
PIS (não cumulativo)	Contribuição	Federal	Obter receitas de qualquer espécie	Receita ajustada	3,65%
PIS importação	Contribuição	Federal	Importar bens ou serviços	Valor da importação ajustado	3,65%
CSLL	Contribuição	Federal	Lucro	Lucro Real, Presumido ou Arbitrado	9,00%
ICMS (não cumulativo)	Imposto	Estadual	Circulação ou importação de mercadorias e prestação de serviços de transporte interestadual ou intermunicipal e de comunicação	Valor da mercadoria comercializada	7% a 25%
INSS	Contribuição	Federal	Pagamento de salário e remunerações a autônomos	Valor dos salários ou remunerações	20.00%
IPI (não cumulativo)	Imposto	Federal	Venda ou importação de produtos		0% a 130%
IRPJ	Imposto	Federal	Lucro	Lucro Real, Presumido ou Arbitrado	15% a 25%
ISS	Imposto	Municipal	Prestação de serviços descritos na LC	Valor do serviço prestado	0% a 5%
Imposto de Importação	Imposto	Federal	Importar mercadorias ou serviços do exterior	Valor da importação ajustado	Variável
IOF	Imposto	Federal	Realizar operações financeiras de câmbio, empréstimos etc.	Valor da operação	0% a 25%

Nem todas as pessoas jurídicas estarão sujeitas às normas sumarizadas nesse quadro, muitas gozam de tratamento diferenciado decorrente de Lei ou Regime Especial.

16.5 CONCEITOS DE PLANEJAMENTO TRIBUTÁRIO

Planejamento tributário é o termo utilizado para definir procedimentos que proporcionem a economia legal dos tributos, podendo formar uma verdadeira engenharia tributária enriquecidos por projetos de elevada complexidade. Envolvem aspectos fiscais, contábeis, financeiros, societários e jurídicos.

Na direção das entidades, o exercício do Planejamento Tributário é conduta esperada ao administrador, o qual deverá zelar pela maximização dos recursos financeiros disponíveis valendo-se de procedimentos lícitos, cuja proporção seja uma menor carga tributária, especialmente pela relevante influência desses elementos sobre a formação do preço da sua mercadoria ou serviço.

Nesse sentido, é importante destacar que é direito do contribuinte lançar mão de procedimentos não defesos em lei, visando adequar a empresa à alternativa operacional mais conveniente, para maior economia tributária. Vale dizer que as empresas devem avaliar continuamente as oportunidades de Planejamento Tributário, buscando a faculdade de o contribuinte planejar livremente as atividades segundo seus interesses, e observando os procedimentos legalmente previstos.

Corroborando esse entendimento, transcrevemos a seguir ementa de três acórdãos selecionados, que podem melhor ilustrar esse conceito:

> *Uma empresa pode ser organizada de forma a evitar excessos de operações tributadas e consequentemente evitar a ocorrência de fatos geradores por ela e perante a lei desnecessários, como poderia funcionar por modalidades legais menos tributadas.* **Fica ao contribuinte a faculdade de escolha ou de planejamento fiscal.** (grifo nosso) [7]
>
> **Elisão Fiscal** – *Se os negócios não são efetuados com o único propósito de escapar do tributo, mais sim efetuados com objetivos econômicos e empresariais verdadeiros,* **embora com recursos às formas jurídicas que proporcionam maior economia tributária, há elisão fiscal e não evasão fiscal.** *De se aceitar, portanto, a cisão como regular e legítima, no caso dos autos.* (grifo nosso) [8]
>
> **IRPJ – Simulação na Incorporação** – *Para que se possa materializar é indispensável que o ato praticado não pudesse ser realizado, fosse por vedação legal ou por qualquer outra razão. Se não existir impedimento para a realização da incorporação tal como realizada e o fato praticado não é de natureza diversa daquele que de fato aparenta, isto é, se de fato e de direito não ocorreu ato diverso da incorporação, não há como qualificar-se a operação de simulada.* **Os objetivos visados com a prática do ato não interferem na qualificação do ato praticado, portanto, se o ato praticado era lícito, as eventuais consequências contrárias ao fisco devem ser qualificadas como casos de elisão fiscal e não de evasão ilícita.** (grifo nosso)[9]

Nesse contexto, podemos afirmar que o Planejamento Tributário, quando realizado dentro das formas lícitas, é um ramo da administração tributária e deve ser considerado também como sendo mais uma atividade empresarial de significativa importância. Também é relevante a sua correta aplicação e interpretação não econômica dos fatos, para afastar a insegurança e contingência das operações. A única limitação ao contribuinte é a simulação, tal como prevista no artigo 102 do Código Civil:

> Art. 102 – Haverá simulação nos atos jurídicos em geral:
>
> I   *Quando aparentarem conferir ou transmitir direitos a pessoas diversas das a quem realmente se conferem, ou transmitem.*
>
> II *Quando contiverem declaração, confissão, condição, ou cláusula não verdadeira.*
>
> III *Quando os instrumentos particulares forem antedatados, ou pós-datados.*

Como vimos, é forçoso concluir que a linha entre o planejamento tributário e a evasão fiscal é excessivamente tênue abrindo-se, portanto, uma atribuição bastante importante para o profissional da área financeira. O mesmo deve atuar preventivamente junto ao cliente ou empregador, analisar, aconselhar ou não recomendar determinadas "receitas" de planejamento, limitadas pelos conceitos da fraude, simulação ou evasão fiscal.

Ainda que o caminho adotado pela entidade seja contrário à conclusão da administração financeira, cabe ao profissional da área sugerir a opinião formal de profissional especializado na área do direito

---

[7] Ementa do Acórdão nos Embargos Infringentes nº 313.840-SP, 7ª Câmara do 1º TAC-SP, publicada pelo *Boletim AASP*, de 28/08/1985.

[8] Ementa do Acórdão 1º CC 101-77.837/88 – DO 30/08/1988 e resenha Tributária, IR, Jurisprudência Administrativa 12.1, p. 28.

[9] Acórdão da CSRF do CC nº 01-01.874, de 15/05/1994, Processo nº 13067/000.015/89-36.

tributário, com o objetivo de prevenir contingências futuras e definir quanto à constituição ou não de provisão correspondente.

No que tange aos dispositivos antielisivos atualmente vigentes, destaca-se o parágrafo único do art. 116 do CTN, introduzido pela Lei Complementar nº 104/2001. Confira-se sua redação:

> *Art. 116. Salvo disposição de lei em contrário, considera-se ocorrido o fato gerador e existentes os seus efeitos:*
>
> *I – tratando-se de situação de fato, desde o momento em que o se verifiquem as circunstâncias materiais necessárias a que produza os efeitos que normalmente lhe são próprios;*
>
> *II – tratando-se de situação jurídica, desde o momento em que esteja definitivamente constituída, nos termos de direito aplicável.*
>
> *Parágrafo único. <u>A autoridade administrativa poderá desconsiderar</u> atos ou negócios jurídicos praticados com a finalidade de <u>dissimular</u> a ocorrência do fato gerador do tributo ou a natureza dos elementos constitutivos da obrigação tributária, **observados os procedimentos a serem estabelecidos em lei ordinária.**" (destacamos)*

Primeiramente, em análise ao parágrafo único, aqui transcrito, é possível verificar a exigência de lei ordinária que estabeleça os procedimentos para que a autoridade fiscal se utilize da desconsideração de negócios/atos jurídicos.

A Medida Provisória nº 66/2002 veio fazer as vezes da Lei Ordinária prevista no parágrafo único do art. 116. Ocorre que, ao ser convertida na Lei nº 10.637/2002, deixaram de constar em seu texto justamente os dispositivos que regulamentavam a possibilidade de desconsideração de atos administrativos pela autoridade administrativa, tornando sua aplicação pendente de regulamentação. Assim, hoje não é possível, por ausência de disciplina legal, a desconsideração de atos/negócios jurídicos por autoridades administrativas, com base no art. 116 do CTN.

Quando for efetuada a regulamentação dos procedimentos – por meio de lei ordinária (conforme exige o CTN) – estes deverão observar os princípios do contraditório e da ampla defesa, de forma a garantir ao contribuinte o direito de justificar sua operação, além de outros princípios constitucionais. Ao pretender utilizar-se da desconsideração, a autoridade administrativa deverá demonstrar de forma clara a existência de dissimulação. A decisão de desconsideração, por sua vez, deverá ser fundamentada e estará sempre sujeita à apreciação do Poder Judiciário (se instado pela parte prejudicada).

Compreendemos que os procedimentos de desconsideração previstos no parágrafo único do art. 116 CTN – quando for publicada a lei anteriormente referida – não poderão ser aplicados a fatos pretéritos em virtude do princípio da irretroatividade e da segurança jurídica, tendo em vista que, sob a égide da legislação até então vigente, que não permitia tal desconsideração, não havia a hipótese de incidência e, portanto, relação jurídico-tributária.

16.6 OS REFLEXOS DO PLANEJAMENTO TRIBUTÁRIO NA ADMINISTRAÇÃO FINANCEIRA

Os projetos de Planejamento Tributário podem compor uma verdadeira engenharia tributária, com rotinas complexas, envolvendo aspectos contábeis, legais e financeiros.

Nos demonstrativos a seguir, trazemos de forma objetiva uma consolidação sumária das possíveis rotinas passíveis de estarem presentes na condução de um Planejamento Tributário. Optamos por destacar neste estudo as diversas fases e os principais reflexos financeiros inerentes aos processos judiciais e administrativos, instrumentos bastantes eficazes no exercício do Planejamento Tributário e de uma característica adversa à área financeira.

Mister se faz destacar não ser nossa pretensão apresentar um fluxograma exaustivo de todas essas atividades na área de processo, mas sim sobressair aqueles procedimentos de maior reflexo na área financeira das empresas.

DEFINIÇÃO DAS BASES INICIAIS DO PLANEJAMENTO TRIBUTÁRIO

Figura 16.1 Bases iniciais do planejamento tributário

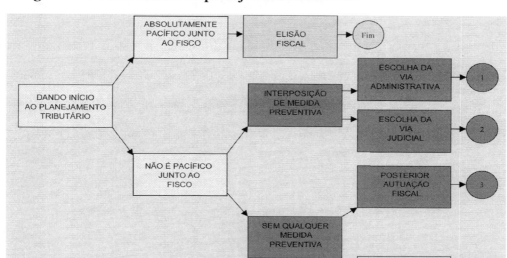

Chamamos de Planejamento Tributário pacífico a elisão fiscal advinda de procedimentos de simples ordem operacional, que normalmente não são objeto de questionamento das autoridades fiscais porque encobrem previsão específica da legislação. Deixamos de analisar mais detalhadamente os planejamentos dessa espécie, por não constituírem risco fiscal à empresa e, consequentemente, não estão sujeitos a quaisquer tratamentos preventivos mais específicos.

Como podemos depreender da Figura 16.1, o Planejamento Tributário em questão divide-se em duas formas de implementação:

- **Com a interposição de medida preventiva** – tem a desvantagem de nem sempre obter posicionamento favorável das autoridades administrativas ou judiciais, podendo até se reverter em passivo contingente caso a empresa tenha se utilizado de imediato do pretenso direito fiscal. Ainda assim, é mais recomendável para se evitarem passivos contingentes futuros, pois, enquanto mantida a exigibilidade suspensa, por autorização judicial ou administrativa, não expõe a entidade à multa moratória, tampouco à infração.
- **Sem a interposição de medida judicial** – o aproveitamento do pretenso crédito tributário sem medida preventiva pode até possibilitar uma eventual decadência do tributo correspondente. Por não efetivar o lançamento da obrigação pelo Fisco, ou seja, tem-se a legitimidade do Planejamento sem a análise do mérito. No entanto, expõe a entidade à eventual multa por infração fiscal, caso o Fisco venha a efetuar o lançamento da obrigação tributária (auto de infração) antes de decorrido o prazo decadencial.

Importante ressaltar que no passado utilizou-se largamente esse tipo de procedimento – sem interposição de medida judicial – o qual garantia sucesso ao "Planejamento Tributário" dada a ineficiência dos órgãos fiscalizadores que não possuíam ferramentas nem contingente de pessoal suficiente para a identificação tempestiva dos tributos não recolhidos. Atualmente, no entanto, o Fisco mostra-se bem mais eficiente e torna-se normal efetuar o lançamento da obrigação tributária antes do prazo decadencial, muitas vezes sem qualquer fiscalização *in loco*, utilizando-se tão somente dos cruzamentos de informações rotineiras de processamento de dados (DIPJ, DCTF, DARF, GPS, SINTEGRA, DOI, IPVA etc.).

CONDUÇÃO DO PLANEJAMENTO TRIBUTÁRIO – OPÇÃO PELA VIA ADMINISTRATIVA DE DISCUSSÃO

Neste demonstrativo, verificamos a admissibilidade do Planejamento discutido preventivamente na esfera administrativa:

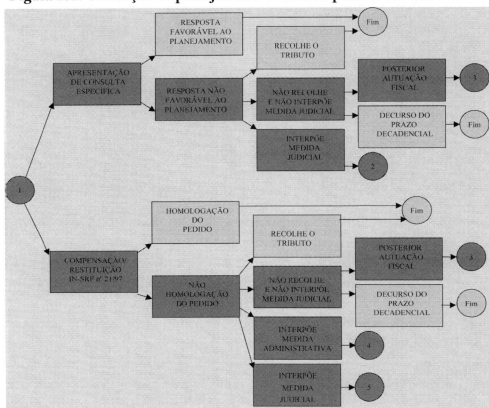

Figura 16.2 Condução do planejamento tributário pela via administrativa

- **Apresentação de consulta específica** – sujeita à legislação específica de cada tributo. Genericamente emprega-se a consulta como um instrumento para confirmar determinadas compreensões dos contribuintes, que não se encontram claramente previstos nos atos normativos do tributo. Isso tende a gerar divergências na determinação da obrigatoriedade tributária. A consulta normalmente suspende a exigibilidade do crédito tributário, por conseguinte, o contribuinte, após a formulação da consulta, pode adotar o entendimento mais adequado. No caso de resposta desfavorável em última instância, terá 30 dias para efetuar o recolhimento do tributo correspondente, sem a incidência de multa moratória.[10]

---

[10] Estas considerações são válidas para os tributos administrados pela União, para outros tributos deverá ser consultada a legislação específica.

- **Compensação ou restituição** com base na IN-SRF nº 210/2002, alterada pela IN-SRF nº 323/2003 – na IN-SRF nº 21/1997 encontrávamos permissivo que nos possibilitava levar a compensação de certos tributos (administrados pela Secretaria da Receita Federal) à discussão administrativa. Tal procedimento encontra-se atualmente prejudicado, tendo utilidade mais restrita que sob a égide da IN-SRF nº 21/1997. Essas restrições foram alargadas pela alteração da IN-SRF nº 210/2002 pela IN-SRF nº 323/2003, bem como pela publicação da Medida Provisória nº 66/2002, posteriormente convertida na Lei nº 10.637/2003, tendo em vista que com esses novos normativos o "pedido de compensação" foi substituído pela "declaração de compensação", a qual constitui, nos termos da lei, "confissão de dívida e instrumento hábil e suficiente para a exigência dos débitos indevidamente compensados". Apesar dessa alteração, do indeferimento da declaração de compensação cabe manifesto de inconformidade e, na sequência, recurso ao Conselho de Contribuintes, permitindo a suspensão da exigibilidade do crédito perante esse período de discussão.

CONDUÇÃO DO PLANEJAMENTO TRIBUTÁRIO – OPÇÃO PELA VIA JUDICIAL DE DISCUSSÃO

A interposição de medida judicial para julgar a legitimidade do Planejamento Tributário tem as seguintes considerações principais:

Figura 16.3 Condução do planejamento tributário pela via judicial

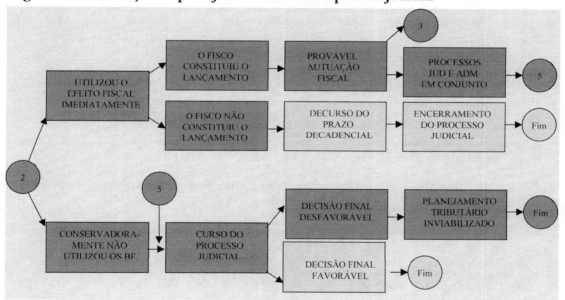

- **Instrumento processual** – uma vez eleita a esfera judicial, é importante o amplo debate com o assessor jurídico responsável pela condução da demanda, sobre as opções processuais que se apresentam no momento da interposição da medida, haja vista as particularidades e os efeitos financeiros específicos de cada modalidade (incidência ou não de honorários de sucumbência no trânsito em julgado da demanda, possibilidade de utilização imediata do pretenso benefício fiscal etc.).
- **Decisão judicial** – especialmente nos casos de liminar em mandado de segurança ou antecipação de tutela em ação ordinária, deve-se considerar que as autorizações judiciais obtidas em

primeira instância não têm ainda a apreciação definitiva do mérito da questão. Assim, a suspensão da exigibilidade do crédito tributário ou a autorização de compensação de créditos fiscais[11] podem ser cassadas a qualquer momento, até a ocorrência do trânsito em julgado da ação.

A eventual cassação da liminar, ou da antecipação de tutela implica o recolhimento ou depósito judicial da totalidade da exação, sem a incidência de multa moratória em no máximo 30 (trinta) dias da publicação da respectiva decisão judicial.

CONDUÇÃO DO PLANEJAMENTO TRIBUTÁRIO – MATERIALIZAÇÃO DO LANÇAMENTO POR PARTE DO FISCO (LAVRATURA DE AUTO DE INFRAÇÃO)

Como podemos depreender da Figura 16.4, depois da ciência do auto de infração, o contribuinte pode optar por efetuar o recolhimento do tributo, normalmente com algum desconto de multa, ou por apresentar recurso administrativo pedindo a anulação do lançamento efetuado pela autoridade fiscal.

Outrossim, teria a possibilidade de optar pela via judicial, munindo-se de uma ação chamada "anulatória de débito fiscal", pouco utilizada na prática porque impede a apreciação da questão na esfera administrativa e deve ser precedida do depósito judicial da totalidade do auto de infração.

Eleito o foro administrativo, inicialmente apresenta-se pedido de impugnação do auto de infração junto à autoridade fiscal da própria jurisdição do contribuinte. No caso de decisão desfavorável, voltam as três opções presentes quando da autuação: recolhimento do tributo, ação judicial (anulatória de débito fiscal) ou a apresentação de recurso administrativo ao Conselho de Contribuintes.

No que se refere aos tributos administrados pela Secretaria da Receita Federal, a apresentação de recurso ao Conselho de Contribuintes deve ser precedida de arrolamento de bens de no mínimo 100% do auto de infração ou de oferecimento de bens em garantia ou depósito judicial de 30% do mesmo montante.

Figura 16.4 Condução do planejamento tributário – lavratura do auto de infração

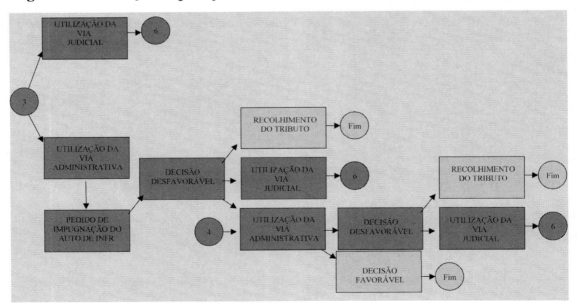

---

[11] A partir da Lei Complementar nº 104/2001 é vedada a compensação de tributos antes do trânsito em julgado da demanda judicial.

Alertamos, ainda, que o rito administrativo anterior merece ser apreciado à luz da legislação específica de cada tributo, adverso do que aqui apresentamos, especialmente pela limitação a análise da legislação aplicável aos tributos administrados pela Secretaria da Receita Federal.

CONDUÇÃO DE PLANEJAMENTO TRIBUTÁRIO – ANULAÇÃO DE LANÇAMENTO FISCAL NA ESFERA JUDICIAL

Finalmente, caso a entidade decida pelo não recolhimento da exação, e uma vez encerrada desfavoravelmente a fase administrativa de discussão do lançamento tributário, ainda caberiam duas novas maneiras de discussão na esfera judicial, a saber:

- Propositura de uma "ação anulatória de débito fiscal" possui vantagem de suspender a exigibilidade do crédito tributário, mas traz como encargo a necessidade do prévio depósito judicial da totalidade do tributo.
- No caso da desnecessidade de Certidão Negativa de Débitos (a empresa pode permanecer com a exigibilidade não suspensa), poder-se-ia aguardar a Ação de Execução por parte da Fazenda e, quando da sua notificação, propor uma ação de "embargos à execução fiscal", precedida do simples oferecimento de garantias no montante total da exação, em vez do depósito judicial.

Na prática, o que encontramos mais comumente é o oferecimento de Embargos à Execução Fiscal, pois as garantias se constituem com diversas espécies de bens, tais como: imóveis, máquinas, equipamentos etc. A desvantagem presente nos embargos é que a empresa pode ficar determinado tempo sem Certidão Negativa de Débitos (CND), pois só é possível o oferecimento de embargos a partir da Ação de Execução Fiscal proposta pela Procuradoria da Fazenda.

Figura 16.5 Condução do Planejamento Tributário – anulação do lançamento fiscal na esfera judicial

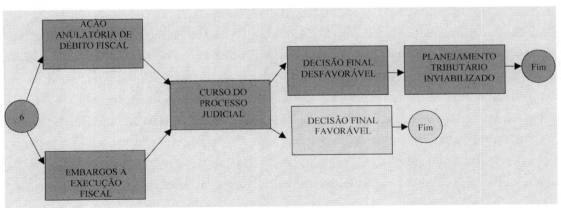

16.7 ASPECTOS MÍNIMOS RECOMENDÁVEIS NA IMPLEMENTAÇÃO DO PLANEJAMENTO

Todo e qualquer processo de Planejamento Tributário provoca alterações substanciais na determinação da obrigatoriedade tributária e, consequentemente, mudanças não menos relevantes no patrimônio líquido das entidades. Logo, é indispensável a participação ativa do profissional da área financeira, bem como o da contabilidade.

Ressalte-se também que a economia de tributos atual não dispõe das famosas "receitas" clássicas do passado. Como vimos anteriormente, a administração tributária está cada vez mais moderna e atenta ao fechamento de toda e qualquer lacuna legal na redução dos tributos. Diante desse quadro, é absolutamente imprescindível a proximidade da área financeira na condução dos projetos de Planejamento Tributário, inclusive, para o adequado assessoramento dos demais profissionais envolvidos nessas atividades – advogados, contadores, economistas e administradores – reunindo particularidades contábeis e financeiras ao conhecimento do Direito e da redução legal da carga tributária.

Nesse sentido, vejamos alguns dos procedimentos mínimos recomendáveis ao profissional da área financeira que se encontra diante da implementação de um processo de Planejamento Tributário:

a) **Aplicabilidade aos interesses da empresa** – Não raras vezes, encontramos matérias absolutamente certas e atrativas do ponto de vista do direito tributário e também absolutamente desastrosas se aplicadas em situação contábil ou financeira específica. Verifica-se até a adoção de planejamentos que confrontam diretamente com outros interesses mais relevantes da entidade, trazendo prejuízos irreparáveis em sua atividade-fim. A título ilustrativo, tomemos o episódio amplamente divulgado pela imprensa: determinada instituição financeira de economia mista impetrou medida judicial para o não recolhimento da antiga CPMF. Cobrada pelo próprio acionista (governo federal), seguiu-se o resultado: desligamento de toda a diretoria responsável pelo procedimento. Assim, preliminarmente à condução de qualquer procedimento, cabe verificar a aplicação prática daquela determinada tese ou planejamento em uma empresa específica, inclusive antecipando-se à determinação de seus efeitos sobre o perfil financeiro da empresa e continuidade do seu objetivo social.

b) **Perfil da entidade** – A ferramenta do planejamento ou, quando menos, o momento de sua aplicação deve preceder à verificação do perfil da empresa: conservadora, moderada ou arrojada. Sem prejuízo do exercício da economia legal dos tributos, encontrar-se-ão variadas alternativas na hora de sua implementação. Estas vão desde posturas mais recomendadas e conservadoras, por exemplo, interposição de medida judicial com o depósito da quantia controversa, à simples suspensão do recolhimento do tributo supostamente indevido, sem qualquer medida judicial. Considerando que, na maioria das vezes, o proveito do resultado financeiro advindo do planejamento é inversamente proporcional ao grau de conservadorismo na sua condução, essa decisão torna-se ainda mais difícil, razão pela qual o administrador deve se pronunciar prontamente, como conhecedor do perfil da empresa e das diversas opções presentes à condução do planejamento. Diante do exposto, recomendamos a observação das sugestões constantes neste capítulo, na seção sobre os reflexos do planejamento tributário na administração financeira, em que analisamos os diversos instrumentos operacionais de um Planejamento Tributário e as suas possíveis implicações nas empresas.

c) **Valor envolvido** – Nesse aspecto, a participação ativa da área financeira também é fator indispensável para o efetivo progresso no planejamento, pois, especialmente no caso de interposição de medidas judiciais, encontram-se situações em cujos oito anos de discussão litigiosa, conclui-se que na apuração de haveres o efeito fiscal era irrelevante, ou, até mesmo, contrário à situação específica da empresa. Dessa feita, nessas situações é muito importante que estejamos próximo do profissional responsável pela condução do processo litigioso, antecipando-nos à apuração dos prováveis benefícios fiscais e objetivando a análise da relação custo/benefício, ou, quando menos, à consideração dos montantes no planejamento orçamentário e estratégico da empresa.

d) **Via processual adequada** – Quase sempre não vinculada à administração, a via processual em questão para conduzir determinada demanda tributária pode provocar efeitos bastante relevantes no perfil financeiro da empresa, razão pela qual se recomenda a utilização de conhecimento do profissional especializado responsável pelo patrocínio da demanda, prevenindo a administração dessas possíveis consequências financeiras. Sugere-se que sejam observadas as considerações da seção "Os Reflexos do Planejamento Tributário na Administração Financeira", deste capítulo. Verifiquem os possíveis efeitos financeiros de cada via processual que se apresentam à situação de planejamento.

e) **Garantia de instância** – A forma de condução do Planejamento Tributário também deve ser submetida a necessidade ou não de Certidão Negativa de Débitos (CND), pois, conforme depreendimento das rotinas constantes deste capítulo, algumas das opções de condução do planejamento podem inviabilizar, ainda que temporariamente, a obtenção de CND, vindo a prejudicar a participação em licitações, importação e exportação, contrato de determinadas linhas de crédito, venda de bens imóveis etc.

f) **Efeitos contábeis** – Diversos são os reflexos contábeis de um Planejamento Tributário: registro de provisão; reconhecimento ou não de ativo fiscal; contabilização à conta de lucros ou prejuízos acumulados ou a resultado do exercício etc. Diante desse quadro, também é necessário lançar mão de conhecimentos profissionais da área contábil, facilitando a participação de todas as informações disponíveis sobre o planejamento conduzido pela empresa. Esses profissionais, por sua vez, podem se valer de parecer específico e especializado da área do direito tributário.

g) **Efeitos financeiros** – Especificamente no caso da interposição de medida judicial preventiva, como pode ser verificado na Seção 16.6, o contribuinte possui várias opções no momento de propor uma ação: depósito judicial, não recolhimento ou recolhimento regular da obrigação. Cada uma dessas situações tem resultados financeiros diversos para a empresa, recomendando-se, oportunamente, executar análise prévia juntamente com o assessor jurídico da respectiva ação. Deve-se verificar a forma de realização e remuneração do ativo contingente, indedutibilidade dos depósitos judiciais na apuração do imposto de renda (art. 41 da Lei nº 8.981/1995) etc.

16.8 EFEITOS DO PLANEJAMENTO TRIBUTÁRIO NO REGISTRO CONTÁBIL

É preciso que a contabilidade se prepare adequadamente para o rigor com que as demonstrações financeiras em geral vêm sendo examinadas, no tocante às contingências e, nesse particular, as de ordem tributária.

Sob a égide da elevada carga tributária brasileira, e das dificuldades econômicas do mercado, são comuns os procedimentos de antecipação das compensações de supostos créditos tributários, ainda sem reconhecimento pacífico por parte das autoridades fiscais. Em outras palavras, tributos dispensam declarações ou são compensados com base em decisão judicial provisória, proporciona um benefício imediato no fluxo de caixa (pelo não pagamento da obrigação tributária). No entanto, também podem advir passivos contingentes expressivos, muitas vezes não registrados contabilmente.

O contrário também se apresenta verdadeiro. Muitas empresas mantêm inadequadamente registrados nas suas demonstrações financeiras passivos contingentes não mais exigíveis, ou, algumas vezes, deixam de reconhecer tempestivamente ativos fiscais já pacificados por conta da fase processual do seguimento específico ou da jurisprudência favorável dos tribunais.

Naturalmente, por conta dessa necessidade imperiosa de redução da carga tributária, é crescente o número de questionamentos junto às empresas que, por vezes, têm encontrado no não recolhimento dos tributos uma forma de incremento do seu fluxo de caixa de curto prazo.

E qual é a comprometimento contabilidade diante desse quadro?

Obviamente, se o profissional da contabilidade não é o gestor dessas empresas, ele não é o responsável por esses procedimentos. Destaque-se, no entanto, que tal assertiva só será correta se efetivar-se tempestivamente o registro contábil da exação ou, quando menos, formalizar-se comunicação reservada desses efeitos fiscais à administração da entidade. Essa conduta de aconselhamento contábil é competência e responsabilidade exclusiva do contabilista, que deve exercitá-la regularmente, munindo a alta administração de todos os elementos para a adequada gestão da empresa.

Diante do exposto, analisaremos a seguir as variáveis contábeis inerentes às ações do Planejamento Tributário, especialmente no que concerne a ideia de contingência e a sua espécie, ativa ou passiva, a saber:

Preliminarmente, deve-se considerar a característica de contingência como qualquer situação ou condição de resoluta não definida à data do encerramento das demonstrações financeiras de uma entidade, em qualquer período, sobre temas dependentes de eventos futuros que poderão, ou não, se materializar. Muitas vezes essas condições ou situações são resultados de provisões registradas na contabilidade, observando-se o "regime de competência", princípio fundamental de contabilidade.

Como vimos, a contingência é o reflexo de uma incerteza quanto aos eventos futuros. No ramo do contencioso tributário, assim como em outros, a indecisão quanto a um evento futuro pode se verificar de várias formas, bem como apresentar probabilidades quantificadas, nem sempre apoiadas por informações disponíveis.

A contingência também será de natureza passiva (perda contingente) quando ocasionar a assunção de um dever ou o comprometimento de um ativo – ou de natureza ativa (ganho contingente) – quando resultar em aquisição de ativo ou redução de um passivo.

Do ponto de vista do registro contábil ou não de uma contingência passiva, recomendamos a leitura do pronunciamento CPC 25, aprovado pelo Conselho Federal de Contabilidade através da NBC T 19.7, Resolução nº 1.180/2009, bem como pela CVM, Deliberação CVM nº 594/2009. Esse pronunciamento traz um apêndice ilustrativo (árvore de decisão) que é bastante esclarecedor:

Figura 16.6 Árvore de decisão

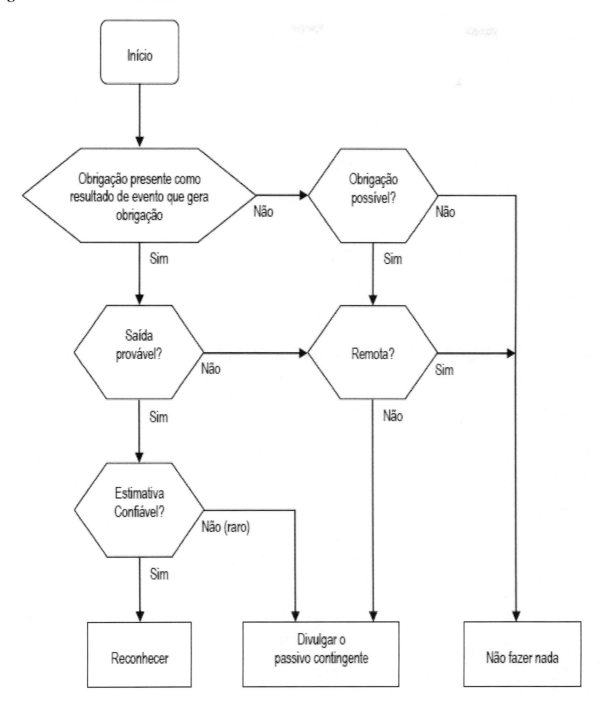

Quanto ao registro contábil dos ativos contingentes, dispõe a mesma Interpretação Técnica que "os ativos contingentes não são reconhecidos nas demonstrações contábeis, uma vez que pode tratar-se de resultado que nunca venha a ser realizado. Porém, quando a realização do ganho é praticamente certa, então o ativo relacionado não é um ativo contingente e o seu reconhecimento é adequado".

Por conseguinte, ao contabilista caberá a análise constante do Planejamento interposto pela entidade, até sua completa admissibilidade legal. Essa análise deverá compreender, quando necessária, a opinião formal do assessor jurídico responsável pela operação, visando à completa identificação do registro contábil mais recomendado aos eventos do Planejamento, tanto na sua implementação, quanto na sua continuidade.

É oportuno destacar, nesse instante, que a velocidade com que se processam as alterações da legislação tributária e as prováveis mutações do processo de Planejamento e do Patrimônio da entidade condicionam que o acompanhamento contábil proceda de forma permanente e oportuna, fornecendo, assim, maior veracidade às demonstrações financeiras.

16.9 RESPONSABILIDADE DOS ADMINISTRADORES DE EMPRESAS

> Da parte do Estado, parece ter-se aberto uma "vala comum" para receber todos os administradores de empresas como responsáveis tributários. Da parte desses administradores, pode estar havendo uma espécie de "desobediência civil" a uma fortíssima carga tributária e destinações de seus valores arrecadados de forma não apoiada pelos contribuintes. O Estado, como reação, considera todos marginais, infligindo sobre eles as mais pesadas sanções, em atitude hostil típica dos regimes de força. ...[12]

Essas considerações, de autoria do Dr. Renato Lopes Becho, refletem claramente a importância de que os administradores de empresas estejam conscientes do limite da sua responsabilidade em termos gerais e especialmente em matéria tributária, seja para prevenir eventuais contingências nas empresas, seja para defender-se do Estado que, não raras vezes, vem indiciando indiscriminadamente os administradores, objetivando, quando menos, a constituição de valiosos delatores dos fatos praticados nas sociedades.

É nesse contexto que trazemos o presente tema, que contempla não só a responsabilidade em matéria tributária, como também as delimitações para o correto exercício da administração do ponto de vista da legislação comercial.

DA PERSONALIDADE JURÍDICA

É oportuno, inicialmente, a lembrança do conceito de que as pessoas dos sócios não se confundem com as sociedades das quais fazem parte e/ou administram. Estas adquirem personalidade jurídica própria quando registrados os seus atos constitutivos:

> "A sociedade, constituída por seu contrato, e personificada pelo registro, tem um fim próprio, econômico ou ideal; move-se, no mundo jurídico, a fim de realizar esse fim; tem direitos seus e um patrimônio que administra, e com o qual assegura aos credores a solução das dívidas que contrai."[13]

Com efeito, o nosso Código Processo Civil reza: "Os bens particulares dos sócios não respondem pelas dívidas *da sociedade, senão nos casos previstos em lei; o sócio, demandado pelo pagamento da dívida, tem direito a exigir que primeiro sejam excluídos os bens da sociedade."*

Com isso, temos claramente que há uma distinção entre a sociedade e seus membros, entretanto, a sociedade, para ter uma vontade e uma atividade própria, age por meio das pessoas naturais que lhe servem de órgão. Daí, imperativo buscar definir qual o limite da responsabilidade dessas pessoas, independentemente da sua participação ou não no capital da sociedade que administram.

---

[12] Renato Lopes Becho. *Sujeição passiva e responsabilidade tributária*. São Paulo: Dialética, 2000, p. 169.

[13] *Código Civil Comentado*. Rio de Janeiro: Histórica, 2ª tir., ago./86, vol. I/228.

NAS SOCIEDADES ANÔNIMAS (S/A)

A Lei das Sociedades Anônimas contém regras extremamente rígidas na disciplina dos poderes e atribuições dos seus administradores (arts. 153 a 160 da Lei nº 6.404/1976).

Nesse sentido, são considerados administradores, além dos membros do Conselho de Administração e da Diretoria, os membros de quaisquer órgãos, criados pelo estatuto, com funções técnicas ou destinadas a aconselhar administradores (conselho consultivo, por exemplo).

Os administradores têm os seguintes deveres:

a) **Diligência** – não devem praticar atos de liberalidade à custa da sociedade, tomar emprestado bens da sociedade ou auferirem vantagens pessoais em razão do exercício de seu cargo.
b) **Lealdade** – não devem usar em benefício próprio ou de terceiros as oportunidades de que tenham conhecimento; omitir-se no exercício de suas funções visando benefício próprio ou de terceiros, até mesmo antes de chegarem a conhecimento público (*insider trading*). Deve zelar para que seus subordinados observem os mesmos critérios de lealdade.
c) **Informação** – ao receber o cargo, o administrador deve declarar aos acionistas suas posses e bens; poderá informar, a pedido dos acionistas, as condições do contrato que assinou com a companhia, bem como os benefícios que esteja recebendo da própria companhia ou de suas coligadas. Deve informar ao mercado, à CVM e à Bolsa de Valores, ou divulgar por meio da imprensa, todo e qualquer fato relevante (ver Instrução CVM nº 31/1984), que possa influir na decisão dos investidores quanto à compra ou venda de ações da companhia.
d) **Sigilo** – não deve divulgar informações ainda não publicadas, que possam afetar o valor de cotação das ações, responsabilizando-se, inclusive, pela manutenção do mesmo sigilo por parte dos seus subordinados que tenham conhecimento dos fatos.

Resumidamente, o administrador deve exercer suas atribuições para atingir os fins e no interesse da companhia, satisfeitas as exigências do bem público e a função social da empresa. Nas questões de ordem tributária, por exemplo, é obrigação do administrador buscar o caminho legal que proporcione a menor carga tributária para a empresa, atentando-se para linha tênue entre a elisão e a evasão fiscal.

Assim, no exercício de suas funções, lhe é vedado:

a) praticar ato de liberalidade à custa da companhia;
b) tomar por empréstimo recursos ou bens da companhia, ou usar em proveito próprio, ou da sociedade em que tenha interesse, ou de terceiros, os bens serviços ou créditos da companhia, salvo autorização da assembleia ou do conselho de administração; e,
c) receber de terceiros, sem autorização estatutária, ou da assembleia, qualquer vantagem pessoal, direta ou indireta, em razão do exercício de seu cargo.

No caso de empresas de capital aberto, sujeitas às normas da Comissão de Valores mobiliários (CVM), vale ressaltar que poderão ser aplicadas ao profissional irregular penas, que vão da imposição de multa até a desqualificação como administrador de companhia aberta ou sociedade integrante do sistema de distribuição de valores.

NAS SOCIEDADES LIMITADAS (LTDA.)

A administração da sociedade se faz por intermédio de um ou mais administradores, sócios ou não e nominalmente indicados no contrato social ou em Termo de Posse lavrado no Livro de Atas da administração e levado a registro na Junta Comercial.

O administrador é um órgão social que executa a vontade da pessoa jurídica. É através dele que a sociedade se faz presente. Ele não é um mandatário, nem um simples representante ou um prestador de serviços.

Dessa forma, ele será responsável quando agir com abuso ou excesso de poder. O Novo Código Civil inovou ao importar um conceito antes previsto apenas no Código de Defesa do Consumidor (CDC), qual seja, a **desconsideração da personalidade jurídica**.

Como as deliberações que infringirem o contrato ou a lei tornam **ilimitada** a responsabilidade dos sócios ou administradores que expressamente a aprovaram, estará autorizada a aplicação do referido conceito nos casos em que forem constatados fraude, dolo, simulação ou abuso de gestão.

Assim sendo, patrimônio pessoal do sócio ou administrador poderá ser alcançado por dívidas que, em princípio, somente seriam suportadas pelo patrimônio da sociedade.

LIMITE DA RESPONSABILIDADE – NAS SOCIEDADES ANÔNIMA E LIMITADA

O administrador não é pessoalmente responsável pelas obrigações que contrair em nome da companhia, **em decorrência de atos regulares de gestão**.

Entretanto, se agir com culpa ou dolo, ou violar disposição do estatuto ou da lei, será responsabilizado. Se tiver agido com dolo ou culpa, civilmente (responsabilidade subjetiva); já se agir violando a lei ou o estatuto, nada há a se perquirir sobre sua conduta, a responsabilidade é objetiva.

ATOS DE OUTRO ADMINISTRADOR – NA SOCIEDADE ANÔNIMA

O administrador não é responsável pelos atos praticados por outro administrador, a não ser quando agir com conivência, negligência ou omissão.

Se estiver atuando de forma colegiada, como conselheiro ou diretor, deve fazer constar em ata a sua opinião divergente, a fim de eximir-se da eventual responsabilidade. Se impossível essa medida, deve informar, por escrito, a outro órgão da administração, ao conselho fiscal, à assembleia geral ou até mesmo aos sócios de sociedade limitada.

No caso de administradores de sociedade anônima, os diretores não podem ser responsabilizados por atos dos conselheiros. Estes, no entanto, o podem por atos da diretoria, a quem lhes compete fiscalizar. Contudo, os conselheiros não podem ser responsabilizados por atos dos diretores que tiverem sido praticados sem o seu conhecimento, ainda que de forma fraudulenta, em desobediência à lei ou ao estatuto.

AÇÃO DE RESPONSABILIDADE – NA SOCIEDADE ANÔNIMA

Cabe à assembleia deliberar sobre a propositura da ação de indenização ou ressarcimento. Se após três meses não for proposta a ação competente, qualquer acionista poderá promovê-la e se a decisão da assembleia for por não promover a ação, ela poderá ser proposta por acionistas que representem 5%, pelo menos, do capital social.

Qualquer acionista ou terceiro prejudicado também poderá propor essa ação, sendo que nesses casos, os efeitos da decisão alcançam somente os direitos individuais dos proponentes. No caso de a ação ter sido proposta por pelo menos 5% dos acionistas, a sociedade fica obrigada a indenizá-los, até o limite do resultado da ação, inclusive despesas e juros incorridos.

Essa ação prescreve em três anos contados da data da publicação da ata que aprovar o balanço referente ao exercício em que a violação tenha ocorrido.

RESPONSABILIDADE CRIMINAL – NAS SOCIEDADES ANÔNIMA E LIMITADA

Só poderão ser condenados pela prática de crimes os administradores que tenham efetivamente concorrido para a prática dos atos delituosos. No exercício da administração de uma pessoa jurídica, encontramos as fraudes na fundação e administração da sociedade por ações e divulgação de informações falsas ou ocultação de fato relevante (art. 177 do Código Penal).

Cumpre observar que, independentemente de ter ou não causado prejuízo, a simples conduta gerará punibilidade, sendo cominada pena de reclusão de um a quatro anos e pagamento de multa.

Já em matéria tributária, encontramos a previsão de ordem penal nos arts. 1º e 2º da Lei nº 8.137/1990 que assim define os crimes contra a ordem tributária:

a) Constitui crime contra a ordem tributária suprimir ou reduzir tributo, ou contribuição social e qualquer acessório, mediante as seguintes condutas:

Pena: reclusão, de dois a cinco anos, e multa

- omitir informação, ou prestar declaração falsa às autoridades fazendárias;
- fraudar a fiscalização tributária, inserindo elementos inexatos, ou omitindo operação de qualquer natureza, em documento ou livro exigido pela lei fiscal;
- falsificar ou alterar nota fiscal, fatura, duplicata, nota de venda, ou qualquer outro documento relativo à operação tributável;
- elaborar, distribuir, fornecer, emitir ou utilizar documento que saiba ou deva saber falso ou inexato;
- negar ou deixar de fornecer, quando obrigatório, nota fiscal ou documento equivalente, relativa a venda de mercadoria ou prestação de serviço, efetivamente realizada, ou fornecê-la em desacordo com a legislação;
- deixar de atender a exigência da autoridade fiscal, no prazo de 10 (dez) dias, que poderá ser convertido em horas em razão da maior ou menor complexidade da matéria ou da dificuldade quanto ao atendimento da exigência.

Pena: detenção, de seis meses a dois anos, e multa

- fazer declaração falsa ou omitir declaração sobre rendas, bens ou fatos, ou empregar outra fraude, para eximir-se, total ou parcialmente, de pagamento de tributo;
- deixar de recolher, no prazo legal, valor de tributo ou de contribuição social, descontado ou cobrado, na qualidade de sujeito passivo de obrigação e que deveria recolher aos cofres públicos;
- exigir, pagar ou receber, para si ou para o contribuinte beneficiário, qualquer percentagem sobre a parcela dedutível ou deduzida de imposto ou de contribuição como incentivo fiscal;
- deixar de aplicar, ou aplicar em desacordo com o estatuído, incentivo fiscal ou parcelas de imposto liberadas por órgão ou entidade de desenvolvimento;
- utilizar ou divulgar programa de processamento de dados que permita ao sujeito passivo da obrigação tributária possuir informação contábil diversa daquela que é, por lei, fornecida à Fazenda Pública.

Há ainda outras leis que preveem outros crimes de responsabilidade dos administradores: os crimes contra a economia popular (Lei nº 1.521/1951); a apropriação indébita (Código Penal art. 166), crimes contra a ordem econômica (Lei nº 8.884/1994, arts. 23 e 20) e também a lei que regula o mercado de capitais (Lei nº 6.385/1976).

CÓDIGO TRIBUTÁRIO NACIONAL – CTN – NAS SOCIEDADES ANÔNIMA E LIMITADA

Até pela necessária compatibilidade da norma tributária com a legislação comercial, o Código Tributário Nacional restringe as suas disposições à responsabilidade dos administradores que atuarem com excesso de poder (fraude, dolo etc.).

Nesse sentido, veja-se a disposição do art. 135 do CTN:

> *Art. 135 – são pessoalmente responsáveis pelos créditos tributários correspondentes a obrigações tributárias resultantes de atos praticados com excesso de poderes ou infração de lei, contrato social ou estatutos.*

Como podemos depreender, a responsabilidade nesses casos é pessoal do agente que praticou o ato, razão pela qual muitos doutrinadores apresentam o entendimento de que no caso de determinada empresa deixar de pagar tributo por conta da má conduta do seu administrador, estará excluída da lide, atribuindo-se à questão diretamente a este.

O que se verifica nessa previsão do CTN é a característica de que a questão deixa de ser meramente tributária e se compatibiliza com a legislação comercial.

Importante frisar que, da mesma forma prevista pela legislação comercial, em matéria tributária também não há responsabilidade por sucessão ao administrador da empresa, portanto, não poderá ser indicada a responsabilidade do administrador atual sobre o procedimento irregular que ocasionou o não pagamento de tributo advindo de administração anterior (art. 131 do CTN).

É de se concluir, portanto, que cabe ao administrador manter o ponto de equilíbrio entre os anseios dos sócios e acionistas e as exigências do bem público (art. 154 da Lei nº 6.404/1976). Mas também é importante destacar que os desmandos de alguns representantes do Estado, que procuram atingir indiscriminadamente a tudo e a todos que cercam o contribuinte, devem ser prontamente condenados – a responsabilidade do administrador da empresa em matéria tributária está restrita aos casos de desvios de conduta tipificados pela legislação comercial (dolo, fraude, má-fé etc.).

16.10 RESUMO

A administração financeira das empresas brasileiras sofre influência expressiva dos tributos, seja pela fortíssima carga tributária ou pelo emaranhado de tributos e normas legais à sua volta, não raras vezes incompreensíveis até mesmo pelos profissionais especializados na matéria.

Adicionalmente, essa fortíssima carga tributária é pouco refletida no serviço público e, por consequência, absolutamente incompreensível no meio empresarial. Do outro lado, o Estado, cada vez mais aparelhado, infringe sobre tudo e todos severos procedimentos de fiscalização, muitas vezes discricionários e típicos dos regimes de força.

Esse clima de intranquilidade, por sua vez, oportuniza o surgimento de soluções menos ortodoxas, que ao discursarem sobre um mundo ideal e perfeito, podem conduzir excelentes profissionais e empresas a problemas insolúveis ou de difícil reparação. É preciso estar consciente de que as antigas metodologias de gestão dos tributos nas empresas sofreram fortes mudanças, tornando a informalidade um crime que efetivamente não compensa nos dias atuais.

Nesse sentido, a compreensão dos principais tributos que incidem sobre as operações da empresa, tributos sobre o lucro (IRPJ, CSLL), sobre o faturamento (PIS, COFINS), sobre a circulação de mercadorias (ICMS), sobre as saídas de produtos industrializados do estabelecimento industrial (IPI), sobre a prestação de serviços (ISS), entre tantos outros (catalogados 65), é regra de sobrevivência no mundo das finanças.

Compreendida a incidência regular de tributos, também é preciso familiarizar-se com o conceito de Planejamento Tributário, conduta esperada de todo administrador probo, que deve estar atento às oportunidades lícitas de redução da carga tributária, maximizando os recursos da empresa e tornando-a, por consequência, mais competitiva. Nessa área todo cuidado é pouco, pois a linha entre a licitude da "elisão" e a ilicitude da "evasão" é extremamente tênue, podendo conduzir o administrador menos atento a problemas também expressivos.

O Planejamento Tributário eficaz deve ser cuidadosamente avaliado. Requisitos como a aplicabilidade aos interesses da empresa, valor envolvido, via processual adequada, garantia de instância, efeitos contábeis e financeiros são essenciais na sua condução, determinando o sucesso ou não da elisão tributária que se pretende obter.

Por fim, no campo da responsabilidade do administrador de empresa, é importante destacar que a austeridade fiscal não está limitada à pessoa jurídica, ao contrário, as autoridades fiscais têm indicado muitos administradores como responsáveis por evasões fiscais, especialmente no âmbito dos crimes contra a ordem tributária.

As pessoas dos sócios, muito menos dos administradores, não se confundem com as sociedades das quais fazem parte ou administram. Estas adquirem personalidade jurídica própria quando registrados seus atos constitutivos. No entanto, quando o administrador excede seus poderes ou comprovadamente concorre para a prática do ilícito, pode ser responsabilizado civil e criminalmente pelo dano provocado.

16.11 QUESTÕES

1. Os tributos são relevantes na administração financeira das empresas?
2. O que é custo de conformidade?
3. Quais são as quatro características (base mestra) que norteiam a nova gestão tributária?
4. Qual é a diferença entre tributo e imposto?
5. Em que pese a grande quantidade de tributos existentes no Brasil, quais são os principais tributos e as respectivas competências, incidentes sobre a atividade empresarial?
6. Conceitue e exemplifique Planejamento Tributário:
7. Do ponto de vista estritamente legal, quando uma empresa é autuada, que alternativas poderiam ser apresentadas à administração financeira?
8. Quais são os requisitos mínimos recomendáveis na implementação de um Planejamento Tributário?
9. Qual a importância da contabilidade na condução de um Planejamento Tributário?
10. Em que situação o administrador de empresa, mesmo que não sócio, pode ser responsabilizado por um crime contra a ordem tributária?
11. O administrador de empresas, mesmo que tenha delegado a um Contador a elaboração e apresentação da Declaração de Imposto de Renda da empresa, pode ser responsabilizado pelo crime de "omissão de informação, ou prestação de declaração falsa às autoridades fa-

zendárias" só porque consta como o responsável pela empresa no Cadastro Nacional das Pessoas Jurídicas – CNPJ do Ministério da Fazenda?

12. Quais são os deveres legais de um administrador de empresas, previstos pela Lei das Sociedades Anônimas?

16.12 BIBLIOGRAFIA ADICIONAL

BECHO, Renato Lopes. *Sujeição passiva e responsabilidade tributária.* São Paulo: Dialética, 2000.

BERTOLUCCI, Aldo Vincenzo. *Quanto custa pagar tributos.* São Paulo: Atlas, 2003.

BORGES, Humberto Bonavides. *Planejamento tributário, IPI, ICMS, ISS e IR.* 6ª ed. São Paulo: Atlas, 2001.

BORGES, José Cassiano; REIS, Maria Lúcia Américo. *Crimes contra a ordem tributária – pareceres.* Rio de Janeiro: Forense, 1998.

CONSELHO FEDERAL DE CONTABILIDADE. Trabalhos apresentados no XVI Congresso Brasileiro de Contabilidade. Brasília: CFC, 2001.

CASSONE, Vittorio; CASSONE, Maria Eugênia Teixeira. *Processo tributário, teoria e prática.* São Paulo: Atlas, 2000.

DOMINGUES, Nereu Ribeiro; ALMEIDA, Leonor M. C. Prado. *Guia prático do direito empresarial no novo código civil.* Curitiba: CRC-PR, 2003.

GRECO, Marco Aurélio. *Planejamento fiscal e interpretação da lei tributária.* São Paulo: Dialética, 1998.

IBRACON. *Normas internacionais de contabilidade 1997.* São Paulo: Ibracon, 1998.

LATORRACA, Nilton. *Direito tributário, imposto de renda das empresas.* 15ª ed. São Paulo: Atlas, 2000.

MACHADO, Hugo de Brito. *Curso de direito tributário.* 18ª ed. São Paulo: Malheiros, 2000.

ROLIM, João Dácio. *Normas antielisivas tributárias.* São Paulo: Dialética, 2001.

SARAIVA, Editora. *Código tributário nacional.* 6ª ed. São Paulo: Saraiva, 2000.

Capítulo 17

DIFICULDADES FINANCEIRAS

17.1. Introdução

17.2. Conceitos de dificuldades financeiras

17.3. recuperação extrajudicial, Recuperação judicial e falência

17.4. Dificuldades financeiras com base em balanços e em fluxo de caixa

17.5. Administração de empresas em dificuldades financeiras

17.6. Dificuldades financeiras no brasil e nos estados unidos

17.7. Avaliação de dificuldades financeiras

17.8. Resumo

17.9. Questões

17.10. Estudo de caso

17.11. Bibliografia adicional

17.1 INTRODUÇÃO

As decisões tomadas por especialistas em insolvência são vitais para o futuro de uma companhia em dificuldades financeiras, seus credores e outros grupos de relacionamento. Este capítulo apresenta e discute situações de recuperação judicial, recuperação extrajudicial e falências. Serão identificados os fatores importantes na tomada de decisão nos processos envolvidos. Em particular, fatores financeiros e não financeiros são considerados para julgamento acerca dos grupos de relacionamento e do futuro da empresa.

Existem inúmeros motivos que levam uma empresa a se deparar com dificuldades financeiras. A Lei nº 11.101, de 9/02/2005, modificou a legislação anterior e estabeleceu os novos instrumentos legais como recuperação judicial, recuperação extrajudicial e falência do empresário e da sociedade empresária. Se uma empresa está em dificuldades financeiras, significa que ela não gera fluxo de caixa suficiente para pagar suas contas e que adia sistematicamente seus compromissos financeiros. Se essa situação não for revertida, a empresa caminhará fatalmente para uma situação de recuperação extrajudicial, recuperação judicial ou falência.

Como na natureza, as empresas também nascem, crescem e morrem. Mais recentemente merecem destaque algumas das grandes empresas que enfrentaram essas dificuldades: as americanas

Texaco, Continental Airlines, Eastern Airlines, Pan Am, Revco, AT&T, Xerox, Gilette, Apple, Motorola, Planet Hollywood; Nestcape, General Motors, Ford; as japonesas Mazda, Nissan; a canadense Canadian Airlines; as coreanas Kia Motors, Samsung; o Fundo de Pensão dos Funcionários da Rússia, as italianas FIAT, Ferrovie dello Stato e Parmalat, e assim por diante.

Dentre as brasileiras, podemos citar: Mesbla, Mappin, Hermes Macedo, Casa Santos, Disapel, Albarus, Artex, Bamerindus, Banco Nacional, Banco Econômico, Brinquedos Estrela, Chapecó, Dedini, Eberle, Freios Varga, Inpacel, Metal Leve, Perdigão, Pullman Alimentos, Serrana Cimentos, Tupy, Hansen, Vera Cruz Seguradora, Varig, VASP, Transbrasil e tantas outras.

LODI, fazendo uma comparação entre Estados Unidos e Brasil, mostra que naquele país, de 100 empresas, 30 ficam na segunda geração, 10 na terceira. Dezenas de empresas sobrevivem desde o século XIX. No Brasil, de 100 empresas, 30 permanecem na segunda geração, cinco na terceira. Não há praticamente empresas de quinta geração, estima-se que haja de menos de dez.[1]

17.2 CONCEITOS DE DIFICULDADES FINANCEIRAS

> Dificuldades financeiras são situações pelas quais passam uma empresa em que seus fluxos de caixa operacionais são insuficientes para atender seus compromissos financeiros nas datas de vencimentos e/ou o valor de seus ativos é insuficiente para cobrir seus débitos junto a credores.

Conceituar dificuldades financeiras apropriadamente é difícil porque existem inúmeros fatores que concorrem para que elas ocorram: econômicos, financeiros, contábeis e legais. As dificuldades surgem quando as saídas de caixa são superiores às entradas, ou seja, quando o fluxo de caixa é insuficiente para cobrir as obrigações atuais com fornecedores, empregados, governo, instituições financeiras.

WRUCK[2] afirma que as dificuldades financeiras começam a ser percebidas mediante uma série de sinais como: atrasos de pagamentos, prejuízos, reduções de dividendos, fechamento de instalações, dispensa de pessoal, mudanças de diretores, queda de preço das ações. A incapacidade de pagar seus compromissos operacionais leva a empresa a aumentar suas dívidas junto a fornecedores, governo (impostos) e bancos. O agravamento dessa situação exigirá da empresa duras medidas corretivas.

ALGUNS EXEMPLOS DE DIFICULDADES FINANCEIRAS

Apresentaremos a seguir alguns exemplos de empresas, com nomes fictícios, que passaram por sérias dificuldades financeiras. Esses exemplos têm a única finalidade de melhorar a compreensão e o aprendizado por parte dos leitores, não cabendo qualquer ilação em relação a pessoas ou a empresas:

---

[1] João Bosco Lodi, em *Fusões e Aquisições*, p. 50.
[2] K. H. Wruck, em *Financial distress, reorganization, and organizational efficiency*, p. 419-44.

ALIMENTOS SAUDÁVEIS

Um exemplo de dificuldades financeiras enfrentou a Alimentos Saudáveis no início da década de 1990, quando o governo brasileiro resolveu mudar seu sistema de compra de alimentos de merenda escolar. Anteriormente a compra de toda a merenda escolar do país era concentrada em Brasília, onde ocorria o processo centralizado de contratação de fornecedores para todo o país. A Alimentos Saudáveis tinha desenvolvido uma sofisticada tecnologia de ganhar contratos governamentais e com isso conseguiu se firmar como uma das maiores fornecedoras de alimentos do país. Com fábricas espalhadas pelo sul do país, desenvolveu sua capacidade de fornecer ao Governo.

Com o advento do Governo Collor, sua dependência desse esquema mostrou-se desastrosa. Em 1990, o Governo resolveu descentralizar todo o sistema de aquisição de merenda escolar para os municípios, mudando radicalmente o poder de decisão de compra. A Alimentos Saudáveis perdeu nessa mudança quase 70% de seu faturamento. Até fins dos anos 1990, ainda se debatia para voltar a ter um faturamento compatível como aquele dos bons tempos. Nesse período, declarou uma "concordata branca", baseada na adoção de questionamento na justiça de todos os cálculos financeiros efetuados em suas dívidas bancárias. Animados pela lentidão da Justiça brasileira, ganharam o tempo que puderam sem pagar os bancos. Muitos deles fizeram acertos perdendo dinheiro. Foram muitos anos para a Alimentos Saudáveis superar suas dificuldades financeiras e de imagem.

AMÉRICA DO SUL MADEIRAS

Outro exemplo de dificuldades financeiras correu com a América do Sul Madeiras, uma empresa paranaense que resolveu implantar uma fábrica de compensados de madeiras em Curitiba no início da década de 1970. Com fazendas no Norte do país nas quais tinha laminadoras que as abastecia de lâminas e de miolos, a empresa iniciou suas operações no ano de 1972, logo após ter obtido recursos de um financiamento junto ao BADEP (Banco de Desenvolvimento do Paraná S.A.), que foi extinto, para construir uma fábrica com cerca de 25.000 m². O banco exigiu que ela participasse com 30% de capital próprio no investimento. Os juros do banco eram subsidiados, pois através disso, o Governo acreditava que ajudaria o desenvolvimento industrial do país. Durante a fase de carência, quando não precisou amortizar o principal, por um tempo, a América do Sul Madeiras conseguiu se manter.

As dificuldades advindas da crescente escassez de madeira nobre, dos custos de transportes e da má gestão das reservas próprias de madeiras no Norte, além da falta contínua de capital de giro, forçavam a empresa a tomar empréstimos com altas taxas de juros no mercado financeiro. O desconto de duplicatas passou a ser sua principal fonte de financiamento. O que poderia ter sido uma estratégia fantástica de competitividade no mercado local passou a ser um "elefante branco", ou seja, a empresa não conseguia capital de giro suficiente para operar uma fábrica daquele tamanho. Passou a operar com 50% de capacidade ociosa. Seus custos cresceram, os lucros acabaram. Passou a atrasar pagamentos, deixou de pagar impostos, deixou de pagar seus funcionários, pediu concordata.[3] Não existe mais, o sonho acabou.

---

[3] Concordata era o instrumento jurídico que foi substituído na legislação brasileira pela recuperação extrajudicial.

17.3 RECUPERAÇÃO EXTRAJUDICIAL, RECUPERAÇÃO JUDICIAL E FALÊNCIA

Nem todas as empresas, por mais bem administradas que sejam, são capazes de se manter indefinidamente. Todos os anos muitas empresas passam por dificuldades financeiras, quase sempre por uma série de fatores simultâneos.

É importante para os administradores terem conhecimento das possibilidades e dos processos de reestruturação e liquidação, não só quando sua própria empresa estiver em dificuldades financeiras, mas também quando forem credores de outra empresa em tal situação. Seguindo esse raciocínio, os administradores também devem conhecer os mecanismos que detectam dificuldades financeiras nas empresas.

A lei de falências (Lei 11.101, de 09/02/2005) trouxe significativas mudanças no tratamento das dificuldades financeiras. Seus principais objetivos são facilitar a recuperação da empresa em crise econômico-financeira, com a manutenção da fonte produtora e dos empregos, bem como aumentar a probabilidade aos credores da retomada de seus bens e direitos.

Essa lei não se aplica a empresa pública e sociedade de economia mista, instituição financeira, cooperativa de crédito, consórcio, entidade de previdência complementar, sociedade operadora de plano de assistência à saúde, sociedade seguradora, sociedade de capitalização e outras entidades legalmente equiparadas às anteriores.

Recuperação judicial atinge menor nível no ano

SÃO PAULO, 8/09/2009 – As recuperações judiciais requeridas atingiram o menor patamar do ano em agosto, após terem disparado a partir de novembro de 2008, por conta dos reflexos da crise financeira internacional sobre a saúde financeira das empresas brasileiras. Segundo o Indicador Serasa Experian de Falências e Recuperações, foram registrados 47 pedidos de recuperação judicial no mês passado, diminuindo em relação aos 72 requerimentos registrados em julho último.

De acordo com os técnicos da Serasa, o recuo pode ser explicado pela consolidação da recuperação econômica, iniciada no segundo trimestre deste ano. Também pode ser um dos primeiros sinais de que as condições de crédito para as empresas em suas demandas por capital de giro começam a se normalizar, a exemplo do que já tem acontecido com as condições de crédito para os consumidores.

Embora em menor intensidade, os pedidos de falências também recuaram em agosto. No mês passado, foram 210 requerimentos de falência contra 216 em julho. Quanto às falências decretadas, houve 66 decretos no oitavo mês do ano, e 67 em julho.

Em sua análise, os especialistas atribuem o aumento nos pedidos de falências à cobrança de dívidas vencidas e não honradas, enquanto para as decretadas, são apontadas três realidades para as empresas: As que estavam em extrema dificuldade financeira; as que não cumpriam os requisitos para pedir a recuperação judicial e as que não se restabeleceram nos processos de recuperação judicial.

No acumulado de janeiro a agosto, verificaram-se 1595 pedidos de falências em todo o país, superando os 1505 requerimentos em igual período de 2008. "Como a crise financeira global estabeleceu um problema de liquidez nas empresas, o pedido de falência foi utilizado como forma de cobrança de dívidas em atraso", avaliam os técnicos.

Os requerimentos de recuperação judicial também se intensificaram no acumulado de 2009. De janeiro a agosto, foram requeridas 510 recuperações judiciais, contra 185 no mesmo período do ano anterior.

Segundo o Serasa, as dificuldades financeiras das empresas, especialmente em relação ao aperto de liquidez presenciado nos piores momentos da crise financeira, exigiram propostas de renegociação com seus credores, fato que também se reflete nas recuperações deferidas e concedidas, que são etapas mais avançadas desse processo.

RECUPERAÇÃO JUDICIAL

> De acordo com os técnicos, a falta de liquidez é justificada pela menor oferta de crédito para as empresas, além do maior endividamento das empresas em 2008, para realizarem investimentos no mercado interno. Outros fatores são o aumento na inadimplência do consumidor e do crédito mercantil, que contribuiu para agravar a situação financeira das pessoas jurídicas, e queda da demanda externa, impactando desfavoravelmente a geração de caixa das empresas do setor exportador.
>
> Para os próximos meses, a expectativa dos especialistas é de que as estatísticas de falências e recuperações apresentem volumes menores em decorrência da recuperação econômica, principalmente no último trimestre deste ano.
>
> Fonte: (Simone e Silva Bernardino – Agência IN)
> *Jornal do Brasil Online*, 08/09/2009

Recuperação judicial tem por objetivo viabilizar a superação de crise econômico-financeira do devedor, a fim de permitir a manutenção da fonte produtora, do emprego dos trabalhadores e do interesse dos credores, promovendo, assim, a preservação da empresa, sua função social e o estímulo à atividade econômica.

Na recuperação judicial, que substituiu a concordata, o devedor pode propor um plano de pagamento dentro de suas possibilidades financeiras, com prazos e medidas diferentes para cada caso. O plano de recuperação apresentado não é imposto aos credores, que poderão se reunir em assembleia para aprová-lo, modificá-lo ou decidir pela decretação de falência. Inclui também a possibilidade de venda de ativos da devedora, sem que o comprador herde débitos fiscais. Prevalece a vontade da maioria dos credores. Atinge todos os créditos, com ou sem garantia, mas determina que o crédito fiscal está excluído do procedimento. Além disso, os créditos trabalhistas deverão ser quitados em até um ano pelo devedor.[4]

Quando uma empresa apresenta dificuldades em quitar seus compromissos financeiros, ela deve tomar a decisão de se reestruturar financeiramente, para evitar que qualquer credor venha a pedir sua falência. Essa reestruturação financeira pode ocorrer de duas maneiras: recuperação judicial ou recuperação extrajudicial.

Recuperação judicial é uma situação anormal de suspensão da exigibilidade dos créditos sobre uma empresa por um determinado período, para que esta se reestruture e ganhe condições de pagar suas dívidas e manter-se operando. É uma trégua, solicitada pela empresa devedora como melhor forma de pagamento de seus credores.

A recuperação judicial não priva o empresário do controle de sua empresa. Isso pode ser muito importante para uma empresa familiar, por exemplo, ou para uma empresa em que o dirigente seja relutante em deixar o comando. Ela não depende da aceitação dos credores, mas sim de uma decisão por sentença do juiz. No entanto, é quase impossível que a empresa mantenha o crédito junto a seus fornecedores durante esse processo. Se não cumprir todos os requisitos legais ao impetrar o pedido, corre o risco de ter sua falência decretada.

Numa recuperação judicial, a moratória dos créditos só atinge credores quirografários. Se eles não representarem a maior parte da dívida da empresa, então uma solução negociada privadamente torna-se preferível, pois é provável que essa modalidade não resolva o problema da empresa. As ações

---

[4] Fonte: Mandel Advocacia.

de uma empresa que se reestrutura extrajudicialmente valorizam-se mais do que as que enfrentam uma recuperação judicial, ainda que seja difícil encontrar inicialmente investidores interessados em uma empresa em dificuldades.

A recuperação judicial apresenta a vantagem da moratória de dois anos para o pagamento das dívidas, ou se a empresa dispuser de recursos pode saldá-las a vista com 50% de desconto. Deve-se atentar que a lei permite a devolução de qualquer mercadoria adquirida a prazo nos últimos 15 dias antes da formalização do pedido, se o fornecedor assim o requisitar. Isso deve ser considerado quando uma empresa compra grande volume de mercadorias e opta por essa espécie de reestruturação.

Porém, o efeito de suspensão da exigibilidade de pagamentos só atinge aos credores quirografários, aquele que não tem qualquer privilégio, que disputam as sobras. Os credores possuidores de privilégios, créditos trabalhistas, tributários ou com garantia real não serão atingidos.

Uma vez concedida a recuperação judicial, os credores não poderão solicitar a falência do devedor pelo prazo de duração da mesma; apenas bens vendidos a crédito e entregues nos 15 dias que a antecederam, poderão ser restituídas aos credores, mediante petição específica. A empresa concordatária perde, porém, seu crédito com os fornecedores, que passarão a exigir pagamentos a vista nas próximas transações, pelo menos durante o prazo da mesma.

A justificativa jurídica para a sua solicitação é a intenção de não punir o empresário honesto que passa por dificuldades financeiras, com a perda de seu patrimônio, e tentar evitar prejuízos maiores para seus credores. Findo o prazo concedido, a empresa deverá ter conseguido acumular recursos financeiros suficientes para finalmente quitar seus compromissos financeiros; caso contrário, sua falência será decretada.

RECUPERAÇÃO EXTRAJUDICIAL

Recuperação extrajudicial tem por objetivo permitir ao devedor negociar fora dos tribunais com seus principais credores e aprovar um plano de pagamento para suas dívidas, dentro de suas reais possibilidades.

Uma vez elaborado, o plano de pagamento pode ser levado ao judiciário para homologação, sendo que a sua aprovação depende da concordância de 60% dos credores. Se não for aprovado, o devedor poderá propor posteriormente outro plano para homologação ou se valer da recuperação judicial.

Em alguns casos, há substituição de dívidas financeiras antigas por novas; em outros não. As substituições de dívidas antigas envolvem longas reuniões de negociações, em que são propostas alternativas de solução do problema por ambas as partes. Embora se trate de processo altamente desgastante, a busca de soluções negociadas privadamente é uma tentativa de encontrar soluções menos custosas para os devedores e que envolvam menores perdas para os credores.

A reestruturação financeira de uma empresa consiste na adequação do ativo ao passivo, do fluxo de caixa ao ciclo econômico e das contas a pagar às contas a receber. É a opção de manter a empresa em funcionamento, podendo envolver ou não a renegociação de dívidas junto a bancos, fornecedores e governo. Algumas das soluções negociadas na recuperação extrajudicial mais utilizadas são: o alongamento do perfil da dívida e a transferência de controle acionário.

Alongamento do perfil da dívida – É a melhor forma de reestruturação financeira para uma empresa em dificuldades financeiras, mas exige poder de barganha da devedora. O alongamento da dívida consiste em renegociar as condições da dívida a vencer ou vencida, com maiores prazos e taxas de juros menores. Embora possa parecer não ser a melhor solução para os credores, sua adoção pode ser a menos onerosa, e certamente terá como benefício um relacionamento de confiança maior entre as partes.

Para a empresa em dificuldades financeiras, a renegociação representa um alívio imediato e uma condição mais adequada para continuidade de suas operações. Para os credores poderá trazer prejuízos no curto prazo, mas, por outro lado, poderá assegurar, além da redução de perdas, a manutenção de um cliente importante para sua produção ou faturamento, enquanto a recuperação ou falência com certeza poderá trazer-lhe perdas enormes.

Nenhum credor está obrigado a participar da prorrogação, podendo exigir seus créditos a vista ou nos vencimentos. Quando isso ocorre, e se os créditos aí envolvidos forem de pequena monta, o devedor costuma pagá-los pontualmente para evitar processos judiciais. Além disso, o número de credores que não participam da prorrogação não pode ser relativamente grande, pois os demais poderão não querer arcar sozinhos com os ônus da prorrogação.

Transferência de controle acionário – É a transferência do controle acionário e legal da empresa aos credores ou a terceiros, por iniciativa própria dos sócios da empresa em dificuldades. A transferência é incluída entre as formas de reestruturação, por relevar os credores, o governo, os funcionários e toda a sociedade, procurando manter em funcionamento a empresa que passa por dificuldades financeiras, sob nova administração.

Essa forma de reestruturação é mais utilizada quando a empresa encontra-se em situação pré-falimentar. Nessa situação, pode ser a melhor maneira de evitar transtornos e prejuízos a todos, além de possibilitar o crescimento de outras empresas, na medida em que souberem encampar ou absorver o patrimônio e a capacidade produtiva da empresa que passa por dificuldades.

A reestruturação, nesse caso, é efetivada após a transferência, normalmente um processo demorado, quando o novo proprietário (ou proprietários) aplicar seus planos de saneamento financeiro e retorno à atividade normal.

Esse processo normalmente é demorado porque os potenciais compradores da empresa devedora necessitam de uma avaliação minuciosa dos fatores que a colocaram em dificuldades financeiras, da situação atual da mesma e das possibilidades futuras. Além disso, a transferência poderá ainda requerer uma prorrogação para a perfeita manutenção das atividades da empresa devedora. Nesse caso os credores serão consultados e informados da situação, para fazerem suas próprias avaliações. Caso considere essa uma boa alternativa à falência, poderão conceder uma prorrogação à empresa devedora sob nova administração, como forma de assegurar o recebimento de seus créditos.

Dentre todas as formas de reestruturação, os credores poderão concordar com todas, exceto a recuperação extrajudicial, caso os fatores que colocaram a empresa em dificuldades financeiras sejam nitidamente temporários e facilmente superáveis. Nesse caso, a reestruturação assume o caráter de solução privada, e assegurará melhor os direitos de todos a um custo menor. Quando tais fatores forem considerados permanentes ou de difícil superação, os credores tenderão a requerer a liquidação da empresa devedora, mas esta poderá solicitar as recuperações judicial ou suspensiva, conforme o caso.

A venda de parte do ativo ou de empresas coligadas poderá ser, isoladamente, uma solução para o saneamento e a reestruturação financeira. Pode-se dizer que boa parte das empresas em dificuldades financeiras, ao se desfazerem de parte do ativo e reinjetarem os recursos financeiros assim apurados na empresa, continuariam suas atividades, mesmo que em patamares inferiores.

Muitas das situações de dificuldades financeiras das empresas são solucionadas por meio da recuperação extrajudicial, antes de se tentar partir para uma recuperação judicial ou falência.

FALÊNCIA

> Falência é um processo jurídico que, ao promover o afastamento do devedor de suas atividades, visa a preservar e aperfeiçoar a utilização produtiva dos bens, ativos e recursos produtivos, inclusive os intangíveis da empresa.

Deve ser levada em conta a possibilidade de recuperação e ou manutenção da atividade da empresa, dos empregados e da unidade produtiva. Com o fim da sucessão fiscal, os bens da empresa e a própria operação poderão ser vendidos a preços melhores, pois o comprador não temerá ser responsabilizado pelas dívidas da falida. Mudou a classificação dos créditos, que passam a obedecer à seguinte ordem: créditos trabalhistas limitados a 150 salários mínimos, créditos com garantias reais, créditos fiscais, créditos com privilégio especial, privilégio geral, créditos sem garantias e saldo dos créditos trabalhistas. Somente pode requerer a falência do devedor o credor que possuir um crédito maior do que 40 salários mínimos.

Uma empresa é considerada falida quando suas dívidas de curto e de longo prazo são maiores que seu patrimônio líquido, ou seja, a empresa apresenta um patrimônio líquido negativo. Nesse caso, sua capacidade de pagar pontualmente seus credores está totalmente comprometida.

Nesse processo, um síndico é nomeado pelo juiz para administrar a massa falida, receber todos os direitos e quitar todas as obrigações. O processo visa também apurar e mensurar responsabilidades pela situação de insolvência (inclusive criminais), legitimar e relacionar os credores em ordem de preferência de recebimento. O Quadro 17.1 a seguir ilustra os principais autos legais que ocorrem numa falência.

Juridicamente, liquidação é a fase final do processo de falência, significando o encerramento das atividades da empresa. Envolve a venda dos ativos, sendo o resultado obtido distribuído entre os credores segundo a ordem de prioridades existente. A liquidação caracteriza todo o processo falimentar que incide sobre uma empresa em dificuldades financeiras, desde o seu pedido até a sua conclusão.

O processo falimentar inicia-se com um pedido de falência:

- Solicitada pelo próprio devedor (autofalência): cumpre ao juiz decretá-la de imediato, sem maiores formalidades.
- Solicitada pelos credores: o juiz citará o devedor para que apresente sua defesa ou efetue o depósito judicial correspondente.
- Falência decretada pelo juiz que conduz um processo de recuperações preventiva, quando a empresa concordatária descumpre alguma das cláusulas.

Quadro 17.1 Falência – Autos Principais

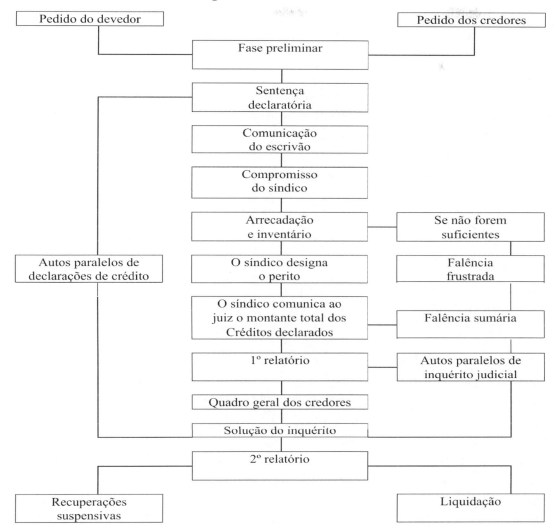

O processo falimentar é composto dos autos principais e dois autos paralelos: inquérito judicial e declarações de crédito. Os autos principais visam apurar o total do ativo da empresa devedora; o inquérito judicial visa apurar responsabilidades pela situação de insolvência; e as declarações de crédito visam apurar quem tem direito a receber e estabelecer prioridades no recebimento. Uma vez findos, o inquérito judicial e as declarações de crédito passam a fazer parte dos autos principais. Na fase de liquidação do processo, há duas formas de liquidação:

- **Venda pelo síndico:** por esta forma, o síndico realiza o ativo (recebimento de direitos vincendos e leilão de bens) e o pagamento do passivo. Caso, após o pagamento do passivo, haja sobra de recursos, estes serão entregues aos sócios, na proporção do capital subscrito. Caso os recursos apurados na realização do ativo sejam insuficientes para o pagamento do passivo, os bens dos sócios serão arrolados, na tentativa de se quitar todos os débitos.
- **Venda por deliberação dos credores:** por esta forma, os próprios credores assumem a realização do ativo. Podem também optar por constituir uma sociedade entre si e assumirem a propriedade da empresa devedora, mantendo-a em funcionamento para seu proveito, como forma de quitação dos seus direitos.

514 – Administração Financeira

O estado de falência é caracterizado pela insolvência – incapacidade de solver compromissos futuros, inadimplência – não pagamento de compromissos, ou atrasos constantes nos pagamentos. Por isso, se faz necessário o processo falimentar, como forma de resguardar os direitos de todos os que foram afetados pelo devedor, reduzindo assim os reflexos econômicos e sociais negativos de uma empresa malsucedida.

Durante o processo de falência, os titulares da empresa ficam impedidos de administrar outras empresas. Quando todas as dívidas são pagas no final do processo de falência, os titulares estarão em condições de novamente iniciar ou administrar um empreendimento, com restrição apenas de algumas atividades econômicas, nas quais os titulares não podem ter sido responsabilizados em processos dessa natureza. Se o valor apurado com o ativo (inclusive o patrimônio dos sócios) não foi suficiente para quitar todas as obrigações, os titulares ficarão impedidos de iniciar outro empreendimento ou administrar outra empresa pelo prazo de cinco anos. Se ficar caracterizado que tenha ocorrido uma ação criminosa, o indivíduo ou indivíduos que a praticaram serão processados judicialmente.

17.4 DIFICULDADES FINANCEIRAS COM BASE EM BALANÇOS E EM FLUXOS DE CAIXA

As dificuldades financeiras podem ser interpretadas com base em balanço (posição estática) ou em fluxos (dinâmica). Com base em balanço, dizemos que uma empresa é insolvente quando seu patrimônio líquido é negativo. Com base no fluxo de caixa, uma empresa é insolvente quando não tem capacidade de cumprir suas obrigações atuais. A insolvência com base em fluxos está associada à incapacidade do pagamento de dívidas.

A Figura 17.1 apresenta as duas situações: a) a da empresa solvente e b) a da empresa insolvente, com base em sua posição de balanço. Na empresa solvente, observa-se uma boa situação de liquidez, com boa capacidade de pagar suas dívidas. Na empresa insolvente, observa-se que o Ativo é insuficiente para pagar seus compromissos de curto e de longo prazo, apresentando um Patrimônio Líquido Negativo.

Figura 17.1 Insolvência com base no balanço

Empresa solvente	
ATIVO	PASSIVO
Ativo Circulante	Passivo Circulante
	Exigível de Longo Prazo
Realizável de Longo Prazo	Patrimônio Líquido
Ativo Permanente	

Empresa insolvente	
ATIVO	**PASSIVO**
Ativo Circulante	Passivo Circulante
Realizável de Longo Prazo	
Permanente	Exigível de Longo Prazo
Patrimônio Líquido Negativo	

Na Figura 17.2 observamos duas situações distintas: a) no momento 1, nos meses de janeiro a junho, a empresa apresenta constantes superávits de caixa, podendo cumprir com seus compromissos, pagando suas dívidas em dia; b) no momento 2, nos meses de julho a dezembro, passam a existir constantes déficits de caixa, fazendo com que a empresa entre numa situação de insolvência.

Figura 17.2 Insolvência com base no fluxo de caixa – R$1.000,00 – Ano de 200X

Meses	Entradas	Saídas	Superávit/Déficit
Janeiro	7.500	7.100	400
Fevereiro	6.800	6.600	200
Março	6.600	5.900	700
Abril	6.100	5.850	250
Maio	7.150	6.930	220
Junho	6.300	6.200	100
Julho	7.120	7.680	-560
Agosto	7.400	8.200	-800
Setembro	7.300	8.300	-1.000
Outubro	7.100	8.350	-1.250
Novembro	7.230	8.230	-1.000
Dezembro	6.750	8.500	-1.750

Legenda: Sequência 1 – Entradas de caixa; Sequência 2 – Saídas de caixa – Sequência 3 – Déficits de caixa.

As empresas podem apresentar situações de insolvência momentâneas e que poderão ser revertidas mediante uma retomada dos superávits de caixa. Mas poderá também apresentar situações nas quais não haverá condições de reversão. Alguns exemplos de ações que poderão não ter sucesso são: não convencimento de seus credores quanto a concordar com uma nova programação de pagamentos; excessivo custo das renegociações com financiadores; incompetência na condução de medidas saneadoras de deficiências da empresa, dentre outras.

INSOLVÊNCIA ECONÔMICO-FINANCEIRA E INSOLVÊNCIA TÉCNICA

> Insolvência econômico-financeira ocorre quando as receitas da empresa não cobrem seus custos, e a geração de caixa é insuficiente para honrar seus compromissos.

Neste tipo de insolvência a empresa está com sua capacidade de pagar seus credores totalmente comprometida, tendo de recorrer a soluções legais como o pedido de recuperação judicial ou de autofalência. A interpretação legal distingue recuperações de falência, sendo a diferença fundamental que nas recuperações o empresário solicita prazo e condições renegociados para cumprir seus compromissos. No caso de falência, com caríssimas exceções, a empresa encerra suas atividades.

Quadro 17.2 Fatores que podem levar a dificuldades financeiras

Ausência de planejamento estratégico	Falta de capacidade gerencial
Brigas familiares	Falta de capital próprio
Cancelamento de um grande pedido	Falta de controle financeiro
Controles financeiros deficientes	Falta de experiência em conduzir projetos
Custos altos	Falta de investimentos tecnológicos
Dependência de poucos clientes	Falta de vantagem competitiva
Dependência de poucos fornecedores	Falta de visão estratégica
Desvio de dinheiro para negócios particulares	Lentidão na tomada de decisões e ações
Dificuldades (poucos fornecedores ou clientes)	Má administração de crédito e cobrança
Dirigentes autocratas	Má distribuição de produtos

continua

Diversificações mal conduzidas	Má gestão de custos e preços
Entrada de concorrentes poderosos	Má localização geográfica
Estoques altos	Mau gerenciamento dos riscos
Estrutura de capital inadequada	Morte dos fundadores
Excesso de endividamento	Mudanças na conjuntura econômica
Excesso de otimismo sobre o negócio	Paternalismo na avaliação de resultados

Fonte: Os autores.

Uma situação de insolvência econômico-financeira não surge de repente na vida da empresa, ela vai se instalando aos poucos, fruto de inúmeros fatores. O Quadro 17.2 apresenta os fatores de maior frequência nas recuperações judiciais e falências brasileiras.

INSOLVÊNCIA TÉCNICA

Insolvência técnica ocorre quando a empresa não é capaz de saldar suas dívidas nas datas combinadas, embora tenha ativos permanentes superiores a suas dívidas.

Segundo Mathur,[5] uma empresa é considerada tecnicamente insolvente quando não é capaz de atender suas obrigações correntes durante o seu curso, ou seja, de saldar seus compromissos financeiros na data do vencimento.

Na maioria dos casos, empresas tecnicamente insolventes têm ativos superiores às suas exigibilidades. O que elas não têm são ativos líquidos suficientes para pagar os compromissos imediatos. A insolvência técnica é um sintoma de crise de liquidez. Uma empresa tecnicamente insolvente pode ser lucrativa, estar crescendo, ter ativos substancialmente superiores às suas exigibilidades; simplesmente não tem caixa para pagar seus compromissos. Pode-se considerar insolvência técnica e insolvência com base em fluxos como sinônimos.

A insolvência técnica é um dos sinais mais efetivos de que as coisas vão mal e que se não forem tomadas medidas imediatas e saneadoras as recuperações ou a falência serão inevitáveis. Um executivo financeiro fraco ou incompetente poderá contribuir definitivamente para que isso ocorra.

17.5 ADMINISTRAÇÃO DE EMPRESAS EM DIFICULDADES FINANCEIRAS

Apresentaremos a seguir alguns aspectos da administração numa situação de dificuldades financeiras:

EVIDÊNCIAS DE DIFICULDADES FINANCEIRAS

De acordo com Walker,[6] existem alguns fatores que podem evidenciar que uma empresa está com dificuldades financeiras, tais como:

---

[5] I. Mathur. *Introdução à administração financeira*. Rio de Janeiro: LTC, 1985.
[6] I. Walker. *Comprando uma empresa com dificuldades financeiras*. São Paulo: Makron Books, 1994.

Quadro 17.3 As 13 evidências de dificuldades financeiras

- Ações judiciais em andamento
- Aumento de endividamento
- Avisos de protestos
- Diminuição do patrimônio líquido
- Elevadas despesas financeiras
- Mudança de banco/auditores
- Perda de fatia de mercado
- Perda de reputação junto a clientes
- Queda de lucratividade, queda nas margens
- Rotatividade de funcionários importantes
- Queda nas vendas
- Perda de crédito
- Troca de diretores

Fonte: Baseado em I. Walker. *Comprando uma empresa com dificuldades financeiras*. São Paulo: Makron Books, 1994.

De uma maneira geral, estes fatores representam os sintomas das seguintes dificuldades da empresa:

1. Ações judiciais em andamento – Por falta de não cumprimento de obrigações previstas em contratos e para evitar incorrer em perdas, potenciais ou prejudicados de fato, acionam a empresa judicialmente.
2. Aumento de endividamento – Os balancetes apresentam um aumento no total de empréstimos contraídos, tais como uso do limite de conta garantida, bem como outras modalidades de empréstimos junto a bancos e terceiros, inclusive empréstimos feitos por diretores.
3. Avisos de protestos – Por falta de pagamentos pontuais, os credores mandam para cartórios de protestos de títulos as contas da empresa, a qual terá de pagar dentro de um determinado prazo, sob pena de incorrer em risco de pedido de falência.
4. Diminuição do patrimônio líquido – Uma empresa que se encontre em dificuldades financeiras provavelmente apresentará um nível significativamente declinante de patrimônio líquido. Uma companhia em maiores dificuldades financeiras consequentemente exibirá um nível de endividamento de curto prazo aumentando muito, o que indica que a empresa poderá não ser capaz de saldar seus compromissos à medida que eles forem vencendo.
5. Elevadas despesas financeiras – O aumento excessivo do endividamento e a difícil situação financeira agravam as dificuldades de crédito, tornando as linhas de financiamento cada vez mais caras e escassas.
6. Mudança de banco/auditores – Os bancos afirmam que existe uma proporção muito mais alta de falência entre clientes que recentemente tenham mudado de bancos, quando comparados com aqueles que não mudaram. Considerações semelhantes podem ser aplicáveis a empresas que mudam de auditores, em particular nos casos em que tal mudança tenha sido ocasionada por discordâncias em relação a duvidosas práticas contábeis ou devido a algum relatório de auditores qualificados.
7. Perda de fatia de mercado – Um aumento em vendas pode não necessariamente significar que tudo esteja bem com a empresa, quando em contrapartida seus concorrentes estiverem com suas taxas de crescimento em alta e, portanto, estiverem incrementando velozmente suas fatias de mercado.
8. Perda de reputação junto aos clientes – A empresa poderá estar perdendo vendas e clientes devido a um declínio na qualidade de fornecimento de seus produtos ou serviços, ou mesmo devido à queda de qualidade da assistência pós-venda.

9. Queda de lucratividade – Se os balancetes da empresa demonstram um aumento de vendas, mas, por outro lado, apresentam um decréscimo nas margens de lucro bruto, a empresa poderá estar tentando comprar uma fatia do mercado como forma de adiar sua inevitável falência. Em termos gerais, um decréscimo em lucro bruto geralmente indica uma falência em potencial, particularmente nos casos em que também exista uma tendência de redução nos lucros líquidos ou no caso de os prejuízos se mostrarem continuamente presentes nos balancetes mais recentes.
10. Queda nas vendas – Este é um dos fatores que mais preocupam aqueles que são responsáveis pela saúde econômico-financeira das empresas. A queda nas vendas pode ser o primeiro sintoma de um quadro mais grave: sucateamento de máquinas e equipamentos, defasagem tecnológica, falta de motivação dos vendedores, excesso de endividamento, custos muito altos, dentre outro.
11. Rotatividade de funcionários importantes: a alta rotatividade de membros da Administração em qualquer nível poderá ser um indicativo de problemas, particularmente no caso de tais membros da Administração serem importantes funcionários.
12. Perda de crédito – Por não cumprir em dia seus compromissos, a empresa tem sua imagem deteriorada implicando redução e/ou eliminação de linhas de créditos junto a bancos e fornecedores.
13. Troca de diretores – A busca de culpados, a pressão por resultados impossíveis, as discordâncias de ideias, a tentativa de soluções inovadoras, o desespero, dentre outros fatores, costumam gerar um clima em que a troca de diretores é constante.

Embora essa relação pareça bastante extensa, na verdade ela apresenta apenas alguns dos mais significativos fatores de insolvência. Existem outros e, à medida que os empresários vão convivendo com os negócios, vão aprendendo conhecê-los. Por uma questão de enfoque, deixamos de citar alguns fatores muito citados pelos empresários, tais como governo, crise, falta de capital de giro, custo Brasil, dentre outros.

DIFICULDADES FINANCEIRAS E O CICLO DE VIDA DAS EMPRESAS

A Figura 17.3 apresenta o ciclo de vida de uma empresa qualquer, em que são evidenciadas as fases do ciclo de vida de uma empresa: nascimento; crescimento; maturidade e declínio. Pesquisas realizadas por estudiosos americanos e brasileiros têm evidenciado crises existenciais das empresas, decorrente de seu ciclo de vida. No Brasil, Lodi (citado na bibliografia deste capítulo) nos dá inúmeros exemplos dessas situações.

Figura 17.3 Ciclo de vida das empresas

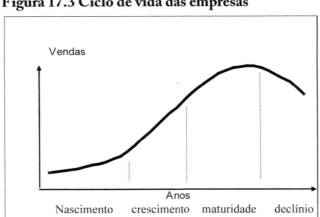

Fonte: Baseado em Philip Kotler. *Administração de Marketing*. São Paulo: Atlas, 1994, p. 311.

CAUSAS DA INSOLVÊNCIA

As causas das dificuldades financeiras relacionadas pela maioria dos autores são bastante amplas. Em termos gerais, os vários motivos dos problemas de uma empresa podem ser agrupados em duas principais categorias: os fatores internos, surgidos tão somente dentro da empresa, e os fatores externos, que ocorrem em virtude do efeito de várias forças externas.

FATORES INTERNOS

a. Capacidade gerencial deficiente – A principal causa do surgimento das dificuldades, geralmente, é a inadequada tomada de decisões, decorrente de incapacidade gerencial. Uma boa capacidade gerencial reduz o risco da insolvência adotando posicionamentos estratégicos que fortalecem a situação econômico-financeira da empresa.
b. Controle financeiro – Pode ser apontada como a segunda razão mais comum para a falência de empresas e está diretamente relacionada com o gerenciamento deficiente.
c. Concentração num único projeto, ou num único cliente – É bastante provável que uma empresa comece a experimentar dificuldades de pagamento ao assumir um projeto grande e único, ou mesmo quando se torna extremamente dependente de um único cliente ou fornecedor.
d. Outros fatores internos – Custos altos, estoques altos, estágio de maturidade da empresa, estrutura de capital inadequada; má distribuição de produtos, má gestão de crédito; sucateamento de ativos; vendas mal gerenciadas.

FATORES EXTERNOS

a. Conjuntura econômica – É um dos fatores que pode causar a insolvência da empresa. Num período de recessão, a concorrência entre as empresas se acentua, e as dificuldades financeiras podem emergir em função de empresas pouco capitalizadas, vendas estagnadas ou declinantes e baixas margens de lucro. Nesses casos, o cancelamento de um pedido ou um atraso no pagamento por um grande cliente pode deixar a empresa em sérias dificuldades financeiras ou até mesmo levá-la à falência.
b. Conjuntura política – Mudanças radicais nas forças políticas do país podem provocar grandes instabilidades sociais advindas de adoção de diferentes políticas tributárias, fiscal, de rendas, agrária, de exportações, dentre outras, que poderão influir de forma decisiva nos custos e nas vendas, principalmente, podendo determinar recuperações ou falência.

COMO ENFRENTAR AS DIFICULDADES FINANCEIRAS

Embora sejam extremamente desagradáveis e desconfortáveis as situações de insolvência, muitas empresas poderão ter de passar por elas, e sendo assim, é bom que estejam preparadas para enfrentá-las. Ross diz que as empresas enfrentam as dificuldades financeiras de vários modos, tais como:

1. Fazendo fusões, aquisições ou cisões.
2. Buscando novas linhas de financiamento.
3. Desmobilizando.
4. Negociando com bancos e outros credores.
5. Entrando em um dos regimes de recuperação.
6. Reduzindo custos.

7. Reduzindo investimentos.
8. Reduzindo gastos com pesquisa e desenvolvimento.
9. Substituindo diretores e gerentes.
10. Substituindo dívidas por ações.

Os três primeiros itens relacionam-se aos ativos da empresa, e os restantes dizem respeito ao passivo da empresa, e são exemplos de reestruturação financeira. As dificuldades financeiras podem envolver tanto uma reestruturação dos ativos quanto uma modificação da estrutura de capital. Uma reestruturação financeira pode ocorrer via recuperação extrajudicial ou judicial.

A Figura 17.4 mostra como as empresas operam sob dificuldades financeiras. As empresas podem ou não efetuar uma reestruturação financeira. Caso afirmativo, poderão partir para soluções negociadas ou para recuperações. No caso de recuperações judiciais, as empresas poderão se recuperar partindo para uma fusão, aquisição de outras empresas ou cisão e, caso não consigam se recuperar, terão sua falência decretada.

Figura 17.4 Dificuldades financeiras, soluções negociadas, recuperações judiciais e possíveis soluções

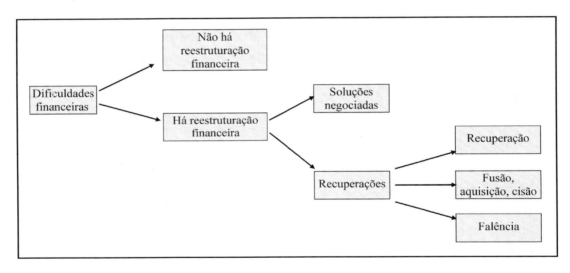

Fonte: Stephen A. Ross; Randolph Westerfield; e Jeffrey Jaffe. *Administração financeira – corporate finance*. São Paulo: Atlas, 1995, p 622.

17.6 DIFICULDADES FINANCEIRAS NO BRASIL E NOS ESTADOS UNIDOS

Concordata da matriz não afetou GM no Brasil, afirma presidente; Sindicato quer garantia de que não haverá demissões na GM

Brasil — O anúncio dos problemas financeiros e do pedido de concordata na matriz da General Motors (GM), nos Estados Unidos, não afetou a imagem da montadora no Brasil. A afirmação é do presidente da GM no Brasil, Jaime Ardila, que baseia sua posição no número de unidades comercializadas pela montadora em maio, que chegou a 47,8 mil, 17% acima do resultado de abril e 2% superior ao de maio do ano passado.

Para Ardila, as vendas "refletem uma situação totalmente normal" e demonstram que o consumidor brasileiro não perdeu confiança na marca. Ele ressaltou que "o mercado está muito aquecido" e que a situação deve melhorar neste mês, último com redução do Imposto sobre Produtos Industrializados (IPI) para carros novos.

> Devido às boas expectativas para o futuro, Ardila descartou o fechamento de fábricas ou a redução dos níveis de produção. Segundo ele, a empresa não cogita retirar modelos de linha e deve realizar lançamentos de novos carros nos próximos meses. Estão previstos US$1,5 bilhão em investimentos até 2012, referentes ao total de US$2,5 bilhões planejados em 2007. A empresa teve, no ano passado, receita líquida de R$17 bilhões.
>
> De acordo com Ardila, não deve haver demissões até junho, devido ao acordo que possibilitou a redução do IPI. Ele ressaltou que também não estão previstas contratações. "Não consideramos mudar o nível de emprego", disse Ardila. Ele destacou, no entanto, que futuras decisões sobre o quadro de funcionários – atualmente são 21 mil – vão "depender do mercado".
>
> O executivo explicou que a principal alteração com a concordata é a mudança de "dono". Após a operação de reestruturação da GM ser aprovada pelas autoridades dos Estados Unidos e consolidada, o governo norte-americano terá 60% do controle acionário da nova empresa. Por sua vez, a GM do Brasil será um dos ativos incorporados pela nova empresa.
>
> Na avaliação de Ardila, a operação deve dar mais independência financeira à empresa brasileira. Segundo ele, a GM do Brasil não deverá receber ajuda da matriz ou socorrê-la nos próximos anos. Entretanto, isso não é problema, porque a empresa tem capital para se manter por pelo menos cinco anos, ressaltou.
>
> Quanto ao desenvolvimento de novos produtos, Ardila garantiu que o centro de tecnologia do Brasil é capaz de suprir a demanda da empresa. "Temos um centro tecnológico que é, sem dúvida, o mais avançado da América Latina, com mais de 1.200 engenheiros e de 200 designers que desenvolvem todos os nossos produtos", destacou. Ardila também garantiu que não haverá problemas no fornecimento de peças de reposição...
>
> O processo de concordata da General Motors Company, matriz da GM brasileira, foi anunciado ontem (1º), nos Estados Unidos. A operação deverá saldar a maior parte das dívidas da empresa, que passava por dificuldades financeiras, e passar 60% do controle acionário da companhia para o governo norte-americano.
>
> Origem: Wikinotícias, a fonte de notícias livre.
>
> Fonte: Daniel Mello; Edição: Nádia Franco. "Concordata da matriz não afetou GM no Brasil, afirma presidente."
>
> *Agência Brasil*, 2/06/2009

Tanto no Brasil quanto nos Estados Unidos, soluções privadas custam menos que um processo formal de recuperação judicial. Nos Estados Unidos existem mais informações sobre o que ocorre com as empresas que enfrentam dificuldades financeiras. No Brasil temos informações de casos divulgados na imprensa, pois as empresas relutam mais em colaborar com pesquisas sobre o assunto. Vamos avaliar algumas dessas informações.

NOS ESTADOS UNIDOS

Das empresas que apresentaram dificuldades financeiras, quase metade se reestruturou usando soluções negociadas privadamente, as outras optaram pela recuperação extrajudicial. Porém, quase 70% das que optaram pela recuperação extrajudicial antes tentaram uma solução privada, porque em regra geral ela é mais barata.

- Custos – por uma série de razões, o pagamento de advogados, consultores e outros profissionais é mais caro em recuperações judiciais. Normalmente os profissionais são pagos por tempo despendido e um estudo revela que se leva mais tempo para solucionar a situação de uma empresa concordatária. Isso se dá, pois nas negociações privadas são envolvidos somente os credores que têm dívidas vencidas e na recuperação judicial renegocia-se com todos os credores.

- Oportunidades perdidas – o custo total das oportunidades de vendas e de investimentos perdidas não pode ser mensurado, mas pode-se perceber que é muito maior nas empresas concordatárias do que as que passam por soluções negociadas privadamente. Nas concordatárias a lei é restritiva, enquanto nas soluções negociadas privadamente não.

- Posição dos acionistas – os acionistas geralmente se dão melhor em soluções negociadas privadamente do que em recuperações judiciais. Estudos apontam que empresas que optaram por soluções negociadas privadamente tiveram em média um incremento de 41% no valor das ações ordinárias no período da reestruturação, enquanto as que tentaram uma solução privada, mas falharam, tiveram um retorno negativo de 40% sobre as ações ordinárias no período de reestruturação que culminou em recuperação judicial.

- Vantagens da recuperação extrajudiciais – apresenta certos benefícios que fazem algumas empresas optarem por ela diretamente, a saber:

    a) O código americano permite a empresa realizar empréstimos que terão prioridade sobre qualquer outro empréstimo efetuado anteriormente a recuperação. Como garantia, é dado todo o ativo da empresa.

    b) Juros de dívidas sem garantias reais cessam numa recuperação judicial.

    c) O código garante a empresa que ela não sofrerá infortúnios de credores durante sua reestruturação.

    d) Para aprovação da recuperação extrajudicial é necessária a aceitação por apenas a maioria absoluta (2/3 em valor e a metade em número) de detentores de direitos, nas soluções negociadas privadamente provavelmente seria necessário negociar com todos os detentores de direitos.

- O Problema das resistências – o sucesso de uma solução privada depende de os credores estarem dispostos a concordar com os termos da reestruturação. A extensão das resistências depende do tipo de débito que se está renegociando. Estudos mostram que são mais fáceis reestruturações privadas, quando a maior parte das dívidas da empresa está concentrada em poucos credores e preferencialmente em bancos comerciais. Estudos também mostram que a reestruturação privada é tanto mais fácil quanto menos tipos de títulos de longo prazo a empresa tem emitido.

- Situações dos gerentes e diretores – estudos apontam que dirigentes e outros funcionários da empresa não obtêm vantagens escolhendo um ou outro método de reestruturação. Normalmente perdem seus cargos qualquer que seja a escolha, conforme o gráfico a seguir, que consiste na amostra de 196 dirigentes inicialmente empregados por 126 empresas americanas (69 utilizaram recuperações judiciais e 57 soluções negociadas privadamente) que apresentaram suas primeiras dificuldades entre 1979 e 1984:

Figura 17.5 Porcentagem de dirigentes que permanecem em suas empresas durante o período de dificuldades financeiras

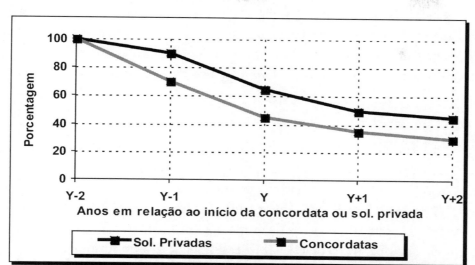

NO BRASIL

Vamos apresentar alguns exemplos brasileiros de empresas que enfrentaram dificuldades financeiras e que tiveram suas histórias narradas na imprensa.

G. ARONSON[7]

Tradicional empresa do setor varejista de São Paulo, contando com uma rede de 25 lojas de eletrodomésticos espalhadas pela capital paulista. Eminentemente familiar, ainda dirigida pelo seu fundador, considerado um dos últimos representantes de uma geração de comerciantes à moda antiga, que ainda se utiliza de sua caderneta e trata o cliente como "freguês". O grupo fatura U$120 milhões por ano e o Sr. Aronson construiu a imagem de ter bons preços, sacrificando a margem de lucro, ganhando no volume de peças vendidas.

Os problemas da empresa começaram a aparecer devido à insistência do Sr. Aronson em trabalhar com estoques elevadíssimos e preços baixos. Tudo culminou com a solicitação de concordata ocorrida em setembro de 1991, em meio a uma infinidade de solicitações que ocorreram na época, existindo desconfiança de "modismo", uma vez que muitos desses pedidos foram indeferidos pelo Poder Judiciário. O motivo principal da solicitação foi a alta dos juros ocorrida após a liberação dos cruzados novos, provocada pelo governo para conter o consumo. Em dois meses, as vendas caíram 30%, e os produtos ficaram encalhados. Somente em junho de 1993 o Sr. Aronson conseguiu pagar os 10 milhões de dólares que devia na praça, levantando a concordata.

Apesar dessa versão oficial, sabe-se no mercado que a concordata foi precipitada, e que após apenas quatro meses do seu deferimento, a empresa já estava negociando com os fornecedores, conseguindo pagar uma boa parte da sua dívida com ações que possuía da Brastemp.

---

[7] Andréa Assef. "O Preço Alto Pode Perder seu Inimigo", *Exame*, São Paulo, v. 555, n. 13, p. 46-47, abr. 1994.

Após a recuperação, o Sr. Aronson deixou de lado a sua filosofia de trabalhar com estoques elevados, informatizou sua rede de lojas, mas não aposentou a sua caderneta. Embora existam dúvidas quanto à manutenção da empresa pela família, a situação financeira atual da empresa está bastante estabilizada. Em uma conversa informal com um representante de um grande fornecedor da empresa durante a última Feira de Utilidades Domésticas em São Paulo, pôde-se comprovar que a empresa recuperou todo o crédito junto aos fornecedores e está com a sua situação estabilizada.

GRUPO JOÃO SANTOS[8]

É o segundo maior produtor de cimento do Brasil e o segundo maior conglomerado industrial da região Nordeste. Até novembro de 1994, a empresa possuía uma dívida perfeitamente administrável e, inclusive, aplicava recursos no mercado financeiro. Durante todo o ano de 1994, o seu caixa era positivo entre U\$30 e US\$50 milhões. Em dezembro passado, o empresário João Santos (88 anos) se obrigou a reassumir a direção executiva do grupo, após três anos de aposentadoria. Seus dois filhos deixaram o grupo com uma dívida de U\$500 Milhões, sendo 2/3 no curto prazo.

Conforme credores da empresa, podem ser apontadas três causas para as dificuldades financeiras da empresa: a) administração familiar arcaica; b) falta de atenção às mudanças do cenário econômico; e c) prepotência na condução do negócio e orgulho em admitir dificuldades.

Para se ter uma ideia da situação da empresa, seus dirigentes não produziam balancetes mensais por medo da espionagem industrial e sequer sabiam enumerar e quantificar suas dívidas. Embora a situação seja crítica, o grupo João Santos tem um patrimônio que ultrapassa US\$1 bilhão, denotando que se trata realmente de um caso de incompetência gerencial e de dificuldade de adaptação à nova etapa da economia brasileira.

Protegidas pelo cartel econômico brasileiro, as empresas do setor cimenteiro não tinham de se preocupar com a concorrência estrangeira. O cimento é um produto perecível, e apenas grupos da América Latina poderiam ameaçar o cartel. O grupo João Santos foi muito afetado por essa concorrência, tendo sua fatia de mercado reduzida de 18% para 12%.

Com o mercado da construção civil estacionado, a interrupção das grandes obras públicas, a queda nos preços do cimento e a intransigência da empresa, fica fácil entender as razões do quadro descrito. Conclui-se, portanto, que uma profissionalização no comando da empresa e uma renegociação da atual dívida de curto prazo serão suficientes para mudar a situação da empresa.

ALPARGATAS: O MAGO QUE COLHEU LUCROS DAS DÍVIDAS[9]

Existe um grupo de administradores financeiros no Brasil que, apesar da competência, preferem trabalhar sem fazer alarde na mídia e que têm feito verdadeiros milagres em grandes grupos empresariais em dificuldades financeiras. Dentre esses profissionais pode-se destacar Francisco Cespede, que depois de trabalhar por 17 anos na Monsanto, assumiu a administração financeira da Alpargatas em fevereiro de 1992, num dos piores momentos da história da empresa. Um prejuízo de U\$38 milhões e um endividamento líquido de U\$55 milhões no final de 1991, a alta dos juros no início de 1992 acompanhada de um decréscimo nas vendas e aumento dos estoques deixaram a empresa em uma situação muito difícil.

---

[8] Ricardo Galuppo. "Aos Credores: retornei", *Exame*, São Paulo, v. 595, n. 22, p. 54-56, out. 1995.

[9] "Os Magos que Colhem Lucros das Dívidas", *Exame*, São Paulo, v. 540, n. 19, p. 44-46, set. 1993.

Sua primeira ação foi deixar claro aos acionistas sobre a necessidade de se fazer caixa, e tratou de baixar os estoques que eram de U$130 milhões. Além disso, atacou o prazo e o custo da dívida, cujo montante já atingiu U$60 milhões. Isso foi efetuado através da emissão privada de *euronotes* no valor de U$20 milhões a uma taxa de 10,5% (1/3 do mercado) ao ano em um prazo de dois anos e meio. Ele também procurou concentrar o restante da dívida em operações dolarizadas, eliminando os riscos de uma minidesvalorização, através de uma operação de *swap* que permitiu estabelecer uma taxa fixa de juros. Se as taxas de mercado externo superassem esse nível, o banco cobriria a diferença.

Como decorrência dessas medidas, a Alpargatas fechou o primeiro semestre de 1993 com um lucro de U$$15 milhões, e suas ações subiram de 40% para 100% do valor patrimonial na Bolsa de São Paulo.

ARACRUZ: SOLUÇÃO FORA DO BRASIL[10]

Mauro Molchansky foi contratado em 1989 para reestruturar a dívida da empresa contraída junto a bancos no Brasil. Ele demonstrou maestria ao cuidar da dívida de U$1,1 bilhão que a empresa possuía no início de 1992, época em que, além de os juros estarem na estratosfera, o preço da celulose despencou no mercado internacional.

Sua ação começou em 1990, quando foi buscar soluções para alongar o perfil da dívida e baixar o seu custo de rolagem. Deu início à primeira operação de lançamento de ações de uma empresa na Bolsa de Nova York, em maio de 1991. Foram emitidos U$256 milhões em papéis, o que permitiu a eliminação de boa parte da dívida em cruzeiros, reduzindo assim em U$91 milhões os gastos anuais da empresa com juros.

Com relação ao restante da dívida, usando contratos de exportação no valor de U$150 milhões, Molchansky fechou uma operação de igual cifra no exterior, securitizando a dívida ao custo de 3% ao ano fora a Libor e com cinco anos para pagar, incluindo-se dois anos de carência. Em seguida, ele fez uma série de "minissecuritizações ACC" (adiantamento dos contratos de câmbio). Com base também em contratos de exportação, captou mais dinheiro a taxas de 2,5% a 4% ao ano fora a variação da Libor (em torno de 7,5% ao ano). Para completar o processo de dolarização, fez ainda a emissão de eurobônus no valor de U$80 milhões no primeiro semestre de 1993, com um prazo de cinco anos para pagar, com juros de 9,25% ao ano.

Com essas ações, no final de 1993, a dívida diminuiu para U$856 milhões, quase toda dolarizada e com juros baixos. Além disso, em 1994, ocorreu uma recuperação no mercado internacional de celulose e a empresa teve um faturamento de U$600 milhões, apresentando a maior rentabilidade da sua história, alcançando o grau de excelência empresarial da edição Maiores e Melhores da Revista *Exame*.

17.7 AVALIAÇÃO DE DIFICULDADES FINANCEIRAS

Existem alguns indicadores que ajudam a avaliar riscos de instituições financeiras e medir o fôlego financeiro de uma empresa que necessita de recursos para manter ou ampliar as suas atividades produtivas.

---

[10] "Maiores e Melhores". *Exame*, São Paulo, v. 591, n. 18, p. 218-21, ago. 1995 e "Os Magos que Colhem Lucros das Dívidas". *Exame*, São Paulo, v. 540, n. 19, p. 44-46, set. 1993.

RISCOS BANCÁRIOS[11]

> Risco bancário são todos os eventos que podem ocorrer em um determinado intervalo de tempo: desde o depósito pelo investidor (captação pela instituição) e sua restituição ao depositante. Nesse intervalo de tempo ocorre a aplicação dos recursos pela instituição que, em princípio, depende do recebimento dos recursos aplicados para restituí-los ao depositante/aplicador. (Gobis)

A Lei nº 4.595/1964 veda a concessão de empréstimos ou adiantamentos aos seus diretores, parentes e pessoas físicas ou jurídicas que participem de seu capital, com mais de 10%.

Os riscos bancários podem ser classificados em risco de liquidez, risco de mercado, risco de crédito; risco operacional, risco regulatório ou legal, risco moral e risco sistêmico.

A) RISCO DE LIQUIDEZ

É o risco de descasamento de fluxos financeiros ativos e passivos e seus reflexos sobre a capacidade financeira da instituição em obter ativos e honrar suas obrigações.

Os bancos trabalham bastante alavancados, e uma corrida bancária pode acabar com a liquidez do banco. O Banco Central obriga os bancos a controlarem o risco de liquidez, mantendo sistemas de acompanhamento permanente das posições assumidas em todas as operações praticadas nos mercados financeiro e de capitais.

A resolução determina ainda que as instituições financeiras devem estar capacitadas a identificar os riscos da cada instituição individualmente, bem como os riscos do conglomerado, em termos consolidados.

B) RISCO DE MERCADO

O risco de mercado relaciona-se a prejuízos potenciais decorrentes de mudanças em taxas de juros e de câmbio, índices e preços. É a possibilidade de ocorrência de perdas resultantes da flutuação nos valores de mercado de posições detidas por uma instituição financeira.

Trata-se de um risco intimamente ligado com a internacionalização e aumento de complexidade dos mercados, já que tais fatores aumentam a sua volatilidade e potencializam possíveis desequilíbrios.

O gerenciamento de risco de mercado deve prever (art. 3º da Resolução nº 3.464/2007):

I. políticas e estratégias para o gerenciamento do risco de mercado claramente documentadas, que estabeleçam limites operacionais e procedimentos destinados a manter a exposição ao risco de mercado em níveis considerados aceitáveis pela instituição;

II. sistemas para medir, monitorar e controlar a exposição ao risco de mercado, tanto para as operações incluídas na carteira de negociação quanto para as demais posições, os quais devem abranger todas as fontes relevantes de risco de mercado e gerar relatórios tempestivos para a diretoria da instituição;

III. realização, com periodicidade mínima anual, de testes de avaliação dos sistemas de que trata o inciso II;

---

[11] Baseado em Rafael Augusto Gobis. "Riscos bancários", webartigos.com 20/11/2008.

IV. identificação prévia dos riscos inerentes a novas atividades e produtos e análise prévia de sua adequação aos procedimentos e controles adotados pela instituição; e
V. realização de simulações de condições extremas de mercado (testes de estresse), inclusive da quebra de premissas, cujos resultados devem ser considerados ao estabelecer ou rever as políticas e limites para a adequação de capital.

C) RISCO DE CRÉDITO

O risco de crédito está associado às perdas que o credor possa ter ao fornecer crédito a um devedor inadimplente, que não honre seus compromissos na data ajustada.

A concessão do crédito se dá na disponibilização de um valor mediante a uma promessa de pagamento desse mesmo valor (acrescido dos encargos) no futuro, pressupondo a solvabilidade do devedor.

A Serasa, uma central de informação de crédito, e o SPC foram criados para minimizar o risco de crédito. O Banco Central, por sua vez, criou em 1997, a Central de Risco de Crédito do Banco Central do Brasil, visando o aprimoramento da capacidade de monitoramento dos riscos de crédito, prevendo crises, detectando eventuais problemas e fornecendo subsídios para a análise e pesquisa do mercado de crédito.

D) RISCO OPERACIONAL

É o risco que uma empresa corre de ser prejudicada por falhas internas do sistema ou de funcionários, ou por um evento externo.

Exemplos: fraudes, erros, falhas de controles, tecnologias mal-utilizadas, assaltos dentro de agências.

O Acordo da Basileia II e, adicionalmente, a emissão da Resolução nº 3.380 do Banco Central, de junho de 2006, fizeram com que o tema merecesse atenção dos bancos. Segundo essa Resolução, a estrutura de gerenciamento do risco operacional deve prever:

I – identificação, avaliação, monitoramento, controle e mitigação do risco operacional;
II – documentação e armazenamento de informações referentes às perdas associadas ao risco operacional;
III – elaboração, com periodicidade mínima anual, de relatórios que permitam a identificação e correção tempestiva das deficiências de controle e de gerenciamento do risco operacional;
IV – realização, com periodicidade mínima anual, de testes de avaliação dos sistemas de controle de riscos operacionais implementados;
V – elaboração e disseminação da política de gerenciamento de risco operacional ao pessoal da instituição, em seus diversos níveis, estabelecendo papéis e responsabilidades, bem como as dos prestadores de serviços terceirizados;
VI – existência de plano de contingência contendo as estratégias a serem adotadas para assegurar condições de continuidade das atividades e para limitar graves perdas decorrentes de risco operacional;
VII – implementação, manutenção e divulgação de processo estruturado de comunicação e informação.

E) RISCO REGULATÓRIO OU LEGAL

O risco regulatório ou legal ocorre quando as mudanças de legislação ou regulamentação das atividades das instituições financeiras provocam oscilações inesperadas para mais ou para menos em valores de ativos ou passivos.

É um risco diretamente ligado ao Banco Central e ao Conselho Monetário Nacional, que devem se precaver de todas as formas antes de promoverem alterações na política do Sistema Financeiro Nacional.

F) RISCO MORAL

O conceito de risco moral (*moral hazard*) se refere à possibilidade de que um agente econômico mude seu comportamento de acordo com os diferentes contextos nos quais ocorre uma transação econômica.

Corresponde ao comportamento do agente econômico de assumir mais riscos, tanto quanto maior for o aparato de proteção.

No Brasil, o Banco Central tem atuado injetando recursos nos bancos, sempre que avalia ser muito alto o risco de crise no mercado financeiro. Nos Estados Unidos, por ocasião da crise financeira ocorrida com a quebra do Lehmann Brothers, em setembro de 2008, o Federal Reserve – banco central americano – atuou socorrendo os bancos.

G) RISCO SISTÊMICO

É o risco de que a instituição financeira não tenha recursos suficientes para pagar outra, causando o chamado efeito dominó, levando ao colapso todo o sistema financeiro.

Para evitar esse risco, o Banco Central, em junho de 1999 reestruturou o Sistema de Pagamentos Brasileiro e implantou o TED, para transferências de valores acima de R$5.000,00 (cinco mil reais), que são creditadas no próprio dia, impedindo o fechamento do dia com operações financeiras não encerradas.

Termômetro de Kanitz

No Brasil, Stephen C. Kanitz[12] desenvolveu um modelo muito interessante de como prever falências, por meio de tratamento estatístico de índices financeiros de algumas empresas que realmente faliram. O modelo consiste, em primeiro lugar, em encontrar o fator de insolvência da empresa em análise. A fórmula, segundo o professor é a seguinte:

Fator de Insolvência = X1 + X2 + X3 – X4 – X5

X1 = Lucro Líquido / Patrimônio Líquido x 0,05

X2 = Liquidez Geral x 1,65

X3 = Liquidez Seca x 3,55

X4 = Liquidez Corrente x 1,06

X5 = Exigível Total / Patrimônio Líquido x 0,33

Em segundo lugar, averigua-se em que intervalo recai o fator de insolvência no Termômetro de Insolvência, de acordo com a figura a seguir:

---

[12] Professor livre-docente em Ciências Contábeis da FEA/USP.

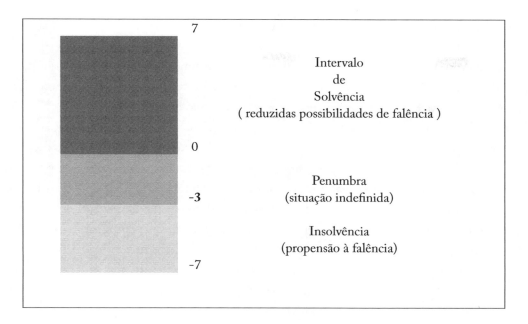

Alguns cuidados devem ser tomados na aplicação do termômetro:
- O modelo é destinado a indústria e comércio.
- Depende de demonstrações financeiras que reflitam a realidade da empresa.
- Não dispensa a análise de outros índices de avaliação da empresa.

Finalmente, é importante ressaltar que a média das empresas brasileiras é de 3,5 no termômetro.

POR QUE AS EMPRESAS QUEBRAM?[13]

Martins explicava que as dificuldades financeiras atingem empresas do mundo inteiro e merecem destaque em muitos encontros de estudos e, nestes, é muito comum existir uma comparação entre empresas japonesas e americanas, pois naquela época as japonesas eram consideradas muito saudáveis.

Os principais motivos que levariam uma empresa a quebrar são os seguintes:
- Baixa produtividade.
- Baixa rentabilidade.
- Deficiência estrutural.
- Baixa capitalização.
- Descuido com a essência.
- Envelhecimento das crenças.

Para que se possa saber o tipo de problema que uma empresa enfrenta é necessário que seja estabelecido com precisão qual o conceito de cada problema. Para tal, é importante inicialmente diferenciar-se os tipos de problemas a que ela está sujeita.

PROBLEMA ECONÔMICO

A palavra "econômico" é a mais ampla de todas quando se trata de analisar situações dentro de relações capitalistas. Ao ser analisado o processo de produção numa economia de mercado, se é re-

---
[13] Baseado em palestra do economista José Pio Martins, maio de 1996, em Curitiba.

metido à chamada "Matriz Econômica" da empresa, que é a combinação da Matriz Insumo-Produto e da Matriz Capital-Produto.

Matriz Insumo-Produto – Refere-se ao processo de produção (*inputs* e *outputs*) e permite examinar a capacidade que a empresa tem de transformar insumos em produtos ou serviços. Essa matriz permite entender o processo em termos de desempenho físico e financeiro.

A própria demonstração de resultados é um extrato financeiro da Matriz Insumo-Produto que obedece a princípios contábeis de apropriação de valores monetários de fatores de produção (custos) e do produto gerado (receitas). Aliás, um dos mais importantes coeficientes de produtividade é exatamente o valor de receitas geradas para cada unidade monetária de custos. Se das receitas totais forem excluídos os pagamentos de insumos feitos por ativos de terceiros (como matérias-primas, fretes, comissões, impostos e portos), obter-se-á o valor agregado pela empresa. Esse valor agregado dividido pelas despesas operacionais resulta no índice de produtividade.

É por essa matriz que se pode examinar a capacidade que a empresa tem de gerar resultados. Logo, a incapacidade de gerar resultados positivos é um problema econômico e pode-se então destacar de uma forma prática o primeiro motivo para uma empresa quebrar:

Baixa Produtividade $\Rightarrow$ Relação entre valor agregado e as despesas operacionais

	EUA	Japão
Vendas Brutas	1.000	1.000
(-) Gastos p/ Vender	(100)	(100)
(-) Matérias-Primas	(300)	(300)
Valor Agregado	600	600
(-) Despesas Operacionais	500	400
Lucro	100	200
Produtividade = Valor agregado / Despesas Operacionais	1,2	1,5

Matriz Capital-Produto – Essa matriz permite examinar qual estrutura física de capital é necessária para gerar o produto ou serviço final. A partir do momento em que se atribuem valores monetários ao investimento e ao produto, torna-se possível saber se o tamanho do ativo é adequado para o que a empresa faz.

Uma questão um tanto controversa diz respeito ao que se entende por "tamanho adequado dos ativos". O parâmetro mais importante sob o aspecto econômico é a comparação com o mercado e com a concorrência. A questão é saber se o volume de capital fixo utilizado para fazer uma unidade monetária de produto com menos capital fixo, ou se faz mais produto com o mesmo capital fixo em comparação com a concorrência, então ela é mais eficiente que o mercado.

Essa relação capital/produto pode ser expressa em termos de um índice, sendo importante, no entanto, destacar dois aspectos:

- Ao valor de capital fixo deve-se acrescentar o valor médio do capital variável utilizado (encaixe mínimo, financiamento de vendas e estoques) para compor a relação completa capital-produto.
- Embora seja possível expressar essas relações em termos quantitativos, para fins de sobrevivência econômica o que interessa são os valores monetários.

Portanto, tendo-se uma deficiente adequação na relação capital-produto (ou relação volume de investimento pela receita gerada), então se pode destacar em termos práticos o segundo motivo que pode levar uma empresa a quebrar:

Deficiência Estrutural ⇒ Alta relação capital/produto comparada com o mercado

	EUA	Japão
Valor Agregado	600	660
(-) Despesas Operacionais	500	500
Lucro	100	160
Investimento	2.000	1.600
Retorno sobre Investimento	5%	10%
Giro = Valor agregado / Investimento	0,33	0,41

Ainda dentro da Matriz Capital-Produto pode-se comparar o resultado líquido (que nada mais é do que o valor agregado menos as despesas operacionais, ou como querem os contadores, receita bruta menos o gasto para vender, menos o custo de produção, menos despesas de operação) com o volume de capital investido no negócio. Simplificando, verifica-se a relação lucro líquido/investimentos, para identificar a taxa de retorno do capital. Isso nada mais é do que a rentabilidade e pode ser demonstrada praticamente como o terceiro motivo para uma empresa quebrar da seguinte maneira:

Baixa Rentabilidade ⇒ Retorno sobre investimento insuficiente

	EUA	Japão
Valor Agregado	600	600
(–) Despesas Operacionais	500	400
Lucro	100	200
Investimento Econômico	2.000	2.000
Retorno sobre Investimento	5%	10%
Giros = Valor agregado / Investimento	0,33	0,33

PROBLEMA FINANCEIRO

A definição mais comum de dificuldade financeira é baixa liquidez, ou seja, os ativos realizáveis não são suficientes para pagar os compromissos (passivos) rigorosamente em dia. Logo, baixa liquidez, insolvência financeira, desequilíbrio do fluxo de caixa são expressões que denotam o mesmo problema financeiro.

É claro que alguém pode arguir que falta de liquidez decorre de baixa capitalização, ou seja, falta de capital próprio, e isso é verdade. Ou, então, que a falta de acumulação de lucros líquidos, pela baixa rentabilidade, leva à perda de liquidez, o que também é verdade. Todavia, essas são causas primárias da baixa liquidez que, quando extremada, provoca insolvência financeira e falência.

Uma causa comum de baixa liquidez é a baixa capitalização, ou seja, a existência de pouco capital próprio envolvido no negócio. Há dois conceitos importantes de capitalização, ambos com reflexo sobre a situação financeira da empresa: a) É a comparação entre o capital próprio com os ativos totais da empresa, para conhecer o índice de capitalização geral; e b) É a comparação entre o capital próprio com o volume de capital fixo, para conhecer qual é o Patrimônio Líquido em Giro (PLG).

Para fins de competição e sobrevivência, existe em todos os ramos uma relação adequada em termos de capitalização (patrimônio líquido/investimentos) e em termos de patrimônio líquido em giro (capital próprio menos ativo permanente). Todas essas coisas estão interligadas, e pode-se destacar então o quarto motivo que leva as empresas a quebrarem:

Baixa Capitalização ⇒ Baixo índice de capital próprio comparado com as empresas do setor

Problema financeiro é a incapacidade de pagar os passivos se eles forem exigidos. É possível resolvê-lo:

a) Por injeção de capital próprio, cujo efeito é de curto prazo e
b) Transformando as operações em negócios lucrativos, cujo efeito é de longo prazo.

532 – Administração Financeira

Uma terceira forma de melhorar a situação financeira seria transformar capital fixo em capital variável, isto é, desmobilização pela venda de ativos fixos. Só que essa estratégia tem um problema: via de regra, a desmobilização reduz a capacidade produtiva, porque é necessário alugar os ativos vendidos. A desmobilização só funciona se houver excesso de ativo fixo ou se o ganho na redução no custo financeiro, porque o juro é alto, compensar com vantagem a perda de receita operacional.

PROBLEMA PATRIMONIAL

Essa expressão pode significar três coisas, a saber:
a) O excesso de capital fixo em relação ao volume de produto (receitas). É preferível que se use o conceito de capital fixo comparado ao valor agregado (receitas menos custos ou insumos produzidos por ativos de terceiros).
b) Um excessivo volume de capital fixo em relação ao patrimônio líquido. Quanto menor o capital fixo (índice de imobilização), maior o valor do capital próprio liberado para financiar as operações que são, em última instância, a fonte de resultado e retorno do capital.
c) A incapacidade do volume de ativos em suportar o pagamento de todos os passivos (insolvência técnica). Essa é uma situação patrimonial deteriorada ao extremo que leva a helicoides (problema financeiro) e à falência da empresa (problema econômico).

DESCUIDO COM A ESSÊNCIA

Este quinto motivo que leva uma empresa a quebrar está mais relacionado com a adaptação dela às mutações tecnológicas e do mercado: a) desatenção do produto; b) perda de qualidade; c) custos altos; e d) atraso tecnológico.

CONCLUSÕES

Esses problemas guardam uma estreita relação entre si. Frequentemente, problemas financeiros são econômicos, mas nem todos os problemas econômicos são também financeiros. Por exemplo, uma empresa pode sobreviver muito tempo com uma péssima relação capital/produto, sem que isso leve a uma insolvência financeira e a consequente falência. Todavia, isso é como dizer que uma pessoa tem cirrose no fígado, mas todos os outros órgãos são saudáveis. É só uma questão de tempo para todo o resto ficar mal.

De qualquer forma, a identificação correta e específica dos problemas é rigorosamente fundamental, pois antes de dominar a arte de atirar bem é preciso dominar a arte de identificar os reais inimigos. Para resumir, as principais formas de se medir a eficiência global de uma empresa são as seguintes:

a) Lucro	• Produtividade • Giro
b) Retorno sobre investimentos	• Estrutura • Rentabilidade
c) Fluxo de caixa	• Produtividade • Capitalização
d) Ajustabilidade	• Modernidade do produto • Custo compatível
e) Capital humano	• Treinamento • Participação nos resultados
f) Filosofia de gestão	• Revisionismo

17.8 RESUMO

Muitos motivos levam uma empresa a se deparar com dificuldades financeiras, significando que ela não gera fluxo de caixa suficiente para pagar suas contas, e que adia sistematicamente seus compromissos financeiros.

As dificuldades financeiras são enfrentadas de três formas: a) recuperações extrajudiciais; b) recuperações judiciais e c) falência. Nas recuperações extrajudiciais há substituição de dívidas financeiras antigas por novas. Nas recuperações judiciais isso não ocorre. As substituições de dívidas antigas envolvem longas reuniões de negociações, em que são propostas alternativas de solução do problema por ambas as partes.

Os credores poderão concordar com o plano de recuperação e, neste caso, a reestruturação assegurará melhor os direitos de todos, e a um custo menor.

A recuperação judicial é uma situação anormal de suspensão da exigibilidade dos créditos sobre uma empresa por um determinado período, para que esta se reestruture e ganhe condições de pagar suas dívidas e manter-se operando.

Falência é um processo jurídico de consequências econômicas e sociais, que ocorre quando uma empresa não tem condições de continuar operando em situação de normalidade, principalmente honrando seus compromissos financeiros.

O processo falimentar inicia-se com um pedido de falência: a) solicitada pelo próprio devedor (autofalência): cumpre ao juiz decretá-la de imediato, sem maiores formalidades; b) solicitada pelos credores: o juiz citará o devedor para que apresente sua defesa ou efetue o depósito judicial correspondente; e c) falência decretada pelo juiz, que conduz um processo de recuperação judicial, quando a empresa em recuperação descumpre alguma das cláusulas.

As dificuldades financeiras podem ser interpretadas com base em balanço ou em fluxos. Com base em balanço dizemos que uma empresa é insolvente quando seu patrimônio líquido é negativo. Com base no fluxo de caixa uma empresa é insolvente quando não tem capacidade de cumprir suas obrigações atuais.

Insolvência econômico-financeira ocorre quando as receitas da empresa não cobrem seus custos, a taxa interna de retorno é menor que o custo de capital. Insolvência técnica ocorre quando a empresa não é capaz de saldar suas dívidas nas datas combinadas.

Alguns fatores que evidenciam dificuldades financeiras: ações judiciais em andamento; aumento de endividamento; avisos de protestos; diminuição do patrimônio líquido; elevadas despesas financeiras; mudança de banco/auditores; perda de fatia de mercado; perda de reputação junto a clientes; queda de lucratividade, queda nas margens; rotatividade de funcionários importantes; queda nas vendas; perda de crédito e troca de diretores.

As causas das dificuldades financeiras são a capacidade gerencial deficiente, o mau controle financeiro, a concentração num único projeto, ou num único cliente, e os fatores internos são os custos altos ou estoques altos, todos os fatores internos e a conjuntura econômica e a conjuntura política, como fatores externos.

Nos Estados Unidos, das empresas que apresentaram dificuldades financeiras, quase metade se reestruturou usando soluções negociadas privadamente, as outras optaram pelas recuperações judiciais.

Os principais motivos que levariam uma empresa a quebrar são os seguintes: a) baixa produtividade; b) baixa rentabilidade; c) deficiência estrutural; d) baixa capitalização; e) descuido com a essência; e f) envelhecimento das crenças.

17.9 QUESTÕES

1. Por que é tão difícil uma empresa chegar à terceira, quarta ou quinta geração no Brasil ou em qualquer outro país? O que são dificuldades financeiras? E como elas podem ser percebidas?

2. Comente os casos da Alimentos Saudáveis e da América do Sul Madeiras.

3. O que são recuperações judiciais? Como elas ocorrem? Exemplifique.

4. Descreva e comente o alongamento do perfil da dívida e a transferência de controle acionário.

5. Conceitue recuperações judiciais. Quais suas vantagens e desvantagens em relação às recuperações extrajudiciais? Que prejuízos podem ser reduzidos numa recuperação extrajudicial? Exemplifique.

6. Conceitue falência. Esquematize a falência e seus autos principais. Quais são as formas de liquidação do processo de falência? Comente-os.

7. Comente e exemplifique dificuldades financeiras com base em balanços e em fluxos de caixa. Ilustre graficamente. Conceitue insolvência econômico-financeira e insolvência técnica.

8. Que fatores podem levar a dificuldades financeiras? Apresente no mínimo 20 deles.

9. Quais são as 13 principais evidências de dificuldades financeiras? Apresente os principais sintomas de dificuldades da empresa.

10. Como o ciclo de vida da empresa pode levá-la a uma situação de dificuldade financeira?Apresente e comente os fatores internos e os fatores externos das dificuldades financeiras.

11. Utilizando-se dos casos apresentados nos capítulos, apresente algumas características comuns encontradas nas empresas brasileiras em dificuldades financeiras.

12. Por que as empresas quebram? Descreva detalhadamente os motivos de baixas produtividade e rentabilidade. Dê exemplos. O que é mesmo deficiência estrutural? Exemplifique.

17.10 ESTUDO DE CASO

Eletrônica Saturno II Ltda.

A Eletrônica Saturno II é o nome fictício de uma empresa de grande porte do ramo eletrônico de Curitiba. Em maio de 1995, foi solicitada pelo principal fornecedor da empresa uma análise de sua situação financeira, como condição para não decretar o rompimento do contrato de prestação de serviços, uma vez que a empresa vinha apresentando um quadro de inadimplência crescente já fazia seis meses.

Inicialmente se efetuou uma entrevista com os proprietários da empresa e o representante do fornecedor, com o objetivo de se obter uma visão global dos problemas da Eletrônica Saturno II. Em seguida, foram analisadas as demonstrações financeiras do primeiro quadrimestre do ano, conforme pode ser observado a seguir, além de ser efetuada a montagem do quadro de receitas e despesas do mês de abril, para que fosse possível levantar com detalhes os pontos de estrangulamento financeiro da empresa.

O que se pode observar nestas demonstrações é que a empresa está insolvente, em função de apresentar um patrimônio líquido negativo. O passivo a curto e longo prazos não é coberto pelos ativos e o mais impressionante é que o escritório responsável pela contabilidade da empresa não tenha alertado aos seus proprietários sobre a situação a que a mesma chegou aos últimos meses de atividade.

ATIVO	194.947,46	PASSIVO	194.947,46
1. ATIVO CIRCULANTE	81.498,88	1. PASSIVO CIRCULANTE	143.800,00
• Disponibilidades	9.166,75	• Operacional	65.334,26
• Duplicatas a Receber	1.113,47	• Fornecedores	12.847,48
• Estoques	59.320,80	• Empréstimos/Financiamentos	52.486,78
• Aplicações Financeiras	10.107,75	• Obrigações Sociais	48.934,04
• Tributos a Recuperar	1.790,11	• Obrigações Fiscais	25.357,09
		• Obrigações Trabalhistas	4.175,16
2. ATIVO NÃO CIRCULANTE	113.448,58	2. PASSIVO NÃO CIRCULANTE	90.647,34
• Realizável a longo prazo	78.765,39	3. PATRIMÔNIO LÍQUIDO	-39.500,43
• Investimentos	2.782,31	• Capital Social	2.763,64
• Imobilizado	45.618,18	• Reservas de Capital	47.769,42
• (-) Depreciações Acumuladas	-13.717,30	• Lucros/Prejuízos Acumulados	-90.033,50

DEMONSTRAÇÃO DO RESULTADO DO EXERCÍCIO	
1. Receita Bruta	51.601,20
• Impostos e Deduções	7.309,69
2. Receita Líquida	44.291,51
• Custo das Mercadorias Vendidas	14.584,53
3. Lucro Bruto	29.706,98
• Despesas Operacionais	105,00
4. Lucro Operacional	29.601,98
• Resultado Não Operacional	26.650,13
5. Lucro Antes do Imposto de Renda	2.951,85
• Provisão para Imposto de Renda	737,96
6. Lucro Líquido	2.213,89

Das análises efetuadas, chegou-se à seguinte conclusão:
- Os problemas da empresa são decorrentes da total ineficácia gerencial dos proprietários, que demonstraram ter uma experiência estritamente operacional.
- O nível de despesas fixas da empresa é muito elevado para sua atual rentabilidade.

- Não ocorreu a procura de alternativas de faturamento para complementar a queda da atividade principal, ou seja, a prestação de serviços técnicos.
- O volume de retirada de capital da empresa para a abertura de uma filial foi muito elevado.
- A empresa não se adaptou à nova realidade econômica do país, já que o seu lucro era eminentemente financeiro e não operacional.
- O balanço da empresa não espelha sua realidade, existindo inclusive o não lançamento de ativos adquiridos no imobilizado.
- O estoque atual é absurdamente elevado, principalmente com um alto índice de obsoletos e um giro de sete meses.

Diante do quadro apresentado, em conjunto com os titulares da empresa, chegou-se às seguintes conclusões, que foram apresentadas ao fornecedor, para uma tentativa de recuperação financeira e manutenção da atividade:

- Refinanciamento da dívida bancária e tributária da empresa, passando-a para longo prazo. Inclusive, a prorrogação com o INSS para 90 meses foi deferida.
- Venda dos itens obsoletos a preço de custo para saldar compromissos vencidos.
- Novação da atual dívida com o fornecedor, com a garantia de um imóvel pertencente aos sócios.
- Implantação de uma atividade comercial externa ligada à venda institucional de componentes e serviços.
- Venda de alguns ativos ociosos.
- Redução do quadro de funcionários administrativos e não ligados diretamente com a produção da empresa.
- Mudança do prédio utilizado, em função do custo elevado de sua locação.
- Revisão do perfil tributário da empresa.
- Iniciar um estudo para o fechamento da filial que continua absorvendo recursos da empresa.
- Informatizar as atividades de controladoria e administrativa da empresa.
- Profissionalização da alta direção da empresa.

Como conclusão final, pôde-se observar que muito do descrito nos casos de grandes grupos brasileiros pode ser observado na prática ocorrendo em uma empresa com porte infinitamente menor, mas que representa uma grande parcela da atividade produtiva brasileira atual. Um aspecto muito importante a ressaltar é que as sugestões apresentadas foram aceitas pelo fornecedor, que inclusive concedeu algumas vantagens adicionais, estipulando um prazo de 120 dias para a recuperação financeira da Eletrônica Saturno II.

Pede-se:

1. Em sua opinião, quais são os aspectos observados no caso da Eletrônica Saturno II que são encontrados na teoria financeira apresentada no capítulo?
2. Você acrescentaria alguma outra conclusão àquelas apresentadas pelos membros que estudaram o assunto?
3. Que outras observações você faria baseando-se nas demonstrações financeiras apresentadas?

4. Se você fosse o fornecedor, daria as mesmas oportunidades à Eletrônica Saturno II?
5. Pesquise casos de falências e discuta-os com seus colegas de grupo.

17.11 BIBLIOGRAFIA ADICIONAL

ALTMAN, Edward. *Corporate financial distress and bankruptcy: predict and avoid bankruptcy, analyze and invest in distress debt*. Nova York: John Wiley & Sons, 1993.

ARAÚJO, Aloísio P.; FUNCHAL, Bruno. "O impacto econômico da nova lei de falência e recuperação de empresas." In: OLIVEIRA, Fátima Bayma (Org). *Recuperação de empresas: uma múltipla visão da nova lei*. São Paulo: Pearson, p. 32-42.

_____; LUNDBERG, Eduardo. "A nova lei de falências: uma avaliação." Disponível em www.bcb.gov.br. Acesso em 11 de setembro de 2006.

BAYDYA, Ken; DIAS, Land. "Previsão de problemas financeiros em empresas." *Revista de Administração de Empresas*, jan./mar. 1970.

CHAMPI JR., Afonso; BARBOSA, Djalma G. *Diário de uma crise: lições do caso Parmalat*. Rio de Janeiro: Qualitymark, 2006.

DELOITTE. Recuperação de empresas: um retrato atualizado na visão dos empresários sobre a lei de

LUPPO, Ricardo. "Aos credores: retornei". *Exame*, São Paulo, v. 595, n. 22, p. 54-56, out. 1995.

"OS MAGOS que colhem lucros das dívidas." *Exame*, São Paulo, v. 540, n.19, p.44-46, set. 1993.

ROSS, Stephen A.; WESTERFIELD, Randolph W.; JAFFE, Jeffrey F. *Administração financeira – corporate finance*. São Paulo: Atlas, 1995, p. 622;

ROSS, Stephen A.; WESTERFIELD, Randolph W.; JORDAN, Bradford D. *Princípios de Administração Financeira*. São Paulo: Atlas, 1998.

WALKER, I. *Comprando uma Empresa com Dificuldades Financeiras*. São Paulo: Makron Books, 1994.

WRUCK, K.H. "Financial distress, reorganization, and organizational efficiency." *Journal of Financial Economics*, North-Holland, v. 27, p. 419-44, 1990.

ENDEREÇOS DE PESQUISA NA INTERNET

Jornal do Brasil Online: http://jbonline.terra.com.br

Wikinotícias: http://pt.wikinews.org/wiki

PARTE 7

TÓPICOS DE ESPECIALIZAÇÃO EM FINANÇAS

Capítulo 18: Administração financeira de multinacionais....541
Capítulo 19: Fusões e aquicições....563

CAPÍTULO 18

ADMINISTRAÇÃO FINANCEIRA DE MULTINACIONAIS

18.1. Introdução

18.2. Nova perspectiva gerencial das empresas

18.3. Empresas multinacionais

18.4. Administração financeira internacional

18.5. Mercado financeiro internacional

18.6. Euromercados

18.7. Resumo

18.8. Questões

18.9. Exercícios

18.10. Bibliografia adicional

Exportação

A exportação é basicamente a saída da mercadoria do território aduaneiro, decorrente de um contrato de compra e venda internacional, que pode ou não resultar na entrada de divisas.

A empresa que exporta adquire vantagens em relação aos concorrentes internos, pois diversifica mercados, aproveita melhor sua capacidade instalada, aprimora a qualidade do produto vendido, incorpora tecnologia, aumenta sua rentabilidade e reduz custos operacionais.

A atividade de exportar pressupõe uma boa postura profissional, conhecimento das normas e versatilidade.

As normas administrativas da exportação estão contidas na Portaria Secex nº 25 de 27/11/2008, veja o sumário.

Importação

A importação compreende a compra de produtos no exterior, observadas as normas comerciais, cambiais e fiscais vigentes.

O processo de importação se divide em três fases: administrativa, fiscal e cambial. A administrativa está ligada aos procedimentos necessários para efetuar a importação, que variam de acordo com o tipo de operação e mercadoria. A fiscal compreende o despacho aduaneiro que se completa com o pagamento dos tributos e retirada física da mercadoria da Alfândega. Já a cambial está voltada para a transferência de moeda estrangeira por meio de um banco autorizado a operar em câmbio.

As normas administrativas da importação estão contidas na Portaria Secex nº 25/2008, veja o sumário.

18.1 INTRODUÇÃO

Os mercados financeiros estão se tornando cada vez mais internacionais. A tecnologia permite a disponibilização em tempo real da informação em todos os mercados, bem como a rápida transferência de recursos financeiros, a custos cada vez menores.

Este capítulo vai examinar esse assunto e apresentar uma visão de como a administração financeira é feita atualmente nas empresas multinacionais. É assunto de grande complexidade, e não se pretende aprofundar operações rotineiras dessas empresas, e sim mostrar alguns dos principais termos utilizados por essas empresas, apresentar e discutir a nova perspectiva gerencial quando se atinge um estágio multinacional.

Pretende-se ainda demonstrar como a administração financeira internacional se diferencia de uma administração financeira doméstica, e alguns aspectos relevantes do mercado financeiro mundial, tais como euromercados, operações bancárias internacionais, alguns dos principais centros financeiros intermediários e investimentos em carteiras internacionais.

18.2 NOVA PERSPECTIVA GERENCIAL DAS EMPRESAS

A complexidade da gestão financeira aumenta à medida que as atividades empresariais ultrapassam as fronteiras do país e atingem mercados estrangeiros. Tradicionalmente, as atividades de comércio exterior, de importação e exportação de mercadorias já exigiam do administrador financeiro conhecimento da prática cambial: taxas de conversão da moeda, das linhas de financiamento para importação e exportação e das especificidades das negociações internacionais.

O aumento da internacionalização dos processos produtivos, a onda de fusões e aquisições e o incremento na tecnologia da informação dos sistemas financeiros imprimem maior dinamicidade à atividade financeira na medida em que:

- Aumenta o volume de importações e exportações da empresa, intensificando as transações com diferentes moedas.
- Surgem novas práticas financeiras advindas de grupos controladores estrangeiros, empresas incorporadas e da necessidade de prestar contas para *stakeholders* nacionais e estrangeiros, conforme padrões internacionais.
- Os recursos financeiros são rapidamente transferidos de um mercado para outro, à busca de melhores taxas de juros, em condições de menor risco.
- As oportunidades de investimento nos países emergentes têm atraído recursos financeiros internacionais nas mais variadas formas:
  a) compra de títulos de empresas brasileiras por investidores internacionais;
  b) capital volátil, aplicado no mercado financeiro brasileiro e retirado rapidamente, a qualquer movimento rápido da economia;
  c) capital de risco, aplicado em pequenas empresas, com grande potencial de crescimento;
  d) aquisição de empresas nacionais, públicas e privadas;
  e) investimentos diretos – construção de novas plantas industriais, instalação de filiais de grandes redes de varejo mundial e estabelecimento de escritórios de empresas prestadoras de serviços.

Em qualquer lugar do mundo, o governo pode interferir na atuação das empresas, nacionais e estrangeiras. Essa interferência se dá principalmente por meio dos instrumentos de política econômica, os quais foram discutidos no Capítulo 2. No que tange às finanças internacionais, importa também saber:

- Como o governo do país recebe o capital estrangeiro: incentivos fiscais, legislação para remessas de lucro, linhas específicas de financiamento, forma legal de constituição das empresas, legislações específicas do setor de atuação, leis de proteção ambiental, legislação trabalhista, organizações sindicais.
- Qual a política cambial adotada pelo país, considerando os saldos do Balanço de Pagamentos do país: política de câmbio fixo ou política de câmbio variável.
- Qual a situação do Balanço de Pagamentos do país, especialmente em relação a sua liquidez e credibilidade externa.

Dessa forma, a administração internacional de negócios transcende as atividades de acompanhamento das taxas de câmbio[1] e obtenção de linhas crédito para envolver atividades de captação de recursos no exterior, por meio da emissão de títulos, formação de parcerias e *joint ventures*[2] com empresas estrangeiras, elaboração de demonstrações financeiras para *stakeholders* nacionais e estrangeiros, nos padrões internacionais, e articulação com fornecedores de vários países.

18.3 EMPRESAS MULTINACIONAIS

> Empresa multinacional é aquela que opera em vários países e que tem pelo menos 20% de suas receitas vindas do exterior.

As empresas com atuação em vários países são chamadas de empresas multinacionais. Nas últimas décadas, os principais participantes dos mercados internacionais foram as empresas multinacionais americanas, japonesas, alemãs, italianas, holandesas, suecas, como a General Motors, Ford, IBM, Xerox, Coca-Cola, Gillette, Dow Chemical, Toyota, Mitsubishi, Fujitsu, Volkswagen, Olivetti, Fiat, Nestlé, ABB, Volvo, Scania etc.

Elas são conhecidas como multinacionais não apenas por atuarem em vários países, mas também porque grande parcela de seus lucros vem do exterior, e principalmente porque elas perderam sua identidade com o país de origem. Hoje, seus presidentes, principais executivos e a maior parte de seus funcionários são cidadãos do mundo e que trabalham fora até de seus países.

Essas empresas globalizadas, mundiais, se espalham por todo o mundo, abrindo suas fábricas, filiais e agências em função do mercado consumidor ou de fatores mais favoráveis de custos, tecnologia, suprimentos, legislação tributária favorável.

O Brasil também tem criado suas multinacionais, que atuam hoje em diversos países, destacando-se Banco Itaú, Banco do Brasil, Rede Globo, Votorantim, Ambev, Boticário, Petrobras, Odebrecht, Gerdau, entre outras.

---

[1] As taxas de câmbio e as conversões de moedas estrangeiras foram estudadas no Capítulo 2.
[2] *Joint ventures* são associações de duas ou mais empresas para explorar um novo empreendimento

POR QUE SE TRANSFORMAR EM MULTINACIONAL

Vários motivos levam as empresas a se transformarem em multinacionais, mas os principais são:

1. **Buscar novos mercados.** A saturação do mercado doméstico é o principal motivo. A empresa não sabe como continuar se expandindo, se vê tolhida em seus objetivos estratégicos. É o caso de empresas como General Motors, Ford, Volkswagen, Sony, Disney, Petrobras, Ambev, Banco Itaú, que viram nos mercados externos amplas possibilidades de expansão.

2. **Buscar suprimentos.** Para muitas empresas, o fornecimento de matérias-primas, insumos, energia elétrica, minérios, petróleo é fundamental. São os casos das empresas químicas, de mineração, energia, alumínio, cimento e alimentos.

3. **Buscar novos parceiros e novas tecnologias.** Amplas alianças e parcerias em negócios trazem grandes sinergias nas áreas tecnológicas, de produção e distribuição, em pesquisas e desenvolvimento e em marketing.

4. **Vantagens competitivas.** Cada país tem suas particularidades e suas condições. O Brasil, por exemplo, produz em abundância madeira para papel e celulose; soja e milho para alimentação para rações e para óleos; bovinos, suínos e frangos, para alimento humano. A China e a Índia, pela sua população, tem mão de obra numerosa. A Itália tem tecnologia em design, em mármores, em máquinas. O fato é que existem vantagens competitivas que podem advir de localização geográfica, existência de mercado local, competências específicas, cultura, educação, entre outras.

5. **Vantagens tributárias e legais.** As legislações dos países são diferentes, e algumas são altamente favoráveis para certas empresas. Existem problemas legais, tributários, políticos que forçam as empresas a buscarem melhores soluções.

6. **Diversificação de riscos.** É um motivo que tem crescido à medida que as empresas tornam-se muito grandes e complexas. Passam a incorrer em enormes riscos ambientais, políticos, financeiros e de todo o tipo. O próprio desempenho econômico e financeiro do país de origem pode se tornar uma ameaça.

A INTERNACIONALIZAÇÃO DOS PROCESSOS PRODUTIVOS

O papel da empresa multinacional fica mais evidente a partir do aumento da internacionalização dos processos produtivos. Cada vez mais, as empresas atuam de forma global, adquirindo insumos, matérias-primas e embalagens de várias origens e vendendo produtos finais e componentes no mercado local e no exterior.

As grandes montadoras de veículos programam seus planos estratégicos de manter fábricas em quatro ou cinco países que produzem para a região. Na América do Sul, por exemplo, os países escolhidos foram o Brasil e a Argentina, que acabaram acolhendo todas as grandes montadoras mundiais. Os gastos com pesquisa e desenvolvimento são centralizados, o desenvolvimento de novos motores e de novas plataformas é feito em um ou dois centros mundiais.

A Mercedes Benz, por exemplo, escolheu Juiz de Fora, MG, para produzir o modelo Classe A para o mercado brasileiro e do Mercosul; e para produzir o modelo Classe C apenas para exportação. Alguns componentes são comprados de fabricantes estabelecidos nas proximidades da fábrica, outros são adquiridos de fabricantes nacionais, e partes-chave, como o motor, são adquiridas da matriz, na Alemanha.

Algumas empresas internacionais se estabelecem no país a fim de prestar serviços para empresas multinacionais, com filiais no Brasil; por exemplo, Booz Allen, Price-Waterhouse-Coopers, Dell Computers. Outras empresas vêm para o Brasil a fim de aproveitar as oportunidades de mercado, como a Telefonica, por exemplo, que opera grande área de telefonia.

A CARGA TRIBUTÁRIA DAS OPERAÇÕES INTERNACIONAIS

O primeiro fator a ser considerado no impacto tributário das operações internacionais é como as autoridades fiscais e monetárias do país permitem a contabilização das variações cambiais, nas demonstrações financeiras da empresa. Quanto à conversão das moedas estrangeiras, o FASB 52 – Foreign Currency Translation, padrão americano, estabelece que ganhos ou perdas em conversões sejam lançados diretamente para conta de patrimônio, sem afetar a renda líquida.

Existem também os métodos temporal e corrente:

- **Método temporal** – apenas para operações em economias inflacionárias, pelo qual os ativos monetários e recebíveis são convertidos a taxas correntes e os ativos não monetários convertidos à taxa de câmbio histórica.
- **Método corrente** – pelo qual os ativos monetários e recebíveis são convertidos a taxas correntes, os ativos não monetários convertidos pelo método FIFO[3] aproxima-se da conversão corrente. Esse método não evidencia as perdas com variações cambiais.

O *drawback* é uma situação fiscal especial para o recolhimento de tributos relativos à importação de componentes industriais, a serem utilizados na confecção de produtos posteriormente exportados. O importador fica isento do recolhimento dos tributos devidos na operação de importação, dentro de limites previamente autorizados.

18.4. ADMINISTRAÇÃO FINANCEIRA INTERNACIONAL

A administração financeira internacional inicia com a compreensão dos mecanismos de conversão das diversas moedas, envolvidas nas operações internacionais. Depois importa ao administrador financeiro conhecer as políticas econômicas do país em que está estabelecido e dos países com os quais estabelece relações comerciais, importação e exportação, e dos países com os quais estabelece relações financeiras, captação e aplicação de recursos. Finalmente, o administrador financeiro precisa conhecer como são realizadas as operações internacionais.

MERCADO DE MOEDAS

A moeda é um ativo financeiro que tem valor ou preço. É instrumento de troca que possui três características básicas: conversibilidade, aceitabilidade e durabilidade. A moeda desempenha quatro funções: meio de troca, reserva de valor, padrão comum de valor e padrão de pagamentos diferidos.

A moeda nacional tem essas características no seu país. Para transacionar com outros países, a moeda de aceitação geral é o dólar americano. Normalmente, as moedas estrangeiras têm seu valor estabelecido em dólares americanos e são trocadas de acordo com estas cotações:

---

[3] FIFO ou PEPS – primeiro a entrar, primeiro a sair.

546 – Administração Financeira

a) Cotação direta: valor da moeda estrangeira em função da moeda doméstica R$2,7/1 US$ (um dólar vale dois reais e setenta centavos);

b) Cotação indireta: valor da moeda doméstica em função da moeda estrangeira: R$0,3704/ US$ (com um real compra-se 0,3704 dólares).

As moedas são trocadas para fins de pagamentos internacionais em mercados de moedas estrangeiras. O Quadro 18.1 apresenta os fatores que mais influenciam as decisões nos mercados.

Quadro 18.1 Fatores determinantes nas decisões nos mercados financeiros de moedas

Quantitativos	Qualitativos
• Saldo do Balanço de Pagamentos	• Expectativa inflacionária
• Saldo da Balança Comercial	• Política Fiscal e Monetária
• Valor das dívidas externa e interna do país	• Confiabilidade no governo do país
• Nível de inflação interna	• Situação financeira de outros países
• Infraestrutura econômica e aparelho produtivo	

Conforme vimos no Capítulo 9, os mercados de moedas, como o de *commodities*, operam a vista, a termo ou a futuros.

a) Mercado a vista:
- Negociação imediata da moeda.
- O preço da moeda é baseado na taxa do momento (*spot*).
- O valor de troca das moedas é estabelecido conforme oferta e procura.

b) Mercado a termo
- Negociação de qualquer quantidade de moeda, a uma taxa fixa, para uma data futura. (3, 6, 9 meses). Só há desembolso antes do vencimento do contrato se a credibilidade do cliente é duvidosa. A moeda é cotada a taxa a termo.

c) Mercado Futuro
- Contratos de quantidade padrão de moedas a serem comercializadas em leilão de mercado aberto. As datas de liberação são padronizadas, e as câmaras de compensação são o comprador de todos os vendedores e o vendedor para todos os compradores.

Para se ter uma ideia do valor dos contratos, apresentamos a seguir algumas referências que podem mudar de acordo com a conveniência dos mercados.

Moeda	Valor dos contratos
Marco alemão	DM 125.000,00
Libras esterlinas	L 25.000,00
Dólar canadense	$ 100.000,00
Iêne japonês	Y 12.500.000,00
Franco suíço	FS 125.000,00

MERCADO MONETÁRIO INTERNACIONAL (INTERNATIONAL MONETARY MARKET)

O mercado futuro possibilita que os operadores de comércio internacional se protejam de flutuações da moeda estrangeira, assim como as empresas com dívidas no exterior. Existe ainda o mercado de opções e o mercado de derivativos.[4] No mercado de opções, são negociados direitos de comprar

---

[4] O mercado de derivativos e de opções foi apresentado no Capítulo 9.

ou vender moeda no futuro. Caso a opção de compra ou venda não seja interessante, perde-se apenas o valor pago pela opção. Há dois tipos de opções:

a) Opção de compra: *call*
b) Opção de venda: *put*

O mercado de derivativos envolve todas as negociações estabelecidas em data presente, para concretização no futuro, e estão baseadas em variações de preços de moedas, de índices e de outros fatores preestabelecidos.

DIREITOS ESPECIAIS DE SAQUE

O DES é uma moeda artificial, utilizada entre os bancos centrais dos países para transações internacionais. É importante saber que esta é mais uma forma de moeda para as negociações internacionais, mas representa menos de 10% do volume de transações internacionais.

O seu valor é definido pelo Fundo Monetário Internacional e é obtido pela ponderação de importantes moedas. Para o período 2001-2005, a cesta de moedas é composta de: dólar americano (peso 45); ouro (peso 29), iene japonês (peso 15) e libra esterlina (peso 11).

OPERAÇÕES INTERNACIONAIS

Para atuar em país diferente da origem da empresa, existem várias formas:

- Estabelecendo canais de comércio exterior, restringindo as atividades à exportação e à importação.
- Estabelecendo *joint ventures* com empresas estabelecidas no país.
- Investindo diretamente no país: construção de fábricas, abertura de estabelecimentos comerciais e escritórios de prestação de serviços, aquisição de empresas estabelecidas no país.
- Investimento especulativo: a empresa aplica recursos excedentes em ações e títulos de outros países, assim como o fazem os grandes investidores internacionais. A esses recursos se dá o nome de capital volátil, pois os recursos migram para os mercados que melhor estão remunerando no dia.

Para desempenhar suas atividades com sucesso, é preciso conhecer as características específicas do segmento naquele país. Saber como o mercado está organizado, no setor específico de atuação da empresa, no país onde vai ocorrer a instalação da empresa ou para onde a empresa vai exportar ou ainda de onde a empresa vai importar: sindicatos patronais, associações e federações, fornecedores, mercado consumidor e estrutura dos canais de comercialização.

As operações internacionais compreendem todas as transações realizadas entre residentes de países distintos: compra e venda de mercadorias, prestação de serviços, viagens internacionais, operações financeiras. A expressão monetária das transações de um país com o resto do mundo é o Balanço de Pagamentos, cuja estrutura está representada no Quadro 18.2. O Balanço de Pagamentos é o registro de todos os pagamentos e recebimentos de um país, em face do resto do mundo.

Quadro 18.2 O Balanço de Pagamentos

1.	**Balança Comercial (1.1 a 1.2)**
1.1	Exportações
1.2	Importações
2.	**Balança de serviços (2.1 a 2.7)**
2.1	Fretes
2.2	Seguros
2.3	Viagens internacionais
2.4	*Royalties*
2.5	Remessa de lucros
2.6	Juros
2.7	Outros serviços
3.	**Transferências Unilaterais**
4.	**Transações Correntes (1+2+3)**
5.	**Movimentos de capitais (5.1 a 5.4)**
5.1	Amortizações
5.2	Investimentos Diretos
5.3	Empréstimos e financiamentos
5.4	Amortizações
6	**Erros e Omissões**
7	**Saldo do Balanço de Pagamentos (4+5+6)**

ADMINISTRAÇÃO FINANCEIRA DE MULTINACIONAIS

Além das funções e tarefas financeiras domésticas que devem ser eficazmente executadas, as empresas multinacionais convivem com algumas dificuldades adicionais que merecem ser consideradas aqui.

1. **Convivência com diferentes moedas.** As multinacionais convivem diariamente com inúmeras moedas e, portanto, precisam acompanhar com cuidado as mudanças nas taxas de câmbio. A forma como são afetados os valores e os resultados é uma tarefa adicional árdua e complexa. Exemplo típico é a Nestlé, que opera em mais de 150 países.

2. **Complexidade das leis locais.** Nos países mais desenvolvidos, onde se situa a maior parte das sedes das multinacionais, os executivos estão acostumados a trabalhar com sistemas tributários consolidados, com poucos tipos de tributos e com poucas mudanças na legislação. Nesses países, há cerca de sete a oito tributos. No Brasil, temos mais de 66 tributos.

3. **Ambiente político, econômico e social.** Cada país tem a sua organização social, com seus partidos políticos, suas instituições, seu povo, sua renda. A maior parte dos países desenvolvidos trabalha com inflação anual de cerca de 3%; com dívida de cerca de 60% do PIB, com estabilidade de suas leis e instituições. Em alguns países emergentes, muda-se a Constituição, a moeda, o presidente do Banco Central, em poucos meses. A instabilidade do ambiente é muito maior. Há necessidade de ambientação às constantes mudanças.

4. **Diferenças culturais.** Cada povo tem suas tradições, seus hábitos, sua maneira de ser. Surgem grandes choques culturais. Alguns exemplos são: rigidez de horários, formalidade no tratamento dos assuntos, tempo utilizado na tomada de decisões, postura profissional, tra-

tamento das críticas e dos erros, humor em situações críticas, relacionamento com pares e com colaboradores.

5. **Diferenças de idiomas.** Para os europeus, um executivo de multinacional fala com facilidade três ou quatro idiomas, porque se ele percorrer 200 ou 300 quilômetros poderá ter atravessado três ou quatro países. De modo que é fácil sua convivência em muitos países. Nas multinacionais praticamente todos os executivos e gerentes falam ou compreendem dois idiomas, sendo obrigatório o inglês. No entanto, é presunção dos executivos das multinacionais acreditarem que todos estarão compreendendo perfeitamente o que eles pensam e dizem. Com o advento da Internet e da globalização, tal dificuldade vem diminuindo.

6. **Estágio de renda *per capita* do país.** Quando executivos de multinacionais com origem em países de renda *per capita* de US$25.000 ou US$30.000 vão conviver com pessoas que convivem em países onde a renda *per capita* é de US$3.000 ou US$5.000, há uma distância quase intransponível de comunicação e de entendimento dos objetivos e das prioridades individuais e da empresa. Essa diferença causa graves dificuldades no alcance das metas de muitas empresas. Os estágios de atendimento das necessidades das pessoas são muito distantes.

7. **Governo e regime político.** Mesmo que um país receba de braços abertos uma multinacional, pode haver choques enormes de visão de mundo. Há modelos democráticos, autocráticos, mais abertos a estrangeiros, menos abertos. Diferentes governos conduzem diferentes políticas econômicas e sociais. Atualmente, tem crescido a intolerância às multinacionais de determinados países, por exemplo. Recentemente fizemos estudos comparando empresas do Brasil, Reino Unido, França, Itália e Suécia. Cada país fala uma língua, os tamanhos da população são totalmente diferentes, o clima, as instituições, os regimes políticos. Evidentemente, exigirá dos executivos que enfrentam essa situação um grande preparo e disposição.

8. **Diferenças nas estratégias e gestão financeira.** A Teoria financeira é a mesma, no entanto, haverá diferenças fundamentais no tamanho das empresas e no estágio de desenvolvimento dos países de origem das multinacionais e dos países que as recebem. Isso implicará em diversas diferenças práticas, derivadas da formação cultural dos executivos e da "escola" profissional que eles frequentaram. Essas dificuldades ficam bastante ressaltadas nos processos de fusões e incorporações de empresas locais, tema do Capítulo 19.

18.5 MERCADO FINANCEIRO INTERNACIONAL

Existem várias formas de captação e aplicação de recursos no mercado internacional. As principais classes de ativos negociados são:

a) *commodities*: produtos agrícolas e minerais padronizados;
b) *equities*: ações, títulos de renda variável;
c) *fixed incomes*: títulos de renda fixa;
d) *foreign exchanges*: moedas estrangeiras.

O mercado financeiro internacional está estruturado conforme o Quadro 18.3.

Quadro 18.3 Estrutura do Mercado Financeiro Internacional

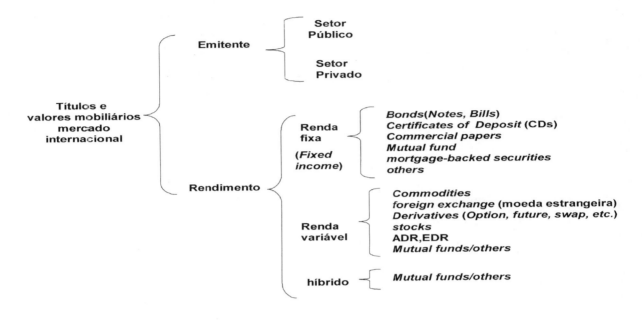

18.6 EUROMERCADOS

Estabelecidos com o objetivo de manobrar restrições dos mercados nacionais, que depois foram largamente desregulamentados, os euromercados continuam crescendo e oferecendo benefícios. A busca por um acesso genuinamente global ao capital e o desejo generalizado por uma liberalização em relação a regulamentações e cargas fiscais em mercados domésticos levou ao surgimento do mercado financeiro internacional no final da década de 1950.

Na Alemanha, durante o período de hiperinflação que se seguiu à Primeira Guerra Mundial, foram realizadas transações em dólares americanos e libras, então a segunda moeda dominante. A moderna rede mundial de transações de euromoedas desenvolveu-se na década de 1960, após a atenuação dos controles cambiais adotada pelos países da Europa Ocidental em 1958. Quase 80% das transações bancárias internacionais são realizadas em euromoedas; e, além disso, mercados ativos de emissões em euromoedas desenvolveram-se, especialmente eurobônus e, em menor extensão, ações e outros títulos.

> Euromercados e euromoedas referem-se às transações financeiras em outra moeda que não a do país de origem.

O prefixo euro deriva do fato de tais transações, chamadas às vezes de *offshore*, terem se originado na Europa, sendo Londres o maior centro bancário de euromoedas. Hoje, no entanto, quase metade das denominadas transações em euromoedas ocorre fora da Europa, em centros como Hong Kong, Cingapura, em "paraísos fiscais" e, em menor extensão, em Nova York e Tóquio. O dólar americano é a mais importante euromoeda, seguido pelo euro e pelo iene, o que reflete o papel dos respectivos países no comércio e nas finanças internacionais.

> Eurodólares são depósitos de dólares em bancos localizados fora dos Estados Unidos, incluindo filiais estrangeiras de bancos americanos.

Apesar do prefixo euro, os bancos que recebem depósitos em eurodólares podem se localizar tanto na Europa como em outras partes do mundo, desde que sua localização seja fora dos Estados Unidos. Os eurodólares nascem quando um americano ou estrangeiro possuidor de dólares depositados em um banco americano dentro dos Estados Unidos transfere esse depósito para um banco fora daquele país. O banco no exterior que aceita esse depósito recebe, por sua vez, um saldo em dólares na conta que possui com o seu banco correspondente nos Estados Unidos.

No curso dessa transação, portanto, a propriedade do depósito em dólar nos Estados Unidos é adquirida pela instituição no exterior. O total de dólares não se altera, mas cria um saldo de dólares no exterior. Generalizando o conceito de eurodólares para euromoedas, entende-se por ser depósitos bancários denominados numa moeda diferente daquela moeda local do país onde um banco é física e geograficamente localizado.

A partir de 1960, houve crescimento do mercado de eurodólares estimulado por uma série de medidas adotadas pelo governo dos Estados Unidos, que objetivaram restringir a saída de reservas americanas. Dessa forma, o mercado de eurodólares veio em socorro aos bancos americanos que, ao transferir depósitos escriturais de suas matrizes para filiais no exterior, conseguiam passar ao largo da regulamentação e captar recursos pagando taxas mais altas no mercado de eurodólares do que aquelas permitidas pela regulamentação (que não se aplicava aos eurodólares).

A acumulação de recursos elevados de dólares americanos e outras moedas fortes mantidos nas contas chamadas *off-shore* permitiu a base de sustentação para um esquema de empréstimos fora das fronteiras tradicionais dos mercados locais. Desde a primeira emissão em 1963, os mercados internacionais de capitais, comumente conhecidos como euromercados, têm conservado atratividade para todos os seus participantes, tanto para os emissores e investidores como para os intermediários.

Os euromercados são compostos de três setores:
1. euromoedas;
2. eurocréditos;
3. eurobônus.

No setor euromoedas, são aplicadas as euromoedas nos bancos com prazos que variam de um dia, através de operações de *overnight*, até um ano. No eurocrédito, os bancos, individual ou consorciadamente, realizam empréstimos em euromoedas por prazos que vão de 60 dias a dez anos, ou até mais. No setor eurobônus, os bancos e os sindicatos de bancos emitem a favor de seus clientes todo tipo de títulos em euromoedas e os aplicam.

No caso brasileiro, a procura pelos euromercados objetiva levantar grandes somas a custo bem menor que os juros praticados no mercado interno. Para exemplificar, apenas no ano 2000, empresas nacionais levantaram cerca de US$20 bilhões com lançamento de ações e bônus, com crescimento de cerca de 25% em comparação ao ano anterior.

VANTAGENS DAS TRANSAÇÕES EM EUROMERCADOS

O crescimento dos euromercados ocorreu como forma de evitar as várias restrições e os custos dos mercados de valores bancários nacionais. Incluíam tetos para as taxas de juros, restrições impostas aos investimentos estrangeiros, pelos Estados Unidos, e a proibição, em 1957, da utilização de empréstimos bancários em libras para financiar o comércio entre países fora do Reino Unido.

Hoje, apenas permanece a imposição, feita pelos bancos centrais de alguns países, de depósitos compulsórios não remunerados sobre os depósitos dos bancos nacionais, com a medida para favorecer as operações bancárias em euromoedas. Mesmo assim, os euromercados continuam crescendo devido a outras vantagens que oferecem.

Essas vantagens incluem a conveniência para um cliente efetuar transações em moeda estrangeira em um banco nacional, em vez de estrangeiro; a possibilidade de seguir os horários dos mercados de outros países; o fato de poder-se contrair empréstimos bancários muito vultosos através de sindicatos de bancos (95% dos empréstimos bancários internacionais desse tipo são denominados em euromoedas); impostos reduzidos em alguns centros; e a possibilidade de separar os riscos cambiais dos riscos políticos (a ex-União Soviética preferiu manter suas reservas em dólares fora dos Estados Unidos durante os anos 1950 e 60).

EUROMOEDAS

Fatores especiais influenciam o ritmo de crescimento das transações bancárias em euromoedas de tempos em tempos. O aumento dos preços do petróleo em 1973 e de novo em 1979-80 criou nos países exportadores grandes excedentes nas balanças comerciais, que em grande parte foram investidos em depósitos bancários em dólares, muitas vezes fora dos Estados Unidos. Mas essa fase de expansão chegou ao fim em 1982, com a moratória da dívida mexicana.

Uma possível explicação para a expansão dos euromercados, apresentada há 20 anos, tem agora pouco apoio. É a proposta de que os processos eurobancários envolveram um significativo efeito multiplicador do crédito, por meio do qual um desvio dos depósitos – dos mercados domésticos para os euromercados – criaria um aumento total dos depósitos que seria múltiplo do total originalmente desviado.

Na visão moderna, esse efeito multiplicador em geral é muito brando. A existência dos euromercados não interfere na capacidade de os bancos fixarem as taxas de juros; mas, como os indicadores de oferta de dinheiro são definidos em termos de depósitos domésticos, o movimento dos depósitos em euromoedas pode complicar a interpretação das condições monetárias.

Até que ponto as instituições não bancárias decidem ter depósitos em euromoedas em vez de em moeda doméstica depende de comparação dos lucros relativos e dos custos de cada um dos dois tipos de mercado. A exigência de grandes níveis de reservas obrigatórias, por exemplo, força os bancos a oferecerem baixas taxas de juros nos depósitos domésticos em oposição aos depósitos em euromoedas. A redução do nível de reservas obrigatórias em vários países nos últimos anos é uma das razões que explicam a diminuição na última década da proporção de depósitos em euromoedas nos mercados bancários internacionais de 90% para 80%.

EUROCRÉDITOS

Um dos mais importantes desenvolvimentos dos euromercados foi o surgimento dos eurocréditos, a taxas flutuantes nos anos 1970, pois nesse período um número crescente de tomadores internacionais buscava os euromercados à procura de financiamento para seus projetos de capital.

O mercado, no entanto, não era suficiente para atender a demanda de créditos. Não que os recursos fossem insuficientes, mas pelo contrário, os eurobancos estavam bastante líquidos. O problema era que durante os anos 1960 as taxas de curto prazo das euromoedas haviam subido tanto, que os bancos ficavam relutantes em se comprometerem com empréstimos de médio prazo a taxas préfixadas. Eles temiam aumento de seu custo de captação futura. Era necessário encontrar uma forma de protegê-los de flutuação de taxas nos seus custos de captação, e que ao mesmo tempo garantisse uma margem de lucro nas carteiras de empréstimos.

Era também necessário quebrar o risco inerente aos grandes empréstimos internacionais de forma a permitir que os bancos participassem em proporções adequadas. Os eurocréditos a taxas flutuantes vieram a solucionar essa questão, através da combinação de três fatores. Em primeiro lugar, os eurocréditos permitem que os juros sejam repactuados periodicamente na base da LIBOR de três ou seis meses. Em segundo lugar, são geralmente oferecidos por sindicatos de bancos, o que faz com que o risco seja disseminado por vários bancos. Em terceiro lugar, pode-se citar que os eurocréditos são, em sua maioria, de médio e longo prazos.

EUROBÔNUS

> Bônus (Bonds) são títulos emitidos por uma empresa ou órgão de governo, para captação de recursos em valores elevados, na qual o emissor promete pagar uma quantia fixa final ou uma quantia de resgate no vencimento do título e que normalmente promete pagar também uma quantia fixa ou variável de juros, dentro de um período declarado de tempo, antes de alcançar seu vencimento.

O termo bônus (*bonds* em inglês) é usado tradicionalmente no exterior para títulos com mais de 10 anos de prazo de maturidade. Para os títulos com menos de 10 anos utiliza-se o termo *notes*.

Assim como existem os certificados de American Depositary Receipts, há outros certificados de recibos de ações utilizados em diversos países, tais como: Global Depositary Receipts (GDRs); International Depositary Receipts (IDRs); European Depositary Receipts (EDRs). No Brasil esses títulos são chamados Brazilian Depositary Receipts (BDRs) e são mantidos em custódia numa instituição brasileira autorizada pela CVM a prestar esse serviço para o fim específico de emissão de DRs.

Cerca de metade dos empréstimos internacionais é feita no momento sob a forma de emissão de bônus, e cerca de 80% são feitos sob a forma de eurobônus. Originalmente, o termo "eurobônus" designava apenas os bônus em moeda diferente da unidade monetária do país de emissão, mas hoje é utilizado também para as emissões, por parte de um país credor, em moeda do país de emissão, desde que a distribuição se verifique principalmente entre investidores internacionais por meio de uma associação de entidades de investimento. O eurobônus quase nunca é garantido, sendo sempre a juros fixos. Daqui a alguns anos acredita-se que cerca de 80% das emissões de eurobônus serão convertidas para outras moedas por operações *swap*.

Como ocorreu com as operações bancárias em euromoedas, o desenvolvimento inicial dos mercados de eurobônus se deu em reação às restrições e aos custos de transação na emissão de bônus na moeda dos mercados internos. Tendo em visa que os eurobônus são títulos "ao portador" não registrados, dos quais usualmente não há dedução fiscal na fonte, oferecem também desvantagens fiscais. Mas as desvantagens das emissões em moeda interna tornaram-se relativamente irrelevantes por uma razão ou por outra.

Apesar disso, e embora tenha havido melhorias nos mercados domésticos de bônus, a cota de emissões em eurobônus nas operações de crédito internacionais continua crescendo, de 20% em 1980 para cerca de 40% em 1993, em detrimento dos empréstimos por sindicatos de bancos.

O eurobônus constitui atualmente três quartos do total dos bônus internacionais. Esse crescimento foi ajudado pela padronização de medidas de emissões, tais como a forma do documento de emissão, o pagamento de juros e as providências de resgate, o que manteve o nível de emissões em baixa. O mercado de emissão de eurobônus é flexível e competitivo, e está livre de altos custos de transação, típicos de mercados cartelizados, como a França, Alemanha e Suíça, e também de mercados altamente regulamentados, como Nova York e Tóquio.

Tabela 18.1 Captação nos mercados internacionais de capitais (1984-2001)

Fluxos (em bilhões de US$)	1984	1989	1992	1993	1994	2000*
Bônus	111.5	255.7	333.7	481.0	428.6	963.2
Outros	85.8	210.8	276.0	337.6	539.0	1.216.0
TOTAL	197.3	466.5	609.7	818.6	967.6	2,179.2
Dos quais:						
Eurobônus	n.d.	n.d.	276.1	394.6	368.4	829.6

Fonte: Tendência dos Mercados Financeiros, OCDE.

Em geral, o eurobônus é relacionado nas bolsas de Londres ou Luxemburgo. Acredita-se que Londres opere três quartos das transações no mercado secundário, que normalmente é um mercado de balcão, no qual os bancos atuam como operadores. Pequenas emissões talvez tenham baixa liquidez, porém, margens de lucro em ofertas de obrigações de alta qualidade entraram em baixa à medida que foram realizadas melhorias no mercado.

> Notas Promissórias (*Notes*) são títulos de dívida, normalmente com vencimento de até dez anos

Trata-se de documento legal que obriga um tomador a reembolsar um empréstimo a uma taxa de juros determinada durante um período de tempo especifico. Criado nos Estados Unidos, é chamado também de *Promissory Note* ou *Treasury Note*, é um título emitido e garantido pelo governo americano, com vencimento entre um e sete anos.

> *Commercial paper* é um título que permite levantar recursos de curto prazo por empresas e *instituições financeiras.*

A emissão é feita na forma de notas promissórias, sem garantia real, usualmente vendidas com deságio, ao portador, com prazos inferiores a um ano. É uma alternativa de baixo custo aos empresários bancários para recursos de curto prazo. Tipicamente suas taxas são inferiores à LIBOR e à PRIME RATE.

O *commercial paper* ganhou feição de curto prazo, porque com vencimento inferior a nove meses fica isento de registros na Securities Exchange Commisson (SEC), equivalente à nossa Comissão de Valores Mobiliários (CVM), desde que os recursos obtidos sejam utilizados para financiar transações de curto prazo ou correntes classificadas no Ativo Circulante. Pode ser emitido no exterior por empresas, tendo uma taxa de juros máxima fixada pelo Banco Central, de acordo com taxas praticadas nos mercados internacionais.

Podem ser emitidos diretamente aos investidores por uma empresa financeira ou industrial. As emissões também são feitas por corretoras ou agentes de colocação (*placement agents*). Não possui garantia real, mas pode ser garantido por fiança bancária. É negociável e com vencimento em data certa.

Os juros incidentes são cobrados mediante desconto na data de colocação ou na data de vencimento, não sendo usual a cobrança de juros periódicos (cupom). Algumas empresas emitem o *commercial paper* apenas como uma fonte suplementar de recursos de curto prazo. Outras, porém, buscam nesse mercado o grosso dos recursos de que necessitam. O Quadro 18.3 apresenta alguns dos objetivos de se emitir *commercial paper*.

Quadro 18.3 Porque as empresas emitem *commercial papers*

- Levantar recursos visando obter descontos de fornecedores. Usualmente os fornecedores concedem descontos para pagamentos a vista, em antecipação ao prazo usual, os descontos obtidos costumam ser superiores aos juros pagos pelos emitentes de *commercial paper*.
- Tomar recursos a taxas mais favoráveis do que as cobradas pelo seu banco.
- Estabelecer um mercado mais amplo para seu *commercial paper* do que é possível operando com bancos locais, característica típica da região norte, com seus bancos regionais e locais.
- Manter um controle mais imediato da dívida da empresa em comparação com outras formas de financiamento de curto prazo disponíveis no mercado. Sendo as colocações iniciadas e concluídas no mesmo dia, o emitente pode beneficiar de baixas nos juros ou antecipar sua elevação, alterando em consequência os montantes contratados.
- Financiar projetos de investimentos que serão cobertos pela venda de novos títulos.

VANTAGENS DOS EUROMERCADOS PARA AS EMPRESAS

O desenvolvimento dos euromercados tem contribuído para facilitar o acesso das empresas aos mercados de crédito e diminuir os custos do endividamento em comparação com os níveis de taxas de juros subjacentes. Mesmo pequenas empresas podem chegar ao mercado de euromoedas através dos seus bancos; e as empresas podem conseguir empréstimo em qualquer mercado que lhes ofereça mais vantagens e obter a moeda de que necessitam por meios de operações *swap*.

A concorrência dos euromercados tem ajudado a "lubrificar" mercados nacionais cartelizados e tem desempenhado papel significativo na sua liberação, o que vem beneficiando todos aqueles que procuram empréstimo. Ao facilitar as condições de financiamento internacional e ao ajudar a diminuir as diferenças nas taxas de juros reais entre os países, os euromercados vêm contribuindo para a criação de um mercado de capitais globalizado, em benefício do crescimento econômico mundial.

O eurobônus fica fora da jurisdição legal de qualquer país e pode ser:

a) emitido em qualquer das grandes moedas internacionais;

b) emitido fora do país da moeda em que são denominadas;

c) adquirido por investidores em quase todos os países;

d) emitido a qualquer tempo;

e) estruturado de formas diversas permitindo-lhe flexibilidade para atender a necessidades de investidores ou emissores.

Esses títulos são emitidos por prazos superiores a um ano e em valores altos, e consequentemente, a subscrição e distribuição aos investidores são feitas através de sindicatos de bancos, sendo prontamente negociáveis no mercado secundário. Podem ser emitidos na forma ao portador, em que a propriedade do título é evidenciada pela sua simples posse, ou nominal, em que os proprietários são registrados num controle mantido pelo tomador.

O eurobônus toma corpo através de um certificado que estipula a obrigação do tomador em repagar ao investidor um valor fixo (principal ou valor ao par) numa certa data futura preestabelecida. Esse valor ao par, também conhecido como valor de face, permanece inalterado durante a vida do título e não deve ser confundido com o preço de emissão ou seu valor de mercado.

Esse certificado também especifica os juros a serem pagos, chamados cupons, pois tem a forma de um cupom. Geralmente a liquidação do principal de um bônus é feita no final. Entretanto, podem ser feitas provisões para a liquidação antecipada, através de opções de compra (*call*), que dá ao emissor o direito de pagar o principal e, portanto, resgatar o título antes de vencimento estipulado; ou opções de venda (*put*), pela qual o investidor pode exercer seu direito de venda ao emissor antes do vencimento final.

A definição do preço é um aspecto importante a ser considerado na utilização desse instrumento de captação externa de recursos, pois ele deve levar em conta o interesse do investidor e as necessidades da empresa. O preço é estabelecido em função do risco político, risco inerente à empresa e seu negócio, demanda e oferta global do produto e volume da emissão. Por necessitarem de registro em Bolsa e embutirem altos custos administrativos, são normalmente emitidos por empresas de grande porte e em boas condições de solidez financeira. O Quadro 18.4 apresenta alguns dos principais títulos operados no mercado de eurobônus.

Quadro 18.4 Tipos de eurobônus

A. Pré-fixados (*Straight Eurobonds*)
- Emitidos ao par, ou com deságio.
- Os juros são anuais e o resgate se dá pelo valor de face.
- Prazo de três a sete anos.
- Os pagamentos de juros podem ser diferidos (devido ao impacto fiscal), e a amortização pode ser parcelada.
- Resgate mínimo a cada 12 meses (*Sinking Fund*).
- Se a cotação do papel cai, o emitente deverá suportar o preço mínimo (*Purchase Fund*).

B. Títulos com Taxas Flutuantes (*Floating Rate Notes*)
- Taxas de juros repactuadas semestral ou trimestralmente, conforme variação da LIBOR.
- É especificada uma taxa mínima de juros.
- São emitidas entre 5 e 15 anos (há ocorrência de perpétuas).
- Utiliza-se de *Sinking e Purchase Funds*.
- É lastro para opção de vendas.

C. Títulos Conversíveis (*Convertibles Bonds*)
- Remuneração básica (juros periódicos e resgate nos vencimentos) mais baixa.
- Opção de conversão em ações (*equity*) numa relação prefixada na emissão.
- São títulos sênior ou híbrido (renda variável com piso de remuneração).

D. Bônus com Garantias (*warrants*)
- Warrants são opções de comprar lote de títulos emitidos pelo tomador, a preço de exercício, enquanto a opção de compra é emitida pelo investidor.
- O lastro pode ser em ações ou títulos de crédito.
- A diferença entre os juros de mercado e dos *warrants* influirá na decisão de prorrogar o empréstimo.

E. Sintéticos
- Combinação de títulos de dívida com derivativos (*swaps*).
- Há dois contratos de subscrição: o dos títulos e o dos *swaps*.

> Certificado de Depósito é um título de médio e longo prazos, emitido em moeda estrangeira, por bancos brasileiros com agências, filiais e/ou subsidiárias bancárias no exterior.

Corresponde ao Certificado de Depósito Bancário brasileiro sendo, portanto, um depósito a prazo fixo, com taxa de juro predeterminada. Sua finalidade é capitalizar agências de bancos brasileiros no exterior. Alguns bancos que possuem agência no exterior também utilizam esses recursos, para repasses aos clientes brasileiros via Resolução nº 63. O prazo mínimo é de 30 meses, conforme a Carta Circular Firce nº 262 de 24/04/1992. A operação requer aprovação prévia do Departamento de Capitais Estrangeiros do Bacen.

As garantias podem ou não ser oferecidas, a critério dos interessados. Os agentes de colocação primária são as agências, filiais ou subsidiárias de bancos brasileiros no exterior ou terceiros. A moeda é o dólar americano, e o valor mínimo da emissão é de US$100.000. Os títulos podem ser negociados no mercado secundário, no exterior ou no país, passando a ser obrigatoriamente nominativos a partir de sua nacionalização mediante aquisição por pessoas domiciliadas no país.

> Recibo de ações (*depositary receipts*) são títulos negociados que correspondem a ações estrangeiras.

Para levantar capital próprio ao longo prazo, as empresas podem lançar certificados, representativos de ações ou outros valores mobiliários nos principais mercados financeiros do mundo. Quando colocados no mercado norte-americano, são chamados American Depositary Receipts (ADR).

Há três níveis de ADRs:
a) os de nível 3, os recibos correspondem a uma emissão de novas ações por parte da empresa e são negociáveis nas bolsas americanas;
b) os de nível 2 não permitem a captação de dinheiro novo, mas habilitam as ações de uma empresa a serem negociadas em uma das principais bolsas americanas;
c) os de nível 1, além de lastreado em ações que já circulam no mercado, como o de nível 2, são negociados no mercado de balcão americano e não nas bolsas. Nos ADRs de níveis 1 e 2, portanto, não há captação de dinheiro novo.

Os certificados de ADRs estão se expandindo no mundo, vencendo barreiras geográficas rapidamente, dessa forma, surgem vários outros tipos de papéis para negociações nos diversos mercados que compõem o mercado financeiro internacional.

CONVERSÃO DE MOEDA E AS TAXAS DE CÂMBIO: A NECESSIDADE DE HEDGE

No Capítulo 2, discutimos as conversões de moedas. Como as cotações variam no tempo, o valor de um contrato de compra ou de venda pode alterar muito ao longo do período de vigência da negociação, em função da variação da cotação da moeda em que foi negociado. Para reduzir os impactos dessas variações nos pagamentos e recebimentos, das negociações comerciais e das operações financeiras, é possível estabelecer mecanismos de proteção, chamados *hedge*.

Por exemplo: a Electrolux da Amazônia Ltda. importa da Samsung Eletronics Co. Ltd., situada na República da Coreia, kits para montagem de micro-ondas. O *lead time* do fabricante é de 60 dias, período de tempo entre a colocação do pedido e a disponibilização para saída da mercadoria da fábrica. O *transit time*, período de tempo decorrido entre o transporte primário, transporte principal, desembaraço da mercadoria e transporte final é em média 60 dias. Portanto, o ciclo operacional é, em média, 120 dias. Se o prazo de pagamento for de 150 dias após o embarque da mercadoria e o contrato for fechado a US$100, na colocação do pedido, com cotação de R$2,00, existe um período de 210 dias, durante o qual a cotação do dólar pode flutuar, por exemplo, 50%. O Quadro 18.5, a seguir, mostra a proteção cambial obtida por meio do mecanismo de *hedge*, para essa operação. Os principais mecanismos de *hedge* são as compras de moeda no mercado futuro, compra de opções e contratos "casados".

Quadro 18.5 Proteção cambial mediante *hedge*

HEDGE	Na data do contrato	Na data futura Sem proteção	Na data futura Com proteção
Valor de 1 US$	R$ 2,00	R$ 3,00	R$ 2,50
Preço do contrato	US$100,00	US$100,00	US$100,00
Custo em reais	R$200,00	R$300,00	R$250,00
Adicional pelo custo do *hedge*	R$ 0,00	R$ 0,00	R$ 3,00
Custo total de um kit	R$200,00	R$300,00	R$253,00

O MERCADO BANCÁRIO INTERNACIONAL

> O mercado bancário internacional constitui uma rede global de transações financeiras que, para a maioria dos bancos, representa uma proporção cada vez maior de suas operações.

As transações bancárias efetuadas com não residentes representam cerca de 85% das transações com residentes efetuadas em moeda estrangeira (internacionais). As transações bancárias internacionais devem ser diferenciadas das transações "estrangeiras", que são transações de bancos estrangeiros com os residentes do país em que estão localizados, bem como com os não residentes.

TRANSAÇÕES INTERBANCÁRIAS INTERNACIONAIS

As transações interbancárias criam uma rede de operações internacionais, que nos últimos anos constituíram mais de 70% dos créditos a tomadores no exterior e cerca de 50% dos créditos em moeda estrangeira no mercado doméstico.

As transações interbancárias são fundamentais porque:

a) permitem que cada banco ajuste suas posições originadas de "descasamentos" entre depósitos e empréstimos em uma moeda diferente; de "descasamentos" entre ativos e passivos com vencimentos diferentes ou "descasamentos" de taxas de juros;
b) formam uma ligação entre centros bancários internacionais;
c) oferecem uma cadeia de transferência de risco de crédito.

Portanto, as transações interbancárias criam uma rede mundial de liquidez e distribuição de riscos, que cresce com a ajuda da tecnologia, a qual reduz seus custos das transações e facilita as transações bancárias em mercados monetários e cambiais internacionais.

Os créditos a tomadores no exterior, excluindo as transações interbancárias, têm crescido mais rapidamente do que o volume do comércio mundial. O crescimento da atividade bancária internacional tem auxiliado pela eliminação de controles cambiais e outras restrições.

As crescentes necessidades internacionais, tanto de clientes internos quanto estrangeiros, têm motivado os bancos a abrir escritórios no exterior. As multinacionais do setor industrial tornaram-se mais numerosas e operam cada vez mais em larga escala. Por outro lado, o avanço da tecnologia reduziu os custos das transações financeiras internacionais e facilitou o controle das operações externas, possibilitando a criação de redes de escritórios bancários no exterior, com efeitos dramáticos sobre o comércio global e a tomada de posições.

Estudos realizados pelo Fundo Monetário Internacional apontam que o crescimento dos empréstimos bancários internacionais tem sido extraordinariamente alto nestes últimos 30 anos, representando atualmente 50% das importações mundiais. Uma das explicações dessa expansão foi o aumento, desde o início dos anos 1980, do uso de instrumentos derivativos, particularmente na forma de *swaps* cambiais e de taxas de juros, em que os bancos agem, com efeito, como formadores de mercado.

Em consequência da liberalização dos mercados, os mercados bancários internacionais tornaram-se cada vez mais integrados com os mercados domésticos. A concorrência dos bancos estrangeiros desempenha importante papel na redução das margens de lucro sobre os financiamentos internos. O desenvolvimento das operações bancárias internacionais tem sido um elemento indispensável no progresso rumo a um mercado mundial de capitais em que o fluxo das poupanças pode ser direcionado ao investimento que oferece o retorno mais alto, se ajustado para o risco relativo, com vantagens, em longo prazo, para o crescimento econômico mundial.

CENTROS BANCÁRIOS INTERNACIONAIS

Um estudo britânico[5] discute os fatores que levam à criação desses centros financeiros e a possível ameaça de concorrência. Na maioria dos países, os serviços financeiros concentraram-se em um único centro e apenas nos sistemas federais consolidados a pressão para centralizar foi mais lenta.

---

[5] *The Competitive Position of London's Financial Services*, da City Research Project, patrocinado pela Corporation of London e administrado pela London Business School (março de 1995).

Mesmo nesses casos uma cidade dominante em geral emergiu – Frankfurt, na Alemanha, Zurique, na Suíça, Toronto, no Canadá, e Sidney, na Austrália.

Essa concentração de serviços financeiros domésticos repete-se na arena internacional, em que a atividade está altamente concentrada em três centros: Londres, Nova York e Tóquio. Cada um está localizado de forma que permita a passagem do testemunho financeiro de um centro para o outro, à medida que a Terra gira. No caso da Ásia, a séria regulamentação da estrutura dos serviços financeiros japoneses deixou um vácuo parcial que permitiu a outros centros, como Hong Kong e Cingapura, estabelecerem-se como importantes entrepostos regionais.

O PAPEL DE LONDRES

Uma porcentagem substancial das operações financeiras em Tóquio e Nova York tem origem interna. Londres, entretanto, é, por natureza, um centro internacional. Por exemplo, Londres domina o mercado de emissões internacionais de bônus e de capitais, e é de longe o maior centro de comércio de divisas. Tem o maior mercado de futuros e de mercadorias fora dos Estados Unidos. É o principal centro de negócios sobre futuros de juros e, com Nova York, forma o principal mercado de *swaps*. Está atrás apenas de Tóquio, em montante de fundos geridos e é um dos maiores mercados do mundo de seguros e de transporte marítimo.

A concentração de atividades financeiras e a transformação do papel de Londres foram ambas influenciadas pelas mudanças ocorridas nos serviços financeiros. Desde o inicio da década de 1960, registra-se um ritmo rápido de inovação dos produtos. As causas dessa onda de inovação são várias. Em parte, pode ser atribuída à retomada após a estagnação provocada pela recessão e pela guerra. A tecnologia também é responsável por essa inovação, porque permitiu melhorias no fluxo de informações e a redução dos custos das transações.

As mudanças na economia financeira foram importantes porque possibilitaram valorizar e assegurar a cobertura de instrumentos financeiros complexos. Sem dúvida, os governos exerceram também papel fundamental. Por exemplo, a evolução dos euromercados deve-se principalmente aos tetos das taxas de juro nos depósitos bancários nos Estados Unidos e à taxa de equiparação de juros nas aquisições norte-americanas de títulos estrangeiros.

18.7 RESUMO

Este capítulo trata dos assuntos empresarias que transcendem as fronteiras do país e estabelecem negociações internacionais. Apresenta as características das empresas multinacionais e internacionais, os principais investidores internacionais e as especificidades da gerência internacional.

Um dos principais assuntos do capítulo são as moedas estrangeiras: como calcular cotações, fazer conversões e estabelecer mecanismos de proteção contra a variação das cotações das moedas, especialmente do dólar. A importância das políticas econômicas dos países envolvidos nas operações internacionais é destacada, especialmente a receptividade a capitais estrangeiros e a política de câmbio, bem como o Balanço de Pagamentos. O capítulo apresenta também as diversas formas de uma empresa atuar em outro país: comércio exterior, *joint ventures*, investimento direto e com capital especulativo. Os papéis negociados no mercado financeiro internacional são brevemente descritos: Bonds, Notes e ADRs, assim como os mecanismos de proteção cambial.

Os euromercados começaram a se desenvolver como forma de evitar as restrições domésticas; o crescimento se mantém, hoje, em função das vantagens oferecidas: estão em operação 24 horas por dia, facilitam a formação de consórcios de bancos para a concessão de créditos vultosos e ajudam a diluir o risco tributário e político. O antigo argumento do "multiplicador de créditos" – incluindo o fato de que os euromercados não interferem na capacidade dos bancos centrais de controlar as taxas de juros — tem tido pouco apoio. O movimento dos depósitos em euromoedas algumas vezes complica a interpretação das condições monetárias. Os euromercados criaram um mercado de capitais globalizado.

18.8. QUESTÕES

1. Qual a mais tradicional forma de atuação das empresas no exterior? Quais os conhecimentos financeiros requeridos para essa atividade?
2. O que é moeda e quais as suas funções? Qual é uma moeda específica para as trocas internacionais?
3. Que características de Política Econômica devem ser identificadas pelo administrador financeiro internacional?
4. Quais as principais formas de uma empresa atuar no mercado externo?
5. Represente a estrutura do Balanço de Pagamentos e busque informações recentes sobre o Balanço de Pagamentos do Brasil.
6. Quais as principais classes de ativos negociados no mercado internacional?
7. O que são *Bonds*, *Notes* e ADRs?
8. O que é *Hedger*? O que leva as empresas contratar operações de *hedge*?
9. Qual o papel dos Euromercados?
10. O que é *drawback*?

18.9. EXERCÍCIOS

1. Considere um empréstimo de 1 milhão de dólares, contratado quando a cotação do dólar estava 1 US$= R$2,10. Calcule o montante do principal devido em reais, com a cotação do dólar a R$3,20, sem *hedge* e com o dólar "hedgeado" R$2,80, com custo de R$150.000,00. Qual o custo total da operação, na data do vencimento, em cada uma das três situações?

HEDGE	Na data do contrato	Na data futura (sem proteção)	Na data futura (com proteção)
Valor de 1 US$	R$2,10	R$3,20	R$2,80
Valor da dívida	US$1.000.000,00	US$1.000.000,00	US$ 1.000.000,00
Custo em reais			
Adicional pelo custo do *hedge*	–	–	R $150.000
Custo total			

18.10 BIBLIOGRAFIA ADICIONAL

ALMEIDA, André et al. *Internacionalização de empresas brasileiras – Perspectivas e riscos*. Rio de Janeiro: Elsevier, 2007.

DAMODARAN, Aswarth. *Finanças corporativas teoria e prática*. Bookman: Porto Alegre, 2004.

EITEMAN, David K.; STONEHILL, Arthur I.; MOFFETT, Michael H. *Administração Financeira Internacional*. 9ª ed. Porto Alegre [s.n], 2002.

LEWIS, Mervyn K.; Davis, K. *Bank for International Settlements Annual Reports: Domestic and international Banking* [s.l]: Philip Allan, 1987.

MADURA, Jeff. *Finanças corporativas internacionais*. 8ª ed. São Paulo: Cengage, 2006.

PADOVEZE, Clóvis Luiz. *Administração financeira de empresas multinacionais*. São Paulo: Cengage, 2006.

RACY, Joaquim Carlos. *Introdução à gestão de negócios internacionais*. São Paulo: Cengage, 2006.

ROSE H. "International Banking Developments and London's Position as an international Banking Center". *Relatório da London Business School*, The Corporation of London, 1994.

ROSS, Stephen A.; WESTERFIELD, Randolph W.; JORDAN, Bradford D. *Princípios de administração financeira*. São Paulo: Atlas, 1998.

The Competitive Position of London's Financial Services, da City Research Project, patrocinado pela Corporation of London e administrado pela London Business School (março de 1995).

ENDEREÇOS DE PESQUISA NA INTERNET

www.bcb.gov.br

www.bndes.gov.br

www.bovespa.com.br

www.eco.unicamp.br

www.economist.com

www.federalreserve.governo

www.gerdau.com.br

www.iedi.org.br

www.investopedia.com

www.mckinseyquarterly.com

www.mdic.gov.br

www.morganstanley.com/GETdata/digestos

www.oecd.org

www.periodicos.capes

www.standardpoors.com

www.teses.usp

www.transparency.org

CAPÍTULO

19

FUSÕES E AQUISIÇÕES

19.1. Introdução

19.2. Conceitos e fundamentos de fusões e aquisições

19.3. A decisão econômica da fusão e aquisição

19.4. Aspectos jurídicos, contábeis-tributários e culturais

19.5. Processos de negociação das fusões e aquisições

19.6. Fusões e aquisições no brasil e no mundo

19.7. Resumo

19.8. Questões

19.9. Exercícios

19.10. Estudo de caso

19.11. Bibliografia adicional

Cria-se a Brasil Foods (BRF)

A Brasil Foods (BRF), criada a partir da compra da Sadia pela Perdigão, é a terceira maior exportadora do país, depois de Vale e Petrobras, com presença em mais de 110 países, e almeja se tornar a maior exportadora de carne processada no mundo nos próximos anos. Os copresidentes do conselho da nova empresa, Nildemar Secches (Perdigão) e Luiz Fernando Furlan (Sadia), anunciaram o acordo no fim da manhã desta terça-feira em São Paulo.

Para o negócio ser confirmado, é necessária aprovação do Conselho Administrativo de Defesa Econômica (Cade), do Ministério da Justiça. O órgão é responsável por avaliar se há concentração de mercado, com eventuais prejuízos aos concorrentes e aos consumidores.

Segundo **reportagem** do jornal *Valor Econômico*, o negócio é visto como um dos maiores desafios ao órgão antitruste tanto pelo tamanho da nova empresa quanto por envolver diversos mercados no setor de alimentos, o que aumenta bastante a complexidade da análise.

A união já faz da BRF a maior produtora e exportadora mundial de carne de frango, uma das principais processadoras de carne de porco e a maior abastecedora de alimentos industrializados no país. A previsão de faturamento anual da companhia é de R$22 bilhões.

"Era uma discussão quase que óbvia", disse Secches em entrevista coletiva. "A missão da nova empresa é levar produtos e as marcas brasileiras para todo o mundo em um setor no qual o Brasil é o mais competitivo do mundo", afirmou. A composição do capital da empresa, segundo os executivos, será de 68% de acionistas da Perdigão e 32% da Sadia. Há alguns meses, a Sadia fez uma oferta hostil pela Perdigão.

Segundo analistas, o negócio ajudará a Sadia a se livrar das especulações negativas que vinham aumentando por conta dos resultados desfavoráveis nos últimos meses. A dívida bruta da empresa evoluiu de R$8,5 bilhões para R$9,4 bilhões de dezembro para março.

O controle, dizem Secches e Furlan, é inteiramente dos acionistas e será feito por profissionais. Furlan afirmou que o sistema será de "governança compartilhada para que as empresas possam utilizar as melhores práticas de mercado".O acerto, depois de dez anos de negociações, com duas tentativas fracassadas no meio do caminho, veio a partir de conversas no fim de 2008. De acordo com Secches, a assinatura do contrato foi acelerada por não ter sido incluído o debate sobre o destino do Banco Concórdia, que pertence à Sadia e é controlado pelas famílias Fontana e Furlan.

"Simplesmente separamos e fizemos a associação da parte operacional", afirmou Secches.

Desde o começo das negociações, estava definido que o banco ficaria de fora da nova empresa, como um negócio independente, controlado pelas famílias Fontana e Furlan. No entanto, restavam duas questões pendentes: o que fazer com um contrato de prazo indeterminado que o banco possuía para explorar a cadeia produtiva da Sadia e como fazer a cisão desse ativo da empresa. A separação do banco envolvia a definição de quanto capital ele necessitaria para existir de forma autônoma.

Ficou decidido que o banco não terá um contrato para explorar a cadeia de fornecedores e clientes da Brasil Foods. Com isso, o banco perde sua razão inicial de existir. Caberá às duas famílias definir o seu futuro. Internamente, o banco vem desenvolvendo estudos para encontrar um novo foco de atuação.

No balanço do primeiro trimestre, a Concórdia Holding Financeira, que controla o banco e a corretora do grupo, tinha patrimônio líquido de R$81,5 milhões.

Ainda de acordo com os executivos, uma empresa externa vai ajudar a identificar os talentos de Perdigão e Sadia para atacar melhor o mercado.

No fim da entrevista, Secches e Furlan posaram com uma camisa do Corinthians com o símbolo da BRF. Por meio da Batavo, a Perdigão era principal patrocinadora do uniforme do atual campeão paulista.

Folha de S. Paulo, 19/05/2009.

Quadro 19.1 Números da Sadia e Perdigão

OS NÚMEROS DA SADIA E PERDIGÃO (Dados de 2008)		
Empresa	Sadia	Perdigão
Receita Líquida	R$10,7 bi	R$11,4 bi
Lucro/Prejuízo	-R$2,5 bi	R$54 mi
Ebtida (lucro antes de juros, impostos, depreciação e amortização)	R$1,2 bi	R$1,2 bi
Exportação	R$5,6 bi	R$5,1 bi
Funcionários	60.580	59.008
Fundação	1944, em Concórdia (SC)	1934, em Videira (SC)
Produtos/Segmentos	Industrializados congelados, resfriados (de carne, além de massas), margarinas e doces	Industrializados e congelados de carnes, lácteos, massas prontas, tortas, pizzas, folhados e vegetais congelados

Folha de S. Paulo

19.1 INTRODUÇÃO

Fusões e aquisições são estratégias de expansão de negócios que podem alterar substancialmente o cenário no qual as companhias competem. Todos os dias, transações desse tipo são desenvolvidas unindo companhias independentes para formar novas. O custo de desenvolvimento e distribuição de produtos como *microchips*, remédios, automóveis, aviões, papel e celulose, minério de ferro, é tão elevado que as empresas devem servir a mercados mundiais e diluí-lo mediante economias de escala. A possibilidade de ativos, pessoas e produtos serem transferidos e mais bem utilizados é um desafio e uma oportunidade que as companhias com boas estratégias corporativas não querem e não devem deixar de aceitar.

O princípio-chave por trás do processo de fusão ou aquisição de empresas é a sinergia, em que um mais um é igual a três. Assim, duas companhias juntas são mais valiosas do que separadas.

Figura 19.1 Sinergia

Este capítulo vai permitir que você entenda as razões que estão por trás dessas transações, os procedimentos usados nos processos de avaliação e as estratégias de fusões e aquisições. Utilizaremos alguns conceitos vistos nos Capítulos 6, 7 e 8. Serão apresentados e discutidos os principais conceitos e fundamentos da fusão e aquisição; o desenvolvimento de estratégias, aspectos jurídicos, contábeis, tributários e culturais.

A maioria das companhias prefere estratégias de expansão – pelas quais aumentam sua participação no mercado, expansão para novas regiões geográficas ou incorporações de novos canais de distribuição para produtos e serviços já existentes.

Estratégias que procuram introduzir novos ramos de atividade ou eliminar partes aparentemente bem-sucedidas de seus negócios, geralmente, são adotadas com maior relutância. De modo geral, as aquisições são mais utilizadas que as fusões. As companhias mais procuradas são aquelas que atuam em setores em crescimento, em setores fragmentados, que apresentam queda de desempenho em relação aos concorrentes, que dominam tecnologia avançada em algum segmento, que detenham liderança de mercado regional ou que detenham boa participação no mercado em que atuam.

Os conceitos utilizados neste capítulo estão mais voltados para grandes empresas, mas podem ser aplicados em empresas de médio ou pequeno porte, se devidamente adaptados. Embora seja mais presente na economia americana, trataremos das aquisições hostis do controle acionário (*takeover*). Ressaltamos também que estaremos sempre nos referindo a fusões e aquisições, embora possamos estar ora nos referindo apenas a fusões, ora a aquisições.

O principal objetivo das fusões e aquisições é aumentar o valor da empresa resultante, e, decorrente disso, surge uma das maiores dificuldades desses processos: estabelecer o valor do negócio. No Brasil, devido aos fenômenos da desestatização, na década de 1990 tivemos inúmeros processos de fusões e aquisições, principalmente com companhias telefônicas, companhias de energia, bancos, siderúrgicas e petroquímicas.

19.2 CONCEITOS E FUNDAMENTOS DE FUSÕES E AQUISIÇÕES

As aquisições podem ocorrer de duas maneiras: amigáveis ou hostis.
- ✓ **Aquisições Amigáveis:** ocorrem quando a empresa-alvo concorda em ser adquirida. A administração aprova publicamente a operação, que ainda deve ser consentida pelos acionistas. Na maioria dos casos, como a administração já aprovou a tomada, os acionistas votam no mesmo sentido.
- ✓ **Aquisições Hostis:** ocorrem quando não há acordo para a aquisição. Neste caso, se faz necessária a compra da maior parte das ações da empresa-alvo pela ofertante no intuito de tornar-se acionista majoritária e assumir o controle. Para que isso seja feito é também necessário conseguir aprovação dos acionistas da empresa-alvo – além de propor um bom prêmio por suas ações – contrariando a atual administração, que pode reprovar publicamente a operação e tentar convencer os acionistas a recusar a oferta.

As aquisições podem ser divididas em dois grupos: aquisição de ativos e aquisição de controles acionários.

Na aquisição de ativos, há a transferência da propriedade dos ativos da empresa para a adquirente. A empresa da qual foram adquiridos os ativos pode continuar existindo ou não. Os ativos adquiridos são incorporados aos ativos da adquirente.

A aquisição do controle acionário vem a ser a transferência, de forma direta ou indireta, de ações integrantes do bloco de controle, de ações vinculadas a acordos de acionistas e de valores mobiliários conversíveis em ações com direito a voto, transferência de direitos de subscrição de ações e de outros títulos ou direitos relativos a valores mobiliários conversíveis em ações, resultando na transferência do controle acionário da sociedade.

A partir da aquisição do controle acionário, cabe à empresa optar:
a) Pela manutenção da empresa adquirida, sendo sua controladora ou *holding*. Neste caso, a empresa cujo controle acionário foi adquirido continua existindo e desenvolvendo suas atividades normalmente, só que agora sob a orientação do novo acionista controlador.
b) Por duas outras medidas: a incorporação ou a fusão.

A Figura 19.2 apresenta as modalidades de aquisições, em que se pode verificar que as aquisições podem resultar numa fusão ou consolidação, em processos de compra de ações ou compra de ativos. Pode ocorrer disputa por procurações no caso de aquisições hostis e pode, ainda, ser adquirida e ter fechado seu capital. Exemplo: A Eletrolux, quando adquiriu a Prosdócimo no Paraná, em seguida fechou seu capital.

Figura 19.2 Modalidades de aquisições

Fonte: ROSS, WESTERFIELD e JAFFE (1995)

Do ponto de vista jurídico, a Lei das Sociedades Anônimas conceitua, em seu art. 227:[1]

---
[1] Esse artigo permanece inalterado na nova lei das S.A.

> A incorporação é a operação pela qual uma ou mais sociedades são absorvidas por outra, que lhes sucede em todos os direitos e obrigações.

Na incorporação não há extinção de ambas, sendo que uma pessoa jurídica permanece, e a outra, incorporada, passa então a ser subordinada nos seus bens, direitos e obrigações à empresa incorporadora, que poderá utilizar ou não o nome da adquirida que terá sua pessoa jurídica extinta.

Nas fusões as pessoas jurídicas, sucessora e sucedida, se extinguem, dando o surgimento de uma nova pessoa jurídica formada pelo princípio da fusão. A mesma Lei das Sociedades Anônimas conceitua, em seu art. 228:

> A fusão é a operação pela qual se unem duas ou mais sociedades para formar sociedade nova, que lhes sucederá em todos os direitos e obrigações.

Na maioria das vezes, a fusão se dá com companhias do mesmo porte e do mesmo ramo de atividades, as quais perdem por completo sua identidade, deixando de existir. Nesse processo dá-se a transferência integral de ativos e passivos das companhias fundidas.

> Fusão defensiva é a fusão realizada com a finalidade de reduzir a vulnerabilidade de uma companhia mediante uma tomada do controle acionário.

Outro processo de reestruturação societária, que também é importante nas estratégias financeiras das companhias, é a cisão. Pode ocorrer uma cisão parcial no caso de a empresa originária transferir apenas parte de seus ativos para uma nova empresa, continuando a manter, dessa forma, suas atividades operacionais.

> Cisão é a operação pela qual a companhia transfere parcelas do seu patrimônio para uma ou mais sociedades, constituídas para esse fim ou já existentes, extinguindo-se a companhia cindida, se houver versão de todo o seu patrimônio ou dividindo-se o seu capital, se parcial a versão (art. 229 da Lei das S.A.).

Na aquisição não há extinção de ambas, sendo que uma pessoa jurídica permanece e a outra, incorporada, passa então a ser subordinada nos seus bens, direitos e obrigações à empresa adquirente, que poderá utilizar ou não o nome da adquirida, a qual terá sua pessoa jurídica extinta.

Existem algumas vantagens e desvantagens no uso da fusão como método de aquisição de uma empresa:
- ✓ A fusão é legalmente simples, e não custa tanto quanto outras formas de aquisição. Elimina a necessidade de transferência da propriedade de cada ativo individual da empresa adquirida à empresa adquirente.
- ✓ A fusão precisa ser aprovada por uma assembleia dos acionistas de cada empresa, que têm direitos de avaliação. Isso significa que podem exigir que suas ações sejam compradas a um valor justo pela empresa adquirente. Frequentemente, não se chega a um acordo de quanto seria o valor justo, o que dá origem a litígios muito onerosos.

A decisão sobre o uso desses instrumentos de estratégia empresarial é tomada levando-se em conta o aspecto jurídico que a envolve. Segundo Muniz:

> "a fusão, aquisição e cisão constituem antes de tudo um **processo de sucessão**, ou seja, uma operação em que **uma pessoa jurídica transfere para outra** um conjunto de **direitos e obrigações**, ou de **ativos e passivos**, ou ainda um grupo **de haveres e deveres** de forma tal que, sem que haja solução de continuidade, uma pessoa jurídica prossegue uma atividade até então exercida por outra."

As operações de fusão e aquisição são analisadas como um processo de transferência de capital. Quando as operações de fusão, aquisição ou mesmo de cisão são aceitas como um processo de transferência de capital, elas não constituem fato gerador para o imposto de renda, pois tais operações devem ser neutras do ponto de vista da incidência do imposto.

A empresa que tenta adquirir outra é chamada de *empresa adquirente.* Exemplo: aquisição das Farmácias Minerva, pela Drogamed, no Paraná, em 1999. Nesse caso a Drogamed foi a adquirente. A outra empresa, a Minerva, foi a *empresa-alvo*.

Empresa resultante é a empresa que surge após o processo de fusão. Uma *aquisição amigável* ocorre quando endossada pela administração da empresa-alvo, aprovada por seus acionistas e facilmente consumada. Uma **aquisição hostil** acontece quando não há apoio por parte da administração da empresa-alvo, forçando a empresa adquirente a tentar obter o controle da adquirida por meio de compra de ações no mercado.

No Brasil as aquisições hostis dificilmente ocorrem, porque o controle acionário das nossas companhias está concentrado nas mãos de poucas pessoas ou famílias. A Lei das S.A exige que o número de ações preferenciais sem direito a voto, ou sujeitas à restrição do exercício desse direito, não pode ultrapassar 50% do total das ações emitidas. Essa exigência dificulta o controle acionário da empresa por um único acionista, ou grupo controlador, pois os 50% restantes das ações deverão ser ordinárias, com direito a voto, e o controle da empresa só se dará na posse de 25% + 1 ação. Essa foi uma das medidas tomadas para fortalecer o mercado acionário brasileiro.

As fusões ou aquisições podem ser operacionais ou financeiras. As *fusões ou aquisições operacionais* objetivam obter economias de escala, reduções de custos, aumento de receitas, crescimento dos lucros ou maior participação no mercado. Exemplo: No Brasil, a intensa participação de investidores estrangeiros em fusões e/ou aquisições nas indústrias de alimentos e bebidas, em meados dos anos 1990, foi motivada pela expansão da demanda interna naquele período, assim como pelo alto potencial de crescimento do mercado, no médio/longo prazo, em comparação à tendência à estagnação das vendas nas economias centrais.

As altas taxas de rentabilidade em alguns segmentos também atuaram como fatores de atração de investimentos estrangeiros. As *fusões ou aquisições financeiras* ocorrem com o objetivo de reestruturar a companhia adquirida, para melhorar seu fluxo de caixa. Para isso, a adquirente procura cortar substancialmente os custos e vender ativos que não agreguem valor. Exemplo: aquisições pela Brahma, da Antarctica e de grandes cervejeiras da América do Sul.

A aquisição é muito mais praticada do que a fusão, visto que é muito mais trabalhoso destituir duas pessoas jurídicas e criar uma terceira do que incorporar uma nova pessoa jurídica; mesmo porque é necessário o registro no Cadastro Geral de Contribuintes do Ministério da Fazenda (CGC/MF), inscrição estadual, municipal, alvarás de localização, dentre outros documentos legais.

TIPOS DE FUSÕES E AQUISIÇÕES

As fusões e aquisições podem ser classificadas em quatro grupos:
- ✓ Aquisição horizontal ocorre quando uma empresa adquire outra, do mesmo ramo ou setor de atividade; competindo no mesmo mercado de produtos.
- ✓ Aquisição vertical é a aquisição que envolve empresas situadas em níveis diferentes do processo de produção – fornecedores ou clientes.
- ✓ Congêneres são aquisições de uma empresa do mesmo setor, sem que haja uma relação de fornecedor ou cliente.
- ✓ Conglomerado são aquisições de empresas de setores diferentes ou não relacionados.

As principais vantagens da *aquisição horizontal* são a maior participação no mercado, o aumento da receita, o maior poder de barganha junto a fornecedores e clientes, a possibilidade de uma melhor promoção de seus produtos e serviços e um melhor acesso aos canais de distribuição. Exemplo: aquisição do Real pelo Santander.

Aquisições desse tipo podem abranger a compra de outra de um setor relacionado às suas competências essenciais – produção, tecnologia, logística ou marketing. A ideia é que essas competências possam ser transferidas ou partilhadas entre a empresa adquirente e a adquirida. Exemplos: a aquisição das fabricantes de autopeças Cofap e Metal Leve pela alemã Mahle, e a fusão da Brahma com a Antarctica, formando a AMBEV; fusão da empresa Delara de transporte rodoviário de cargas com a ALL-América Latina Logística empresa de transporte ferroviário de cargas, com o objetivo de expandir o serviço logístico.

A *aquisição vertical* pode ser progressiva ou regressiva no canal de distribuição. Aquisição progressiva ocorre quando uma companhia adquire outra que compra seus produtos. Aquisição regressiva dá-se quando a companhia adquirida é fornecedora da adquirente. Exemplo: uma fábrica de produtos alimentícios adquire uma rede de supermercados.

Algumas aquisições verticais são chamadas *não relacionadas* porque oferecem possibilidades limitadas de transferência de competências essenciais. Ex.: A compra de uma editora de livro por uma fábrica de papel é um exemplo de aquisição vertical não relacionada. Embora algum tipo de papel possa ser comercializado sob a forma de livro, podem ter outros tipos de papel com inúmeras outras aplicações. E também há pouca chance de transferências de competências essenciais de uma para a outra. Assim, a sinergia pode ser muito baixa.

Aquisição congênere é uma das formas mais adotadas por empresas que pretendem crescimento rápido. No Brasil, uma das empresas que usou muito esse tipo de aquisição foi a Parmalat, que nas décadas de 1980 e 1990 adquiriu cerca de 20 pequenos e médios laticínios, de forma gradativa. Sua estratégia baseava-se na compra de participações no mercado, de empresas que tinham boa tecnologia, boa qualidade e domínio de mercados regionais.

Aquisição conglomerada se dá quando uma empresa amplia seus negócios para outros setores. Exemplo: aquisição pela Souza Cruz, na década de 1980, de uma rede de supermercados.

MOTIVOS PARA FUSÕES E AQUISIÇÕES

Os principais motivos que levam as empresas a fazerem fusões e aquisições são:

◆ **Economias de Escala:** aumento do poder de barganha junto a fornecedores, redução do custo de atividades corporativas através da eliminação da duplicidade de departamentos (redução de pessoal), possibilidades de redução dos custos unitários, logística e acesso.

◆ **Economias Financeiras:** Melhora da estrutura de capital ou maior capacidade de endividamento.

◆ **Melhoria Gerencial e Tecnológica:** Aumento da capacidade administrativa e novas habilidades gerenciais. Maior competência e avanço tecnológico com a adoção de novos métodos e processos através da aquisição de empresas com pessoal altamente qualificado.

◆ **Economias Fiscais:** uma companhia com um saldo de prejuízos a compensar elevado pode ser adquirida por uma empresa com lucros substanciais. Nesse caso, os prejuízos podem ser usados para reduzir o lucro tributável. Ou ainda, vantagem de adquirir patrimônio líquido sem incidência de Imposto de Renda.

◆ **Maior Cobertura de Mercados e Visibilidade na Indústria:** Colaboração para competir, aquisições de empresas estrategicamente atraentes ou fusões com instituições estrategicamente desejáveis.

BENEFÍCIOS DE UMA ESTRATÉGIA DE FUSÕES E AQUISIÇÕES

As estratégias de fusões e aquisições devem possibilitar correção de deficiências mercadológicas, de produção, financeiras, de inovação tecnológica, entre outras. Além disso, devem se constituir em alternativas mais eficazes no desenvolvimento de negócios em mercados específicos.

Antes da implantação das estratégias é necessário que se elabore o Plano de Negócios da empresa resultante. O Plano de Negócios é um documento que abrange o planejamento estratégico: missão, pontos fortes e pontos fracos, ameaças e oportunidades, objetivos estratégicos e estratégias de negócios. O Quadro 19.2 apresenta os itens-chave de uma análise de pontos fortes e pontos fracos.

Quadro 19.2 Análise de pontos fortes e pontos fracos da companhia

CONSISTÊNCIA INTERNA	CONSISTÊNCIA EXTERNA
• Imagem	• Mercados e segmentos
• Participação no mercado	• Legislação
• Resultados	• Concorrentes
• Saúde econômica e financeira	• Fornecedores
• Valores dos dirigentes	• Distribuidores
• Tecnologia	• Planos governamentais
• Cultura empresarial	• Conjuntura política e econômica
RISCOS ENVOLVIDOS	HORIZONTES TEMPORAIS
• Riscos do negócio	• Impactos recebidos e exercidos a curto, médio e longo prazo.
• Riscos econômicos	
• Riscos sociais	
• Riscos políticos	
• Riscos ambientais	

Fonte: Baseado em Rasmussen (1989).

MOMENTO DA FUSÃO OU AQUISIÇÃO E CUIDADOS ESPECIAIS

Muitas vezes a fusão ou aquisição é consequência de pressões externas ou internas que exigem mudanças estratégicas da companhia, seja para aproveitar oportunidades ou para fugir de ameaças. A melhoria dos processos gerenciais, a sinergia de atividades, a redução do custo de capital e a conquista de novas fatias de mercado podem se tornar extremamente prioritárias.

O momento adequado para a fusão ou aquisição é um dos pontos fundamentais a ser considerado. Evidentemente, o momento do pagamento também deve ser considerado nas negociações, pois poderá solucionar o problema relativo ao preço do negócio. A determinação do preço está quase sempre relacionada com a incerteza do desempenho futuro da empresa adquirida ou do desempenho da empresa resultante. Um processo de fusão e aquisição envolve muita complexidade e exige uma série de cuidados. O Quadro 19.3 apresenta alguns dos mais significativos.

Quadro 19.3 Cuidados nos processos de fusões e aquisições

1. As fusões e aquisições devem ser minuciosamente preparadas para não consumir muito tempo dos executivos e recursos materiais e humanos das operações cotidianas da empresa.
2. A criação de uma equipe experiente, formada por profissionais e consultores, para coordenar o projeto, é muito importante.
3. Planejamento é fundamental para reduzir riscos e problemas, tanto na fase de pré-aquisição quanto na pós-aquisição.
4. Deve-se considerar a afinidade entre as companhias para não ter de atuar em terrenos desconhecidos e desnecessariamente os aumentar os riscos.
5. Companhias de alta tecnologia representam operações de alto risco e de alto custo de aquisição, exigindo maiores estudos.
6. Os fluxos de caixa da companhia a ser adquirida e da adquirente devem ser analisados de modo a evitar pôr em risco a liquidez.
7. É importante criar mais de uma alternativa para ser avaliada.
8. Logo que a fusão ou aquisição ocorra, deve ser implantado um sistema de comunicação que facilite a integração. A adquirida deve ser integrada imediatamente à estrutura da adquirente, tomando-se o cuidado de evitar precipitações desnecessárias.
9. A adquirente deve tomar posse imediatamente, acelerando a integração cultural da nova entidade para evitar efeitos morais ou a formação de grupos de oposição entre os executivos ou subordinados da empresa ao novo regime gerencial e cultural.
10. A aquisição e a integração são partes do plano estratégico e do processo de expansão e crescimento do grupo econômico.

Fonte: Baseado em Rasmussen (1989).

19.3 A DECISÃO ECONÔMICA DA FUSÃO E AQUISIÇÃO

As aquisições ocorrem mediante a compra de ativos ou a compra de ações ordinárias. A adquirente pode comprar todos os ativos ou parte deles, todas as ações ou parte delas, podendo pagar em dinheiro ou em ações. Em qualquer dos casos, um dos aspectos fundamentais do processo é a determinação do valor da empresa-alvo. Vamos analisar alguns dos aspectos mais relevantes de uma decisão econômica.

19.3.1 DETERMINAÇÃO DO VALOR DA EMPRESA COM BASE NO FLUXO DE CAIXA DESCONTADO

Qualquer processo de fusão ou aquisição envolve duas questões fundamentais: 1) Quem deterá o controle da empresa resultante? 2) Qual o valor da empresa-alvo?

Vamos supor que estejamos determinando o Valor da Companhia Brasileira de Livros.

O CASO DA COMPANHIA BRASILEIRA DE LIVROS

Para determinarmos o Valor da empresa, são necessários:

1) projeções dos fluxos de caixa livres;
2) custo de capital, ou taxa de desconto a ser utilizada.

Segundo O'brien (1997), os lucros não são uma solução perfeita para previsão de fluxos de caixa. As principais falhas deste procedimento são:

a) nem sempre os lucros passados se repetirão no futuro;
b) nem sempre os lucros contábeis estão adequadamente ajustados aos efeitos inflacionários; e
c) os lucros futuros estão envolvidos por uma grande dose de julgamento.

> Fluxo de caixa livre é o fluxo de caixa operacional gerado pela empresa, deduzido dos juros, imposto de renda, acrescido da depreciação e deduzido da retenção para investimentos.

1) PROJEÇÕES DOS FLUXOS DE CAIXA LIVRES

Os fluxos de caixa livres da empresa são projetados mediante uma análise da conjuntura econômica, e então se estabelece uma série de premissas sobre receitas, despesas, taxas de crescimento, taxas de retenção para reinvestimento e valor residual após o período de vida útil considerado.

Tabela 19.1 Companhia Brasileira de Livros

Projeções dos fluxos de caixa livres – $1,00

	Ano 1	Ano 2	Ano 3	Ano 4	Ano 5
1. Receitas líquidas	1.000.000	1.150.000	1.320.000	1.450.000	1.650.000
2. (-) Custo das Mercadorias Vendidas	750.000	860.000	980.000	1.100.000	1.250.000
3. (=) Lucro Bruto	250.000	290.000	340.000	350.000	400.000
4. (-) Despesas Administrativas	50.000	55.000	60.000	65.000	70.000
5. (-) Despesas de vendas	70.000	77.000	90.000	95.000	100.000
6. (-) Depreciação	75.000	78.000	80.000	85.000	90.000
7. (=) Lucro antes de juros e imposto de renda – LAJIR	55.000	80.000	110.000	105.000	140.000
8. (-) Juros	28.000	40.000	50.000	60.000	70.000
9. (=) Lucro antes do imposto de renda – LAIR	27.000	40.000	60.000	45.000	70.000
10. (-) Imposto de renda – 34%	9.180	13.600	20.400	15.300	23.800
11. (=) Lucro líquido após o imposto de renda	17.820	26.400	39.600	29.700	46.200
12. (+) Depreciação	75.000	78.000	80.000	85.000	90.000
13. (=) Fluxo de caixa	92.820	104.400	119.600	114.700	136.200
14. (-) Retenção para investimentos (crescimento)	37.128	41.760	47.840	45.880	54.480
15. (+) Valor residual					1.440.000
16. (=) Fluxo de caixa livre para o acionista da CBL	55.692	62.640	71.760	68.820	1.521.720

2) CUSTO DE CAPITAL

O custo de capital adotado como taxa de desconto neste caso é de 18%. No Capítulo 7, apresentamos o embasamento teórico para determinação deste custo. Utilizando-nos da HP 12-c, teríamos:

```
           f clear
      0 CHS g Cf_o
       55.692 g CF_j
       62.640 g CF_j
       71.760 g CF_j
       68.820 g CF_j
      1.521.720 g CF_j
       VPL ⇒ 836.513
```

Logo, o Valor da Companhia Brasileira de Livros seria R$836.513,00, o que não significa que seja o preço a ser pago pela empresa adquirente.

19.3.2 EFEITO DOS ÍNDICES PREÇO/LUCRO

Suponha que a companhia Alfa está analisando a compra da companhia Beta mediante troca de ações. As informações financeiras das duas companhias são as seguintes:

	Cia. Alfa	Cia. Beta
Lucro líquido aos acionistas	$20.000.000,00	$5.000.000,00
Número de ações	4.000.000	1.600.000
Lucro por ação	$5,00	$3,13
Preço da ação	$75,00	$31,10
Índice Preço/Lucro	15x	10x

A Alfa está disposta a oferecer $40 por ação de Beta. A taxa de troca é de $40/$75, ou 0,533 ação da Alfa por ação da Beta. A Alfa teria de emitir 852.800 (1.600.000 x 0,533) novas ações para adquirir a Beta, pagando em ações. Supondo que os lucros das duas empresas se mantenham após a aquisição, os lucros por ação da Cia. Alfa resultante seriam:

Cia Alfa – resultante	
Lucro líquido aos acionistas	$25.000.000,00
Ações	4.852.800
Lucro por ação	$5,152

Logo, teríamos um aumento imediato no lucro por ação da Alfa como resultado da aquisição. Entretanto, os antigos acionistas da Beta teriam uma redução no lucro por ação, pois para cada ação de Beta que eles possuíam, eles mantêm agora 0,533 ação de Alfa. Dessa forma, o lucro de cada ação de Beta é igual a (0,533) x (5,152), ou $2,746 comparado com os $3,13 anteriores.

TAXA DE TROCA VARIÁVEL

Alfa está pensando em elevar sua proposta de compra para $48,00 por ação de Beta. A taxa de troca seria então de $48,00/75,00, ou 0,64 ação de Alfa por ação de Beta. Teriam de ser emitidas 1.024.000 (1.600.000 x 0,64) ações de Alfa, e o novo lucro por ação ficaria:

Cia Alfa – resultante	
Lucro líquido aos acionistas	$25.000.000.000
Ações	5.024.000
Lucro por ação	$4,976

Podemos observar que caso essa proposta seja aceita e a compra se concretize, haverá uma queda no lucro por ação para os acionistas de Alfa. A diluição do lucro por ação ocorrerá sempre que o índice preço/lucro pago pela companhia exceder o índice preço/lucro da compradora. Nas propostas analisadas, tínhamos no primeiro caso um índice preço/lucro de $31,30/$3,13 ou 10, e no segundo caso um índice preço/lucro de $48,00/$3,13, ou 16,335. Como o índice preço/lucro de Alfa era 15, houve um aumento no lucro por ação no primeiro caso e uma redução no segundo.

Portanto, pode ocorrer aumento ou redução no lucro por ação. O impacto dessa variação dependerá da diferença nos índices preço/lucro e nos lucros gerados pelas empresas. Quanto maior o índice preço/lucro da compradora em relação à adquirida, maior será o aumento no lucro por ação da adquirida.

LUCROS FUTUROS

Se a decisão de adquirir outra companhia fosse baseada exclusivamente no impacto inicial de lucros por ação, uma diluição inicial nos lucros por ação impediria qualquer companhia de adquirir outra. Esse tipo de análise, contudo, não leva em conta a possibilidade de um futuro crescimento nos lucros devido à fusão. Esse crescimento pode ocorrer devido à expectativa de crescimento dos lucros da companhia adquirida como uma entidade independente e a quaisquer efeitos sinérgicos que resultam da fusão dessas duas companhias.

EFEITO DO VALOR DE MERCADO

Uma das maiores preocupações dos analistas econômicos de uma aquisição é com os efeitos que a aquisição trará sobre o lucro por ação da compradora. Esses efeitos podem ser estimados através da fórmula:

$$\frac{\text{Preço de mercado da ação da companhia compradora} \times \text{Número de ações ofertadas}}{\text{Preço de mercado por ação da companhia adquirida}}$$

Gráfico 19.1 Lucro por ação esperado com e sem a fusão

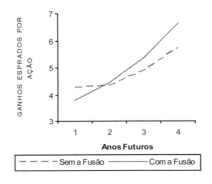

Se o valor de mercado da compradora é $75,00 por ação e o da adquirida é $31,30, e a compradora oferece 0,4173 (31,30/75,00) ação sua, por ação da companhia adquirida, então a taxa de troca é:

$$\frac{\$75,00 \times 0,4173}{\$31,30} = 1,00$$

Ou seja, os acionistas das duas companhias permaneceriam da mesma forma que estavam anteriormente à operação, pois a taxa de troca não permitiu ganhos para ninguém. De modo geral, haveria pouca motivação da companhia a ser adquirida, em aceitar uma troca numa base de um para um de acordo com o preço de mercado. Espera-se que a empresa compradora ofereça taxa de troca superior a 1,00, capaz de convencer os acionistas da companhia a ser adquirida a aceitarem o negócio. A adquirente poderia oferecer, em vez de 0,4173 ação por ação da companhia a ser adquirida, uma melhor taxa de troca.

LUCROS POR AÇÃO

Na ausência de sinergia, melhora da administração ou de baixo preço das ações da companhia adquirida num mercado ineficiente, não esperaríamos que os acionistas da companhia compradora oferecessem um preço além do de mercado. Os acionistas da companhia compradora se sairiam bem se o índice preço/lucro fosse maior que o da companhia comprada e se de alguma forma a companhia sobrevivente estivesse apta a manter a mesma taxa preço/lucro após a fusão. Se a companhia comprada tem um índice preço/lucro igual a 10, a companhia compradora, por outro lado, tem um índice preço/lucro de 18. Presuma as seguintes informações financeiras:

	Cia. Alfa	Cia. Beta
Lucros	$20.000.000	$5.000.000
Número de ações	4.000.000	1.600.000
Lucro por ação	$5,00	$3,13
Preço de mercado da ação	$90,00	$31,30
Índice preço/lucro	18x	10x

Com uma oferta de 0,50 ação da compradora por ação da adquirida, ou $37,50 como valor de cada ação, o preço de mercado da taxa de troca da Companhia adquirida é:

$$\frac{\$90,00 \times 0,50}{\$31,10} = 1,44$$

Está se oferecendo $45,00 por ação detida pelos acionistas da adquirida. Obviamente, eles se beneficiam nessa aquisição, porque antes suas ações valiam apenas $31,30 cada. Os acionistas da companhia compradora também se beneficiam, se o índice preço/lucro da companhia sobrevivente manter-se em 18. O preço de mercado por ação da companhia sobrevivente será:

	Cia. Sobrevivente
Lucros totais	$25.000.000
Número de ações	4.800.000
Lucro por ação	$5,2083
Índice preço/lucro	18x
Preço de mercado da ação	$93.749,40

A razão para essa aparente mágica, na qual os acionistas de ambas as empresas têm benefícios, é a diferença nos índices preço/lucro. Sob as condições descritas, companhias com índices preço/lucro altos podem adquirir companhias com índices preço/lucro menores e obter um aumento imediato nos lucros por ação, apesar de pagar algum ágio. A chave é o que ocorre aos índices preço/lucro após a fusão. Se ele se mantém, o preço das ações sobe no mercado. Como resultado, uma companhia compradora pode exibir um aumento de lucro por ação se ela adquirir empresas dessa maneira. Esse aumento não vem de sinergias, e sim do crescimento de lucros por ação através de aquisições. Em mercados perfeitos, é improvável que o mercado mantenha constantes as taxas de preço/lucros de uma companhia que não demonstre potencial de crescimento de outras formas que não adquirindo companhias com índices preço/lucro menores.

Assim, a companhia compradora deve permitir que ocorram mudanças do índice preço/lucro com uma aquisição. Se o mercado é perfeito e se os efeitos sinérgicos não foram antecipados, esperamos que o índice preço/lucro da empresa adquirente aproxime-se da média ponderada dos dois índices preço/lucro. Sob essas circunstâncias, a aquisição de companhias de baixo índice preço/lucro não aumentaria a riqueza acionária. De fato, se o preço de mercado da taxa de troca fosse mais que um, como ocorre com o pagamento de ágio, haveria transferência de riqueza dos acionistas da companhia compradora para os da companhia adquirida. Vamos agora nos direcionar à avaliação das bases fundamentais de uma fusão.

19.4 ASPECTOS JURÍDICOS, CONTÁBEIS-TRIBUTÁRIOS E CULTURAIS

Além dos aspectos econômicos, os aspectos jurídicos, contábeis-tributários e culturais também são importantes para o sucesso das fusões e aquisições. Vamos apresentá-los e discuti-los.

ASPECTOS JURÍDICOS

No Brasil, a Secretaria de Acompanhamento Econômico (SEAE), do Ministério da Fazenda, a Secretaria de Direito Econômico (SDE) e o Conselho Administrativo de Defesa Econômica (CADE), ambos do Ministério da Justiça, formam o chamado Sistema Brasileiro de Defesa da Concorrência. O principal objetivo desse sistema é a promoção de uma economia competitiva por meio da prevenção e da repressão de ações que possam limitar ou prejudicar a concorrência, com base na lei antitruste (Lei nº 9.884/1994).

Nos processos de fusões e aquisições, os interessados normalmente contratam consultoria especializada para assessorá-los no levantamento das informações, na busca da empresa-alvo, na determinação do valor, na realização da *due diligence* (auditoria completa para validar as informações fornecidas), nas negociações e na elaboração de contratos. Deixar de fazê-lo pode se tornar um transtorno para a adquirente.

AQUISIÇÃO DE EMPRESAS DE CAPITAL ABERTO

Além da Lei das Sociedades Anônimas, existem outras leis que se aplicam às fusões e aquisições, como no caso de instituições financeiras, serviços públicos, empresas de transportes, de energia, de saneamento básico, de comunicações, de telecomunicações, as quais podem exigir aprovação prévia do órgão federal ou estadual.

As práticas de compras de controle acionário, em Bolsa de Valores ou através de Oferta Pública, como ocorrem nos Estados Unidos, são quase impossíveis de ocorrer no Brasil, devido às diferenças fundamentais dos estágios de seus mercados de capitais. Nos Estados Unidos, é possível a aquisição de uma empresa através da compra de 3% ou 5% das ações na Bolsa de Valores, assegurando o controle acionário da empresa. A aquisição hostil (*takeover*) permite a compra diretamente com os acionistas minoritários, sem sequer conversar com os administradores da empresa. Isso é possível porque o controle acionário lá é extremamente pulverizado.

No Brasil, para alguém deter o controle acionário, precisa deter no mínimo 51% do total de ações ordinárias. Se o investidor desejar comprar participações dos minoritários, no caso de atingir 10% ou mais das ações ordinárias, ele deverá divulgar ao mercado. As condições para aquisições são estabelecidas na Lei das Sociedades Anônimas.

A aquisição de empresas de capital aberto traz vantagens e desvantagens, pois pelas suas especificidades são obrigadas a divulgar suas informações e tratar com igualdade os acionistas minoritários. As principais vantagens são a existência de um valor de mercado determinado pela cotação das ações em bolsas, a maior transparência da situação da empresa e o fato de seu capital ser fragmentado sob a forma de ações. As principais desvantagens são a necessidade de transparência no negócio, obrigando às vezes a compra de ações de acionistas minoritários e a possível elevação do preço de compra pela obrigatoriedade de divulgação das informações durante a negociação.

AQUISIÇÃO DE SOCIEDADES ANÔNIMAS DE CAPITAL FECHADO

Embora não estejam sujeitas às regras da CVM, os estatutos da companhia podem estabelecer algumas limitações à entrada de novos sócios, com o intuito de impedir a entrada de pessoas estranhas à sociedade. Dessa forma, o investidor tem de examinar corretamente o estatuto da companhia. A forma mais comum de limitação à entrada de novos acionistas é verificada através do direito de preferência na aquisição das ações. Esse direito deve estar detalhado no próprio estatuto, prevendo a quem o direito se dará, podendo ser até mesmo a empresa, desde que esta tenha reservas livres. A inobservância dessa cláusula poderá trazer dificuldades ao investidor, uma vez que depois de concretizada a operação alguém resolva exercer o seu direito.

AQUISIÇÃO DE SOCIEDADES POR QUOTAS DE RESPONSABILIDADE LIMITADA

Nestas sociedades todos os participantes têm direitos a voto e, dessa forma, devemos verificar se as alterações de propriedade podem ser aprovadas por maioria ou todos têm de estar de acordo. A princípio, o que se tem tomado como regra é que a alteração pode ser decidida pela maioria, dispensando assim a unanimidade.

Com relação à cessão de quotas, o contrato social deverá dispor de regulamentos que identifiquem se estas são transferíveis ou não e, em caso positivo, determinar se são condicionadas ou livres. Caso sejam livres, essa modalidade se assemelhará muito às sociedades de capital aberto. Do outro lado, a cessão condicionada poderá estar amarrada a alguns aspectos constantes do contrato, tais como direito de preferência, unanimidade no consenso, dentre outros.

O contrato social poderá ser alterado pela maioria dos sócios e não pela sua totalidade. Ao sócio que não concordar com a alteração, fica o direito de se retirar da sociedade. Com efeito, em relação à cessão de cotas, o contrato social determinará se são transferíveis ou intransferíveis. Se transferíveis, deverá estabelecer se é livre ou condicionada. Se for livre, as ações poderão ser vendidas, independentemente do consentimento dos demais sócios. Se for condicionada, poderá ter relação com o consenso unânime dos sócios, ou ainda a obrigatoriedade de preferência aos demais sócios.

DIREITOS DOS AGENTES ENVOLVIDOS NOS PROCESSOS DE FUSÕES E AQUISIÇÕES

A título de ilustração vamos verificar como são tratados os direitos de alguns agentes do processo:

DIREITO DOS CREDORES

É bastante comum que banqueiros exijam que escrituras de lançamento de títulos ou obrigações no mercado, bem como contratos mútuos, contenham cláusulas dispondo que o devedor não poderá deliberar operação de fusão sem autorização do credor, sob pena de aceleração do vencimento do passivo. Para a regulamentação desse assunto, o art. 232[2] da lei das S/A dispõe o seguinte:

> Art. 232 – até 60 dias depois de publicados os atos relativos à incorporação ou a fusão, o credor anterior por ela prejudicado poderá pleitear judicialmente a anulação da operação: findo o prazo, decidirá do direito o credor que não o tiver exercido.
>
> Inciso 1 – a consignação da importância em pagamento prejudicará a anulação pleiteada
>
> Inciso 2 – sendo líquida a dívida, a sociedade poderá garantir-lhe a execução, suspendendo-se o processo de anulação.
>
> Inciso 3 – ocorrendo no prazo desse artigo, falência da sociedade incorporada ou da sociedade nova, qualquer credor anterior terá o direito de pedir a separação dos patrimônios para o fim de serem os créditos pagos pelos bens das respectivas massas.

Assim, não precisa a sociedade consultar com antecedência os credores a fim de livremente deliberar sobre uma operação de fusão. Entretanto, se tal operação causar prejuízo para o credor, poderá este pleitear judicialmente a anulação da operação.

DIREITO DOS MINORITÁRIOS

Uma fusão ou aquisição afeta a relação entre os sócios ou acionistas da sociedade, pois certamente mudará o risco do negócio e a composição de participação entre sócios acionistas. Consequentemente, afetará o fluxo de dividendos, resultando em que toda a geração de caixa venha a ser absorvida por tais investimentos. Também a expectativa do mercado com relação à transação pode haver a queda do preço da ação, que pode ir contra os interesses dos acionistas minoritários.

O acionista minoritário não possui o direito de impedir a implementação de operações de incorporações, fusão ou cisão, ainda que seja um acionista preferencial e tenha alguns dos seus direitos de preferencialista modificados. No caso de sociedade por quotas limitadas, por exemplo, a validade da deliberação que aprova a incorporação ou fusão dependerá dos termos em que é vazado o contrato social. Para que a ação seja deliberada é necessária a existência de previsão expressa no contrato social autorizando que a maioria possa alterá-lo. Na ausência, a deliberação depende de unanimidade.

DIREITO DOS EMPREGADOS

A legislação determina que a mudança na propriedade ou na estrutura jurídica da empresa através de fusão ou incorporação não afetará os contratos de trabalho dos respectivos empregados. Portanto, mesmo que haja um novo arranjo societário, os direitos dos empregados serão preservados.

Segundo Quadros (1997), a sucessão ocorre entre empregadores e não entre empresas. Assim, na transferência de um estabelecimento para outra empresa haverá a mudança de empregador, sendo este o sucessor para responder pelos contratos e direitos dos empregados.

---

[2] Esse artigo permanece inalterado na nova Lei das Sociedades por Ações.

O empregado está protegido em seu trabalho, enquanto este existir, independentemente de quem seja o empregador. O empregador que sucede a outro terá de garantir aos empregados os direitos assegurados no contrato de trabalho em vigor e nas normas regulamentadoras existentes na empresa a que estavam vinculados. No caso de extinção da empresa, de parte da empresa ou de estabelecimento desta, a legislação permite que seja feita a transferência do empregado, independentemente de sua concordância.

ASPECTOS CONTÁBEIS-TRIBUTÁRIOS

Segundo Muniz (1986), um dos fatores que influenciam as decisões sobre fusões e aquisições é o planejamento tributário. A grande maioria das operações dessa natureza busca vantagens no âmbito do imposto de renda, destacando-se o aproveitamento de prejuízos, em virtude de o Brasil não aceitar a declaração de imposto de renda consolidada por grupo econômico.

Assim, duas pessoas jurídicas, sob o mesmo controle acionário, sendo uma com prejuízo e outra com lucros, não podem, segundo a lei, realizar compensações. A saída para tal questão é a fusão. Um processo de fusão e aquisição pode propiciar um planejamento tributário não só no imposto de renda, mas também em impostos indiretos, como o ICMS e IPI. Por exemplo, existem atividades que acumulam créditos de ICMS e IPI, que não são aproveitados.

Existem empresas que apresentam prejuízos enormes e que não têm a oportunidade de compensá-los em exercícios futuros. Portanto, se duas atividades funcionassem sob a mesma pessoa jurídica, esses créditos poderiam ser aproveitados em bases correntes. Um exemplo recente disso deu-se na compra do Banco Banestado pelo Banco Itaú. Sem dúvida, houve outros motivos, mas o aproveitamento de prejuízos tornou a aquisição mais atrativa.

Dentre os aspectos contábeis mais relevantes, destaca-se o processo de *due diligence*. Além de questionar as informações prestadas pela empresa-alvo, é um processo pelo qual a adquirente desafia a si própria, sobre sua compreensão da empresa-alvo.

> *Due diligence* é o processo pelo qual a compradora interpela as informações fornecidas pela empresa-alvo sobre seu desempenho financeiro histórico e atual, condições financeiras, projeções e outros assuntos operacionais.

É imperativo efetuar a *due diligence* e desvendar todos esses itens o mais rápido possível no processo de aquisição porque quanto mais tempo decorrer, mais tempo, energia e emoção, serão investidos nesse processo. Como resultado, mais difícil será desfazer o negócio.

A adquirente deveria usar o período de *due diligence* para avaliar, primeiramente, se a transação é apropriada. A adquirente deve reunir uma qualificada equipe de especialistas para assessorá-la nos diversos assuntos. A equipe deverá incluir especialistas em regulamentações governamentais, recursos humanos, gestão de risco, tecnologia de informação, meio ambiente, tributos, contabilidade e operações. Ninguém é preparado adequadamente para atender todos esses assuntos. A *due diligence* inclui uma série de procedimentos, que serão mais complexos e variados, dependendo do porte e da natureza da transação.

DUE DILIGENCE

Assegure-se de que os representantes da empresa-alvo estão legalmente autorizados a conduzir as negociações. Determine se o negócio está sendo conduzido e operado dentro das normas legais. Verifique se não há cláusulas restritivas de credores que possam impedir a transação. Certifique-se de que os acionistas e seus sucessores poderão ser responsabilizados por seus atos na empresa-alvo.

O Papel de *Due Diligence* nas Operações de M&A e IPO: Motivação, Desenvolvimento de Consequências

Atualmente, o mercado empresarial do Brasil e do mundo exige, cada vez mais, transparência e segurança na realização de investimentos e transações empresariais. É nesse contexto que a *due diligence* adquire um papel de destaque, tornando-se essencial para a realização de um bom negócio.

Definição. O processo de *due diligence* constitui-se na análise e avaliação detalhada de informações e documentos pertinentes a uma determinada sociedade e/ou seu ativo, podendo assumir enfoque contábil ou jurídico. No âmbito jurídico, a due diligence objetiva (i) apontar os principais pontos críticos e relevantes existentes na estrutura jurídica da sociedade; (ii) identificar riscos e passivos legais, oriundos dos processos judiciais e administrativos em que esta figura como parte, e, quando possível, quantificar o valor de tais responsabilidades; (iii) identificar providências para a eliminação ou minimização dos riscos identificados; e (iv) determinar a melhor forma e estratégia de estruturação da transação.

Motivação. Busca-se, assim, obter uma "radiografia" da sociedade de forma a prepará-la para operações de fusão ou aquisição ("M&A"), transferência de ativos, reestruturação societária para sucessão familiar, elaboração de prospecto para oferta pública de ações ("IPO"); reestruturação de departamento jurídico; adoção de práticas de governança corporativa; Project Finance, entre outras operações empresariais.

Desenvolvimento. Iniciadas as tratativas referentes à operação pretendida pelas partes, estas, geralmente, celebram uma Carta de Intenções ou Memorando de Entendimentos ("MOU"), com natureza de contrato preliminar. O escopo desse documento, entre outros, é manifestar o interesse formal das partes para realização do negócio, sujeito ao resultado obtido com a *due diligence*. Nesse documento, as partes estabelecerão as regras para o desenvolvimento da *due diligence* (prazos, custos, abrangência, logística), bem como estabelecerão o caráter vinculante ou não da proposta, se haverá exclusividade e confidencialidade das informações e documentos, o cronograma de trabalhos para conclusão da operação com fixação de prazos para apresentação de ofertas vinculantes e confirmações.

Em seguida, é apresentado um *check list*, que enumera as informações e documentos necessários para realização da *due diligence*. O *check list* será ajustado de acordo com a finalidade de cada auditoria.

Os trabalhos de *due diligence* são desenvolvidos com base nos documentos disponibilizados pela sociedade, informações verbais e escritas prestadas por funcionários desta e, ainda, em dados obtidos perante órgãos públicos municipais, estaduais e federais.

Feita a análise descritiva dos documentos disponibilizados, as equipes de *due diligence* avaliarão os dados relatados de forma a identificar os pontos críticos eventualmente existentes em relação à sociedade ou que possam impactar a operação, gerando um relatório conclusivo para apresentação ao cliente. O referido relatório será direcionado de acordo com a finalidade buscada pela *due dligence*, podendo destacar os aspectos societários, tributários, trabalhistas, contratuais, ambientais, imobiliários, regulatórios e concernentes à propriedade intelectual e contencioso da sociedade.

Consequências. Apresentadas as conclusões para o cliente, a assessoria jurídica será direcionada para a negociação e elaboração das minutas dos contratos definitivos (compra e venda de ações e/ou ativos), atos societários (transferência de ações, fusões e aquisições), prospectos de oferta pública de ações e demais documentos necessários para fechamento da operação pretendida.

É nesse ponto que fica nítida a importância da realização da *due diligence*, pois os documentos para fechamento da operação serão diretamente afetados pelos seus resultados e conclusões. O relatório de *due diligence* serve, assim, para pautar a elaboração dos instrumentos definitivos para concretização da operação e fixação do preço.

Portanto, a *due diligence* é fator determinante para a negociação dos pontos controvertidos e, consequentemente, para o sucesso da operação.

Fonte: Fernando de Melo Gomes, Ana Paula Terra e Sandra Neves. Azevedo Sette Advogados. 05/06/2007. www.lexuniversal.cm/pt/articles/2487

Figura 19.3 Etapas do Processo de *Due Diligence*

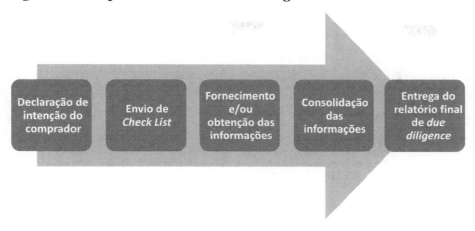

Fonte: Dirceu P. de Santa Rosa – *A importância da "due diligence" de propriedade intelectual nas fusões e aquisições.*

O objetivo de grande parte das *due diligence*s jurídicas pode ser resumido de maneira simples: é como se a missão fosse "tirar um retrato" da empresa-alvo, avaliando todos os riscos legais inerentes ao seu negócio. E as vantagens desse "retrato" superam em muito qualquer prestação de garantias por parte da empresa-alvo.

Afinal, a identificação e análise de contingências por uma empresa independente, e num momento anterior à conclusão de qualquer transação, favorecem a empresa interessada, permitindo renegociar o preço final, identificar problemas a serem resolvidos após a concretização do negócio, ou mesmo exigir maiores garantias por parte do vendedor. Assim, pode avaliar, no momento certo, se as condições e o preço sugeridos pela empresa-alvo são realmente justos.

O *timing* do processo também é muito importante. Geralmente, a empresa-alvo fará o máximo para que o procedimento seja encerrado com a máxima brevidade, de modo que não implique em um atraso no fechamento do negócio. Do outro lado, o encomendante quer se precaver o máximo possível, e tentará iniciar os trabalhos antes mesmo de assinar uma eventual carta de intenções. Em alguns casos, ele utilizará a *due diligence* até mesmo para ganhar tempo e decidir sobre o negócio, não se importando com a eventual pressa da empresa-alvo.

A abrangência dos seus resultados também é um assunto polêmico. Alguns especialistas entendem que relatórios de *due diligence* devem destacar, impreterivelmente, a análise da situação fiscal e tributária da empresa, uma avaliação de seu passivo processual (inclusive reclamações trabalhistas e processos administrativos), bem como examinar as operações financeiras realizadas.

O bom relatório de "*due diligence*" deve destacar não só os aspectos relevantes da prática do escritório contratado, mas os da empresa-alvo e de sua indústria, incluindo a análise de todos os ativos importantes da empresa, até mesmo os bens de propriedade intelectual.

Num mercado dominado pela informação e tecnologia, a importância de uma companhia está cada vez mais baseada no valor que seus ativos intangíveis podem atingir. Desenvolver, gerenciar e utilizar estrategicamente esses ativos se tornou matéria fundamental para as empresas verdadeiramente antenadas com o futuro e, mais que nunca, as atenções do meio empresarial estão se voltando para a propriedade intelectual como ferramenta estratégica capaz de garantir a melhor utilização desses bens intelectuais.

A *due diligence* inclui a verificação aprofundada dos seguintes itens:

1. **Assuntos contábeis e financeiros**

   Analisar cuidadosamente as demonstrações financeiras dos últimos cinco anos, incluindo uma revisão dos papéis de trabalhos da empresa-alvo. A adquirente irá também querer examinar os relatórios de auditoria e exposições feitas pelos contadores. São fundamentais as avaliações sobre a administração financeira da empresa-alvo: estrutura de custos, estrutura de capital, fluxos de caixa, necessidade de capital de giro, fontes de financiamento, endividamento, securitização, taxas de juros, cláusulas impostas pelos credores.

2. **Assuntos tributários**

   A adquirente deve examinar os tributos federais, estaduais e locais. Examinar as guias de recolhimento (IPI, ICMS, PIS, COFINS, IR, DIRF, RAIS, ISS, IPTU) dos últimos cinco anos; livros fiscais; contencioso fiscal. Incluem-se aqui os relatórios da auditoria. É imperativo que todos os tributos estejam pagos. Essa é uma área de grande risco, e poderá causar grandes passivos tributários. Pode ser também que a existência de prejuízos tributários torne a aquisição mais atrativa.

3. **Propriedades imobiliárias**

   As propriedades imobiliárias podem representar um dos ativos mais significativos para a adquirente. Por outro lado, pode trazer grandes dificuldades. É preciso verificar todas as escrituras dos imóveis, registros, certidões de propriedades, certidões negativas de ônus e alienação, plantas dos imóveis, regularização na Prefeitura, seguros, laudos do Corpo de Bombeiros.

4. **Propriedades mobiliárias**

   A adquirente vai querer uma relação completa dos ativos e a avaliação de suas condições e valores. Irão avaliar a vida útil dos ativos e qual o efeito sobre as necessidades de futuros desembolsos de capital. Será fundamental também o exame dos contratos de *leasing* e de manutenção de equipamentos; a atualização dos equipamentos e dos *softwares* de computação; existência de ônus e relação de possíveis ativos que possam vir a ser vendidos.

5. **Seguros**

   Um histórico dos seguros da companhia é a chave para o processo de *due diligence* e deveria ser cuidadosamente examinado. Tem a companhia conduzido adequadamente seus seguros? As apólices de seguros atuais atendem adequadamente uma política avançada de seguros? Existem riscos que não estão sendo protegidos?

6. **Propriedades intelectuais**

   Propriedades intelectuais incluem direitos autorais, licença de marcas e patentes, e podem ser um dos ativos mais valiosos que a adquirente possa comprar. Será importante a utilização de um especialista para avaliar cada uma dessas propriedades.

7. **Contratos e compromissos**

   Incluem compras à prestação, manutenção, *franchise*, acordos com empregados, relação de clientes, contratos com fornecedores e clientes, acordo de confidencialidade/não competição, faturas. A adquirente não quer ser surpreendida por qualquer obrigação que não esteja prevista e quantificada na transação.

8. **Assuntos ambientais**

   Há uma crescente preocupação com os assuntos ambientais, que podem trazer grandes riscos para a adquirente. Incluem-se neste item: contaminação de solo, água e outros recursos naturais. Para evitar esses riscos ambientais, a adquirente deve providenciar cópias de todas as auditorias ambientais, relatórios e testes; regulamentos, litígios, procedimentos administrativos e reclamações referentes a assuntos ambientais. Um cuidado adicional se refere à obtenção de informações sobre condições de áreas vizinhas e despesas efetuadas com controles antipoluição.

9. **Empregados e planos de benefícios**

    As empresas adquirentes sempre se preocupam com os possíveis cortes de custos com empregados que poderão obter. Inclui-se aqui o exame das políticas de remuneração, de benefícios, de férias. Devem ser examinadas possíveis reclamações trabalhistas, disputas com sindicatos, planos de benefícios, fundos de pensão, com possíveis débitos existentes.

10. **Litígios**

    Todos os negócios se defrontam com litígios ao longo do tempo. As adquirentes não querem se responsabilizar por nenhum litígio existente anteriormente ao processo de aquisição. Por isso, deve ser feita uma análise completa e profunda de modo a evidenciar qualquer litígio existente na empresa-alvo. É preciso determinar, também, a exposição potencial do litígio, caso a empresa venha a ser julgada culpada.

Como vimos, há muitos aspectos a serem verificados numa *due diligence*. São necessários muitos especialistas, podendo se tornar um processo extremamente caro. No entanto ele deve ser considerado um processo necessário para proteger os interesses da adquirente.

ASPECTOS CULTURAIS

Carletto apresentou pesquisa que a *Business Week* realizou em 1995 com 30 empresas que passaram pelo processo de fusões e aquisições nos Estados Unidos, revelando existir uma correlação entre esses processos e a queda de rentabilidade. Também foram divulgados casos de fracassos com relação às expectativas planejadas de 55% a 77%, nos quais os choques culturais são apontados como a principal causa.

O choque cultural ocorre quando dois grupos possuem opiniões diferentes sobre o que é realmente importante, o que deve ser mensurado, como tomar as melhores decisões, entre outros. É possível facilitar a fusão das culturas de empresas realizando antes da operação uma auditoria cultural de longo alcance. A incompatibilidade cultural é maior causa isolada da não concretização do desempenho projetado, da saída de executivos-chaves e de demorados conflitos na consolidação do negócio.

Segundo Senn (1992), é importante compreender que ao longo do tempo as organizações adquirem personalidades distintas, a cultura da organização, que é o resultado de valores coletivos, costumes e regras não escritas que regem o comportamento dentro da organização. Assim, o desafio das fusões e aquisições bem-sucedidas é combinar estilos contrastantes, culturas diferentes que muitas vezes podem levar a operação por água abaixo. Portanto, é importante ter em mente que experiências passadas influenciam no ponto de vista, criando duas perspectivas diferentes. Dessa forma, o respeito mútuo e a abertura para a exploração dos pontos de vista diferentes é uma das chaves para articular o fator humano em qualquer fusão e aquisição de empresas.

A ideia é juntar dados operacionais e comportamentais relativos a várias áreas das empresas envolvidas, comparando-os e identificando potenciais áreas de conflito ou desentendimento. O objetivo é elaborar um plano para administrar tais diferenças, como fazem as empresas com procedimentos financeiros ou contábeis.

AVALIAÇÃO DA CULTURA

Não existem teorias sobre a melhor fórmula de conduzir uma fusão ou aquisição, porque dificilmente uma operação dessas se assemelhará a outra, pois envolvem dois sujeitos completamente distintos. No entanto, temos de tomar alguns cuidados especiais nesse processo, sendo relevante a elaboração do plano de educação.

O Plano de Educação tem a finalidade de evitar a excessiva importância dada às informações financeiras, esquecendo a integração dos processos e das pessoas. O desenvolvimento desse plano auxilia no andamento da pós-fusão, pois define pontos importantes – como fazer a integração; quais serão os dirigentes; quem continuará na empresa; qual será a estratégia de integração e como também um alerta para:

a. *Período de adaptação.* Os primeiros anos são aos mais difíceis, portanto, é necessário que os altos dirigentes não se distanciem da organização depois de fechado o negócio. São muitas as mudanças que auxiliarão na adaptação e que necessitam ser planejadas e ao mesmo tempo ponderadas.

b. *Introdução da cultura.* Deve ser cuidadosamente preparada a introdução de novos controles e novas rotinas, concedendo tempo para que a empresa adquirida entenda a necessidade e a importância das novas cobranças, e evitando, assim, criar um clima de pânico.

c. *Conflitos internos.* Uma função importante dos dirigentes é evitar os desentendimentos entre os funcionários da empresa adquirente e da adquirida. A hierarquia e os processos devem estar bem claros, evitando desentendimentos entre vencedores e perdedores, que prejudicam o andamento das atividades e evitam a perda de bons funcionários.

d. *Pior inimigo.* A mudança é o pior inimigo das fusões e aquisições. Os casos que mais justificam rápidas mudanças são: a difícil condição da empresa e o preço. Na ausência dessas condições, as mudanças devem correr o mais lentamente possível, evitando atropelos.

e. *Analisar a aquisição.* Adquirir uma nova empresa é uma forma de suplementar e completar a indústria básica. A integração deve trazer benefícios, é uma forma de utilizar a capacidade de uma das partes para melhorar o desempenho da outra. A análise da necessidade é importante para desmistificar a ideia de junção como uma forma de eliminar a duplicidade de altos funcionários, como forma de horizontalização da nova organização de modo a canalizar para o verdadeiro propósito.

CRIANDO UMA ESTRUTURA DE TRANSIÇÃO

Marks e Mirvis acreditam na formação de uma estrutura de transição para organizar a união das duas empresas durante o processo de fusão ou aquisição. Essa estrutura evitaria mal-entendimentos e asseguraria que as contribuições de ambas as empresas se transformem em decisões combinadas. Tal estrutura pode ser temporária, podendo durar de três a seis meses ou então se prolongar até um ano, de modo a fornecer coordenação e suporte durante o processo de mudanças.

Uma estrutura de transição deve criar um espaço para que os executivos mais envolvidos com a operação se reúnam em negociações pré-fusão e discutam as possíveis sinergias e armadilhas do processo. Deve criar facilidade de relacionamento, procurando superar diferenças de estilo e cultura. O processo de criação de confiança entre as partes é essencial até que ambas as empresas possam revelar detalhes principalmente de seus pontos fracos e também de como cada um desenvolve seu respectivo negócio. Por último, ocorre o gerenciamento da transição, com a integração das pessoas, dos processos e das culturas.

Uma estrutura de transição normalmente é formada por um comitê dirigente, gerentes de transição e forças-tarefa. O comitê dirigente é formado por pessoas de ambas as empresas. Esse Comitê determina objetivos e diretrizes, oferece análises e recomendações e gera ações de integração no "grande cenário". Os gerentes de transição agem em nome do comitê de dirigentes e trabalham com equipes de transição. As forças-tarefas são grupos de gerentes e profissionais que estudam as opções de integração e recomendam o desenho da empresa resultante. Ela pode ser formada por um pequeno número de gerentes, mas pode envolver centenas de empregados que analisam fatos ocorridos na organização. Os executivos de alto escalão podem não aceitar as recomendações da força-tarefa, mas são obrigados a prover *feedback* em relação às recomendações.

Algumas empresas, mesmo adotando uma estrutura de transição, podem vir a falhar financeira e estrategicamente no processo de fusão e aquisição. Isso porque conflitos podem surgir e destruir qualquer benefício de uma decisão em equipe, ou ainda, as equipes poderão ter baixo conflito e controvérsias não produzindo boas recomendações.

POR QUE FALHAM AS FUSÕES

A Figura 19.4 apresenta algumas das principais causas porque falham as fusões e aquisições.

Figura 19.4 – Por que falham as Fusões e Aquisições?

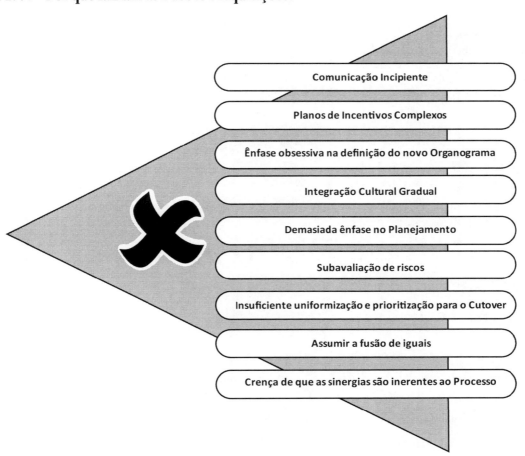

19.5 PROCESSOS DE NEGOCIAÇÃO DAS FUSÕES E AQUISIÇÕES

Os processos de negociação das fusões e aquisições abrangem várias etapas importantes: a) determinação da empresa-alvo; b) pesquisa de candidatas; c) determinação do valor econômico; d) negociação entre o comprador e o vendedor e e) fechamento do negócio.

DETERMINAÇÃO DO PERFIL DA EMPRESA-ALVO

A determinação do perfil da empresa-alvo é fundamental para que o custo do processo de busca seja reduzido e as ações de busca sejam eficazes. Nessa etapa, o Banco de Investimento ou a empresa de consultoria encarregada da busca procura obter respostas para as seguintes questões:

- Qual é a área de negócios do grupo?
- Em que contexto ambiental ele atua?
- Quais as políticas e estratégias que o direcionam?
- Qual a sua filosofia de ação?
- Quem é o nosso cliente? (atual e potencial)
- Onde está o nosso cliente? (segmentações geográfica e demográfica)
- O que o cliente espera de nós?

Respondidas essas questões, tem-se o perfil da empresa-alvo, que de certa forma representa o tipo de crescimento desejado pela adquirente. O Quadro 19.4 apresenta algumas características observadas na determinação do perfil de uma candidata.

Quadro 19.4 Perfil de empresas-alvo

Perfil Qualitativo	Perfil Quantitativo
1. Atuação no mercado nacional	1. Endividamento
2. Constituição legal	2. Evolução das receitas e dos fluxos livres de caixa (LAJIRDA)
3. Exportações e importações	3. Necessidades de capital de giro
4. Imagem no mercado	4. Participação no mercado
5. Inovação tecnológica	5. Preço da aquisição
6. Integração horizontal e vertical	6. Receitas líquidas
7. Localização geográfica	7. Rentabilidade do patrimônio líquido
8. Produtos e serviços	8. Retorno sobre os investimentos
9. Qualidade da gestão e das equipes	9. Valor econômico agregado
10. Saúde econômico-financeira	

Fonte: Baseado em Rasmussen (1989).

CAPITAL DE RISCO (PRIVATE EQUITY)

Um dos grupos mais empenhados na aquisição de boas companhias são os fundos ou firmas de capital de risco, que realizam investimentos diretos em companhias privadas ou recompra de companhias públicas resultando no fechamento do capital. Estes investidores "privados" podem ser instituições ou indivíduos que possuem um patrimônio considerável.

A maioria desses investidores é representada por instituições ou investidores qualificados, atuando através de fundos, que dispõem de grandes quantias de dinheiro por um longo período de tempo, permitindo a recuperação/evolução de uma companhia até o evento de sua liquidação, quando a participação adquirida é vendida à outra companhia ou pulverizada no mercado através de uma IPO (oferta pública – abertura de capital). Na prática, firmas de Capital de Risco compram participações ou empresas e tentam melhorar os resultados financeiros ou seu posicionamento no mercado, esperando vendê-las a um valor superior.

Administradores de fundos de Capital de Risco recebem incentivos para obter altas taxas de retorno através do incremento no valor do seu portfólio de ativos. Em termos de talento, eles buscam os melhores e mais brilhantes e, quando são bem-sucedidos na desfragmentação de uma indústria e criação de uma empresa plataforma, utilizam a venda para uma empresa pública como estratégia de saída.

O prazo médio de investimento dos fundos de Capital de Risco, desde a aquisição de uma empresa, "maturação" do investimento, até a subsequente venda, raramente será inferior a três anos, podendo, ao contrário, superar períodos de uma década.

PESQUISA DE CANDIDATAS PARA A FUSÃO E AQUISIÇÃO

É preciso considerar sempre que um processo de fusão ou aquisição é delicadíssimo, e, portanto, requer muita atenção e cuidado. Por isso normalmente é formada uma equipe interna experiente e contratada uma consultoria especializada, para assegurar uma condução madura e segura do processo, que é extremamente desgastante e burocrático.

A utilização de consultores ou bancos de investimentos serve para facilitar a busca de candidatos adequados, em face de sua experiência no assunto. Muitas vezes, as comissões e honorários desses consultores são cobrados com base no tempo de procura e seleção do candidato. De modo geral, esses consultores operam com custos fixos mais uma taxa de sucesso (*success fee*), que variam em função do valor da negociação.

Para identificação e busca de candidatos com perfil adequado são utilizadas diversas fontes de informações, sendo as mais comuns: clientes, fornecedores, bancos, associações de classe, revistas e jornais especializados, feiras, prestadores de serviços financeiros, empresas de classificação de crédito, contatos diretos, escritórios de advocacia e auditores.

Quadro 19.5 Fusões e incorporações – O que buscam os grandes *players*?

O QUE BUSCAM OS GRANDES PLAYERS?
Crescimento forte e sustentado
Modelos de negócio não diretamente ligados a preços de *commodities*
Operações que provém nichos de produtos e/ou serviços
Um negócio simples e de fácil entendimento
Espaço para maiores receitas através de crescimento orgânico interno e aquisições
Administração capaz
Habilidade para sustentar as margens
Base de consumidores diversificada
Acionistas atuais dispostos a manter parte do investimento na expectativa de obter mais ganhos

Fonte: M.P. Dumon (www.investorpedia.com)

A CRIAÇÃO DE UM BANCO DE DADOS

A criação de um banco de dados sobre grupos empresariais e empresas de modo geral facilita a pesquisa da candidata ideal. As consultoras organizam seus bancos de dados de forma a conhecer as características dos ramos de negócios e das empresas. Normalmente esses bancos de dados contemplam: ramo do negócio, tamanho do negócio, controle acionário, valor do patrimônio líquido, participação no mercado, número de funcionários, demonstrativos financeiros dos últimos cinco anos, proprietários e controladores, perfil dos executivos da empresa, constituição legal, imagem, participação no mercado, tecnologia, instalações e equipamentos, filiais ou subsidiárias no país e no exterior, aspectos familiares e sucessórios, entre outros.

As informações são organizadas sob a forma de dossiês, de grupos empresariais ou de empresas distintas. À medida que os negócios vão avançando, as informações vão sendo aprofundadas, dependendo dos interesses das partes. Nessa etapa, a equipe interna e a consultoria podem passar a atuar em conjunto, de forma a filtrarem as informações e se concentrarem naqueles candidatos que mais atendem ao perfil desejado. A etapa seguinte consistirá em entrevistas e análise de viabilidade. Cada equipe ou consultoria tem seu modo de operar, mas normalmente avaliam-se pontos fortes e fracos dos candidatos e pontos de sinergia.

OS PRIMEIROS CONTATOS COM OS CANDIDATOS

A equipe interna ou consultoria deve tomar conhecimento das informações obtidas, estudá-las, de forma a planejar cuidadosamente os contatos iniciais com as candidatas, evitando constrangimentos ou mal-estar que possam causar a desistência das candidatas. Deve-se fugir do campo emocional, facilitando a evolução das negociações. Os primeiros contatos servem para criar clima e ambiente para futuras negociações entre as partes e para observar comportamentos, analisar sinergia, levantar informações relevantes para formação de critérios sobre preço e forma de transação com a candidata.

Figura 19.5 Carreira em Fusões e Aquisições

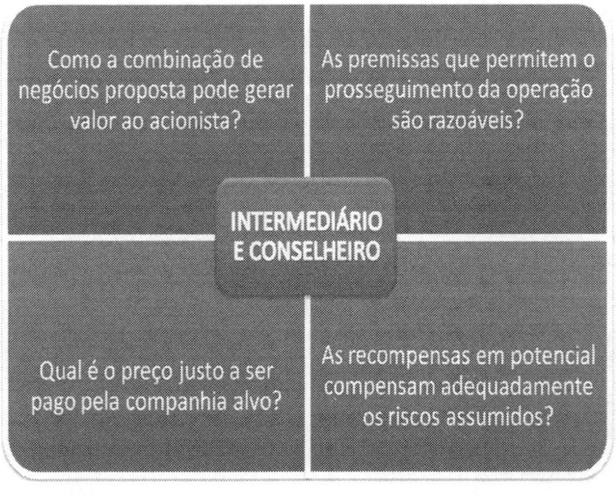

Fonte: M.P. Dumon (www.investorpedia.com).

O PLANEJAMENTO DAS REUNIÕES INICIAIS COM OS POTENCIAIS CANDIDATOS

- Nas reuniões serão formados o clima e o ambiente para futuras negociações entre as partes. Deveria ser estabelecida uma agenda para todos os encontros, desde o primeiro, até que um dos candidatos fosse selecionado para a fusão ou aquisição. Para cada reunião, devem ser comunicados a agenda e os objetivos a serem atingidos, de forma que ambas as partes tenham tempo de preparar as informações e o material necessário. Deve-se evitar discutir preço ou condições de uma eventual fusão ou aquisição.

As primeiras reuniões servem apenas para obter informações-chave como conhecimento da situação da empresa-alvo. À medida que as negociações evoluem, vão se ampliando as solicitações de informações. Para cada reunião com cada candidato, é preciso que a equipe esteja preparada em minúcias e que seja feita abordagem específica, assim, propiciando agilidade e ritmo acelerado na solução de pendências e um relacionamento amigável e construtivo.

Das informações tratadas nas reuniões é que sairão os argumentos para alimentar o seu banco de dados com informações relevantes sobre a estrutura da empresa. Outros pontos que devem ser abordados nessas reuniões são:

- Exposição das estratégias da adquirente para demonstrar a sinergia entre ambas.
- Análise sintética dos objetivos estratégicos da adquirente e a forma como se combinam com a estrutura da candidata, assim poderiam derivar os benefícios mútuos para o futuro.
- A exposição da sinergia entre as duas, levando a um equilíbrio de pontos fortes e fracos de suas estruturas.
- Nas reuniões iniciais, deve-se a todo custo evitar discutir preço ou condições de uma eventual transação fusão ou aquisição.
- As reuniões iniciais devem servir apenas para a observação comportamental, análise da sinergia e levantamento e dados relevantes que futuramente servirão para a formação de critérios técnicos de preço e de forma de transação com a candidata.

A aquisição amigável ou hostil (*takeover*) deve ser executada em todos os seus estágios, de forma civilizada, em que os membros úteis da gestão devem ser convencidos a permanecer no empreendimento, e aqueles que não se enquadrarem no novo perfil da empresa devem ser desligados.

Uma das principais missões dos negociadores é convencer a candidata de que a aquisição será benéfica para todos. A abordagem deve se processar sem preconceitos e com a mente aberta por parte das adquirentes.

No caso de se evidenciar que a candidata não possui o perfil desejado, deve-se comunicá-la para que seja encerrada a negociação. Para formar o banco de dados, deve predominar o critério técnico na compilação e apresentação das informações. Isso facilita a tomada de decisão no estágio inicial, qualificando as candidatas potenciais, para que não se perca tempo na negociação.

Após a seleção, classificação e o levantamento das candidatas e respectivas informações e seu registro em um banco de dados, o grupo de trabalho estará de posse de elementos para seguir na avaliação e seleção do candidato mais adequado, dentro dos parâmetros estabelecidos. O grupo está em posição agora de definir, qual das candidatas oferece os melhores benefícios, dentro dos parâmetros:

- Qual atende melhor aos objetivos estratégicos da empresa adquirente?
- Qual oferece melhor sinergia com a empresa adquirente e pode mais facilmente ser integrada ao grupo econômico (produtos, comprometimento da administração, cultura empresarial)?

- Qual delas oferece a melhor estrutura de valor de fusão ou aquisição?
- Qual apresenta um valor que atende às expectativas da empresa adquirente?

DETERMINAÇÃO DO VALOR ECONÔMICO

Etapa central dentro do processo de avaliação de uma aquisição, a avaliação do negócio envolve estudos detalhados na análise estratégica, analisando concorrentes, no alinhamento estratégico, em variáveis macroeconômicas, no *due diligence*, na avaliação econômica sob o ponto de vista do comprador e da empresa-alvo, na valoração das sinergias identificadas na proposição do negócio, entre outros.

O valor deve ser estabelecido antes de as negociações finais começarem. Devemos estabelecer um valor máximo e valor mínimo como limites ao empreendimento. A base para o estabelecimento desses valores consiste tanto em considerações objetivas, quanto em subjetivas, mas nunca em considerações emocionais. Na prática, isso não é tão fácil, pois, tanto quem compra quanto quem vende opera sob fundamentos psicológicos e econômicos muito diferentes entre si.

No preço deve estar embutida uma boa margem de negociação para cobrir os custos de aquisição e naturalmente para que haja uma margem de negociação com o vendedor.

A determinação do valor econômico do negócio deve ser calculada a partir das técnicas de análise econômico-financeiras, anteriormente estudadas.

NEGOCIAÇÃO ENTRE O COMPRADOR E O VENDEDOR

Quando representantes de duas companhias sentam-se à mesa de negociações, geralmente é simples definir os preços e condições em termos gerais. Os detalhes específicos é que serão mais complicados, e o poder de barganha e as habilidades de negociação serão determinantes para o fechamento ou não do negócio.

O objetivo da negociação é obter informações para explorar tópicos de interesse mútuo, assimilar os problemas e determinar o preço ou a taxa de troca. Moeda corrente ou troca de ações ordinárias são os meios de pagamentos mais comuns em fusões e aquisições de companhias.

Do ponto de vista psicológico da negociação, devem ser compreendidos os seguintes posicionamentos de cada um dos negociadores:

a) Aspectos psicológicos do vendedor.
- Tenta mostrar o excelente desempenho da empresa, através de demonstrativos de resultados
- Evidencia mais os valores intangíveis de sua empresa.
- Em se tratando do fundador ou do empreendedor que assumiu todos os riscos e desenvolveu o negócio até ali, desenvolve certa afinidade emocional por ele e tenta valorizar o negócio por seus méritos pessoais.

b) Aspectos psicológicos do comprador
- O comprador procura fazer as análises técnicas da transação, o potencial econômico, prazo de amortização, suas intenções estratégicas.
- Os intangíveis da empresa somente serão relevados, caso realmente existam, como por exemplo, algum intangível tecnológico que possa no curto prazo ser transformado em lucro.

- As motivações da empresa adquirente são, em geral, o rápido retorno do investimento e a realização de seus objetivos estratégicos.

Motivação do Negócio. Base para o processo de estudo de aquisição, a existência de uma motivação para a realização do negócio, além de fundamentar qualitativamente a prospecção de uma empresa-alvo que atenda às características procuradas é, na maioria dos casos, a etapa inicial que justifica a continuidade dos estudos de avaliação.

Uma empresa é adquirida não apenas por seu potencial de gerar lucros, mas pelo seu conjunto de ativos que atende às necessidades da adquirente. O preço em dinheiro pago depende em grande parte de quais ativos estão sendo adquiridos. Se a empresa inteira for adquirida, o valor da empresa é um preço razoável; se apenas certos ativos importantes forem comprados, deve ser pago o valor de mercado desses ativos. Se a empresa inteira for comprada como um empreendimento que não deve ter continuidade de operações, é preciso que também se dê consideração ao valor de quaisquer prejuízos fiscais.

Entretanto, a empresa adquirente deve, acima de tudo, verificar o retorno esperado do investimento na aquisição de ativos, isso porque o desembolso resultante dessa aquisição deverá proporcionar retornos maiores no futuro. Tal raciocínio é válido tanto para a aquisição de ativos de companhias que serão desativadas quanto para aquisições em dinheiro de companhias em operação.

Considerando a aquisição mediante a troca de ações, a determinação do índice de troca é uma das ações mais importantes, pois afeta uma série de análises e medidas financeiras utilizadas por futuros acionistas. O índice de troca reflete em qual proporção serão trocadas as ações da adquirente em relação a cada ação da empresa adquirida. Na realidade, o índice efetivo de troca é simplesmente o quociente do montante pago por ação pago da adquirida e o preço de mercado das ações da adquirente.

FECHAMENTO DO CONTRATO

Forma de Pagamento. Decisiva e em linha com a expectativa da próxima etapa, esta fase define como será concluída a negociação. Esta pode ocorrer com dinheiro ou com ações da própria empresa compradora.

Pode ocorrer que a empresa adquirente não tenha caixa suficiente para comprar a empresa-alvo em dinheiro, ou mesmo que não tenha capital próprio para pagar parte do negócio. Nesses casos, se o acerto não puder ser feito através de ações ou de títulos de dívida, ela terá de recorrer ao mercado financeiro.

Financiamentos de longo prazo no Brasil, no entanto, são escassos e caros. As instituições financeiras domésticas não possuem uma cultura para operar com longo prazo, com raras exceções. Tal assunto foi analisado no Capítulo 8. Elas estão acostumadas a operar, aplicando em título do Governo, com crédito direto ao consumidor, e outras modalidades de empréstimos de curto prazo, com taxas exorbitantes.

Como uma empresa adquirente que procura recursos para a aquisição de uma empresa pode, então, se sair bem? Alguns aspectos devem ser levados em consideração. Em primeiro lugar, deve-se lembrar que isso já deveria ter sido pensado antes de iniciar o processo de aquisição, ou seja, já deveria ter sido objeto de observação do plano estratégico de aquisição. Em segundo lugar, a forma de pagamento do negócio será objeto de negociação e, portanto, não cabe apenas definir a fonte dos recursos, mas também saber se elas serão adequadas para o caso específico desta transação.

Pode-se, no caso de uma sociedade anônima, captar recursos no mercado financeiro mediante o lançamento de debêntures, conversíveis ou não em ações, por um período considerado adequado para compensar as despesas desse lançamento, a taxa de remuneração e a absorção dos demais custos que serão gerados pelo processo de aquisição. É possível também lançar ações no mercado, desde que o custo/benefício seja favorável, o controle acionário não seja ameaçado e a política de dividendos seja preservada.

Muitas vezes, o melhor seria lançar debêntures conversíveis em ações. No Brasil, porém, essa opção não é tão fácil de ser implementada, pois o país não possui cultura acionária ampla como os Estados Unidos ou alguns países da Europa. Sendo assim, a absorção desse instrumento pode ser demorada e inviabilizar o negócio.

Poder-se-ia negociar com os antigos sócios da empresa, para que o pagamento fosse feito em ações de outras companhias do grupo. Também seria possível não comprar toda a empresa, mas apenas as ações suficientes para obtenção do controle acionário. Outra forma seria se dirigir ao BNDES e, mediante um projeto, propor que eles participassem da operação através do BNDESPAR ou de financiamento.

19.6 FUSÕES E AQUISIÇÕES NO BRASIL E NO MUNDO

Exemplos de fusões no mundo foram as envolvendo Daimler-Chrysler, AOL/Time Warner e Exxon/Móbil.

Gráfico 19.2 Negócios Globais por Indústria – ago.-nov. 2008

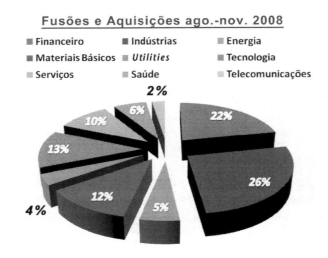

Fonte: Reuters.

Tabela 19.2 Negócios Globais por Consultorias em F&A 2008

CONSULTORIA	# NEGÓCIOS	VALOR (Us$MM)
Goldman Sachs & Co	305	796.425,60
JP Morgan	332	728.129,00
Citi	301	677.457,50
UBS	294	541.242,70
Morgan Stanley	312	536.447,40
Credit Suisse	289	503.332,10
Merrill Lynch	264	495.799,90
Deutsche Bank AG	252	428.686,10
Barclays Capital	98	316.521,30
BNP Paribas SA	98	238.373,90

Fonte: Reuters.

FUSÃO NO SISTEMA FINANCEIRO BRASILEIRO: ITAÚ E UNIBANCO

Em meio à maior crise do setor bancário global, duas das maiores instituições privadas nacionais – o Itaú e o Unibanco – anunciaram no dia 3 de novembro de 2008 sua fusão por meio de troca de ações, criando o maior banco brasileiro e o 17º do mundo. Na prática, o que hoje é o Itaú predominará na nova empresa, chamada Itaú Unibanco S.A, que será controlada por uma *holding* com participação dividida igualmente entre os dois.

Roberto Setubal, presidente do Itaú, será o presidente do banco, enquanto Pedro Moreira Salles, que comanda o Unibanco, presidirá o conselho da nova instituição. Juntos, os dois bancos somam ativos de R$575 bilhões e passam com folga a liderança do Banco do Brasil, estimada em R$450 bilhões. O Bradesco, antes líder do setor privado, desde os anos 1950, tem ativos de R$422 bilhões.

Antigos concorrentes, Itaú e Unibanco têm muito em comum. Surgiram e continuam sob administração de famílias de banqueiros tradicionais de São Paulo e do Rio de Janeiro, que foram buscar no mercado profissionais de prestígio e aderiram a práticas internacionais de gestão para modernizar suas instituições financeiras. São ainda os bancos brasileiros de maior presença internacional, com intenções de expandir a competição em escala global em cinco anos.

Tabela 19.3 Nova Holding

R$ Bilhões	ITAÚ	UNIBANCO	NOVA HOLDING
Ativos	396,6	178,5	575,1
Empréstimos	151,0	74,3	225,3
Depósitos	162,7	72,4	235,1
Patrimônio Líq.	32,1	12,9	51,7
Lucro Líq.	5,9	2,2	8,1
Valor	69,1	18,8	???

18% da rede bancária do país
14,5 milhões de correntistas

Fonte: *Folha de S. Paulo.*

Segundo analistas, os dois bancos têm forte complementaridade de atuação, mas também uma enorme sobreposição no varejo, especialmente de agências em São Paulo, Rio e Minas – estados em que se lançaram à expansão por meio de aquisições. O Itaú emprega hoje 69 mil bancários, e o Unibanco, outros 35 mil.

Mais importante negócio do setor bancário brasileiro, a união entre Itaú e Unibanco não pode ser vista como uma aquisição. Não há desembolso de dinheiro, e o negócio só envolve troca de ações – na proporção de 1,1797 papel do Unibanco pelo do Itaú. A relação de troca foi baseada nas cotações dos últimos 45 pregões.

Como o Itaú chega a ter o dobro do tamanho do Unibanco, no entanto, sua estrutura deve prevalecer na nova empresa. O controle ficará com uma nova *holding*, a IU Participações, desenhada para que 50% fiquem com a Itaúsa (controladora do Itaú) e 50% com a família Moreira Salles, do Unibanco.

Figura 19.6 Estrutura Societária Fusão Itaú Unibanco

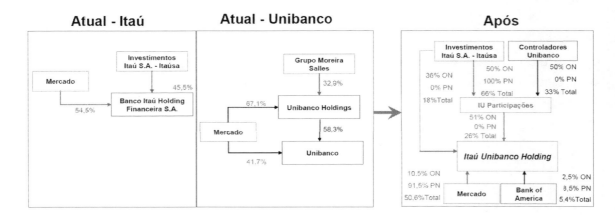

O Unibanco agrega à nova empresa uma participação importante no atacado, além do atendimento a grandes empresas e uma corretora de prestígio entre fundos de pensão e clientes institucionais.

Já o Itaú tem participação importante em todos esses negócios, mas traz uma carteira muito sólida de médias empresas e de clientes pessoa física de alta renda, segmento em que passou a dar as cartas após a compra do BankBoston, do Bank of America, em 2006.

Para Armando Castelar, especialista em bancos da Gávea Investimentos, a lógica do negócio deriva do aumento da competição e da necessidade dos bancos de ganhar escala para captar dinheiro com custo menor para fazer crédito.

"É sintomático que tenham decido agora. O setor vai passar por reestruturação em que o tamanho se tornou importante para captar recursos. A crise tornou isso mais evidente." O novo banco terá uma das estruturas mais sólidas do mundo. Com patrimônio líquido R$51,7 bilhões, consegue fazer pouco menos de R$250 bilhões de crédito. A alavancagem é de apenas cinco vezes, e no setor de seguros, terá participação de 17%. A nova empresa ainda terá ainda 24% do setor de previdência privada e uma carteira de R$90 bilhões de gestão de fortunas, a maior da América Latina.

Em meio à crise global e à baixa nas ações do setor bancário, Itaú e Unibanco adiantaram a divulgação de seus resultados do terceiro trimestre para mostrar que seus ganhos seguiram robustos e que não têm grande exposição cambial.

> O Itaú teve lucro líquido recorrente de R$2 bilhões (excluindo ganhos e perdas extraordinárias), 27,5% maior do que no terceiro trimestre do ano passado. No ano, o acumulado é de cerca de R$6 bilhões.

Fonte: RI Itaú.

> O Unibanco reportou lucro líquido de R$704 milhões no terceiro trimestre, resultado 5,6% maior do que no mesmo período de 2007, se forem descontados os efeitos não recorrentes de 2007. No ano, o Unibanco já soma ganhos de R$2,2 bilhões.

Fonte: RI Unibanco.

Os bancos fundidos têm muitas agências em locais comuns, assim como clientes. A fusão exigirá um grande volume de recursos em integração tecnológica, e poderá criar uma instituição mais lucrativa e forte do que se ambas permanecessem separadas, criando a sinergia necessária para que o processo seja justificado.

Os negócios dos dois bancos são complementares em diversas áreas. Em seguros, por exemplo, o Itaú é forte em veículos, enquanto o Unibanco tem boa carteira em saúde. Na área de crédito popular, o Unibanco, por meio da Fininvest, tem presença importante em pessoal e consignado. Já o Itaú, com a Taií, tem relevância em veículos. O Itaú também é forte em *private banking*, enquanto o Unibanco não tem tanta presença em fortunas.

A sobreposição de estruturas, entretanto, também será grande. Isso porque muitas agências dos dois bancos ficam na mesma vizinhança, e o posicionamento nos segmentos de atuação, em áreas nas quais estão o grosso dos negócios, é bastante semelhante tanto para o Itaú quanto para o Unibanco.

Do ponto de vista do pessoal, a fusão tende a ter cortes de 10% a 15%, depois de somadas as estruturas, segundo Marcelo de Lucca, diretor-executivo da empresa de recrutamento Michael Page.

Para os especialistas, a crise internacional também ajudou a fazer com que a última porta de entrada de um banco estrangeiro no mercado financeiro no Brasil fosse fechada. Há muitos anos, as expectativas eram de que uma grande instituição estrangeira, de olho no Brasil, adquiriria o Unibanco, que tinha problemas de sucessão. A redução da liquidez internacional pode ter mudado esse quadro. A união também resolveu a questão da sucessão no Unibanco, já que apenas um dos herdeiros do Unibanco atua na área financeira.

O debate que sempre acompanha uma operação desse porte é o da contínua concentração do setor bancário e de como isso vai afetar a competição – o temor é de que a redução no número de concorrentes termine por piorar a vida dos clientes. Mas, com a crise financeira, a questão da competição tem ficado em segundo plano, e os analistas têm enfatizado a importância da solidez do sistema. A ideia por trás da criação de grandes bancos é que grandes instituições financeiras são melhores porque conseguem se beneficiar de economias de escala.

Dezenas de estudos internacionais confirmam as dificuldades de uma fusão. Um deles, feito pela consultoria *Towers Perrin* com base em 150 fusões de instituições financeiras, mostra que 30% das companhias perderam valor de mercado de forma irreversível após a transação. Outro, da Accenture, mostra que as metas de corte de custos só foram atingidas por 45% das empresas.

O Bradesco, por sua vez, se afastou da liderança do *ranking* dos maiores bancos privados do país. Agora, avaliam analistas, o caminho para o Bradesco será buscar novas aquisições para se reaproximar do topo. O problema é que poucas instituições financeiras teriam porte suficiente para elevar consideravelmente o Bradesco no *ranking,* e negam que estejam para ser vendidas.

Na avaliação do Bradesco, a fusão "amplia a disputa no já competitivo mercado financeiro brasileiro". Entre os maiores negócios fechados pelo Bradesco do ano passado para cá, aparecem a aquisição das operações da Amex e as compras do banco BMC e da corretora Ágora.

Apesar de nenhuma operação ter sido anunciada até o momento, o governo baixou uma medida provisória, a MP nº 443, pela qual liberou os bancos públicos para comprar participações em outras instituições financeiras ou empresas. Com isso, Banco do Brasil e Caixa Econômica Federal também podem crescer ainda mais. O primeiro tem as compras da Nossa Caixa e do Banco Votorantim dadas como certas pelo mercado.

O governo viu a fusão entre os bancos Itaú e Unibanco como uma possibilidade de melhorar a oferta de crédito no país e de fortalecer o sistema financeiro nacional. A retomada do crédito é hoje o principal problema no cenário traçado pela equipe econômica no Brasil. Para ampliar a oferta de crédito, o BC já liberou mais de R$100 bilhões de recursos compulsórios que os bancos recolhiam à instituição. Sem a volta dos empréstimos a empresas e a pessoas físicas, o crescimento da economia em 2009 tende a ser ainda menor.

O sistema bancário internacional transformou-se em uma terra de gigantes nos últimos tempos. Em 1998, os 25 maiores bancos do mundo detinham 28% do total de ativos do setor. Dez anos e muitas fusões e aquisições depois, esse índice chegou a 44%. Antes da eclosão da crise financeira, os bancos compravam ou se fundiam com os concorrentes graças à fartura de capital barato e do otimismo gerado pelo crescimento sem precedentes da economia mundial.

Após o agravamento da crise, o principal motor da consolidação passou a ser o medo do colapso do sistema bancário mundial. Entre julho e setembro de 2008, os anúncios de fusões e aquisições entre instituições financeiras totalizaram 174 bilhões de dólares, um dos trimestres mais aquecidos de todos os tempos, iniciando uma reconstrução do sistema financeiro global.

A tendência de movimentação na área financeira em períodos de crise evidenciada em 2008 em meio à crise também ocorreu nos anos 1990. O mercado brasileiro, que tinha 243 instituições no final de 1994, possuía 156 em junho de 2008.

OUTROS CASOS DE FUSÕES E AQUISIÇÕES NO BRASIL

O salto da JBS

Empresa será a terceira em receita líquida no Brasil e a maior de proteínas no mundo, ultrapassando a Tyson Foods

Numa só tacada, a JBS S.A anunciou ontem a fusão com a Bertin S.A e a aquisição da Pilgrim's Pride, uma das maiores empresas de frango dos Estados Unidos.

Com as duas operações, a JBS torna-se a terceira maior empresa brasileira não financeira de capital aberto em receita líquida, conforme cálculos do Valor Data baseados em números de 2008. O resultado é uma receita líquida de R$51,6 bilhões, atrás apenas de Petrobras, com R$215,1 bilhões, e de Vale, com R$70,5 bilhões. A empresa também ficará muito à frente da BRF – Brasil Foods, resultado da compra da Sadia pela Perdigão, cujo faturamento líquido alcança R$22 bilhões (dados de 2008).

Os negócios também fazem a JBS se tornar a maior empresa de proteínas do mundo, ultrapassando a americana Tyson Foods. A receita líquida da JBS, incluindo Bertin e Pilgrim's, chega a US$28,725 bilhões, acima dos US$28,130 bilhões da Tyson, de acordo com cálculos da companhia brasileira baseados em resultados do ano passado.

A aquisição da Pilgrim's Pride, que pediu proteção contra a falência em dezembro de 2008, significa nova diversificação da JBS, que estreia em aves. No Brasil e na Argentina, a empresa atua apenas em bovinos. Nos Estados Unidos e na Austrália, onde entrou por meio de aquisições, tem carne bovina e de suínos.

As duas transações são mais um capítulo da consolidação do setor de proteínas animais no Brasil, movimento que foi acelerado pela crise financeira internacional. Esta semana, a Marfrig, que chegou a negociar uma fusão com a Bertin, anunciou a compra da Seara, unidade de carnes da americana Cargill. Em maio deste ano, Perdigão e Sadia se juntaram para formar a Brasil Foods.

Na negociação com a Bertin, a JBS vai incorporar a empresa. Pelo acordo anunciado, os controladores do JBS irão transferir todas as suas ações para uma *holding*, batizada de "Nova Holding", que reunirá ainda 73,1% do capital social da Bertin mediante aporte de seus atuais controladores. A estimativa é de que o peso da JBS na holding será de 60%, ficando a Bertin com 40%.

A JBS não divulgou os números para mostrar como chegou a tal participação na operação de troca de ações, mas analistas estimam que o valor da Bertin seja de pelo menos R$5,3 bilhões.

A fusão com a Bertin também marca a entrada da JBS em lácteos, já que a primeira comprou a Vigor em 2007. Assim, além de concorrentes em carnes e derivados, a JBS e a Brasil Foods vão competir também em leite, uma vez que a Perdigão já era dona da Batavo e da Eleva.

A aquisição da Pilgrim's Pride será realizada por meio da JBS USA, subsidiária da JBS. A empresa vai comprar ações correspondentes a 64% do capital social total e votante da Pilgrim's por US$800 milhões, em dinheiro. Os atuais acionistas da companhia americana ficarão com os 36% restantes. O acordo avalia a Pilgrim's Pride em US$2,8 bilhões.

Após a fusão com a Bertin e a compra da Pilgrim's, a JBS será líder em processamento de carne bovina no Brasil, na Austrália, na Argentina, na Itália e uma das maiores dos Estados Unidos, com capacidade de abate de 90,4 mil bovinos por dia. Será a terceira em suínos nos Estados Unidos, com capacidade de abate de 48,5 mil cabeças por dia, e uma das maiores em aves naquele país e globalmente, com capacidade de abate de 7,2 milhões frangos por dia.

Alda do Amaral Rocha, São Paulo 17/09/2009.

Fonte: *Valor On Line*, 17/09/2009.

O Quadro 19.6 apresenta alguns dos principais casos de Fusões e Aquisições ocorridos no Brasil nos últimos anos.

Quadro 19.6 Fusões e aquisições no Brasil

GRUPO REGIONAL	GRUPO EXTERNO		NATUREZA DA OPERAÇÃO
	Nome	Procedência	
SERVIÇOS			
Bamerindus	HSBC	Inglaterra	Aquisição
Banestado	Itaú	Brasil	Aquisição
COMÉRCIO			
Disapel	Ponto Frio	Brasil	Aquisição
Mercadorama	Sonae	Portugal	Aquisição
Real	Sonae	Portugal	Aquisição
Coletão	Sonae	Portugal	Aquisição
Supermercados Muffatão	Sonae	Portugal	Aquisição
Drogamed/Minerva	Fasa		Compra de 77% das ações
INDÚSTRIA			
Frigorífico Chapecó	Macri	Argentina	Aquisição
Eletrofrio	L.A. Darling	Estados Unidos	Aquisição
Coopagro	Fiasul	Brasil	Aquisição
Papel de Imprensa (PISA)	Norske Skong	Noruega	Aquisição
Batavo	Parmalat	Itália	Incorporação (51% ações)
Batávia (Parmalat/Batavo)	Perdigão	Brasil	Compra da divisão carnes
Refrigeração Paraná	Electrolux	Sueca	Aquisição
Plastipar	Hettich	Alemanha	Fusão (60% capital alemão)
Fósforos Irati	Inácio Ferro	Espanha	Aquisição
Brasholanda	Polarcup	Holanda	Aquisição
Herbitécnica	Defensa	Brasil (RS)	Fusão
Impressora Paranaense	Dixie Toga	Brasil (SP)	Aquisição
Inpacel	Champion	Estados Unidos	Aquisição
Parnaplast	Zemi	Estados Unidos	Aquisição

19.7 RESUMO

Os motivos para fusões e aquisições são: expansão, sinergia, compra de ativos com preços favoráveis, melhoria gerencial e tecnológica, aumento de liquidez dos proprietários e proteção contra aquisição hostil. A expansão é o principal deles, e a sinergia o segundo. Os efeitos sinérgicos são: economias de escala, economias financeiras, melhoria da eficiência gerencial, maior poder de mercado e economias fiscais.

Aquisição é a operação pela qual uma ou mais sociedades são absorvidas por outra, que lhes sucede em todos os direitos e obrigações. Fusão é a operação pela qual se unem duas ou mais sociedades para formar sociedade nova, que lhes sucederá em todos os direitos e obrigações. Fusão defensiva é realizada com a finalidade de reduzir a vulnerabilidade de uma companhia mediante uma tomada do controle acionário.

A empresa que tenta adquirir outra empresa é chamada de **empresa adquirente.** A empresa que a adquirente está procurando é a **empresa-alvo. Empresa resultante** é a empresa que surge após o processo de fusão ou aquisição. Uma **aquisição amigável** ocorre quando endossada pela administração da empresa-alvo, aprovada por seus acionistas e facilmente consumada. Uma aquisição hostil (**takeover**) acontece quando não há apoio por parte da administração da empresa-alvo, forçando a empresa adquirente a tentar obter o controle por meio de compra de ações no mercado.

Aquisições horizontais ocorrem quando uma empresa adquire outra do mesmo ramo de atividades. Aquisições verticais são aquisições de uma empresa fornecedora ou cliente. Aquisições congêneres são aquisições de uma empresa do mesmo setor, sem que haja uma relação de fornecedor ou de cliente. Aquisições tipo conglomerado são aquisições de empresas de setores diferentes daquele da empresa adquirente.

As estratégias de fusões e aquisições devem possibilitar correção de deficiências mercadológicas, de produção, financeiras, de inovação tecnológica, entre outras. Além disso, devem se constituir em alternativas mais eficazes no desenvolvimento de negócios em mercados específicos.

As aquisições ocorrem mediante a compra de ativos ou de ações ordinárias, e podem ser pagas em dinheiro ou em ações. Qualquer processo de fusão ou aquisição envolve duas questões fundamentais: 1) Quem deterá o controle da empresa resultante? 2) Qual o valor da empresa-alvo?

O modelo mais indicado para determinar o valor da empresa-alvo é o do fluxo de caixa descontado. Existem duas formas de se avaliar os efeitos da transação: a) pelo índices preço/lucro – que envolvem a cálculo de taxas de trocas de ações; e b) o efeito do valor de mercado – que avalia o impacto sobre os preços da ação.

Nas fusões e aquisições são avaliados aspectos econômicos, jurídicos, contábeis-tributários e culturais. As leis disciplinam aquisições de companhias de capital aberto, de capital fechado e as sociedades por quotas de responsabilidade limitada que possam prejudicar a livre concorrência.

Um dos aspectos contábeis-tributários importantes é a vantagem tributária, mas seu processo mais poderoso é a *due diligence*, pelo qual a compradora interpela as informações fornecidas pela empresa-alvo: assuntos contábeis e financeiros, assuntos tributários, propriedades imobiliárias, propriedades mobiliárias, seguros, propriedades intelectuais, contratos e compromissos, assuntos ambientais, empregados e litígios. Para superar problemas culturais é importante que as empresas adquirentes adotem planos de integração que abranjam: período de adaptação, introdução da cultura, conflitos internos, mudanças e análise da aquisição.

Um bom perfil qualitativo e quantitativo da empresa-alvo facilita a busca de candidatas, que é um processo delicadíssimo e caro, exigindo equipe interna experiente e consultoria especializada. A determinação do valor econômico é crucial, e o método mais utilizado para isso é o fluxo de caixa descontado. Pode haver aquisições hostis, mas no caso do Brasil, estes casos são raros.

19.8 QUESTÕES

1. Quais são os motivos para as fusões e aquisições. Comente cada um deles, dando exemplos.
2. Como a fórmula, Sinergia = $VPL_{pós-fusão\ AB} - (VPL_{pré-fusão\ A} + VPL_{pré-fusão\ B})$ pode ajudar a atingir a maximização da riqueza dos acionistas?
3. Conceitue aquisição, fusão, fusão defensiva e cisão. Dê exemplos destas transações no Brasil.
4. Conceitue empresa adquirente, empresa-alvo, empresa resultante. Dê exemplos.

5. Conceitue fusão ou aquisição amigável. Conceitue aquisição hostil (*takeover*). Você acha possível ocorrer operações de *takeovers* no mercado brasileiro? Comente e dê exemplos.

6. Conceitue fusões ou aquisições operacionais. Conceitue fusões e aquisições financeiras. Dê exemplos dessas transações. Quais as vantagens e desvantagens dessas transações em sua opinião?

7. Quais os principais cuidados a serem tomados numa fusão ou aquisição?

8. Por que o método do fluxo de caixa descontado é o mais adequado para a determinação do valor de uma empresa? Este será o valor de fechamento do negócio? Explique.

9. O que é fluxo de caixa livre? Elabore um exemplo.

10. Como os acionistas de uma empresa adquirida podem se beneficiar de um pagamento em ações em vez de um pagamento em dinheiro? Explique com base no índice preço-lucro. Comente taxa de troca.

11. Comente os direitos dos credores, dos minoritários e dos empregados, nas fusões e aquisições.

12. Conceitue *due diligence*, e apresente os principais itens a serem verificados, comentando cada um deles.

13. Por que é importante considerar os aspectos culturais? Apresente e comente o Plano de Educação.

14. Quais são as etapas de um processo de negociação das fusões e aquisições? Comente-as.

19.9 EXERCÍCIOS

1. Procure nos principais jornais econômicos brasileiros três transações de fusões e aquisições verticais e três horizontais. Comente as vantagens e desvantagens estratégicas de cada uma delas.

2. Entreviste um dirigente de uma empresa que tenha recém adquirido uma empresa-alvo e obtenha dele resposta para a seguinte questão: "Por que as fusões e aquisições são estratégias de expansão de negócios que podem alterar substancialmente o cenário na qual as companhias competem?"

3. Qual foi, em sua opinião, os principais motivos da fusão Antarctica e Brahma, formando a AMBEV? Pesquise na Internet.

4. Com base nas premissas e informações do quadro a seguir, calcule o valor da Empresa PH Produtos Aeronáuticos. Critique as premissas adotadas, discuta sob quais riscos você poderá estar incorrendo por acreditar no valor encontrado e comente sobre o preço final que estaria disposto a pagar.

Premissas
1. Vendas no ano 1 – $1.000.000 – Crescimento das receitas, 10% ao ano no período.
2. Custo dos produtos vendidos – 75% anos 1 e 2; 73% anos 3 e 4 e 72% ano 5.
3. Despesas administrativas – 7%, anos 1e 2 e 6% anos 3, 4 e 5.
4. Despesas com vendas – 8% ano 1; 7% anos 2 e 3; 6% anos 4 e 5.
5. Depreciação fornecida – 70.000 ano 1; 75.000 ano 2; 80.000 ano 3; 85.000 ano 4 e 90.000 ano 5.
6. Juros fornecidos – 28.000 ano 1, 30.000 ano 2, 33.000 ano 3, 36.000 ano 4 e 39.000 ano 5.
7. Imposto de renda – 34%
8. Retenção para investimento – 20% do Fluxo de caixa
9. Valor residual – 5 vezes o fluxo de caixa do ano 5
10. Custo de capital – 15%

5. Suponha que a Paulo Henrique Produtos Aeroespaciais (PHPA) esteja analisando a compra da Luis Guilherme Aviões (LGA), mediante a troca de ações. As informações das duas companhias são as seguintes:

	PHPA	LGA
Lucro líquido aos acionistas $	10.000.000,00	4.000.000,00
Número de ações	2.500.000	1.600.000
Lucro por ação $	4,00	2,80
Preço da ação $	56,00	22,40
Índice Preço/Lucro – vezes	14	8

A PHPA está disposta a oferecer $25,00 por ação da LGA, com base em estudos que indicam que o Índice de Preço/Lucro da PHPA pós-fusão será de 13 vezes.
Você recomendaria a operação? Por quê?
Suponha que estudos adicionais tragam uma informação de que, com os efeitos sinérgicos, espera-se que os lucros líquidos aos acionistas da PHPA pós-fusão irão a R$15.000,000,00. A LGA, sabendo disso, quer $26,00 por ação. Você recomendaria a operação nessas novas condições? Por quê?

6. Suponha que você está adquirindo uma empresa média que tem uma série de deficiências em sua contabilidade e em sua organização. Como você faria para verificar as seguintes informações: assuntos contábeis e financeiros, assuntos tributários, propriedades imobiliárias, propriedades mobiliárias, seguros, propriedades intelectuais, contratos e compromissos, assuntos ambientais, empregados e planos de benefícios e litígios. Pesquise junto a uma pequena e média empresa que tenha sido recém-negociada e analise os procedimentos que foram utilizados.

19.10 ESTUDO DE CASO

Anunciada criação da Fibria, fusão entre Aracruz e VCP

(*Exame*, 1/09/2009 | 12:11)

A Fibria, empresa resultante da fusão entre **Aracruz** e **Votorantim** Celulose e Papel (**VCP**), foi criada oficialmente hoje com receita líquida estimada em R$6 bilhões por ano, com base nos dados dos 12 meses encerrados em junho. O resultado representa uma retração de 15% em relação à estimativa de R$7,1 bilhões anunciada em janeiro, quando a **VCP** formalizou acordo com as famílias Lorentzen, Moreira Salles e Almeida Braga para comprar 28% do capital da **Aracruz**. A revisão reflete os efeitos da crise na economia mundial no setor de celulose, cujos preços internacionais despencaram entre outubro de 2008 e abril deste ano. Durante esse período, diversas empresas do setor, incluindo as companhias brasileiras, suspenderam temporariamente suas atividades para evitar um excesso de oferta de celulose no mercado. A nova empresa, líder mundial na produção de celulose de eucalipto com capacidade superior a 6 milhões de toneladas anuais, será comandada por Carlos Aguiar, antigo presidente da Aracruz. O conselho de administração será presidido por José Luciano Penido, até então presidente da **VCP**. Em um primeiro momento, o controle da empresa está nas mãos do BNDESPar, que detém 34,9% de participação na Fibria. Essa participação, no entanto, deverá ser reduzida ao longo dos próximos anos, conforme anunciado pelo grupo **Votorantim**, no início do ano. O grupo **Votorantim** possui 29,3% de participação na Fibria, que ainda tem 35,8%

de suas ações negociadas no mercado. A direção da empresa informou que "os projetos de expansão já anunciados deverão ser implementados, dependendo das condições do mercado, expandindo sua capacidade produtiva em até 6,7 milhões de toneladas de celulose". Com 15 mil funcionários, a empresa prevê a criação de outros 9 mil postos de trabalho com as novas capacidades. O potencial de sinergia resultante da união das duas empresas é de R$4,5 bilhões em valor presente líquido. A companhia também reforçou que pretende ingressar no Novo Mercado.

19.11 BIBLIOGRAFIA ADICIONAL

ANDRIETTA, Maria Amábile. *Due diligence – segurança jurídica nas operações de fusão e aquisição de empresas: uma abordagem empresarial.* São Paulo: Unesp, 2006.

CADE – Conselho Administrativo de Defesa Econômica. Disponível em: Disponível em: www. cade.gov.b.

CASSALI, A. "Comunicação Organizacional em Fusões e Aquisições Internacionais." Tese de Doutorado da Universidade Federal de Santa Catarina Disponível em http://teses.eps.ufsc.br/ defesa/pdf/12746.pdf.

FUGIMOTO, Adriana Lima. *Fusões e Incorporações de empresas: uma análise sobre o controle e os reflexos jurídicos (Lei 8884/94).* São Paulo: Unesp, 2003.

KNOP, Rita de Cácia Rodrigues de Oliveira. *Fusões e aquisições como estratégia competitivas das empresas de telecomunicações: uma reflexão sobre a tomada de decisão.* Florianópolis: UFSC, 2003.

KPMG Corporate Finance – *Pesquisa de Aquisições e Fusões – 2008: espelho das transações realizadas no Brasil,* julho de 2008.

MADASSI, L; NICCHERI; F.; BEER, R. *Relatório de Fusões e Aquisições da PricewaterhouseCoopers,* 2007.

PERDIGÃO. *Revista corporativa,* abr./maio 2008.

PIMENTA, T. "A geração de sinergias e seus impactos na rentabilidade das empresas nos casos de fusões e aquisições." Artigo da USP disponível em: http://www.cepefin.org.br/publicados_ pdf/a_geracao_sinergias.pdf>. Acesso em 18 de setembro de 2008.

PRADO, Ana Karina; OSNA, Cláudia; MENDES, Josiane A; FERREIRA, Liége A.; BUENO, Priscila; JESUS, Simone C. de. "Fusões e aquisições." *Tópicos Especiais de Finanças,* UFPR, 2008.

ROSSETTI, José Paschoal. *Fusões e Aquisições no Brasil: as Razões e os Impactos.* São Paulo: Atlas, 2001.

SUEN, A.; KIMURA, H. *"Fusão e Aquisição com estratégia de entrada."* Tese de Doutorado da FEA/ USP disponível em http://www.ead.fea.usp.br/Cad-pesq/arquivos/c5-art7.pdf. Acesso em 16 de setembro de 2008.

SUPLICY, Alexandre P. S.; SOUZA, Felipe Cardoso; NIEWEGLOWSKI, Gabriel; ANDRIO-LO, Marcos V.; SANTOS, Marlon L. A. "Fusões e aquisições." *Tópicos Especiais de Finanças,* UFPR, nov. 2008.

WOOD, Thomaz Jr.; VASCONCELOS, Flávio C.; CALDAS, Miguel P. "Fusões e Aquisições no Brasil". *RAE Executivo,* v. 2, n. 4, nov. 2003 – jan. 2004.

ENDEREÇOS DE PESQUISA NA INTERNET

www.investopedia.com
- A Medieval Guide To Investing – Andrew Beattie
- Acquire A Career In Mergers – M. P. Dumon
- Finding The Best Buyer For Your Small Business – M. P. Dumon
- How The Big Boys Buy – M. P. Dumon
- M&A Competition Is Cutthroat For Acquirers – M. P. Dumon
- Owners Can Be Deal Killers In M&A – M. P. Dumon
- The Buy-Side Of The M&A Process – M. P. Dumon
- What To Do When Companies Converge – Jonas Elmerraji
- The Wacky World of M&As – Investopedia Staff
- Why Owners Sell A Business – M. P. Dumon

www.bloomberg.com
www.economist.com
www.folhadesaopaulo.com
www.forbes.com
www.ft.com
www.infomoney.com
www.kpmg.com.br
www.kraft.com
www.mckinsey.com.br www.hsm.com.br/hsmmanagement
www.money.cnn.com
www.online.wsj.com
www.portalexame.abril.com.br
www.pwc.com.br
www.reuters.com/finance/deals
www.ri.bmfbovespa.com.br
www.sadia.com.br
www.wharton.universia.net
www.uj.com.br
www.valoronline.com.br